U0922183

2018

中国企业集团财务公司年鉴

ZHONGGUO QIYE JITUAN CAIWU GONGSI NIANJIAN

中国财务公司协会　编

中国金融出版社

责任编辑：张　铁
责任校对：李俊英
责任印制：程　颖

图书在版编目（CIP）数据

中国企业集团财务公司年鉴（2018）/中国财务公司协会编．—北京：中国金融出版社，2018.11

ISBN 978-7-5049-9870-5

Ⅰ.①中…　Ⅱ.①中…　Ⅲ.①企业集团—金融公司—中国—2018—年鉴　Ⅳ.①F279.244-54

中国版本图书馆CIP数据核字（2018）第261169号

出版发行　中国金融出版社
社址　北京市丰台区益泽路2号
市场开发部　（010）63266347，63805472，63439533（传真）
网上书店　http：//www.chinafph.com　（010）63286832，63365686（传真）
读者服务部　（010）66070833，62568380
邮编　100071
经销　新华书店
印刷　北京市松源印刷有限公司
尺寸　210毫米×279毫米
印张　39
插页　42
字数　950千
版次　2018年11月第1版
印次　2018年11月第1次印刷
定价　398.00元
ISBN 978-7-5049-9870-5

不忘初心 砥砺前行

中国企业集团财务公司行业改革发展30年图片展

20世纪80年代，伴随着改革开放的华丽乐章，在国家实施大企业大集团战略的浪潮中，企业集团财务公司扬帆起航。历经三十年风雨，财务公司从无到有，从小到大，从弱到强，始终以服务企业集团发展为己任，坚守金融服务实业的使命不动摇，在服务实体经济的道路上稳步前行。

在财务公司行业诞生三十年之际，特举办“中国企业集团财务公司行业改革发展三十年图片展”，通过一系列生动的历史图片和鲜活的文字，介绍行业三十年发展历程，展示行业改革发展成就，鼓舞行业在十九大精神的指引下，站在新时代的起点上，不忘初心，牢记使命，开启服务企业集团新征程，续写助力实体经济新篇章。

大事记

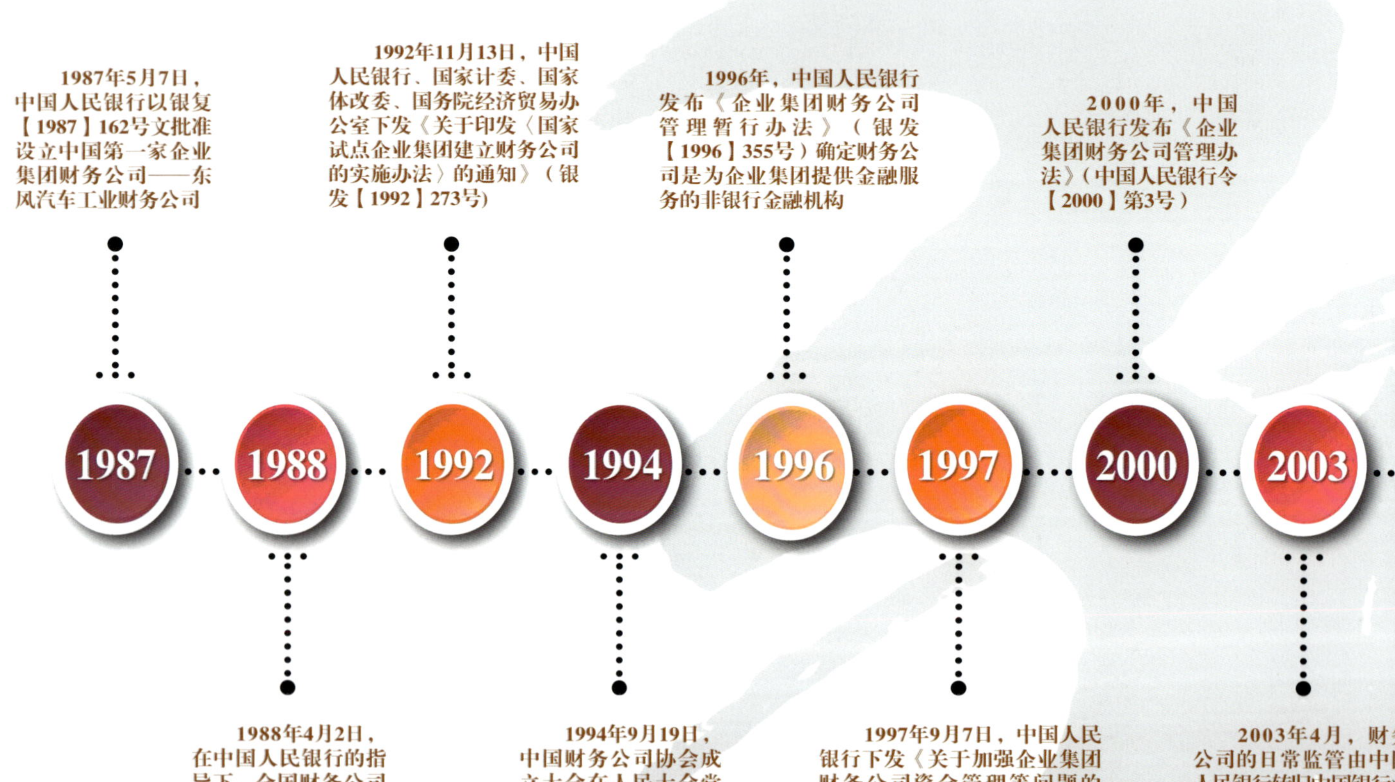

1987年5月7日，中国人民银行以银复【1987】162号文批准设立中国第一家企业集团财务公司——东风汽车工业财务公司
1992年11月13日，中国人民银行、国家计委、国家体改委、国务院经济贸易办公室下发《关于印发〈国家试点企业集团建立财务公司的实施办法〉的通知》（银发【1992】273号）
1996年，中国人民银行发布《企业集团财务公司管理暂行办法》（银发【1996】355号）确定财务公司是为企业集团提供金融服务的非银行金融机构
2000年，中国人民银行发布《企业集团财务公司管理办法》（中国人民银行令【2000】第3号）
1987
1988
1992
1994
1996
1997
2000
2003
1988年4月2日，在中国人民银行的指导下，全国财务公司联合会在南京成立
1994年9月19日，中国财务公司协会成立大会在人民大会堂召开
1997年9月7日，中国人民银行下发《关于加强企业集团财务公司资金管理等问题的通知》（银发【1997】365号），调整了财务公司的功能定位、资产负债监管比例和业务范围
2003年4月，财务公司的日常监管由中国人民银行转归中国银行业监督管理委员会

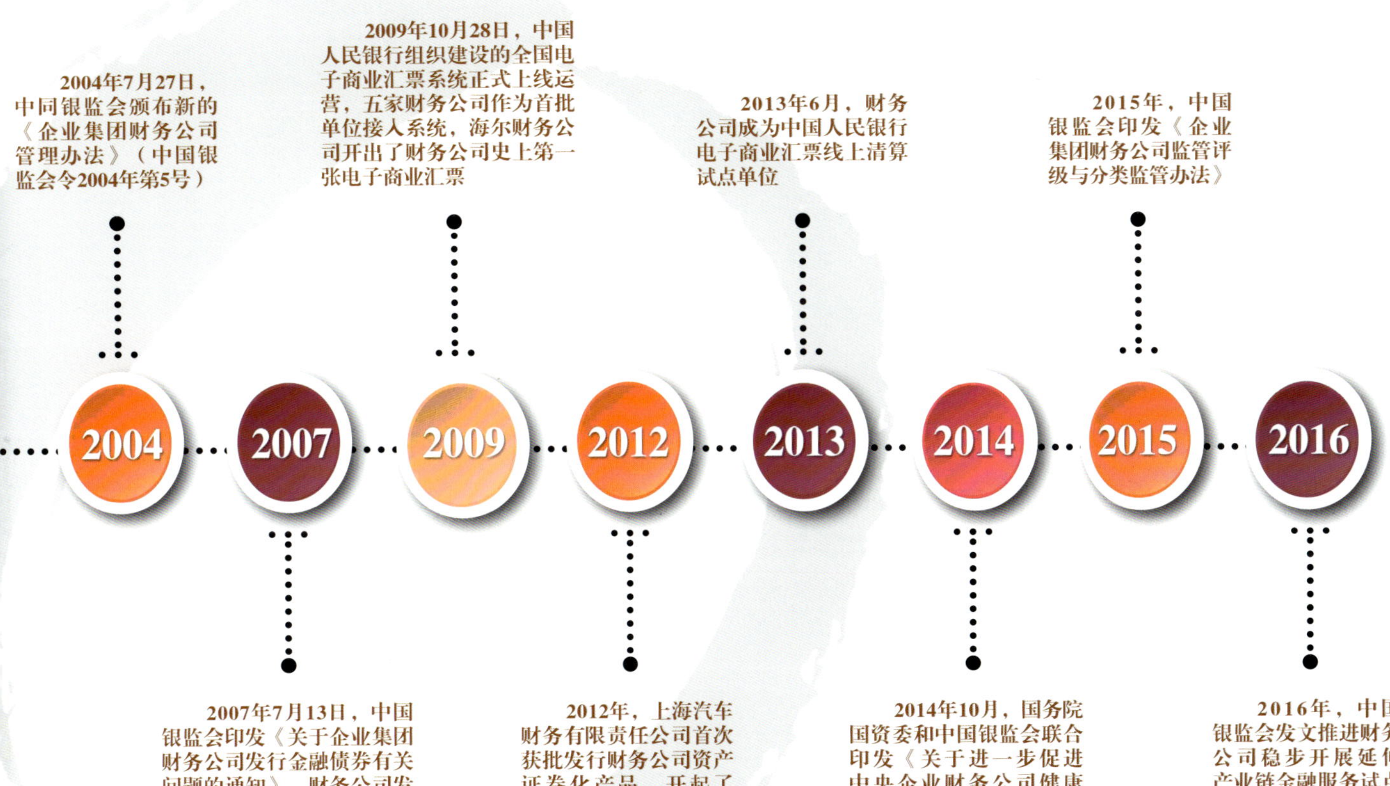
2004年7月27日，中同银监会颁布新的《企业集团财务公司管理办法》（中国银监会令2004年第5号）
2004
2007
2007年7月13日，中国银监会印发《关于企业集团财务公司发行金融债券有关问题的通知》，财务公司发行金融债券正式获准
2009年10月28日，中国人民银行组织建设的全国电子商业汇票系统正式上线运营，五家财务公司作为首批单位接入系统，海尔财务公司开出了财务公司史上第一张电子商业汇票
2009
2012
2012年，上海汽车财务有限责任公司首次获批发行财务公司资产证券化产品，开起了财务公司资产证券化业务的先河
2013年6月，财务公司成为中国人民银行电子商业汇票线上清算试点单位
2013
2014
2014年10月，国务院国资委和中国银监会联合印发《关于进一步促进中央企业财务公司健康发展的指导意见》，推动财务公司找准定位，明确功能
2015年，中国银监会印发《企业集团财务公司监管评级与分类监管办法》
2015
2016
2016年，中国银监会发文推进财务公司稳步开展延伸产业链金融服务试点工作

2017 年 12 月 22 日，“财务公司 30 周年征文活动”获奖征文和参与活动财务公司在会员大会上受到表彰。

2017 年 12 月 22 日，“不忘初心 砥砺前行——中国企业集团财务公司行业改革发展 30 年”图片展在会员大会期间举行。

2017年12月22日，东风汽车财务有限公司总经理徐光超在会员大会上进行了“三十年坚守，一心一意服务集团主业”专题演讲。

2017年12月22日，顺丰控股集团财务有限公司总经理黄美智在会员大会上进行了“新起点 创未来”专题演讲。

2017年12月22日，中国电建集团财务有限公司总经理陈波在会员大会上进行了“创新管理机制，更好服务集团战略发展”专题演讲。

领导调研

2017 年 3 月 21 日，中国银监会非银部主任毛宛苑及广东银监局副局长任庆华等领导一行莅临珠海格力电器股份有限公司、珠海格力集团财务有限责任公司调研。

2017 年 4 月 17 日，中国银监会非银部主任毛宛苑莅临宇通集团参观指导。

2017 年 12 月 1 日，中国人民银行杭州中心支行行长殷兴山一行莅临海亮集团财务有限责任公司调研指导。

2017 年 9 月 1 日，福建银监局局长赵杰一行到紫金矿业集团财务有限公司、紫金山金铜矿调研。

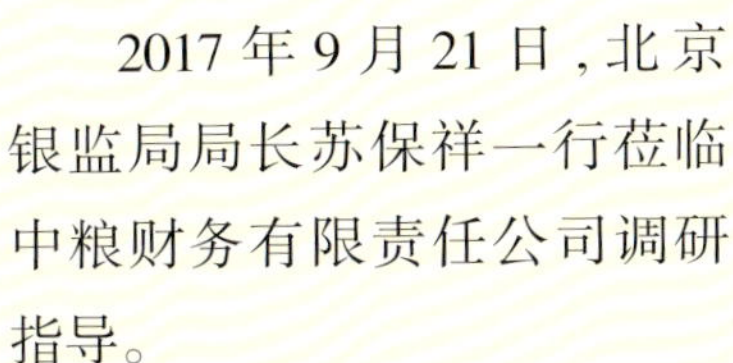

2017 年 9 月 21 日，北京银监局局长苏保祥一行莅临中粮财务有限责任公司调研指导。

2017年12月8日，北京银监局局长苏保祥到中交财务有限公司就金融支持实体经济情况进行调研。

2017年4月16日，中国银监会监管后评价工作组组长、中国财务公司协会党委书记张电中带队调研内蒙古伊泰财务有限公司。

2017年9月6日，辽宁省抚顺市副市长刘忠瑞率人民政府考察组一行莅临晋煤集团财务有限公司调研。

2017 年 3 月 21 日，安徽银监局副局长桂宗稳一行调研验收马钢集团财务有限公司延伸产业链金融服务试点申办工作。

2017 年 7 月 19 日，深圳银监局副局长陈飞鸿一行莅临顺丰控股集团财务有限公司调研指导工作。

2017 年 9 月 20 日，中国南方航空集团公司党组成员、总会计师肖立新率中国南航集团财务有限公司领导拜访广东银监局副局长任庆华，就南航集团财务公司发展交换了意见。

2017年10月27日，厦门银监局副局长梁洁红一行到厦门翔业集团财务有限公司向王倜傥董事长及经营团队反馈全面检查情况。

2017年6月29日，北京银监局副巡视员吴静春到诚通财务有限责任公司调研。

2017年7月28日，北京银监局副巡视员吴静春一行到海航集团财务有限公司调研座谈。

2017年4月12日，中国财务公司协会专职常务副会长王岩玲任组长、中国银监会非银部非现场处处长曹岚任副组长的非银行金融机构监管后评价工作组莅临河钢集团财务有限公司调研指导。

2017年4月24日，中国银监会督导组组长、中国财务公司协会纪委书记曹春彦一行莅临广西交通投资集团财务有限责任公司检查指导工作。

2017年5月4日，中国银监会调研组组长、中国财务公司协会纪委书记曹春彦一行赴中联重科集团财务有限公司调研。

2017年6月7日，中国财务公司协会专职常务副会长王岩玲、副秘书长张若甜一行赴山东晨鸣集团财务有限公司调研。

2017年6月7日，中国财务公司协会专职常务副会长王岩玲一行在山东银监局相关领导陪同下赴山东省商业集团财务有限公司调研走访。

2017年8月17日，国家外汇管理局资本项目管理司副司长叶海生一行11人到国泰集团和江苏国泰财务有限公司开展专题调研。

2017年3月16日，中国人民银行济南分行营业管理部支付结算（反洗钱）处苏芳处长一行4人莅临山东能源集团财务有限公司检查指导工作。

2017年5月4日，中国银监会非银部杨桦处长一行5人莅临西部矿业集团财务有限公司现场指导工作。

2017年10月17日，河南银监局非银处处长李新军、平顶山银监分局监管二科科长常雪琴一行赴中国平煤神马集团财务有限责任公司检查指导工作。

2017 年 12 月 22 日，中国财务公司协会第二十次会员大会在成都召开。

2017 年 12 月 22 日，中国财务公司协会会长，中国电力财务有限公司董事长、党委书记盖永光在第二十次会员大会上讲话。

2017年2月14日，北京银监局党委书记、局长苏保祥，中国人民银行营业管理部党委书记、主任周学东一行来访中国财务公司协会。

2017年2月23日，上海城投集团与中国建设银行相关领导来访中国财务公司协会。

2017年6月21日，中国财务公司协会邀请SWIFT亚太区企业组商务总监刘瑶和海尔集团财务有限责任公司总经理助理赵丽丽就中国企业国际化战略下的全球资金集中管理对全体员工进行授课培训。

2017 年 10 月 14—18 日，中国财务公司协会秘书长李矛斗带队参加了在美国圣地亚哥市举办的第 38 届 AFP 年会。

2017 年 11 月 14—18 日，中国财务公司协会专职常务副会长王岩玲应邀带队参加澳大利亚金融司库协会第三十届年会。

2017 年 11 月 29 日，中国财务公司协会在银监会新闻中心举办“发挥财务公司金融功能，服务供给侧结构性改革”新闻发布会。

2017年3月23—24日，中国财务公司协会在云南昆明举办财务公司办公室主任暨通讯员2017年工作会，来自各财务公司的办公室负责人和通讯员近243人参加了会议。

2017年5月16日，中国财务公司协会组织召开《企业集团财务公司信贷基础业务概述》编审委员会，对讲义进行最终审议并通过。

2017年7月13—14日，中国财务公司协会在内蒙古鄂尔多斯举办企业集团财务公司“生态金融 绿色经济”研讨会，理事、监事单位及部分财务公司代表近60人参加了会议。

2017 年 8 月 15—16 日，中国财务公司协会第九届监事会赴广东粤电财务有限公司、美的集团财务有限公司走访调研，并召开“广东地区财务公司风险管理座谈会”。

2017 年 9 月 15 日，中国财务公司协会在京组织召开《中国企业集团财务公司行业发展报告（2018）》启动会，智库合作单位中国社科院财经战略研究院王朝阳博士以及来自 9 家财务公司的报告编写组成员参加了此次会议。

2017 年 9 月 19—20 日，中国财务公司协会组织召开“财务公司行业信息化交流会”，180 家财务公司的近 300 名代表参加了本次会议。

2017 年 3 月 16—23 日，中国财务公司协会在京举办 2017 年第一期国际财资管理师（CTP）认证课程培训班。45 家公司的 64 名学员参加培训，中国财务公司协会纪委书记曹春彦为本次培训班做开班讲话。

2017 年 7 月 10—11 日，中国财务公司协会在京举办年度第一期结算基础业务培训班，80 家财务公司的 130 余名学员参加本期培训。

2017 年 7 月 12—13 日，中国财务公司协会在京举办年度第一期信贷基础业务培训班，77 家财务公司的 130 余名学员参加培训。

2017 年 8 月 21—25 日，中国财务公司协会在京举办年度第一期高管培训班。

2017 年 12 月 21—22 日，中国财务公司协会在京举办财务公司风险管理培训班。

2017 年中国财务公司协会全体人员合影。

规范经营

2017 年 2 月 9 日，中国航天科工集团有限公司董事长高红卫到航天科工财务有限责任公司调研指导工作。

2017 年 3 月 10 日，保利财务有限公司股东会、第二届董事会、第二届监事会 2017 年会议。

2017年3月21日，北京市石景山区领导莅临首钢集团财务有限公司调研指导工作。

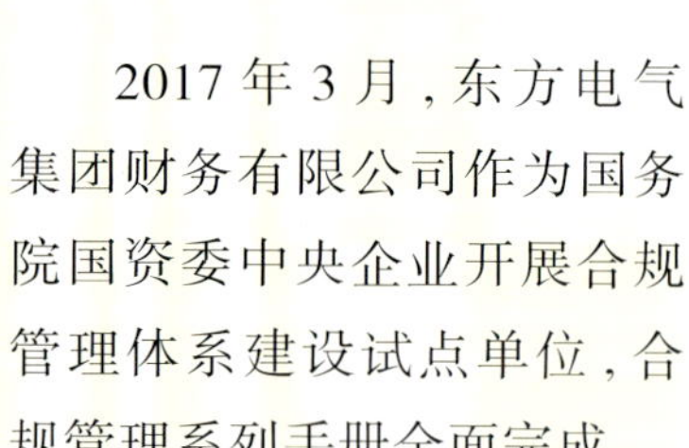

2017年3月，东方电气集团财务有限公司作为国务院国资委中央企业开展合规管理体系建设试点单位，合规管理系列手册全面完成。

2017年4月7日，湖南高速集团财务有限公司召开股东会、董事会、监事会。

2017 年 5 月 31 日，大冶有色金属集团财务有限责任公司召开 2017 年度第一次股东会、董事会、监事会。

2017 年 5 月，开滦集团财务有限责任公司召开董事会二届四次会议、股东会第六次会议及董事会三届一次会议。

2017 年 6 月 11 日，湖北宜化集团财务有限责任公司举办财务公司信息系统操作培训会。

2017年6月20日，云南昆钢集团财务有限公司召开一届九次董事会。

2017年6月28日，江西铜业集团财务有限公司召开2017年董事会第二次会议、股东会暨监事会第一次会议。

2017年7月11日，包钢集团财务有限责任公司组织青年员工金融业务竞赛，提升青年职工的专业素养，增强包钢财务公司金融服务能力。

2017 年 7 月 13 日，渤海钢铁集团财务有限公司组织业务培训，着力提高骨干员工业务水平。

2017 年 7 月 25 日，伊利财务有限公司召开第二届董事会第一次会议。

2017 年 8 月 15 日，中国电力财务有限公司董事长盖永光在中国电财新一代核心业务系统建设项目成果发布会上致辞。

2017年8月23日，甘肃银监局组织召开由甘肃广合会计师事务有限公司负责人、酒钢集团财务有限公司高级管理人员参加的三方会谈会议。

2017年9月7日，中化工程集团财务有限公司对全体员工开展商务礼仪培训。

2017年9月15日，中国黄金集团财务有限公司召开2017年第一次临时股东会会议。

2017 年 9 月 15 日，中海集团财务有限责任公司召开第三届董事会第十次会议。

2017 年 10 月 24 日，湖北银监局领导莅临三环集团财务有限公司检查指导工作。

2017 年 11 月 14 日，贵州盘江集团财务有限公司组织成员单位开展业务系统操作培训。

2017 年 12 月 9 日，江苏悦达集团财务有限公司开展第一届合规管理暨监管统计劳动知识竞赛。

2017 年 12 月 22 日，云南云天化集团财务有限公司组织成员单位进行票据池培训。

2017 年 12 月 25 日，国药集团财务有限公司召开二届七次董事会，审议通过各专业委员会工作报告、2018 年度财务预算方案、信贷经营计划和投资计划等管理事项。

2017 年 12 月 28 日，青岛啤酒财务有限责任公司召开三届二次董事会。

2017 年 12 月，四川长虹集团财务有限公司财资管理系统正式上线。

2017 年，西门子财务服务有限责任公司组织财税培训。

2017 年，国家能源投资集团副总经理、党组成员陈斌到神华财务有限公司视察。

2017 年，陕西延长石油财务有限公司召开第二届董事会第九次会议。

创新合作

2017 年 3 月 8 日，国家开发银行江苏省分行领导来访徐工集团财务有限公司，就徐工巴西、德国施维英外币融资需求进行深入商讨。

2017 年 3 月 22 日，山东黄金集团财务有限公司承办山东辖内财务公司第七届监管联席会议。

2017 年 3 月 31 日，中国重汽财务有限公司举办“深化产融结合·助力济南产业金融中心建设”磋商机制座谈会。

2017 年 4 月 27 日，光大银行副行长张华宇一行来访中铝财务有限责任公司，双方就进一步深化同业合作，创新合作模式，拓展合作领域，促进共同发展等进行了充分沟通。

2017 年 4 月，陕西煤业化工集团财务有限公司分两批次举办“2017 年陕煤集团财务公司财资管理提升暨资金及票据业务培训会”，集团公司所属 199 家成员单位、370 名财务人员参加培训。

2017 年 4 月，中国电子科技财务有限公司 2017 年产业链金融服务培训会圆满举行，同月公司成功办理集团首笔产业链金融线上业务。

2017 年 5 月 19 日，上海文化广播影视集团财务有限公司与集团各成员单位财务经理举行业务交流会。

2017 年 6 月 2 日，重庆市能源投资集团财务有限公司与人民银行电子商业汇票系统联调接入测试全部通过，公司电票系统正式上线运行，图为人民银行工作人员在进行现场验收。

2017 年 6 月 24 日，内蒙古电力集团财务有限责任公司在北京举办产融结合业务培训班。

2017年7月6日，淮北银监分局领导樊跃进一行来淮北矿业集团财务有限公司和集团公司进行专题调研，支持集团公司去产能和转型升级。

2017年7月12日，山西省国资委、山西焦煤集团财务有限责任公司、潞安集团财务有限公司、大同煤矿集团财务有限责任公司、晋煤集团财务有限公司、太钢集团财务有限公司和阳泉煤业集团财务有限责任公司在阳泉煤业集团财务有限责任公司会议室召开了交流座谈会。

2017年7月12日，中国铁建财务有限公司与中国铁建电气化局集团有限公司在京正式签署《财企战略合作协议》。

2017年8月9日，人民网、《经济日报》、《中国证券报》、《金融时报》、《财新》等十余家国内主流财经媒体到中节能财务有限公司开展绿色金融专题调研。

2017年8月10日，亨通财务有限公司联合建设银行举办2017年度投资人推介会，包括建信保险、建信信托、平安银行总行投行部、工银瑞信、中信建投基金、兴业基金、招商证券等数十家国内外知名投资机构的七十多名投资人、投资研究员一同到访亨通集团考察指导，亨通集团执行总裁钱建林、财务副总裁朱海明，亨通财务有限公司总经理曹卓峻热情接待了建设银行领导及各位投资人。

2017年9月6日，新奥财务有限责任公司与交通银行举行财资管理核心系统开发签约仪式。

2017 年 9 月 11 日，河南能源化工集团财务有限公司赴焦煤公司交流学习，共同接受廉洁教育。

2017 年 9 月 22 日，宝钢集团财务有限责任公司承办上海地区财务公司特色业务座谈会，上海地区 24 家财务公司参会。

2017 年 9 月 29 日，云南云天化集团财务有限公司总经理彭科、副总经理陈晓等团队一行 9 人来到云南冶金集团财务有限公司走访交流，与云南冶金集团财务有限公司总经理李旻昊及领导班子成员、各部门负责人进行了交流座谈。

2017年10月24日，五粮液集团财务有限公司组织召开金融业务座谈交流会。

2017年10月27日，国联财务有限责任公司邀请中国黄金集团财务有限公司副总经理陈文俊来公司访问。

2017年11月，新希望财务有限公司召开资金联席会议。

2017 年 12 月 5 日，中广核财务有限责任公司协助中国广核集团公司成功发行首次绿色欧元债和多期限美元债。

2017 年 12 月 8 日，国资委财务监管局在兵工财务有限责任公司召开军工集团“军工票”合作现场推进会，国资委财务监管局、十一大军工集团财务金融部门和财务公司参会。

2017 年 12 月 8 日，由一汽财务有限公司主办的首届支付及供应链金融论坛在长春召开，一汽集团公司财务部及各成员单位财务体系领导齐聚一堂，围绕支付及供应链金融发展主题，共话汽车产业链金融服务的未来。同时，一汽财务有限公司发布微信银行“一汽财务通 V2.0”产品。

2017 年 12 月 9 日，中国电建集团财务有限责任公司作为银团联合牵头方的成都轨道交通 18 号线银团签约仪式在成都举行。

2017 年 12 月 11 日，物产中大集团财务有限公司与海尔集团财务有限责任公司开展业务交流。

2017 年，巨化集团财务有限责任公司与中国农业银行衢化支行结为合作共建单位，以共创、共享、共赢为宗旨，促进双方的发展和交流。

2017年3月20日，连云港港口集团财务有限公司揭牌仪式上员工合影。

2017年4月12日，广州汽车集团财务有限公司举行开业仪式，广汽集团董事长曾庆洪讲话。

2017年5月6日，湖南出版投资控股集团财务有限公司举办“不忘初心，砥砺前行”三周年纪念活动。

2017 年 5 月 7 日，东风汽车财务有限公司召开公司三十周年庆活动。

2017 年 6 月 2 日，山东重工集团财务有限公司成立五周年纪念合影。

2017 年 6 月 22 日，陕西能源集团财务有限责任公司举行开业仪式。

2017 年 7 月 16 日，山东招金集团财务有限公司“珍惜现在，逐梦未来”两周年庆活动盛大召开。

2017 年 7 月 18 日，上海申能集团领导及系统成员单位领导参加申能集团财务有限公司十周年主题研讨会议。

2017 年 8 月 8 日，中开财务有限公司四周年庆全体员工合影。

2017 年 8 月 15 日，上海华谊集团财务有限责任公司五周年庆座谈会。

2017 年 8 月 18 日，潞安集团财务有限公司召开成立十周年座谈会。

2017 年 9 月 2 日，万向财务有限公司组织公司成立 15 周年庆祝活动。

2017 年 9 月 9 日，TCL 集团财务有限公司员工参加 TCL 集团公司金融 20 周年徒步活动。

2017 年 9 月 26 日，天津能源集团财务有限公司全体员工开业仪式合影。

2017 年 10 月，兵器装备集团财务有限责任公司举办成立十二周年系列庆祝活动。

2017 年 10 月 27 日，中国华能财务有限公司成立 30 周年，在北京雁栖湖畔合影留念。

2017 年 10 月 30 日，厦门海翼集团财务有限公司成立五周年合影。

2017 年 12 月 18 日，上海纺织集团财务有限公司开业仪式。

2017 年 12 月 30 日，金川集团财务有限公司成立七周年合影。

2017 年，中核财务有限责任公司举办“朗读者”活动，庆祝公司成立二十周年。

党建园地

2017 年 5 月 27 日，中国财务公司协会党支部组织全体员工参观中国国家博物馆“复兴之路”和“古代中国”基本陈列。

2017 年 10 月 13 日，中国财务公司协会组织全体党员、职工参观“伟大的民族复兴——中国共产党领导全国各族人民为实现中国梦而奋斗的光辉历程档案文献展”。

2017 年 11 月 15 日，中国财务公司协会赴西柏坡革命根据地参观学习。

2017 年 3 月 9 日，广东省交通集团财务有限公司党支部与中国建设银行广东省分行营业部营业室党支部开展“党支部结对子”活动。

2017 年 4 月 15 日，中煤财务有限责任公司赴北京市平谷区熊儿寨乡北土门村战斗遗址爱国主义教育基地参观学习。

2017 年 4 月 21 日，天津物产集团财务有限公司主题党日活动——参观西柏坡。

2017 年 4 月 26 日，北京控股集团财务有限公司第一次党员大会。

2017 年 5 月，海南农垦集团财务有限公司“五四”青年节活动。

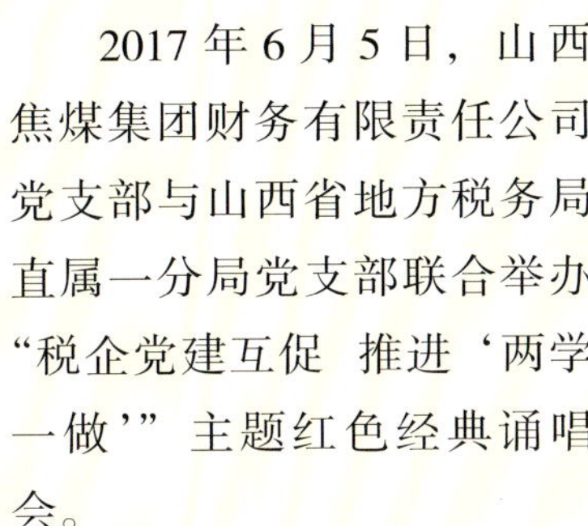

2017 年 6 月 5 日，山西焦煤集团财务有限责任公司党支部与山西省地方税务局直属一分局党支部联合举办“税企党建互促 推进‘两学一做’”主题红色经典诵唱会。

2017 年 6 月 10 日，北京金隅财务有限公司与华夏银行北京光华路支行在北京市延庆区大庄科乡沙塘沟平北红色第一村开展“喜迎七一、深度融合、共促发展”银企党支部面对面活动。

2017 年 6 月 10 日，沙钢金融党支部与中国银行张家港锦丰支行党支部在沙钢宾馆会议室签订了党建共建协议，双方就党建工作开展情况进行了交流。

2017 年 6 月 13 日，重庆化医控股集团财务有限公司党支部组织全体党员参观重庆红岩革命历史博物馆。

2017年6月16日，北大方正集团财务有限公司全体员工前往西柏坡开展红色教育活动。

2017年6月16日，中信财务有限公司党支部开展“弘扬延安精神，践行‘两学一做’”主题党日活动。

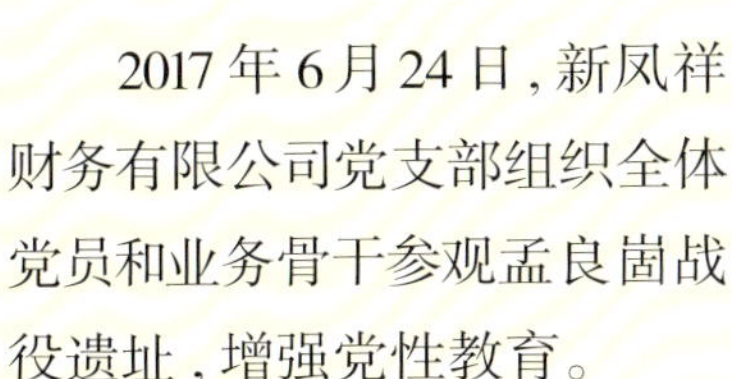

2017年6月24日，新凤祥财务有限公司党支部组织全体党员和业务骨干参观孟良崮战役遗址，增强党性教育。

2017年6月28日，国机财务有限责任公司党总支开展“学习航天精神，致敬航天英雄”为主题的党日活动。

2017年6月29日，中国移动通信集团财务有限公司召开纪念建党96周年庆祝大会，会上对公司优秀共产党员和优秀党务工作者进行了表彰，党委书记授专题党课，会议最后公司全体党员重温入党誓词。

2017年6月29日，国电财务有限公司全体党员参加七一主题党日活动。

2017 年 6 月 30 日，中国化工财务有限公司全体党员重温入党誓词。

2017 年 7 月 4 日，清华控股集团财务有限公司党支部与中国人民银行营业管理部货币信贷管理处党支部联合开展支部共建活动。

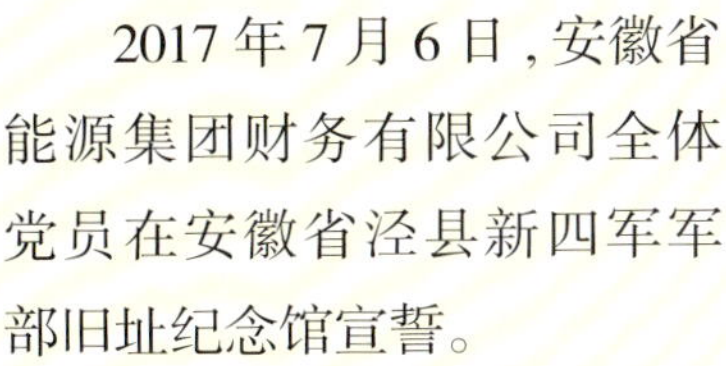

2017 年 7 月 6 日，安徽省能源集团财务有限公司全体党员在安徽省泾县新四军军部旧址纪念馆宣誓。

2017 年 7 月 10 日，河北建投集团财务有限公司在保定冉庄地道战纪念馆开展“重温誓词”红色教育活动。

2017 年 7 月 16 日，中国铁路财务有限责任公司全体党员赴西柏坡进行党日活动。

2017 年 7 月 20 日，上海上实集团财务有限公司组织员工参观中共二大会址。

2017 年 7 月 22 日，忠旺集团财务有限公司组织开展七一党建活动暨 2017 年夏季露营拓展训练。

2017 年 7 月 25 日，太钢集团财务有限公司开展主题党日活动。

2017 年 7 月 27 日，中化集团财务有限责任公司党委组织公司党员、入党积极分子及部分群众前往中国核工业科技馆开展以“坚定信仰 追梦笃行”为主题的参观活动。

2017 年 7 月，华联财务有限责任公司组织员工前往雄安新区开展红色之旅。

2017 年 7 月，天津渤海集团财务有限责任公司组织干部职工到集团“双创基地”参观。

2017 年 8 月 12 日，安徽省皖北煤电集团财务有限公司举行纪念全民族抗战 80 周年活动——参观台儿庄大战纪念馆。

2017 年 8 月 15 日，中共南山集团财务有限公司支部委员会召开成立大会。

2017 年 8 月 25 日，广州发展集团财务有限公司党支部组织党员参观中共三大会址纪念馆。

2017 年 9 月 2 日，五矿集团财务有限责任公司参观台儿庄大战纪念馆。

2017年9月7日，西电集团财务有限责任公司党支部与中国银行西安北大街支行党总支举行“党建共建”签约仪式。

2017年9月11—16日、10月22—27日，中航工业集团财务有限责任公司联合中航证券组织70余名党员干部，分两期赴井冈山开展“弘扬井冈山精神 践行两学一做”党性教育培训。

2017年9月，中国电子财务有限责任公司通过红色经典诵读“不忘初心 继续前进”，凝聚团结进取的强大力量。

2017 年 10 月 12 日，首都机场集团财务有限公司组织参观“砥砺奋进的五年”大型成就展。

2017 年 10 月 14 日，江苏省国信集团财务有限公司组织喜迎十九大环湖健身跑活动。

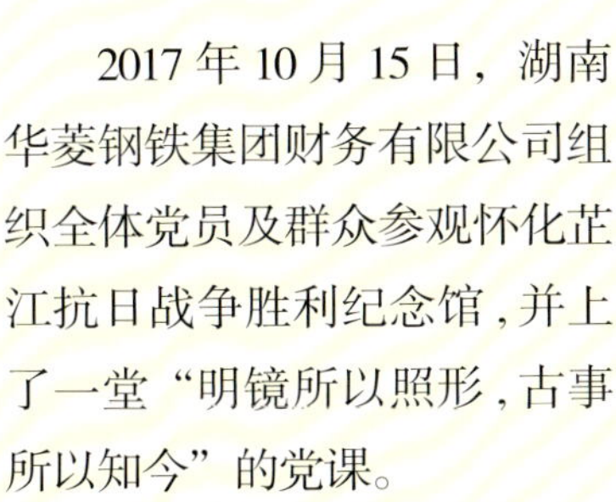

2017 年 10 月 15 日，湖南华菱钢铁集团财务有限公司组织全体党员及群众参观怀化芷江抗日战争胜利纪念馆，并上了一堂“明镜所以照形，古事所以知今”的党课。

2017年10月18日，北京首都旅游集团财务有限公司按照集团安排组织员工观看十九大开幕。

2017年10月20日，通用技术集团财务有限责任公司基层党支部组织党员参观李大钊墓园。

2017年10月26日，中冶集团财务有限公司组织员工观看“砥砺奋进的五年”展览。

2017年11月3日，国家电投集团财务有限公司举办“新时代、新征程、新梦想、新行动”主题教育活动，全体员工参观中国人民抗日战争纪念馆。

2017年11月4日，红豆集团财务有限公司组织员工参观新四军六师部旧址纪念馆。

2017 年 11 月 9 日，中材集团财务有限公司组织党员到梁家河村参观学习。

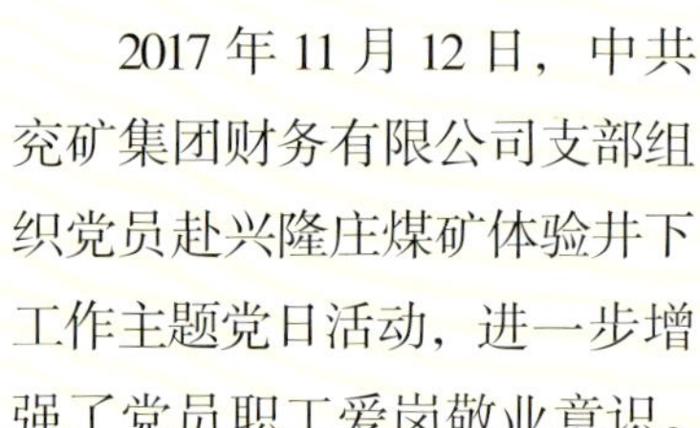

2017 年 11 月 12 日，中共兖矿集团财务有限公司支部组织党员赴兴隆庄煤矿体验井下工作主题党日活动，进一步增强了党员职工爱岗敬业意识。

2017 年 11 月 25 日，中海石油财务有限责任公司组织十九大党建知识竞赛。

2017 年 11 月初，浙江省能源集团财务有限责任公司在华浙广场举行“庆祝十九大 展示新风采”第七届趣味运动会。

2017 年 11 月，河北港口集团财务有限公司全体党员干部学习十九大报告。

2017 年 11 月，天津港财务有限公司全体党员参观“砥砺奋进的五年”专题展览。

2017 年 12 月 9 日，中国能源建设集团财务有限公司第三、第四党支部在西柏坡开展党日活动。

2017 年 12 月 15 日，福建省能源集团财务有限公司召开领导班子及班子成员述职述廉大会。

2017 年 12 月，粤海集团财务有限公司党员前往中共三大会址纪念馆参观，全体党员重温入党誓词。

2017 年，国投财务有限公司党支部凝心聚力奋勇争先，被国务院国资委评为“中央企业第一批基层示范党支部”。

2017 年，大同煤矿集团财务有限责任公司全体党员重温入党誓词。

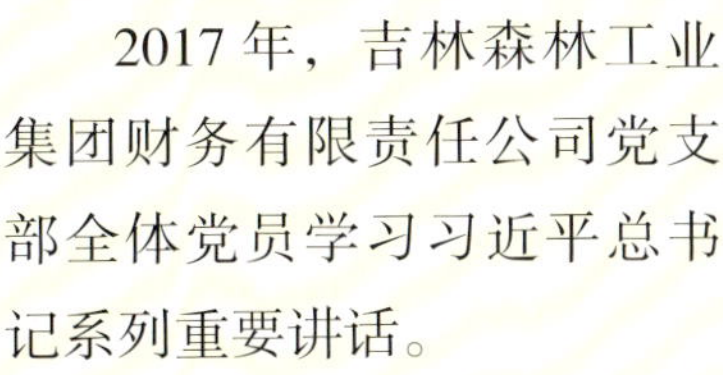

2017 年，吉林森林工业集团财务有限责任公司党支部全体党员学习习近平总书记系列重要讲话。

行业风采

2017 年 1 月 20 日，中国财务公司协会举办迎新联欢活动。

2017 年 1 月 19 日，重庆力帆财务有限公司召开第一次员工大会。

2017 年 1 月 20 日，广东省广晟财务有限公司荣获集团 2016 年度先进单位和“五好”班子荣誉。

2017 年 3 月，江铃汽车集团财务有限公司组织党工团人员开展植树活动。

2017 年 4 月 5 日，江苏交通控股集团财务有限公司组织开展“走进南京社会儿童福利院献爱心”志愿服务活动。

2017 年 4 月 22 日，甘肃电投集团财务有限公司组织全体员工赴甘肃省临夏回族自治州和政县仲马家村开展扶贫慰问活动。

2017 年 4 月 26 日，鞍钢集团财务有限责任公司组织全体职工春季登山活动。

2017 年 5 月 6 日，上海外高桥集团财务有限公司组织开展 2017 年拓展培训。

2017 年 5 月 16 日，大连港集团财务有限公司赴高校开展“远离金融诈骗，提升青年学生金融风险意识”校园宣传活动。

2017 年 5 月 20 日，联通集团财务有限公司在红螺寺组织“知行合一　凝聚创新”主题拓展训练活动。

2017 年 5 月 20 日，日照港集团财务有限公司组队参加集团职工运动会。

2017 年 6 月 17 日，北京粮食集团财务有限公司开展“弘扬精良文化，成就精彩未来”主题拓展活动。

2017年6月17日，浙江省交通投资集团财务有限责任公司组织全体员工前往浦江郑义门接受廉政文化教育。

2017年6月18日，中铁财务有限责任公司举办员工素质拓展活动。

2017年6月27日，中车财务有限公司第一次工会会员大会顺利召开，大会同时选举产生了第一届工会委员、经费审查委员会委员和女职工委员会委员。

2017年6月29日，山东钢铁集团财务有限公司召开庆“七一”表彰大会。

2017年6月，港中旅财务有限公司举行第一届职工羽毛球赛。

2017年6月，天津医药集团财务有限公司组织全体员工参加拓展培训活动。

2017 年 7 月 21 日，上海华信国际集团财务有限责任公司组织拍摄公司集体照，并获得集团首届“格胜杯”摄影比赛一等奖。

2017 年 8 月 8 日，“全民健身日”，供销集团财务有限公司工会联合党支部办公室和团支部，组织公司员工参加羽毛球技术提高活动。

2017 年 8 月 11 日，南方电网财务有限公司在广州举办第二届职工趣味运动会。

2017 年 8 月 26 日，中船重工财务有限责任公司员工在北京开展公司团队建设活动。

2017 年 9 月 8 日，北京汽车集团财务有限公司启动“大干一百天”活动，聚焦金融服务提升，攻坚全年任务完成。

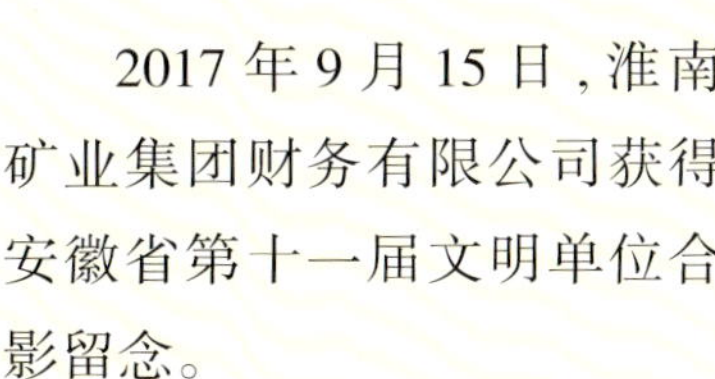

2017 年 9 月 15 日，淮南矿业集团财务有限公司获得安徽省第十一届文明单位合影留念。

2017 年 9 月 15 日，营口港务集团财务有限公司参加集团第七届职工运动会。

2017 年 9 月 16 日，中国核工业建设集团财务有限公司举办“团结拼搏　超越自我　勇创佳绩”主题拓展训练。

2017 年 9 月 28 日，江苏凤凰出版传媒集团财务有限公司参加集团首届职工运动会。

2017 年 9 月，东方集团财务有限责任公司开展主题拓展活动。

2017 年 10 月 14 日，海信集团财务有限公司组织快乐健步行活动。通过本次健身活动，员工身心得到放松，增强了团队的凝聚力。

2017 年 10 月 20 日，湖北交投集团财务有限公司举办内控合规金融知识竞赛。

2017 年 10 月 21 日，云南建投集团财务有限公司为增强员工锻炼意识，提高身体素质，加强员工之间的合作能力及凝聚力，举办了公司第一届职工运动会。

2017 年 10 月 28 日，珠海华发集团财务有限公司参加集团一年一度的职工运动会。

2017 年 10 月 28 日，上海电气集团财务有限责任公司全体员工参加上海电气金融集团组织的“团队聚力 永攀高峰”主题拓展培训。

2017年10月29日，上海复星高科技集团财务有限公司苏州缥缈峰团建活动。

2017年11月11日，红星美凯龙家居集团财务有限责任公司团队与集团财管中心部分部门在无锡进行为期两天的拓展活动。

2017年11月，上海汽车集团财务有限责任公司荣获中国汽车"金引擎"奖两大奖项——最佳汽车金融公司和中国汽车金融杰出推动者。

2017 年 12 月 7 日，宁波舟山港集团财务有限公司表演唱《为梦起航》获 2017 年宁波金融系统“走进新时代，携手新征程”同心·同行文艺汇演表演奖。

2017 年 12 月 22 日，广东粤电财务有限公司在“2017 中国金融机构金牌榜·金龙奖”评选活动中，从全国近 300 家财务公司中脱颖而出，排名第一，蝉联“年度全国最佳财务公司”。

2017 年 12 月 27 日，光明食品集团财务有限公司参加集团文艺汇演，表演《财务公司的一天》。

2017 年 12 月 29 日，青岛港财务有限责任公司全体员工合影。

2017 年 12 月 29 日，海马财务有限公司全体员工年度合影。

2017 年 12 月，新华联控股集团财务有限责任公司全体员工合影。

2017 年，青建集团财务有限责任公司员工参加青岛精英马拉松比赛。

2017 年，松下电器（中国）财务有限公司组织全体员工参观画展。

2017 年，武汉钢铁集团财务有限责任公司举办迎新登山比赛。

Certificate of Achievement

陶朱奖
TAO ZHU GONG
AWARDS

Top Treasury Team of the Year 2016/2017

Congratulations to

Skyworth Group Finance Ltd.

in recognition of outstanding achievements in treasury

Highly Commended

Joanna McDonough
Managing Director, EuroFinance

Brought to you by
EuroFinance

陶朱奖 AWARDS 2017

Supported by
Think Ahead ACCA

2017 年，创维集团财务有限公司荣获“陶朱奖”。

《中国企业集团财务公司年鉴》编辑委员会

委　员（按姓氏音序排列）

Matthias Plenio 普奥（西门子财务公司）
蔡才河（物产中大财务公司）
蔡亦东（浙江省能源财务公司）
柴国志（湖北宜化财务公司）
柴　山（五矿财务公司）
常守军（营口港务财务公司）
陈　波（中国电建财务公司）
陈东红（江铃汽车财务公司）
陈凤艳（江苏交通控股财务公司）
陈虎城（广东省交通财务公司）
陈景东（国电财务公司）
陈敏宏（中煤财务公司）
陈庆丰（武汉钢铁财务公司）
陈庆锴（日立（中国）财务公司）
陈书芳（福建七匹狼财务公司）
陈永洪（中国南航财务公司）
陈　越（上海复星高科技财务公司）
陈朝晖（山东晨鸣财务公司）
成彦龙（连云港港口财务公司）
初向青（天津物产财务公司）
崔　鸥（河北港口财务公司）
邓文杰（海南农垦财务公司）
邓香全（四川省宜宾五粮液财务公司）
丁　锋（江苏省国信财务公司）
丁　源（中船财务公司）
董养利（开滦财务公司）
窦广清（天津港财务公司）
杜　翔（海信财务公司）
杜心红（申能财务公司）
樊明海（三房巷财务公司）
方平凡（中集财务公司）
方泰峰（淮南矿业财务公司）
房茂雨（新凤祥财务公司）
费心佳（光明食品财务公司）
封　光（珠海华发财务公司）
冯　强（重庆力帆财务公司）
冯　勇（东方电气财务公司）
傅哲祥（浙江省交通投资财务公司）
傅志芳（万向财务公司）
高军玲（江苏凤凰出版传媒财务公司）
龚晓伟（酒钢财务公司）
顾曰滇（中开财务公司）
郭如东（江苏悦达财务公司）
郭　涌（太钢财务公司）
韩　军（渤海钢铁财务公司）
韩维平（神华财务公司）
韩文杰（中国重汽财务公司）
郝力平（中航工业财务公司）
何佳乐（亿利财务公司）
洪毅俊（深圳市有色金属财务公司）
洪志斌（中兴通讯财务公司）
侯文捷（中国电力财务公司）
侯云辉（南山财务公司）
胡西林（中国华能财务公司）
黄必烈（招商局财务公司）
黄　丹（上海外高桥财务公司）
黄尔威（海航财务公司）
黄美智（顺丰控股财务公司）
黄天珊（铜陵有色金属财务公司）
黄文阁（北京金隅财务公司）

闵　莉（中国一拖财务公司）
牟清华（新希望财务公司）
倪云山（沙钢财务公司）
牛家安（安徽省皖北煤电财务公司）
庞　勇（港中旅财务公司）
裴建光（西王财务公司）
彭逢春（大冶有色金属财务公司）
彭　科（云南云天化财务公司）
彭　松（安徽省能源财务公司）
祁保华（天津医药财务公司）
秦　怿（上海电气财务公司）
覃　虹（广西交通投资财务公司）
屈燕南（鄂尔多斯财务公司）
瞿　曲（粤海财务公司）
曲丽华（山东招金财务公司）
任文恺（首都机场财务公司）
沙春枝（陕西延长石油财务公司）
单光辉（兖矿财务公司）
沈根伟（上海汽车财务公司）
沈　洁（中国航空财务公司）
石恒涛（冀中能源财务公司）
时景丽（中车财务公司）
史艳晓（兵工财务公司）
宋华强（三环财务公司）
孙晓斌（中海财务公司）
唐　捷（巨化财务公司）
田　伟（中国电子财务公司）
田文英（北京粮食财务公司）
田中卓志（松下电器（中国）财务公司）
汪　恒（中海油财务公司）
王　芳（联通财务公司）
王凤艳（重庆化医控股财务公司）
王厚勇（航天科工财务公司）
王金新（紫金矿业财务公司）
王　娟（云南昆钢财务公司）
王力佳（大同煤矿财务公司）
王立华（北京控股财务公司）
王丽波（湖南出版投资控股财务公司）
王伟强（青岛港财务公司）
王细鹏（广州发展财务公司）
王晓明（红豆财务公司）
王艳艳（杭州锦江财务公司）
王一夫（保利财务公司）
王甬明（宁波舟山港财务公司）
王玉明（阳泉煤业财务公司）
毋浩民（西电财务公司）
吴　晨（山东黄金财务公司）
吴　桦（贵州茅台财务公司）
吴汝江（山东重工财务公司）
吴　彤（哈尔滨电气财务公司）
伍生林（马钢财务公司）
向华明（上海华信财务公司）
肖　华（湖南高速财务公司）
谢继明（湖北交投财务公司）
谢美玲（包钢财务公司）
谢沃德勒夫（伊利财务公司）
胥勋畅（四川长虹财务公司）
徐　春（东航财务公司）
徐光超（东风汽车财务公司）
徐立波（山东能源财务公司）
徐　舍（中船重工财务公司）
徐亚莉（重庆机电控股财务公司）

徐振声（青岛啤酒财务公司）
许　芳（江西铜业财务公司）
许京辉（国药财务公司）
续　颖（北京金融街财务公司）
鄢良军（中建财务公司）
杨春泉（广州汽车财务公司）
杨东旗（重庆市能源投资财务公司）
杨广玉（潞安财务公司）
杨士东（山东钢铁财务公司）
杨新良（湖南华菱钢铁财务公司）
杨　兴（中节能财务公司）
杨永柱（陕西投资财务公司）
姚卫东（新奥财务公司）
姚向明（美的财务公司）
银　虹（中材财务公司）
尹　亮（西部矿业财务公司）
尹新全（贵州盘江财务公司）
游　华（中交财务公司）
于　滨（物美商业财务公司）
于红卫（中铝财务公司）
余清海（中国平煤神马财务公司）
袁楚云（一汽财务公司）
曾健飞（红星美凯龙家居财务公司）
曾　杰（宝钢财务公司）
张爱兵（江苏国泰财务公司）
张保龙（中国石化财务公司）
张蓓蕾（珠海格力财务公司）
张冬梅（北京首都旅游财务公司）
张汉祥（中国铁路财务公司）
张　磊（中油财务公司）
张　民（新华联控股财务公司）
张　鹏（中国航油财务公司）
张善飞（青建财务公司）
张　伟（京能财务公司）
张文娟（清华控股财务公司）
张晓旭（天津能源财务公司）
张星燎（三峡财务公司）
张志强（山东省商业财务公司）
赵洪武（诚通财务公司）
赵　立（天津渤海财务公司）
赵　蓉（大连港财务公司）
赵育民（华联财务公司）
赵远波（中国华电财务公司）
郑　进（厦门翔业财务公司）
郑留强（郑州宇通财务公司）
周　健（上海纺织财务公司）
周　竞（中化工程财务公司）
周　骏（中信财务公司）
周　涛（广东省广晟财务公司）
周伟忠（江苏华西财务公司）
周雪松（河北建投财务公司）
周亚栋（上海上实财务公司）
周志坚（广东粤电财务公司）
朱建华（上海浦东发展财务公司）
朱　薇（海亮财务公司）
朱　毅（中国移动通信财务公司）
朱正华（北京汽车财务公司）
庄学能（供销财务公司）
邹宏英（中冶财务公司）
邹健荣（中联重科财务公司）
邹　群（深圳华强财务公司）

《中国企业集团财务公司年鉴》编辑部

高佳文（物产中大财务公司）
高　静（海信财务公司）
高昆冲（物美商业财务公司）
高玉臣（南山财务公司）
高　贞（深圳能源财务公司）
葛星莹（国联财务公司）
葛真权（新希望财务公司）
古军华（TCL 财务公司）
郭树圆（天津天保财务公司）
郭文惠（山西焦煤财务公司）
郭振华（内蒙古电力财务公司）
郝　佳（郑州宇通财务公司）
郝梦元（中节能财务公司）
何晓君（百联财务公司）
胡　杰（亨通财务公司）
胡　杰（亿利财务公司）
胡　帅（中信财务公司）
花　卉（北大方正财务公司）
黄菁菁（湖北宜化财务公司）
黄美善（日立（中国）财务公司）
黄书寒（中材财务公司）
黄永辉（中国南航财务公司）
吉华莉（中国重汽财务公司）
吉　敏（上海华谊财务公司）
季　麟（上海汽车财务公司）
江　洋（贵州盘江财务公司）
姜　旭（营口港务财务公司）
姜　勇（马钢财务公司）
蒋　总（湖北交投财务公司）
焦玉鹏（甘肃电投财务公司）
揭佳莉（联通财务公司）
金峰逸（吉林森林工业财务公司）
金可昊（锦江国际财务公司）
金星燕（湖南华菱钢铁财务公司）
井　雪（西王财务公司）
阚　侃（大连港财务公司）
孔　超（国投财务公司）
孔祥霞（山东晨鸣财务公司）
黎　萍（浙江省交通投资财务公司）
李　昂（江苏省国信财务公司）
李棣棣（安徽省能源财务公司）
李福男（松下电器（中国）财务公司）
李　灏（中国电子科技财务公司）
李佳瑶（上海文化广播影视财务公司）
李　靖（兵工财务公司）
李　曼（华联财务公司）
李　然（云南建投财务公司）
李特豪（晋煤财务公司）
李　伟（中国大唐财务公司）
李卫龙（日照港财务公司）
李文馨（海南农垦财务公司）
李　雪（珠海格力财务公司）
李宗泽（哈尔滨电气财务公司）
林　盈（厦门海翼财务公司）
刘邓军（贵州茅台财务公司）
刘　力（兵器装备财务公司）
刘　苗（广东省交通财务公司）
刘　倩（东旭财务公司）
刘守祖（西部矿业财务公司）
刘伟伟（清华控股财务公司）
刘香庆（天津物产财务公司）
刘晓晶（湖南高速财务公司）

刘晓溪（中国华电财务公司）
刘欣杨（国药财务公司）
刘　洋（厦门翔业财务公司）
刘一凡（北京金融街财务公司）
刘　源（三峡财务公司）
刘　钊（铜陵有色金属财务公司）
刘治军（中船重工财务公司）
龙　莎（创维财务公司）
罗晓枫（重庆市能源投资财务公司）
吕慧媛（东方财务公司）
吕丽华（包钢财务公司）
马菲菲（青建财务公司）
马　林（忠旺财务公司）
马笑月（冀中能源财务公司）
马玉华（海尔财务公司）
梅　艳（武汉钢铁财务公司）
米　瑞（中国华能财务公司）
莫晨栋（中国移动通信财务公司）
倪国平（红星美凯龙家居财务公司）
倪梦雨（中建财务公司）
潘建荣（国机财务公司）
潘　丽（港中旅财务公司）
潘亚楠（宁波舟山港财务公司）
彭　刚（中广核财务公司）
彭璐璐（中兴通讯财务公司）
彭晓晨（保利财务公司）
齐昕宇（鄂尔多斯财务公司）
钱　程（北京控股财务公司）
钱璟辉（杭州锦江财务公司）
钱　荣（深圳华强财务公司）
邱健熙（广东粤电财务公司）
曲诗瑶（中冶财务公司）
任红柳（东方电气财务公司）
任　卡（江西铜业财务公司）
任　莅（航天科技财务公司）
任　祥（中铁财务公司）
商　雪（天津医药财务公司）
沈桂权（山东钢铁财务公司）
沈龙海（上海上实财务公司）
师　平（首都机场财务公司）
师率杰（神华财务公司）
施　暄（中化财务公司）
石子锐（河北建投财务公司）
史若琳（国电财务公司）
宋　歌（青岛港财务公司）
宋晓阳（山东重工财务公司）
宋子夏（南方电网财务公司）
苏春林（四川长虹财务公司）
孙佳琳（东风汽车财务公司）
孙彦辉（河钢财务公司）
孙卓煜（江铃汽车财务公司）
谭　英（中化工程财务公司）
唐红亮（中国电建财务公司）
唐要斌（振华财务公司）
滕　丽（中联重科财务公司）
田华琼（云南云天化财务公司）
田小卫（酒钢财务公司）
田　渊（海马财务公司）
涂　华（广西交通投资财务公司）
汪炳青（江苏交通控股财务公司）
汪　恒（中海油财务公司）
汪佩弘（申能财务公司）

王　辉（北京首都旅游财务公司）
王慧源（诚通财务公司）
王　建（淮北矿业财务公司）
王　娟（一汽财务公司）
王　娟（中国平煤神马财务公司）
王可珵（陕西煤业化工财务公司）
王可心（天津渤海财务公司）
王龄莹（中航工业财务公司）
王　瑞（渤海钢铁财务公司）
王涛峰（中国一拖财务公司）
王文昳（新风祥财务公司）
王锡升（巨化财务公司）
王晓晔（五矿财务公司）
王　璇（山东黄金财务公司）
王　洋（开滦财务公司）
王　莹（天津港财务公司）
王韫宇（北京金隅财务公司）
王振联（中远财务公司）
王正东（红豆财务公司）
魏俊彪（上海纺织财务公司）
魏　茵（广东省广晟财务公司）
吴　迪（大唐电信财务公司）
吴青玲（徐工财务公司）
吴小姣（阳泉煤业财务公司）
吴志远（河南能源化工财务公司）
武丽霞（新华联控股财务公司）
武　莉（安徽省皖北煤电财务公司）
向　刚（重庆力帆财务公司）
向　亮（三环财务公司）
谢　安（金川财务公司）
谢　放（宝钢财务公司）
胥　娜（山东省商业财务公司）
徐　寰（中车财务公司）
徐　玲（江苏华西财务公司）
许莉娜（中交财务公司）
许向亭（顺丰控股财务公司）
严静雯（四川省宜宾五粮液财务公司）
杨灿林（云南昆钢财务公司）
杨迟菡（云南冶金财务公司）
杨　涵（湖南出版投资控股财务公司）
杨涵浠（海亮财务公司）
杨　杰（粤海财务公司）
杨雷霆（天瑞财务公司）
杨素华（珠海华发财务公司）
杨婷婷（中国核工业建设财务公司）
杨　逸（东航财务公司）
杨泽伟（中国铁建财务公司）
于　涛（山东招金财务公司）
于晓川（天津能源财务公司）
于永敏（深圳市有色金属财务公司）
余春阳（淮南矿业财务公司）
袁艺鸣（海航财务公司）
曾家和（浙江省能源财务公司）
曾　涛（中开财务公司）
曾文忠（沙钢财务公司）
张　贝（中国石化财务公司）
张　帆（中国航油财务公司）
张海龙（山东能源财务公司）
张皓博（陕西投资财务公司）
张宏宇（河北港口财务公司）
张　杰（上海华信财务公司）
张　楠（中油财务公司）

张　琦（光明食品财务公司）
张苏勇（北京汽车财务公司）
张　玮（供销财务公司）
张欣宇（宝塔石化财务公司）
张　旭（本钢财务公司）
张　珣（中国电力财务公司）
张　妍（北京粮食财务公司）
张玉婷（中粮财务公司）
张　岳（中铝财务公司）
张　韫（潞安财务公司）
赵　菲（鞍钢财务公司）
赵　欢（国家电投财务公司）
赵　瑞（中核财务公司）
赵　妍（航天科工财务公司）
赵　奕（陕西延长石油财务公司）
赵宇星（三房巷财务公司）
周灿红（重庆机电控股财务公司）
周　洁（西电财务公司）
周　茜（万向财务公司）
朱　婷（中集财务公司）
朱晓未（首钢财务公司）
朱鑫培（连云港港口财务公司）
庄　岩（广州发展财务公司）

编辑说明

一、本卷主要收录2017年度财务公司行业发展情况、各财务公司的经营管理状况、重要法律法规以及行业和机构统计数据等内容。

二、本卷“2017年企业集团财务公司行业情况”部分的内容由中国财务公司协会提供；“机构概览”“统计资料”及“附录”部分的内容由各财务公司提供；“文件与规章”“大事记”部分的内容由中国财务公司协会收集整理。

三、本卷各财务公司是按照财务公司名称拼音字母顺序进行排列；“文件与规章”部分是按照各发文机关公布的日期进行排列，机构名录按照财务公司获得监管部门开业批准文号的顺序进行排列。

四、本卷“机构概览”部分收录中国境内的依《企业集团财务公司管理办法》设立的正常经营的企业集团财务公司情况。正泰财务公司和湖北能源财务公司未提供相关资料。

五、本卷各部分的行业整体数据因统计机构和统计口径不同，会出现不一致，请使用时注意甄别；“统计资料”篇中由于四舍五入，总计数据与分项、不同表格的数据也可能存在误差。统计表格中，“空格”表示该项统计指标数据不详；“—”表示无该项数据。

六、本卷照片部分除“30周年”“领导调研”和“共谋发展”三部分之外，其他是以事件发生时间进行排序。

七、本卷“附录”部分的行业受表彰情况收录了财务公司的“集体荣誉”“部门荣誉”及“个人荣誉”，“个人荣誉”部分未出现具体人名，行业社会公益情况单独列示，部分公司提供的资料未能录用，敬请谅解。

八、本卷在编纂过程中得到中国银保监会其他非银行金融机构监管部领导的关心和指导，得到全国各财务公司的大力支持，参加组稿的财务公司245家。各位组稿编辑、编写人员为本卷年鉴的出版付出了辛勤的劳动，各财务公司的其他工作人员也给予了大力协助，在此一并表示衷心的感谢！

九、本卷在编纂过程中难免存在错漏之处，敬请广大读者批评指正。

《中国企业集团财务公司年鉴》编辑部
二〇一八年六月

目　　录

机构概览

文件与规章

统计资料

大事记

附　录

2017 年企业集团财务公司行业情况

2017 年是企业集团财务公司行业发展 30 周年，也是“十三五”规划全面实施、供给侧结构性改革持续深化的一年。财务公司依托产业集团，有效发挥产融优势，通过积极贯彻国家战略，不断提升服务功能，为企业集团战略实施和稳健发展提供了有力保障，行业整体发展规模和经营质效继续保持良好发展态势。

一、机构情况

（一）机构数量持续增加

2017 年末，全行业法人机构总计 247 家，较上年末增加 11 家，均为当年度新设机构，无财务公司注销解散。2017 年，全行业新设机构数量较 2016 年少了 3 家，但依然延续了 9 年来新设机构每年两位数增加的趋势。

（二）地区分布依然比较集中

截至 2017 年末，全国共有企业集团财务公司 247 家，其中北京、上海、广东三个城市的财务公司分别为 71 家、21 家、22 家，行业占比依次为 28.74%、8.50%、8.91%，总计 46.15%，基本与上年持平，财务公司地区分布依然比较集中。

二、经营情况

（一）资产规模保持快速增长

2017 年末，全行业表内外资产总额 8.69 万亿元，同比增长 15.91%，较 2016 年提升 3.48 个百分点。其中，表内资产总额 5.72 万亿元，同比增长 20.12%，较同期银行业高 11.44 个百分点；2017 年末，全行业表内资产总额占银行业资产总额的比重为 2.27%，较 2016 年提升 0.22 个百分点。财务公司全行业资产规模依然保持较高增长水平。

（二）风险控制得当

全行业信用风险控制良好，2017 年末，行业不良资产余额 18.35 亿元，同比增加 1.29 亿元，无不良资产财务公司高达 217 家。行业平均不良资产率为 0.03%，与上年持平；流动性状况保持良好，行业平均流动性比例为 62.68%，同比下降 2.11 个百分点，高于监管指标下限 37.68 个百分点；风险抵御能力保持良好，2017 年末，行业平均资本充足率为 20.92%，同比下降 0.33 个百分点，高于商业银行 7.27 个百分点；行业拨备覆盖率为 3937.85%，同比上升 634.06 个百分点，远高于商业银行。

（三）经营效益大幅提升

2017 年，全行业实现利润总额 975.04 亿元，同比增长 22.55%，增长率较 2016 年提升 19.10 个百分点；2017 年，全行业实现净利润 753.25 亿元，同比增长 21.51%，增长率较 2016 年提升 17.17 个百分点，增长率较商业银行高 15.52 个百分点。2017 年财务公司行业利润总额和净利润均出现大幅提升。

2017 年，全行业资产收益率为 1.44%，净资产收益率为 10.25%，分别较上年提升 0.05 个和 0.42 个百分点，盈利能力指标同比提升，改变了 2015 年以来连续两年下降的态势。

2017 年，全行业平均净息差和净利差分别为 2.08% 和 1.90%，分别较上年提升 0.21 个和 0.20 个百分点，受同业利率上行影响，2016 年行业利差同比下降态势得以扭转。

三、发展特点

（一）资金集中不断加强

全行业资金集中成果显著，2017 年末，全行业平均资金集中度为 47.91%，同比上升 2.33 个百分点。全行业各项存款余额为 4.64 万亿元，同比增长 21.33%；外汇及跨境资金集中进一步加强，截至 2017 年末，分别有 83 家和 85 家财务公司作为主办企业获得跨国公司外汇资金集中运营管理资质和跨境人民币资金集中运营业务资质。

（二）集团服务功能不断强化

2017 年，财务公司立足集团主业发展，不断拓展服务对象和范围，各项业务指标大幅提升，集团服务功能不断强化。2017 年，行业结算业务规模 351.55 万亿元，同比增长 31.70%，较 2016 年提升 20.84 个百分点，开展外币结算的机构数量增加 6 家至 84 家。2017 年末，行业各项贷款余额 2.52 万亿元，较上年增加 4399.18 亿元，同比增长 21.17%。

（三）产业链金融业务得以扩展

财务公司通过产业链金融业务开展有效支持集团产业发展。2017 年，有 34 家财务公司向产业链下游开展消费信贷、买方信贷和集团产品融资租赁业务，业务发生额 3139.53 亿元，涉及中小微企业 4210 家；有 42 家财务公司向产业链上游开展延伸产业链业务，业务发生额 704.59 亿元，涉及中小微企业 3057 家。

机构概览

TCL 集团财务有限公司

【集团概况】 TCL 集团股份有限公司（以下简称“集团”）创立于 1981 年，是全球化的智能产品制造及互联网应用服务企业集团。集团有 7 万名员工，26 个研发中心，10 余家联合实验室，22 个制造加工基地，在 80 多个国家和地区设有销售机构，业务遍及全球 160 多个国家和地区，主要产品覆盖电视、手机、冰箱、空调、液晶面板等领域。2017 年集团实现营业收入 1115.80 亿元，净利润 35.40 亿元，海外收入占比为 49%。集团坚定的由“中国制造”向“中国智造”迈进，积极实施国际化战略，践行“走出去”发展战略，努力实现中国品牌的海外故事。

【经营概况】 截至 2017 年末，TCL 集团财务有限公司（以下简称“公司”）资产总额 323.83 亿元，较年初增加 11.53 亿元，增幅为 3.69%；负债总额 303.80 亿元，较年初增加 9.98 亿元，增幅为 3.40%；实现净利润 1.81 亿元。公司围绕“金融秩序维护者”“金融资源整合者”“产融价值创造者”定位，发挥对集团实体经济发展的支持作用，合规及风险管控能力、服务集团及成员企业能力、持续发展能力稳步增强，各项监管指标符合要求，业务发展稳中有进。

【信贷业务】 公司按照有利于集团整体利益、成员企业利益、财务公司利益的“三个有利于”原则，利用信贷手段，支持集团整体发展，保障成员企业业务需求。一是扶优限劣，为实体企业发展提供足额金融保障；二是发挥财务顾问优势，牵头集团大型项目融资；三是管控集团整体财务费用，降低成员企业融资成本，提升融资业务效率，实现财企双赢。2017 年，累计向成员企业投放信贷 103.59 亿元，年末信贷资产分类全部为正常，并足额提取贷款损失准备。

【业务创新】 依托集团核心产业，主要通过代理开证、代开商票、流动资金贷款等信贷品种，为成员企业提供丰富的信贷品种，解决其运营过程中的资金需求，有效促进成员企业产品销售。

【资金业务】 2017 年，公司通过提升信息化水平，强化对集团资金安全性、流动性的管理。有效应对市场剧烈变化，着力打造灵活高效的资产负债管理、资产配置机制，在动态分析资金成本收益的基础上，构建自身特色的差异化定价模式，通过精细化经营，使公司各项资源得到充分利用，创造最大价值。

【投资业务】 公司利用非银行金融机构平台，积极参与金融市场，在同业定存、货币基金等传统业务的基础上，拓展并导入了同业存单、大额美元定存等产品，在确保流动性的基础上，有效提升了资金效益。

【票据业务】2017 年，公司深入推广票据托管、托收和电子票据业务，全年开票 108.42 亿元，实现开票业务 100% 电子化，极大地降低了操作风险、提高了交易速度，提升了企业票据资源管理效率。2017 年，公司累计办理再贴现 4.92 亿元，为产业链业务开展提供了充足的资金保障，有效促进了产业实体经济的发展。

【外汇业务】公司坚持以“风险中性”为原则主导管理集团及成员企业的外汇风险敞口。一是牵头制定管理制度、审核成员企业外汇管理方案；推进集团外汇信息化管理，主导搭建外汇管理信息系统。二是为成员企业提供咨询服务，逐月监控企业美元敞口变动情况，自然对冲后的净敞口则利用外汇衍生品对冲管理，最大程度地规避汇率波动对企业造成的利润影响。2017 年，集团整体外汇风险敞口控制在合理范围内，实现预期目标。

【资金集中】2017 年，公司各项业务稳健发展，资金集中管理得到集团和成员单位的持续认同与支持。公司致力于加强集团资金集中管理和提供集团资金使用效益，为成员单位提供信贷及融资管理服务。2017 年，公司资金集中度为 83.27%，较上年增加 8.67 个百分点。

【风险管理和内部控制】公司一是夯实内控合规基础，根据监管部门要求，开展“三三四十”自查、员工行为管理、信用风险排查；落实关键监管指标管理；制度体系建设有序更迭，新发布制度 8 项、修订制度 61 项。二是操作风险精细化管理初见成效，修订及完善授权手册，印发到个人；上线印控机系统，印章管理实现跨越升级；推动授权及审批流程线上化率达到 90%；落实合同面签管理，有效防范交易对手主体风险。三是实现企业动态化分类管理；推进审贷会模式审查授信，取得良好成效。

【人力资源管理】公司从多渠道引入了中高端人才，充实人才队伍，打造有智慧、有创意、有活力的工作团队；组织实施高潜力人才培养项目，完善公司年轻骨干的储备，强化干部梯队建设；以符合自身、对比标杆、驱动业务的理念实现对薪酬激励多元化调整。

【信息化建设】公司强化信息化建设对业务的驱动能力，重塑业务流程，实现既有项目迭代，如核心系统、信贷系统、票据系统、外汇系统等的优化升级；上线鹰眼审计系统、外汇管理系统、反洗钱系统等，助力业务发展。

【企业文化建设】公司策划组织了新春踏青、公司 20 周年庆、户外徒步等重要活动，营造简单温暖的企业文化；强化横向联系，积极与银行、其他金融同业进行沟通与学习，组织论坛讨论、户外徒步等方式，强化业务交流，积极宣传公司理念及文化，提升公司影响力和知名度。

【党建工作】公司党支部全面推进各项党建活动，实现党建和业务工作的“双丰收”；推行“智惠先锋”党建平台系统，切实落实党建工作线上化、标准化，提高党建工作效率；强化理论学习，积极开展“两学一做”主题教育活动、“中国共产党成立九十六周年”庆祝活动、组织收看《十九大代表风采》专题片等活动。

A

安徽省能源集团财务有限公司

【集团概况】安徽省能源集团有限公司（以下简称“集团”）是由安徽省政府出资设立的国有独资公司，是省政府授权的投资经营机构和国有资产投资主体，负责省级电力、天然气及其他能源建设的资金筹集、投资管理工作，并对建设项目进行资产经营和资本运作。集团全资和控股二级子公司13家，其中2家上市公司。集团电力、天然气、金融三大产业互动协同发展，煤炭物流、新能源、电力生产服务等行业提供有力支撑。

【经营概况】2017年，安徽省能源集团财务有限公司（以下简称“公司”）充分发挥金融功能，紧跟集团发展步伐，认真贯彻监管单位的各项政策要求，各项业务稳健运行，经营业绩显著提升。2017年，公司实现营业收入同比增长57%；利润总额同比增长59%。截至2017年末，公司资产总额为26.88亿元，同比增长1.44%；所有者权益为5.75亿元，同比增长5.47%。

【信贷业务】2017年，公司积极鼓励成员单位采取尽量先从外部商业银行贷款，后从财务公司贷款的方式，积极抢占商业银行信贷规模。在银行无法满足资金需求的状况下，公司主动利用自有资金，以低于市场的优惠利率为成员单位提供及时的贷款支持，降低了企业的融资成本，有力地支持了集团公司项目建设，有效解决了集团及成员单位的融资难融资贵的问题。

【资金集中】2017年，公司努力提升服务质量，做好资金结算工作，不断提高资金归集率。2017年，公司日均吸收存款同比增长34.23%，结算业务量同比增长39.50%，结算金额同比增长7.05%；新增内部结算账户15户，新增直联账户9个，已有70家直联成员单位。

【业务创新】2017年，公司同业拆借已取得六家商业银行共计17亿元的授信额度。公司电票业务已完成系统开发测试，等待上海票据交易所验收，开展了融资租赁业务为成员单位开展融资服务。

【风险管理和内部控制】2017年，公司开展了“三套利”“三违反”“四不当”等专项治理检查；在合规风险管理方面，开展了市场乱象专项治理、非法集资宣传月等四项专项检查；操作风险及案防管理方面，开展了存款准备金、信息科技、授权管理等六项专项检查；信用风险管理方面，完成了20余户成员单位的评级授信，超过60亿元的存量贷款的风险五级分类审查工作，并对公司信用风险管理进行专项排查；流动性管理方面，制定流动性风险应急预案和存款准备金管理办法，逐笔审查公司存放同业业务。

【信息科技】2017年，公司依托现代信息化手段牵头构建“皖财通”资金管理系统，目标是拓展完善公司核心业务系统及建设集团公司集中式一体化的资金监控平台，大幅提升公司信息化服务能力，助力集团提高资金管理水平。

【人力资源】2017 年，公司着力建立健全全员 KPI 绩效考核体系，对《绩效考核管理办法》进行讨论修订，合理设计量化指标 28 项、非量化指标 32 项，内容涵盖合规经营、风险管理、经营效益、发展转型和社会责任五大方面，通过业务部门逐级分解到每个具体岗位，适当拉开收入差距，将分配向前台一线部门倾斜，调动员工工作的积极性和主动性，发挥考核的指挥棒作用。公司员工绩效考核奖金占比为 40% 以上，逐步健全完善了以战略为引领、目标为牵引、业绩为导向的全员考核体系。

【党建工作】2017 年，公司党支部紧紧围绕集团公司的中心工作和公司重点工作，深入宣传贯彻党的十九大精神，全面推进“两学一做”教育实践活动，扎实开展“讲重作”专题教育和专题警示教育，切实加强党支部标准化和学习型党组织建设，以改革创新的精神努力推进公司的党建工作。

安徽省皖北煤电集团财务有限公司

【集团概况】安徽省皖北煤电集团有限责任公司（以下简称“集团”）是安徽省属重点企业集团。经过三十多年建设发展，集团规模不断壮大、实力逐步提升，主要产业地跨全国七省十五市，已发展成为产物贸一体化、跨区域经营的综合性企业集团，主营业务为煤炭、电力、化工和物流贸易，拥有恒源煤电 1 家上市公司。2017 年，集团拥有在岗员工 2.5 万人，资产总额 572 亿元，排名中国企业 500 强第 488 位。

【经营概况】2017 年，安徽省皖北煤电集团财务有限公司（以下简称“公司”）始终践行“依托集团、服务集团”的经营理念，完成了全年的各项经营计划与考核指标，为以后年度公司的发展壮大奠定了坚实的基础。2017 年，公司实现营业收入 1.68 亿元，利润总额 0.58 亿元，实现资金归集度为 93.23%（可归集口径）。2017 年，公司累计为成员单位代理付款 2.45 万笔，交易金额为 429.54 亿元；归集成员单位资金 5383 笔，归集金额为 423.60 亿元；为成员单位办理内部转账 1544 笔，交易金额为 196.91 亿元，帮助成员单位初步实现付款、转账等资金业务的高效快捷；自营贷款年末贷款存量 23.55 亿元，为成员单位提供担保金额 0.46 亿元；累计为成员单位支付利息 0.19 亿元，其中按协定存款方式计息的活期存款利率达 1%。截至 2017 年末，公司拥有总资产 35.14 亿元。其中，负债 28.96 亿元，所有者权益 6.18 亿元。

【资金业务】在资金业务方面，公司专门成立了存放同业资金管理小组，负责资金的存放管理。由计划财务部实时监控资金运行情况，将资金情况及时、准确地汇报存放同业资金管理小组，由存放同业资金管理小组根据成员单位资金使用时点的不同，合理测算公司资金头寸存量的高峰和低谷。在尽力满足成员单位资金需求的同时，调剂资金头寸，以存放同业资金的产品和期限的多元化为手段，合理地进行期限错配，最大限度地提高资金使用效率，获得最高的资金效益。另外，为防范金融风险，积极与多家商业银行合作，建立互惠互利的伙伴关系，2017 年全年实现存放同业收入 0.16 亿元，实现了存放同业资金的高效运营。

【信贷业务】公司严格按照遵循安全性、流动性、效益性的原则，以资产负债比例管理和风险管理为中心，紧紧围绕集团公司发展战略目标，为集团成员单位提供高效、优质的金融信贷服务。2017 年，公司发放自营贷款 25 笔，发放贷款金额 23.55 亿元，办理担保业务 1 笔，金额 0.46 亿元。同时，公司加强信贷资产管理，强化贷前调查、上会审查和贷后检查的监管机制，持续跟踪贷款企业状况，确保贷款的安全。2017 年各项贷款利息回收率为 100%。2017 年，集团授权公司与工商银行、农业银行、建设银行等多家金融机构合作开展票据池业务。

【资金集中】2017 年，按照集团公司资金归集的要求，以集团内上市公司为重点，积极推动成员单位加入资金池，同时开展各成员单位在外行开立账户的清查工作，加强对集团控制能力相对较弱的参股单位以及其他成员单位的存款营销工作，同时做好资金集中管理和调度工作。截至 2017 年底，有 77 家成员单位在公司开立账户近 130 户，办理结算 10.17 万笔，资金结算量约 3065.35 亿元。

【风险管理和内部控制】2017 年，公司以“三三四十”等专项治理为抓手，紧紧围绕公司治理、主要业务风险防控、内部控制等开展风险管理工作，全年风险管理成效显著，公司稳健运行，持续发展。一是通过“三三四十”专项治理检查，提高了公司合规发展意识，促进和规范了公司经营行为，有效防控风险，提高了公司经营质效；二是开展公司治理建设年活动，规范公司治理，为风险管理和内部控制营造良好的内部环境，充分发挥公司治理在风险管理中的重要作用；三是重点评估风险管理体系的运行情况，围绕公司面临的流动性风险、信用风险、操作风险等主要风险隐患，采取切实可行的风险防控措施，主动防范化解各类金融风险。

【内部稽核】2017 年，按相关法律法规和监管部门的要求，对公司全部的规章制度、办法和业务流程，对照相关法律法规重新进行了梳理，共计 155 个。对结算业务部、信贷业务部、计划财务部、综合管理部、风险管理部等部门进行了 9 次专项稽核审计，针对制度及操作中存在的疏漏，提出了建议和意见，并跟踪整改；落实岗位责任，确保各项业务的规范运作与公司的健康发展。按照监管部门要求，开展了“违法、违规、违章”专项整治、银行业市场乱象整治、切实弥补监管短板、提升监管效能等工作，打好防范化解重大风险攻坚战。

【信息化建设】2017 年，公司增加了与交通银行的直联，实现了与 7 家商业银行的银企直联。经过近四年的发展，公司的信息化建设取得了巨大的进步，满足了成员单位的业务需求。核心业务运营系统稳定有效运行，全年无一起宕机事故发生。银监局的 OA 办公系统和安徽省金融城域网切实有效地提高了办公效率，实现了网上办公和网上数据报送。在信息安全方面，实现了数据的同城备份，核心数据实时备份，保证业务数据的安全性和连续性。

【人力资源管理】截至 2017 年末，公司共有在岗员工27人，具有本科以上学历24人，拥有中级及以上专业技术职称占85%。全体员工均具备8年以上金融或财务工作经验，均具有扎实的金融和财务管理基础及良好的专业知识技能和从业经验。公司鼓励员工参加多种从业资格考试，激励员工加强业务学习，提高自身素质，设立专项奖励，对取得专业资格证书的个人，从物质和精神上予以褒奖，为各项业务的开展提供了可靠的人才保障。

【企业文化建设】 公司秉承“依托集团，服务集团，规范经营，稳健发展”的经营理念，整合集团金融资源，打造集团资金管理、资金结算、金融服务三大平台，助推集团产业发展。坚持“坚韧不拔、众志成城、特别能战斗”的企业精神，不断加强自身企业文化建设。通过学习，打造“诚实守信，爱岗敬业；善思好学，攻坚克难；团队协作，求实创新；志存高远，勇创一流”的皖煤人标准，不断积累、不断发展、凝聚能量，集员工之智慧，倾全员之力量，致力为社会进步提供源源不断的动力支持。

鞍钢集团财务有限责任公司

【集团概况】 鞍山钢铁集团有限公司（以下简称“集团”）于2010年5月由原鞍山钢铁集团公司和攀钢集团有限公司联合重组而成，是国务院国有资产监督管理委员会监管的中央企业，总部位于辽宁省鞍山市。集团在中国东北、西南、华北、东南、华南等地拥有七大各具特色的生产基地，有效掌控着位于中国辽宁、四川和澳大利亚卡拉拉的丰富铁矿资源，是中国最具资源优势的钢铁企业。集团不断创新冶金技术、工艺和产品，是中国首批“创新型企业”，中国首家具有成套技术输出能力的钢铁企业。

【经营概况】 2017年，鞍钢集团财务有限责任公司（以下简称“公司”）全年实现利润总额8.13亿元。截至2017年末，公司资产总额270.85亿元，自营贷款余额112.94亿元，委托贷款余额191.15亿元，吸收存款平均规模136.99亿元，存放同业平均规模46.62亿元。

【信贷业务】 2017年，公司减少对重复建设、亏损严重、破坏环境等企业的信贷投放，不断加大对绿色经济、低碳经济、循环经济的支持力度，倡导绿色金融。截至2017年末，公司全年投放绿色信贷4.30亿元。

【资金业务】 公司积极应对资金市场价格持续下行压力，一方面，通过加强资金头寸管理，优化营运资金期限结构，提高同业议价能力；另一方面，在保证资金安全前提下，通过购买流动性、收益性兼具的理财产品，有效提高营运资金的收益率。2017年，公司全年实现同业存款收入1.33亿元。

【投资业务】 2017年，公司开展了可转债和新股申购业务，实现收益296万元；通过优化资金池资产结构，合理配置债券，取得利息收入4634万元；利用银行间市场拆借利率和同业存款利率的利差空间，在不占用集团资金的情况下，累计创效340万元。

【票据业务】围绕实物票据管理和电子票据推广，加大产品创新力度，在电票系统移交切换至上海票据交易所后，积极与银行等金融机构沟通，在保证票据不出"票据池"的前提下，完成票据影像传递、贴现登记、实物到期邮寄、承兑行确认和到期托收汇款等业务流程，实现票据交易所系统与鞍钢集团公司"票据池"的成功对接。

【资金集中】面向境内、境外两个市场，实施本外币优势互补，进一步优化资金结构。一是完善人民币资金集中管理系统，优化跨区域结算业务流程。通过新增7家银企直联合作银行，提高资金集中度。二是搭建境外外汇银企直联系统，提高外币资金使用效率。利用香港SPV公司平台，推进澳大利亚资金集中管理。截至2017年末，公司可归集口径资金集中度为90.31%，较2016年增加6.51个百分点。

【业务创新】公司"一头在外"产业链贴现业务于2017年9月20日完成备案。公司积极向各成员单位宣传"一头在外"票据贴现业务对采购管理的意义、客户管理要求及操作程序等内容。同时，对"一头在外"票据贴现业务的名单管理、票据选择、定价原则、业务流程、风险控制等方面进行规范，公司于2017年11月8日首次尝试开展"一头在外"票据贴现业务。

【风险管理和内部控制】公司坚持"围绕中心、嵌入流程、完善机制、突出实效、提升手段"五个方面，稳步推进风险体系建设。一是深化业务制度管理。结合业务发展的需要及监管政策变化对原有制度进行修订，新建制度22项，修订制度38项。二是加强合同审核。为防范法律风险，进一步规范合同管理，积极研究合同编号原则，统一各类合同编号，建立公司合同文本库。三是提升风险的动态监控。组织各部门及分公司围绕公司业务，开展查找风险点辨识和评估工作。

【人力资源管理】建立健全公司绩效考核制度，构建具有财务公司特色的绩效考核管理体系。以战略绩效考核承接经营指标，以党建工作考核承接党建重点工作指标，实现党政同奖同责。同时，制订契约化考核实施方案，通过"强激励、硬约束、严考核"，形成上下贯通、横向协同、全员覆盖的市场化传导机制，保证收入分配公平合理。

【信息化建设】2017年，公司积极推进信息系统建设，搭建高效率、高科技的信息平台。一是在成都建设应用级灾备中心，保证资金结算系统安全不间断运行。二是开展金融报表系统、征信系统和风控反洗钱系统信息化项目建设，提高信息报送质量，加强风险防控能力。三是强化系统和设备运维管理，实施对系统及设备的全面监控。四是整合OA办公系统，全面实现总公司、分公司和住房公积金部三处办公地点的OA系统统一管理，进一步提高工作效率。

【企业文化建设】深化"面对面、心贴心、实打实服务职工在基层"活动，推行"践行共享理念　关爱一线职工"专项行动，关心职工生活，改善职工工作环境，切实为员工办实事、办好事。坚持开展提合理化建议活动，鼓励员工围绕公司经营、党建、文化建设，提意见、谈想法，由公司组织召开专题会议，及时给予答复、解决，调动职工积极性。

【党建工作】2017年，公司积极推进党建工作纳入公司治理，认真履行重大事项须经党委会前置审议程序。健全党的组织体系，在保持领导职数与编制总量不增的前提下，设立党委工作部，配备专职组织员。制定党建工作考核评价办法，对各党支部党建工作实施季度绩效考核。落实党风廉政建设主体责任，定期召开党风廉政建设警示教育大会，深入开展廉洁自律、反腐倡廉教育，从源头上防范“四风”问题。

百联集团财务有限责任公司

【集团概况】百联集团有限公司（以下简称“集团”）是中国规模最大的国有商贸流通产业集团，是由原上海一百集团、华联集团、友谊集团、物资集团于2004年合并重组的大型国有商业零售综合性集团。集团注册资本10亿元，主要业务涵盖百货公司、购物中心、奥特莱斯、大型卖场、标准超市、便利店、专业专卖等零售业态，经营大宗物资贸易、电子商务、第三方支付、仓储物流、消费服务等领域。十三年来，集团商贸产业发展遍布全国20多个省市，有近6000家营业网点，主营百货零售业务网络以长三角区域、线下为主，初步形成了全国拓展布局，并建成了线上线下联动的全渠道网络。

【经营概况】2017年，百联集团财务有限责任公司（以下简称“公司”）做实金融基础、做全金融功能，以更加专业、丰富、灵活的金融运营服务满足成员企业多元金融需求，实现公司2015—2017年度三年行动规划圆满收官。2017年，公司获批供应链金融试点，成功申请加入上海票据交易所。2017年末，公司资产总额为人民币109.82亿元，实现营业收入人民币3.62亿元，利润总额人民币7225.72万元。

【信贷业务】根据经济金融环境及监管要求，公司优化信贷投放结构，严格执行贷款三查政策，不断提升授信业务风险管理能力。通过增加实地调查频度，强化贷后检查力度，确保公司发放贷款的资产质量。公司严控信用风险，2017年所有贷款分类都为正常类。

【投资业务】2017年，公司通过加强与同业交流，充分议价提质增效，扩大同业业务；通过遴选金融产品，在符合监管指标及董事会授权范围内，在确保流动性和支持实体经济发展基础上，运用富余资金审慎配置投资类资产，提高资金效益；通过开展财务公司间同业授信，进一步深化同业机构合作，丰富公司的流动性管理手段。

【票据业务】2017年，公司紧抓票据市场发展机遇，成功申请加入上海票据交易所。同时，积极拓展财务公司电票应用场景，提升财务公司电票在金融市场上的影响力。当前，博世西门子中国总公司、上汽大众等著名企业已接受公司承兑的电票。

【资金集中】紧紧围绕资金集中的工作主线，巩固经营业务存量，谋求突破业务增量。截至2017年末，公司通过宣传、路演、培训，实现集团所属上市公司业务结算全覆盖。同时，根据集团重点项目的推进情况，按照时间节点要求，公司积极开展资金结算的前期准备工作。2017 年，公司年末全口径资金集中度达到62.92%，可归集资金集中度达99.87%。

【业务创新】2017 年，公司获准开展供应链金融业务。8 月，供应链金融服务平台 1.0 版上线运行，实现从 0 到 1 的突破。在产品方面，推出“百链 e 贷”业务，即公司与核心成员企业系统平台对接合作，整合双方资源，为核心企业的供应商提供全流程网上操作的网络保理服务；在系统方面，结合客户的实际操作体验，制作图文结合的操作手册；在流程方面，与合作银行加强交流，优化面签流程，简化开户材料。

【风险管理和内部控制】公司以建设 EAST 数据报送系统为契机，充分运用大数据，以信息科技力量提升公司内控管理水平，为防范系统性风险和区域性风险提供支撑。同时，公司认真落实金融监管要求，提高审计覆盖面，更好发挥三道防线作用。通过全面开展金融风险排查，全年共完成流动资金贷款、投资业务、票据业务等专项审计，确保各业务条线合规运营。

【人力资源管理】公司坚持外部引进与内部培养相结合的人才战略，根据业务发展需求，加大专业人才引进力度，充实中后台人员配备。同时，公司增加员工培训频次，围绕最新监管政策、金融市场动态、案防制度等重点内容，强化员工的合规意识，树立员工的底线思维。公司还明确将违反监管要求的异常行为、合规风险纳人员工绩效考核。

【信息化建设】公司为强化金融科技力量，支撑业务发展需要，于 2017 年 9 月成立信息部。通过开展覆盖各业务领域与环节的应急演练，以业务连续性为核心内容，检测软硬件信息安全，为公司业务运营提供安全、稳定的信息科技保障。

【企业文化建设】公司以“百联文化我来讲”主题活动为契机，深化企业文化建设。按照传承文化成果、创新文化内涵、发扬价值规范的原则，公司完善确立新时代十六字的金融企业文化。通过领导班子带头宣讲、公司全员认真参与，进一步增强了全体干部员工对企业文化的认同和践行，激发干部员工的归属感、责任感和使命感。

包钢集团财务有限责任公司

【集团概况】包头钢铁（集团）有限责任公司（以下简称“集团”）成立于 1954 年，是中国重要的钢铁工业基地、世界最大的稀土工业基地和内蒙古自治区工业龙头企业，拥有包钢股份、北方稀土两家上市公司。集团在中国 13 个重点省市设有销售分公司，在美国、蒙古国设有办事处。

【经营概况】2017 年，包钢集团财务有限责任公司（以下简称“公司”）根据业务划分对部门进行整合重设，下设综合信息部、金融市场部、信贷管理部、资金财务部、营业部、审计部、资金运营部、风险合规部，在册职工45人。截至2017年末，公司资产总额92.08亿元，负债总额76.42亿元，所有者权益总额15.66亿元，102家成员单位在公司开户，吸收存款76.21亿元。2017年，公司累计实现营业收入2.53亿元、利润总额1.54亿元，实现各项税金5292万元。

【信贷业务】公司满足集团成员单位贷款需求，通过信贷业务强化服务集团能力。截至2017年12月末，公司信贷资产规模50.63亿元，信贷规模比年初增加30.53%。

【资金业务】公司强化资金运营能力，统筹进行资金短期、超短期同业操作，以同业定存和同业活期存放两种形式获取银行存款收益。2017年开展票据直贴业务85.62亿元，积极满足成员单位的票据贴现需求，解决“两小一短”票据贴现难题。

【票据业务】公司推广商票、电子承兑汇票业务，初步搭建票据资产池。通过与浙商银行、兴业银行合作初步搭建集团公司的票据资产池，规模达到51亿元。以票据融资解决集团单位及下游客户现金支付缺口。强化票据服务职能，提供代签成员单位商业汇票金融服务。为内蒙古包钢钢联股份有限公司等七家成员单位代签商业汇票5.96亿元，满足成员单位票据支付需求。

【外汇业务】加强外汇资金集中运营管理，对成员企业进行集中收付汇，开展资金池上收下拨成员单位资金、国内外币资金主账户归还贷款及利息，提高了外汇使用效率、防范风险，节省了财务费用。

【资金集中】公司积极履行集团资金集中管理功能，通过开展定存、网上结算等服务手段，吸引成员单位存款。2017年末，公司开立账户增至102户，开户率达87.93%，资金归集率为87.39%（可归集口径），吸收成员单位存款余额达76.21亿元，较年初增加40.56%。配合计划财务部资金预算支出执行，优先保障了生产经营等刚性需求。

【保险代理】规范代理保险招投标办法，强化保险财产损失理赔服务。公司完成各险种的续保。加强保险培训，聘请国家级知名保险专家进行培训，印刷下发2017年保险手册并通过《包钢日报》等媒体对保险知识进行宣传。2017年结案63件，理赔金额4629万元，较上年增加3543万元。

【风险管理和内部控制】公司开展了电子商业承兑汇票业务、非法集资、“三套利”、市场乱象整治等专项自查工作。对公司季度经营情况和业务情况进行分析，对案件风险排查、员工行为排查情况进行统计。组织召开贷审会及风险管理委员会会议。梳理风险合规部工作流程、岗位职责及风险合规相关制度，对各部门最新修订的制度进行合规审查。审计部积极开展基础业务操作风险审计，重点加强业务薄弱环节的检查。通过审计检查实施有效监督，形成审计结论，提出事后完善的具体意见和建议。不断健全和完善审计制度，确保公司审计工作扎实、有序开展。

【人力资源管理】加强人力资源建设、加强人才梯队培养，提升员工队伍素质。贯彻从严管理干部要求，2017年7月，公司开展逐级选聘工作，减少行政干部设置，推进干部岗位竞争工作。通过市场化选聘职业经理人，打开金融专业领域紧缺人才的市场化选聘通道。开展公开选拔、竞争上岗、层级设置。强化员工专业教育培训，提高专业资格证获得率。2017年，公司职工参加包头市第一届会计大赛，获得金融组团体三等奖、个人三等奖。

【信息化建设】信息科技风险管理纳入风险管理委员会，重新梳理和调整岗位职责，将岗位所属权限内所有核心系统数据库密码进行分段管理，降低安全隐患。不断完善融资管控系统、集团纸票系统和资金预算管理系统。逐步淘汰老旧设备，依据现有和即将上线的资金管理系统重新部署公司网络信息设备。

【企业文化建设】加大公司的宣传文化工作力度，获评“包头市银行业宣传先进单位”。充分发挥工会优势，加强民主管理，维护职工的合法利益，被授予集团公司“模范职工小家”。团支部开展青工金融知识竞赛、品鉴书香活动和以“青春礼赞十九大”为主题的团日活动，被授予内蒙古金融“五四红旗团支部”称号。

【党建工作】组织开展“两学一做”教育实践活动，进一步规范“三会一课”、党费收缴、党员发展等基础工作制度。开展“三项制度”建设，设立年度支部工作目标，党员认领履责事项，发挥先锋引领作用。公司连续四年被评为公司廉政工作优秀单位。开展“雁过拔毛”式腐败问题集中整治；制定《强化工作责任管理办法》，对部门廉政工作进行量化年度考评；严格执行“三重一大”决策制度。

宝钢集团财务有限责任公司

【集团概况】2017 年是中国宝武钢铁集团有限公司（以下简称“集团”）联合重组后的第一个完整年，当年实现钢产量 6539 万吨，营业收入 4005 亿元，利润 143 亿元，上交税费 230 亿元。位列《财富》世界 500 强企业第 204 位，在全球钢企中排名第二，维持《财富》“最受赞赏中国公司”评价，并保持了全球综合类钢铁企业最优评级水平。集团坚决落实供给侧结构性改革，化解产能 545 万吨，累计化解 1542 万吨，提前完成三年目标，将压减工作与扭亏增盈、治僵脱困、整合融合、企业改制等相结合，为发展新业务腾挪空间。

【经营概况】2017 年，宝钢集团财务有限责任公司（以下简称“公司”）实现税前利润 2. 63 亿元，净资产收益率为 10. 15%，资产规模和利润水平创五年来新高。公司荣获“2015—2016 年度上海市文明单位”“2016 年上海市金融创新成果奖提名奖”“2016 年度集团先进基层党组织”“2016 年浦东新区经济突出贡献奖”等诸多荣誉。

【信贷和供应链业务】2017 年 9 月，公司按照监管要求完成试点延伸产业链金融服务的备案工作。公司打造上游“宝利通”品牌，以金融超市等移动金融服务手段，推进供应商票据贴现和保理业务；打造下游“宝融通”品牌，以互联网思维创新现货质押融资服务。2017 年末，公司供应链融资余额 35 亿元（不含转贴现），小微客户占比超过 80%。公司积极打通票据转贴现通道，2017 年累计发生转贴现和再贴现 21 亿元。

【资金业务】自营投资坚持谨慎原则，主要投资于固定收益类品种，保障资产安全，保持盈利稳定，2017年末各项投资余额8.88亿元。在流动性管理方面，不断完善多级备付体系，抓住关键时点，灵活配置货币市场基金、银行理财、同业存单、买入返售、同业定存等品种，在保障流动性、安全性的同时，努力提升收益率，体现集中备付和资金协同优势。2017年流动性管理资金平均规模63亿元，综合收益率达到3.7%。

【票据业务】2017年10月，公司电票系统顺利接入上海票据交易所。成员单位电票业务呈现爆发式增长，全年电票结算交易量17.7万笔，金额为4615亿元，同比分别上升188%和301%。针对成员单位电票使用中的痛点，及时推出电票代理签收、代理提示付款等服务，支持成员单位降低操作风险，提高工作效率。深入调研武钢有限公司的票据业务现状和管理需求，量身定制个性化的票据池服务方案，提供票据托管、信息查询、财票承兑、质押开票、供应商贴现等服务，支持集团融合协同效应发挥。

【外汇和自贸区业务】公司抽调业务骨干组建专职团队，梳理外汇交易业务流程，建立工作机制，拓展衍生品交易对手，加大外汇能力体系化建设。2017年，公司发挥集团货币类衍生品集中交易平台的运营职能，协助集团集中管理成员单位的外汇衍生品业务，以代理或代客方式为成员单位提供远期结售汇业务累计258笔，金额折合人民币214亿元。拓展自贸区FT分账核算业务，提供FTE账户“信用证收汇+远期结汇+跨境结算”一揽子服务。2017年FT分账核算单元共办理收付汇44笔，金额折合人民币10亿元。

【资金集中】2017年，公司累计办理结算流量4.57万亿元，业务量163万笔，金额同比增长37%，笔数同比增长2%。按照管办分离原则，不断优化业务流程，完善现金平台服务，平台内部结算集中度不断提高，整体管理效果明显。2017年底，平台覆盖法人单位超过260家，管理账户逾800个，归集资金余额253亿元，内部融通资金余额421亿元，充分发挥集团内资金归集平台、结算平台、风险监控平台的功能。

【业务创新】适应金融业务移动化和社交化趋势，构建移动金融服务布局，公司将移动金融服务品牌“小财迷”升级为“宝财GO”。按照不同的用户群，分别开发了“阳光购”“金融超市”“票管家”“移动司库”四大APP模块，精准解决企业流程中的痛点和痒点，提升运营效率，改善用户体验。与核心主业财务、采购、信息等部门协同，采取“党支部共建”的方式，共同打造“阳光购”智慧采购平台。

【风险管理和内部控制】坚守风险底线思维，把防控金融风险放到首要位置，按照监管要求，认真做好“三违反”、“三套利”、“四不当”、反洗钱、信用风险排查等多项专项治理工作，切实履行风险防控主体责任。健全与完善信贷、投资业务风险管控机制，提升业务审查效能。以金融超市和供应商票据贴现业务为中心，深入推进流程再造工作，嵌入在线风控，提高运营效率，降低操作风险。把敏感岗位管理列入常态化工作，实施中层干部大面积轮岗，强化人人有责、主动合规的理念。

【信息化建设】支撑电票业务创新，提升电票服务质量，2017年下半年公司启动电票系统重构项目。与核心主业财务共享中心协同，开发财企直联电票接口，支持成员单位在标财系统中一键式开票、背书、托收承付，提高财务人员的工作效率。迭代式开发移动APP应用功能，支撑公司移动金融业务发展。

宝塔石化集团财务有限公司

B

【集团概况】宝塔石化集团（以下简称“集团”）创立于1997年，是一家以石油化工为主营业务，产学研一体化，产融结合协同发展的大型企业集团。集团拥有国家发展改革委、商务部审批的原油进口配额及资质、原油进口使用资质、国际原油贸易资质、成品油批发资质、燃料油进口资质，是“五证齐全”的民营石化集团。集团已经投产的炼化基地可实现每年1250万吨的产能，已形成和即将形成丙烯、聚丙烯、乙炔等化工产能120万吨，拥有近200座加油加气站。2017年集团通过资产处置和重组，减轻负债和管理负担；通过体制机制改革，在管理上迈上新台阶，通过对产业板块的梳理，理清了主业、辅业和关联产业的关系，战略定位更清晰。

【经营概况】截至2017年末，宝塔石化集团财务有限公司（以下简称“公司”）资产总额为132.31亿元，同比增加92.64亿元；所有者权益为20.37亿元，同比增加3317万元；营业收入2.16亿元，同比增加1.67亿元；净利润为3317万元；资本充足率为15.2%；不良资产率、不良贷款率为零。

【信贷业务】2017年，公司继续加强信贷服务，对各成员单位进行评级授信管理，并通过贷款、票据等形式，积极拓宽集团和成员单位融资渠道，有效地促进了集团流动性的增长，满足了各成员单位生产、经营和发展所需的融资需求。2017年，公司累计发放贷款94.30亿元，年末贷款余额122.39亿元，同比增加84.78亿元。累计票据承兑金额161.90亿元，贴现金额6.50亿元。

【资金集中】2017年，公司多措并举，强化平台搭建工作，有效吸纳存款，全力归集资金。一是“减费让利”。通过制定协定存款优惠、免收手续费等规定，为成员单位提供良好的存款服务条件，有效提高成员单位资金归集的积极性。二是全力搭建资金归集平台。共开通三家银行的银企直联平台，有力地保障了资金归集的自动化处理。三是获得集团大力支持。通过行政指令，集团在年中将资金归集纳入对各成员单位的绩效考核当中，以行政手段为辅助，有效保障了资金归集的实现。截至2017年末，公司吸收成员单位存款余额111.78亿元，全口径资金归集率达70.01%，可归集口径资金归集率达98.63%，2017年公司通过资金归集为集团降本增效约合人民币1000万元。

【业务创新】2017年，公司将创新业务作为拓宽金融服务职能的重要突破口。一是同业授信业务的开展双管齐下，与银行和其他财务公司的合作均取得实质性的突破。二是信贷资产转让业务斩获佳绩，按期完成受托银行信贷资产利息和2亿元本金的收回。三是试水“互联网+”业务，网上票据交易业务开端良好。

【风险管理和内部控制】2017年，公司内部风控体系有效运行。一是树立企业合规文化。公司将2017年5月至2018年5月作为企业的“合规管理年”，持续开展专业课程培训，加强了员工风险防范意识和合规操作意识，提高了公司风险管理水平。二是完善风险管理制度体系。新编和补充修订风险管理类制度20多项，进一步健全了风险管理制度体系。三是高度重视内部审计工作。公司每月、每季度均制定详细的内部审计计划，对重要的操作风险点严加防控，对检查发现的问题追加整改，起到了有效的控制和监督作用。

【人力资源管理】一是全面加强公司团队化建设。全年新招23名员工入职，截至2017年末，公司职工共计43名。其中82%具有本科及以上学历，70%以上具有3年以上金融机构从业经历，团队综合素质稳步提升。公司全年累计晋升7人次，跨部门调动1人次，充分满足内部人员配置需求。二是强化绩效考核管理。公司修订了绩效考核管理制度，通过月度绩效考核激励促进各项目标责任的实现。三是持续开展学习培训，全面提升员工综合素质。全年累计参加内外部业务培训近600人次。

【信息化建设】2017年，公司大力推进信息化建设。一是公司加大投入，各项基础设施、设备不断完善，全年累计投入资金200余万元。二是完善信息管理制度，共修订二十余项重要制度，全面提升了公司科技信息管理水平。

【企业文化建设】2017年，公司企业文化建设富有成效。一是公司秉承宝塔集团企业文化精神，切实履行企业社会责任。二是树立合规文化，树立全员风险防范意识和合规操作意识。三是创建团结奋进、勤学尚新的文化氛围。四是加强对外宣传工作。开通公司网站和微信公众平台，向外展示公司发展动态，通过宝塔集团报刊和社会刊物，积极宣传企业良好形象。

保利财务有限公司

【集团概况】中国保利集团有限公司（以下简称“集团”）于1993年2月组建，为国务院国有资产监督管理委员会管理的中央企业，注册资本为20亿元人民币。集团主营业务包括军民品贸易、房地产开发、文化艺术经营、民爆业务等。截至2017年底，集团总资产为8910.4亿元，净资产为1998.7亿元；全年实现营业收入2501亿元，利润总额为300.5亿元，净利润为220亿元。

【经营概况】2017年，保利财务有限公司（以下简称“公司”）日均存款规模接近200亿元，时点数最高超过330亿元；自营贷款规模56.65亿元；实现有价证券投资收益5566万元；完成结算交易6.4万笔，超额完成各项经营指标。截至2017年末，公司总资产为231亿元，净资产为28亿元。全年实现营业收入

8.49 亿元，实现利润总额为 3.7 亿元、净利润为 2.85 亿元。

【信贷业务】公司信贷业务本着“提升融资服务规模，丰富融资服务产品，优化融资投向结构”的原则，提供流动资金额度贷款等多样化融资方案，业已形成集团全主业覆盖的融资服务格局。截至 2017 年底，公司自营贷款余额为 56.65 亿元，委托贷款余额为 7.7 亿元，服务区域已覆盖全国 25 个省、自治区、直辖市。

【资金业务】2017 年，公司存款规模稳步提高，但波动性依然剧烈，因此流动性安全仍作为资金运作的首要工作。在此基础上，综合考虑重要成员单位的资金计划、关键时点存款变动、市场价格变动等因素，合规有序地进行资金运作。2017 年，公司资金运作主要采取了提前规划、统筹安排、做好应急等措施。坚持每天与存款占比较高的成员单位进行沟通，及时了解资金变动情况，提前备足头寸。同时结合信贷和有价证券投资计划以及准备金缴存情况，做好资金规模和期限的匹配。此外，公司继续扩大金融合作范围，积极向金融机构申请增加公司授信额度。2017 年，公司资金运作整体平稳有序，未发生流动性风险，整体资金收益率较 2016 年提高 60 个基点。

【投资业务】一是继续以低风险的货币基金类作为流动性管理手段；二是积极研究和讨论各类金融机构经营和发展情况，支持集团金融板块发展，服务成员单位的各种金融需求；三是将重点放在固定收益类投资研究，深入研究债券品种和市场动态，努力拓展投资种类，2017 年完成了在人民银行备案和上海清算所开户事宜，申请获得了银行间债券市场准入资格。2017 年日均投资规模 13 亿元，收益率较上一年增长 23%。

【票据业务】2017 年，公司重点推广电子票据业务，做大票据业务规模，丰富成员企业支付结算手段，全年办理承兑金额 28.18 亿元，同比增长 98%，累计贴现金额 18.61 亿元，同比增长 97%，均创历史新高；并与多家银行签订转贴现协议，扩大票据业务的银行合作范围，年内累计办理转贴现 2.25 亿元。

【外汇业务】2017 年，公司继续加强外汇政策学习和研判，一方面加大已开办业务的宣传力度，给予成员单位价格上最大优惠，全年累计办理即期结售汇业务欧元 5000 万元，美元 2000 万元，较 2016 年均有所提高；另一方面积极申办符合集团外汇发展需求的外汇业务，向国家外汇管理局北京外汇管理部正式递交了开展外汇资金集中运营管理业务的申请。

【资金集中】2017 年，公司所属集团严格执行国务院国资委有关资金归集要求，通过重要会议、下发通知、考核资金归集度、修订资金办法等方式部署指导资金归集工作。公司围绕资金归集坚持以服务促归集，开展多类别多品种服务创新。根据市场利率和成员单位归集情况，实行差别化利率管理，对部分归集较高的成员单位适当让利；进一步加大成员单位融资服务支持力度，稳步提升融资服务规模，丰富融资服务产品，优化融资投向结构，实现集团主业融资服务全覆盖格局。资金归集保持稳步提升态势。2017 年，成员企业开户总数达 549 家，结算业务量及结算额再创历史新高，全年办理结算 6.4 万笔，同比增长 23%；结算额突破 2.1 万亿元，同比增长 88%；资金归集规模创历史新高，时点存款达到 330 亿元，日均归集达 190 亿元，同比增长 28%。

【业务创新】2017 年，公司设计供应链融资方案，通过贷款及票据的方式，协助集团内部产业链上下游企业间压降应收账款、应付账款规模，解决内部关联企业往来款结算问题，盘活存量资金。

【风险管理和内部控制】公司编写了《2016 年度全面风险管理报告》和《2016 年

度内控评价报告》；依据监管要求和业务实际，新增《董事履职评价办法》《监事履职评价办法》等七项制度，修订《授权管理办法》等两项制度。2017 年全年监管指标全部达标，无不良贷款，未发生重大操作风险事件和重大外部诉讼事件，未发现违法违规经营管理行为，各项风险指标处于行业领先水平。

【人力资源管理】有针对性地加强各层级人才特别是新员工的培养，着力提升员工业务水平和把握政策的能力。一方面，通过内部各部门业务培训和参加中国财务公司协会举办的基础业务培训班等形式，加强新员工的基础业务能力。另一方面，采用聘请外部专家，参加人民银行、银监局、外汇局等监管机构举办的专项培训，借调人员到监管部门参与监管检查等方式，进一步提高员工专业技能。

【信息化建设】在“一体化”安全监控系统对核心业务系统所用软件、硬件、网络、机房环境等设备实时安全监控的基础上，公司对信息系统安全进行加固，业务网络增加漏洞扫描、入侵检测、终端安全管理、安全审计和网络抗攻击等安全防护设备。公司开发了统一监管报送平台，实现了向银监局非现场监管统计系统自动取数、报送 1104 报表；向人民银行营业管理部调查统计处自动取数、报送金融统计数据。

【企业文化建设】针对年轻员工多的特点，一是营造学习创新的环境，根据热点问题，结合工作实际，提出研究课题，鼓励员工写论文、出成果；二是营造健康向上的氛围，开展健步走、歌咏比赛以及乒乓球、羽毛球等文体活动。

【党建工作】完善党支部发挥作用的体制机制。坚持加强党的领导和完善公司治理统一，落实党支部研究讨论作为董事会、经理层决策重点问题前置程序要求；落实“双向进入、交叉任职”领导体制；完成党建工作进公司章程，包括外资股东瑞士信贷在内的所有股东已经批准。加强党支部组织建设。坚持和完善党支部集中学习制度；建立“两学一做”学习教育常态化制度化实施机制；重大事项召开全体党员大会，定期召开领导班子民主生活会、党员评议会议等。强化党风廉政和防腐败建设，公司至今未发生违纪违法事件。保证党建工作经费落到实处，公司预算按上年工资总额 1% 列支公司党建工作经费。

北大方正集团财务有限公司

【集团概况】北大方正集团有限公司（以下简称“集团”）定位为投资控股集团，拥有方正信息产业集团、北大医疗产业集团、北大资源集团（托管）、北大方正物产集团等公司。集团以 IT、医疗、金融三大产业为核心支柱，并在地产、教育等产业形成特色优势，逐步形成多产业协同的发展格局。

【经营概况】2017 年，北大方正集团财务有限公司（以下简称“公司”）为成员单位提供经营范围内的各项金融服务。截至2017年末，公司资产总额为117.78亿元，各类资产质量良好，所有者权益总额为63.61亿元，较上年增长3.04%。全年实现主营业务收入4.02亿元，净利润1.88亿元。成员单位已开户109家，全年资金结算超过6853亿元。

【信贷业务】表内业务方面，公司本年度在信贷投向方面，对具备自主创新能力和先进生产技术的企业给予贷款规模上倾斜、贷款利率上优惠的政策。截至2017年末，公司全口径贷款余额83.55亿元，其中，自营贷款余额82.56亿元，票据贴现余额9989万元。表外业务方面，公司为成员单位提供委托贷款、担保等业务服务。2017年末，公司委托贷款余额7.35亿元，担保余额60.18亿元，承兑余额2.44亿元，满足了成员单位的多种信贷服务需求。

【资金集中】2017年末，全口径资金集中度达到20.42%；可归集口径资金集中度达到57.64%；全年日均存款超过59.08亿元。2017年，公司以银企直联方式实现自动化归集，与发生业务较为频繁的重点客户签订银行账户归集协议；针对非直联银行账户，公司继续推行余额报送系统。公司在支付结算费用以及利率政策上最大限度让利于成员单位，开户成员单位数量较上年有小幅度增加。

【票据业务】2017年10月，公司配合上海票据交易所完成了电子商业汇票系统（ECDS）的移交切换工作，并在集团内部大力推广电票承兑、贴现业务。全年为成员单位办理承兑2.44亿元。同时，将服务的触角延伸到了中小型企业，全年成功申请人民银行再贴现额度2.49亿元，重点服务于集团医疗医药和高新科技行业。

【资金和投资业务】2017年，公司在加强流动性管控的同时适当减少头寸备付，合理分配资金，充分发挥存放同业和短期投资的协同配合，大幅提升了资金使用效率和资金收益率。公司加大力度拓展有价证券投资业务，坚持审慎投资原则，重点投资于流动性强、风险管控较好的固定收益类品种，如货币市场基金、银行理财、收益凭证、同业存单等。下半年加入银行间债券市场以来，公司进一步拓宽投融资渠道，加强与各金融机构间的合作往来，合理配置金融产品，取得了较好的资金收益。

【风险管理和内部控制】信用风险方面，严格执行对授信单位的尽职调查和风险审查，严格履行审贷委员会的职责，认真进行贷后检查和跟踪。修订了《资产风险分类管理规则》，将表外资产纳入分类范围。2017年，公司未出现不良资产，贷款减值准备和资产减值准备均为100%。流动性风险方面，公司在优化资金配置方面下足功夫，同时通过信息系统建设实现流动性指标的每日监控，保证所有时点流动性达标，年度平均流动性比率达98.93%。2017年，公司高度重视合规工作，无重大法律风险事件发生，修订制度47项，新增制度11项，并以合同管理为切入口加强对各部门业务的合规管理。公司按照银监会、中国财务公司协会、集团要求，开展了12项监管自查或整改检查，及时跟踪、监控各项目的法律事务状况并适时纠偏，并组织5次专项合规培训，推出《法规汇编》。

【人力资源管理】公司储备“双一流”院校、国际交往人才，全年重点关注人群目标招聘增长率为5%，实际招聘增长率达到9%，核心岗位继任人才配比达到1∶2.3。2017年，公司开展了十二期“业务知识分享课堂”；创新在公司内部开展了以读书、考证、业务研讨等不同学习目标的“学习部落”活动项目；在集团内部兄弟公司之间开展了“三思部落”学习活动；培训总次数达

92次，培训总时长5808个小时，人均培训小时数达到107个小时。

【信息化建设】 2017年，实现公司核心业务系统价税分离，发票自动开具、打印；建设监管报送系统，实现让报表自动生成、校验；建设反洗钱系统实现异常交易的预警、处理、上报；完成了电子商业汇票系统由人民银行至上海票据交易所的改挂工作，确保电子商业汇票系统的正常运营。完成了公司信息机房网络架构的改造升级，实现线路冗余机制，各区域间物理防火墙隔离，并做好信息系统日常运维工作。

【企业文化建设】 2017年，公司组织开展各类文体活动，如趣味运动会、足球比赛、羽毛球赛、篮球赛、天目湖秋游活动等，营造健康、积极、向上的和谐公司氛围。

【党建工作】 2017年，公司党支部认真落实上级党委关于“两学一做”学习教育活动安排，按照“四讲四有”合格党员标准，召开专题组织生活会。积极开展各类党建活动，如西柏坡红色教育活动、建党观影活动、读红色书籍活动、微党课系列活动等，深入学习《中国共产党章程》和《中国共产党廉洁自律准则》及习近平总书记系列重要讲话等。此外，2017年公司党支部获评为集团“先进基层党组织”，支部两名党员也分别获得“优秀共产党员”和“优秀党务工作者”称号。

北京金融街集团财务有限公司

【集团概况】 北京金融街投资（集团）有限公司（以下简称“集团”）为北京金融街集团财务有限公司（以下简称“公司”）的母公司，集团成立于1992年，是大型国有多元化投资企业，业务范围涵盖政府重点工程、房地产开发、金融、物业经营与管理、文化、教育、医疗健康等产业，业务覆盖北京、上海、天津、重庆等近20个省市。

【经营概况】 2017年，公司结合利率市场化进程，继续坚持市场化运营，积极推进各项业务，成功申请获批同业拆借业务资质，增加了公司流动性管理手段。截至2017年末，公司吸收存款余额10.78亿元，累计发放贷款余额11.8亿元，资产总额19.41亿元，实现营业收入0.53亿元，净利润0.32亿元。

【信贷业务】 2017年，公司集中集团内相对分散的资金，围绕集团物业运营、教育等“6+1”战略板块的成员单位，以市场化方式依法合规开展信贷业务，妥善协调了各类成员单位的利益诉求，满足了国资委、银监会、证监会的监管要求；针对公司营业时间较短，存量信贷投放、到期相对集中的情况，制定了在发展中以增量信贷调整整体信贷投放、到期结构的信贷策略。2017年，公司新增贷款2.8亿元人民币，截至2017年末，贷款余额11.8亿元，全部贷款利率均不高于同等条件的外部贷款利率，全部贷款五级分类正常。

【资金业务】2017 年，公司努力克服存款规模较小、稳定性较低、资金频繁大进大出、资金计划尚不完善等不利因素的制约，积极与各成员单位和集团相关部门联动，及时了解集团各成员单位资金使用情况，不断完善资金计划管理工作，合理安排资金运用的期限、结构，同时进一步增加合作银行同业机构，积极与银行同业询价议价，获得较高的同业存放收益，全年开展同业定期存放业务 277 笔，累计金额 253.25 亿元，累计实现同业存放利息收入 7014 万元。

【资金集中】2017 年，公司在集团领导的带领下多次走访成员单位，并在全集团范围内召开财务公司业务推介会。在集团重组工作完成后，新纳入的二级成员单位均已在公司开户。此外，公司坚持以市场化的存款利率充分让利成员单位，与成员单位共享公司的市场化收益，多措并举。2017 年度，公司实现了集团整体以及成员单位的资金收益大幅提升。

【业务创新】积极开展“财企对接”，为成员单位提供个性化、专业化咨询服务业务。公司与集团公司、教育公司分别签订了非营利性《财务顾问协议》，就集团本部发行公募、私募债，公司与集团财务部、主承销商、律师事务所、第三方信用评级等机构密切合作，就债券发行的具体流程、材料准备、债券要素设定等具体工作全程参与并提供顾问建议；为教育公司在财务账簿设立管理、税务申报、业务运营模式分析选择、投融资方案设计安排等方面提供全方位的顾问咨询服务。

【风险管理和内部控制】截至 2017 年底，公司共形成各类管理制度 124 项，2017 年度修订各类制度 18 项，新增制度 8 项。2017 年公司制定《流动性管理应急预案》并加强信息系统建设，实现对流动性比例和资本充足率两项指标的按日自动抓取监测。形成了公司授权手册，完成了公司授权授信体系的搭建。2017 年，公司完成内控手册的修订工作，对内控手册中 31 个控制点和 11 条制度条款内容进行了修订。积极主动进行内控自评，并聘请第三方中介机构进行内控评价。根据公司业务发展需要进一步完善部门职责、岗位职责，持续符合业务发展需要及监管要求。2017 年度公司审计稽核部共独立完成常规审计项目 4 项，专项审计项目 4 项，做到了公司各职能部门全覆盖。

【人力资源管理】2017 年，公司不断完善用人机制，加强人才引进和培训力度，鼓励员工自我学习。一是组织相关业务人员参加了信贷、投资、外汇交易、财务报表、营改增等专业培训，全年累计参加培训 30 余批（次）。二是积极推进公司激励机制，根据年度考核开展先进个人、先进集体评选工作。三是为促进各部门工作高效快捷开展，进一步明确工作权责，公司对中层管理人员、普通员工等七个部门多个岗位的岗位职责进行了重新梳理整合。

【信息化建设】通过业务连续性应急演练，提升应急反应和处理能力。聘请国家信息中心的专业团队，参照国家信息安全等级保护制度三级标准对公司核心信息系统进行了模拟测评，公司得分 82.55 分，在同业中处于较好水平。公司于 2017 年上下半年分别以病毒爆发和供电中断为场景，风险部门、信息部门与各业务部门联合针对相关场景下资金汇划业务、同业拆借业务等时效性较强的业务进行应急演练，进一步提升应急反应和处理能力。

【企业文化建设】2017 年，公司进一步加强企业文化建设，努力营造富有审慎经营、创新发展、规范行为、人为关怀、风险管理意识的企业文化氛围。努力提高领导干部的执行力和综合能力，安排相关人员参加理论学习，包括民主管理、组织建设、劳动关系协调、职工技术创新及素质工程等。

【党建工作】2017 年 5 月，公司党支部正式成立，自党支部筹备期开始，公司一直在集团党委的正确领导和大力支持下，紧紧“围绕中心抓党建、抓好党建促发展”开展工作，坚持党要管党、从严治党，坚持服务中心、强化核心、凝聚人心，坚持加强党的思想建设、组织建设、作风建设、反腐倡廉建设和制度建设，把方向、管大局、保落实，充分发挥党组织的领导核心和政治核心作用。

北京金隅财务有限公司

【集团概况】北京金隅集团股份有限公司（以下简称“集团”）是以“水泥及混凝土—新型建材与商贸物流—房地产开发—地产与物业”为核心产业链，主业于香港 H 股和上海 A 股上市，下辖控股冀东水泥、冀东装备于深圳 A 股上市的大型国有控股产业集团，位列中国企业 500 强、中国企业效益 200 佳和全国企业盈利能力 100 强，同时也是建材行业世界前十，水泥行业世界第五、国内第三的行业龙头企业。

【经营概况】截至 2017 年 12 月 31 日，北京金隅财务有限公司（以下简称“公司”）资产总额为 209.74 亿元，吸收存款余额为 172.77 亿元，贷款余额为 105.93 亿元，实现利润 4.78 亿元，综合资金归集率达 68.11%，同比提高了 14.64%，可动用资金归集率为 86.79%。在中国企业集团财务公司 2016 年度行业评级中再次被评为“创新型财务公司”。

【信贷业务】2017 年，公司累计放款 136 笔，金额共 119.68 亿元；截至 12 月 31 日贷款余额为 103.71 亿元，较年初 70.52 亿元增加了 33.19 亿元；承兑汇票贴现 392 张，票面发生额合计 16.80 亿元，年末余额为 2.17 亿元；开出财务公司承兑汇票 416 张，发生额为 15.48 亿元，余额为 2.92 亿元；其中纸票 8 张，其余全部为电票。

【投资业务】2017 年，公司开展了同业存单、成员单位债券及可转债投资业务，其中累计投资同业存单和成员单位债券共 75 亿元，年化收益率为 4.5%。

【票据业务】公司电票业务系统于 2017 年 1 月 16 日上线试运行，2017 年 3 月 28 日完成软通电票系统开发验收工作，验收合格具备使用条件。截至 2017 年 12 月末共开票 408 张，金额为 14.86 亿元；电票贴现 234 张，金额为 14.18 亿元。近 100 户成员单位在公司电票系统完成开户，推广效果良好。

【资金集中】2017 年 3 月签发了《北京金隅股份有限公司结算账户管理办法》，对结算账户的开立、使用、变更、撤销、管理等进行规范与细化；截至 2017 年末，资金管理信息系统成员单位 349 户，其中冀东集团 164 户；开立结算账户 1538 个，其中冀东集团 584 户；日均吸收存款 178 亿元，可动用资金归集率达到87%，期末综合归集率接近70%，远超过行业平均水平。

【业务创新】2017年，公司电子商业汇票系统正式上线运营，成功获批并开展延伸产业链金融服务试点业务。公司在风险可控的前提下进一步拓展投资品种，实现“首次开展债券投资业务、首次开展同业存单业务、首次开展质押式正回购融资业务”三个“零的突破”。此外，公司加大代理集团授信融资管理的创新力度，拓展资管计划、信托贷款、资产证券化、债权融资计划等多个融资渠道，为集团公司经营及战略发展提供资金需求保障。

【风险管理和内部控制】2017年，公司坚持依法合规经营，落实“三违反”“三套利”“四不当”和市场乱象等行为专项治理工作，健全完善内控制度，规范各项业务操作规程和标准，梳理、汇总各版本制度并发布制度汇编。积极开展新业务的事前风险防范工作，强调“业务创新，制度先行”的风险管理理念，不断加强新业务的风险管理。公司于2017年8月末上线统一监管报送系统，实现了银监局非现场监管数据的自动生成及对监管指标执行情况的实时监测，提升公司风险管理水平。

【人力资源管理】公司根据已制定的《薪酬管理办法》和《高级管理人员薪酬考评制度》进一步明确绩效考核标准、程序等激励约束机制，明确公司高管人员绩效薪酬延期支付和追索扣回，建立了高管问责制度。公司以创新人才工作机制、优化人才队伍结构为主线，以强化人才激励为突破口，合理调整薪酬激励政策，加大培训力度及频次，激发员工主观能动性和创造力，有效提升企业向心力及人才队伍的稳定性。

【信息化建设】公司机房于2017年顺利改造完成，提高了信息系统硬件水平。公司优化资金系统，提升系统访问速度；增加实体资金池、预算模块，并完成冀东水泥新旧资金池平稳迁移；电子商业汇票系统正式上线，并完成ECDS系统由人民银行迁移至上海票交所，向商业汇票无纸化迈进；推进监管报表及分析预警系统建设，提升公司风险管理水平；增加信用评级、授信、代理贴现模块和资金归集率优化改造项目，年内已完成合同签订并组织开发；完成公司信息安全风险评估工作。

【企业文化建设】2017年，公司通过为员工举办生日会、组织职工参与体育比赛、爬山、书法、绘画培训，开展丰富多彩的文体活动，增强企业凝聚力和集体归属感。公司关心员工身心健康，定期组织健康体检，并为员工送去人文关怀。

【党建工作】2017年，在总部机关党委的具体指导下，公司党支部进一步强化了党风廉政建设责任制建设，确保落实党组织主体责任和纪律小组监督责任，按照“一岗双责”的要求，建立和完善了纪检组织，进行了责任区划分，落实任务分解。组织完成了党风廉政建设责任书及各级廉洁从业承诺的签订工作。高度重视企业核心业务、关键流程和重点廉政风险点，与职能部门相配合，加大管理力度，建设科学、合理的约束机制，有效防范风险；党支部紧密联系党员思想作风和单位工作实际，开展形式多样、内容丰富的主题党日活动，切实提高主题党日活动质量，深化党员思想政治教育。2017年6月，公司组织开展了主题为“喜迎七一、深度融合、共促发展”的银企党支部面对面活动。

北京控股集团财务有限公司

【集团概况】 北京控股集团有限公司（以下简称“集团”）成立于2005年1月，是北京市人民政府出资设立的特大型市属国有企业，是兼具境内外市场、实业经营和资本运营的国有控股集团。2017年，集团实现合并营业收入808亿元，比上年同期增长6.48%；实现合并利润总额81亿元，比上年同期增长34%，净资产收益率为7.08%，继续位居北京市国资委监管企业前列。2017年，集团位列中国企业500强第198位，位列中国服务业企业500强第82位。

【经营概况】 截至2017年底，北京控股集团财务有限公司（以下简称“公司”）资产总额合计人民币164.05亿元，较年初增加0.3亿元，增幅为0.18%；负债总额140.48亿元，较年初减少14.51亿元，降幅为9.36%；净资产总额为23.57亿元，较年初增加14.8亿元，增幅为168.76%。公司实现营业收入39869万元，完成集团签约指标营业收入总额28871万元的138.09%；实现利润总额17299万元，完成集团签约预算利润指标7207万元的240.03%；年末资金集中度达39.46%，顺利完成集团各项任务指标。

【信贷业务】 截至2017年底，公司累计发放本外币贷款折合人民币67.32亿元（其中，人民币贷款47.59亿元，港币贷款折合人民币19.73亿元）；累计为成员单位办理委托贷款合计人民币17.08亿元；累计为成员单位办理保函业务人民币1.9亿元。2017年末，公司本外币贷款余额折合人民币62.76亿元（其中，人民币贷款余额54.4亿元、港币贷款余额折合人民币8.36亿元）；委托贷款余额人民币14.55亿元；保函业务余额人民币1.89亿元。公司在实现业务增长的同时严格控制信贷质量风险，全年未发生贷款逾期、欠息和垫款的情况。

【资金业务】 存放同业业务方面，2017年公司累计存放同业定期410笔，累计规模约586.79亿元，累计实现同业利息收入2.02亿元。保本理财业务方面，办理保本理财1笔，规模为1亿元，实现理财收入41.71万元。交易所国债逆回购业务方面，累计办理交易所国债回购48笔，累计规模8.95亿元，累计实现利息收入73.58万元。同业拆借业务方面，累计办理同业拆入87笔，总规模198.90亿元，较好地满足了成员单位临时性资金需求。

【资金集中】 2017年，公司研讨上市公司资金归集方案，适时提高上市公司关联交易上限，提高集团综合资金集中度；完成集团全口径单位银行账户统计工作，协助集团对整体资金的统一管理，推进资金集中管理全覆盖工作。截至2017年底，吸收存款139.64亿元，资金集中度达到39.46%，较2016年底同比上升了11.83%。

B

【外汇业务】截至2017年底，公司完成跨国公司外汇资金集中运营管理业务的日常资金进出、代理结售汇等工作；完成成员企业外债登记续签和对外债权续签等备案工作；同时，积极发挥服务成员单位的宗旨，为成员企业提供涉及跨境外汇资金池和跨境双向人民币资金池业务等方面的咨询服务。

【风险管理和内部控制】一是通过深入开展信用风险专项排查，“三违反”“三套利”和“四不当”专项治理，以及市场乱象专项整治等多项自查工作，有效防范并及时化解了公司的各类风险隐患，提高了全员的风险防控意识；二是通过建立规范、有效的风险管理报表填报机制，切实保障了1104非现场监管报表报送的准确性，获得非现场监管报表报送三等奖；三是继续完善公司制度体系，新增制度21项，修订原有制度30项。2017年，公司对各部门业务条线进行了6次稽核检查，根据重要性原则和风险程度进行了2017年度内部控制评价，将强化落实整改作为年度重点工作开展实施了稽核审计情况回头看工作，根据整改要求推进相关流程的完善优化及制度的拟定或修订工作。

【人力资源管理】一是制定了《北控集团财务公司2017年度民主推荐干部工作方案》，通过民主推荐方式选拔任用总经理助理1名，部门副经理级人员2名；二是围绕经营业务特点并结合监管部门有关要求，调整了党群工作部、综合管理部、信贷业务部和创新业务部等部门的职责划分；三是组织员工参加了“商业银行资产负债管理与投资管理”等培训项目共计35个，参训人次达95人次。

【信息化建设】2017年，公司根据业务需要多次对信息系统进行功能更新、系统升级。2017年因集团统一安排，公司整体迁址，数据中心机房一同进行搬迁。新机房按照B类标准进行设计和施工，各类信息系统按照既定计划，顺利搬入新机房，中间未出现因搬迁造成的业务中断事件，并进行了机房火灾恢复应急演练。

【企业文化建设】2017年，公司积极开展办公场所搬迁专项调研、补充在职意外保险和子女意外保险、住院津贴等保障工作；组织开展“节日送温暖”、“暑期送清凉”、“员工应急小药箱”、员工体检、健行活动、摄影比赛、员工诗词赏析、职工歌咏比赛等活动；充分利用集团企业报、手机报和公司的网站、微信群、公告栏、宣传栏和微党课宣讲等，将“团结、和谐、担当、包容”核心价值理念融入企业持续发展全过程和生产经营管理各环节。

【党建工作】2017年，公司党支部在集团党委的领导下，以党的十八大和十九大精神为指引，深入学习贯彻习近平总书记系列重要讲话精神，紧紧抓住全面从严治党这条主线，着力发挥党组织政治核心作用，加强党组织建设、党员队伍建设。公司党支部主动与社区结对共建，编写防范金融欺诈宣传手册，深入社区开展宣传讲解，提升特殊群体金融自我保护意识和风险防范意识，搭起了党员和社区老人的“连心桥”。“七一”前后，党支部还开展了“共产党员献爱心”捐献活动、爱国主义教育观影活动等一系列主题活动。

北京粮食集团财务有限公司

【集团概况】 北京粮食集团有限责任公司（以下简称“集团”）是北京市人民政府出资组建的大型国有独资企业。集团秉承“为民承重，兴粮富国”的企业使命，实施“做资本、做品牌、做市场”的发展战略，全力保障首都粮食安全，拥有粮油储备、粮油贸易、粮油加工、商贸物流、商业不动产五大产业板块，努力构建“一链两翼多园区”的粮食产业新格局。2017 年，集团实现经营收入 335.9 亿元，同比增长 17.5%；实现利润 11 亿元，同比增长 9.6%。

【经营概况】 北京粮食集团财务有限公司（以下简称“公司”）依托集团，服务产业，以发挥金融服务职能和辅助管理职能为重点，抓归集，强管理，防风险，促提升，扎实推进资金集中管理，积极开展同业存放，大力开展信贷业务，主动参与集团财务管控。2017 年末，公司资产总额 32.37 亿元，吸收存款 26.82 亿元，贷款余额 10.53 亿元，全口径资金集中度达 60.34%，可归集资金集中度达 84.77%，不良资产率为零。全年实现总收入 8330.15 万元，完成总利润 5327.23 万元。

【信贷业务】 公司建立了完善的授信评级体系，以差别定价方式优化资金配置，促进企业提升经营管理水平。同时，本着服务企业、让利企业的理念，2017 年公司提供给企业的自营贷款加权平均利率为 4.33%，保持了偏低的贷款利率水平。2017 年，公司共完成对 15 家成员单位的评级与授信工作，合计授信 90.8 亿元，全年累计发放自营贷款 142 笔，共计 56.08 亿元；发放委托贷款 191 笔，共计 50.45 亿元。

【资金业务】 公司积极探索资金管理模式，结合成员单位资金周计划，动态调整资金使用，提高资金使用效率。同时，积极开展同业存放，在确保备付的前提下，建立同业报价台账，通过每日平衡头寸和比价，最大限度地提高存放效益。2017 年，公司平均活期存放利率达到 2.36，同比增长 25 个基点。全年实现同业存放利息收入 3386.06 万元，提升了资金集中管理价值。

【资金集中】 公司通过时刻关注企业资金流动、密切跟踪集团投资方向、严格执行清户方案，加强资金归集工作。2017 年，公司清理非归集行账户 52 个，新设企业和合资企业全部纳入资金集中管理，成员企业达到 146 家。针对粮食行业收购季资金收付特点，为企业定制灵活高效的资金归集和拨付方案。为企业提供更安全、更便捷的支付平台是公司永恒的追求，公司已成为企业信任和依靠的重要结算平台，全年完成结算业务 3.29 万笔，结算金额达到 1331.15 亿元。

【业务创新】 公司结合集团所属企业的业务特点，量身定制包括农副产品采购付款在内的对私付款业务和短信平台业务，免费提供给成员单位使用。将对公、对私付款纳入同一结算平台，支付对象扩大到职工、农户和粮食经纪人，丰富了支付手段，规范了支付行为，完善了结算体验。在两个月的试运行过程中，企业完成对私结算2500余万元，实时到账，无一差错；手机短信平台向企业同步发送账户余额和结算信息7404条，帮助企业及时掌握资金动态。

【风险管理和内部控制】公司终始坚持“业务开展，制度先行”“制度管长远，规范促发展”的管理理念，建立起层次分明、权责相清晰的内控制度体系和以基本授权书、法人授权书、特别授权书为基础的自上而下的授权体系，确保公司健康发展。同时，强化业务风险审查和跟踪监控，稳步推进合规和风险管理工作。2017年修订各类制度61项，新增制度17项。严格执行“四部联审”制度，参与业务审批1826笔，审批经营资金6593笔、项目资金340笔。

【人力资源管理】公司以支撑经营发展为目标，通过强化基础、建章立制、对标学习，初步构建了与企业发展相适应的人力资源管理体系。认真落实“给你舞台，为你喝彩”的人才观念，“三公（公开、公平、公正）选人”“三同（同心、同德、同行）育人”的人才文化初步形成。2017年，市场化引进具有丰富从业经验的专业人才3名。

【企业文化建设】公司为激发职工认同企业文化、融入企业文化、践行企业文化的自觉性与坚定性，结合集团新一轮转型发展及公司发展战略，以“落实集团企业文化，我们应该做哪些准备”为题，从重新审视领导者角色、个人影响力和团队建设角度，共同学习京粮文化理念及员工行为规范。在公司成立一周年之际，举办了以“弘扬精良文化，未来更加精彩”为主题的企业文化知识竞赛，“粮比天大、信比物重”“用精良铸就京粮”的理念融入每位员工心中。

【党建工作】公司党支部深入学习宣传贯彻党的十九大精神，坚持学原文、悟原理，做到学深悟透。同时，强化党支部规范化建设和“两学一做”常态化制度化，创新开展党员“五包两保”责任区和“岗位学雷锋、见行动、做贡献”主题实践活动，认真落实“一规一表一册一网”工作载体，积极推进“B+T+X”工作体系，把全面从严治党决策部署转变为实际行动，按照集团“十三五”战略布局，为构建“一链两轴五平台”的金融产业格局提供思想动力和组织保障。

北京汽车集团财务有限公司

【集团概况】北京汽车集团有限公司（以下简称“集团”）是中国汽车产业产品品种最全、产业链最完善、商用车规模最大、新能源汽车市场领先的汽车集团之一。集团拥有13

万名中外员工，60年发展历史，在2017年《财富》世界500强企业排行榜中，集团以611.3亿美元营业收入连续第五年入围，排名第137位。

【经营概况】2017年，北京汽车集团财务有限公司（以下简称“公司”）以“依托集团、服务集团”为宗旨，坚持提升金融服务品质，积极促进集团产融结合，实现业务发展稳中求进、核心竞争力不断提升。2017年末，公司资产规模达280.06亿元；全年实现营业收入9.13亿元，同比增长32%；实现利润4.52亿元，同比增长73.85%；净资产收益率为16.79%。

【信贷业务】2017年，公司继续发挥集团协同效应，为集团成员单位发展提供资金支持，全年累计发放贷款金额（含贴现）158.46亿元，同比增长34.40%；日均贷款规模83.50亿元，同比增长18.34%。2017年，公司存款规模进一步扩大，为业务发展奠定了良好的基础，全年日均存款余额184.27亿元，较上年增加41.45亿元，增幅达29.02%。

【消费信贷业务】2017年，公司汽车金融业务持续领跑北汽自主品牌市场，消费信贷网络已覆盖除西藏外的国内所有省份，涵盖北汽旗下绅宝、新能源、昌河、威旺、幻速、现代、奔驰七大品牌，推出了“一证贷”“双享贷”等特色金融产品，为集团整车销售提供强劲的金融动力。

【资金业务】公司资金运作开展灵活，期限结构安排合理，2017年实现同存业务收入3.1亿元。公司积极与多家银行展开谈判，加强谈判力度并取得良好效果，为公司争取到更高的活期利率，备付资金收益不断增长。

【投资业务】2017年，公司有价证券投资业务成效初显，累计完成13笔货币基金交易，累计投资金额达3.45亿元。同时，公司为集团及成员单位提供企业债券投资服务，发挥金融渠道优势、引导外部资金投入、有效降低融资成本。

【票据业务】2017年，公司票据产业链金融服务初见成效，取得五家银行对公司承兑汇票的保贴授信额度，授信金额达到32.7亿元，公司产业链金融业务的竞争力不断增强；电子商业汇票业务开展良好，集团及成员单位日常票据交易收付更为迅速便捷。

【外汇业务】公司为集团及成员单位提供境外资金结算、结售汇、资金调剂、境内外资金联动等资金业务支持与服务，2017年即期外汇交易总金额超过250万美元，对集团参与“一带一路”建设和全球产业布局提供有力金融支持。

【资金集中】2017年，公司梳理以整车厂为核心的上下游产业链结算关系，同时积极推进利率差异化工作，为集团及成员单位持续提供优质服务，促进集团内资金集中，全年新增开户69户。

【业务创新】2017年，公司汽车金融业务开展更加贴近市场需求，提出了“节假日不打烊服务”，建立了节假日轮休制度，实现消费信贷2小时审批，市场响应速度和业务效率得到有效提升，受到客户好评。

【风险管理和内部控制】2017年，公司发挥合规与风险控制委员会、操作风险委员会和信贷审查委员会重要作用，有效开展风险计量、监测工作；扎牢风险管理的“制度笼子”，共新发布和修订10项制度；开展风险专项检查，实时监测风险状况，及时识别并防控各业务条线操作风险点，不断提升风险应对能力。公司积极发挥内部审计“免疫系统”功能，通过分析公司业务风险状况，共开展6项重点业务。公司开展专项审计，运用审计与评价手段，进一步规范公司内部运营，提升运营质量和效率，促进公司健康发展。

【人力资源管理】2017 年，公司通过大区销售管理岗竞聘、青年骨干挂职交流等方式进一步丰富员工多元化职业发展通道；结合行业监管政策、公司业务发展及市场竞争形势，持续完善公司绩效管理体系，树立以目标为导向的正向激励机制；建立分层分类培训体系，持续增强员工业务能力和水平。

【信息化建设】2017 年，公司信息化建设水平不断提升，以资金系统升级改造等业务发展重点项目为切入点，优化业务流程，提高业务效率，提升客户体验；建立健全突发事件应急机制，通过基础设施、信息安全、灾备中心等应急演练，把常态的应急管理与非常态的应急处置结合起来，及时妥善地处理了各类突发事件。

【企业文化建设】2017 年，公司重点实施“文化聚力”工程，以核心理念落地和企业文化体系的完善为主线，以制度制定、活动组织、宣传教育等不同工作形式为抓手，大力提倡员工担责意识、服务意识、主动意识，进一步丰富企业文化内涵，不断提升企业凝聚力和向心力。

【党建工作】2017 年，公司开创党建工作新格局，完成党、团组织建制升级、纪委成立和工会换届、成立职代会等工作，进一步理顺党纪工团组织架构；切实加强党的领导，完成党建工作要求写入公司章程，落实“三重一大”要求，完善党委议事规则；全面推进从严治党，以“两学一做”常态化制度化为抓手，夯实基层党建工作基础，落实党风廉政建设主体责任、激发群团组织效能，凝聚公司发展新动能。

北京首都旅游集团财务有限公司

【集团概况】北京首都旅游集团财务有限公司（以下简称“公司”）独资股东为北京首都旅游集团有限责任公司（以下简称“集团”）。集团是由北京市人民政府出资并按照《公司法》设立的国有独资公司，由北京市人民政府国有资产监督管理委员会对公司依法履行出资人职责。集团经营业务涵盖酒店服务、旅游商业、餐饮服务、旅行服务、汽车服务、景区景点服务六大板块，构建了较为完整的经营产业链条，已成为在国内具有较大影响力的旅游企业。

【经营概况】2017 年，公司通过丰富金融产品、加强资金管理、让利于客户等措施，继续加大对成员企业的金融服务与支持，强化规范管理，确保完成了集团和公司董事会下达的各项经营管理目标任务。2017 年末，公司资产总额 68. 37 亿元，负债总额 56. 90 亿元，所有者权益总额 11. 47 亿元。

【信贷业务】2017 年，公司根据国家宏观信贷政策和资金市场情况，确定了在满足成员企业信贷需求的前提下，调整资产结构，提高资金使用效率的工作思路。2017 年公司贷款日均规模为30.38亿元，较2016年日均贷款规模33.40亿元下降3.02亿元，截至2017年底，自营贷款余额为31.89亿元。

【资金业务】2017年，公司资金使用效率同比显著提高。累计完成金融市场业务交易金额达456.80亿元，业务笔数254笔，质押式债券逆回购、货币市场基金、存放同业等业务发展迅速，全年累计实现收入（含投资收益）1.05亿元，同比增加0.57亿元，加权平均收益率达4.42%；另外，享受税收减免1613.90万元，其中，所得税1055.30万元，增值税558.60万元。

【资金集中】2017年，公司已开户成员单位217家，开立结算账户247户，其中2017年新增开户8户。银企直联系统已归集成员单位商业银行账户333户，实现归集资金时点余额56.70亿元，日均余额49.70亿元，开户银行新增光大银行和平安银行，直联银行新增北京农商银行，开户银行总数达14家，其中直联银行11家。

【业务创新】2017年，为配合集团成员企业的创新发展，公司提供了满足客户在扩张期实际用款需求的固定资产贷款，在客户积极开设门店、采购固定资产时，提供直接、迅速、有效、优惠的资金支持。为助力集团交通服务板块产业发展，公司不断加大信贷服务力度，2017年为首汽租赁成功办理了两笔固定资产贷款业务，发放贷款规模为1.50亿元。至此，公司已为集团成员企业提供了更为全面的传统贷款品种，包含流动资金贷款、项目贷款及固定资产贷款。

【风险管理和内部控制】2017年，公司改善了内控体系，新增制度19个，建立了涵盖公司治理、战略管理、信贷业务、风险管理、内部监督的新制度体系，包括5个制度、78个办法、19个细则，共计102个文件。2017年，公司对资产质量分类进行了4次审核，组织召开信贷审查委员会38次、投资业务审查委员会3次，其中信贷审查委员会对53笔信贷项目进行了审查，投资业务审查委员会对公司投资政策和同业交易对手白名单等事项进行了审查。2017年，公司完成结算业务、信贷业务、资金业务及资金计划管理三项常规审计项目，信息管理和财务支出两项专项审计，共提出审计意见37条。

【人力资源管理】2017年，公司通过修订岗位职责、职业行为规范、考勤与休假管理办法、公司薪酬福利与绩效考核管理办法等制度，不断规范人力资源管理。此外，公司以同业调研、参加培训等形式开展教育培训，其中，参加银监局、人民银行、中国财务公司协会、集团、档案局的各项专业培训60余次，内部学习和同业调研等14次，有5名员工分别取得了PMP证书、证券从业资格证书、中级经济师职称等，有2人取得了债券业务培训证书。

【信息化建设】2017年，公司根据业务发展需要，不断完善核心业务系统功能：一是完善证券投资管理系统模块；二是完成现金管理项目需求调研、系统开发、内部测试等工作；三是开发批量付款功能并上线运行；四是根据需求，对核心业务系统进行了优化。通过信息化工作，公司业务管理流程更加系统规范，进一步满足了风险管理要求。此外，公司还完成了信息安全现状调研、网络安全专项治理工作和风险评估报告、外包服务商尽职调查等工作。

【企业文化建设】2017年，公司将企业文化建设与党群工作相结合，开展了形式多样的教育活动，到首都博物馆、北京展览馆、北京绿野晴川动物园开展主题党日、廉政教育、参观展览等活动；开展了送温暖、植树参观、绿色健步走活动；积极参加集团工会组织的首旅风范评选以及集团羽毛球赛。

【**党建工作**】2017年，公司深化党建及党风廉政建设工作。一是不断加强思想政治工作，组织了理论中心组学习、支部学习、支部书记讲党课等丰富多样的学习活动；二是认真履行“一岗双责”，切实加强班子队伍建设，牢固树立“四个意识”，通过谈话、民主生活会等形式落实党风廉政建设工作；三是落实《首旅集团基层党建工作重点任务清单》和《关于推进“两学一做”学习教育常态化制度化任务清单》，逐项对照梳理基层企业党建工作33项重点任务和“两学一做”51项专项工作；四是认真对照巡视发现的问题及整改情况进行梳理排查，进一步加强党风廉政建设。

本钢集团财务有限公司

【**集团概况**】本钢集团有限公司（以下简称“集团”）是国有特大型钢铁联合企业，综合生产能力2000万吨。2017年，集团在国家深化供给侧结构性改革的利好形势下，紧紧抓住中国经济稳中向好、限制钢铁产能、打击“地条钢”、钢材市场持续回暖的有利时机，采取推进增产高产、开展降本降耗、促进产品提档升级等措施，各项经济指标创“十二五”以来的最好水平，粗钢产量同比增长10%，销售收入同比增长40%，利润同比增长64%。

【**经营概况**】2017年，本钢集团财务有限公司（以下简称“公司”）完成增资20亿元，注册资本从成立之初10亿元增加至30亿元；成功加入银行间同业拆借市场和上海票据交易所；常规金融业务稳步开展，业务规模创新高；创新业务实现了新的突破，电票、保函等业务相继开展。截至2017年末，公司资产总额为132.6亿元，营业收入1.04亿元，净利润为0.35亿元，各项监管指标符合行业监管要求。全年保持了无治安案件、无消防事故、无安全事故、无金融案件的稳定局面。

【**信贷业务**】截至2017年末，公司发放贷款（含贴现）余额114.8亿元，同比增长73.5亿元，增幅为178%，信贷业务规模大幅增长，为成员单位生产经营提供支持，缓解了集团公司融资压力，降低集团公司融资成本，发挥了积极作用。

【**资金业务**】2017年，公司继续巩固和发展与同业单位的良好合作关系，确保资金吸存、内部结算、电票贴现、授信业务的顺畅运行，强化资金头寸管理工作，灵活调剂资金余缺，通过引入竞争机制，实现存放同业资金最佳效益，在保证流动性和安全性的前提下，有效提高了资金使用效率，全年为集团多创收益3100万元。

【**资金集中**】2017年，公司进一步扩充成员单位及开户规模，在原有91家成员单位的基础上，新增开户成员单位10家，总数达到101家，同比增加11%；全年吸收存款总额1384亿元，同比增加23%，日均吸收存款

66.37 亿元，同比增加 105.71%，资金集中度较上年末高出 10 个百分点。

【业务创新】2017 年，为扩充集团对外结算渠道，公司积极与集团财务部、采购中心等部门联动，推广签发电票对外支付业务。一是通过召开电票推介会，宣介推广公司电票业务；二是积极走访、沟通协调银行，增加银行对公司电票贴现授信额度，确保需用资金时公司签发的电票能得到及时贴现，提高公司电票市场流通性；三是搭建微信平台，建立顺畅的沟通渠道，及时分享公司电票相关信息，及时协调、解决存在的问题。公司电票逐步获得了市场的认可和接受，2017 年共签发电票 43.3 亿元，公司电票结算占据集团票据结算总量的 30% 以上，有效缓解了集团资金压力，为集团节约财务费用 1700 万元。另外，公司首次为集团下属单位本钢国贸公司办理了 3170 万元关税保函业务，实现了中间业务领域新的突破。

【风险管理和内部控制】2017 年，公司坚持把规范管理、管控风险作为保障长远、健康、稳定发展的第一要务，在总结三年来经营管理经验的基础上，公司风险管理工作形成"三道防线""三个方位"管控体系。三道防线即"业务部门自觉管控、风险部门专责管控、稽核部门监督管控"；三个方位即在业务立项之前、业务操作之中、业务办结之后三个方位的风险管控体系，形成"事先研判防控、事中监管纠偏、事后审查整改"的全过程、全方位防控体系。公司坚持实行日风险预警报告制度、员工行为排查制度、关键岗位轮岗制度、结算窗口优质文明服务规范，把住了源头关卡。

【人力资源管理】2017 年，公司定期组织全员进行业务常识、创新理念、行为规范等内容学习，积极选派员工参加中国财务公司协会和相关机构组织的各项培训，努力扩大与银行、财务公司同行业学习交流。全年选派高管和骨干员工外出培训 11 期，受训 16 人次，有 12 名高管、员工骨干先后获得国际财资、债券从业、银行从业、本币交易从业、同业拆借从业等资格证书，大大充实了人智实力。

【信息化建设】2017 年，公司完成硬件虚拟化云平台建设。通过使用业内成熟的 VMWARE 软件搭建了公司内部的虚拟化云平台。通过虚拟化云平台的建设，整合了公司服务器、存储等硬件资源，做到动态、合理分配应用软件使用的硬件资源，起到了有效地节约利用公司硬件资源的效果。另外，公司完成系统监控平台的建设，通过系统监控平台可以监测服务器、存储和网络安全设备的运行情况，及时发现并处理遇到的问题，为公司各项业务系统的流畅运行提供有力保障。

【党建工作】2017 年，公司党支部认真贯彻执行集团党委的各项方针政策，认真开展支部"三会一课""两学一做"活动，积极发展新党员，培养积极分子。组织党员学习习近平总书记治国理政新理念、党的十九大报告、习近平新时代中国特色社会主义思想，组织观看学习《打铁还需自身硬》《永远在路上》、集团公司领导重要讲话等政教、廉政教材资料，不断增强党员政治意识、纪律意识、廉政意识和大局意识，影响和带动了全体员工积极向上的精神风貌。

兵工财务有限责任公司

B

【集团概况】中国兵器工业集团有限公司（以下简称“集团”）下设50余家子集团和直管单位，分布在全国20个省、自治区、直辖市，旗下军品、工业民品、战略资源、金融流通四大业务板块协调快速发展，为国防现代化建设和国民经济发展作出了重要贡献。2017年，集团实现主营业务收入4326亿元，利润总额为151.2亿元。

【经营概况】2017年，兵工财务有限责任公司（以下简称“公司”）全年为成员单位提供贷款和贴现日均规模198.57亿元，同比增长13%；结算存款日均规模达到264.61亿元，同比增长8%；实现利润总额10.07亿元，为客户降本增效达6.2亿元；期末净资产收益率为11.34%，资产规模达到968亿元，同比增长15%。

【信贷业务】2017年，公司信贷规模首次突破200亿元，峰值达227.32亿元，全年实现金融服务规模358.79亿元，为客户提供金融支持78.41亿元，与40家子集团和144家成员单位签署授信协议266.33亿元；取得银行授信927亿元，实现9家合作银行额度的网点切分落地；推广军品联合保理业务，以2.2亿元自营贷款撬动银行优惠利率融资9亿元。

【票据业务】2017年，公司牵头推进的“军工票”项目作为军工企业集团产业链合作与管理的资源共享平台，全年实现业务签发规模848亿元，同比增长70%，在中央企业降本增效、降杠杆减负债等方面发挥了积极作用，得到国资委等上级领导部门的充分肯定。此外，公司大力推行电票集中收付管理，搭建集团电票“票据池”，并上线上海票据交易所系统。全年累计签发电票339.19亿元，占票据整体规模的97%，同比增长92%；对外签发商票83.46亿元，涉及产业链上2839家供应商。

【外汇业务】公司积极调整、主动适应外汇局将财务公司纳入结售汇限额管理范围的监管政策，以北方系统为重点大力归集结汇业务，在形成一定顺差规模基础上保证年度代客售汇业务的正常开展，同时按季度统筹安排代客结汇规模及办理进度，全年办理代客结售汇业务162笔，累计金额2.73亿美元，帮助企业实现汇差收益1112.27万元人民币。

【资金集中】公司深入贯彻国资委和集团降杠杆减负债工作要求，加大资金集中管理的动态监控力度，深化资金集中度研究分析，实现资金规模大幅上升，年末时点存量达453.63亿元，同比增长24%。集团上市公司资金集中管理取得实质性突破，实现日均存款规模36.19亿元，同比增长24%。同时公司加大对外币资金的归集力度，深化外汇资金集中管理，筹划组建了国际业务部，启动加入SWIFT会员专项工作，实现外币存款规模2亿元，同比增长341%。

【业务创新】公司围绕客户需求，针对性开展业务创新。一是在顺利取得延伸产业链金融服务试点资格基础上，完成系统改造，完善制度流程，打通业务环节，针对性进行宣传推广并实现业务落地；二是启动了首笔外币委托贷款业务，降低子集团外汇资金成本，规避汇率风险；三是以第三方监管模式办理银票签发，创新启动模拟票据池业务，补充票据集中管理服务手段；四是完成首笔流动资金银团贷款，拓展企业融资模式，降低信贷风险敞口；五是深化利率市场化改革，分类建立贷款定价模型，创新实现个性化利率存款业务落地，逐步推进差异化定价机制建设。

【风险管理和内部控制】公司深化全面风险管理。一是落实合规风险管理要求，组织开展"三三四"、银行业市场乱象整治等一系列专项治理自查工作；二是加强流动性风险管控，通过业务需求调查、数据在线监控、优化资金安排、拓宽同业渠道，全力保障集团整体流动性；三是强化信用风险管理，开展专项排查，加强评级、授信及信贷资产管理，确保不良资产零发生。公司加强内控体系建设。实现了结算业务制度体系化；开展法制培训教育；组织开展各类专项审计工作。

【人力资源管理】2017年，公司进一步优化人力资源管理制度，修订了《招聘管理工作实施细则》《员工教育培训管理办法》，制定了《绩效委员会管理办法》《员工手册》，完成全员人事档案信息化。同时严格规范选人用人，圆满完成应届生和社招员工选聘工作，搭建合理人才储备。

【信息化建设】公司积极推进信息系统建设，提高业务支撑能力。一是成功上线了电商平台系统，通过对接资金集中管理与物资集中采购平台，逐步扩大线上采购业务规模；二是完成了风险管理系统，规范报表的报送方式与渠道，提高数据报送效率与准确性；三是满足外汇监管要求，上线了外汇数据采集接口项目。

【企业文化建设】一方面，公司加大宣传工作力度，优化工作机制，以党支部为责任单位开展月度宣传评比，充分利用各类宣传阵地实现文化成果展现。另一方面，撰写了党建政研课题报告，深入开展"春天里，创新正当时"和人民兵工精神学习宣传征文，举办砥砺前行二十周年系列活动，激发员工激情与活力，提升队伍的凝聚力。

【党建工作】2017年，公司党委以迎接党的十九大胜利召开、学习宣传贯彻党的十九大精神为主线，以"固根聚魂工程""党组织强基工程"和"党员创新工程"为抓手，全面落实新形势下国有企业党建工作新要求，扎实开展"两学一做"学习教育常态化制度化，持续推进全面从严治党，圆满完成基层党建各项工作。

兵器装备集团财务有限责任公司

【集团概况】中国兵器装备集团有限公司（以下简称“集团”）是国有独资公司，注册资本353亿元，现有长安、天威、嘉陵、建设等50多家企业和研发机构，拥有特种产品、车辆、装备制造等主业板块。

【经营概况】2017年，兵器装备集团财务有限责任公司（以下简称“公司”）实现营业收入29.09万元，同比降低3.97%；实现营业利润18.92万元，同比增长65.32%；实现利润总额15.19万元，同比增长31.72%；实现净利润11.57万元，同比增长35.44%。

【信贷业务】公司坚持“服务第一”的市场意识，产融结合服务主业，有效助推集团产业升级。2017年实现日均贷款规模130亿元，同比增长30%。

【产品销售信贷业务】公司搭建适应新形势的汽车金融业务运作模式，对集团自主品牌支持力度持续增强。2017年，公司自主品牌授信规模108亿元，同比增长54%；信贷余额97亿元，同比增长3%；累计信贷投放273亿元，同比增长12%。自主品牌经销商家数、授信总额、信贷投放继续稳居各金融机构首位。

【资金业务】公司加强流动性管理，在确保资金支付安全的前提下积极创造超额收益。一是从简单的头寸管理向全面流动性风险管理转变，有效监控和防范风险，促进流动性风险管理常态化。二是在有效流动性管理的基础上，丰富手段为公司提供价值贡献：2017年累计实现同业收益6.4亿元。

【投资业务】公司按照“把控总体风险，寻求中长期稳健的绝对收益”的目标要求，充分利用外部市场资源，搭建业务平台，注重投资团队建设和投研能力的持续提升，加强风险控制和内部管理，积极推进业务转型，探索具有财务公司特色的投资业务发展路径。

【票据业务】公司积极拓展票据业务，满足企业多元化金融服务需求。一是主动增加票据贴现投放。2017年实现票据贴现投放99亿元，同比增加近2亿元。二是为推动集团公司票据集中管理，提高资金使用效率，累计签发电票72亿元，同比增长64%。

【外汇业务】公司持续探索外汇业务，完善公司外汇业务相关制度及流程。同时积极参与相关外汇政策解读培训会及与合作银行保持沟通探讨，确保公司及时掌握最新外汇政策、持续提升业务人员水平。

【资金集中】公司通过积极推动财务公司电票、提高上市公司限额、采用市场化手段拓展合资企业等举措，有效提高资金集中度。2017年末，实现资金集中度达56.52%（原口径），同比增长15.99%；日均存款规模443亿元，同比增长15.67%。

【业务创新】一是为更好支持集团成员企

业加快创新步伐，助推成员企业产业及产品技术升级，促进公司与成员企业形成“以金融服务产业、以产业带动金融”的可持续发展良好局面，公司积极推动科研低息贷款项目实施。二是按照集团公司统一部署，筹备设立保理公司。

【风险管理和内部控制】一是以监管评级为抓手，持续强化全员风控，全面提升公司风险管理能力：落实整改，完善体系，促进风险管理水平持续提升；积极应对各类在诉案件，确保公司债权安全。二是加强稽核审计，发挥第三道防线作用。配合监管单位现场检查，推进监审联动，形成监督合力。组织开展“三违反”“三套利”“四不当”和市场乱象整治等排查工作。

【人力资源管理】一是适应监管要求和公司战略发展布局，落地实施以客户为中心的组织机构。二是全面推进三项制度改革，落地实施人力资源咨询项目。深化人事制度改革，建立管理人员能上能下机制；深化用工制度改革，建立员工能进能出机制；深化分配制度改革，建立收入能增能减机制。

【信息化建设】及时跟踪研究金融科技前沿技术，不断完善服务手段，逐步打造极具互联网特点的信息系统。以核心业务系统二期、掌上兵财二期、风险指标监测与分析系统建设为抓手，将现有的业务系统逐步改造为“客户自助服务式终端＋高效业务处理核心”复合系统。

【战略管理】为推动公司“1335”战略的执行落地与持续完善，公司对“1335”战略进行审视评估，并达成共识：公司要坚定不移贯彻落实“1335”战略方向，抓好资金集中管理、支付结算基础工作，同时努力推动公司向交易服务型、互联网金融型、投行服务型的综合金融机构转型。

【企业文化建设】一是加强廉政建设，倡导廉洁文化：杜绝“四风”问题反弹；突出教育预防，完善惩防体系；加大执纪力度，监督权力行使。二是加强新闻宣传，创优企业文化：强化创新宣传工作，打造良好舆论环境；加强精神文明建设，唱响主流价值观；加强社会责任工作，树立负责任的企业形象。

【党建工作】一是领会中央精神，深入学习党的十九大精神。高质量完成规定动作，扎实开展学习宣传贯彻党的十九大精神的各项工作。高标准做好自选动作，在公司掀起学习宣传贯彻党的十九大精神的热潮。二是加强理论武装，推动思想引领。持续推进“两学一做”学习教育常态化制度化，推动全面从严治党向纵深发展。三是加强党的建设，推进全面从严治党。加强党的领导，强化领导核心作用。四是坚持党建带团建工建，加强群团工作。完善团委组织建设，引导青年员工共同进步；增强工会服务能力，强化群众桥梁纽带作用。

渤海钢铁集团财务有限公司

【集团概况】 渤海钢铁集团有限公司（以下简称“集团”）是2010年7月经天津市委、市政府批准，由天津钢管集团、天津钢铁集团、天津天铁冶金集团和天津冶金集团4家国有钢铁企业联合组建的国有独资公司，注册资本170亿元，是集烧结、炼铁、炼钢、连铸、轧钢、金属制品生产为一体的综合性特大型企业集团。

【经营概况】 2017年，渤海钢铁集团财务有限公司（以下简称“公司”）建立健全各项规章制度，牢固树立审慎经营理念，积极做好风险管理和安全防范工作，努力在降低集团融资成本、提高资金使用效率和助推集团产业转型发展等方面发挥积极作用，确保了公司的平稳合规有序运行。截至2017年末，公司资产总计20.87亿元，营业收入5713.37万元，营业外收入1145.14万元，利润总额4598.56万元；资本充足率为99.23%，流动性比例为2608.23%，资产收益率为1.67%；资产不良率、案件发生率均为零，各项经营指标均符合监管要求，为公司稳健运营打下了良好基础。

【信贷业务】 2017年，公司结合外部融资环境和成员单位实际资金需求，调整信贷策略，加强对信贷风险的控制，结合集团下属各企业的实际经营及集团政策导向，建立贴近公司内部实际的授信评级管理体系，加强额度管理，同时持续加强贷后管理工作，通过走访集团成员单位、分析财务报表、监管贷款用途等方式，了解借款单位的经营和资金使用情况。2017年，公司无不良贷款，信贷资产持续保持良好，贷款风险总体可控。截至2017年末，公司累计放款19.8亿元，全部为自营贷款。

【资金和投资业务】 2017年，公司在严格执行资金计划管理、充分保证合理流动性的前提下，优化存放同业期限结构，提高资金收益率，有效应对钢铁行业经济下行的压力。通过每天向银行询价，利用市场资金面紧张、存放同业利率不断飙升的契机，加强同业合作，积极开展存放同业业务，进一步提高活期账户存放利率水平。2017年累计办理存放同业36.73亿元，实现创收1793.58万元。

【风险管理和内部控制】 2017年，公司按照监管要求，借鉴商业银行全面风险管理经验做法，建立健全全面风险管理体系，包括策略和政策、措施、组织体系、信息系统、内部控制系统。公司按照合法、合规、审慎的要求，遵循全面性、审慎性、有效性和独立性原则，建立公司内部控制制度，为后期工作开展提供了强有力的制度保障。年内公司严格按照各项规章制度和监管部门要求，树立审慎经营的风险管理理念，在制度基础上严控信用风险和操作风险，各项业务操作流程完整合规。

【人力资源管理】 2017年，公司着眼于可持续发展，注重加强人才队伍建设，积极打造学习型员工团队，结合金融行业及公司业务开展实际情况，不定期组织业务培训，鼓励员工结合岗位职责开展自学，进一步规范业务操作流程，促进员工业务技能、合规意识及综合素质的提升；结合公司经营实际及人才激励目标，搭建科学完善的薪酬福利管理体系，强化员工薪酬及专业人才管理，形成正向激励机制。在保障员工合法权益的同时，有效地激发员工的工作热情和主观能动性。

【信息化建设】2017 年，公司高度重视信息安全建设和信息科技风险控制，着力打造安全、合规、高效的信息平台。一是积极响应银监、公安部门的要求，积极开展信息科技等工作，抵御信息安全内外部风险。二是参照行业标准，对规章制度和操作流程合理调整、落地实施，建立融信息科技、运营、安全等于一体的标准化、规范化管理体系。三是利用现有机房、网络和设备资源，充分发挥自有资源优势，完善核心系统的应用级灾难恢复能力，提高业务的连续性。四是全面接手外包服务商的日常运维工作，降低信息科技外包风险。

【企业文化建设】公司秉承“稳健、务实、高效、创新”的核心价值观，坚持将企业文化建设同经营管理工作有机结合起来，着力打造良好的公司品牌形象和企业文化，突出以“服务”为导向的经营方针，通过务实高效，苦练内功，不断培养提高金融服务意识和专业技能，坚持高效率工作、规范化流程、创新性思维，为集团及其下属企业提供高质量的金融服务。同时，公司坚持立足发展，以人为本，通过员工生活管理委员会，加强对食堂饮食、物业管理、工作健康、安全保障等涉及员工切身利益等各项事务的管理；注重人文关怀，为员工排忧解难，深化企业文化建设，增强员工归属感和企业凝聚力。

诚通财务有限责任公司

【集团概况】中国诚通控股集团有限公司（以下简称“集团”）由国务院国资委代表国务院履行出资人职责，是国资委首批建设规范董事会试点企业和首家国有资产经营公司试点企业。2016 年 2 月，集团被确定为中央企业国有资本运营公司试点。集团主营业务为股权运作、金融服务、资产管理，以及综合物流服务、生产资料贸易、林浆纸生产开发及利用等，控股中储发展股份有限公司、佛山华新包装股份有限公司、中国诚通发展有限公司、广东冠豪高新技术股份有限公司、岳阳林纸股份有限公司、中冶美利云产业投资股份有限公司等上市公司。

【经营概况】2017 年，诚通财务有限责任公司（以下简称“公司”）贯彻落实资本运营特色功能定位，高效稳健经营。8 月，公司完成增资扩股，注册资本增至 50 亿元，实收 62.8 亿元；11 月取得“经批准发行财务公司债券、承销成员单位的企业债券、委托投资业务（除股票投资外）”三项业务资质。2017 年末，公司资产总额 214.06 亿元，所有者权益 63.70 亿元；全年实现收入 7.40 亿元，同比增长 193.7%，利润 3.02 亿元，同比增长 199.5%。

【信贷业务】2017 年，集团资本运营深入发展，产业经营快速整合扩充，信贷需求强劲。公司深入调研、分析集团及成员单位融资需求，全力提供信贷支持，全年累计发放自营贷款 147.83 亿元，其中资本运营类业务贷款占比超 80%。办理委托贷款 77.74 亿元，余额 132.18 亿元，同比增长 37.56%，发挥了桥梁纽带作用。全年日均贷款 43.5 亿元，同比增加 27.71 亿元，增长 175.38%。

【资金业务】一是强化部门协作，实现资金头寸统筹管理，构建合理的资金结构配置。二是精心筹划、高效运作，2017 年开展存放同业 457 笔，累计 690 亿元，综合收益率达 4.4%，高于市场平均水平；购买银行理财 3 笔，金额 2.05 亿元。三是积极扩大同业融入交易对手，推进 11 家同业机构的授信落地，同业融入授信规模增至 54 亿元。

【票据业务】2017 年，公司办理票据贴现 7.44 亿元、票据承兑 0.11 亿元；办理再贴现业务 0.96 亿元，打通了电子商业汇票再贴现业务。11 月末，公司完成纸票业务数据化、电子化改造，专线对接上海票据交易所系统，成为首批上线的金融机构之一，为下一步纸电融合及票据池建设奠定了基础。

【外汇业务】一是积极落实外汇管理规定，夯实即期结售汇业务基础。2017 年完成即期结售汇 1.16 亿美元，为集团降低汇兑成本约 202 万元。二是关注跨境人民币双向资金池、跨境外汇资金集中管理业务的窗口措施。向外汇局申请新增参与跨境外汇资金集中运营管理业务成员单位至 56 家，其中境内 28 家，境外 28 家。向集团申请在俄罗斯和中国香港地区开展业务试点，实现跨境资金便利流动，为参与备案成员提供外债、放款额度共享。

【资金集中】按照集团提出的“提高集中度，做大资金池”要求，紧密联系重点成员单位、高效对接新增成员单位。2017 年末，公司全口径资金集中度为 66%，可归集口径集中度为 97%，全年资金集中度基本保持在 70% 水平。年末吸收存款 149 亿元，全年日均存款 151 亿元，较上年增加 85 亿元，增长 130%。

【业务创新】2017 年 6 月 13 日，公司与中铝财务公司开展了第一笔质押式回购业务。2017 年累计完成质押式回购业务 68 笔，其中逆回购 67 笔，金额为 108.62 亿元，平均年化收益率为 5.86%；正回购一笔，金额为 3 亿元。9 月 13 日，公司购买了第一笔集团发行的中期票据，全年共购买集团中票 4 笔，金额为 10.3 亿元，应计利息收入 1095.89 万元。保障了集团中票的顺利发行，降低了融资成本，积累了宝贵经验。

【投行业务】根据集团资本运营试点方案，公司积极研究监管政策，及时完成《中国诚通资本运营公司金融板块规划》，协助集团投资入股盘锦银行取得新进展。2017 年 2 月 17 日集团与盘锦市政府签署入股银行战略合作协议，根据监管政策及环境变化适时调整入股比例。

【风险管理和内部控制】2017 年，公司持续完善全面风险管理体系，各项风险监控、监测指标均符合监管规定。不断健全公司内控体系，全面梳理各项规章制度、业务流程，修订和新增业务制度及流程 13 项。根据监管要求，开展“三三四十”专项检查，及时发现风险隐患，拟定整改方案，同时以查代训，增强员工风险合规意识。

【人力资源管理】2017 年，公司强化了班子建设，新聘任副总经理1名，提拔总经理助理1名。加大了公司青年骨干的培养，提拔部门总经理1名，平级调动部门副总经理2人，有16人职务有所提升。启动市场化招聘工作，委托诚通人力公司通过公开市场招聘中层管理人员。

【信息化建设】继续完善诚通资金网建设。自主研发增值税管理系统、外汇数据上报系统、同业业务子系统，完成境外资金管理系统实施、上海票据交易所电子商业汇票系统切换工作，保障公司业务正常、有序开展。

【企业文化建设】2017年，公司组织团员青年扎实开展“一学一做”教育实践活动；组织承办三期“有贤说”诚通青年主题论坛活动，推动了学习型团组织建设；开展篮球、乒乓球、羽毛球、ERP沙盘模拟大厦等文体活动；组织参观“砥砺奋进的五年”大型成就展等，公司团支部荣获集团五四红旗团支部称号。

【党建工作】2017年，公司党组织认真学习宣传贯彻党的十九大精神的新思想、新论断、新提法、新举措，扎实落实好中央和集团对党建工作、改革工作的新部署、新要求、新实践、新探索，抓好党建工作进公司章程、党组织议事决策工作要求、党务基础工作、“两个责任”等重点任务的落实，加强干部队伍、反腐廉洁、思想教育、企业文化等多方面建设。

C

重庆化医控股集团财务有限公司

【集团概况】重庆化医控股（集团）公司（以下简称“集团”）成立于2000年8月，是由重庆市政府出资组建的国有独资大型控股集团公司，授权经营和管理重庆市市属化工、医药行业和盐业国有独资、控股、参股的生产企业、工业供销公司、专业公司和科研院所的国有资产，行使授权范围内的国有资产出资人权利。集团现拥有全资子公司、控股、参股子公司35户（其中上市公司2家）。2017年，集团总资产783.33亿元，营业收入437.51亿元，所有者权益165.34亿元，利润总额4.49亿元。

【经营概况】截至2017年末，重庆化医控股集团财务有限公司（以下简称“公司”）资产总额为46.53亿元，净资产为10.51亿元，存款金额为35.87亿元，发放贷款、贴现及融资租赁32.55亿元，实现营业收入1.57亿元，利润总额1.36亿元，不良资产率和案发率持续为零，各项经营指标符合监管要求。

【信贷业务】2017年，公司全年完成对27家成员单位的综合评级授信，授信总金额26.88亿元；发放自营贷款68笔，发放信贷资金14.16亿元，贷款余额23.36亿元。一是大力支持建峰化工、重庆医药集团重大资产重组上市工作。二是稳妥支持集团“去产能”“去杠杆”，从长期亏损、失去竞争力的“僵户企业”释放贷款额度 1.25 亿元。三是支持化工企业环保搬迁及技改项目建设，发放信贷资金 3.69 亿元。

【资金业务】一是开展同业拆借，适当解决成员单位临时性资金需求。二是积极与中国人民银行重庆营业管理部沟通，设立小微、涉农绿色窗口，保持再贴现额度稳定。三是与重点合作银行不断沟通，签订票据池质押协议，解决成员单位小面额票据贴现难问题，节约保证金近 1.17 亿元。四是多种方式让利成员单位，全年累计为集团成员单位节省财务成本约 1576 万元。

【投资业务】2017 年，公司利用临时闲置资金开展低风险、超短期的投资理财业务 11.39 亿元，取得投资收益 591.39 万元。

【票据业务】2017 年，公司建立了票据池，成员单位将收到的商业汇票归集到票据池中由公司代管。开展的票据业务主要包括：成员单位用票据池中的商业汇票在公司办理贴现，办理质押，由公司代开银行承兑汇票，票据到期由公司代办托收等。2017 年，公司累计收到 49 户成员单位归集的承兑汇票 35.72 亿元，其中，为成员单位办理贴现 23.63 亿元，代开银行承兑汇票 6.92 亿元；办理转贴现 1.81 亿元，办理再贴现 2.98 亿元，票据余额 14.53 亿元（含托管票据）。

【资金集中】公司采取多种措施调动成员单位归集资金和票据的积极性。一是积极协调集团财务部门，将归集度指标列入对成员单位的年度目标考核，明确资金归集的要求和目标，保证账户应归尽归，实现资金、票据集中全覆盖。二是加强服务能力建设，坚持“效率高于银行，价格优于银行”的服务理念，落实各项服务承诺，提升成员单位参与资金、票据集中管理的积极性。三是优化定价机制，将归集度指标作为重要参考指标，实现对成员单位分级分类定价。

【风险管理和内部控制】2017 年，公司针对风险管理情况制定了相应风险防范措施，并向集团报送了《风险评估报告》《重大风险应对方案合集》等报告。按照监管要求深入开展“两个加强、两个遏制”回头看整改问责、“三三四十”专项自查等工作。不断完善公司法人治理结构，形成行之有效的内控体系。配合公司监事会开展 2017 年度集中监督检查，监事会认为公司经营层依法履行职责，认真执行国家政策、法律法规及“三重一大”制度，符合重大事项的决策程序。

【人力资源管理】一是结合公司人力资源现状，科学设置组织机构，并结合部门职责合理配置员工岗位，制定了《2017 年度“三定”实施方案》，并按方案逐步予以贯彻实施，严格配置相应人员。二是对干部人事档案开展了专项审核工作，核查了 6 名中层干部人事档案。三是认真执行干部任用有关规定，全面规范相关文书档案，严防“带病提拔”干部。四是严格执行国企领导人员有关制度，认真落实日常监督管理。五是积极组织员工参加各项培训 46 期，共 85 人次。

【信息化建设】一是完成征信系统非接口转接口及版本升级工作，已通过中国人民银行正式验收上线。二是完成机房扩建工程及设备采购，顺利实现机房设备迁移工作，全力保障业务开展平稳过渡。三是不断夯实信息系统运维基础，积极推进管理提升，强化技术业务协同，确保信息系统安全稳定运行。

【企业文化建设】2017 年，公司积极开展员工生日会、羽毛球赛、读书分享会等活动，加强合规教育，营造了良好的企业文化氛围。

【党建工作】一是组织全体党员同志学习党章党规、习近平总书记系列重要讲话、十九大精神等文件，开展“两学一做”学习教育活动。二是开展了参观红岩魂陈列馆、祭扫烈士陵园、重温入党誓词等特色教育活动。三是党支部书记与党员签订了《党建工作责任书》。四是坚持抓好党风廉政建设和意识形态工作，认真履行“一岗双责”。五是创刊了《党建动态》，刊载党建工作的新亮点、新做法，拓宽宣传阵地。六是公司党支部被集团党委评为“先进党支部”。

重庆机电控股集团财务有限公司

【集团概况】重庆机电控股（集团）公司（以下简称“集团”）是2000年8月28日由重庆市政府撤销原机械工业管理局、电子工业管理局、冶金工业管理局后组建的国有控股集团公司。集团主营产业包括高端装备制造、电子信息设备、交通运输装备、智能制造及系统集成和工程技术服务及推广五大板块。经过多年的发展，集团成为中国西部最大的综合装备制造企业集团，并连续多年跻身中国企业500强。

【经营概况】2017年，重庆机电控股集团财务有限公司（以下简称“公司”）实现营业收入11235.69万元，利润总额为5992.89万元，净利润为5059.10万元，同比均保持两位数增长。在资金紧缺和利率上行的金融市场环境下，公司通过资金集中管理帮助集团整体节约财务费用8558万元，在整合集团资源、盘活存量资产、提升资金使用效率以及保障集团资金安全上发挥了重要作用。

【信贷业务】2017年，公司信贷业务整体平稳发展，日均贷款及贴现214000万元，同比增长14.56%。公司多次为成员单位提供紧急资金保障，资金卫士作用进一步发挥；电票承兑业务成为新的增长点；成功办理了3家成员企业知识产权质押贷款业务，是重庆市内首家开展该类业务的非银行金融机构，成为重庆市专利局推广该业务的典型企业。

【资金业务】公司多举措提升资金使用效益。一是紧盯市场提高资金收益，加强同业合作，择高进行同业存放和国债逆回购操作。二是充分借助同业拆借、票据转贴现拓宽资金来源，加强流动性管理，完善大额资金提前报备机制，通过有力的财务管控为集团资金安全保驾护航。三是及时调整利率、费率定价策略，发挥市场利率对成员单位的引导和资源配置的优化作用。

【投资业务】2017年，公司实现了固定收益类有价证券投资业务的落地，建立了规范的业务审批及办理流程，完成了1000万元4天期国债逆回购业务操作。

【票据业务】2017年10月，公司搭建了以财务公司电票系统为核心，浙商银行票据池功能为辅助的票据集中管理新模式，公司提供上门收票和零成本开票等免费服务，保证开票基本在2个工作日内完成，最大限度地促进集团票据集中管理。通过票据集中管理、增加同业授信、借助政策红利，公司电票的接受度和流通性得到大幅提升，电票开立量同比增幅高达176.71%。电票融资功能凸显，为集团创造信用6.13亿元，为成员单位释放保证金1.80亿元。

【资金集中】随着公司服务能力的逐步提高和业务品种的日益丰富，成员单位对公司认可度逐步提升，公司资金归集量保持了小幅增长。2017年全年日均存款20.50亿元，同比增长10.87%。

【风险管理和内部控制】2017年，公司着力加强内控管理，并取得良好发展成效。一是实现了股权转让期间及转让之后的平稳过渡。二是“两会一层”履职得到进一步规范。将加强党的领导工作写入公司章程，新增及修订完成《党组织议事规则》、“三会一层”议事规则，筹建了薪酬管理委员会，开展股东会律师见证，实现各决策主体规范履职。三是高度重视监管意见的贯彻落实，加大内部审计监督力度。2017年公司各项指标均符合监管规定，业务未出现重大风险或合规问题，资产质量良好，年内未发生法律纠纷及合规风险事件、无案件和安保责任事故。

【人力资源管理】以人为本，切实加强人才队伍建设。一是坚持德才兼备，“优”选干部。通过竞聘上岗及考察选拔了3名部门负责人，进一步充实中干力量。二是严格准入门槛。运用“监管灰名单”强化员工入职前考察，严防“带病”上岗。三是内培外训，打造学习型团队。2017年全年组织开展和选送员工参加培训31次，实施了两轮跨部门轮岗，通过周例会、员工研讨会、专题讨论会等形式鼓励员工主动参与公司管理，全面提升员工业务能力与综合素质，打造积极向上的学习型团队。

【信息化建设】2017年，公司以满足监管要求和为业务保驾护航为中心，从人员和软硬件设备上加大了投入；加入了上海票据交易所，完成了征信系统接口升级，实现了业务系统与财务软件接口联通，自建了Ukey管理系统，多角度提升信息化水平；启动系统升级改造准备工作，实地开展调研和产品测试工作，形成了系统升级方案。

【企业文化建设】经过5年的发展，公司已形成了以机电集团主文化为核心理念、兼具财务公司特色的文化体系，提出了“聚金融智慧、助机电发展”的企业使命和“建设国内一流的创新型财务公司”的企业目标。2017年，结合公司员工少、员工偏年轻化的特点，公司将企业文化建设与党工群团建设相结合，共同构建和谐稳定、积极向上的正能量团队文化。

【党建工作】全面落实从严治党工作要求，把“一岗双责”落实到经营管理具体工作中。围绕“两学一做”常态化和十九大专题学习以及支部规范化建设开展支部工作：新建了党员活动室；组织开展了“庆七一、促共建”党务、服务双促进主题系列活动，把走进成员单位与学习、交流基层党组织建设经验、加强党员学习结合起来；通过系列专题学习、撰写学习心得、开展学习研讨、视频集中学习等方式扎实开展党的十九大精神专题学习和宣传贯彻工作。

重庆力帆财务有限公司

【集团概况】重庆力帆控股集团（以下简称“集团”）成立于1992年，历经26年艰苦奋斗，集团已迅速发展成为以新能源产业为战略发展方向，融科研开发、汽车、摩托车和发动机的生产、销售为主，并投资金融于一体的大型民营企业。2010年11月25日，力帆实业（集团）股份有限公司在上海证券交易所成功上市，是中国首家上市A股的民营乘用车企业。

【经营概况】截至2017年12月31日，重庆力帆财务有限公司（以下简称“公司”）资产总计82.15亿元，较年初增长5.94%，其中，各项贷款50.06亿元，较年初增长29.44%；公司负债总计65.06亿元，较年初增长6.61%。公司全年实现营业收入2.16亿元，净利润1.11亿元。全口径资金归集率为63.29%，资本充足率为24.45%，各项指标均符合监管要求。

【信贷业务】一是传统贷款业务方面，2017年，公司累计向成员单位发放贷款52笔，金额59.83亿元，其中实业板块58.33亿元，占比达97.5%，无不良贷款余额。二是新业务拓展方面，公司和张家港保税港区海关达成协议，由公司为集团进口业务出具关税保函，为集团成员单位进口业务提供关税担保，提高了集团资金使用效率。三是为集团成员单位增信，公司为集团成员单位在银行贷款提供担保增信措施，截至2017年12月31日，贷款担保余额为9.40亿元。

【产品销售信贷业务】一是消费信贷方面，2017年，公司共开展消费信贷业务9笔，发放贷款47.66万元，截至2017年12月31日，汽车消费贷款余额42万元，未发生逾期。二是买方信贷方面，2017年，公司全面推进成员单位产品的买方信贷，通过该业务实现汽车销售1.16万辆，实现摩托车销售1500辆。三是授信方面，截至2017年12月31日，共授信经销商154家，授信总额为6.57亿元，其中，汽车经销商145家，授信总额为6.19亿元；摩托经销商9家，授信总额为0.38亿元。四是用信方面，截至2017年12月31日，为汽车经销商签发商业承兑汇票1440张，金额为8.25亿元，余额为5.62亿元；为摩托车经销商发放贷款17笔，金额为732万元，余额为592万元。

【资金业务】2017年，在保持资金的稳健运营、有效控制流动性风险下，投放贷款共计50.06亿元；根据市场情况及时开展各项投资业务102笔，累计发生额为152.82亿元；积极与同业开展同业存放合作，开展短期同业定期存款业务126笔，发生额为263.62亿元。

【投资业务】2017年，公司已完成银行间本币市场下债券市场入市备案、交易商协会协议签订、上海清算所及国债公司托管账户开立及相关人员培训；完善了投资业务相关内部制度，根据市场和资金情况灵活配置货币基金、银行理财、券商资管、国债逆回购等投资业务，累计产生投资收益约277万元。

【票据业务】截至2017年12月31日，公司票据余额为61.04亿元。其中，电子承兑汇票33.19亿元，纸票0.24亿元，代存保证金12.37亿元，代开银行承兑汇票5.85亿元，票据池融资9.38亿元。

【资金集中】一是在集团大力支持下，建立了资金归集工作制度，落实各单位的资金集中度负责人牵头；二是建立了主要结算行跨行银企直联系统，为资金集中管理提供了基础技术支持；三是对成员单位存放到公司的各项存款给予了优于银行的存款利率；四是开展了代理支付业务，尽可能将暂时不用的资金留存在公司总账户；五是开展成员单位融资需向他行提供保证金质押的业务；六是公司对各成员单位归集率施行了按季度考核激励政策。截至2017年末，公司吸收存款64.58亿元，较上年增长6.42%。

【业务创新】2017年，公司在投资业务方面开展了多项新业务尝试，包括投资券商资管计划、国债逆回购等业务，力求在确保资金风险控制的前提下提高资金收益。2017年累计投资券商资管计划5000万元，国债逆回购27.62亿元。

【风险管理和内部控制】一是公司进一步对《制度汇编》修订完善，合计收录制度200项，做到了制度对公司业务全覆盖。二是坚持按季度检查和不定期专项检查，并落实监管要求，开展了各项专项治理工作。三是继续加强员工行为管理，组织全员签订了《案件防控目标责任书》。

【人力资源管理】2017年，公司进一步优化岗位设置和明晰岗位职责，强化人才队伍建设，提升人力资源管理水平。一是结合公司需要，调整部分岗位，在关键岗位设置AB角，优化了公司人员配置。二是人才按需引进，培养复合型人才。三是采取多种方式，加强员工培训。四是加强员工绩效考核，将员工岗位履职、培训结果、员工自评和他评等纳入日常考核，考核结果与员工薪酬挂钩，激发了员工积极性。

【信息化建设】2017年9月，公司在原有系统基础上对核心业务系统进行升级，并于2017年12月完成新机房建设。

【企业文化建设】一是加强企业文化传播，把企业文化建设融入公司党课、党组织活动等培训体系中。二是定期召开职工大会，就员工关注的热点问题，领导层主动征集职工意见，认真讨论研究。三是踊跃参加社会金融知识和反洗钱宣传活动，提高广大职工的金融常识和反洗钱意识。

【党建工作】公司党建一是坚持贴近企业需要、贴近党员需要、贴近职工需要的“三贴近”。二是探索建立“工作上分、思想上合，任务上分、目标上合，制度上分、行动上合”的“三分三合”工作机制。三是党建工作“双强双带”，党建强、发展强和带头创业、带头创新。四是在发展党员方面“三公示”，确定为积极分子公示、吸收为预备党员公示、预备党员转正公示。五是在党组织活动突出三个“字”，在活动方式上突出“活”字；在活动时间上突出“挤”字；在活动内容上突出“实”字。六是“六有”，有场所、有设施、有标志、有党旗、有书报、有制度。七是在用人方面“三优先”，用工优先、加薪优先、提干优先。

重庆市能源投资集团财务有限公司

【集团概况】重庆市能源投资集团有限公司（以下简称“集团”）由原重庆煤炭（集团）有限公司、重庆市建设投资公司、重庆燃气集团有限责任公司于2006年整合组建而成，是重庆市集能源投资、开发、建设、运营、服务为一体的国有大型能源企业。集团注册资本100亿元，拥有全资、控股企业19家，员工45000多人。2017年末资产总额为1049亿元，实现营业收入330亿元，利润为3.7亿元。全年生产原煤955万吨，燃气供应量30亿立方米，发电量115亿千瓦时，生产铝产品32万吨、水泥361万吨、炸药5.8万吨、雷管5552万发。

【经营概况】2017年，重庆市能源投资集团财务有限公司（以下简称“公司”）紧贴集团实体经济转型发展需求，不断强化“四个平台”职能，持续深化司库功能，各项工作呈现稳中有进的良性发展态势。2017年，公司实现营业收入2.48亿元，同比增长4%；实现利润总额1.46亿元，同比增长41%；各项监管指标均符合监管要求。公司荣获重庆市政府“2016年度支持重庆经济发展成绩突出金融机构”称号。

【信贷业务】2017年，公司密切对接集团供给侧结构性改革重点，充分发挥贴近集团实体经济的优势，围绕集团煤炭、电解铝、建筑产业等主业去产能、转型脱困、改革发展积极开展融资服务，并积极支持集团培育新动能。2017年月均信贷规模保持在42亿元，年末信贷规模42.61亿元，全年向集团11家成员单位发放流动资金贷款18.45亿元，年末贷款余额34.45亿元（不含贴现），为集团整体转型脱困提供了重要支撑。

【资金业务】2017年，公司聚焦资金运用，全力提升资金管理水平。一是提升资金使用效率。在集团内部调剂资金余缺，优化资金配置，加快集团内部资金周转。二是控制集团融资成本。公司充分发挥资金池作用，有效安排资金头寸和进行余额调节，保障了集团资金接替，增加了集团融资能力和抗风险能力。三是大力提升资金收益。2017年开展定期存放同业141笔，金额212.5亿元，拆借业务0.5亿元，备付资金收益达2.63%以上，提升了集团备付金收益水平，全年实现同业利息收入6205万元。

【票据业务】2017年，公司不断优化票据池产品功能，全年入池票据27.84亿元，票据集中结算量108亿元；办理贴现15.16亿元、代开票8.5亿元、承兑4.5亿元、再贴现1.6亿元。公司加大电票业务的推广力度，全年通过公司电票系统承兑电票金额4.5亿元，贴现电票金额11.5亿元，成员单位在公司开电票户44户，托管电票458笔，金额为5.04亿元。

【资金集中】2017 年，针对集团存量资金下降、成员单位流动性紧张、可归集资金受限等因素，公司积极制定应对措施，全方位推进资金归集工作。一是加大对成员单位的宣传走访力度。全年走访成员单位达 80 余次，推动了公司资金集中工作的开展。二是切实开展资金分析，减少不可归集资金。充分把握成员单位银行存款分布情况及资金存量情况，切实做好资金流入流出分析，可归集资金集中度保持在 80% ~90%。2017 年，公司月均吸收存款 50 亿元以上，月均资金集中度 50% 以上，年末吸收存款 59 亿元，全口径资金集中度为 58%。三是切实抓好账户管理和银企直联。截至 2017 年末，累计实现成员单位银行账户直联 305 户，账户直联率达 95% 以上。

【业务创新】公司在做实基础服务的同时，积极响应产业需求，稳步开展服务创新，业务品种得到不断丰富。2017 年 6 月实现电票系统上线，10 月正式接入上海票据交易所平台；成功备案“一头在外”产业链金融业务，打破了“服务企业集团成员单位”的业务界限，为进一步深化发展创造了条件。

【风险管理和内部控制】2017 年，公司继续深化风险管理和内部管控，切实发挥风险管理“三道防线”的作用。一是深入开展风险排查监测。2017 年开展风险排查共 6 次，风险监测 4 次，公司各项风险预警类指标均控制在预警范围内，资产五级分类结果均为正常，无不良资产。二是切实抓好制度建设。全年修订完善管理制度 22 项，新出台管理制度 7 项，公司制度体系进一步健全。三是切实强化审计工作。全年完成授信业务审计等 5 项内审，完成内部控制评级和信息科技 2 项外委审计，首次对公司 3 名离岗和离任关键岗位人员开展了审计。

【信息化建设】2017 年，公司信息系统实现安全稳健高效运行，确保了各项业务的顺利开展。一是加强信息科技基础建设。完成了办公网络改造，将所有管理权限进行集中，提高了公司办公网络的安全性和稳定性。完成了与 11 家银企直联银行的双线实施和测试工作，保障了直联通道畅通。加强了网络运行维护和安全防护，保障了公司各项业务和管理持续稳定运行，公司核心业务系统全年未发生重大停机事故。二是有序推进征信系统建设。2017 年 5 月开始实施系统建设，11 月完成项目开发及系统功能测试，已向人民银行提交上线申请。

【党建工作】2017 年，公司党支部以落实全面从严治党要求为主线，以推进“两学一做”学习教育制度化常态化为抓手，进一步压实党建责任。一是首次将党建要求写入公司章程，对公司党组织的机构设置、职责分工、工作任务、经费保障等作了明确规定，使党组织发挥作用组织化、制度化、具体化；制定了公司《支委会议事规则》和《公司议事决策流程图》，修订了公司《党支部工作规范》。二是严格按照干部选拔任用工作程序和步骤，做好了公司中层管理人员选拔任用工作。三是开展了公司党员“三龄两历”信息核查，进一步加强了党员队伍管理。四是加强内外宣传工作，不断提升公司知名度和美誉度。公司荣获集团“能源新闻杯”竞赛先进单位。

创维集团财务有限公司

【集团概况】创维集团有限公司（以下简称“集团”）成立于1988年，是一家从事多媒体、家用电器、智能系统技术与大数据、现代服务业等业务的智能家电与信息技术企业。集团拥有创维数码和创维数字两家上市公司、十多家国家认定高新技术企业，设有国家级企业技术中心和国家级工业设计中心。研发、制造、营销机构分布境内外，产品行销世界各地，有员工4万余名，连续多年位列中国电子百强企业前列。

【经营概况】2017年，创维集团财务有限公司（以下简称“公司”）坚持“立足集团、服务成员、产融结合、共赢发展”的宗旨，为成员单位提供专业金融服务，促进集团产业与公司金融服务业的优势互补，寻求共同发展。截至2017年末，公司从业人员38人，在公司开户并办理业务的成员单位62家。资产总额116.28亿元，负债总额103.24亿元，表外业务115.95亿元，净利润1.33亿元；资本充足率为15.83%，各项监管指标均符合监管要求。

【信贷业务】2017年，公司为集团成员单位量身打造、提供综合授信服务，即根据成员单位经营特点、资金需求及发展方向，对成员单位财务报表、经营状况等综合评估，制定年度综合授信计划。在提供的年度授信额度内，成员单位可申请流动资金贷款、项目贷款、贴现、开立承兑票据、保函等业务。截至2017年末，公司共向32家成员单位综合授信181.45亿元，全年为成员单位累计发放贷款84.46亿元。

【产品销售信贷业务】2017年，公司助力产业链金融，为创维产品经销商提供资金支持，解决了中小企业贷款难的问题，为拓宽创维产品销售渠道提供有力支持，体现了服务集团、产融结合的理念。2017年买方信贷业务累计发放贷款5.42亿元，申请贷款经销商达232家。

【资金业务】公司陆续建立了本币池、票据池及外币池三大资金管理平台，实现了本外币跨境融资、双向调拨、流通，提高资金使用效率，拓展融资渠道，降低财务成本，资金集中管理水平进入全国财务公司同行业前列。2017年，公司结算业务约101.49万笔，全年结算量折合人民币约4.19万亿元，成员单位资金集中度达98%以上。2017年，公司实施头寸精细化管理，实现同业收益较2016年增加0.46亿元。

【票据业务】公司规范票据管理操作，每月准时发出应收、应付票据库存对账单，确保实现应收票据零瑕疵、零逾期入账，应付票据零逾期解付，实现电票占比100%的管理目标。截至2017年12月31日，公司开出的银行承兑汇票余额38.23亿元；“电票通”业务共开出电票843张，金额1.66亿元，有助于成员单位减少收取、买卖票据，并提升现款回款比例。

【外汇业务】公司实行外汇集中管理后，打破了成员单位之间的外汇管制，提升了集团外汇资金的使用效率，在避免汇率波动影响融资、降低成员企业资金成本方面发挥了巨大作用。2017年5月，经国家外汇管理局深圳市分局批准，公司获得即期结售汇业务经营资格，为集团外汇管理提供新渠道。

【资金集中】2017年，公司开户成员单位共计62家，境内除创维数字及下属公司外，全部纳入资金集中管理范围。2017年末，全口径资金归集度为89.47%、可归集口径资金集中度为98.05%。

【风险管理和内部控制】2017年，公司依法合规经营，强化风险文化管理体系；完善制度，纠偏异常，梳理各项制度流程；及时预警，确权保权，强化风险预警与跟踪清理工作；强化稽审，明确责任，持续做好合规风险改进监督工作。通过制度梳理、年度汇编等方式，完善更新了相关内控制度，全面涵盖公司治理、结算、信贷、风控、信息科技等方面，及时查补漏洞，适时防范风险。做到风控前置，提前参与，深入做好业务规划、流程优化、制度设置、风险审查，较好地完成了年度合规风控管理工作。截至2017年末，不良贷款率为0.13%；贷款损失准备充足率为1619.36%，拨备覆盖率为1270.14%，能够完全覆盖不良贷款。

【人力资源管理】2017年，公司一是采用OA办公系统全面实行电子办公，用章申请、费用报销、公文报批、系统权限申请等各项流程审批均采用电子化，节约审批时间，提高办事效率，并有利于痕迹管理。二是上线员工考勤系统EHR，员工出差、考勤、合同管理等均采用EHR，管理更加精细化、规范化，全面提升公司人力资源管理效率。三是通过开展多样的创新团建，积极利用节假日组织各类主题活动。四是从福利发放形式等细节入手提升企业关怀度及员工满意度。

【信息化建设】2017年，公司一是投入虚拟化体系的平台应用，逐步迁移核心系统到虚拟化环境，提升系统稳定性和安全性；二是公司自建CA证书中心，降低企业内部数字证书使用成本，提升数字证书的综合使用能力；三是上线外汇资金系统，实现了外币统一支付；四是上线产业链金融平台系统，将创维集团ERP系统与公司资金系统、信贷业务系统相结合，从而实现买方信贷业务从贷款申请、贷款审批到最终放款的在线办理，有效地节省了时间成本，提高了业务效率，实现了信贷业务互联网化，助力成员单位业务的良性发展。

【企业文化建设】2017年，公司通过设置业绩考核激励员工，定期开展员工培训提升员工能力。同时设立了文化墙、每周下午茶、每月生日会等丰富员工生活，并通过组织拓展活动提升团队凝聚力，为员工打造一个具有竞争文化、学习文化、创新文化的企业氛围。

【党建工作】2017年8月8日，中共创维集团财务有限公司支部委员会成立，共有党员12人。2017年党支部以“两学一做”学习教育常态化制度化为重要抓手，组织党员集中观看十九大开幕直播，参加专题讲座，深入理解十九大精神实质与丰富内涵；10月，党支部就推进“两学一做”学习教育常态化制度化组织专题学习教育，11月，安排全体党员参观中共三大会址、黄埔军校，领悟党的优秀传统与精神，不断提升党建工作的成效和水平。

大连港集团财务有限公司

【集团概况】2017 年，大连港集团有限公司（以下简称“集团”）围绕“做强做优做大国有企业”的目标，紧抓辽宁自贸试验区大连片区建设机遇，持续深化供给侧结构性改革，积极践行国家“一带一路”倡议，全面推进港口转型升级，实现了生产经营的稳中向好。全年累计完成货物吞吐量 3.72 亿吨，同比增幅为 4.80%，集装箱完成 958 万标准箱（TEU），同比增幅为 1.50%。

【经营概况】2017 年，大连港集团财务有限公司（以下简称“公司”）实现业务规模和经营效益稳健增长。截至 2017 年末，公司资产总额 87 亿元，负债总额 63 亿元，所有者权益 23 亿元。全年实现营业收入 2.96 亿元，增幅为 23%，实现净利润 1.60 亿元，增幅为 3%。

【信贷业务】2017 年，公司围绕集团转型升级战略部署，充分发挥金融支持作用，为成员单位提供优质高效的金融服务，支持集团主业发展。全年共办理贷款 62 笔，累计发放贷款金额 30.40 亿元，日均贷款余额 49.12 亿元，同比增长 24%。

【资金业务】2017 年，公司新设金融市场部负责同业运作，制定了同业业务运作机制，扩大合作银行范围，提高同业竞价能力，对同业存款及理财结构进行合理匹配，保证同业收益最大化。同时，编制同业授信年度计划，进行授信额度管理，控制信用风险。2017 年同业定期存款加权平均利率较 2016 年提高了 54%。

【外汇业务】2017 年，公司通过落实外汇业务系统建设、建章立制、人才培训、成员单位账户开立及业务需求调研等，推进外汇业务稳步开展。2017 年 5 月，为成员单位开立了第一个外币账户；2017 年 10 月，为成员单位办理了第一笔即期结汇业务。公司作为银行间外汇市场会员直接参与市场交易，降低了成员单位购汇成本，提高了汇兑收益，实现集团利益最大化。

【资金集中】2017 年，公司强化资金集中管理，推进价格精细化管理，通过优化存贷款利率结构，提高吸存额度，扩大资金归集范围。截至 2017 年末，公司已有开户成员单位 145 家，全口径资金集中度同比提升 16.26%，可归集口径资金集中度同比提升 11.88%。

【风险管理和内部控制】2017 年，公司开展 ISO 31000 对标管理，完善风险管理体系建设和制度建设；成立审计部门，针对风险高发领域进行专项审计，夯实风险管理第三道防线；建立风险预警指标体系，实现风险管理前置；内部控制方面，持续开展制度梳理工作，针对发现的缺陷进行修订，及时剔旧立新，扎紧制度篱笆，有效促进公司经营活动稳步开展。

【人力资源管理】2017 年，公司对绩效考核管理办法进行了修订，突出对内控合规和风

D

险管理方面的激励与导向作用，建立多元化的评价维度，充分发挥绩效考核的正向牵引作用；利用内外部培训资源，积极参与监管部门、行业协会、金融同业的各类培训项目，提高员工基本素质、专业技能和服务水平。2017年累计开展各类培训40场，参训人员达228人次。

【信息化建设】2017年，公司全力推进电票系统建设，2017年初成立电票系统项目小组，4月取得人民银行批复，并相继完成机房建设、软硬件系统建设、模拟环境运行、网络联通、接口验收等业务和技术方面的各项上线准备工作。机房扩建改造后各项指标符合现场验收标准。经中国人民银行大连市中心支行科技处现场检查，建设工作获得高度肯定。

【党建工作】2017年，公司党总支以党的十八大、十九大精神为指导，围绕服务集团以及公司发展的中心任务，推进党建工作和经营管理工作的深度融合。落实党建工作责任制，严格履行“一岗双责”；以自学、集中学习和专题党课相结合，推进“两学一做”，强化党员干部作风建设；推行支部规范化管理；制定党总支议事规则，将党建内容写进公司章程；开展“反洗钱校园行”义务宣传、以弘扬“老码头精神”为主题的拓展培训、学习毛丰美同志干字精神教育实践等活动。

大唐电信集团财务有限公司

【集团概况】大唐电信科技产业集团（以下简称“集团”）是国务院国有资产监督管理委员会管理的一家专门从事电子信息系统装备开发、生产和销售的大型高科技中央企业。2017年，集团以十九大精神为引领，主动推动产业去虚向实，提升资产质量。截至2017年末，总资产规模为394亿元，资产负债率为50.73%，处于较安全水平。

【经营概况】2017年，大唐电信集团财务有限公司（以下简称“公司”）持续挖掘传统业务潜力，围绕集团主业发展提供金融服务，积极发挥金融服务实体经济的作用。以受托形式代理开展集团资金管控职能，集团资金管理属性进一步增强，资金管理效率持续提升。同时，根据国资委、银监局等监管机构的要求加强风险排查和内控建设，进一步夯实风险防控的基础。截至2017年底，公司资产总额44.41亿元，所有者权益12.01亿元，全年累计实现营业总收入0.84亿元，实现税前利润0.70亿元，净利润0.54亿元，为集团节约财务费用0.78亿元。

【信贷业务】2017年，公司深化集团金融服务平台功能，持续优化信贷资产结构，针对集团重点产业板块平台及其重点产业公司，提供循环贷款和贴息贷款两种定制化的金融服务方案，提升资金使用的灵活性和时效性，并结合服务对象的不同发展阶段和发展战略匹配不同的金融咨询顾问服务，丰富金融服务产业的内涵和外延，建立以提升客户价值为核心的金融服务平台。

【资金和投资业务】2017 年，公司以“安全流动、稳健开展”为宗旨，在保证流动性安全的前提下，整合流动性投资业务和同业业务统一管理，增加现金流动性管理类产品比重，中长期投资资源向固收保本类理财产品倾斜。建立同业对手准入机制，同时加强与同业的沟通交流，争取到更高的同业活期利率，实现兴业银行活期存款和结算业务的一体化，在提升资金收益的同时，提高了结算操作的便利程度。

【票据业务】2017 年，公司挖掘客户需求，新增承兑客户，全年累计为新增客户办理 44 张电子银行承兑汇票，合计金额 1.79 亿元，提升了产业链金融服务水平。

【外汇业务】2017 年，依托集团跨境双向人民币资金池主办企业资质，公司为成员单位设计 10.20 亿元人民币的外债委托贷款方案，协助其顺利完成境外发债资金的偿还；依托集团跨国公司外汇资金集中运营管理主办企业资质，为备案的成员企业办理集中付汇业务 79 笔，节省了外币账户管理成本和人力成本。

【资金集中】2017 年，公司通过推动提升上市公司存款最高限额、制定个性化付款策略等多项措施，进一步强化了资金集中和结算职能。当年集团超过 90% 的关联交易通过公司办理内部转账，办理人民币支付结算业务 75474 笔，连续 5 年实现增长。以集中结算带动资金流量和存量集中，吸收成员单位存款日均规模为 13.52 亿元，较上年增长 2.41%；年底吸收成员单位存款达 32.29 亿元，较上年同期增长 27.48%，资金集中度达 45.88%。资金归集规模和资金集中度均创新高。

【业务创新】2017 年，首次通过保险佣金返还的方式为成员单位节约财务费用，全年累计为 3 家成员单位通过中间业务手续费减免形式进行保险佣金费用返还，体现出公司为集团成员单位服务的意识进一步深化。

【风险管理和内部控制】2017 年，公司积极推进制度流程全面性梳理优化，完成多项规章制度的修订优化。认真落实外部监管要求，依照“三套利”“三违反”“四不当”“市场乱象”“两个加强、两个遏制”等专项整治工作要求，细化工作措施，狠抓自查整改。此外，为确保内审工作独立性和专业性，采用抽掉骨干人员、成立跨部门内部审计小组方式，有效开展内部审计工作，取得较好成效。

【人力资源管理】2017 年，公司积极落实国资委及集团瘦身健体、提质增效的工作部署，严控人员规模，调整部门设置。此外，从建立业绩考核指标库和修订制度两方面着手夯实人力资源管理基础，使人力资源管理的规范性进一步提高。

【信息化建设】2017 年，公司克服多重困难，仅用时 3 个多月就顺利完成了新机房建设搬迁，有效改善了信息系统运行环境，为下一阶段系统建设规划的实施奠定了良好基础。同时为改善核心业务系统性能，2017 年持续实施了包括中国银行银企直联、网银指令信息自动补录、付款指令按账号匹配、反洗钱功能开发等多项优化措施，业务系统整体运行安全、稳定，信息化建设为业务运营提供了有力支撑保障。

【党建工作】2017 年，公司党支部将学习贯彻十九大精神、开展“两学一做”学习教育作为全体党员的重要政治任务。党支部认真落实工作安排和计划，组织全体党员积极领会精神，抓问题整改，促组织建设，逐步增强党建服务经营工作的能力。通过赴红色革命教育基地参观学习和开展以“强化党员意识，打造金融尖兵”为主要内容的主题创建活动，努力增强全体党员的政治意识、大局意识、核心意识和看齐意识。

大同煤矿集团财务有限责任公司

【集团概况】大同煤矿集团有限责任公司（以下简称“集团”）前身为大同矿务局，成立于1949年8月30日，2000年7月改制为大同煤矿集团有限责任公司，是全国亿吨级动力煤生产企业之一。集团不断加快转型发展步伐，已成为地跨山西、内蒙古、新疆等7省18个市（区），拥有20万员工，170个基层单位，包括漳泽电力、大同煤业2家上市公司和1家财务公司，产业以煤炭、电力为主，兼有金融煤化工、冶金、机械制造、物流贸易、建筑建材、房地产、文化旅游等多元产业并举的综合能源大集团。

【经营概况】大同煤矿集团财务有限责任公司（以下简称“公司”）2017年利润完成5.45亿元，为集团节约财务费用9.85亿元，公司资产总额191亿元。为保证集团公司资金池的安全稳定，2017年，公司加大了对成员单位的资金归集力度，主要措施为下发集团内部红头文件和行政考核相结合。公司共对集团内部101家成员单位进行归集率考核，将资金归集率的考核与单位领导的年薪绩效相挂钩，对成员单位的银行账户进行定期的清理检查，资金归集效果较好，2017年，公司资金归集率呈上升趋势。

【信贷业务】通过信贷业务的开展，公司实现了对集团产业转型和经营需求的强有力支持，公司探索金融创新，采取债权重组及资产证券化等方式，盘活存量资产，有效降低存贷比，有力地保障了集团各项产业资金流的稳定及经营周转。截至2017年12月底，公司累计为成员单位办理自营贷款业务166笔，金额共计302.97亿元；累计为成员单位办理委托贷款业务50笔，金额共计55.38亿元；累计为成员单位办理票据业务60笔，发生额共计35.65亿元。截至2017年末，公司自营资金贷款余额为149.44亿元，委托贷款余额为53.05亿元，票据余额为30.96亿元。截至2017年12月底，公司分别为同发东周窑煤业、同生浩然煤业、轩岗煤电、同煤集团、天镇宏丰农业、临汾宏大提供融资性及非融资性保函共计15.63亿元。2017年10月，公司配合人民银行，完成9笔应收账款融资质押业务，金额共计0.06亿元。2017年12月22日完成与工商银行的资产证券化业务，实现融资金额30亿元。同时，公司征信系统2.0已完成开发待验收。

【资金业务】截至2017年底，集团公司共有288家成员单位在公司开立516个结算账户；日均资金归集量为145.9亿元；共办理的结算业务量为127130笔，同比增长10.17%，结算金额5998.57亿元，同比增长30.29%，全年节约结算业务手续费0.02亿元，保持了集团公司现金流安全、稳定、活跃、高效。

【票据业务】2017年，公司共计代保管理的汇票1770张，金额为42.83亿元，节约票据保管费用0.01亿元。截至2017年底，公司累计签发汇票3625张，金额为136.63亿元，其中，2017年当年签发票据1959张，金额为55.66亿元；自公司开业以来，为成员单位办理的票据直贴业务共计684张，金额为43.81亿元，实现票据贴现收益1.22亿元；其中，2017年票据直贴业务共计93张，金额为5.28亿元，实现票据贴现收益0.1亿元；2017年全年累计向人民银行办理票据再贴现96张，金额为3.02亿元，再贴现利率2.25%，实现贴现利差收益0.05亿元。此外，公司积极申请上海票据交易所交易资格，已成功加入上海票据交易所系统，业务系统已经全面联通。

【投资业务】为充分发挥公司作为集团公司唯一金融牌照的优势，2017年，公司积极开展有价证券投资业务，业务类型分别涉及企业债务融资工具、资产管理计划、信托收益权等业务品种，并实现了较高的收益率。

【外汇业务】2017年12月1日，公司收到中国外汇交易中心批复文件，正式成为银行间外汇市场会员，可正式开展结售汇业务。

【风险管理和内部控制】公司以风险报告为抓手，健全风险管理制度体系，进一步深入推进全面风险管理工作。完善并修订了《同煤财务公司风险点操作手册》，明确了各部门的岗位职责，指出各业务的主要风险点，针对风险点提出有效的风险控制建议，致力于内控体系建设。同时，以风险报告为依托，按月开展评估分析，累计提出各类风险控制建议七条，推进了全面风险管理工作的深入开展。每季度风险内控部组织部门员工认真贯彻落实国家金融法律法规和政策，结合《商业银行风险管理指引》对公司银行账户管理、信息系统建设、信贷、票据、结算、投资、同业业务等业务进行了全面检查。风险内控部认真分析上述业务存在的信用风险及头寸管理层面的流动性风险、挖掘了产生风险的原因及风险控制建议，累计提出建议共计57条，为公司的合规经营和科学决策提供依据。通过排查，增强了业务人员的合规意识，提高了风险管理能力。

【人力资源管理】坚持高标准、严要求的人才招聘模式，立足形势任务发展和单位工作的实际需要，制定人才引进计划，严格引进渠道，提高人才引进质量。优化部门设置，加强岗位管理，促进人岗匹配，人尽其才。加强人才交流，积极开展与银行的战略合作学习，开展与成员单位的人才交流，促进员工多视角、全方位的成长，推进公司金融人才培养，搭建产融一体化平台。重视人才培养，制定多元化的培训计划，有效地利用和整合培训资源，培训内容涵盖票据业务、支付清算、债券风险管理、营改增等多方面，有效地促进员工专业能力和业务能力的提升，为未来的发展奠定坚实的基础。

【信息化建设】公司信息化建设在充分考虑集团和公司发展实际的同时，积极借鉴国内成熟财务公司在系统级信息化工作中的实践，提供更加高效、稳定的平台。

【企业文化建设】公司围绕打造“忠诚、纯洁、担当”的队伍，营造健康和谐、团结进取的工作氛围，建设高效运转、规范有序的工作格局，树立优质、文明、廉洁、服务高效的形象目标，加强文化建设，在公司内开展讨论，组织“书香同煤”悦读讲思活动等，推动文化及精神文明建设。

【党建工作】公司党支部按照集团部署要求，深入开展“两学一做”学习教育活动，引导党员干部深刻领会习近平总书记系列重要讲话精神，自觉增强政治意识、大局意识、核心意识和看齐意识，做到对党绝对忠诚。深入开展理想信念、党性党风党纪教育和道德教育，加强典型示范、案件警示和岗位廉政教育，落实党政领导带头上廉政党课制度，进一步强化正风肃纪，不断推进反腐倡廉建设。

大冶有色金属集团财务有限责任公司

D

【集团概况】大冶有色金属集团控股有限公司（以下简称“集团”），作为大冶有色金属集团财务有限责任公司（以下简称“公司”）所属集团，是一家以地质勘探、矿石采选、冶炼化工等产业为主的国有特大型铜业联合企业。集团做实做强核心主业，发展高新技术产业，逐步形成有色金属产品生产、贸易及相关服务，金融与资本运作融合发展的经营模式。2017 年，集团资产总额 267.99 亿元，实现营业收入 702.97 亿元。

【经营概况】2017 年，公司坚持“立足集团、服务集团”经营宗旨，以资金集中管理为基础，以防范资金风险为重点，以市场化运营为抓手，不断完善和发挥金融平台功能，金融服务水平不断提升，资金成本有效降低，实现了良好运行和稳健发展。2017 年实现资产总额 38.78 亿元（含表外资产 19.43 亿元），同比增长 1.09%；负债总额 32.69 亿元，同比增长 0.40%；所有者权益 6.09 亿元，同比增长 5.00%；实现利润总额 0.38 亿元，同比增长 13.75%。

【信贷业务】2017 年，公司抓住成员单位多元化、多层次金融需求，调整信贷投放，支撑重点业务发展。一是开展流动资金贷款、法人账户透支、票据贴现等信贷服务，为成员单位提供资金支持，年底自营贷款余额 12.26 亿元，委托贷款余额 19.43 亿元，自营贷款利息收入 3847.65 万元，实现贴现利息收入 23.62 万元、手续费收入 21.53 万元。二是为博源环保、大江环科等 4 家成员单位投放绿色信贷流动资金 1.02 亿元。三是开展商业汇票、非融资性保函等表外业务 1.11 亿元。

【资金业务】强化资金运作，加大银企合作力度，通过及时掌握集团及成员单位资金情况、了解分析资金市场，在确保集团及成员单位生产经营活动正常开展的同时，合理调配沉淀资金，降低资金成本，提高资金收益。一是 2017 年开展同业资金业务 21.20 亿元。二是积极开展银行同业合作，开展兴业银行资金拆借业务 5000 万元。

【资金集中】公司积极争取集团的政策支持和帮助，调整货币资金结构，并加大对资金集中度指标的考核力度，促进了成员单位资金集中管理。公司扩大优惠政策覆盖范围，加大实行业务手续费减免、存款利率上浮、贷款利率下降等多种方式，吸引成员单位主动归集资金。公司坚持手工归集和自动归集相结合，提升归集效率，2017 年末成员单位存款余额 13.18 亿元，全年日均存款余额为 11.65 亿元，比上年提高 2.37%；全口径资金集中度达到 47.14%。

【业务创新】强化沉淀资金运作，在保障成员单位经营发展需求的基础上，不断开拓新业务，拓宽盈利渠道。一是开展国债逆回购业务、货币基金业务共 7000 万元，实现收入 10.92 万元。二是申请加入了上海票据交易所系统，取得了开展电子承兑汇票、外汇结售汇、产品买方信贷、产品融资租赁、债券承销、有价证券投资、委托投资等新业务资质，拓宽了公司业务范围，丰富了金融平台功能。

【风险管理和内部控制】2017 年，公司制定风险管理和内部控制目标、政策，不断改进风险管理措施，加强内部控制，防控和化解各类风险。加大稽核监管力度，积极开展常规和专项稽核，抓紧落实整改，及时堵塞了风险漏洞。深入开展风险防范工作，定期检测各类风险指标，排查完成案件风险项目 9 项，涉及业务 547 笔。全面梳理完善制度流程，重新汇编了公司管理制度手册，公司管理体系得到完善。严格落实“三会一层”治理机制，修订完善了公司章程。

【信息化建设】持续推进核心业务系统的稳定运行，优化完善了信贷业务模块，完成了浪潮资金管理系统上线运行，提升了资金预算和监督管理能力。更新了同业拆借系统，加入了上海票据交易所，上线了上海票据交易所系统。获得了电子商业汇票系统、外汇结售汇等新业务系统的准入批复，启动了系统立项、筹建等工作。此外，开展了 EAST 数据采集上报工作。

【企业文化建设】公司全体员工自觉践行“主动、热情、周到”服务理念，履职尽责，努力为成员单位解决实际困难，树立了公司良好的服务窗口形象。认真贯彻落实党的十九大精神，严格执行中央八项规定精神、纠正“四风”要求，进一步强化责任意识，职工执行力不断提升。

D

东方电气集团财务有限公司

【集团概况】中国东方电气集团有限公司（以下简称“集团”）是中央确定的涉及国家安全和国民经济命脉的国有重要骨干企业之一，是全球最大的发电设备制造和电站工程总承包企业集团之一，拥有“水电、火电、核电、气电、风电、太阳能”六电并举的研制能力，发电设备产量累计超过 5 亿千瓦，已连续 14 年发电设备产量位居世界前列，集团尤其重视海外市场的拓展，大型装备产品和服务出口到近 70 个国家和地区。

【经营概况】2017 年，东方电气集团财务有限公司（以下简称“公司”）以“逆势求进保增长，创新求变寻发展”为工作方针，以“固基础、保增长、防风险、抓创新”为工作重点，稳健经营，实现营业收入 7 亿元，利润总额 2.5 亿元。

【产品销售信贷业务】2017 年，公司获批延伸产业链金融服务业务资格，推动集团成员企业产融结合又迈出了坚实一步。此外，公司通过对集团下游企业电站建设项目办理融资租赁，有效促进集团成员企业的产品销售和应收账款回收，增加了集团的整体收益，通过提供金融服务实现了三方共赢的友好局面。

【投资业务】2017 年，在金融风险防范力度进一步加大和金融市场复杂多变的背景下，公司以“保安全、稳效益、促尝试”为中心，深入研究市场，多措并举多元化配置资产，稳步推进投资业务，并成功认购国内首单美元资产支持证券。

【票据业务】2017 年，公司成功加入上海票据交易所，成为票据交易所会员，并已顺利接入上海票据交易所系统，为票据业务发展和创新提供更大空间。

【外汇业务】2017 年，公司在信用证项下跨境付汇业务上取得突破，成功为多家成员企业直接支付信用证项下款项，打破信用证项下款项需在开证行支付的银行业惯例，开创财务公司直接支付信用证项下款项的行业先河。

【风险管理和内部控制】2017 年，公司实行总法律顾问制度，在原风险合规部新增法律事务管理职能，对规章制度、合同、法律纠纷案件进行统一管理，实现法律审核全覆盖。此外，作为国资委管理的中央企业开展合规管理体系建设试点单位，公司合规管理系列手册全面完成，并针对 151 项制度全面推进“废、改、立”工作，有效强化公司合规管理体系。

【信息化建设】2017 年，公司异地灾备建设项目竣工验收，“两地三中心”灾备、虚拟化、备份等关键技术验收通过，有力保证了公司核心业务系统的可持续运行。此外，公司搭建完成“商业汇票电子化综合管理平台”和“延伸产业链金融业务子系统”并上线运行，有效提升业务信息化覆盖率。

【党建工作】2017 年，以成立党委为契机，公司建立并逐步完善党委、纪委制度，完成基层党支部设立和人员配备，党委组织建设和制度建设得以完善。在党委的引领下，公司上下深入学习党的十九大精神，有效推进“两学一做”学习教育常态化制度化，积极配合各类巡视检查，以加强党建工作促进公司健康有序发展。

东方集团财务有限责任公司

【集团概况】东方集团（以下简称“集团”）创建于中国改革开放元年——1978 年，是一家大型投资控股型企业集团，主要投资和经营的产业方向为银行、证券等金融产业，现代农业产业，港口交通产业，新型城镇化开发产业，信息安全产业，石油天然气及新能源产业，资源物产等行业，其参股和控股的公司有东方集团股份有限公司、民生银行、方正证券等。

【经营概况】2017 年，东方集团财务有限责任公司（以下简称“公司”）充分发挥了集团金融平台作用，为成员单位提供了更加全面、专业的金融服务，在加强业务管理、系统建设与维护及企业文化建设等方面取得了良好成效。截至2017年末，公司资产总额61.01亿元，负债总额30.75亿元，所有者权益30.26亿元，全年实现营业收入1.81亿元，利润总额0.46亿元。

【信贷业务】2017年，公司信贷业务严格按照国家货币信贷政策要求，在人民银行核定的贷款规模范围内开展业务。截至2017年末，公司各类贷款余额（各货币汇总折合人民币）158.94亿元，较年初增幅为6.09%，其中，自营贷款余额53.41亿元，委托贷款余额100.14亿元，票据贴现及外币贷款余额5.39亿元，呈现自营贷款稳定增长、委托贷款大幅增长的良性发展趋势。

【票据业务】2017年，公司逐步由纸票业务过渡为电票业务。5月17日公司电票业务系统正式上线；5月24日，通过电票系统正式签发了首张电子商业承兑汇票，办理电票贴现业务；9月22日签发首张电子银行承兑汇票，办理电票承兑业务，实现承兑业务零的突破。2017年通过公司电票系统签发电子汇票8亿元，票据业务开展良好，为集团成员单位贸易结算提供了有力支持。

【资金集中】2017年，公司通过新资金运营系统的上线使用，更好地为集团成员企业资金收支提供保障。公司着力创新结算业务模式，引导集团成员企业将资金集中存放在财务公司，全年办理结算业务金额3281亿元，较上年同期增长62%。此外，公司充分利用自身资金筹集和运用方面的优势，对成员企业资金进行统筹、调度和运用。在保持适度比例流动性的前提下，有效降低成员企业的运营风险和财务成本，提高资金使用效率。

【业务创新】2017年，公司继续着力探索适合集团产业与金融板块双向发展的产融结合新模式，力争为集团实体产业发展提供多元化的金融服务支持。公司充分发挥桥梁纽带作用，积极与银行、信托公司、资产管理公司等机构协调沟通，通过大力开展电票业务，对内为成员单位办理承兑、贴现业务，提供资金支持；对外通过再贴现、转贴现方式盘活自身票据资产，内外结合有效为集团现代农业板块成员单位提供金融服务，支持实体产业发展。

【风险管理和内部控制】公司结合审计稽核检查及黑龙江银监局布置的“三违反”“三套利”等专项自查整改工作，对公司治理及各业务层面进行全方位自查，提升公司合规管理水平；发挥集团内风控作用，利用自身优势对集团农业板块合作客户开展“白名单”评定工作，控制成员企业交易风险，同时利用资金运营系统发挥资金监控作用，全年监控资金划付512亿元，差错事故率为零，有效控制集团企业资金划付风险。

【人力资源管理】一是强化绩效考核管理。将集团整体战略目标融入绩效考核当中，与管理人员签订责任状，根据绩效考核结果来确定员工的薪资及奖金。二是做好人才招聘与配置。2017年招聘员工2人，晋升部门经理3人，跨部门调动7人、同部门调动1人。三是多种培训方式结合提高员工素养。积极参加监管部门及中国财务公司协会组织的各类培训，全年共参加培训16次，累计课时307个小时。

【信息化建设】2017年，公司在集团的大力支持下，完成资金运营、电子商业汇票系统建设工作，资金运营、电子商业汇票系统上线运行有效提高了公司信息化管控水平。此外，公司对已有信息制度进行修订，进一步完善了信息科技制度体系建设，实现信息科技工作制度化、规范化、标准化管理。2017年，公司实现各业务系统、各业务专网网络全年安全无故障运行。

【企业文化建设】2017年，公司充分利用集团内部宣传平台，全面展现经营管理成果及业务亮点，全年投稿50篇，累计3万余字。积极向《黑龙江银行业》等期刊投发稿件，向人民银行、中国财务公司协会报送公司金融年鉴材料，展现公司经营发展风貌，连续4年获得《黑龙江金融年鉴》“优秀撰稿人”荣誉称号。积极组织员工开展夏季拓展训练及参加集团企业文化月等系列活动，有效促进了经营工作的顺利开展。

东风汽车财务有限公司

【集团概况】东风汽车集团有限公司（以下简称“集团”）1969年创建于湖北十堰，总部位于武汉，是中国三大汽车集团之一，属中央直管企业。集团主营业务覆盖全系列的商用车、乘用车、发动机、零部件和汽车水平事业，生产基地分布在十堰、襄樊、武汉、广州等地，拥有涵盖全国的营销网络，现已基本形成了重、中、轻、轿、客等宽系列多品种的产品格局。截至2017年底，集团资产总额2385亿元，从业人员总数为11.1万人。

【经营概况】截至2017年底，东风汽车财务有限公司（以下简称“公司”）汽车金融总放款32.09万辆，同比增长10.17%；汽车金融综合渗透率为15.16%，同比提高2.62个百分点；资金集中度平均达到92.77%，同比提高0.36个百分点；不良贷款率为0.62%，同比降低0.25个百分点；实现利润总额16.48亿元，同比增长28.95%；净资产收益率为20.31%，同比提高1.77个百分点。2017年，公司被中国银监会湖北监管局、中国人民银行武汉分行营业管理部评为“2017年非现场监管信息系统数据质量优秀集体”“2017年中央银行会计核算柜面业务考核优秀单位”；被湖北省人民政府、武汉市经济技术开发区（汉南区）政府评为“2017年度金融支持湖北经济发展突出贡献单位”“最佳现代服务业企业”“十大纳税企业”。

【信贷业务】2017年，公司通过为集团成员单位提供优质资金集中管理金融服务，探索成员单位运营新模式，为各成员单位定制特色金融服务方案，给成员单位提供了更加具有竞争力的融资服务，有效地支持了集团的战略布局。2017年，公司投放成员单位各项贷款562.08亿元，同比增幅为2%，其中，贴现业务全年投放36.86亿元，同比增幅为57.11%。2017年末，成员单位融资余额达到209.77亿元，同比增幅为7.03%。

【产品销售信贷业务】2017年，公司继续深入汽车金融业务拓展，全年累计投放资金308.04亿元，有力促进了集团产品的销售。商用车金融业务再创历史新高，全年累计实现放款6.15万台，同比增长55.08%，综合渗透率提升至20.87%，同比提高3.74个百分点。乘用车金融业务在弱势市场上取得突破，全年累计实现放款25.93万台，同比增长3.09%，综合渗透率提升至14.24%，同比提高1.8个百分点。2017年末，汽车零售金融贷款余额332.88亿元，占公司信贷资产的93%，同比增长34%。2017年，公司汽车金融买方信贷业务加速网络拓展，全年累计发放买方信贷72.81亿元，同比增长79.25%。

【资金业务】2017年，公司通过加强资金精细化管理，优化资金结构，通过降低日均备付金规模，抓住市场资金价格上涨机会，进一步扩大营运资金规模，资金收益大幅提升。2017年日均备付金为21.18亿元，较2016年的29.65亿元降低8.47亿元，降幅28.57%；资金收益率（不含央行存款准备金）为3.95%，较2016年的2.77%提升1.18个百分点，全年实现资金营运收入4.36亿元。

【投资业务】2017年，公司秉持“安全第一、确保流动性、兼顾收益”的原则，购买了少量的银行理财产品，主要合作金融机构为集团战略合作银行和国有股份制银行，产品为保本型和稳健型理财产品。

【票据业务】2017年，公司推进电票承兑免收保证金政策落地，通过释放成员单位保证金存款，进一步提高成员单位资金的使用效率和效益；通过增加银行同业对公司的授信额度，实施财务公司电票保贴政策，全面提高公司电票的流通性。2017年公司为成员单位开出财务公司电票55.98亿元，同比增长21.64亿元，增幅达63%。

【资金集中】2017年，公司通过持续做好财企直联、代理支付等增值资金管理服务，在不断提升直属及控股公司资金集中度的基础上，通过提供有市场竞争力的产品、加强现场服务，加大了对合资公司的资金集中服务和管理，资金集中规模及资金集中度进一步提升。2017年末，公司存款余额达到453亿元，集团直属及控股单位资金集中度平均达到92.77%，同比提高0.36个百分点，资金集中管理成员单位户数达209家，较2016年末的181家增加28家；合资公司年末存款余额达到了85.8亿元，较年初的25.7亿元净增加约60.1亿元，资金集中度由年初的7%提升至19%。

【业务创新】2017年，经备案公司获得“一头在外”票据贴现业务和应收账款保理业务资格。2017年11月2日，公司进行了第一笔供应商贴现业务，全年共办理供应链融资业务19笔，投放资金8881.46万元。

【风险管理和内部控制】2017年，公司采取多种举措，全面提升公司风险管理和内控水平。一是持续优化公司治理体制机制，在经营层新设合规审计委员会，在董事会下设审计与合规管理委员会；继续优化分级授权管理，根据实际情况对《分级授权管理办法》进行重新修订；优化内部组织架构和职能，新设客户服务部门；成立党委，完成党建入公司章程工作，设置重大决策事项前置程序。二是进一步强化内控合规管理，公司合规文化氛围进一步增强；组织推动公司各部门内控自我诊断梳理；持续梳理完善内控制度，新增《信息安全管理办法》《经销商库存融资业务风险分类指引》等多项规章。三是突出风险管理的信息系统建设，实施了DDoS安全防护建设，完成了公司汽车金融系统、资金管理系统的等级保护定级备案工作，迭代升级公司汽车金融2.0平台，嵌入开发审批决策系统、反欺诈系统、催收管理系统。四是扎实推进落实各项自查工作，提升全面风险管控能力和效果。

【人力资源管理】2017年，公司在整理与完善员工基础信息、贯彻落实员工培训计划、实施多元化的激励、加强绩效考核等方面取得了有效成果。在多元化激励方面大胆创新，公司实行市场销售岗位区域营销总监公开竞聘与考核，深化市场化用人机制，为年轻员工提供公平竞争平台发挥才能；在市场销售人员激励方面对标市场，销售客户经理奖金激励与业务完成情况挂钩，有效激发员工积极性与主动创造性。

【信息化建设】2017 年，公司金融科技运用得到进一步深化。正式上线的 BI 平台对汽车金融系统和资金管理系统的数据统一建模，提升了数据的归一化，为公司的风险管理和内部控制提供了多角度的风险监测和审计评价；汽车金融 2.0 系统的上线，提升了对业务的支持保障度；同时，公司还利用资金管理信息系统优势，创新推进成员单位财企直联和代理支付功能，进一步提升集团成员单位的资金结算效率。

【企业文化建设】2017 年，公司加强集团“和”文化建设，弘扬主旋律、传播正能量，营造“开心工作、快乐生活”的良好氛围；坚持以党建带工建、以党建带团建，加强联动，相互促进，凝心聚力；在公司成立 30 周年之际，成功举办营销总动员及员工才艺展示活动，全面提升《东风金融》宣传平台品质；加强对女员工的关心关爱，设立“妈咪小屋”，关注年轻人业余生活，组织青年团员参加成员单位间的“青年拓展活动”，既丰富青年员工业余生活，又促进集团内业务协同。

【党建工作】2017 年，公司深入学习十九大精神、习近平总书记系列重要讲话精神和全国国有企业党的建设工作会议精神，全面贯彻落实总部机关党委的各项工作部署，深入开展“两学一做”学习教育活动，以落实全面从严治党要求为主线，强化责任担当、坚持合规廉洁、加强干部培养、做好文化引领，全面提高党建工作科学化水平。此外，公司坚持党组织的把方向、管大局、保落实，大力推动党建写入公司章程工作，把党建工作与经营管理工作有机统一起来。

东航集团财务有限责任公司

【集团概况】中国东方航空集团有限公司（以下简称“集团”）总部位于上海，是我国三大国有骨干航空运输集团之一。经过持续的产业结构调整和资源优化整合，现已成为以航空运输及物流产业为核心，航空地产、航空金融、传媒免税、配餐饮食、贸易流通、实业发展、通用航空和产业投资九大板块协同发展的大型航空产业集团。

【经营概况】2017 年，东航集团财务有限责任公司（以下简称“公司”）按照规划平稳发展，截至 2017 年 12 月 31 日，公司资产总额达到 167.43 亿元，较 2016 年末增加 38.97 亿元，增幅为 30.34%。实现利润总额 1.82 亿元，同比增加 48.44%。

【业务创新】2017 年，公司针对客户需求，业务系统首创法人账户透支功能并已上线，根据客户公司实际经营情况，给予一定的授信额度。公司积极协助东航股份公司推进团队票款线上销售系统化开发项目（B2T 系统），为其提供资金归集、票款清算等服务。2017 年，公司顺利完成了 2 笔代理接入模式下的电子票据贴现业务，金额为 1607

万元。

【信贷业务】2017 年，公司加大对集团主辅业资金支持力度，信贷业务较 2016 年有了大幅增长，日均规模达到 34.86 亿元，较 2016 年增长 45.74%。

【资金和投资业务】2017 年，公司与微信、银联等第三方支付平台协商合作，实现赔付资金的线上划拨，简化航班延误赔付流程，降低赔付备用现金留存的资金隐患。

【外汇业务】2017 年，公司实现了首次跨境人民币双向资金池的对外放款并按期收回放款，解决了境外成员单位资金需求；完成了首单远期结售汇交割。

【资金集中】公司积极与成员单位协商，做好头寸计划安排，多举措筹集资金，并密切跟踪整体资金安排计划，加大资金的调度和周转，一方面盘活内部资金，加大与银行同业业务合作力度；另一方面，配合集团大额资金的支付需求，与集团内成员企业及时沟通，保证公司资金备付安全，防范大额突发性资金流动性风险，做到流动性精细管理，全口径资金集中度达到 93.01%。

【风险管理和内部控制】2017 年，公司进一步完善各类业务制度规范，逐步完善风险监测预警体系，度量评估各类风险指标。公司积极研究搭建全面风险管理信息系统，通过实施压力测试、市场风险管理模型的试点应用，逐步提高风险量化管理，开展了对部分系统提供商的接触和调研工作。

【人力资源管理】2017 年，公司增加培训深度和广度，除保留以往每周两次的业务培训外，还在其中增设了丰富有趣的课程内容和培训测试，提升了培训的成效，并开办了多期国学课程、心理健康课程等。此外，公司还鼓励员工积极参与外部机构组织的培训，加强与银行等同业的业务交流，拓展培训的广度。

【企业文化建设】公司继续持续推进“幸福东航”和“合理化建议”工程，圆满完成集团合理化建议工作。公司及时了解员工需求，做好每位员工的劳动保障和关怀工作，提升员工幸福感和凝聚力。

【党建工作】2017 年，公司党支部充分发挥领导核心和政治核心作用，围绕公司生产经营开展工作。健全党组织议事决策机制，推动党建工作要求写入公司章程。贯彻落实集团党组和金控党委要求，及时研究部署各项工作，支部班子成员认真履行“一岗双责”，严格按照规定权限和程序行使权力。

东旭集团财务有限公司

【集团概况】东旭集团财务有限公司（以下简称“公司”）是东旭集团有限公司（以下简称“集团”）设立的全资子公司。集团是民营企业，所属行业为制造业，是集光电显示、新能源、装备制造、金融、城镇化地产等产业集群为一体的多元化企业集团。

【经营概况】公司于2017年1月20日经《河北银监局关于东旭集团财务有限公司开业批复》（冀银监复〔2017〕10号）批准开业。注册资本为10亿元人民币，由东旭集团和东旭光电科技股份有限公司共同出资。随着公司的发展，于12月12日经《河北银监局关于东旭集团财务有限公司变更注册资本的批复》（冀银监复〔2017〕324号）批准，公司注册资本由10亿元人民币增至50亿元人民币。

截至2017年末，公司总资产125.90亿元，其中贷款余额100亿元；负债75.80亿元，其中吸收存款75.12亿元；所有者权益共计50.10亿元，其中实收资本50亿元。2017年，公司账面净利润0.10亿元。

【信贷业务】2017年，公司累计通过25家成员单位的授信申请，金额合计476.50亿元。全年发放37笔流动资金贷款，金额合计105亿元，截至2017年末贷款余额100亿元。

2017年，公司上线电子商业汇票系统，开展了票据承兑、贴现业务，提高了成员单位资金收益水平并提升了集团的市场认可度；另外，重点开展了担保、保函等业务，对外出具了投标保函、履约保函、预付款保函，有效支持了集团PPP板块项目的落地，提升了对外资信实力。

【资金集中】公司完成了建设银行、工商银行、民生银行、中信银行、兴业银行5家银行的直联系统测试和网络专线部署，并陆续签订协议，开通了银企直联。截至2017年底，共有54家成员单位的65个银行账户与公司银行账户建立归集关系，公司吸收存款75.12亿元。

公司利用同业存款定价优势，集中与银行协商，提高归集资金存放同业活期利率，并开展存放同业定期和同业授信，与平安银行、建设银行、兴业银行、中信银行等机构建立了合作关系，提升了集团整体的资金收益。

【风险管理和内部控制】2017年，公司严格按照各类监管要求，对各业务条线的流程、制度持续完善。一是各项业务合规开展。严把准入关，向风险可控、符合集团战略布局的成员单位提供了信贷支持。二是监管指标合规管理。对各项监管指标进行管控，全年各项监管指标未发生不合规情况。三是内控制度建设。2017年新增14项、修订15项内部制度，及时将各类监管要求内化为内部管理制度，内嵌于内部管理流程。四是开展各类排查工作。2017年，开展了银行业市场乱象排查、弥补监管短板排查、风险防控排查等工作，加深了各业务条线人员对监管规定及公司内控制度的理解。

【人力资源管理】公司设立结算业务部、金融服务部、资金管理部、财务管理部、风险管理部、审计稽核部、信息科技部、综合管理部八个职能部门。2017年，本着准入从严、高规格高标准的原则，积极从金融机构等吸收符合公司岗位要求、具有丰富金融从业经验和良好职业操守的各类专业人员，助推公司发展。员工总数29人，其中，硕士学历12人，注册会计师2人，从事金融或财务工作三年以上的从业人员15人，员工队伍专业程度高、业务能力强，初步形成了组织架构合理、员工素质较高的人力资源结构形态。公司加强培训，制定培训计划，不断强化学习意识，积极组织员工开展业务、合规等方面的培训；有针对性地组织员工到其他公司交流学习，并积极参加银监会、人民银行、中国财务公司协会等组织的各类培训，及时掌握最新行业动向。

【信息化建设】2017年1月，公司机房和网络安全基础设施正式启用，从网络、服务器、数据库和应用软件等各个层面实现了高可用架构，在数据备份、病毒防护、日志管理和运行监控等方面实现了全面管控。2月，公司核心业务系统和网银系统上线，覆盖公司资金结算、信贷管理、客户信息管理、网上银行等业务工作，为业务全面开展提供了良好支撑。4 月，公司向人民银行提交电子商业汇票系统建设申请，6 月通过人民银行验收，8 月正式上线运行，为公司开展票据类业务提供了有力支持。7 月，公司对机房和网络安全基础设施运行状态进行了全面梳理和优化，加强运行的稳定性，为公司业务和日常工作的开展提供了坚实的基础。

鄂尔多斯财务有限公司

【集团概况】内蒙古鄂尔多斯羊绒集团有限责任公司（以下简称“集团”）产品包括羊绒原料（无毛绒）、羊绒纱线、以羊绒衫为代表的各类羊绒制品、四季服装等。集团旗下拥有 1436、ERDOS、鄂尔多斯 1980、BLUE ERDOS 等著名品牌。经过三十多年的发展，集团由单一的羊绒产业延伸至煤炭、电力、冶金、化工、能源等各大领域，形成了羊绒纺织服装、棋盘井循环经济产业集群及能源化工三大事业板块。

【经营概况】鄂尔多斯财务有限公司（以下简称“公司”）充分发挥资金归集、结算、收支监控、市场融资以及金融服务等特色功能，扎实推进各项任务目标，业务经营运行平稳，金融服务能力进一步加强。截至 2017 年末，公司资产总额为 62.82 亿元，负债总额 40.15 亿元，所有者权益 22.67 亿元，全年实现利润总额 1.30 亿元。

【信贷业务】公司坚持“稳发展、重流动、控风险、优结构”的管理思路，逐步放缓资产增速，重点关注流动性管理，将业务重心放在流动性较强的票据贴现业务上。截至 2017 年末，公司向成员单位发放贷款余额为 38.40 亿元，同比降低 18.64%，全年累计发放贷款 59.10 亿元，累计收回贷款 67.90 亿元。

【票据业务】公司加强对授信银行的业务营销工作，扩大循环票据运营效率，在为集团提供较强资金融通支持的同时，增强公司票据议价能力，有效降低了票据融资成本。一是加强了与各家银行业务营销工作；二是继续积极拓展票据再贴现业务；三是建立了各类业务统计台账，为集团对票据业务的统计分析提供了决策依据。截至 2017 年末，公司当年累计办理票据贴现 28.20 亿元，办理票据到期托收 17.91 亿元，票据贴现余额 20.90 亿元，同比增长 96.98%。

【资金集中】公司不断提高内部资金的运转效率，保障资金有进有出、进出循环平衡。一是新增直联银行和现金池，深化公司资金管理系统，进一步强化了对重点成员单位财务情况的有效监控。二是将结算模式由下拨支付改为代理行支付模式，结算效率明显提高。三是合并计划财务部和营业部，重新进行业务流程及岗位人员整合，进一步加强了内部结算效率和管理工作。2017 年公司共办理各类结算业务共计 192306 笔，金额 5565.31 亿元，日平均结算量 775 笔（营业日 248 天），日结算金额 22.44 亿元。

【业务创新】公司同业拆借业务成为集团短期资金融通的重要途径，2017 年累计办理拆借资金 19 亿元；同时积极申请承销成员单位企业债券资格，预申报资料已得到监管机构的一次审核。

【风险管理和内部控制】2017 年，公司采取了一系列积极的手段保障了各项经营活动的合法合规发展：一是加强常规及非常规报告、报表的管理；二是加强制度建设，对开业以来制定的涉及各类业务的内控制度及流程的适用性进行了全面梳理及重新修订；三是加强法人治理结构的有效调整，调整第二届董事会并经银监局审核通过；四是加强监管指标的监测管理和预测工作；五是积极开展内部审计监督，对公司经营管理活动、风险管理、内部控制、公司治理等相关业务进行了跟踪审计。

【人力资源管理】2017 年，公司以提高工作效率、科学合理用人为目标，促进公司整体绩效目标的达成。一是根据集团要求以及公司岗位现状进行了部门及员工的职责梳理和调整，理清工作业务流程以及各岗位关键职责。二是完善了员工绩效考评办法，从 KPI、日常出勤、学习考试、员工互评、公司统一联评等方面对员工进行综合评价，为员工的晋升与发展提供依据。三是组织针对固有业务技能的培训，以及金融基础知识理论的学习与考试，以更好地服务于成员单位。

【信息化建设】2017 年，公司信息科技管理从适用性出发，对系统及用户进行了升级改造推广工作。一是加强系统项目管理，对接九恒星人员完成了现有财务公司系统的持续改造，新增财务公司系统项目上线功能。二是完成核心系统的升级调研工作，并出具了公司 N9 系统业务蓝图。三是会同集团信息本部考察了人民银行电子汇票直联方式，并制定了业务流程及软硬件实施方案。四是加强公司系统的日常维护力度，并对公司系统的应用进行了培训和指导。

【企业文化建设】2017 年，公司以为成员单位提供全面、优质、高效的金融服务为宗旨，倡导全员树立“敬业、服务、高效、创新、合规”的意识。一是营造浓厚的集团文化氛围，将集团和公司的经营理念、精神纲要、重要接待照片悬挂上墙。二是利用工作空闲时间，通过集体生日季度庆祝会、领导与员工的沟通座谈会、总经理接待开放日、员工聚餐、春季健身踏青等形式多样、丰富多彩的活动，搭建交流平台，帮助员工缓解工作压力，促进员工的情感交流，塑造公司健康向上的工作氛围，为公司及集团发展出力添彩。

福建七匹狼集团财务有限公司

【集团概况】福建七匹狼集团有限公司（以下简称“集团”）是一家经营规范、财务稳健、主业突出的知名民族服装品牌民营企业。2017 年，集团拥有服装、地产和投资三大业务板块，其中“七匹狼”品牌男装茄克市场份额连续 17 年保持第一。

【经营概况】2017 年，福建七匹狼集团财务有限公司（以下简称“公司”）坚持服务集团的定位，围绕董事会核定的经营管理工作目标，持续提升平台价值和金融服务能力。2017 年，公司实现营业收入2366.37 万元，利润总额 1096.89 万元，各项经营指标明显提升，全年大部分收入指标实现两位数增长，为成员单位节约了财务费用2246.71 万元。

【信贷业务】2017 年，公司积极拓展新客户，新增 6 家成员单位授信额度，累计发放 20 笔授信，累计金额 12.99 亿元。截至 2017 年末，公司有效授信额度为 30.53 亿元，表内授信余额 12.04 亿元，其中，贴现余额 2 亿元，承兑汇票余额 4.49 亿元。

【资金业务】2017 年 3 月，公司获准加入银行间同业拆借市场。公司积极与金融机构合作，建立授信往来关系，通过同业拆借等多种方式有效加强了公司日常短期资金管理，提高了主动管理流动性的能力。

【投资业务】公司自 2017 年 11 月获批固定收益类有价证券投资业务以来，基于公司确保支付结算需求及提高资金收益的目的，以货币基金业务为主要投资产品，密切关注债券市场投资。货币基金业务的开办大幅提升了公司的资金收益，公司为集团内部成员企业提供了更为丰富的投资理财渠道。

【票据业务】2017 年，公司大力开展电子银行承兑汇票业务，助力集团成员单位提质增效。一是依托成员单位，从采购环节切入，通过实地走访、电话联系和微信推送等方式向上游供应商推介电子银行承兑汇票业务；二是取得商业银行同业授信，为持票人提供票据贴现渠道，提升票据的流通性，以进一步提高电子票据的认可度和接受度。2017 年，公司承兑汇票电子化率达到 100%，年末承兑银行汇票余额 4.49 亿元，较年初增加 2.44 亿元，同比增长 119.02%，全年累计开立电子银行承兑汇票 5.58 亿元，累计开票笔数 2198 笔。

【资金集中】2017 年，公司继续加大资金归集力度。一是集团下发关于资金归集的管理文件，要求成员企业对银行账户进行清理，办理归集和授权查询等，集团财务部统筹管理，监督各成员单位对管理文件的落实与执行。二是根据成员企业的结算需求，公司不断对结算业务系统进行优化升级，提升资金结算服务能力，以资金结算为纽带提升资金归集率，提高成员企业的结算效率，归集成员企业资金。三是以固定收益类投资业务获批为契机，增加针对成员单位的业务品种，提升对公司各项业务的信任度和依赖性。2017 年，公司日均存款余额 9.62 亿元，比 2016 年增加 0.92 亿元，增长 10.57%，年末全口径资金集中度为 59.95%，可归集资金归集率为 79.76%。

【业务创新】2017 年 11 月，公司新获批开展有价证券投资和承销成员单位企业债券业务资格，全年累计开展有价证券投资 1.40 亿元，全部投向货币基金市场，为公司提供新的业务收入来源。后续公司将组织业务人员开展债券承销和交易知识学习，适时开展债券承销业务和债券交易业务。

【风险管理和内部控制】公司高度重视风险管理和内部控制，秉承全面风险管理的理念不断加强风险管控措施。内部控制方面，2017 年公司严格落实“三会一层”各项工作，召开股东会会议 2 次、董事会会议 7 次、监事会会议 2 次、审计委员会会议 2 次、风险控制委员会会议 7 次，新增制度 8 份（累计建立 99 项管理制度），修订制度 30 份，新增操作规程 16 份，修订操作规程 4 份。风险管理方面，公司继续完善“贷前、贷中、贷后”信用风险管理，信贷资产优良率为 100%；开展 4 次案防检查和 2 次合规检查，实现全年零案件，开展信用风险排查、金融统计制度自查、“三违反”、“三套利”、“四不当”、乱象整治、部分领域专项风险排查，针对排查发现问题，及时进行整改；通过成员企业资金计划报送的方式进行流动性管理，初步采用多级警戒机制，控制备付金额度，统筹安排和综合平衡资金；按照《商业银行信息科技风险指引》的要求逐步建立并完善科技风险管理相关的制度和规程。信贷文化建设方面，公司定期组织内部培训，由各部门对公司治理、制度流程、信贷文化等内容宣讲，组织合规考试两次，以考促学，不断提升员工合规意识，按季度开展从业人员行为排查。

【人力资源管理】2017 年，公司通过修订《薪酬福利管理办法》和制定《绩效考核实施方案》，进一步完善了考核与激励机制，将考核结果与员工绩效工资，年度调薪、评选创优等挂钩，在保障员工合法权益的同时，有效激发了员工的工作热情和主观能动性。公司注重加强人才队伍的建设，积极打造学习型员工团队，制订周培训计划，全年组织开展业务、规章制度培训 44 期。

【信息化建设】2017 年，公司信息化建设不断加强，信息系统运行平稳，全年未发生宕机、停机事件。一是成立了信息科技管理委员会；二是积极推进财务结算核算一体化，完成了财企直联接口建设工作、上海清算所及中央国债登记结算有限责任公司的系统接入工作，接入了上海票据交易所交易系统，接入了中央银行会计核算数据集中系统（ACS）。

【企业文化建设】公司坚持以服务集团、不断做强做大做优为目的，牢固树立“经营信用、管理风险、承担责任、创造价值”的经营理念。2017 年，公司组织开展多种多样的文化活动，如年度旅游、登山活动、金融知识竞赛等，增强了员工的意志和品质，提高了团队凝聚力和战斗力。

福建省能源集团财务有限公司

【集团概况】 福建省能源集团有限责任公司（以下简称“集团”）于2009年12月由原福建省煤炭工业（集团）有限责任公司和福建省建材（控股）有限责任公司整合重组成立，2017年1月起控股福建石油化工集团有限责任公司。集团是一家以新能源、新材料、医疗健康及金融为主业，涉及煤炭、电力、石化、配售电、港口物流、建工地产、科研设计等行业的综合性企业集团，拥有包括福能股份、福建水泥、福能租赁、福能期货4家上市公司在内的全资或控股企业40多家。集团注册资本金100亿元，资信等级为AAA级，位列中国企业500强。

【经营概况】 2017年，福建省能源集团财务有限公司（以下简称“公司”）营业收入、利润大幅度超额完成，信贷余额、资金归集量、结算笔数、结算金额均创历年新高，获评中国财务公司协会2016年度最高综合水平的A级财务公司，福建省银行业金融机构综合评价A类。截至2017年12月末，公司资产总额176.74亿元，增长56.28%；负债总额161.24亿元，增长61.56%。2017年，实现营业收入4.26亿元，完成全年计划的145.17%；实现利润2.95亿元，完成全年计划的147.34%。同时，公司各项监测指标优良，无不良资产和不良贷款，公司运营安全稳健。

【信贷业务】 公司紧跟集团“十三五”产业发展战略新步伐，加强信贷资金的精准投放，优化资金要素配置，科学确定增贷、稳贷、收贷策略，在退出煤炭、水泥、房地产板块信贷资金7.50亿元的同时，新增了福化集团、福能股份，以及风电、石化等优质企业信贷资金12.12亿元，取得了规模大幅提升和资产结构大幅优化的双丰收。截至2017年末，公司信贷余额合计41.02亿元，较年初增加6.93亿元，信贷投放规模创下历史最高水平。

【资金业务】 严格实施资金预算控制和计划管理，高效配置资金头寸，减少沉淀资金，最大化地使用资金。同时，依托专业的投资操作，分毫必争、高效精准地把资金集中存放于最优利率报价的金融机构开展定期业务。2017年实现同业收入2.74亿元，完成年度计划的171.4%，同比增长82.1%，资金使用效率大幅提升。

【投资业务】 公司积极拓展同业合作，先后与国泰君安证券、平安信托、财通基金等沟通交流，并正式加入中信银行“中信同业+”平台，成为中信银行福州分行辖内首家正式签约平台的同业客户。此外，首次购买中国银行平稳理财计划智荟系列的非保本理财产品，首次与中融信开展业务合作，全年实现投资收益0.46亿元。2017年末，公司进行中的投资业务13项，投资余额11亿元。

【票据业务】 2017年公司大力推广票据业

务，10月电票系统正式接入上海票据交易所，为成员单位打造了专属“票据快线”。全年办理票据承兑业务134笔，金额9.53亿元，年末承兑余额达9.19亿元，超出上年同期28.45%，再次创下历史新高。办理票据贴现业务128笔，金额9.02亿元，同比增幅为40.21%；办理票据再贴现业务53笔，金额2.65亿元。

【资金集中】公司持续深耕资金集中管理，强化刚性制度约束，夯实资金管控基础，深化柔性服务管理，有效梳理和化解了资金集中的障碍，实现了资金归集量的大幅提升。截至2017年末，公司开立账户361户，吸收存款155.47亿元，全口径平均归集率达75.61%。同时，2017年公司资金结算量达4475.58亿元，同比增长23.24%，结算笔数176851笔，同比增长13.5%，结算业务量再创新高。

【业务创新】2017年10月，公司成功获得了开展股票投资和对金融机构的股权投资业务两项重量级金融业务牌照，公司业务范围从原有的11项增加至13项，业务拓展取得了实质性、突破性进展。

【风险管理和内部控制】2017年是金融监管高压年，公司主动作为，对制度建设、合规管理、风险管理、系统控制等54个方面、267个子项全面查缺补漏。开展信用风险排查，“三违反”“三套利”“四不当”专项排查、整治银行乱象等12项自查排查工作，提交12份专项自查排查报告、填报25份排查表、7份整改台账。同时，常规检查不放松，对重要岗位、重点环节时时展开监督管理和业务检查，每月对同业存款账实情况、财企对账情况、重要空白凭证管理等重点业务环节开展稽核检查。针对发现问题及时提出建设议和改进措施，督促相关部门落实整改完善，实现了全年无风险发生的目标。

【信息化建设】公司在信息建设方面常抓不懈、持续完善。2017年5月征信系统查询权限正式获准，成为福建省首家开通征信系统的财务公司。2017年，公司共为各成员单位查询征信200余笔，涉及流动资金贷款、贴现等各类融资事项，融资金额近50亿元。落实《网络安全法》，组织开展资金管理系统二级等保测评，12月系统全面通过了福建省测评中心的测评验收，公司信息化建设登上了一个新台阶。

【企业文化建设】企业文化建设有序推进，“心怀感恩，创造感动”“福相伴，能永远!”等集团文化进一步被员工所理解、接受和践行。因地制宜地开展了快乐“三八行”、家风教育、拔河比赛等小型多样的文体活动，丰富了员工的业余生活。同时，困难员工帮扶、大病医疗互助等活动不间断开展，传递了温暖，创造了感动，构建了和谐、温馨企业。

【党建工作】公司出台了十四项党组织工作制度，落实好“两学一做”常态化制度化工作各项工作举措，抓好十九大精神的宣传、学习。开展“党建+金融服务”、党员示范岗、重温入党誓词等主题活动，完成党建入公司章程工作，将党建工作贯穿于资金归集、产品创新、融资服务、风险防控、重点项目落实等经营工作的全过程，党建与经营工作的融入更加紧密，党员争先创优的氛围更加浓厚，公司党支部被集团党委确定为“五好模范”示范建设党支部。

甘肃电投集团财务有限公司

【集团概况】 甘肃省电力投资集团有限责任公司（以下简称“集团”）是甘肃省政府出资设立的国有大型投资公司，是甘肃省政府授权的投资主体和国有资产经营主体。2013年底，由国有独资企业改制为国有独资有限责任公司，建立了法人治理结构。2016年，被确定为国有资本投资公司改革试点单位。集团项目遍布全省14个市州，投资涉及火电、水电、风电、光电、金融、大数据、会展、剧院、酒店、房地产、铁路、煤炭等行业和领域，资产总额为797.8亿元。控股、参股建成及部分建成省内电力项目55个，控股装机容量540万千瓦。控股、参股铁路项目14个，是省政府授权的地方铁路投资主体。煤炭项目3个，会展、房地产等非电项目10个。集团正在按照省政府部署，牵头开展丝绸之路信息港建设。

【经营概况】 2017年，甘肃电投集团财务有限公司（以下简称“公司”）各项工作统筹推进，辅助管理能力和金融服务水平明显提升，树立了产融结合新形象，创造了金融服务新业绩。截至12月末，公司实现营业总收入10084.17万元，实现利润总额7407.97万元；为成员单位让利及节约财务费用2202.52万元；完成整体财务效益贡献9603.47万元，较好地完成了各项经营目标。

【信贷业务】 截至2017年12月末，公司新增贷款20笔，累计金额7.92亿元，发放委托贷款14笔，累计金额8.17亿元，有力地支持了成员单位经营发展。公司持续关注常乐发电公司、紫金云大数据公司重点项目建设进展，在项目融资等方面提供咨询、顾问服务。

【票据业务】 公司通过大力发展电票业务，节约了财务成本，极大地提高了成员单位的对外支付效率，全力支持集团重点项目建设。截至2017年12月末，公司签发电子银行承兑汇票774张，累计金额7.3亿元。公司创新搭建建设银行票据池、浙商银行网银票据池功能，协调成员单位完成票据池额度的调配，票据池业务取得新突破。截至2017年12月末，成员单位累计入池票据共353笔，入池票据8.47亿元。

【资金集中】 公司努力做好账户集中管控，实现资金应归尽归。截至2017年12月末，公司可归集口径资金集中度为92.59%，全口径资金集中度为59.36%。公司努力拓展资金归集范围，与能源股份公司签订《金融服务协议》，实现了对能源股份公司及其下属共29家公司的账户归集和部分资金归集，并将2016年未纳入资金归集体系的部分成员单位全部纳入归集范围。定期编制日、周、月资金计划，及时掌握成员单位资金支付动向，确保大额资金及时支付，更好地满足集团公司和成员单位的资金安全收付要求，实现了整体财务效益贡献最大化。

【财务管理】科学编制资金预算，分解业务预算目标，强化预算刚性控制。将行业定量对标管理纳入日常财务管理工作，开展行业评级定量指标对标管理。逐步优化定价机制，探索差异化定价模式。强化资金运作效率，发挥资金最大效益，在确保资金流动性及安全的前提下，合理配置资金计划，充分利用短期滞留资金，加大同业投放力度。公司取得国家西部大开发税收优惠政策，累计节税1000余万元，公司成立当年即获得当年税收优惠利好政策。公司连续两年荣获集团财务管理“先进单位”荣誉称号。

【风险管理和内部控制】公司风险管控能力不断增强。一是公司系统梳理风险管理关键节点和要害环节，落实流程管控，加强风险排查，建立风控机制。截至2017年末，公司累计印发各类制度135项，从体制机制上夯实了管理基础，初步建立健全了制度管理体系。二是公司通过对开业以来的各项业务和管理活动进行系统盘点，共计梳理归纳出重点防控整改内容36项，提出整改要求和整改措施150多项，开展全面风险防控整改工作取得预期效果。三是把风险系统监测认定工作纳入日常工作范围，每月编制《操作风险月度监测报告》《风险指标监测月报》，详细分析公司业务经营风险指标变化情况，预测指标趋势，提出应对措施和运营建议，推进公司合规经营。四是按期完成了银监会安排部署的8项专项治理自查任务和甘肃银监局4次现场入驻检查整改任务，有力促进了公司合规稳健发展。

【人力资源管理】公司人力资源管理不断规范。一是修订人力资源管理制度，完善绩效考评体系，提升薪酬激励效能，形成了“靠制度管理，按制度办事”的良好机制。二是高度重视员工培训学习，认真组织实施培训计划，开展全员AB角岗位工作管理，有效提升了员工履职能力。三是规范人资管理工作，切实保障员工合法权益，公司在兰州市劳动保障局组织的2016年度劳动保障年审中获得了最高诚信级别A级。四是公司通过公开选拔招聘，聘用4名新员工，补充了公司紧缺岗位人员，完善了公司人力资源体系。

【信息化建设】公司资金系统功能持续优化。一是公司资金管理系统上线运营以来，持续优化系统功能。二是实现系统运维程序化、系统登录模式化、系统操作标准化。三是信息科技应急能力得到提升，成功应对“勒索病毒”侵袭，迅速解决日常系统故障，保障了公司各项业务顺利开展。四是成功解决多项系统管理和技术操作难题。

【企业文化建设】充分发挥群团组织桥梁纽带作用。由甘肃省总工会授牌的公司“职工书屋”建成并开放使用，公司“文化长廊”融入多种元素，充分展示昂扬向上的精神风貌，为职工群众提供健康向上、丰富多彩的精神食粮，努力培养学习型员工，建设学习型金融企业，营造浓厚的文化氛围，通过组织开展丰富多彩的集体活动，凝聚团队合力，合力共建和谐企业。

【党建工作】公司坚持“一岗双责”，把党群工作和业务工作同安排、同部署、同落实，推动党的建设与业务经营深度融合，党组织为公司各项工作顺利开展提供了坚强有力的思想、政治和组织保证。公司党支部通过“三会一课”，采取领导干部带头讲党课、专题研讨、党小组集体学习等多种方式，持续推动“两学一做”学习教育经常化，贯彻落实自觉性。公司通过层层签订“一岗双责”责任书、党风廉政建设目标责任书，以及党员廉洁从业承诺等方式，细化分解党风廉政建设和反腐败工作任务。公司迄今为止未发生违反廉洁规定的事件。2017年，公司荣获集团“五好领导班子”荣誉称号。

港中旅财务有限公司

【集团概况】 中国旅游集团公司（以下简称“集团”）创立于1928年4月，是国务院国资委管理的国有独资企业，也是总部设于香港的三家中央企业之一。集团形成了以旅游文化为主业，旅游地产、旅游金融等业务并举的产业格局，业务遍及香港、内地和海外，涵盖旅行社、酒店、景区、免税、地产、金融、文化演艺、邮轮等相关旅游业态和细分领域，是中国最大的旅游央企。

【经营概况】 截至2017年末，港中旅财务有限公司（以下简称“公司”）资产总额127.55亿元，同比增长91.40%；负债总额105.27亿元，增幅为134.19%；所有者权益22.28亿元，增幅为2.77%；实现营业收入1.84亿元，营业利润1.35亿元，净利润1.07亿元。

【信贷业务】 2017年，公司信贷主要行业投向为租赁和商务服务业、住宿餐饮业、金融业以及仓储业。累计发放贷款104.12亿元，贷款余额达52.59亿元，同比增长115.27%，累计发放委托贷款12亿元。

【资金业务】 2017年，公司全年未出现任何计划外资金缺口，所有成员单位的贷款需求和存款提用需求均得以及时满足，公司流动性指标也一直处于健康水平，全年未触及监管红线。

【投资业务】 2017年，公司投资业务快速发展，通过做精、做细资金计划、合理配置同业资产期限等手段，利用资金沉淀间隙创收，为公司开辟了重要的外部收入来源；通过拓展投资渠道、加强内控管理、加深融融协同等方式提升同业、投资业务收益水平。2017年公司已开展的投资业务品种包括各类机构发行的理财产品、信托计划、ABS、同业存单等，在北京金融资产交易所、银行业信贷资产登记流转中心开立账户，业务品种涵盖了监管机构批准的全部同业及有价证券投资业务。

【票据业务】 2017年，公司根据成员企业发展需要，重点推进地产板块代开电子汇票业务，已完成前期调研、系统测试、多方沟通等准备工作。

【外汇业务】 一是跨境外币资金池业务。2017年，通过推广跨境外币资金池业务，成功为集团开展了港币1.20亿港元、美元0.12亿美元共17笔外币跨境业务。二是即期结售汇业务。2017年，公司与中信银行、招商银行合作开发建设了结售汇业务信息系统，订立业务制度12项，向国家外汇管理局申请即期结售汇业务资质，并获得批复。

【资金集中】 2017年，公司在上市公司资金集中上实现重大突破。年末存款余额104.13亿元，较上年增长133.01%；年末全口径资金集中度为42.75%，可归集口径资金集中度为80.13%。

G

【业务创新】一是合规运用跨境人民币、外币资金池渠道，打通境内外资金池，全年为集团成员单位多次提供便捷高效的跨境人民币、外币资金调拨服务。二是开发业务信息系统移动APP资金管理平台，满足了客户对资金的监控实效、风险控制等要求。三是协助集团成员单位深圳安信ABS发行事宜，以自身AAA级外部信用评级为深圳安信首单小贷资产ABS公开发行提供增信支持，帮助集团成员单位拓展外部融资渠道。

【风险管理和内部控制】一是如期完成各项外部监管自查工作，进一步规范了业务操作流程、强化了合规经营意识；二是有序推进内审稽核工作，发挥查漏补缺、防弊纠错的作用；三是积极推进风险关口前移，风控部门与业务部门一道深入企业，把好项目准入关，同时，对于重要项目还外聘专项律师参与合同审查和项目沟通，为业务发展提供法律保障；四是密切监测业务风险指标，执行实时预警工作机制，确保全年各类监管指标均符合监管机构要求。

【人力资源管理】2017年，公司持续优化人力资源管理，在积极吸纳市场优秀人才的同时，更加注重内部人才的培养和选拔，通过内外部培训提升员工职业价值，鼓励员工将个人职业目标与公司发展战略相结合，帮助员工建立合理的职业上升通道，形成合理的人才竞争激励机制。2017年，公司外部招聘人才4人，内部员工提级11人次，并向上级单位输送优秀人才1名，员工参加培训总时长约1403学时。

【信息化建设】一是开发并上线实施业务信息系统移动APP资金管理平台，为集团及成员单位各层级账户资金管理提供便利；二是上线结算接口平台项目，实现了与集团费控系统、财务系统、国旅共享中心等接口的开发与对接；三是积极做好核心业务系统功能优化工作，跟进解决客户系统问题，对对私批量项目、银企直联项目等进行功能优化；四是核心业务系统安全等级保护成效明显，成立信息科技管理委员会，规范信息科技治理，取得信息安全等级保护三级测评证书；五是开发建设结售汇业务管理系统，并通过外汇管理局的现场验收。

【企业文化建设】2017年，公司领导班子广泛开展员工谈心谈话活动，听取员工心声，征求员工意见，完善员工福利体系；为增进交流合作，公司定期开展团队活动，积极组织公司员工参加深圳金融系统文体活动，举办了职工羽毛球联谊赛、家庭活动日等活动，有效地增强了团队凝聚力和向心力。

【党建工作】2017年，公司党支部扎实推进“两学一做”“三会一课”教育常态化工作，全年共召开支部党员大会8次，支委会1次，开展支部书记讲党课2次，组织支部外出活动1次。严格执行中央八项规定精神和反“四风”各项方针政策，反腐倡廉和廉洁从业工作得到加强，为公司全面完成经营指标和战略规划发挥了重要作用。

供销集团财务有限公司

【集团概况】 中国供销集团有限公司（以下简称“集团”）是国务院批准成立的大型涉农流通产业集团，是中华全国供销合作总社全资企业。集团主营农资、棉花、再生资源、农村超市、农产品批发市场、房地产、电子商务、金融服务、国际贸易、海洋水产、石油等业务。立足服务规模化和流通现代化，集团科学谋划，锐意进取，开拓创新，正在不断完善为农服务产业链条，努力实现从传统经营方式向现代经营方式的转变，打造企业核心竞争力，为城乡消费者提供更加优质的服务。

【经营概况】 供销集团财务有限公司（以下简称“公司”）以“稳健规范、定制服务、开拓创新”为经营宗旨，各项业务稳步推进，各类风险控制有效。在确保集团资金链安全、支持各产业日常运营、提升整体财务效益等方面，取得了良好业绩，得到了总社和集团的一致认可。公司全年实现利润总额5222.37万元，净利润2944.98万元；全年累计为集团出资企业发放贷款33.49亿元，累计办理结算业务近1.9万笔，累计结算金额1305.13亿元，全年不良贷款为零。

【信贷业务】 公司信贷业务以集团一级出资企业为主要对象，信贷产品以短期流动资金贷款为主，控制信贷业务风险。截至2017年底，公司流动资金贷款余额9.15亿元，固定资产贷款余额1.2亿元，自营贷款余额10.35亿元，未出现不良贷款。另外，全年累计发放委托贷款83.21亿元，余额78.57亿元。

【票据业务】 公司票据业务包括票据承兑、贴现和转贴现及再贴现业务。2017年成功开具电子银行承兑汇票1.6亿元。

【资金集中】 一是加强集团财务人员业务沟通与交流，定制符合各公司业务需求的服务模式；二是通过上门拜访、会议讲解、需求对接等方式推介资金池产品，2017年新增2家接入企业为中农种业及中棉集团；三是积极组织与成员单位联谊活动增进感情。全口径资金集中度为32.75%，可归集口径资金集中度为48.63%。

【业务创新】 2017年2月，公司加入了上海票据交易所，完成了从申请加入到技术接入、再到业务接入的整个票据交易平台工作。按照上海票据交易所电票移植工作安排，10月配合上海票据交易所完成了电子商业票据系统ECDS的移交切换工作。公司积极与上海票据交易所保持沟通，并积极提交申请，完成了上海票据交易所资金账户的开立。上海票据交易所将于2018年实施纸票、电票融合方案。公司已具备上海票据交易所资金账户实现票据的DVP线上结算的条件。

【风险管理和内部控制】 公司主要从以下四方面进行风险管理：一是按监管要求完成了

"两遏制""三违反""三套利""四不当""乱象整治"和风险防控等专项自查和申报工作；二是梳理监管法规，有针对性地组织制度修订；三是梳理关键业务风险点、制定审查要点，加强风险日常审查；四是开展了信用风险自查、结算和财务对外收付款自查、机房及办公场所消防及安全自查、重空凭证管理等专项检查，在执行环节排查风险隐患。

【信息化建设】公司主要从以下四个方面开展信息化建设：一是顺利完成上海票据交易所系统切换；二是推进核心业务系统升级工作；三是提升团队信息安全管理水平，通过启用大连异地容灾系统，保证业务数据安全，实现了为客户持续提供业务系统的服务；四是完成信息科技非现场监管、网络安全自查和网络安全风险评估等监管报表报告编写和上报工作。

【企业文化建设】一是加强党建工作，完善公司党支部制度建设，扎实推进"两学一做"学习教育制度化常态化，做好党员学习和教育组织工作，认真落实"三会一课"制度，做好会议组织工作，保证党支部委员会集体决策"三重一大"事项；二是加强合规文化建设，公司组织法律培训和法律考试，提高全体员工的合规意识；三是开展各项工会活动，组织乒乓球、羽毛球比赛等。

光明食品集团财务有限公司

G

【集团概况】光明食品（集团）有限公司（以下简称"集团"）是集现代农业、食品加工制造、食品分销为一体，具有完整食品产业链的综合食品产业集团。集团坚持以食品产业为主体，地产和金融为两翼的"一体两翼"产业结构；实施融合、品牌、渠道和平台四大战略；推进以"产业先进、环境优美、生活优越"为标志的殷实农场建设；致力于成为上海特大城市主副食品供应的底板，安全、优质、健康食品的标杆，世界有影响力的跨国食品产业集团，2017 年名列中国 500 强企业第 106 位。

【经营概况】光明食品集团财务有限公司（以下简称"公司"）成立三年来，坚持立足集团，为成员企业提供优质高效的金融服务，提高资金集中度，积极开拓外汇业务，2017 年 10 月 9 日获批即期结售汇业务经营资格。全年实现利息收入 5.84 亿元、利息净收入 3.64 亿元、计提减值准备 0.63 亿元、利润总额 2.89 亿元、资产总额 198.50 亿元，收入与利润指标超额完成年度预算及五年发展规划目标。

【信贷业务】开发个性化现金池、上市公司法人账户透支信贷服务产品，满足快速融资的需要，公司向 19 家企业授信额度 64.2 亿元，实际发放贷款 58.76 亿元，较上年增长 74%，贷款回收率保持 100%。办理银行承兑汇票贴现 1.27 亿元，办理委托贷款 1.34 亿元。联合合作银行积极开拓银团贷款产品，丰富信贷产品线。

【资金业务】以资金头寸管理为基础，规范资金计划，通过存贷款期限配置、资金利率差异化管理策略强化资金运营效率，针对成员企业通过内部委贷、资金池提供个性化、差异化、低成本的金融服务。与26家同业建立授信关系，合计授信金额超过1180亿元。从流动性收益性综合考虑开展同业存款业务，业务品种有同业定期及通知存放、隔夜存放和约期存款，实现收入4.10亿元。累计完成同业拆出140.9亿元，实现收入749万元。

【投资业务】2017年4月获批开展固定收益类有价证券投资业务。公司开展国债逆回购业务合计总额242亿元，实现收入1981万元，年化收益率为5.93%，完成基金申购业务12笔，总额8.4亿元，实现收入2077万元，年化收益率为4.29%。

【票据业务】积极开展银行承兑汇票的贴现服务，为成员单位贴现1.27亿元，实现贴息收入754万元，收息率达100%。

【资金集中】通过考核和激励手段实现全口径归集率达45%、可归集资金归集率达75%，2017年资金集中管理成员单位647户，账户1033个，结算12万笔，结算金额4350亿元。坚持集团利益最大化，实行优惠利率政策让利成员企业，存款利率上浮30%，支付存款利息22014.25万元，2017年日均存款规模145.9亿元，同比增长58.6%。加强对成员单位资金计划管控力度，资金计划执行偏差率大幅下降，为集团全面预算系统上线打下基础。

【业务创新】在外汇资金集中管理方面主要根据外汇管理政策变更外债管理模式，对外放款额度从10亿美元变更为20亿美元，公司与中国银行签订了《跨国公司外汇资金集中运营管理业务服务协议》，完成了跨境资金池搭建工作，为实现境外资金境内归集及服务集团境内外资金融通打下了基础。

【风险管理和内部控制】构建以风险管理、合规管理、稽核审计互为支撑的内部控制体系，积极倡导和建立全员风险和合规意识，完成20家企业的内部评级和19家风险尽责审查，授信金额64.19亿元。完成15家企业资产五级分类审查、17家企业贷后核查，不良资产率保持为零。开展9项内部稽核工作，包括对存款结算、电票、同业拆借业务进行稽核。完善各项制度，2017年公司各类制度112个，新增17个，加强案件防控制度，部门自查3项，各项排查均未发现案件风险。年度组织全员风险合规培训5次。

【人力资源管理】公司按照银行治理要求成立了信息管理部和投资部，根据业务发展需要，完善人事制度，强化绩效考核管理。建立健全前中后台内部控制岗位优化机制，努力打造金融专业素质，公司本科以上学历占比达97%，组织员工参加各类培训202人次，提升公司核心竞争力。

【信息化建设】在信息系统基础管理方面，强化对软件正版化、网络信息安全、供应商外包以及信息系统投资管理。分别进行了基础设施环境、网络、主机系统应急演练。对资金池、票据、同业存放、重空管理功能进行优化，实现了中国银行人民币业务上线，完成电票系统切换至上海票据交易所、外汇管理数据报送接口开发部署，保障业务正常运行。

【企业文化建设】公司积极倡导创新文化氛围。通过公司门户网站建设，鼓励员工投稿，组织员工开展读书活动、商务礼仪培训、健康讲座等营造良好的工作氛围，增强员工凝聚力。积极参加集团的文艺汇演，员工自编自演音乐小品《财务公司的一天》，以歌唱、舞蹈、小品相结合的方式，向集团兄弟企业展示了财务公司服务集团服务企业的员工风貌。

【党建工作】党员通过集中学习、专题报告、组织生活会、民主生活会形式，学习贯彻十九大精神。组织党员集中学习每月至少1次，书记每年上党课2次。围绕“为成员企业提供满意金融服务”使命，制定了“亮身份、树形象”党建主题活动实施方案。把日常监督和专项审计相结合，加强对关键环节的监督，对关键岗位、关键人员的监管。加强制度建设，积极构建不敢腐的惩戒机制、不能腐的防范机制、不易腐的保障机制，规范流程管理，切实做到用制度管权、管事、管人。

广东省广晟财务有限公司

【集团概况】广东省广晟资产经营有限公司（以下简称“集团”）成立于1999年，注册资本金100亿元，是省属国有独资企业。经过10多年的改革发展，集团已成长为集矿产资源、电子信息、工程地产、金融、环保产业于一体的大型跨国企业集团，拥有26家一级企业，控股境内6家上市公司（中金岭南、风华高科、广晟有色、国星光电、佛山照明、东江环保），是中国电信的第二大股东。

【经营概况】截至2017年12月末，广东省广晟财务有限公司（以下简称“公司”）资产总额为41.10亿元，发放贷款余额为28.6亿元，存放同业及存放中央银行款项合计余额为13.09亿元。全年累计实现营业收入1.70亿元，实现净利润0.80亿元。全年成员企业在公司的结算量达540.52亿元。公司在岗人数为24人，各项监管指标达标。

【信贷业务】公司积极参与集团“去产能”调结构和“补短板”惠民生项目。截至2017年12月末，公司贷款余额28.60亿元，较上年末增长1.90%。首先，通过内部贷款，向成员企业产能升级换代重点项目提供资金支持。如向大宝山矿发放贷款6.21亿元，支持其淘汰旧产能，建设新的铜硫选矿项目。其次，作为财务顾问和融资协调人，牵线搭桥，连接机构和成员企业。如帮助东江环保对接广发证券，并通过提供反担保，协助东江环保成功发行了6亿元的绿色债项目以及广东省首单PPP资产证券化项目。最后，支持集团参与的“补短板”惠民生项目。对集团下属中南建设等三家“棚户区”改造主要建设单位设计了以监控其现金流为主、辅以较低保证金的授信方式，为其承接的“棚户区”改造项目开出各类工程保函，加快了工程建设的推进。

【资金集中】截至2017年末，公司已为集团下属234家成员企业开立244个结算账户；与10家银行实现了银企直联；纳入公司银企直联平台实现资金统管及监管的银行账户数为352个。吸收成员企业存款29.93亿元（含上市公司存款4.29亿元），较上年末下降38.93%。截至11月末，全口径资金集中度为20.26%，较上年末下降5.22个百分点；可归集口径资金集中度为84.64%，较上年末上升9.94个百分点。1—12月，成员企业在公司的结算量达540.52亿元。

【业务创新】公司2017年主要在三个方面推动业务创新：一是支付业务和服务创新。加强结算管理，研究确定交通银行为首家代理支付银行，开发代理支付功能，为50家成员企业开立了银行虚拟账号，为优化结算服务提供了工具。二是信贷产品和服务创新。稳妥推动表外业务和电票业务。2017年3月开立首笔融资性保函，6月开立首笔非融资性保函，全年共开立10笔保函，保函金额总计3.57亿元；8月末，与招商银行正式签订了代理协议，通过同业代理接入人民银行电票系统，将票据服务范围由纸票拓宽到电票。三是同业业务创新。积极推动同业拆借落地。公司于2017年7月顺利取得同业拆借交易资格，获得3家银行同业授信13亿元，授予11家银行同业额度32.50亿元。

【风险管理和内部控制】一是完善公司治理架构。决策程序方面，明确了“三重一大”事项党组织前置决策程序；重大权限方面，修订2017年授权与转授权方案，制定2018年授权与转授权方案；建立董事、监事履职评价体系，领导班子执行民主集中制，严格落实“三重一大”议事规则。二是推进全面预算管理。完善预算管理制度和机制，提高预算编制准确度，严格预算执行，全年各项预算指标序时进度良好；积极落实节流降本工作方案，及时做好费用指标跟踪分析，合理压缩各项费用开支，经营成本得到节约和控制，全年管理费用比预算节约14%。三是强化制度建设与执行。2017年新增制度13项，修订制度43项。严格制度执行，做到三个“严”，即从严把好结算关口，从严控制授信风险，从严防范资金存放风险。四是大力抓好社会治安综合治理暨平安金融创建等风险管理工作。开展银行业市场乱象整治、“违法、违规、违章”专项治理、“监管套利、空转套利、关联套利”专项治理，以及银行业信用风险、员工行为、反洗钱专项稽核，基础业务大检查，重塑合规年以及消防演习。

【人力资源管理】公司2017年人力资源管理工作围绕依法合规开展。一是完善人事制度。研究修订薪酬管理办法、招聘管理办法、劳动用工管理办法等制度，与集团新制度做好衔接。二是实施内设机构改革。原财务结算部分设为计划财务部和结算业务部，按照人、岗适配原则，对相关部门职责和人员进行相应调整。三是积极做好薪酬调整。及时制定专项方案，确保公司第一时间落实集团薪酬要求，并顺利通过了集团的人工成本审计。四是开展薪酬对标分析。按照集团对标管理部署，选择了金融领域及省属财务公司作为调研对象，深入开展薪酬对标分析，并提交调研报告；按照国资委系统监管要求，开展企业职工薪酬数据填报；通过各项调研工作，为争取积极的薪酬政策奠定基础。五是认真执行人工成本预算管理。建立了工资台账制度；同时做好分项目、分年度薪酬日常统计分析，确保数据随时核对、随时备查。2017年配合省国资委和集团开展人工成本核实、人工成本审计专项检查、选人用人专项检查，经查，各项制度执行均依法合规。

【信息化建设】一是逐步推动九恒星项目的开发建设工作。首先，完成二期项目中同业授信、集团承兑汇票管理（纸票）模块的需求评审、功能优化、测试上线工作，征信综合报送系统建设取得阶段性进展，完成主要信贷业务数据的抽取、测试、报文生成等工作；其次，总结九恒星项目存在的问题，实现项目开发与管理的规范化，提高项目开发质量及效率；最后，明确九恒星项目后续的开发重点，着重系统功能的完善和修复，并逐步部署管理类功能模块，尤其是数据统计和报表功能模块的渐进上线。二是稳步落实软件正版化工作。首先，建立了软件正版化管理长效机制，制定并发布了覆盖工作责任制度、配置管理、日常使用管理、安装维护管理、台账管理等相关制度，明确了软件正版化工作的管理体系和操作流程；其次，完成了财务公司现有软件资产概况的排查，明确整改计划和措施。三是持续推进办公自动化系统的开发建设。根据办公需求完成绩效考核、公文管理、签报审批、出差申请、培训申请、电子耗材类申领、固定资产管理、出国（境）类审批、请（休）假审批、公务用车审批、法律文书审查等流程的开发测试及上线工作，推动了公司信息化、无纸化办公的进程，提高了员工的工作效率。

【党建工作】公司切实落实两个主体责任，将党风廉政建设与合规从业紧密结合，引导全员树立“有位有责”理念，全面提升责任意识。一是党支部印发了党支部委员会议事规则，为党组织前置研究“三重一大”事项规范议事程序；深化“两学一做”学习教育，严格落实“三会一课”要求，全年组织召开支部大会7次、支委会8次、党小组会8次、党课6次；开展巡视反馈问题自查整改，经自查，党风廉政建设和反腐败工作方面、落实中央八项规定和作风建设方面、选人用人和民主集中制方面不存在突出问题。二是建立稽核和廉政联席监督机制，形成监督合力。完善稽核管理体系，制定稽核管理办法，建立督查整改机制，着力推动稽核工作常态化，截至年末已开展财务、会计、结算、档案等专项稽核，2017年共检查公司开业以来会计凭证11715份、业务资料400余份，出具日常稽核报告3份、专项稽核报告3份，业务覆盖面达80%以上。三是积极开展“纪律教育学习月”活动，组织法律培训2期，以党课、学习讨论、观看警示教育片等形式，加强员工廉洁思想建设，金融合规管理理念深入人心，公司从上到下做到知“红线”、守“底线”，“合规创造价值”的良好氛围初步形成。

广东省交通集团财务有限公司

【集团概况】广东省交通集团有限公司（以下简称“集团”）是经广东省委、省政府批准组建的国有大型独资公司，于2000年6月28日挂牌成立，注册资本268亿元，主营高速公路投融资、建设、经营和管理以及汽车运输与现代物流业，兼营与高速公路主业相关的公路施工、科研、设计、监理以及金融、智慧交通、资源开发经营及相关服务业等。拥有全资、控股二级企业17家，员工人数5万多人。资产规模居广东省属国有企业首位，连年稳居中国企业500强和广东企业50强。

【经营概况】2017年，广东省交通集团财务有限公司（以下简称“公司”）围绕“拓展、规范、提效”的工作总基调，加大对上市公司等资金归集力度，拓展信贷业务需求，进一步增强盈利能力，保持稳定发展势态。全年实现营业总收入5.57亿元，同比增长19.49%；利润总额1.90亿元，同比增长22.72%；净利润1.14亿元，同比增长7.55%。公司资本充足，无不良资产，各项监管指标均符合规定要求。

【信贷业务】 2017年，公司全年累计向集团成员单位发放自营贷款92.58亿元，其中，流动资金贷款84.83亿元，固定资产贷款7.75亿元，均投向集团所属高速公路、客货运输、物流等经济实体。在外部融资成本持续走高的情况下，自营贷款年平均利率仍保持在3.9%的低位，全年为集团所属企业节约融资成本4236万元。

【资金集中】 截至2017年12月末，公司归集资金149.41亿元，全口径资金归集率为53.88%；剔除各类不可归集资金后，可归集口径资金归集率达84.69%；全年日均归集资金153亿元，同比增长7.6%。2017年，公司采用多级资金池模式，在保留上市公司原有资金池基础上更高效、快捷地提高存款规模，年末吸收上市公司存款合计达8.5亿元。

【业务创新】 2017年，公司成功取得全国银行间同业拆借市场资格，并分别与工商银行、中国银行、邮政储蓄银行、兴业银行、光大银行5家金融机构开展了资金拆入业务，打通了金融同业融资渠道，丰富了流动性管理工具，为提高集团资金利用效率、降低流动性风险创造了良好条件。

【风险管理和内部控制】 2017年，公司深入开展了“三违反”“三套利”“四不当”“十乱象”专项治理工作，对财务会计基础工作、金融监管统计工作开展稽核检查，对信贷业务、反洗钱工作、信息科技实施专项内部审计。全年未出现重大违法违规和通报批评事件，未出现不良资产。公司内部控制得到有效执行，达到了预期目标。

【人力资源管理】 2017年，公司持续开展员工绩效考核和内部业务培训。在集团系统内率先探索构建市场化用工机制，成立投资管理部并对2名核心人员实行市场化薪酬和考核的相关方案获得集团批复同意，开展中层干部人事档案的专项整理、审核，维护人事档案的真实性、完整性、严肃性。

【信息化建设】 2017年，公司完成统一监管数据平台的试运行上线，完成IT运维监控平台部署，实现网络设备、线路、主机、服务器的自动化监测、预警功能。完成成员单位系统用户与数字证书绑定，稳步提升资金系统安全等级。开展信息系统灾难恢复演练，验证了公司备份介质的有效性。信息科技管理体系进一步健全。

【企业文化建设】 2017年，公司深入推进“合规文化建设年”活动，组织开展了六期合规培训。举办业务操作风险防控研讨会，系统梳理工作中可能存在的各类潜在操作风险，并提出相应防范措施，提高对各类业务的理解洞察力和风险把控能力，防范风险事件发生。

【党建工作】 2017年，公司全面加强党的领导和完善公司治理，落实党支委会前置研究讨论企业重大事项要求，规范议事决策行为。扎实推进省委巡视集团反馈意见整改工作，落实党风廉政建设主体责任。贯彻落实全省国有企业党的建设工作80项重点任务措施，扎实推进“两学一做”学习教育常态化制度化，开展党员群众“一对一”结对帮扶，设立党员先锋岗，建立党员活动室，并从9月起每月开展主题党日活动，以实际行动推进全面从严治党深入开展。

广东粤电财务有限公司

【集团概况】广东省粤电集团有限公司（以下简称“集团”）是由广东省政府和中国华能集团分别持有公司76%和24%的股权的发电企业，核心产业涉及煤电、水电、天然气发电、风电、核电等多种形式，多元化产业涉及煤矿、航运、金融业等领域。截至2017年底，集团资产总额1371.33亿元，全年实现营业收入436.41亿元，利润总额49.49亿元。

【经营概况】广东粤电财务有限公司（以下简称“公司”）成立于2006年6月，2017年资产超200亿元。2017年，在燃煤价格上涨及上网电价下跌双重挤压、火电行业利润大幅缩水的背景下，公司积极采取主动型资产负债管理策略，通过调整资产配置结构，利用外部资源为集团内核心业务增加驱动力，提升整体资金运用能力，实现集团利益最大化。截至2017年末，公司总资产规模217.61亿元，吸收存款规模189.50亿元，贷款（含贴现）规模131.37亿元，全年累计实现净利润3.05亿元。

【信贷业务】2017年，公司一方面综合考虑成员单位融资需求，积极向人民银行争取新增信贷额度，有序、稳步做大信贷规模，年末信贷余额达到131.37亿元，创公司成立以来月末信贷余额新高；另一方面，力抗外部融资价格走高态势，继续贯彻集团“降成本”经营宗旨，坚持一般贷款基准利率下浮10%价格，并以此向商业银行施加压力，延缓其利率提高步伐，实现在实体企业融资难、融资贵的大环境下，成员单位仍然以较低的成本获得较大规模的外部低成本资金。

【资金业务】公司在同业资金业务方面，进一步拓宽同业交易对手，成功与华能财务公司开展同业拆入，并首次打通工商银行及建设银行的隔夜同业拆出业务，最大限度地实现资金安全错配。2017年全年同业拆出业务与存放业务共计办理111笔，累计交易金额567亿元，共实现利息收入6148.83万元，通过主动资产配置取得管理收益2093.53万元。

【投资业务】公司投资业务以大数据为基础，科学构建有价证券投资组合，全年实现投资收益5672.74万元，年化收益率为4.232%，比行业算术均值3.8614%高37.06个基点，可比收益率为5.643%。2017年11月，公司启动交易所债券质押式逆回购业务，全年债券逆回购累计成交283笔，应计利息407.32万元。

【资金集中】公司一方面继续提供“具有竞争力”的存款价格，保证成员单位资金归集原动力；另一方面加强资金管控，密切关注各单位经营发展及股权变更契机，实现资金归集的突破。截至2017年末，公司已开户成员单位126家，考核口径资金归集率达97%，账户集中度达91.67%。2017年全年结算业务笔数为85659笔，支付结算规模达到4901亿元，结算集中度为95.5%。

【业务创新】2017年初，公司因应市场变化，提出资产管理“双弹性”创新管理模式，有针对性地逐步开展框架型信贷资产转让协议创新管理业务。通过对资产池弹性和资产操作弹性的创新操作，在金融市场资金供需持续紧平衡、各银行信贷规模持续紧缩的大环境下，成为全国首家自2010年银监会进一步规范信贷资产转让的新政后获得农业银行授予信贷资产转让额度的财务公司，并成功以低于同期贷款基准利率10%的幅度顺利融入8.2亿元资金。

【风险管理和内部控制】公司以“加强党的领导”为基调，以“主动合纪合规”为思路，开展风险管理及合规管理有关工作，建成含71项具体管理事项的“三重一大”制度，切实规范公司对“三重一大”事项的决策管理，同时着力完善风控工作，重点落实风险评估和评价工作，强化各环节联动反馈机制。为主动应对MPA考核及其他监管政策变化，公司搭建出匹配实际的MPA测算模型，切实升级管理。

【人力资源管理】公司近年在大力推进各项业务的同时，继续着力加强人才队伍建设，既注重内部人才梯队建设培养，也积极引入外部金融机构专业人才，打造熟悉能源行业与金融市场的业务团队。2017年顺利完成专业岗位社会招聘及管理储备生招聘，为公司发展输送新鲜血液，以人才促发展，以专业创辉煌。

【信息化建设】2017年，公司以整合信息系统、优化完善系统功能、提升系统运行效率为目标，以“粤汇通”五期项目开发为核心，以虚拟化平台升级、深化应用推广为目标，完成了“粤汇通”系统域名改造和虚拟化迁移、CA二代数字证书的推广应用、账户差异化利率管理、反洗钱监控预警、集团法务系统对接等功能，进一步完善和提高了公司的信息化管理水平，发挥了信息化对公司业务运作的支撑作用。

【企业文化建设】公司努力营造学习型企业氛围，鼓励并引导员工积极参加业务、金融理论等学习研究，从多角度提高员工理论知识水平，并重视与实际的结合及落地，使理论研究成为推动日常工作顺利开展的助推器之一。公司员工喜获广州金融行业2017年度春季读书交流会读书心得评比一等奖，在财务公司30周年征文活动中获得二等奖。

【党建工作】公司在集团公司党委、集团直属党委的正确领导下，严格按照“三会一课”要求，认真开展“两学一做”，充分发挥党支部战斗堡垒及党员干部先锋模范作用，进一步强化党组织领导核心与政治核心作用，把政治学习与经营管理相结合，党建工作取得一定成绩，2017年公司党支部获评集团党委、直属党委“2015—2016年度先进党支部”。

广西交通投资集团财务有限责任公司

【集团概况】广西交通投资集团有限公司（以下简称“集团”）成立于2008年7月，是广西壮族自治区人民政府批准成立的国有独资大型企业集团，注册资本为300亿元，承担了广西高速公路建设的重要任务。截至2017年底，集团共有高速公路项目46个，已建成高速公路35条，管养高速公路3501公里，占广西高速公路里程的66.50%，全年实现经营收入216亿元，利润17.30亿元，企业总资产2305亿元，有63家全资子公司，控股9家公司，参股8家公司。

【经营概况】2017年，广西交通投资集团财务有限责任公司（以下简称“公司”）全年实现营业收入2.56亿元，利润2.01亿元，资产总额82.84亿元，国有资产保值增值率111%，不良贷款率为零，拨备覆盖率大于100%，各项监管指标良好，实现了经营业绩和风险防控双丰收。

【信贷业务】2017年，公司新增授信额度42.35亿元，累计发放贷款23亿元，日均贷款32.72亿元。截至2017年底，贷款余额为36.44亿元，较年初增长27.27%，贷款不良率持续为零。办理保函6.26亿元、票据承兑担保1亿元和信贷证明1.04亿元。累计手续费及佣金收入210.14万元，较2016年同期增长81.53%。

【资金业务】2017年，公司同业授信取得新突破，年内首获2家非银行金融机构合计10亿元同业授信，累计开展同业拆入业务24亿元，成功开展首笔2亿元的同业拆出业务，实现了同业业务从商业银行向非银行金融机构的进一步延伸。全年实现同业收入9635万元，较上年同期增长60.52%。

【投资业务】2017年，公司获批开办除股票投资以外类有价证券投资业务资格，投资产品范围扩大至银行理财、券商资管计划、信托计划、基金等，产品结构不断优化，资产配置和资金管理效率得到提高。全年累计有价证券投资13.6亿元，平均投资收益率为5.05%，较上年度增长61.86%。

【票据业务】2017年，公司持续推进票据业务的创新和发展，全年票据业务规模合计2.65亿元。成功促成了国家开发银行广西分行首笔电票承兑业务落地，打通高速公路票据业务新渠道。

【外汇业务】2017年，公司获得开展跨国公司外汇资金集中运营管理业务备案批复，与建设银行、工商银行和招商银行三家外汇资金池合作银行签订跨国公司外汇资金集中运营管理业务服务协议，并成功搭建了跨境外汇资金池，实现集团公司境内外、本外币资金联通，助力集团在全球范围内推进资金集中管理，为实现资金和财务资源的跨境流转迈出重要一步。

【资金集中】 2017年，公司继续强化资金管控措施，扩宽资金归集面。资金归集量及归集度均再创历史新高，截至2017年底，日均吸收存款75.79亿元，平均归集度为62.2%。

【业务创新】 2017年，公司首次开展高速公路项目银团牵头组建和银团份额转让工作；推出“路融通”高速公路融资新模式，预计可节约融资成本60个基点；通过“零”保证金的保函业务模式，与集团下属境外企业紧密合作，开展2亿元内保外贷，实现跨境金融服务新突破。

【风险管理和内部控制】 2017年，公司开展了成立以来的首次流动性风险压力测试，市场风险压力测试和新产品、新业务信用风险压力测试工作，完善了公司风险压力测试管理框架及流程，提升了风险管理技术手段。

【人力资源管理】 2017年，公司健全人力资源管理制度，组织开展“金融讲堂”活动，采取内训师授课、专题讲座、赴外学习、在线平台等形式，打造学习型团队，形成多层次、多渠道、全方位的人才培养新格局。全年累计有16人次通过了各类金融专业资格证书考试，员工持证率高达83%。

【信息化建设】 2017年，公司信息系统功能进一步增强，核心业务系统二次开发成功上线验收，集团合同管理系统顺利上线，实现合同在线评审以及数据有机整合；电票系统项目顺利启动，提高票据业务处理效率；推进灾备系统部署，开展首次信息系统应急演练。

【企业文化建设】 2017年，公司积极搭建宣传平台，丰富企业文化活动。继续发挥“金融时讯”宣传平台作用，共计完成了21期《金融时讯》编印。积极组织员工参加羽毛球、汽排球竞赛，“交投好声音”歌唱比赛，十九大知识竞赛等活动，营造积极向上的企业文化氛围。

【党建工作】 2017年，公司推出“品质党建，品质金服”活动，建立党建协作区，创新开展“我与公司共成长”主题演讲比赛、“交投好故事”走进金融板块宣讲会等党日活动，与优秀金融机构党组织结对共建，开展党建交流和业务合作，组织党员赴凌云县开展“交投先锋+”扶贫助学活动，以实际行动响应“精准扶贫”号召。在广西金融青年双提升活动中获评精品主题活动项目，获得金点子方案三等奖，获评十大岗位标兵、岗位能手称号，其中一名员工获得“全国金融青年岗位能手”称号。

广州发展集团财务有限公司

【集团概况】 广州发展集团股份有限公司（以下简称“集团”）是华南地区大型国有控股上市企业，被列为广东省50家工业龙头企业集团，也是广东省和广州市重点扶持的大型企业集团。集团主要致力于电力、煤炭、油品、天然气、新能源及可再生能源等综合能源业务的投资、开发、工程建设、生产管理及经营业务。集团控股股东为广州国资发展控股有限公司，股东包括中国长江电力股份有限公司及其全资子公司长电资本控股有限责任公司等。

【经营概况】广州发展集团财务有限公司（以下简称“公司”）在严格依法依规经营、有效防控金融风险的基础上，加大资金归集力度，为成员单位提供优质金融服务，实现了集团资金管理集约化，资金使用和资金运作高效化，显著降低了集团财务成本。截至2017年末，公司资产总额74.35亿元，负债总额63.11亿元，所有者权益11.24亿元，表外业务3.72亿元。全年实现营业收入2.25亿元，利润总额1.68亿元，净利润1.27亿元，整体经营呈良性增长态势。

【信贷业务】公司注重绿色信贷业务，将“环保理念”“绿色信贷”融入业务经营之中，重点加强光伏发电、风力发电和天然气发电的融资力度，2017年共向成员单位发放自营贷款25笔，余额19.27亿元，其中发放绿色贷款4.17亿元；发放委托贷款23笔，余额3.02亿元。

G

【资金业务】公司严格遵循“每日询价、价格与信用兼顾”的工作机制，坚持选择同期限利率报价最高的主流银行作为存放行。2017年共开展同业定期存放业务210笔，累计金额达295亿元，交易对手方包括12家商业银行。通过增加日常同业存放报价的银行数量，放宽竞价基数，在同业市场中获得较高的存放利率。2017年末，公司商业银行授信额度共10亿元，保障了公司资金流动性。

【资金集中】公司始终把安全、高效地为集团和成员单位提供资金结算服务放在第一位，与多家商业银行结算系统正常对接，实现电子支付。2017年，公司资金归集日均存款47.8亿元，全口径归集率达74.18%。

【风险管理和内部控制】公司在2017年继续大力强化风险和内控管理，主要监管指标全部达到监管要求。公司把信用风险、操作风险、流动性风险管控贯穿于各项日常工作中，不断完善公司规章制度，形成了业务、风控、稽核三位一体、层层压实的风险防火墙。内控管理方面，全年共制定发布内控流程43项，管控范围覆盖公司各部门和公司重点业务中的全部高风险环节。2017年9月，公司顺利通过了普华永道商务咨询公司的内控流程验收评估。

【信息化建设】为达到人民银行广州分行、广东银监局的监管要求，2017年公司对拜特资金业务系统平台进行了升级改造，进一步增加及完善了部分业务功能，同时还委托工信部第五研究所对该系统开展信息安全等级保护测评，确保信息系统安全稳健运行。

【企业文化建设】2017年，公司按照广东银监局关于开展“金融知识进万家”活动的要求，于2017年9月19日举办了首届“强合规，防风险”金融知识竞赛。竞赛的成功举办激发了员工的学习热情，在公司内掀起了学习金融知识、争当业务能手的热潮，对公司员工队伍专业素质的持续提升将发挥长期的推动作用。

【党建工作】2017年，公司深入贯彻落实党的十九大精神，立足金融企业特点，探索党建与经营业务深度融合新思路，以广州市委党建工作联系点、党风廉政建设联系点和领导干部家风联系点建设为抓手，不断夯实党建基础，强化制度建设，并开展了“强基础　增活力”基层党建创建活动、党建“四个一”活动、纪律教育学习月等一系列形式多样的主题活动，得到了集团党委的充分肯定。

广州汽车集团财务有限公司

【集团概况】 广州汽车集团股份有限公司（以下简称“集团”）成立于1997年6月，总部位于广州市天河区珠江新城。集团是国内首家实现A+H股整体上市的大型国有控股汽车企业集团，是中国汽车行业六大企业之一和广东省汽车行业龙头企业，总市值超1500亿元。2017年，集团汽车产销实现201.7万辆和200.1万辆，营业收入3538亿元，利税总额621亿元。集团连续五年跻身《财富》世界500强企业，2017年排名第238位，比2016年上升65位。

【经营概况】 广州汽车集团财务有限公司（以下简称“公司”）成立于2017年1月。2017年，公司资产总额320.50亿元，全年实现营业收入2.71亿元，利息收入4.54亿元，全年累计办理结算业务5.81万笔，结算量达7563.83亿元。

【信贷业务】 2017年，公司积极响应国家供给侧改革号召，大力支持实体经济，促进汽车制造业发展，对集团成员企业授信36.70亿元，实际投放24.74亿元。

【票据业务】 2017年，公司已申请成为上海票据交易所会员，并初步完成电票业务的系统建设工作。

【资金集中】 2017年，公司完成成员企业开户131户，开户率达81%，全年日均存款142.69亿元，年末时点存款余额308亿元。

【业务创新】 2017年12月，公司关税保函业务试点资格获得海关总署批准，公司可以出具非银行金融机构的关税保函，成为广东省首家获得该资格的财务公司。

【风险管理和内部控制】 2017年，公司成立了风险管理委员会，明确相应的职责，制定了风险管理相关制度，搭建起层级分明、风险管控全覆盖风险管理体系；公司初步建立业务部门、持续控制部门和内部审计的三道防线，制定了八大类制度规程，搭建公司内部控制管理制度和流程；开展持续控制监督和专项审计的检查，督促关键内控的落实，严格规范业务流程操作。

【人力资源管理】 公司全面搭建薪酬体系、绩效管理体系及各项人力资源管理体制，通过人才引进、学习提升的方式来打造人才队伍。2017年，公司通过社会招聘引进各领域专业人才，人员总数从成立之初的27人发展至2017年末的43人。公司全年共组织各类培训19场次，内容涵盖工作方法培训、信息系统专题培训、内控合规培训、遵纪守法教育等，持续提升员工的专业水平和风险防范意识。

【信息化建设】 公司对信息系统建设进行总体规划和布局，制定了公司五年信息化建设规划，覆盖应用架构、数据架构、基础架构、IT治理体系四大领域。2017年，公司先后建成了公司核心业务系统、电票系统、财务核算管理系统、商业智能（BI）系统、办公协同（OA）系统、统一监管报送系统、网络监控管理系统等，有力地支撑了公司业务快速开展。同时，公司通过加强基础架构和网络安全建设，构建完整的网络安全防御体系。

【企业文化建设】2017 年，公司组织员工积极参加集团成立 20 周年活动、IGA（创新广汽）、集团职工运动会、员工户外拓展、参观广州车展和“广汽馆”等活动。公司积极参展第六届中国（广州）国际金融交易·博览会。

【党建工作】2017 年，公司积极推进党务、纪检等各项工作。一是抓好政治建设。公司及时修订章程，增加党建方面的内容，把加强党的领导和完善公司治理统一起来，加强党组织对公司的领导。二是搞好组织建设。2017 年 12 月召开第一次党员大会，选举产生第一届支部委员会。三是严抓思想、作风建设。公司开展多层次多形式的学习贯彻活动，增强员工对党的十九大精神、党章、廉洁自律准则、监督条例等党内法规的认识。

贵州茅台集团财务有限公司

G

【集团概况】中国贵州茅台酒厂（集团）有限公司责任公司（以下简称“集团”）是中国白酒行业唯一荣获国家企业管理最高奖——金马奖、首批荣获全国质量管理奖的国家一级企业和特大型企业。集团前身是中国贵州茅台酒厂，1997 年成功改制为中国贵州茅台酒厂有限责任公司，1999 年，中国贵州茅台酒厂有限责任公司联合中国食品发酵研究所发起成立了贵州茅台酒股份有限公司，2001 年 8 月，“贵州茅台”股票在上交所挂牌上市。集团以贵州茅台酒股份有限公司为核心企业，所涉足产业包括白酒、葡萄酒、金融、科研、旅游及白酒上下游产业等。

【经营概况】2017 年，贵州茅台集团财务有限公司（以下简称“公司”）坚持以“依托集团、立足集团、服务集团”为发展宗旨，积极应对复杂的经济金融形势，准确把握集团公司金融需求，立足成员单位的经营发展，锐意进取，开拓创新，公司经营效益呈现稳健的发展态势，超额完成董事会工作目标。截至 2017 年末，公司资产总额 842.75 亿元，资金集中度达 86.24% 以上，全年实现营业总收入 28.45 亿元，利润总额 17.40 亿元。公司共计为 96 家成员单位开立了内部账户，夯实了集团金融板块建设，获得集团 2017 年度优秀集体称号。

【信贷业务】2017 年，公司大力支持集团主业发展，在政策范围内、风险可控的前提下，加强对集团成员单位的信贷支持。截至 2017 年末，公司自营贷款余额 0.34 亿元，委托贷款余额 6.10 亿元。

【资金和投资业务】2017 年，公司进一步扩大与银行同业的合作范围，加大和国有银行的同存额度分散风险，提高资金使用效益。公司通过利率报价平台和利率定价机制，把控同业风险，在充分考虑公司资产结构的前提下，采取价格优先、效率优先、授信总额控制的原则，兼顾风险与收益的平衡，实现利益最大化。2017 年，公司累计办理资金交易业务（同业存款）712 笔，交易金额合计 4520.28 亿元，累计办理同业拆借业务 27 笔，交易金额合计 101 亿元。

【票据业务】 2017 年，公司搭建了较为完善的票据类业务服务框架，以提供票据池业务、电票开票业务及票据贴现业务为支撑，在集团内部推广电子银行承兑汇票使用，帮助集团成员单位提升财务管理效率、降低其财务管理风险。

【资金集中】 2017 年，公司以资金集中管理办法顶层设计为制度保障，从优化资金管理流程，利用信息化平台，加强与商业银行的合作等几个方面加强资金集中管理工作。公司以制度化、标准化、系统化为核心，根据各公司的情况对直联银行账户进行归集，截至 2017 年末，公司共归集各成员单位资金 800.80 亿元，年日均存款余额 666.38 亿元，资金集中度为 86.24%。

【风险管理和内部控制】 在加强风险监测和风险管理方面，一是根据《贵州茅台集团财务有限公司管理办法》，公司对风险进行监测、评价和控制，2017 年各项监管指标均符合相关规定。二是收集分析同业经营信息，为公司及成员单位提供风险评估依据。三是对成员单位进行走访，风险部同步开展授信业务，在提高工作效率的同时更好地控制风险。在风险审查方面，公司严格贯彻落实“审贷分离”制度，认真履行授信审查、合同审查工作，坚持审查中的独立性，风险部与业务部门保持沟通，与金融市场部、信贷业务部共同对授信客户进行贷前调查、贷后监督，切实履行风险管理的审查、监督工作。

【人力资源管理】 2017 年，公司不断完善用人机制，加强人才引进和培养力度，鼓励员工自学成才。一是提拔任命公司部门经理及见习助理共 10 人。二是分类分级培训，强化职业资格认证，鼓励员工自学提高。2017 年公司安排员工参加人民银行、银监会、中国财务公司协会和集团等机构组织的各类培训，全面提高不同岗位、层次员工的职业素养。公司拥有高级职称 2 人、中级职称 7 人，同时拥有注册会计师、注册税务师、注册资产评估师、高级职称的 1 人。三是为满足新业务开展的需要和弥补人力资源不足，确保人力资源配置与公司发展相适应，2017 年面向社会进行了公开招聘，共计招聘员工 16 人。

【信息化建设】 2017 年，公司继续加强信息化建设。一是以信息系统的稳定性和安全性为前提，重点开展硬件的维保工作，加强公司网络、存储、服务器等硬件设备的管理，确保各设备稳定运行。2017 年继续推进公司核心系统二期的开发升级，督促软件供应商改善服务质量，提高服务效率。二是制定信息科技发展规划，从业务匹配度、服务能力、系统安全性、可靠性、人力资源等多个维度规划信息科技的工作重点，选定合格的软硬件服务商，确保信息科技对业务发展的支撑。三是对信息科技人员进行培训和合理的权限分配，完善 IT 管理相关制度，确保流程的科学性和合规性。

贵州盘江集团财务有限公司

【集团概况】贵州盘江投资控股（集团）有限公司（以下简称“集团”）前身是始建于1966年的原煤炭部所属的盘江矿务局。1997年进行公司制改革，更名为盘江煤电（集团）有限公司。2010年因推进转型发展，更名为贵州盘江投资控股（集团）有限公司。经过50多年的建设、改革与发展，集团已成为一家以资源能源为基础，集产业发展、资本运营、集团管控为一体的综合型大型企业集团。“十三五”以来，集团坚持实施“创新驱动、产融互动、协调发展”的战略，着力打造“能源材料、商贸物流、金控运营、健康服务、技术服务”五大产业板块，业务结构更加优化。截至2017年底，集团有职工3.2万人，在中国煤炭企业50强中排名第22位。

【经营概况】2017年，贵州盘江集团财务有限公司（以下简称“公司”）严格执行国家货币信贷政策和银行业监管规定，牢牢扎根集团产业，积极协助成员单位降本增效，有序推进稳增长、调结构、强内控、防风险等工作，公司服务能力得到进一步提升，业务经营稳健发展。公司全年实现营业收入9213.54万元，较上年增加2976.54万元，增长47.72%；实现利润总额4134.53万元，较上年增加687.54万元，增长19.95%。2017年末，公司资产总额17717.60万元，负债总额12141.70万元，无不良资产，资产状况良好。

【资产和负债业务】2017年，公司紧密结合成员单位需求，灵活运用流动资金贷款、票据贴现、特定贷款、委托贷款、再贴现等金融工具，支持成员单位发展。公司全年发放各类贷款164笔（含票据贴现133笔），金额为173634.36万元（含票据贴现80734.36万元），较上年增加33844.05万元，增长24.21%。为10家成员单位发放委托贷款41笔，累计金额99184万元。为进一步盘活存量票据，减少资金占用，持续加大再贴现业务办理力度，全年累计办理再贴现5250万元。

【合规管理】2017年，公司以深入落实“三三四十”乱象整治工作为契机，结合监管评级情况，全面梳理、整改公司在经营和管理中存在的漏洞；以提升遵纪守法意识为导向，制定《员工行为准则》，强化员工行为管理；以专项检查为抓手，深入排查同业业务、存款业务、信贷业务、员工行为等方面可能存在的操作风险，提升公司合规管理水平；以弥补制度短板为目的，对公司68项制度进行全面梳理、修订和完善，进一步规范了公司的业务流程和操作，夯实了公司合规管理基础。

【风险管理】2017年，公司着力强化风险源头遏制，严格执行贷款“三查”制度，加强贷款催收，优化信贷资产结构，公司信用风险得到较好控制。2017年末，公司信用类贷款由年初的67%下降至38%，担保类贷款由年初的30%增长至59%，公司流动资金贷款余额86560万元，较年初减少20650万元，下降19.26%；票据贴现余额34566.02万元，较年初增加24307.20万元，增长236.94%。按季组织资产质量五级分类，确保了风险隐患及时发现、及时处理。及时做好存款准备金调整和资金头寸管理，确保资金备付始终保持在合理水平，2017年末，公司流动性比例为51.55%，流动性缺口率为71.88%，公司保支付能力较强。加大贷款损失准备金提取力度，提高风险补偿能力，截至2017年末已计提2562.91万元，余额为7873.19万元，公司风险补偿能力得到进一步增强。

【统计管理】2017年，公司进一步加强统计工作管理，在优化统计工作流程、加强数据质量管理、提高统计工作人员工作能力等方面取得积极成效，全年未发生数据错报、漏报等情况，并在监管统计工作考核评比中荣获“优秀”，在人民银行贵阳中心支行统计工作中荣获“贵州省2017年度金融统计工作三等奖”。

【人力资源管理】公司始终致力建设一支责任意识强、符合公司发展的金融人才队伍。2017年，公司继续加大员工培训力度，组织参加监管部门和行业协会主办的各类培训150余人次，进一步拓宽了员工工作思路，提高了员工的工作能力。对36个岗位的岗位说明书进行修订完善，进一步明晰了岗位职责，为公司今后招聘、培训和绩效考核奠定了基础。

【信息化建设】2017年，公司针对成员单位财务人员变动较为频繁和使用中存在的问题，通过远程帮助、上门指导、现场培训等方式，对70余户成员单位开展维护和使用指导，提升了科技信息服务水平。在做好运维工作的基础上，公司对核心业务系统数据库、应用服务器、银企直联服务器、系统日志进行优化，全年未发生信息系统和数据安全事故。加快推进电票系统接入和反洗钱系统模块升级改造，为公司来年拓宽加强电票业务和履行反洗钱义务奠定了基础。

【党建工作】公司在发展业务的同时，充分发挥党组织的领导核心和政治核心作用，认真落实全面从严治党总要求，将党建工作纳入公司章程，把党组织研究讨论作为董事会、经理层决策重大问题的前置程序，构建了党组织引领、董事会决策、监事会监督、经理层执行的公司治理机制。深入推进“两学一做”常态化制度化教育，严格执行“三重一大”决策制度，积极开展评先推优工作，对员工开展多种形式的慰问，进一步增强了公司的凝聚力，为全年工作目标的实现提供了坚强保证。2017年公司再次荣获“盘江集团先进集体”称号。

国电财务有限公司

【集团概况】中国国电集团有限公司是经国务院批准，于2002年12月29日成立的以发电为主的综合性电力集团，2017年位列世界500强企业第397位。2017年11月28日，国家能源投资集团有限责任公司重组成立大会在北京召开，中国国电集团有限公司与神华集团有限责任公司重组，标志着国家能源集团正式成立。

【经营概况】2017 年，国电财务有限公司（以下简称“公司”）深入推进产融结合、融融协同，持续深化改革、增强活力、转型升级、提质增效、加强党建，全年各项工作有序推进。2017 年，公司持续把控日均资金归集率，维持传统信贷业务规模，同时多元化发展中间业务，实现利润总额 10.94 亿元，完成预算目标的 140.80%。

【信贷业务】2017 年，公司信贷业务规模稳步增长，各项贷款（含贴现、融资租赁、保理）日均规模 213.35 亿元，同比增长 4.24%。实现信贷业务收入（含贴现、融资租赁）9.12 亿元，其中，利息收入 9.11 亿元，手续费收入 98.43 万元，融资租赁业务余额 10.58 亿元。

【资金业务】2017 年，公司制定了《国电财务有限公司资金管理办法（试行）》，明确各部门职责分工，完善了资金收支、补充、运作及划拨的相关细则，确立了相应的监督机制。初步建立“月计划、周平衡、日调节”的资金计划平衡体系，把监管指标、结算资金、信贷资金、投资运作、财务收支等都纳入了计划平衡内容。从运作情况来看，全年结算备付金充足，未出现过突发性结算缺口，充分保证了成员单位的资金支付需求。

【投资业务】公司持续坚持稳健的投资原则，在满足监管合规指标的前提下维持适度合理的投资规模。公司坚决不做股票二级市场投资，以短期银行理财、政策性金融债、集团内部优质公司债等安全性高的流动性投资为主，适当筛选优质基金产品，提高收益水平。

【票据业务】2017 年，公司已获准可开展“一头在外”的产业链创新财票贴现业务，并与建设银行、中国银行、中信银行、招商银行等九家商业银行签订了国电电子财票保贴协议，提升了国电电子财票的流通程度。截至 2017 年末，全年累计办理国电电子财票业务 488 笔，金额共计 19.98 亿元。

【外汇业务】2017 年 6 月 30 日，完成了国电燃料有限公司首笔外币资金归集业务。2017 年 9 月 30 日，完成集团入池成员单位境内外账户的信息筛查、信息报备和账户分析，对成员单位无效账户进行了清理和整顿，有序推进境外外汇和跨境人民币入池工作，形成境内、境外可归集资金账户的有序覆盖。

【资金集中】2017 年，全年全口径资金归集率均值为 93.19%，同比增长 1.2%；累计完成资金结算量 21449.58 亿元，同比增幅为 3.60%；结算笔数 51.52 万笔，同比增幅为 14.01%；归集资金日均规模 305.16 亿元，资金的稳定程度有所提升。海外上市公司资金归集和结算水平显著提高，截至 2017 年末，归集外币资金 163.95 万美元、29.12 万欧元，完成河北银行、华夏银行直联正式上线，使财务公司直联银行数增加到 19 家，“国电网银”覆盖面进一步扩大。坚持“零结算费用”优质服务，免费提供存款询证、资信证明、“国电网银”指纹 U 盾等服务，全年为集团成员单位节省财务费用约 1000 万元，有效服务集团系统降低财务费用。

【业务创新】着力海外金融服务体系建设，通过科学的账户架构设计、高效的支付结算体系、良好的现金流分析、对金融市场的有效参与，发挥外汇资金集中的规模效应，提高海外现金周转效率和现金使用效益。同时，主动为成员单位开展跨境投融资咨询业务，推进涉外风险管理业务，降低集团公司融资成本，提高收益水平，规避海外业务风险。

【风险管理和内部控制】2017 年，公司持续完善风险闭环管控，初步形成季度、月度风险监测指标体系，涵盖信用风险、流动性风险、市场风险、操作风险、合规风险等主要风险源。及时修订内部规章制度，梳理公司规章制度144项，内容包括“三会”管理、公司治理、股权投资、金融投资、内部审计、法律合规、风险管理、信息建设、人力资源、纪检监察、政治工作、招标采购、财务管理、行政管理等方面。通过开展规章制度“立、改、废”工作，有效评估现行制度的执行力，及时堵塞制度漏洞，加快形成制度体系完整闭环。2017年，公司立项新建制度32项，修订制度38项，废止制度3项，已填补信息科技管理制度、反洗钱管理制度等空白。

【人力资源管理】清晰界定资金结算、信贷票据、投资融资三条业务线，形成了更加责权明确、运转高效的组织管理体系。优化干部选用程序，任免过程均严控动议提名、民主推荐、考核考察、任前公示、讨论决定、任命谈话六大关口，做到坚持原则不动摇，履行程序不变通，提拔过程留痕迹，遵守纪律不放松。加强过程监督，确保纪检部门全程参与。开展了“用人、薪酬、考核”三项制度改革的研究和落地工作，在“工资总额、领导年薪、薪酬激励、绩效考核和职业发展”五个方面，分别提出了改革思路，并相继完成设计方案。以巡视整改、专项审计为抓手，持续规范薪酬福利管理。全面开展应届毕业生入职、人力资源专项、十九大精神学习、具备银行从业资格人员继续教育等多项培训，确保职工队伍整体素养不断提升。

【信息化建设】公司信息系统建设成效显著。一是加快系统创新步伐，积极对接集团财务集中管控信息化平台建设，新版国电网银研发完成，引入云技术升级系统架构，优化系统功能界面，提升客户使用体验，有力地支持了集团财务管理改革。二是不断加强国电网银系统建设，提升业务支持能力，完成了公司信贷功能优化项目（二期）上线试运行，完成增值税系统上线应用，进一步优化了资金支付接口，进一步加强国电网银银企接口平台建设，完成与光大银行、民生银行、河北银行等直联，稳步开展国家开发银行、昆仑银行直联接口开发，系统资金归集能力日益增强。三是强化制度建设，对公司信息安全、系统安全、网络安全、系统更新上线、软件资产、电脑终端、外包服务、主数据中心机房等形成全覆盖，初步形成信息化管理制度体系。四是加快公司业务新需求开发，完成国电财务有限公司外汇系统项目建设工作。

【企业文化建设】一是公司进一步健全体制机制，将企业文化建设考核纳入公司党建考核体系；制定科学有效、符合实际、便于操作的企业文化建设工作制度和计划措施。二是探索开办“容融文化讲堂”，力促“安全、廉洁、法治、服务”等理念融合发展，组织开展活动4期，300余人次参与。建设公司企业文化展厅，打造对内教育宣传的文化基地、对外合作交流的形象窗口。三是持续深化“爱国爱企爱家庭、争做文明国电人”主题教育。举办以“传统文化”等为主题的道德讲堂4场，征集“欢庆双佳节　喜迎十九大”图文作品6组。开展文明部门、家庭、个人系列创建活动，编辑发布“我的家风”故事集。打造志愿服务品牌，发挥容融1+1公益社的作用，广泛发动公司干部员工开展各类公益活动近20次。

【党建工作】公司学习宣贯党的十九大精神扎实推进。一是开展系统培训2场、座谈交流27场、基层宣讲13次、专题研讨12场和项目牵引7项。二是党建与经营工作深度融合。认真宣贯国企党建会精神，制定五个方面共76条措施。完成党建党廉进章程、进职责、进分工“三进入”工作。三是党建工作责任

G

制全面落实。坚持问题导向，提出“四个不能”要求，构建融合引领型党建工作体系，制定“1+7”责任清单，考核结果与年度考评挂钩。建立党建月例会制度，坚持中心组学习“三定”，重点抓部署、抓协调、抓节点落实。四是基层组织建设持续优化。以开展“两学一做”常态化制度化为契机，建设标准化党支部，深入推进创业型党小组项目攻关。坚持监督执纪问责，强化党员干部“八小时外”管理。五是群团组织建设有声有色。持续推进扶贫公益，在“公益国电”平台人均公益消费保持集团前列。强化职工专业技能提升，成功举办2017年金融技能大赛，特色开展青年经营模拟大赛。

国机财务有限责任公司

【集团概况】中国机械工业集团有限公司（以下简称“集团”）成立于1997年1月，是经国务院批准组建的大型国有企业，拥有40多家全资及控股子公司、12家上市公司、180多家海外服务机构。2017年，集团资产总额3807亿元，实现营业收入2861亿元，同比增长34%；实现利润总额112.30亿元，同比增长30%，名列中国机械工业百强首位。国机财务有限责任公司（以下简称“公司”）是集团的二级子公司。

【经营概况】公司以资金结算与管理中心、客户服务与产业链金融中心、投资与资产管理中心建设为目标，坚持创新驱动发展。2017年末，资产总额278.94亿元，较年初增加23.01亿元，增幅为9%；负债总额255.18亿元，较年初增加21.87亿元，增幅为9%；所有者权益总额23.76亿元，较年初增加1.14亿元，增幅为5%，取得较好的经营成果。对比公司发展愿景和集团战略要求，公司还存在着盈利难度增加、资金集中度绝对值依然不高的问题。

【信贷业务】2017年，公司以“了解你的客户”为原则，在控制风险的基础上，以项目贷款方式进一步深入成员企业经营链条，缓解企业临时性资金紧张，保证项目顺利进展；积极推动开展票据贴现业务，增强票据业务对降低项目成本、提升资金效率的优势，有力支持关联交易额度和存款规模的进一步扩大；积极响应国家“一带一路”倡议和全面落实新发展理念，为成员企业提供3300万美元银团美元贷款和10亿元绿色信贷。

【产品销售信贷业务】公司积极发挥自身金融服务平台的作用，为成员企业提供生产销售环节的全产业链金融服务综合解决方案，提升公司价值服务能力。在融资租赁业务上，公司根据成员企业产品销售客观情况，协助成员企业总结优化融资租赁业务管理模式，完善合同条款；针对成员企业生产车间节能环保要求，提供屋顶光伏电站融资租赁业务；为成员企业技改项目产业化提供融资租赁服务，对成员企业扩大设备销售、提高核心竞争力和经济效益起到推动作用。

【资金业务】 在资金运营方面，公司以资金集中调配、优先保障信贷为原则，加强计划性，实现保业务、保收益、保流动性的动态平衡管理。2017 年，公司与 19 家金融机构建立授信关系，授信总量 224 亿元；同时广泛收集市场信息，向内反馈产品和价格信息，为公司产品选择和定价提供数据依据；深入分析资金价格走势，把握市场价格运行规律，提高资金收益。

【投资业务】 公司根据 2017 年资本市场特征确定审慎投资策略，谨慎开展收益、安全、资金规模相匹配的投资项目，开展投资业务期限管理，合理配置投资资产。投资具备投资价值的大盘蓝筹股，稳健开展股票投资业务。参与成员企业债券发行工作，为其提供财务顾问服务，发挥财务公司投资专业化服务功能。

【票据业务】 公司加大票据业务的推广力度，持续完善电子票据业务系统功能，推广财务公司电票运用范围，因其具有便利性特点，财票、商票开票数量均呈现上升态势，2017 年电票开户数同比增长 21%，开票笔数同比增长 221%，接收量同比增长 65%。

【外汇业务】 公司深度开发跨国公司外汇资金集中运营平台功能，推出集中收付汇业务品种，使成员企业收付汇业务操作更加便利，外汇收付管理效率进一步提高。同时增强与银行的合作力度，以优惠价格为成员企业提供结售汇服务，降低成员企业外汇汇划和结售汇环节的成本。公司以保函、信用证结售汇为抓手，量身定制存款与结售汇相结合的一揽子解决方案，使外汇存贷款及结售汇规模有较大增长，外汇业务客户群相应扩大。

【资金集中】 公司持续推进资金集中平台建设，完成 830 家成员企业账户查询权限设置，协助成员企业及时掌握自身资金集中度变动，实现资金系统可视可控，监测和考核资金集中度。开发和优化升级银企平台、网银余额对账、外汇系统，使结算服务系统功能更加完备。公司定制结算服务方案，满足成员企业个性化需求，使客户深入体验财务公司结算服务便利性。2017 年底公司结算户数 632 家，同比增加 87 家，结算系统覆盖集团所有二级企业及绝大多数三级企业。

【业务创新】 2017 年，公司为进一步增强产业链业务的专业化程度，在公司业务部设置融资租赁、票据业务等产品经理，重新梳理目标客户和具体业务，为更加规范、科学地开展产业链业务提供支持。

【风险管理和内部控制】 2017 年，公司开展合规岗下沉工作，梳理业务风险成因及形式，确定风险控制措施，制定操作清单，以增强业务经办岗位和合规岗位的业务风险识别和分析能力。调整和优化业务管理流程，实现办公自动化系统与公司规章制度和授权体系的无缝链接，加强规范化操作。系统梳理合同管理体系，规范标准合同文本，结合业务特征和风险现状，提升条款严谨性，巩固风险防控机制，堵住漏洞，不断提升风险管控水平，强化合规对公司经营管理的保障作用。

【人力资源管理】 2017 年，公司深入贯彻党管干部的基本原则，加强“民主、公开、公平、择优”程序，突出德才兼备、勇于担当的选聘条件。加强员工强制休假和岗位轮换管理，避免业务风险和操作风险。进一步规范薪酬分配制度，形成员工薪酬与公司经营业绩同向联动机制，体现“能上能下、能高能低、能进能出”的管理要求。组织研究“岗位、机构职能优化”专项课题，形成具有一定前瞻性、科学性和可操作性的专题报告，为公司结构调整、转型升级起到促进作用。

【信息化建设】 公司上线财务公司网上银行资金管理平台功能，实现对已授权银行账户查询及统计功能，完成银企平台升级及银行接口调试，提高资金管理系统稳定性和运行效率；设计和开发数据台账管理系统和数据报送系统，实现各节点的系统数据传输功能，提高报送效率和质量，降低操作风险。聘请专业机构确定等级保护级别，增强信息系统安全保护的整体性、针对性和规范性。

【党建工作与企业文化建设】2017 年，公司党总支认真学习宣传贯彻习近平新时代中国特色社会主义思想、党的十九大和全国国有企业党建工作会议精神，深入推进“两学一做”学习教育常态化制度化，坚持“从严、求实、创新”的党建工作思路，周密部署，狠抓落实，不断提升公司党建工作水平，引领公司企业文化沿着正确方向发展，为建设稳健优质的集团金融服务平台，打造干净担当、德才兼备的金融人才队伍奠定坚实的基础。

国家电投集团财务有限公司

【集团概况】国家电力投资集团有限公司（以下简称“集团”）成立于 2015 年 6 月，是经党中央、国务院批准由原中国电力投资集团公司与国家核电技术公司重组组建的大型国有企业。集团以建设国有资本投资公司为方向，高标准、高起点规划建设新集团，努力做国企改革的先行者。集团是我国五大发电集团之一，也是三大核电开发建设运营商之一，是一个以电为核心、一体化发展的综合性能源集团。截至 2017 年末，电力总装机容量 12613 万千瓦，在全部电力装机容量中清洁能源占比为 45.14%，具有鲜明的清洁发展特色。

【经营概况】2017 年，国家电投集团财务有限公司（以下简称“公司”）实现利润 10.38 亿元，超额完成年度任务目标，经营效益持续稳步增长；上市公司资金集中实现突破，资金归集能力不断增强；全年信贷规模保持高位运行，产业链金融业务和票据再贴现业务成功实施，信贷结构进一步优化，信贷服务能力和实力显著提升；两项跨境业务资格获批，为搭建集团全球资金池提供了必要基础；启动全球司库管理信息系统规划建设，为下一步建设全球司库管理体系提供重要支撑。

【信贷业务】2017 年，公司充分发挥四个平台功能，向集团成员单位提供信贷支持，全年累计发放自营贷款 639.93 亿元，日均贷款规模 284 亿元。截至 2017 年末，公司自营贷款余额 266.65 亿元，委托贷款余额 510.35 亿元。公司积极支持集团清洁能源战略发展，2017 年末清洁能源板块贷款余额达到 91.45 亿元，占比超过三分之一。

【资金业务】2017 年，公司积极组织资金来源，安全高效运作。公司增资到位后，快速获得人民银行核准 60 亿元拆借规模。积极扩充交易渠道，交易对手增至 56 家，争取外部同业授信总额度 600 亿元，较上年增加 65 亿元。加强临时资金运作，积极应对临时资金沉淀，提前做好资金计划安排，在优先配置信贷、投资基础上增加多期限多品种资金运用，全年备付资金头寸平均收益率达到2.88%。获批外币同业拆借资格，建立外币流动性补充渠道。

【投资业务】2017年，公司面对金融市场监管趋严，资本市场跌宕起伏，投资机会相对较少的不利市况，公司及时调整投资策略，理性布局投资，合规优先，主动压缩固定收益类产品投资规模，增加低风险投资产品规模。年度日均投资规模28亿元，实现投资收益1.9亿元。

【票据业务】2017年，公司积极推广电子票据业务，累计办理电子票据承兑604笔，共计29.08亿元，贴现7.87亿元。

【外汇业务】公司积极为集团成员单位提供境外项目财务顾问服务、外汇风险管理咨询服务，提供投资架构方案、融资方案、外汇风险管理方案等，并协助方案落实；持续跟踪国际金融市场动态，编写国际金融市场分析报告及集团外汇风险管理年度报告，为集团及成员单位外汇风险管理提供合理建议。

【资金集中】2017年，公司持续强化资金集中管理，资金集中取得明显成效，年末全口径资金集中度达62.3%，全年可归集资金集中度均达98%以上。强化银行账户管理，配合集团开展银行账户专项检查及新成立、新并购单位银行账户专项清理，全年共检查单位86家，检查账户578个，撤销账户30个。全力突破资金集中难点，集团所属7家上市公司全部获批与财务公司关联交易，实现成员单位境内外币账户在线监控，境内外币资金全部归集。

【业务创新】2017年，公司获批跨境双向人民币资金池及外汇资金集中运营两项跨境业务资格，同时获批579.71亿元人民币资金池净流入额度、5亿美元对外放款额度和50亿美元外债额度。年内首笔跨境双向人民币资金池业务成功实施。截至2017年底，跨境双向人民币资金池净流入6亿元。

2017年3月，公司获批延伸产业链金融服务试点，并积极拓展业务。全年累计办理96笔共计7.87亿元，服务范围涵盖集团铝业采购、新能源设备采购、煤炭采购等，服务系统外客户种类包括地方国企、上市公司、民营企业、小微企业等。延伸产业链金融服务提高了公司风险控制能力、综合服务能力和价值创造能力，有助于公司充分发挥金融服务平台功能，在集团优化资源配置、放大产业协同效应、节约财务成本、保障资金链安全、有效服务实体经济方面发挥了重要作用。

2017年12月8日，公司顺利办理第一笔金额为1887.54万元的票据再贴现业务。该项业务提高了公司存量资产的流动性，拓展了公司短期资金来源。

【风险管理和内部控制】2017年，公司切实强化风险管理与法律合规工作。一是以全面提升风险抵御能力和优化风险管理技术为主线，切实强化对重点领域风险防控力度，防控延伸产业链金融服务风险，着力严控创新业务、投资业务、信息科技等风险；二是相继开展“两个加强、两个遏制”回头看，整治“三违反”“三套利”“四不当”“十乱象”等专项检查及整改工作，提升公司风险防控抵御能力；三是完善法人治理，推进公司章程修订及董事会职权试点，加强董事会建设，规范董事、监事、委员依法合规履职和评价制度，完善对董事会重大决策的合规性审查；四是强化内控合规管理，开展内控合规体系建设，树立全员合规意识，严守风险底线。公司全年未发生重大风险事件和违规经营行为，各种风险因素得到有效控制，各项监管指标符合监管要求。

2017年，公司强化审计监督和内控评价工作，及时对新开展的延伸产业链金融业务进行稽核，继续对公司部门开展轮审稽核，做到部门审计两年全覆盖，不断提升公司内控和管理水平。

【人力资源管理】公司从严从实加强干部队伍建设和员工培养工作，通过开展员工职业发展双通道建设、减少中层以下员工岗级设置、全面开展业务培训等，为员工提供更广阔的职业发展空间，为绩效表现优秀的青年员工缩短晋升年限。工资总额分配向业务骨干、一线员工倾斜，健全完善“以正向激励为主”的分配激励机制，同步开展突出贡献的专项奖励，不断激发干部员工干事创业正能量，为全面实现公司“十三五”战略规划提供人力资源保障。

【信息化建设】2017 年，公司按照“定规划、抓建设、稳运营、守安全”的工作思路，全力推进年度信息化各项重点工作。在规划方面，提出了“构建国际化、现代化的金融服务体系，高起点建设具有前瞻性、先进性的全球司库管理系统”建设目标，并在年度内启动了全球司库管理系统建设的规划工作。在系统建设方面，重点完成了公司网络安全隔离与终端安全建设项目、公司广域网升级改造项目、生产系统现金管理模块的客户化改造项目等多项网络与系统建设工作。在运营方面，重点开展生产系统超期服役设备替换工作，有效化解设备老化的潜在风险，业务运行效率显著提升。在安全风险防范方面，进一步加强风险信息收集、风险监测与预警等工作，各项信息安全管理策略得到有效执行。

【企业文化建设】2017 年，公司在集团公司“和文化”峰会上，以战略创新、业务创新、技术创新等五方面创新，获评国家电投“创新文化”先进单位。公司好故事《为了这一天》在集团公司好故事比赛中荣获西北赛区第一名，《造船出海》荣获国家电投好故事奖。公司还举办了“团圆・奋进”首届和文化艺术节，开展书法、首届奋斗者杯乒乓球赛、“创新引领者”英语培训等技能提升活动，“歌声嘹亮献给党”红歌赛、“和文化——奔跑吧伙伴”户外拓展等文体活动，提振员工精气神，增强团队凝聚力。

【党建工作】坚持思想引导，从严治党拧紧“总开关”。认真学习宣贯党的十九大精神，深入学习习近平新时代中国特色社会主义思想；坚持政治引领，切实发挥政治核心作用，完成党建工作要求进章程，修订党委会议事规则，将党的决策前置、党的集中统一领导落到实处，切实发挥了党委“把方向、管大局、保落实”的重要作用。坚持打牢基础，补齐短板促进“两手抓”，加强组织建设，建立党群和纪检月度例会制度，在机制上保障党建工作全面落实。

G

国联财务有限责任公司

【集团概况】国联财务有限责任公司（以下简称“公司”）所属集团为无锡市国联发展（集团）有限公司（以下简称“集团”）。集团成立于 1999 年 5 月 8 日，是无锡市人民政府出资设立并授予国有资产投资主体资格的国有独资企业集团，注册资本 80 亿元。2017 年，集团营业收入 156 亿元，实现利润 21.28 亿元。截至 2017 年末，集团总资产规模 771.45 亿元、净资产规模 294.65 亿元。近年来，集团依托“做优做强金融、做大做强实业”的“双轮”驱动发展，确立“市场化、国际化、证券化、走出去”的发展战略，重点在综合金融、实业转型、产融结合、资产证券化、改革创新、提升管理和党的建设等方面加大工作力度，确保“十三五”规划顺利实现。

【经营概况】2017 年，公司以“企业集团利益最大化”为出发点，以“成员企业诉求最优化”为落脚点，主动融入集团转型发展，不断提升自身的经营实力、管理水平和服务能力。初次尝试组建跨部门研究小组，深入成员企业调研，为成员单位业务发展和风险防控出谋划策。截至 2017 年末，公司全年实现营业收入 1.68 亿元，利润总额 0.77 亿元，资产总额 59.46 亿元，所有者权益 6.4 亿元。

【信贷业务】2017 年公司进一步为成员单位提供低成本信贷资金，协调外部银行提供适当项目融资方案，扩大贴现和票据池业务让利成员单位。截至 2017 年 12 月末，公司各项贷款余额为 29.14 亿元，同比增加 4.3 亿元。其中，流动资金贷款 23.84 亿元，同比增加 1.355 亿元；中长期项目贷款 2.1 亿元，同比增加 2.1 亿元；贴现余额 3.2 亿元，同比增加 8367.46 万元。

【资金业务】2017 年，市场流动性持续收紧，资金价格一路上涨，公司抓住时机，与多家直联银行展开谈判，争取优惠利率。同时，积极拜访同业客户，了解市场产品信息，在原有单一定期存放的基础上，新增约期存款等创新存款品种，在确保流动性安全的同时，尽量提高资金运作收益。截至 2017 年末，公司当年平均资金运作 13.19 亿元，取得运作资金收入 4746 万元。

【投资业务】2017 年 12 月 25 日，公司正式获批除股票投资以外类有价证券投资业务资格，进一步拓展资金运用渠道。

【票据业务】公司积极推动商票保贴、电票融资以及小票贴现等业务。截至 2017 年末，公司累计办理贴现 4.61 亿元，其中纸质银票贴现 0.86 亿元，电票贴现 3.75 亿元；另成功办理商业承兑汇票贴现 1.35 亿元。其中小票贴现 0.26 亿元，2017 年帮助企业节约财务费用共计 334.38 万元。

【资金集中】一是通过增加资产和负债产品，加大吸收存款力度，尤其是上市公司可归集资金，提升公司日均资金归集率；二是增加成员单位范围与资金归集账户数，可归集成员单位范围由年初的 108 家增至 118 家，较年初增加 10 家，可归集账户数量由年初的 169 户增至 198 户，较年初增加 29 户；三是扩大直联银行范围，招商银行、浦发银行银企平台已正式上线，集团直联银行达到 9 家。截至 2017 年末，剔除金融企业自有资金及客户保证金等不可归集的资金后，实际资金归集率为 86.02%，公司实现日均存款规模 40.24 亿元，较 2016 年增加 4.24 亿元。

【业务创新】2017 年，公司首获电子银行承兑汇票再贴现资格。公司一方面鼓励符合人民银行电票再贴现资质要求的成员企业使用电票进行结算，另一方面积极向人民银行申请再贴现额度。2017 年公司累计办理电票再贴现 7992 万元。同时公司继续为成员单位量身定做个性化金融服务，新开展经营性物业贷款业务。以无锡国联新城投资有限公司为例，根据其自身经营特点，公司为其提供了经营性物业贷款 1.2 亿元，期限 5 年，价格为人民银行基准利率下浮 5%。

【风险管理和内部控制】2017 年，公司通过风险预警、名单制管理、压力测试等手段有效管理信用风险、流动性风险；通过强化授权管理、严格限额管理、检查制度和流程的执行情况、完善信息系统建设、强化绩效考核、执行法律顾问制度等措施有效管理操作风险、合规风险。2017 年，公司进一步完善法人治理结构，增设董事会审计委员会、法律合规部。全年增补制度 16 个、修订制度 26 个。

【人力资源管理】2017 年 9 月、11 月，公司两次开展了近年来较大规模的外部招聘，共计录用金融、计财、法律、风控、文秘等岗位人员 6 名。逐步建立专业技术人才职务能上能下、待遇能高能低的管理制度并印发执行，鼓励员工通过专业技术职务晋升通道实现自身价值；坚持“走出去”和“请进来”相结合，以内部培训开发人才，以外部交流取长补短。

【信息化建设】根据公司“十三五”业务发展、效率提升、管理规范的要求，以及集团资金预算管理的需求，信息系统的开发工作在 2017 年全面铺开。全新开发的国联财务金融运营服务平台在 2017 年 7 月 1 日正式投入使用。建成后的国联财务金融运营服务平台以客户服务为中心、内部控制为前提、风险管理为重点、业务流程为导向，实现了资金集中管理、业务信息全面融合，以及内部管理的流程化、标准化和信息化。

【党建工作】2017 年，公司党员积极参与集团直属第三党支部活动，以观看十九大开幕式、召开学习传达十九大精神大会、十九大精神在线测试等方式，及时学习十九大精神，重点学习习近平总书记关于服务实体经济的重要论述；提升藏书数量质量，开展“请拿出业绩”读书沙龙，积极参与“朗读者”、青歌赛、演讲比赛、乒乓球等国联集团群团活动。2017 年 12 月，公司正式成立国联财务有限责任公司支部委员会，并选举产生党支部新一届支部委员会委员。

国投财务有限公司

【集团概况】国家开发投资集团有限公司（以下简称“集团”）是中央直接管理的国有重要骨干企业，是央企中唯一的投资控股公司，是首批国有资本投资公司改革试点单位。集团注册资本 338 亿元，截至 2017 年末，资产总额 4941 亿元，利润 182 亿元。集团逐步构建了基础产业、前瞻性战略性产业、金融及服务业和国际业务四大战略业务单元，在国民经济发展中发挥投资导向、结构调整和资本经营的独特作用。集团连续 13 年在国务院国资委业绩考核中被评为 A 级。

【经营概况】2017 年，国投财务有限公司（以下简称“公司”）加强创新驱动，着力推进“四个平台”建设，不断深化金融服务，有效防控风险，实现了党的建设、业务经营和金融服务三丰收。截至 2017 年 12 月 31 日，公司资产 273.08 亿元，负债 203.17 亿元，所有者权益 69.91 亿元；累计实现收入 12.01 亿元，实现利润总额6.24亿元，为集团节约成本费用8.36亿元，降低集团负债率1.14%。公司党支部被评为“中央企业第一批基层示范党支部”。

【信贷业务】2017年，公司为各板块提供授信额度493.66亿元，共投放表内外信贷融资297.74亿元。牵头筹组银团放款54.36亿元，撬动外部资金5.43倍。公司始终紧跟集团改革创新的步伐，通过优化信贷风险评价模型，发挥价格信号引领机制，及时调整服务重心，优化各项金融资源配置，优先满足集团新业务发展的需求。

【票据业务】2017年，公司票据池总规模达到28.12亿元，新增了安信证券、湄洲湾港、重庆果园港、格尔木光伏等票据客户，服务覆盖度进一步提高。与商业银行合作，尝试开展了票据“直转贴”业务模式，即由银行对集团外企业持有的公司承兑的票据办理贴现后，公司再通过转贴现方式买入该票据，以间接实现对自身承兑票据的保贴，提高“国投电票”在市场的接受度。

【外汇业务】公司有效运用跨境资金池的便利条件，将即期结售汇与代理付汇业务结合，有效地拓展了服务链条，提高支付效率；同时紧跟市场，深入挖掘客户需求，通过跨境直接融资、国内外汇贷款、外币银团贷款等多种方式提高集团外币资金效益。2017年，公司代客结售汇1.27亿美元，代理付汇576万美元；发放国内外币贷款1000万美元，为企业提供跨境直接融资1.2亿元人民币，为集团节约财务费用约200万元。

【资金集中】2017年，公司吸收存款日均规模（含金融同业）187.23亿元，可归集资金集中度达93.08%，同比增加2.95个百分点。通过落实“一企一策”，实业板块归集资金实现全部达标，金额同比增加32.11亿元；集团内金融企业资金归集也创历史新高。

【业务创新】公司担任了集团公司债、国投电力可续期公司债、国投北疆绿色短融的财务（融资）顾问，新注册规模50亿元，2017年发行规模达22亿元。其中，国投北疆绿色短融为银行间市场首单业务，也是全国首单火电行业循环经济绿色债券。

【风险管理和内部控制】一是把控风险关口前移，突出风险管控前置，风险管理紧密嵌入公司业务开展。2017年累计完成127份信贷业务风险评价报告，召开32次投决会，加强贷款与投资的事前尽职调查和事后管理，确保资产安全。二是健全制度建设，强化内控检查。全年共制定、修订制度34项，有序开展结算及信息系统业务内控检查，跟踪落实后续整改。三是全面推进法治建设和合规管理。公司加强对监管政策、监管动态、处罚信息的跟踪、分析，举办“票据业务风险及防范”专题法律知识讲座，协调外聘律师审核合同，出具业务法律意见书。

【信息化建设】信息化工作以支持公司业务发展和提升安全稳定性为主线，顺利完成电子商业汇票系统切换至上海票交所，保障了公司票据业务连续性运营；创新引入微信第三方支付，建立了微信党（团）费统一收缴平台，解决了全集团传统线下收缴党（团）费的诸多困难；开发上线法人账户透支反日间透支、财企接口、银行账户余额填报等重点业务功能，有力保障主营业务信息化；完成应用级灾备系统建设，实现生产数据实时备份至灾备机房，提升公司系统安全性。

【企业文化建设】公司高度重视企业文化建设，在建设学习型组织、开展群团文体活动、响应扶贫号召、践行社会责任等方面积极行动。对标行业先进，组织多次行业交流与学习；鼓励学习研究，举办十期创新小讲堂，不断加强学习型组织建设；积极开展群团文体活动，组织开展员工生日会、健步走、棋牌比赛等集体活动，增强活力，凝心聚力；响应国家精准扶贫，选派优秀干部挂职贫困地区，并组织全体员工募集捐款（人均2000余元）资助贫困家庭及大学生。

【党建工作】公司认真贯彻党的十八大、十九大精神，坚持全面从严治党，不断推进党建和党风廉政建设。践行国投卓越党建模式，严格“三会一课”，通过集体学习、培训辅导、党小组讨论、个人自学、知识竞赛、文体墙宣传、观看教育视频等多种活动形式，迅速掀起学习贯彻十九大精神的热潮。公司荣获“中央企业第一批基层示范党支部”、国投集团“五星党支部”等荣誉称号，实现党建与经营双促进、双融合。

国药集团财务有限公司

【集团概况】中国医药集团有限公司（以下简称“集团”）是由国务院国资委直接管理的大型医药健康产业集团，打造了集研发、制造、物流分销、零售连锁、医疗健康、工程技术服务、专业会展为一体的大健康全产业链。集团旗下拥有720家子公司和国药控股、国药股份、国药一致、天坛生物、现代制药、中国中药6家上市公司。2008—2017年，集团营业收入、资产总额年复合增长率分别达到25.06%和30.81%。2017年，集团营业收入3500亿元，同比增长10.25%，集团影响力不断提升，位列2017年世界500强企业第199位。集团规模、效益和综合实力继续保持国内医药行业领先地位，连续四个年度被国务院国资委评为“中央企业负责人经营业绩考核A级企业”。

【经营概况】2017年，国药集团财务有限公司（以下简称“公司”）开业运营正式满五年。公司依托集团，紧紧围绕集团资金集中管理工作，助力集团成员单位“降杠杆、减负债、防风险”目标落实，积极开拓市场，适时调整业务结构，不断提高服务品质，有序推进各项经营管理工作风险监控到位，整体经营状况良好。截至2017年末，公司资产规模为119.77亿元（不含代理业务资产），负债112.57亿元（不含代理业务负债），所有者权益7.21亿元，累计完成营业收入22470万元，实现利润总额9473万元，资本充足率为17.03%。资产规模、营业收入、利润总额等指标均较上年稳步提高。无不良资产及不良贷款，拨备充足，资金流动性充裕，流动性比例为80.75%，各项监管指标均符合监管要求。

【信贷业务】2017年，在金融监管新政实施后，统筹安排执行信贷计划，授信金额、授信客户、贷款投放和日均贷款规模全面稳步增长。截至2017年12月末，授信金额合计92.2亿元，较上年同期增加12亿元。累计投放各类信贷资金75.75亿元，日均信贷规模30.64亿元，较上年分别增长1.41%、16.19%。信贷资产还本付息率为100%，实现量增质优目

G

标。信贷服务层级稳步下移，授信客户中三级以下（含）企业占比超过60%。信贷投放进一步向成员资金管理重难点问题倾斜，协同成员企业“两降一减”目标达成而开展应收账款融资、商票贴现业务，业务投放较上年提高23%。

【资金集中】2017年，在集团资金集中管理政策框架下，多措并举推进资金集中管理。一是细分客户类别、“一司一策”服务营销；二是面向客户开展结算质量专题调研，跟踪解决结算服务异议和建议；三是关注成员企业资产重组、业务整合过程中的大额资金动向，及时跟进提交金融服务方案；四是提前与各上市公司做好存款上限额度控制管理，完成上市公司的额度续签扩增工作；五是实地走访多家单位，引导集团企业新开户并吸引存款规模；六是推行差异化定价机制，在整体优惠的基础上进一步向大额、长期存款资金倾斜。截至2017年末，公司各项存款111.65亿元，较上年末增长22.75%；日均存款46.03亿元，较上年增长20.22%，客户分布、期限结构逐渐优化。全口径资金集中度较上年末提升1.11个百分点。

【业务创新】2017年公司开展了首笔固定收益类投资业务，进一步丰富了流动性管理工具。遵循“制度先行”的原则，先完成关于货币基金投资的管理及操作细则建立工作，确定了基金公司和基金产品选择标准，明确了业务开展初期投资的限额，分析业务风险点并作出应对措施，通过筛选和比对，最终经业务评审委员会审议通过购买产品。基金购买后每日跟踪基金市值变动情况，形成定期通报机制。截至2017年末，投资余额2839.14万元。此外，研究制定财务公司保函替代银行保函业务方案，并向北京海关提交开展关税保函业务相关申请材料，预计2018年将正式落地。

【风险管理和内部控制】2017年，公司以监管专项治理自查为契机，针对重点业务及关键岗位逐一排查，深挖管理弱项并及时整改，结合实际工作需要，新制定制度8项、修订制度23项，形成覆盖全部业务的124项管理制度。升级结算工作手册、新编信贷工作手册，细化工作标准，形成信贷业务风险审查清单，明确风险控制关键节点。顺应利率市场化趋势，拟订利率定价管理办法并试行存贷款利率定价模型，完善利率定价机制，提高市场价格应变能力。进一步加强公司各类合同分类、分级审核管理力度，对公司制式业务合同进行法律审核，加强制式合同管理的规范性和一致性。严格按照人民银行宏观审慎监管新规控制业务节奏和规模，确保信贷政策执行情况考核指标全面达标。年内，公司内部控制有效，风险管理工作有序开展，为合规、稳健经营打下坚实的基础。

【信息化建设】2017年，结合业务发展需要和成员单位反馈的相关意见，公司开展了综合业务系统升级项目，项目内容主要包括营改增价税分离、风险监管指标报表改造、信贷台账管理、同业定期台账管理、电子单据PDF导出等内容。该项目自2017年年中开始实施，相继完成了需求确定、软件开发、系统测试、并行测试、上线准备等工作，计划于2018年上半年切换上线。在信息化管理方面开展了信息安全风险自查、信息系统应急预案演练、制定《信息化项目管理办法》等工作，有效提升了公司信息化管理水平。2017年综合业务系统运行正常率达到100%。

G

哈尔滨电气集团财务有限责任公司

【集团概况】 哈尔滨电气集团有限公司（以下简称“集团”）是由国家“一五”期间苏联援建的156项重点建设项目中的6项沿革发展而来，是为适应成套开发、成套设计、成套制造和成套服务的市场发展要求，最早组建而成的我国最大的发电设备、舰船动力装置、电力驱动设备研究制造基地和成套设备出口基地，是党中央管理的51家关系国家安全和国民经济命脉的国有重要骨干企业之一。

【经营概况】 2017年，哈尔滨电气集团财务有限责任公司（以下简称“公司”）克服新常态下的经济形势变化、金融市场收益不断下降等因素影响，积极拓展各项业务，截至2017年末，公司资产总额147.92亿元，营业收入4.59亿元，利润总额2.64亿元，资金集中度稳定在75%以上，不良资产率和不良贷款率均为零。各项监管监测指标全部符合监管标准。

【信贷业务】 2017年，公司积极落实集团“能贷尽贷”的整体部署，以最快的速度完成调研、贷前报告、内部审批等程序，全年累计发放各类贷款6.30亿元，帮助成员企业实现股份公司债券贷款的置换，按时归还信用证，保持成员企业在征信方面的良好记录。

【资金业务】 2017年，公司密切关注市场动态，不断加强与同业机构的沟通交流，适时拓展交易对手范围，充分利用同业竞价机制，科学安排资金头寸，不断提高资金的使用收益，累计办理存放同业业务86笔，金额合计253亿元。

【投资业务】 一是有序推进自营投资业务，资金收益水平不断提高。随着市场流动性的不断收紧，公司在规定额度内“满仓”配置了多款货币基金，市场表现良好。截至2017年末，公司货币基金存量规模已达10亿元，完成货币基金投资业务3笔，金额合计6亿元。二是积极拓展委托投资品种，集团成员企业资金收益水平不断提高。2017年，公司先后为股份公司等八家成员企业办理了24笔委托投资业务，金额合计34.935亿元，预计帮助成员企业实现投资收益超过7700万元。

【票据业务】 2017年，公司积极推广票据业务，不断拓宽成员企业融资渠道，降低集团整体融资成本。截至2017年末，公司累计办理票据承兑24.82亿元，票据贴现0.43亿元。

【资金集中】 2017年，公司继续将提高资金归集率作为年度重点工作内容，通过上门走访、沟通协调、远程在线、跟踪服务等多样化方式，稳步提高资金集中度。截至2017年末，公司全口径资金集中度始终在75%以上，全年结算金额超过1250亿元。

【风险管理和内部控制】 一是按照监管部门要求，实时监控各项风险业务的监管、监测指标。2017年，公司资本充足率、流动性比例、担保比率等八项监管、监测指标均符合监管标准。二是对新开办的委托投资、投资业务等新业务品种，加强业务理论学习和同行业调研，持续加强操作风险管控。三是对结算业务、财务管理、信息化管理等方面进行全面稽核审计，有效控制风险隐患，不断提高公司经营的合规性，促进公司健康发展。

【信息化建设】2017 年，公司持续对资金管控系统进行优化与完善，推动资金管控平台的上线，实现了对所属企业资金支付的监管工作。同时进一步优化营改增、融资租赁等一系列业务功能模块，信息化服务水平不断提高。

【企业文化建设】2017 年，公司着力培育具有积极、乐观、团结、向上的企业文化，以客户为中心，打造公司良好的服务形象；以人为本，打造和谐的企业文化氛围。根据集团公司党委的统一部署，结合公司实际，开展了“打造不漏水的资金池、服务主业、支助转型、创造价值”专题形势任务教育，通过集中学习、观看视频等多种方式，进一步推动公司健康发展。

【党建工作】以学习贯彻党的十九大精神为中心，推动党建工作水平再上新台阶。一是持续巩固党的十九大精神学习成果，用十九大精神指导公司党建工作及中心工作的开展。二是切实抓好公司党建责任制清单的落实工作，督促各责任主体不断提高党建责任意识，落实好“一岗双责”，真正树立起党建工作是最大政绩的理念。三是围绕公司中心工作，策划开展主题载体活动，强化岗位建功，营造爱岗敬业的良好氛围。

海尔集团财务有限责任公司

【集团概况】海尔集团是一家全球领先的美好生活解决方案服务商。在互联网和物联网时代，从传统制造企业转型为共创共赢的物联网社群生态型企业，率先在全球创立物联网生态品牌。2017 年，海尔集团实现全球营业额 2419 亿元，全球利税总额首次突破 300 亿元。在全球拥有 10 大研发中心、24 个工业园、108 个制造工厂、66 个营销中心。拥有海尔、卡萨帝、GEA、斐雪派克、AQUA、统帅等智能家电品牌；日日顺、海融易、COSMO Plat、顺逛等物联网服务品牌；海尔兄弟等文化创意品牌。物联网时代，海尔集团围绕“智家定制”（智慧家庭定制美好生活）的战略原点，构建食联生态、衣联生态、住居生态、互娱生态等物联网生态圈，满足全球用户不断迭代的个性化家居服务方案的需求。

【经营概况】2017 年，海尔集团财务有限责任公司（以下简称“公司”）秉承“立足集团、服务集团”的理念，以支持集团实体经济发展为己任，承接集团网络化战略，以“聚焦产业链金融创新，金融资源撬动产业资源，成为最具竞争力的驱动产业型财务公司”为战略目标，立足首要职能，有效控制风险，不断创新金融产品，实现稳健经营目标，全年累计实现营业收入 26.53 亿元，利润总额 18.96 亿元，截至 2017 年末，公司资产规模达 763 亿元。

【信贷业务】2017 年，公司以支持产业发展为重点，以加强信贷管理为导向，以各项信贷业务制度的落实为基础，满足集团成员单位资金需求，全年共为 60 多家集团成员单位提供金融服务解决方案。截至 2017 年末，流动资金贷款余额 280 多亿元，比 2016 年末增加近 50 亿元。根据海尔集团战略及产业发展实际需求，2017 年流动资金贷款业务全年新增投放超过 300 亿元，无不良贷款。

【产品销售信贷业务】2017 年，公司不断提高金融服务水平，为海尔经销商提供优质的买方信贷服务，在防范金融风险的同时，创新业务模式，累计为 2300 多家经销商提供了超过 20 亿元的信贷服务，有效助推了集团产业发展。同时，公司积极调整产品结构，输出适合中小型企业的短、频、快的融资产品。例如，针对改善大气环境的煤改项目，创新推出了“程意贷”产品，该产品的期限与客户承接的工程项目期限匹配，让经销商客户在承接项目时不会为资金而担忧，从而扩大业务规模。

【资金业务】2017 年，公司精确编制资金预算，合理安排资金头寸，实现了资金需求的有效满足和资金运营效率最大化的双赢。一方面，在资金短缺的情况下，通过银行间市场正回购和拆入等业务，及时低成本融入资金，全年累计融资 2200 多亿元，充分保证了集团和公司的资金流动性，确保各项业务顺利进行；另一方面，在资金盈余的情况下，通过银行间市场逆回购、现券买卖、同业存款、理财等业务，累计投资 1900 多亿元，且投资品种不断丰富，有效提高了资金运营效率。

【票据业务】2017 年，公司推进流入票据电子化率达 94%，同比增加 29 个百分点，实现全流程 1600 多亿元票据零风险即时结算，托管票据 400 多亿元。同时，借人民银行《关于规范和促进电子商业汇票业务发展的通知》（银发〔2016〕224 号）的政策契机及上海票交所的推进要求，持续推进集团市场流入票据电子化率，从出票客户和承兑行两个维度，发出沟通函 191 份，并建立三维多向沟通机制，规避了纸质票据流转风险，提高了票款兑付效率，持续加强票据集合管理，确保票据清算安全可控。

【外汇业务】2017 年，公司信用证业务广泛运用，新增加 10 家供应商接受公司开证，累计供应商接受数量达 250 家。市场份额方面，信用证业务约占 95%，境内外电汇占比均为 100%，使得境外成员单位真正享受“零距离”的结算服务。在外汇衍生品业务方面，共与 50 多家集团内部客户开展外汇衍生品交易业务，基本覆盖境内进出口企业及境外贸易公司。自业务开展以来，累计为集团节约财务费用超过 4 亿元人民币，初步实现了为集团规避金融市场风险，降低外汇结算成本的目标。

【资金集中】2017 年，公司共实现资金归集 1200 多亿元，同比增幅为 28%。主要原因：一是监控各归集渠道稳健运行。人民币资金归集打通了工商银行、农业银行、中国银行、建设银行、华润银行的归集渠道，外币打通了中国银行、建设银行、招商银行的归集渠道，境外打通了中银香港和汇丰的归集渠道。二是加强对日常开销账户的审核管理，对不合理账户开户申请坚决予以拒绝。三是针对第三方支付公司快捷通的结算渠道安排专人监控其结算数据的一致性和清算的及时性。四是积极拓展新的归集渠道，如银企直联渠道的增加等，满足业务需求，实现资金快速归集。

【业务创新】2017年，公司开出全国首份由财务公司担保的海关关税保函，标志着企业集团财务公司等非银行金融机构参与海关税收担保试点工作正式启动。公司成为全国首家受海关认可、以自身为担保主体、为集团成员单位开立关税保函的财务公司。企业集团财务公司担保模式突破了海关传统的进出口企业凭银行保函或保证金办理海关税收担保的局限，进一步丰富了担保主体，而允许财务公司等非银行金融机构参与海关税收担保，明显降低了企业担保成本。

【风险管理和内部控制】2017年，公司优化担保合作模式，实现所有业务区域担保公司全覆盖、主要业务区域担保公司的双覆盖；合作担保公司的组成趋于合理，以国有独资和国有控股担保公司为主、全国性民营和外资担保公司为辅，实现了信贷资产零损失。同时，公司有序开展了“三违反”、“三套利”、“四不当”、市场乱象等专项治理工作，通过专项自查，发现风险点10项，并明确整改时限，提升了公司风险防控能力，确保公司稳健经营，更好地服务于实体经济。

海航集团财务有限公司

【集团概况】海航集团有限公司（以下简称“集团”）历经25年发展，从地方航空企业发展成为跨国集团公司，秉承以航空为主业，同时发展航空地面服务、航空食品、航空金融等服务航空相关产业的经营理念。截至2017年末，集团年旅客运输量近1.3亿人次，运营管理飞机逾1187架，总资产逾1.5万亿元，2017年实现收入近7000亿元，为社会提供就业岗位逾43万个，累计为国家纳税逾610亿元。

【经营概况】2017年，海航集团财务有限公司（以下简称“公司”）加快转型工作步伐，助力集团向世界100强进发。截至2017年末，公司总资产401.82亿元，同比下降3.95%；总负债287.97亿元，同比下降5.49%；资产负债率71.67%，同比下降1.15个百分点。2017年全年实现营业收入10.43亿元，同比增长11.36%；实现净利润5.31亿元，同比增长5.04%。

【信贷业务】2017年，公司扩大服务范围，完善内部制度管理，改进信贷业务流程，新增授信客户27家，通过表内和表外业务的合理搭配，支持集团及成员企业的资金需求。截至2017年末，公司贷款规模（含贴现）为288.50亿元。

【投资业务】2017年，公司对投资业务进行了调整，投资品种拓展至债券、商业银行理财产品、信托计划和基金等，增加了标准化证券投资的占比。截至2017年末，公司持有债券规模达66亿元，持有各类银行理财、信托计划、资管计划规模约12亿元，投资总规模约78亿元。

【资金集中】2017 年，公司进一步完善管理和服务职能，深挖成员单位资金集中潜力。通过完善考核管理制度，形成资金集中与结算集中并重的考核体系；重点突破对上市公司资金的管理，基本完成境内上市公司金融服务协议的签署，在协议限额内实现资金的集中管理与结算；通过赴成员单位调研交流、组织开展系统培训、开展满意度调查等多种手段，提升成员单位资金集中意识，规范和深化资金集中管理工作。

【风险管理和内部控制】2017 年，公司建立了重点监管指标每日监测机制，主要于 T + 1 日完成各重点监管指标的计算统计以及周末、月末各监管指标的预测。公司建立了风险与管理导向并重的复合型内审体系。完善常态化稽核业务机制，加强公司各项业务操作及基础工作检查力度；有序开展风险导向内审项目，提升公司运营品质，实现内部审计的价值增值。

【人力资源管理】2017 年，公司积极开展“荣耀海航”相关工作：开展内部竞聘上岗，加强公司内部以及财务体系内的轮岗学习交流；推进公司薪酬制度改革，注重薪酬的内部、外部公平性。怡安翰威特咨询公司举办的敬业度调研显示，2017 年公司员工敬业度为 92%，继续保持在高绩效/最佳雇主地带。

【信息化建设】公司于 2017 年完成资金结算管理系统 V3.0 项目软件开发的终验工作，项目对稽核、结算、投资、信贷、财务核算等业务系统进行优化升级，新增营改增、资金归集度考核、资金集中度计算等业务模块。

【企业文化建设】公司通过三人行学堂 APP 平台，开展全员企业文化在线课堂学习及测验，组织员工学习习近平总书记系列重要讲话，并书写学习心得体会。

海亮集团财务有限责任公司

【集团概况】海亮集团财务有限责任公司（以下简称“公司”）所属集团为海亮集团有限公司（以下简称“集团”），集团于 1989 年在浙江省诸暨市成立，2016 年 8 月集团总部迁址至杭州市滨江区。集团以“既讲企业效益，更求社会功德”的发展理念，为美好生活提供“海亮方案”，确立了三大核心发展领域——教育事业优先发展，大有作为；有色材料智造跨越发展，再有作为；健康产业稳健发展，有所作为。

【经营概况】2017 年，公司始终以“立足企业集团、服务企业集团、服务实体经济”为核心，以“提高资金集中度、提高资金使用效率、实现更有内涵的发展”为目标，抓基础强管理，为集团及旗下成员单位提供高效便捷的金融服务。截至 2017 年末，公司资产规模 84.50 亿元，较上年增加 20.52 亿元，增幅为 30.07%；全年实现营业收入2.56亿元，利润总额2.32亿元，净利润1.76亿元，资产质量良好，各项指标均符合监管要求。

【公司治理】2017年2月，公司从诸暨店口迁址至杭州市滨江区海亮大厦。同年10月，公司聘任集团财务管理部原部长马兰英为公司副总经理，12月，聘任朱薇为公司总经理。公司高级管理层人员调整，为公司新业务开展提供了强有力的人才支持。

【信贷业务】一是信贷支持小微企业。2017年，公司积极下沉服务重心，加大小微企业信贷支持。截至2017年末，公司小微企业贷款余额27.20亿元，占总贷款余额的47.23%，较上年末增加12.70亿元，增幅达87.59%。二是执行差别化贷款定价。2017年，公司对教育板块贷款利率下浮30%；环保板块贷款利率为基准利率；制造业的贷款利率为基准利率上浮10%；贸易等集团非支持行业贷款利率上浮30%以上。紧跟集团战略调整的步伐，优先支持集团重点发展板块，助力集团产业结构调整。

【票据业务】公司于2017年初向人民银行申请电子商业汇票系统直联，已完成宣传、培训、系统和制度建设。上线后成员单位可通过公司开立电子银行承兑汇票和电子商业承兑汇票，进一步拓宽成员单位融资渠道，提高工作效率，降低财务费用。同时，公司积极开展票据再贴现业务，再贴现金额突破3.11亿元，较2016年增长165.81%。

【风险管理和内部控制】公司完善制度体系，全年共梳理业务管理制度83项，其中新增11项，修订22项，确保各项业务有章可循，做到制度先行、合规先行。另外，公司加强内控管理，对原内控管理中存在的风险点和盲区予以整改，通过加强监控监测和扩大审计范围等方法进一步完善了内控管理机制。进一步优化风险管理组织架构，在董事会下设立风险管理委员，和审计委员会一同作为董事会的核心职能部门参与公司治理，行使监督管理权力。

【全面支持成员单位】首先，海亮教育集团选择合作银行，公司利用自身金融机构优势，积极联系各大银行，组织召开多次会议，对各银行合作方案分析比较，结合海亮教育集团实际情况，提供决策意见。其次，为优化海亮教育集团财务工作，简化账务核算，公司与九恒星公司沟通协调，引进九恒星资金管理系统金蝶EAS接口，实现了海亮教育集团的金蝶账务系统与公司九恒星支付结算系统的互通，方便海亮教育集团支付指令录入，极大便利了财务核算。

【信息化建设】一是核心机房异地迁移。公司IDC核心数据机房系统于2017年3月和8月分别通过两轮系统测试后，于8月20日顺利完成核心业务系统从店口机房迁移至杭州IDC核心数据机房。二是电子商业汇票系统验收通过。公司按计划开展电子商业汇票系统的建设工作，8月验收通过。三是5月初公司成功搭建上海票交所专线双线网络，于5月19日顺利完成上海票交所系统接入上线后开展业务。

【企业文化建设】2017年，公司制定员工培训计划，积极开展员工培训。全年共开展员工培训13次，培训范围广，覆盖了财务知识、监管政策、公司制度、市场形势、业务系统、办公软件等多方面，邀请了集团内各领域资深人士授课。同时积极参与集团组织的公共课程培训，旨在提高员工的综合素质。

海马财务有限公司

【集团概况】海马汽车集团股份有限公司（以下简称“集团”）总资产164亿元，直属员工1万余人，关联企业员工3万余人，年收入近200亿元，累计纳税超过200亿元。集团在深交所挂牌上市，是集研发、生产、销售、服务、物流、金融等为一体的现代化汽车集团。集团实现埃及、智利、菲律宾、越南等20多个国家和地区的整车出口，在“一带一路”沿线建设俄罗斯、伊朗KD（散件组装）工厂。2017年，集团位列全国工商联发布的2017中国民营企业500强第425位和2017中国民营企业制造业500强第245位；中国制造企业协会发布的2017中国制造企业500强第287位；《财富》（中国）发布的中国企业500强第413位。

【经营概况】2017年，在汽车行业受2016年购置税优惠政策影响消费提前、汽车金融竞争白热化的背景下，海马财务有限公司（以下简称“公司”）紧紧围绕“依托集团、服务集团”的经营宗旨，贯彻“一风控、二盈利；三分贷、七分管；高利率、高风险；钱到哪、人到哪”的工作理念，支持集团产业发展，积极开展监管部门鼓励的创新业务，提升风险控制水平，审慎经营，取得了良好的业绩。2017年末，公司资产总额为58.78亿元，全年实现利润总额2.07亿元，同比增速为21.76%。

【产品销售信贷业务】2017年，公司服务集团产业，支持实体经济，助力集团汽车销售，全年发放个人汽车消费贷款35384笔，渗透率达到29%，同比上升10%。公司积极贯彻普惠金融，支持中小微企业发展，2017年为经销商放款38.25亿元，全部为中小微企业贷款；实行有效定价机制，支持经销商发展，解决中小微企业“融资难、融资贵”问题。公司致力于提升服务质量及效率，专人监测审批速度及客户诉求响应速度，“海马金融更快捷”深入人心。

【投资业务】2017年，公司共参与银行间债券市场现券买卖、可转债申购、同业拆借、债券质押式回购、货币基金申购五类投资交易，在保证公司流动性需求及资金安全的前提下，充分利用闲置资金，获取收益。

【票据业务】2017年，公司积极助力集团降本增效，全年开立承兑汇票2776张，金额42.62亿元，累计为成员单位节约开票手续费213.10万元。同时，公司对成员单位施行优惠的贷款政策，向成员单位提供相较于市场利率最低下浮30%的贷款利率，有效为成员单位减少融资负担，提高经营效率。

【业务创新】2017年，公司积极稳妥开展延伸产业链金融服务。根据《中国银监会办公厅关于稳步开展企业集团财务公司延伸产业链金融服务试点工作有关事项的通知》及相关法律法规，修订公司制度，合法合规对上游供应商开展贴现业务。经过市场调研、数据分析，公司有针对性地选择河南、江苏、浙江等地的供应商作为突破口，进行拜访沟通。同时，公司与集团充分沟通、协同工作。截至2017年末，公司为32家上游供应商办理贴现业务248笔，累计金额3.27亿元，实现延伸产业链金融服务零的突破。2017年11月7日，公司成功发行15.29亿元汽车抵押贷款资产支持证券，成为全国第二家成功发行资产证券化产品的财务公司，填补了海南省在资产证券化产品市场的空白。

【风险管理和内部控制】2017年，公司严控不良贷款，资产管理水平再上新台阶。公司上线使用人脸识别面签系统和“黑名单”库，对高风险客户从源头进行隔离。通过充分与销售公司联动，获取信息，以及结合自身风险控制模型，全年无风险事件发生。公司将催收动作前移，更早对逾期客户展开催收工作，采用多元化催收方式，电话催收、诉讼催收、委外催收等结合进行，截至2017年末，公司不良贷款率为0.42%。

【信息化建设】公司重视防范信息技术风险，定期开展自查工作，并及时优化，切实做好信息科技安全保障工作，同时，运用信息技术提高风险控制能力及服务效率。风险控制方面，人脸识别面签系统进一步确保了客户身份的真实性；“黑名单”融合了公司不良客户名单、征信失信名单、红通名单、法院黑名单等信息，对高风险客户从源头进行隔离。服务效率方面，公司上线二级网络电子合同打印，将费时3天的合同邮寄变为实时打印；使用OCR技术，提高银行卡信息提取的准确度及效率；完成金融专员移动办公软件的开发。

【企业文化建设】公司弘扬“不是做多大，而是做多好；不是走多快，而是走多远”的企业文化，践行马拉松文化。2017年，员工全年跑步里程合计3.5万公里，60%员工参与2017年海口马拉松赛事。

【党建工作】2017年，公司认真学习贯彻党的十九大精神和习近平新时代中国特色社会主义思想，大力开展“两学一做”学习教育活动，将理论与实际工作相结合。通过开展党支部组织生活会和民主评议党员活动，将党建工作与企业业务、人才战略、企业文化和工会工作相结合，将民主评议党员与个人年度业务考核相结合。公司积极参加海南金融系统“共筑中国梦，开创新篇章”十九大知识竞赛活动，取得较好成绩。

H

海南农垦集团财务有限公司

【集团概况】海南省农垦投资控股集团有限公司（以下简称“集团”）系海南省政府直属国有独资企业，孕育于1952年1月创建的海南农垦，前身是海南省农垦总局和海南省农垦集团有限公司，属中国第三大垦区。2015年12月29日根据中央、国务院和海南省委、省政府的重大决策部署，在原海南省农垦总局、原海南省农垦集团有限公司基础上组建成立，并承接上述两家单位的经营性国有资产权益。现有下属二级企业 46 家，拥有良好的天然橡胶、热带农业、畜牧养殖、旅游地产、商贸物流、金融服务等产业基础。在职职工 8 万多人。2017 年 12 月末，海南银监局同意原海南省农垦集团有限公司将持有财务公司 80% 的股权无偿划转至海南省农垦投资控股集团有限公司。

【经营概况】2017 年，海南农垦集团财务有限公司（以下简称“公司”）紧紧围绕集团深化新一轮农垦体制机制改革目标，发挥功能优势，优化金融服务，防范金融风险，积极助力集团战略发展，不断提升服务实体经济质效。累计实现营业收入 1.71 亿元，较上年增幅为 77.44%。实现净利润 0.58 亿元，较上年增幅为 52.88%。

【信贷业务】一是主动挖掘潜在资金服务需求，走访了八大板块所有产业集团、9 家农场公司以及集团的重点项目，跟踪了解农垦改革情况及项目进展，为信贷服务做好准备工作。二是积极落实集团“扭亏保盈决战年”活动号召，进一步加大信贷投放力度。对符合集团战略发展、转型发展方向的重点产业、项目进行重点支持，对于资金困难成员单位有针对性地加大扶持力度。2017 年累计发放自营贷款金额 18.07 亿元，自营贷款余额 21.65 亿元，较上年增幅达 110.81%；累计发放委托贷款金额 1.48 亿元。三是在监管政策许可范围内，坚持对集团成员单位贷款提供较大幅度的利率优惠。

【资金业务】在整体资金规模及资金市场收益率稳定的情况下，适度增加同业资金规模，并结合同业市场行情，合理安排存放期限组合。2017 年累计实现利息收入 0.90 亿元，较上年同期增长 121.34%；综合收益率为 4.40%，高于同业市场的平均收益率 4.20%，较上年同期增加 140 个基点。

【投资业务】2017 年资本市场风险进一步加大，监管力度不断增强，信用风险、流动性风险等不断增加，使得投资操作难度加大。面对此困难，一是加强了与合作券商间的业务谈判，配置满足财务公司风险偏好及收益需求个性化的资金管理计划，最大程度地降低投资风险。二是在兼顾流动性和安全性基础上，不断优化投资组合，提高收益率。三是密切跟踪投资市场风险，在市场波动较大时，通过适当缩短投资期限、降低风险偏好等手段规避风险。四是多次对重点合作券商总部进行投前调研、投后管理，强化投资市场行情分析及策略配置方向管理，有效防范及化解了投资风险。全年投资业务均实现了最高预期收益。

【资金集中】一是加强账户管理。完成集团各下属企业、农场公司及原国有农场账户统计和整理，并督促各单位严格落实集团账户管理政策。二是积极拓展资金归集范围，及时做好新成立企业的资金归集，加强未归集企业的沟通跟踪，督促尽快在财务公司进行资金归集。累计完成归集备案成员单位 234 家，归集面达 94.74%。三是在监管政策范围内，在集团利益最大化原则下，通过上浮存款利率、降低协议存款起存点、协助设计存款组合等方式增加成员单位存款收益，提升成员单位资金归集积极性。

【业务创新】2017 年 6 月正式提交申办“承销成员单位企业债券”业务申请材料。9 月获海南银监局批准新增“承销成员单位企业债券”的业务资格，进一步完善公司金融服务职能。

【风险管理和内部控制】一是严控操作风险，修订完善业务分级授权制度，规范业务操作流程和审批程序，加强信息管理系统管理，聘请常年法律顾问。二是加强信用风险管控，确保资产质量总体稳定。三是及时识别和评估投资面临的市场风险，采取有效措施规避风险。四是建立资金备付制，合理配置资产，防范流动性风险。五是开展全面业务审计稽核工作，继续保持金融风险事故为零的良好风险控制纪录。此外，在年初海南银监局开展的2016年度案件防控检查中，获得监管评价最高等级“绿牌”。

【人力资源管理】从全员绩效考核入手，开展绩效责任人对经营班子考核、部门考核、员工考核三个层面的考核，将考核结果与薪酬管理结合起来，切实达到了考核约束激励的效果。开展薪酬体系调整，提升薪酬体系中绩效工资的占比。不断加强金融人才引进工作，不定期开展内部培训和组织参加中国财务公司协会、监管部门的相关业务培训、同业交流，增强人才活力。2017年人均培训达到18个小时，人均培训5次。

【信息化建设】在不断加强对信息系统软硬件检查和维护的同时，有序推进多个系统项目的实施完善，并完成财务公司银行间同业拆借中心系统建设。

【企业文化建设】一是关爱员工生活，倡导“快乐工作、健康生活”的理念，组织开展“五四”缅怀烈士活动、迎“七一”羽毛球赛、集体观影、冬日拓展等活动，增强了团队凝聚力。二是积极开展金融知识宣传，为垦区广大职工群众答疑解惑，不断提高职工的金融风险防范意识。三是热心公益，勇于担当社会责任，多次开展“倾情帮扶、温暖万家”捐赠活动，以实际行动表达爱心，提升了公司的企业文化内涵。

海信集团财务有限公司

【集团概况】海信集团有限公司（以下简称“集团”）成立于1969年，属于地方国有企业，始终坚持“诚实、正直、务实、向上”的核心价值观和“技术立企、稳健经营”的发展战略，形成了以数字多媒体技术、智能信息系统技术、现代通信技术、绿色节能制冷技术、城市智能交通技术、光通讯技术、医疗电子技术、激光显示技术为支撑，涵盖多媒体、家电、IT智能信息系统和现代地产的产业格局。2017年实现销售收入1110.65亿元人民币，利润总额82.35亿元人民币，实缴税金84.10亿元人民币。

【经营概况】2017年，海信集团财务有限公司（以下简称“公司”）秉承“立足集团，服务产业”的基本宗旨，各项基础工作扎实推进，积极探索新的业务模式和增长点，取得了较好的经营业绩。截至2017年末，公司资产总额183.25亿元，比年初增长30.43亿元，增幅为19.91%，年内累计实现利润总额3.50亿元，同比增长25.01%。2017年末，公司资本充足率为22.69%，流动性比例为55.53%，各项指标均优于监管要求。

【信贷业务】公司坚持以服务集团核心战略业务板块为重点，围绕成员单位多样化需求，以低于市场价格，提供自营贷款、票据贴现等综合融资服务。截至2017年末，公司各项贷款余额56.36亿元，比年初增加4.73亿元，增幅为9.16%，充分发挥资金支持与融资保障功能。

【信贷业务】2017年，为有效拓展业务范围、贴合集团主业经营，公司继续对成员单位产品的买方信贷和消费信贷业务模式开展研究，积极向产品公司了解业务需求、与同业沟通交流，夯实了开展业务的基础。

【资金业务】公司统筹调配集团资金，一是精细化资金头寸管理，动态调整资金计划；二是科学管理资金头寸，灵活开展期限错配，不断拓展同业合作对手，充分发挥同业竞价机制的积极作用。2017年累计开展人民币同业拆出业务约38.90亿元，进一步提高资金使用效率和收益水平。

【投资业务】公司有价证券投资业务坚持低风险稳健投资策略，积极拓展同业投资交易对手，在确保资金安全性、流动性的前提下，投资品种从银行理财增加至集合资管、信托计划、货币基金、债券基金等，实现存量资金收益最大化。

【票据业务】2017年，公司联合各产品公司大力宣传并持续推广海信电票，提高电票对外付款占比，全年累计签发电票256.74亿元，同比增长11.48%，在为成员单位解决融资难题、降低短期融资成本和票据操作风险等方面取得了良好的成效。

【外汇业务】2017年，公司利用自身专业优势，牵头为集团下属子公司在香港地区筹组3亿美元3年期银团贷款，不仅为集团获得低成本资金，而且提高了海信集团在海外银行间的知名度，打开了海外资本市场融资通道，为集团海外事业进一步拓展奠定了良好基础。

【资金集中】公司把资金集中度列为年度经营指标考核，强化账户管理、资金预算管理及支付控制，有效规范成员单位开销户行为，切断资金分流源头。截至2017年末，公司全口径资金集中度为74.97%，可归集资金集中度为98.04%。

【风险管理和内部控制】2017年，公司一是加强稽核检查频度，实行垂直管理。年内共组织6次专项稽核检查，12次常规稽核检查，有效规范公司各项业务，合理防范操作风险。二是加强内控制度建设，根据公司业务开展情况，及时修订和发布制度，确保各项制度及时更新并有效执行，促进业务合规经营。

【人力资源管理】2017年公司重视人才培养，加大人才招聘力度，扩大人才招聘层面。积极招聘高端有经验的专业型人才，采取公司经营层推荐、校园招聘等方式，扩大招聘信息来源，节约了招聘时间和成本，达到了良好效果。同时通过完善绩效考评制度，优化考核方式，充分调动了员工创新热情，提高了工作效率，为公司经营目标的达成奠定了基础。

【信息化建设】2017年公司全力打造科技金融工作体系，与中软融鑫合作开发报表系统，并在报表系统开发工作完成后进行并行测试。报表系统上线后，大大提高了监管报表报送的时效性和准确性。同时，为做好各项信息化建设和管理工作，公司借助集团技术管理部门的支持，对原有系统进行完善和优化，实施了业务系统需求的升级工作，有效保证了系统的运行效率，支撑了公司各项业务的开展。

【企业文化建设】作为企业集团下属公司，受集团企业文化影响较大，集团的企业文化体现了作为国企高度的政治使命感和社会责任感。2017年，公司通过整合业务模式，寻求新的业务增长点，组织员工内部培训、捐助学生、户外健步行等活动践行“诚实、正直、务实、向上”的核心企业价值观，进一步提升员工服务的能力和意识，增强员工的凝聚力和向心力。

【党建工作】充分发挥党支部的战斗堡垒作用和党员的先锋模范作用，扎实有效地开展党建工作，为广大干部职工营造良好的工作氛围。公司党支部组织全体党员开展十九大精神学习交流会，一起观看了十九大报告视频回放、学习了党章的主要变化内容，针对十九大报告重点、结合公司实际开展了热烈讨论，并对各位党员提出更高要求，要求党员积极学习十九大精神，将其贯彻落实到自己的工作生活中去。

杭州锦江集团财务有限责任公司

【集团概况】杭州锦江集团（以下简称“集团”）源于20世纪80年代，组建于1993年，是一家以环保能源、有色金属、化工与新材料为主产业，大健康为新兴发展产业，同时集贸易与物流、投资与金融于一体的现代化大型民营企业集团。2017年，集团总资产近700亿元，营收超过850亿元。集团产业遍布全国30多个省级行政区，并在新加坡、英属开曼群岛、印度尼西亚、越南、印度、孟加拉国等国投资创业，为企业全球化发展战略奠定基础。

【经营概况】2017年，集团获批筹建杭州锦江集团财务有限责任公司（以下简称“公司”），组建筹建小组，围绕制度建立、系统建设、场地报批等展开工作。筹建小组建立了系统的制度体系及管理架构；根据行业管理要求，制定印发涉专项管理制度50余个；组织开发了核心业务信息系统。经过经营场所、中心机房一系列公安、消防、银监等部门的验收通过，12月8日取得浙江银监局《关于杭州锦江集团财务有限责任公司开业的批复》；12月12日取得了“金融许可证”，于12月13日领取了营业执照；12月27日，公司获批加入人民银行杭州中心支行金融管理与服务体系。截至2017年末，公司总资产5.87亿元，贷款规模5.80亿元，营业收入108.34万元。

【信贷业务】公司积极向人民银行申请信贷规模，并做好贷款对象的贷前调查和综合授信，截至2017年底，已完成5.80亿元信贷规模。

【风险管理和内部控制】公司建立了有效的风险管理体系，设立了股东会、董事会、监事会和经营管理层。董事会下设审计稽核委员会、风险管理委员会；经营层下设信贷审查委员会，明确了相应的会议要求、议事规则等。按照前台、中台、后台业务分离的审慎原则，设置了信贷投资部、资金管理部、财务会计部、风险管理部、稽核审计部、综合管理部六个职能部门。重点从业务管理、财务会计、资金管理、风险管理、综合管理等制度上，严把制度体系的风险审查关，确保依法合规，有章可循。通过信贷投资部与风险管理部的协同合作对成员单位开展授信实地调查及贷后调查，按月进行风险监管指标的监测。

【人力资源管理】组织公司相关岗位人员的招聘和面试工作，在风险、信贷、资金、结算等关键岗位上均配备了具有相关岗位经验的专业人才。组织员工开展制度、业务和信息系统培训。截至2017年末，开展了财务公司管理办法、资金管理系统、资金管理系统应用操作等各类培训11次，满足了开业运营以及人才发展的需要。

【信息化建设】2017年，公司完成了内部的计算机硬件系统安装调试，并投入使用。公司建立了中心机房，完成了信息系统一期模块的开发和上线。同时，建立了信息安全组织机构，明确了部门和相关岗位职责，制定了信息安全策略方针目标和相关制度。组织开展了消防系统、空调、配电、数据库服务器、数据库备份恢复、主备域控服务器切换、核心交换机、外网防火墙和业务路由器等应急演练。

航天科工财务有限责任公司

【集团概况】中国航天科工集团有限公司（以下简称“集团”）是特大型高科技企业，现有职工约15万余人，共有500余户企业和机构，分布于国内各省区市以及20余个国家和地区。截至2017年末，集团资产总额2572亿元，负债总额1253亿元，所有者权益1319亿元。

【经营概况】2017年，航天科工财务有限责任公司（以下简称“公司”）资产总额达到747.77亿元，同比增长4.87%，营业收入实现17.52亿元，同比增长12.42%，利润总额实现11.67亿元，同比增长16.45%。截至2017年底，公司在职员工76人，平均年龄38岁，本科以上学历占比89.47%，硕士及以上学历占比35.53%。

【资金集中】公司通过采取持续推进利率市场化、扩大境内外币归集范围等多种措施，公司的资金归集能力不断提高，2017年末吸收存款规模突破700亿元，达到704.32亿元，同比增长4.68%，平均资金集中度达到81.21%。

【信贷业务】公司通过授信体系调整、新业务拓展、客户走访等措施，2017年信贷业务日均规模达到93.38亿元，同比增长16.8%，贷款集中度达到64.74%。

【票据业务】公司大力推广票据业务，2017年实现票据贴现12.43亿元，同比增长222.86%；日均贴现规模2.37亿元，同比增长63.45%。

【资金业务】公司充分发挥集团公司资金蓄水池功能，利用货币市场资金面趋紧的有利条件，抓住资金增值关键时机，灵活开展周期化资金配置，2017年累计实现同业收入13.59亿元，同比增长11.3%；综合收益率达到

H

3.73%，同比提高0.71个百分点。

【统保业务】公司统保业务稳步推进，2017年完成车辆投保2565辆，公务车辆投保率实现100%，完成非车险投保企业合计61家，同比增长110.34%，全面实现了保险保障范围持续扩大、已投保单位财产保险费率大幅下降的工作目标。

【业务创新】一是公司取得成员单位产品的买方信贷和融资租赁业务资质，细化梳理监管政策、规范完善业务制度和业务流程，为后续业务开展，实现金融服务由生产领域向销售领域延伸奠定基础。二是公司获得上海票据交易所会员资格，并接入上海票交所平台，初步具备了线上清算条件，票据业务管理技术手段实现飞跃。三是公司开展境内外币资金归集，在国际化经营方面实现突破。四是公司战略投资集团金融租赁公司，认缴出资额3.9亿元，并完成对其30亿元授信，助推集团实现资本、技术、产业的有效结合。

【风险管理和内部控制】一是全面开展风控成熟度自评工作，实现了风险与内控的对标管理，推动业务流程管控标准化。二是落实党政主要领导法治建设第一人职责，明确合同归口管理责任，公司重大决策、经济合同、规章制度实现100%法律审核。三是规章制度体系持续完善，规章制度科学性、系统性、操作性增强。四是推进不良资产处置，维护公司合法利益，实现了100%结案率和不良贷款率为零的突破。五是紧密围绕金融监管部门“治乱象、补短板、填空白”等工作开展专项审计，促进公司履行维护金融秩序的义务。六是开展信息科技风险审计，有效提升信息科技风险管控能力。七是公司《内部审计章程》发布实施，进一步强化审计独立性。八是公司“3+1”审计工作机制不断深化，年度整改完成率100%。

【人力资源管理】一是开展“三年一聘”管理工作，公司员工队伍结构得到优化，人岗匹配度进一步提高。二是深化人事制度改革，首次开展专业技术职务评聘工作，员工专业技术职务晋升比例达到20%。三是加强“四型”人才队伍建设，丰富培训管理手段。四是以集团公司实际绩效激励机制为指引，构建以价值创造为核心的公司绩效考核体系。五是加强工资总额管理，工资分配进一步向复合型高效能人才倾斜。

【信息化建设】一是“新一代核心业务系统”成功上线。实现20余个业务场景的自动化处理和主营业务信息化支撑全覆盖。二是“支付通”财企接口平台落地运行，为集团公司各共享中心提供安全、高效、便捷的在线支付服务，成为集团落实资金监控的重要载体和渠道。三是工业互联网平台“财务公司专区”全新上线，为集团公司成员单位及航天云网紧密合作企业提供多元化金融服务，助力集团公司工业互联网生态系统的构建和完善。四是智慧企业建设扎实推进。高质量、超预期完成ERP建设工作，深入落实“业财一体化”建设目标，自动入账率达95%以上；顺利实现绩效考核全流程线上管理，有效促进公司人力资源管理效率提升；全面完成商密网自主可控的计算机终端、手机终端的部署，商密网建设推进有力。

【党建工作】一是认真学习宣贯十九大精神，组织领导干部提高政治站位和政治觉悟。二是全面从严治党成效显著。完成党建工作要求进章程、将党委研究讨论作为董事会、经理层决策重大问题的前置程序等工作；大力推进“两学一做”学习教育常态化制度化和从严治党能力提升三年专项工作；修订和新增13项制度和规范性文件，消除党建制度“空白点”。三是党风廉政建设深入推进。建立领导干部廉洁自律卷宗；组织开展内部巡察，巡察利剑作用彰显；全面签订党风廉政建设责任书，切实落实“一岗双责”责任制；开展廉洁风险点梳理，结合各业务特点建立了业务操作规范。

【企业文化建设】 一是公司精心组织新闻宣传，充分发挥新媒体及各类宣传阵地的作用，全面展示公司学习宣传贯彻十九大精神情况和公司发展成就。二是小讲堂、读书会、趣味运动会等文体活动丰富多样，“快乐工作、幸福生活”企业文化氛围逐步形成。

航天科技财务有限责任公司

【集团概况】 中国航天科技集团有限公司（以下简称“集团”）经国务院批准，于1999年7月在原中国航天工业总公司所属部分企事业单位基础上组建成立。作为我国航天科技工业的主导力量，集团是国家首批创新型企业，创造了以载人航天和月球探测两大里程碑为标志的一系列辉煌成就，为推进国防现代化建设和国民经济发展作出了重要贡献。集团辖有8个研究院、13家专业公司、12家上市公司和若干直属单位。

【经营概况】 2017年，航天科技财务有限责任公司（以下简称“公司”）经营业绩持续增长。公司完成了董事会下达的各项经营指标，在集团公司2017年经营业绩考核中获得A级，专业公司排名第一。公司全年实现总收入29.80亿元，实现利润总额17.24亿元。公司各项运营指标符合监管要求，全年无新增不良资产。

【信贷业务】 2017年，公司始终坚持不与成员单位争利的基本原则，积极应对存贷利差下降、日均存款规模同比降低等不利因素，立足集团产业发展，积极拓展集团内外部信贷市场，为成员单位降低各种财务费用超亿元。

【产品销售信贷业务】 2017年，在控制风险的前提下拓展产业链下游的买方信贷业务，帮助成员单位实现销售风险的控制，同时实现新增业务市场的开拓。

【投资业务】 捕捉债券市场与货币市场机会，固收类投资平均收益率大幅高于全年中债综合全价总值指数；完成信达财险股权转让，实现金融股权投资的动态优化调整。

【票据业务】 针对重点客户开展专项的业务宣传推广，积极拓展“一头在外”的卖方票据贴现业务，借助金融服务方案交流会、集团金融业务培训、成员单位走访、专项业务交流等各种机会大力宣传产业链金融业务，大力开展票据业务支持产业链协同发展，落实金融服务实体经济的政策要求。

【外汇业务】 加强沟通协调，积极宣传推广即期结售汇业务，不断扩大业务试点单位范围，通过集中办理结售汇业务为成员单位节省结售汇费用，受到了成员单位的肯定和欢迎。

【资金集中】 积极推动集团公司建立大额资金计划报送机制，助推集团公司“进一步加强资金集中管理”政策的落地，推动集团整体资金计划管理水平的提升；实施差异化存款定价政策，持续提高结算服务效率，改进线上电票功能，资金集中度和网银结算占比均持续提升。

【业务创新】公司成功获得银监会关于延伸产业链金融服务试点备案批复，拓展了集团外部上下游产业链金融服务，缓解成员单位采购支付压力，促进成员单位产品销售。

【风险管理和内部控制】一是积极推进增资到位，有效充实公司资本金，为后续增加风险资产配置、提高盈利能力创造了条件；二是发挥内部审计专业作用，在常规业务、管理效能、风险管控情况等方面开展专项审计工作，提升经营管控效率；三是持续开展内部控制综合评价，推进内部控制体系的逐步完善。

【人力资源管理】一是制定了《公司领导干部管理办法》《公司领导干部个人有关事项报告工作细则》《公司人事档案工作规程》等，进一步提高公司选人用人规范化水平；二是制定公司管理人员履职尽责行为规范，做好领导干部台账建立、人事档案管理等各项工作，加强干部日常监督管理；三是积极推进人才队伍“市场化、专业化、职业化”建设，加大业务骨干的市场化引进力度，扎实推进青年人才培养计划，稳定人才队伍、提升人才能力、激发人才活力。

【信息化建设】一是启动新核心业务系统建设，建成并上线试运行大数据分析系统，进一步提升金融信息化水平。二是顺利完成电票系统迁移和“军工票（一期）”系统接入，开展信息安全等级保护测评和灾难应急演练，保障信息系统安全稳定运行。

【企业文化建设】一是发挥航天文化的凝聚作用，开展企业文化日宣贯活动，并先后两次开展“携手四子王旗红格尔蒙校弘扬航天精神”等主题活动，以实际行动践行航天三大精神；二是丰富员工业余文化生活，组织开展多种集体活动，激发员工的内在活力，营造和谐融洽、积极向上的良好团队氛围。

【党建工作】一是强化政治引领，为公司改革发展提供政治保障。坚持创新引领发展理念，健全党委参与决策机制，确保公司重大决策不偏向；并大力支持公司改革创新，以提升全面金融服务能力和促进集团金融产业布局为主线，持续推动公司转型升级。二是落实全面从严治党责任，夯实公司发展政治根基。逐级签订党建和党风廉政建设责任书，开展党支部年度重点工作督导检查及支部书记述职考评，推动党建工作层层抓落实。

河北港口集团财务有限公司

【集团概况】2017 年，河北港口集团有限公司（以下简称“集团”）聚焦主业，港口生产首次突破 4 亿吨，创历史最高水平。秦港股份成功登陆 A 股，成为省内首家布局 A + H 双资本平台的国有企业，全年实现投资收益7.74亿元，成为集团重要利润来源。开展秦皇岛西港新城开发，打造秦港百年码头开埠地。邯郸陆港打通与黄骅综合港区的物流通道，扩大钢铁供应链业务规模，仓储业务逐步向高端发展。构建新型安全生产管理网格，推进港区大气环境治理，全面停止港口汽运煤集疏港运输，万元收入单耗同比下降15.58%，吞吐量单耗同比下降13.25%。

【经营概况】2017年，河北港口集团财务有限公司（以下简称“公司”）全年实现营业收入1.16亿元，首次突破亿元；综合效益贡献0.75亿元，其中利润总额0.46亿元。

【资金业务】2017年，公司建立了同业、信贷和有价证券投资三大业务板块，加强业务开展，提高资金效益。积极抢抓同业价格上涨的有利时机，加强资金调度，增加定期存款，通过全国银行间同业拆借中心开展同业拆借业务，提高资金效益。大力发展信贷业务，将资金配置到集团战略发展的重点领域。年末贷款余额9.75亿元，比年初增长53%；委托贷款余额12.06亿元，比年初增长100%。稳健开展有价证券投资。2017年末有价证券投资余额5.50亿元，同比增长57%。

【资金集中】2017年，公司承接了原在资金结算中心开户的18个账户，开户单位增至73家，年末全口径资金归集度70.25%，资金归集平台进一步巩固。

【业务创新】2017年，公司首次通过全国银行间同业拆借中心开展同业拆借业务3.35亿元；首次投资货币市场基金；首次为集团公司发行中期票据业务担任财务顾问。

【增资提效】2017年，公司积极申请增加注册资本金。注册资本金由5亿元增加至15亿元。为公司提高资本充足率、扩展业务规模、提高服务能力、增强发展潜力创造有利条件。公司有价证券可投资规模由原来的3.5亿元扩充至10.5亿元，同业可拆借规模由原来的5亿元增加至15亿元，信贷规模上限也相应增加。

【风险管理和内部控制】2017年，公司针对新开展的有价证券投资业务，研究制定投资业务风险管控策略，明确公司的投资目标、投资范围、投资策略、投资组合、投资限制、预警和止损措施，完善有价证券投资业务的风险控制管理。通过稽核审计和内部控制评价，提出34项经营管理缺陷，并提出改进建议，据此修订部门职责、岗位说明书，新增或修订管理制度9项，完善了制度体系。全年按季召开风险控制委员会会议和案件防控分析会，强化风险教育、风险分析、风险审查和风险监测，提高全员风险防控意识，落实防控措施。2017年公司实施了同城灾备系统的切换演练，为系统安全、业务连续提供有力保障。

【党建工作】2017年，公司将党建工作写入公司章程。认真开展“三会一课”，组织党员干部深入学习贯彻党的十九大精神，以习近平新时代中国特色社会主义思想武装头脑、推动实践。在思想上政治上行动上与党中央保持高度一致，自觉维护中央权威和党的团结统一。

河北建投集团财务有限公司

【集团概况】 河北建设投资集团有限责任公司（以下简称“集团”）的前身为河北省建设投资公司，成立于1988年8月，是河北省政府聚合、融通、引导社会资本和金融资本，支持河北省经济发展的投融资平台、基础设施建设平台和金融服务业平台，由河北省国资委履行监管职责的国有资本运营机构和投资主体，公司注册资本150亿元，是河北省属资产规模最大的国有资本投资运营集团。

【经营概况】 2017年，河北建投集团财务有限公司（以下简称“公司”）紧紧围绕集团发展目标与公司年度中心工作，凝心聚力，锐意创新，服务实体，防控风险，圆满完成全年各项工作。截至2017年末，公司资产总额98.37亿元，全年实现营业收入2.36亿元，净资产收益率8.67%。

【信贷业务】 2017年，公司紧跟集团改革发展和战略转型的步伐，用活金融服务职能，创新金融服务产品和方式，为成员单位增信降成本。一方面继续增加信贷投放规模，加大信贷投放力度；另一方面在集团现有资金规模基础上，科学调整信贷品种、期限、结构，进一步提高流动性，惠及更多成员单位。

【资金业务】 加强头寸管理。公司作为集团财务职能的延伸，一是协助集团强化计划管理，逐步对接成员单位和集团的支出计划，加强结算监管和头寸精细计算。二是细化资金支付流向管理，深入监控资金流情况，对每笔走款进行全程跟进，特别对资金体量大、资金波动大、突发性用款且急需走款的成员单位进行了重点监控，有效提高了整体资金流效率。

【投资业务】 积极稳妥开展投资业务。稳步推进银行间债券市场业务。有效利用银行间债券市场金融资源，充分融入资金市场，更好发挥金融服务平台优势，提高专业化服务水平。加强同业合作，进一步丰富同业业务产品种类，在保证资金流动性、风险可控的同时，最大限度地实现资金增值。

【资金集中】 截至2017年末，公司累计归集账户319个，全口径归集度为86.47%，较上年同期增长10.89个百分点，可归集口径归集度为99.27%，账户归集数、资金归集量、归集度均创公司成立以来新高。

【业务创新】 2017年，公司完成了首笔5000万元同业拆入、拆出业务。拆借业务的顺利完成，开辟了对外短期融资的新渠道，有助于提高公司预警状态下的短期筹融资能力，有效保证资金链的稳定性；同时拓展了沉淀资金投资渠道，进一步提高资金使用效率和收益，提升了公司在银行间市场参与度，为深入参与、密切跟踪资金市场态势打下基础。

【风险管理和内部控制】 2017年，公司在做好常规风险管理工作的同时，多措并举促进风控体系的进一步完善。一是创新性开展流动性压力测试工作，借鉴规模管理及资产负债期限配比的思想，对公司业务经营数据进行全面统计分析。引入两个理论公式和“存贷缺口”的概念，通过对存贷缺口、存款对业务量的支撑情况及大额贷款需求进行分析假设，得出各种极端情况下的流动性风险，进而提出防范流动性风险的规模范围，为业务开展提供数据参考。二是完善授权管理体系，实行授权书统一管理，明确董事会对总经理、总经理对副总经理，高管层对中层领导的业务授权，制定权限指引表，建立授权统一管理平台，防范操作风险。

【人力资源管理】2017 年，公司培训工作以提升干部综合能力和员工业务能力为重点，统筹推进多层次、形式多样的各类培训，实现员工培训全覆盖，确保培训质量。同时创新学习方式，开展内部讲堂学习活动。

【信息化建设】一是对机房基础环境进行改造：更换蓄电池、增加除湿机、排风等。二是网络升级改造：增加互联网边界设备、防火墙、网管软件、综合布线等。三是升级核心业务系统：增加外汇、电票、反洗钱、客户评级功能。四是与维保厂家续签了维保合同，公司人员日常巡检并配合服务商巡检，全年无重大故障。

【企业文化建设】公司组织开展丰富多彩的青年员工文化活动，搭建相互交流平台，增强组织的凝聚力。“三八妇女节”组织开展了“画艺巧匠　美丽人生”的木绘活动；参加集团“健步走”。丰富多彩的活动增强了员工归属感和自豪感，营造出了积极向上、团结进取、健康和谐的工作环境。

【党建工作】一是完善党建体系建设。修订了公司章程，明确党支部在公司法人治理结构中的法定地位，建立了公司《党支部工作规则》和《支部委员会议事规则》。认真落实“三会一课”制度、领导干部廉政谈话制度和民主评议党员制度，同时还在公司增设了党群工作部。二是党建工作融入公司中心工作。组织开展了“我为公司‘增比进位、事争一流’做贡献”活动，支部号召全体党员发挥先锋模范带头作用，敢于担当、积极作为，立足本职岗位建功立业。三是组织开展多种形式的红色革命传统教育活动。举办了迎“七一”唱红歌暨党建知识答题活动，开展了“学习抗战精神，重温入党誓词”，组织党员到保定城南庄革命纪念馆、冉庄地道战纪念馆接受爱国主义教育。

河钢集团财务有限公司

【集团概况】河钢集团有限公司（以下简称“集团”）成立于 2008 年，系由唐钢和邯钢合并组建而成的特大型钢铁企业，隶属于河北省人民政府国有资产监督管理委员会，注册资本 200 亿元。经过几年来的稳健经营，集团已经发展成为跨地区、跨行业、跨国别的大型国际化企业集团，形成了以钢铁为主业，金融服务、海外事业、非钢板块协同发展的产业格局。集团拥有直属子分公司30余家，在册职工11万余人，位列2017年《财富》世界500强企业第221位，在中国钢铁企业竞争力排名中获“竞争力极强”最高评级。

【经营概况】2017年，河钢集团财务有限公司（以下简称“公司”）着力夯实基础管理，不断延伸结算网络和服务范围，加快推进《企业集团财务公司管理办法》第二十九条业务实质开展，有效实现信贷投放与存量资金运营双轮驱动目标，继首获2015年度行业及监管双A类评级后，再次荣获2016年度行业及监管双A类评级，保持了创新型财务公司良好发展势头。截至2017年末，公司资产总额164.32亿元，负债总额137.38亿元，所有者权益26.94亿元，分别比年初增长18.23%、20.75%、6.86%；全年累计实现营业收入5.57亿元、利润2.31亿元，分别比年初增长9.65%、15.16%。无不良贷款、不良资产，各项监管指标均符合监管要求。

【信贷业务】2017年，公司立足集团供给侧改革和转型升级发展战略，优化金融资源配置，调整信贷结构，大力开辟外源性资金运营渠道，促进集团主业发展。全年累计办理信贷业务1117.88亿元，其中贷款业务872.86亿元，票据业务245.01亿元，年末贷款投放余额120.77亿元。

【票据业务】公司持续深化“票据金融综合服务体系”特色品牌建设，进一步拓展票据业务合作范围，通过票据池融资、保兑、保贴、转贴、再贴等延伸票据融资链多元组合产品等方式，特别是做大、做特电票业务，帮助成员单位拓宽融资渠道、降低资金成本。2017年累计开展票据贴现69.63亿元，电票承兑26.03亿元，再贴现10.5亿元，转贴现5亿元，票据池融资133.85亿元，以低成本资金有效反哺集团主业。

【同业业务】公司致力于寻求并拓展良好的同业交易对手，建立通畅的同业业务合作渠道，通过资金头寸精细化管理及经常性的同业拆借业务，不断提升资金流动性管理能力及运营创效能力，全年累计拆借资金4.50亿元。

【资金集中】2017年，公司立足集团实际，兼顾融资需求、资金集中度和风险管控的平衡关系，分类、分步推进，实现资金集中度稳中有升。公司以扩展集团账户层级为常态工作，紧抓集团资金管控工作的契机，通过不断提高结算服务水平、优化直联银企系统、创新业务等工作驱动账户上线，提升资金集中管控能力。截至12月末，全口径资金集中度46.05%，可归集口径资金集中度90.69%，分别比年初增长0.93%、0.37%。

【业务创新】公司成功接入中国银行间债券市场、中央结算公司、上海清算所系统，理顺银行间市场操作流程，成功开展银行、证券理财产品投资，配置同业存单，承销集团债券。2017年实现投资收益960万元。2017年，公司获批并开展延伸产业链金融服务试点业务，办理“一头在外”票据贴现业务4700万元；研究推进《企业集团财务公司管理办法》第二十九条业务，采用回租方式办理了融资租赁业务5000万元，审慎办理集团内部成员单位买方信贷业务2000万元。

【风险管理和内部控制】公司适应利率市场化趋势，按人民银行宏观审慎政策要求，建立健全定价管理机制，成立定价管理组织机构，健全定价管理制度和各产品定价方式及模型，理顺定价审批流程；根据人民银行反洗钱工作部署，成立了反洗钱领导小组，完善反洗钱、反恐怖融资各项管理制度，安装部署反洗钱监测系统和风险分类系统，规范完善反洗钱各项工作流程和内部控制；按照银监会“三三四”专项治理要求，开展业务全面自查，进一步“强风控、补短板”。

【人力资源管理】公司持续深化多维度、立体化员工学习培训长效机制。一是进行重点岗位人员轮岗，促进员工在业务实践中成长成才。二是创新内部轮训竞赛机制。派骨干赴外学习并对全员进行培训，或由员工自命题，按部门实行轮流授课制，受训人员打分评价，年终开展培训自测考试，检验培训效果。三是鼓励员工参加专业资格考试。2017 年对 7 名员工进行轮岗，组织各种培训 267 人次，考取银行、证券等从业资格 12 人次，员工专业素质和综合素养全面提升。

【信息化建设】2017 年，公司紧密贴合业务需求完成中债登系统、上清所系统、上海票交所（一期纸票业务）系统接入建设，电票 ECDS 系统由人民银行清算中心切换至上海票交所，反洗钱系统建设，营改增税控系统开发建设，筹备扩容升级硬件配套平台，实施依托财务公司核心系统建设集团银企直联平台等系列工作。加强信息系统日常运维管理，建立健全信科风险管理体系，完善信科风险管理架构、制度、流程，不断提升信科治理水平和风险防范能力，为业务发展提供有效技术支撑。

【企业文化建设】公司结合团队中党员比例大、年轻员工多的特点，先后组织开展党员知识竞赛、“五四”青年主题等活动，激发全员凝聚力；开展新员工入职教育、金融监管案例警示教育等专题教育，倡导员工深植“服务至上”意识和风险合规理念。2017 年，2 名党员被授予集团机关优秀党员称号，公司团支部被省国资委团委、集团团委授予“五四红旗团支部”，4 名青年员工荣获集团先进个人称号。

河南能源化工集团财务有限公司

H

【集团概况】河南能源化工集团有限公司（以下简称“集团”）是经河南省委、省政府批准，分别于 2008 年 12 月、2013 年 9 月经过两次战略重组成立的一家国有独资特大型能源化工集团，主要涉及能源、化工、金融、有色金属、装备制造、物流贸易、建筑矿建、现代服务业等产业，主要分布在河南、贵州、新疆、内蒙古、青海、陕西等省（自治区）。集团拥有煤炭产能近 1 亿吨，化工产能合计近 1000 万吨。

【经营概况】2017 年，河南能源化工集团财务有限公司（以下简称“公司”）认真贯彻中国银监会各项监管要求，为集团加快资金融通、降低融资成本发挥了重要作用。截至 2017 年末，公司发放贷款 146.21 亿元，吸收存款 93.06 亿元，实现利润总额 4.65 亿元。

2017 年公司密切关注并掌握集团成员企业资金运行状况和经营情况，通过加大信贷资金投入，拓展融资渠道、推广电子承兑汇票业务、坚持缩小存贷利差等措施，多策并举让利成员企业，发挥“一站式金融管家”的职能，确保了集团公司资金的稳定周转。

【信贷业务】2017年，公司积极应对严峻的市场形势，优化信贷投放结构，提高资产质量，通过“减收让利”，降低成员单位财务费用，支持集团企业实体经济发展。2017年发放自营贷款18笔，共37.78亿元；发放委托贷款21笔，共29.03亿元；办理贴现4笔，共10亿元；签发电子银行承兑汇票23笔，共37.92亿元。

【票据业务】2017年，公司为集团成员企业签发电子银行承兑汇票196张，总金额达35.42亿元。同时开展票据贴现业务，为集团成员企业办理卖方付息贴现10亿元，使其在降低财务费用的基础上又获得了生产经营周转资金。

【资金集中】2017年，公司采取了如下预算管理措施：一是不断加强成员企业账户管理。截至2017年末，集团成员企业在财务公司开户440家，较年初净减少9家。二是强化资金归集力度，不断提高资金集中度，加快集团资金流通速度，提高资金使用效率。三是根据业务发展和管理需要，不断对信息系统进行优化维护，以满足成员企业资金管理需求。

【预算管理】2017年，公司采取了两项预算管理措施：一是严格控制贸易款，不允许垫支，如确需垫支的贸易款要有集团资金管理中心的预算批复。二是根据集团公司所属成员企业所持票据情况，及时要求成员单位拆分大票，以满足其他成员企业的票据需求。

【业务创新】2017年，公司多策并举，积极与商业银行、资产管理公司等金融机构探索信贷资产转让业务，开辟新的合作领域。在集团公司的大力支持下，最终与中国信达资产管理有限公司达成信贷资产转让意向，融资规模达14亿元。该业务拓宽了集团的融资渠道，盘活了非流动性信贷资产，公司获取了新的资金来源，为集团公司提供了急需的资金支持。

【风险管理和内部控制】2017年，公司紧紧围绕年度工作目标，积极发挥稽核部门的监督、检查职能，在加强内部控制、防范风险、保障公司业务稳健运行等方面开展工作。按照监管部门要求，结合公司实际认真开展了“两个加强、两个遏制”回头看、开展银行业市场乱象整治工作、“不当创新、不当交易、不当激励、不当收费”行为专项治理工作专项检查工作和反洗钱工作，制定了各项工作自查方案，按照要求开展全面检查，并根据检查所暴露的问题进行责任追究与整改。

【人力资源管理】2017年，公司人力资源工作紧紧围绕公司工作目标，积极开展各项工作：一是积极支持员工参加人民银行、银监会和中国财务公司协会等组织的各类业务培训，不断提升员工的专业素养；二是认真贯彻执行集团对金融板块的发展思路，拓展新业务，扩大融资规模。公司结合实际情况及未来发展要求，制定了定编定员实施方案，为公司的定编定员工作打下了坚实基础。

【信息化建设】积极配合上海票据交易所顺利完成电票系统切换工作，公司先后派员参加了四次现场培训，一次迁移工作动员会，三次切换演练，最终顺利完成了此次切换工作，保证了系统的稳定运行，为后期集团成员企业顺利开展票据业务创造了有利条件。

【企业文化建设】2017年，公司围绕“改革创新、稳中求进”的总基调和公司中心工作，一是坚持做好舆论导向的宣传和引领，宣传好公司各部门工作的推进情况，通过多种形式的形势教育，给干部员工讲清形势，提振信心，突出抓好针对性强的主题教育活动，形成全员工作合力。二是结合金融工作和专业特点以及金融监管要求，建立了“一把手负责、党政工团齐抓共管”的有效机制，加强组织领导，广泛发动员工，深刻领悟企业文化的内涵。

【党建工作】根据集团的统一部署，公司的党员阵地建设也逐步完善：公司根据自身条件，采取“阵地共建”的方式，对现有的职工之家进行改造，增加党员活动阵地功能，基本实现了“一室多用”，基本达到了党建活动阵地规范化标准化的要求。同时，公司坚持加强党性红色教育，积极组织全体党员干部先后前往焦煤集团“廉洁文化长廊”和九里山矿党建阵地开展廉洁教育活动，对广大党员干部起到了良好的教育作用。

河南双汇集团财务有限公司

【集团概况】双汇集团是中国最大的肉类加工基地，农业产业化国家重点龙头企业，总部在河南省漯河市，在全国18个省（市）建有30多个现代化的肉类加工基地，年产销肉类产品300多万吨，拥有近百万个销售终端。2017年，双汇品牌价值606.4亿元，居中国肉类行业第一位，连续两年入选“国家品牌计划”。河南省漯河市双汇实业集团有限责任公司与河南双汇投资发展股份有限公司共同发起成立“河南双汇集团财务有限公司”（以下简称“公司”），注册资本5亿元，其中双汇集团注资2亿元，双汇发展注资3亿元。

【经营概况】2017年，公司坚持“立足集团、服务集团”的经营宗旨，规范运作，稳健发展。截至2017年底，公司总资产75.8亿元，净资产6.2亿元，实现利润1.55亿元，各项监管指标均符合监管要求，先后获河南省人民政府2017年金融发展专项奖，漯河市人民政府2017年度经济发展特殊贡献奖，漯河市委、漯河市人民政府服务业创新奖，人民银行漯河市中心支行金融助推脱贫攻坚先进单位和漯河银监分局监管统计竞赛三等奖。

【贷款业务】公司认真坚持防范风险的要求，严格落实贷款“三查”制度，通过贷款利率下浮、信用贷款等方式，为成员单位提供优质快捷的信贷服务。截至2017年底，累计为成员单位授信28家，金额89.6亿元，贷款余额16.8亿元，委托贷款余额2.1亿元，全年累计向成员单位发放贷款54.5亿元，利用多种贷款模式为成员单位提供资金，降低成员企业融资成本，支持成员单位扩大生产、增加销售，支持双汇集团“调结构、扩网络、促转型、上规模”的发展战略。

【票据业务】2017年，公司大力推进电票业务的开展，在全市法人金融机构中首笔办理了电子承兑汇票贴现业务，为成员单位提供便捷、高效、安全的票据业务服务。截至2017年底，贴现余额8.2亿元，全年累计办理贴现13.7亿元，较好地满足了成员单位多形式的资金需求。

【结算业务】一是建立系统。与工商银行、农业银行、中国银行、建设银行、招商银行、邮储银行六大行建立了银企直联，实现了成员单位银行账户与财务公司账户的直接关

H

联。二是管好账户。要求全部成员单位账户集中于财务公司，定期排查各成员单位的银行账户，及时清理长期无业务的冗余账户，对新增账户严格审查，对所有银行账户进行适时监控。三是加强监测。实时把控成员单位银行资金情况，每个银行账户资金余额当日不得超过1000元，多余资金全部归集到财务公司账户，有效提高资金集中度。截至2017年底，公司资金集中度达到84.7%。

【风险管理和内部控制】一是制定了风险管理政策和资本充足率风险管控方案、流动性风险预案和市场风险管控预案，规范风险防范流程。二是持续完善9大类共124项标准化管理制度，审核修订91项业务类法律文本，防控法律风险。三是开展全面风险评估检查，整改各项风险隐患，提升合规风险意识。四是加强风险指标监控，确保各项指标优良。截至2017年底，资本充足率为17.7%，流动性比例为48%，不良资产比率和不良贷款率为零，贷款损失准备率和不良资产损失准备率均超过150%。

【人力资源管理】公司2017年新成立投资发展部，通过拓宽招聘渠道，高薪诚聘高端专业人才，全年共招聘人员5人；加强学习与培训，全年组织各类专业培训15次，参加外部培训8次；新增注册会计师1名，中级会计师1名，基金从业资格人员5名，证券从业资格人员2名。全年共向集团领导上报了50余篇关于企业转型升级、战略合作、股权投资等方面的可行性建议报告。

【信息化建设】一是规范管理体系，优化业务审批OA流程，强化风险把控。二是完善信息化管理制度及应急预案，加强数据安全管理。三是加强系统建设，根据业务需要，优化核心业务系统功能模块16项。四是完成人民银行金融城域网接入，并获得电票直联接入批复。五是落实监管要求，升级“反洗钱系统”，提升防范金融风险能力。

亨通财务有限公司

【集团概况】亨通集团（以下简称“集团”）是服务于光纤光网、电力电网、金融和大数据互联网等领域的国家创新型企业，拥有全资及控股公司60家（其中上市公司3家），在全国10省市和海外6个国家设立研发产业基地，是中国光纤光网、电力电网领域规模最大的系统集成商与网络服务商，跻身中国企业500强、中国民营企业100强、全球光纤通信行业前三强。

【经营概况】2017年，亨通财务有限公司（以下简称“公司”）认真贯彻监管部门各项合规经营要求，着力提升集团资金管控和金融服务功能，不断完善法人治理、风险内控工作。2017年末，公司资产总额22.48亿元，较年初增长24.27%；负债总额为14.78亿元，较年初增长23.21%；全年实现营业收入0.49亿元，同比增长9.72%；实现净利润0.38亿元，同比增长21.36%。各项监管指标均符合要求：年末资本充足率为42.67%；拨备覆盖率为100%，贷款拨备率由1%提高到1.5%；全部资产不良率为零；流动性比例为65.60%；五级分类均为正常。

【信贷业务】在履行好集团资金集中管理职能、确保集团资金链畅通的同时抓好自营业务，2017年累计为23家成员企业授信，授信额度27.90亿元；累计发放自营贷款31.93亿元，年底余额为11.02亿元；累计办理商票贴现1.04亿元，年底余额为1.04亿元；累计发放委托贷款9.97亿元，年底余额为9.96亿元；累计办理票据承兑业务12.35亿元；累计办理保函业务0.15亿元。

【资金管理】2017年，公司坚持要求成员单位报送资金计划，资金计划上报率持续达到100%，提高了公司对全集团资金及账户管控的能力。同时，公司审时度势抓同业业务。加强与商业银行议价，各家合作银行同业存款活期利率均提高到2%以上。在确保流动性的基础上多做利率优势大的定期存款，累计办理存放同业定期存款96笔，金额59.27亿元；加权平均利率3.65%，较上年增加84个基点，实现定期利息收入550万元，较上年增加109万元。

【资金集中】公司持续推进新设成员单位开户和资金归集，截至2017年末，集团成员单位在公司开户数77家，较年初增加22家，归集银行账户149户，较年初增加27户；监管口径全口径资金集中度由上年的24.27%上升至32.70%；年末归集资金14.70亿元，全年日均归集9.43亿元。公司注重优化支付结算服务，全年成员单位代理支付月均交易结算量64.50亿元，增长22%；代理支付笔数14.33万笔，增长116%。

【业务创新】2017年12月20日，南京海关正式接收由亨通财务有限公司出具的海关税收保函，这不仅是公司开出首份海关税收保函，而且是苏州地区首份由财务公司担保的关税保函，公司成为苏州地区首家受海关认可、以自身为担保主体、为集团成员单位开立关税保函的财务公司。

【风险管理和内部控制】公司建立了股东会、董事会、监事会，法人治理结构健全、分工合理、责任明确。2017年召开9次董事会，4次股东会以及4次监事会，符合监管要求。对照“两加强”、“三违反”、“三套利”、“四不当”、印章管理等文件中提出的各项要求进行排查，确保了公司的正常经营。全年各类业务开展未出现风险，同时加强制度建设，梳理、制定各类制度140项，规范了各类业务、管理工作的开展。

【人力资源管理】2017年，公司聘任一位风险管理副总经理，全面负责风险管理工作。同时加强了人才梯队建设，2017年3月通过内部竞聘方式聘任1名年轻员工到风险管理部负责人岗位。强化培训工作，全年开发近30门课程，有5人获集团级及公司级讲师。鼓励专业能力提升，2人考取银行从业资格证，5人考取证券从业资格证。完善企业文化建设，通过拓展训练、标杆学习增进交流，增强员工凝聚力和向心力。

【信息化建设】2017年，公司以确保基础环境建设良好为前提，做到了对信息设备的定期巡检、更新、备份，并为加入电票直联系统增设了堡垒机、IPS、漏扫、网管软件、日志审计等网络安全设备。同时增加了虚拟集群主机资源，分摊服务器运行压力。2017年不断加强对系统软件的开发和运维，新设了报账中心接口、银行承兑模块、反洗钱模块、征信系统、电票系统、量子通信线路等，完成了对软通二期项目、金融服务器、网络安全设备采购项目的验收。

【企业文化建设】2017年，公司继续加强企业文化工作，坚持每季度印制文化墙，宣传各项工作，同时在公司内举办了金融理论与实务征文活动，相关文章刊登在各类金融杂志上。公司重视内外宣传工作，全年在集团公众号发表44篇新闻稿及文章，在集团网站发表9篇，高层参考7篇，中国财务公司协会网站7篇，《吴江金融》2篇等。

红豆集团财务有限公司

【集团概况】红豆集团有限公司（以下简称“集团”）是国务院120家深化改革试点企业之一，国家工商总局认定的商标战略实施示范企业。集团党委是全国先进基层党组织，也是由中组部发文号召全国学习的民营企业党组织。集团产业横跨纺织服装、橡胶轮胎、红豆杉大健康、商业地产四大领域，有十多家子公司，包括两家主板上市公司和一家新三板挂牌创新层企业，建立了柬埔寨西哈努克港经济特区。集团以创民族品牌为己任，以“实业报国，共同富裕”为使命，向“千亿红豆、智慧红豆、美丽红豆、幸福红豆”和“缔造跨国百年企业”目标奋进。

【经营概况】2017年，红豆集团财务有限公司（以下简称“公司”）实现营业收入1.37亿元，与2016年基本持平，实现净利润0.77亿元，较2016年增长17.07%。2017年末，公司资产规模41.14亿元，较2016年增长25.52%，资本充足率为28.74%，流动性比例为103.71%。

【信贷业务】公司助力集团产业升级转型，针对国家产业政策支持及符合集团战略要求的重点项目、重点企业，研究制定信贷综合服务方案，提供针对性强、附加值高的金融服务。2017年，公司共为32家成员企业授信，授信总额达到36.19亿元，比2016年增长9.57%，贷款金额20.34亿元，比2016年增长10.32%。公司信贷业务中制造业占比达81%，新型服务业占比为10%，两项合计超过90%，有力地支持了集团产业的发展。

【资金业务】公司坚持“以客户为中心”的服务理念，做好结算服务工作，严谨对待每笔业务，有效控制风险和提高效率，实现结算资金零在途、零风险、零损失。2017年，公司结算业务金额2035.24亿元，较2016年增长3%，结算笔数14.25万笔，较2016年增长28.15%。

【票据业务】2017年，公司充分发挥贴近实体经济、了解实体客户的优势，做好金融服务的“最后一公里”，大力发展电票业务，切实为企业降成本、去杠杆。业务部门通过走访、多媒体宣传、供应商大会等形式积极推广电票业务，提供个性化服务。2017年，公司电票业务累计发生额7.62亿元，比2016年增长了121.65%，签发笔数2313笔，比2016年增长了251.52%。

【外汇业务】公司紧紧围绕集团国际化战

略，充分用好跨境资金池平台，积极开展人民币双向资金划拨，实现了公司对集团本外币资金的集中管理，助力集团参与“一带一路”倡议，支持西哈努克港经济特区建设。

【风险管理和内部控制】2017年，公司继续加强风险管理和内控建设。一是完善内部控制。2017年公司组织修订了各部门岗位工作手册，新增了《预算管理办法》《大额交易和可疑交易报告管理办法》《洗钱风险自评估方法》《流动性风险管理制度》等10个规章制度，进一步明确职责权限，规范工作程序。二是加强过程管控。2017年公司加强了部门、人员、环节等方面的稽核检查，全年共开展12次日常稽核、17项专项稽核以及4次整改复查，共出具29份稽核报告，发现142个问题，提出152条整改意见，推动了公司各项业务及管理流程的高效高质。

【人力资源管理】2017年，公司继续加强人力资源管理。一是加强培训，提升员工能力。2017年，公司共开展了16次内训及31次外训，创新地运用矩阵式组织形式成立内部学习小组，围绕集团及公司的战略发展，完成“集团金融租赁公司投资分析”、“集团诚信体系建设”、“产业并购基金”、“一带一路”等主题的研究报告，并获得无锡金融团工委“金点子”鼓励奖。二是优化考核体系。公司形成了业务考核与工作质量考核相结合的考核体系，通过“初评—评审—评定—建议—改进”的循环，不断提高考核水平，促进公司员工工作效率的提升。

【信息化建设】为提升办公效率，规范并简化工作流程，公司OA办公系统于2017年7月初正式上线，逐步完成了对业务类、行政类等数十个流程的上线和移动审批，大大提高了工作效率。

【企业文化建设】按照集团企业文化建设总体要求，构建以“情文化”为核心的公司文化。2017年，公司开展了丰富多彩的活动：月度集体生日会、谈心谈话、银行“统筹共建”、学习新版《红豆弟子规》、“走进新四军六师师部（纪念馆）”、参加集团“十佳歌手”大赛、朗诵比赛等。这些活动塑造了团队的朝气与活力，同时提高了团队成员的凝聚力与向心力，提升了员工对公司及公司价值观的认同感。

H

红星美凯龙家居集团财务有限责任公司

【集团概况】红星美凯龙家居集团股份有限公司（以下简称“集团”）坚持以打造中国最领先、最专业的“家居装饰及家具业全渠道平台商”为目标，以匠心和创新为出发点，传承并宣扬“鲁班精神”，持续为实现“打造中华民族的世界商业品牌，2020年进入世界500强”的企业愿景而不懈努力。2017年，集团严格遵循“市场化经营，商场化管理”的经营管理模式，通过经营和管理自营商场和委管商场，继续为商户、消费者和合作方提供全面服务。截至2017年末，集团在国内29个省、自治区、直辖市的177个城市经营了256个商场，总经营面积逾1500万平方米，是国内经营面积最大、商场数量最多以及地域覆盖面最广阔的全国性家居装饰及家具商场运营商。2017年，集团实现营业收入109.60亿元，同比增长16.15%，实现净利润42.78亿元，同比增长16.47%，年末集团总资产970.15亿元，同比增长18.99%。

【经营状况】2017年，红星美凯龙家居集团财务有限责任公司（以下简称“公司”）紧密围绕集团战略定位，坚持“立足集团、服务集团”的经营宗旨，在合规经营、防范风险的前提下，加强资金集中管理，夯实基础业务能力，拓展金融服务功能，确保公司各项指标顺利完成。截至2017年末，公司资产总额363494.04万元，负债总额331790.62万元，所有者权益31703.42万元，2017年8月10日至2017年12月31日实现税前利润2271.23万元。

【信贷业务】2017年，公司针对家居流通行业特点和集团成员单位实际情况，为成员单位提供流动资金贷款和经营性物业贷款，累计发放贷款3.48亿元。公司充分发挥“内部银行”机制灵活、决策迅速以及手续便捷等优势，帮助成员单位解了燃眉之急，改善了经营状况，保障了项目的顺利推进，进而助力集团主业稳步发展。

【资金集中】公司积极推进资金集中与支付结算工作，立足于“集团资金归集平台和集团资金结算平台”的定位，梳理分析集团资金管理现状，搭建多银行资金归集通道，聚焦集团总部及分子公司的闲置资金，积极开展资金归集工作，不断提高集团资金集中管理力度。截至2017年末，公司共开立成员单位结算账户83个，吸收存款33亿元，实现支付结算业务15655笔，结算金额353.79亿元，全口径资金归集率为31%，可归集口径资金归集率为41%。

【资金业务】随着资金归集工作的逐步开展，公司积极探索日常头寸管理要求，在沿用成员单位上报资金周计划的基础上，制定成员单位在公司支付结算的新流程。同时，公司建立同业定存业务资金定价和头寸管理机制，根据资金成本及收益测算结果，结合成员单位的资金周计划用款情况，动态调整资金使用，适时开展同业定存业务，提高资金使用效率。截至2017年末，公司合作同业银行8家，同业存放实现利息收入4283万元。

【风险管理和内部控制】2017年，公司设立风险管理部门及相应岗位，配备具有银行从业经验的风险管理人员，建立健全各项制度规范共10类，总计93项，全面覆盖公司管理和业务的各个层面，满足了公司内部管理和业务发展的基本要求。公司通过建立信贷业务管理体系，贯彻统一授信、审贷分离的原则，完善授信决策与审批、信用风险识别与日常监测等环节的风险控制。

【人力资源管理】截至2017年末，公司在职员工20人，平均年龄34.6岁。其中，具有专业技术职称的6人，拥有金融及管理类专业本科学历的员工17人，硕士生3人。公司注重员工业务素质和能力培养，全年组织业务、风控、合规等方面的培训共计6次。在考核与激励方面，公司实行全员绩效考核制度，从公司经营目标到部门目标再到个人目标，层层分解、环环相扣，以业绩、态度、能力三方面指标对员工进行综合考评，合理地对员工进行绩效评价。

【信息化建设】2017年，公司通过对外招标，完成独立数据中心建设和系统基础架构搭建工作，为保障公司业务平稳运行打下坚实基础。2017年9月，公司核心业务系统正式上线，实现信贷、同业、结算等业务板块的基本功能，通过财企直联，实现了公司核心系统与集团资金管理系统、SAP 财务系统的无缝对接。同时，公司核心业务系统与4家外部银行建立了银企直联，与人民银行集中报送系统、人民银行征信系统、银监1104和银监EAST监管报送平台实现对接，为2017年各项业务经营取得丰硕成果提供了有效支撑。

【企业文化建设】2017年，公司组织开展丰富多样的团队活动，包括组建球队参加集团7人制足球联赛，每月员工生日会及户外拓展活动，打造企业文化墙，等等。这些活动加深了员工对企业文化的了解，激发了员工的认同感和归属感，营造出积极向上的企业氛围，有力地支持了公司的良性发展。

湖北交投集团财务有限公司

【集团概况】湖北省交通投资集团有限公司（以下简称“集团”）是湖北省人民政府出资组建的国有独资交通投融资平台，成立于2010年10月28日，以全省公路、铁路、港口、航空等交通基础设施投资建设为核心业务，以物流、地产、能源、科技板块为重点发展业务，以金融、健康、生态农业板块为战略培育业务。集团注册资本金100亿元，资产3438亿元，下属全资、控股、参股公司总计140家。截至2017年底，集团累计实现融资2728亿元，完成投资2489亿元，建成高速公路1981公里、铁路31公里，建成4个3000吨级长江港口码头泊位。

【经营概况】湖北交投集团财务有限公司（以下简称“公司”）于2015年6月24日正式成立，2017年7月完成增资扩股，引入湖北省交通投资集团有限公司内两家子公司作为股东，注册资本15亿元人民币。截至2017年末，公司实现营业总收入3.09亿元，增幅为79.22%；完成利润2.03亿元，增幅为90.55%；设有7个职能部门，共有员工29人，其中高管5人，研究生及以上11人、中级职称及以上8人。

【信贷业务】公司2017年引进新股东注册资本金增幅达200%，顺利解决资本充足率等监管指标对业务规模的约束问题。截至2017年末公司各项融资余额95.58亿元，其中，表内业务50.69亿元、表外业务44.89亿元。

【资金业务】截至2017年12月末，公司实现同业利息收入6969万元，增幅为32.69%。通过多种议价形式，存放同业活期利率水平由2016年的1.73%提高至1.87%，得到显著提升；通过精细化资金计划管理，期限错配，在满足流动性管理的需要下最大限度地提高资金收益。截至2017年末，公司共办理同业定期136笔，总金额达284.29亿元，同业定期利息收入约为1943万元，平均利率为3.5%。

【投资业务】公司投资业务制度体系已初见雏形，已建立全面的投资业务内控管理体系。截至2017年末，公司共完成同业拆借业务16笔，总金额为46.1亿元，流动性管理水平得到进一步提升。与外部市场金融机构接洽取得阶段性成果，建立了有效的信息传递渠道。建立了业务品种备选库，重点关注低风险投资品种，科学地制定2018年投资方案。

【票据业务】公司深入分析经营特点和资金规律，开展电票贴现业务并通过买方付息方式，降低了客户融资成本和资金占用，有效解决了客户间的三角债问题，加速客户资金流转。2017年度公司累计票据贴现5亿元，解决三角债问题3.2亿元，截至年末票据贴现余额2.47亿元。

【资金集中】公司以“账户年检”为载体，以集团快报为标准，借助集团政策支持、银行技术支持、成员单位行动支持，持续梳理归集目标，搭建四类归集通道，全年实现可归集口径资金集中度达89.93%，日均存款73.56亿元。

【业务创新】公司在2016年度的产品基础上创新推出银团贷款、顾问咨询、电票贴现等业务。一是通过银团贷款优化信贷结构，加强与集团各项目的联系，并深化同业合作；二是为集团及各成员企业提供顾问咨询服务，设计最优方案，确保各顾问咨询项目风险可控、效益明显。

【风险管理和内部控制】举办系列合规教育宣传活动，营造出“人人合规”“主动合规”的良好氛围，推动公司全面风险管理体系建设。2017年，公司积极参加湖北银监局知识竞赛并获得“最佳组织奖”；开展内部审计，出具专项业务稽核报告，有效建立风险控制三道防线；制定内部管理制度119项，实现“制度先行”的业务覆盖目标；加强重要指标监控，特别是对流动性比例和资本充足率指标进行实时监控，定期出具风险监测报告，及时预警控制，保障了公司经营活动正常开展。

【人力资源管理】一是完善员工各项薪酬福利制度。制定了《职工带薪年休假实施细则》和《加班管理办法》。二是合理调配中层管理人员。对公司中层管理人员进行统一任命。三是加强人才引进与招聘工作，完成4名新员工的引进与招聘工作。四是规范人事档案管理。

【信息化建设】2017年，公司全面推进信息化建设，构建全方位信息化运营平台。在信贷、结算、风险控制、财务核算报表的基础上增强智能化模块，利用数据统计分析提高闲余资金使用效益；通过核心业务系统的功能更新、系统补丁等，更好地满足了各业务板块的功能需求。完成1104报表模块和人民银行企业征信系统上线工作；完成公司协同办公系统、门户网站的深入调研、业务需求沟通协调、系统演示、制定实施方案等。

【企业文化建设】2017年，公司积极开展了文明单位创建工作，举办了道德讲堂、合理化建议和金融知识讲坛等特色活动，并建立了员工读书室，进一步提高了全体员工的思想道德素质和科学文化素质，营造了一个文明、和谐、健康的工作环境。

【党建工作】规范党内审批流程，制定支部工作制度，完善28项主体责任清单、13项党委书记责任清单、27项监督责任清单、12项“一岗双责”责任清单、基层党建工作任务指导书以及党委书记公开承诺书。设立党委办公室，将党建工作写入公司章程，规范了公司重大事项决策程序和方式，落实了党组织研究讨论作为经理层决策重大问题的前置程序。

湖北宜化集团财务有限责任公司

【集团概况】湖北宜化集团有限责任公司（以下简称“集团”）是从1977年创建的宜昌地区化工厂发展演变而来的大型化工集团，是宜昌市国资委监管的市属重点企业，总部设在湖北宜昌。集团以煤、磷、盐三大化工为主业，主导产品包括尿素、磷酸二铵、氯化铵、折百碱、PVC、纯碱、原煤、磷矿、原盐等，在湖北、贵州、重庆、内蒙古、青海、新疆等地建有40多个研发中心和生产基地。旗下拥有湖北宜化、双环科技两家上市公司。现有从业人员近3万人。在2017年中国企业500强中排名第193位，中国制造企业500强排名第90位，中国化工企业500强排名第12位。

【经营概况】2017年，湖北宜化集团财务有限责任公司（以下简称“公司”）着力整合信贷资金支持供给侧结构性改革，着力降低融资成本优化金融服务，着力防范重点风险守住风险底线，着力提高队伍素质，为集团产业转型升级贡献金融新动力。截至2017年末，公司总资产余额23.6亿元，实现营业收入5503万元，同比增加183万元，营业成本1482万元，同比减少710万元，实现净利润3012万元，比同期增加669万元。资本充足率保持较高水平，抗风险能力稳步提高。

【信贷业务】2017年，公司充分发挥信贷政策的要素配置、转型引领作用，及时调整信贷投入行业与领域，大力推进绿色信贷工作，成立绿色信贷推进工作领导小组，完善绿色信贷制度。2017年公司累计向成员单位发放短期流动资金贷款38笔，金额29.30亿元，贷款余额较2016年减少3.68亿元，发放委托贷款19笔，金额8.1亿元，办理票据贴现业务1.11亿元，再贴现业务0.4亿元。

【资金集中】公司通过加大对各成员单位的资金监测，建立资金监测台账，同时对所有成员单位实行存款利率上浮、贷款利率下浮的方案，让利于成员单位。公司2017年日均归集资金较2016年新增2.5亿元。同时，公司不断提高对成员单位的服务效率和水平，实现成员单位资金高效流转，截至12月末，公司累计代理成员单位对外支付3.46万笔，金额632亿元；内部转账2793笔，金额561亿元，累计为成员单位节约财务费用240万元。

【风险管理和内部控制】一是加强信用风险防范，维护资产质量的总体稳定。摸清风险底数，认真落实信贷及类信贷资产的分类标准和操作流程，真实、准确和动态地反映资产风险状况；建立健全信用风险预警体系，密切监测分析重点领域信用风险的生成和迁徙变化情况。二是完善内控制度，强化制度约束力。2017年公司进一步修订和补充内控制度32个，涵盖信贷、结算、综合、信息科技等。同时强化制度执行力度，强化依法合规经营意识，坚决杜绝违章操作行为。

【信息化建设】2017 年，公司投入约 400 万元完成核心业务信息系统升级改造，新旧系统切换顺利，核心系统新增了票据业务模块，完善了结算、信贷、风控模块职能；建立同城灾备中心，使财务公司核心业务系统达到数据级灾备；机房的消防管理实现了智能化，并与办公大楼消防系统进行对接，做到全天候有人值守。

【公司治理】一是切实履行“三会”职能，持续提升公司法人治理水平。公司不断完善“三会一层”职责权限、决策程序和议事规则，健全决策科学、执行有力、监督有效的运行机制，法人治理工作进入制度化、程序化、常态化。二是构建战略治理体系，确保公司定位与集团战略协调一致。公司根据集团发展战略、财务公司功能定位，科学制定《湖北宜化集团财务有限责任公司五年发展规划》，确保财务公司功能定位与集团发展战略的协调。

湖南出版投资控股集团财务有限公司

【集团概况】湖南出版集团（以下简称“集团”）为省管国有大型一类文化企业，旗下核心上市公司中南传媒，为国内第一只全产业链整体上市出版龙头股。集团业务板块覆盖出版传媒、文化地产、金融投资、资产和物业管理等。集团连续第十届入选全国文化企业 30 强，居国内出版集团第一方阵，综合实力位居全国第二位。

【经营概况】截至 2017 年末，湖南出版投资控股集团财务有限公司（以下简称“公司”）归集资金余额 88.78 亿元，在可归集口径下资金归集率为 91.86%，实现营业收入 3.71 亿元，同比增加 0.75 亿元，实现利润 2.07 亿元，同比增加 0.63 亿元，均创开业以来最好水平，综合竞争力与品牌影响力稳步提升。

【信贷业务】公司 2017 年末贷款余额为 4.01 亿元，全年通过加强客户信用评级、综合授信、五级分类等信贷管理措施，全面提升贷款“三查”精细化管理水平，规范信贷业务操作流程。全力支持成员单位贷款随借随还，全年贷款发放与还款笔数为 50 笔，其中，28 笔还款业务中有 22 笔为提前还贷。公司积极实施“减费让利”政策，减免贷款手续费，提供平价贷款，每年为成员单位让利 200 余万元。

【资金业务】公司实施“引进来”和“走出去”策略，建立与全国性银行省分行或区域银行总行的双向沟通机制和战略合作关系，搭建交流平台与竞价平台。科学预判市场走势，踩准银行机构关键节点进行存放操作，以精准错配策略获取最大利差。对同业业务实施事前、事中、事后全流程管理。运用同业拆借、债券回购、稳定存款等金融市场工具运营备付金，提高备付金收益。2017 年共实现同业利息收入3.18亿元，同比增加0.62亿元。

【投资业务】公司根据资金状况，结合市场行情，合理配置投资产品。2017年筛选投资项目近30个，推动20个项目上会，通过审议项目9个，包括理财产品、信托计划、资管计划、债券等。截至2017年末，公司投资业务规模为7亿元，全年加权平均收益率达5.06%，较2016年上升20个基点。2017年5月，公司获得债券回购业务资质，并于12月开展债券逆回购业务一笔，开辟灵活调配资金与科学管理流动性新渠道。

【票据业务】2017年3月公司向湖南银监局顺利完成延伸产业链金融服务业务备案。全年共为11家产业链客户办理商业承兑汇票贴现业务13笔，合计票面金额0.64亿元，客户群体从长沙辐射至广州、深圳、青岛等地中小客户，为客户解决0.62亿元资金需求，进一步丰富成员单位支付手段，有效补足中小企业供应商融资短板。

【资金集中】公司进一步加大资金归集力度，强化服务意识，提高服务质量，全面提升资金集中水平。对成员单位进行走访调研，开展存贷款业务品种等宣传，了解成员单位需求及困难，关注其资金变动情况，及时保持沟通。提出合理化建议，做好实际操作问题答疑。2017年末，公司吸收存款余额为88.78亿元，增幅为6.72%，日均吸收存款余额79.72亿元，较2016年同期增加11.98亿元，增幅为17.69%。

【风险管理和内部控制】公司积极对标业内一流企业，进一步完善内部控制体系，提升全面风险管理质效。一是构建全流程风控网。引入定量指标和定性描述阐述风险总量及各类风险。二是动态监测预警风险。动态调整优化风险指标模型，即时监控整体和专项风险指标，开展流动性风险、信用风险压力测试。三是设计个性风控方案。对重点信贷客户制定个性化授信方案，明确准入要求；对投资业务制定年度风险管理方案，根据投资品种差异形成专业审查意见。四是确保业务连续性。组织信息系统应急演练，研究制定应急预案。五是提升内审质效。将月度业务稽核与年度流程控制审计、年度内部控制评价相结合，实施信息科技风险专项审计，落实问题整改跟踪机制，实现全方位、全流程内部审计和监督，筑牢流程风险防线。

【人力资源管理】2017年，公司完成第二届董事会、监事会换届，并设立董事会战略委员会。聘任经监管核准任职资格的高管2人。新聘或提拔中层骨干4人，引进应届毕业生1人，3名关键岗位员工实行岗位轮换。公司重视人才培育，推行全员自定主题、自主学习、集中分享的月度开放式学习，外派40余人次参加监管机构、行业协会等提供的专业培训。

【信息化建设】公司继续优化业务系统，全力保障系统的安全性、不间断性。一是强化信息科技全面排查，提升抵御信息系统风险能力。二是加强日常巡检，完善机房环境检查手段和机制，形成实时、完备的运维档案，通过在网络和程序设置上阻断测试系统与正式系统，为业务数据安全提供更强有力保障。三是定期收集业务需求，实时进行系统升级优化，全方位为业务运营保驾护航。

【党建工作】公司以学习党的十九大精神为主线，结合观影、小组讨论、写观后感等形式，推动全员深刻理解新时代下新形势、新使命与新要求。推动3名预备党员转为正式党员，发展预备党员1名，进一步提升基层堡垒的凝聚力和战斗力。明确每月3日为“主题党日”，开展主题党日活动推动党建工作不断深入。

湖南高速集团财务有限公司

【集团概况】湖南高速集团财务有限公司（以下简称“公司”）所属集团为湖南省高速公路建设开发总公司，属交通运输行业。2017年12月20日湖南省高速公路建设开发总公司正式整体转制为企业并移交湖南省国资委管理。

【经营概况】截至2017年12月末，公司资产总额91.57亿元；所有者权益13.90亿元，较上年同期增长4.35%；各项存款余额77.51亿元；各项贷款余额6.10亿元；各项收入1.52亿元；净利润1.13亿元，超额完成年度目标任务的11.68%，较上年同期增长23.06%，实现了经营业绩六连增；净资产收益率为8.29%，不良资产余额为零；连续6年超额完成年度目标任务，实现了国有资产的保值增值，各项监管指标均符合监管要求。

【信贷业务】2017年，公司注重合理配置贷款资源，在服务集团主业的同时，侧重于对经营困难成员单位的支持，同时严格信贷资产管理，确保信贷资金的安全性、流动性和效益性，公司的不良贷款余额为零，全年为集团提供建设资金6.9亿元。

【资金业务】公司主动与券商、银行等外部专业机构合作，通过开展同业活期、定存、理财、拆借等业务提高资金收益。全年开展同业业务收入7202万元（含央行存款准备金利息收入），占年度总收入的47.44%，较上年同期增长4.95%。

【投资业务】公司按照稳健、审慎、合规的原则，抢抓市场机遇，多元化配置投资产品。2017年开展投资理财业务收入5879.07万元，占年度总收入的38.73%。

【资金集中】公司通过省局与成员单位签订的资金归集管理责任书，开展资金归集目标管理考核，建立资金归集压力传导机制；通过全面提升服务质量，丰富服务内容，狠抓资金归集度的提高。2017年末吸收存款余额为77.51亿元，比年初增加35.67亿元，增长85.25%。

【风险管理和内部控制】公司落实监管要求，强化公司治理，完善各项制度，扎实开展专项整治活动，积极开展流动性风险、市场风险压力测试，适时开展专项审计，持续提高公司风险管控和内控管理水平。2017年修订、制定制度15个，开展内部审计4次，公司实现安全运营无事故。

【人力资源管理】公司采用送训与自训相结合的方式，通过分层次、多渠道、系统性的专业培训，全面提高员工的素质和能力。强化员工履职责任意识，把岗位工作要求与培训结合起来，引导员工变被动培训为主动培训，助力员工成长成才。2017年送训员工约36人次。

【信息化建设】公司注重信息科技工作，

全力保障系统平稳运行。2017 年 7 月新增“无人值守系统”，保证机房的安全运行及核心业务系统安全稳定；12 月开发上线了“OA 智能办公系统”；注重抓好内网、外网和应用软件“五层管理”，确保系统安全运行无事故，全公司未发生一起计算机失密、泄密事故。

【企业文化建设】公司继续深入推进“以人为本、诚信共赢”的企业文化建设，营造人人为公司、公司为人人的企业文化。通过举办员工运动会，开展登山、观影、读书等丰富多彩的文体活动，增强员工的责任感、使命感和归属感，提高公司凝聚力和向心力。公司通过深化社会责任理念，持续开展社会公益活动、精准扶贫、“送温暖献爱心，慈善一日捐”等活动，积极回馈社会，致力做一个有担当的企业公民，具有公司特色的企业文化逐渐形成。

【党建工作】公司党支部完成了换届选举，严格按“五有”标准，扎实推进支部标准化建设；认真学习宣传十九大精神，扎实推进“两学一做”学习教育常态化、制度化；通过举办党建知识竞赛、开展“重走延安路，坚定革命心”、观看《建军伟业》等主题党日活动，进一步坚定党员理想信念。2017 年，公司召开支委会 13 次、党员大会 10 次，上党课 3 次，开展民主生活会 3 次，公司党支部被上级党委评为“先进基层党组织”。

湖南华菱钢铁集团财务有限公司

【集团概况】湖南华菱钢铁集团有限责任公司（以下简称“集团”）是湖南省人民政府 1997 年 5 月批准成立的湖南省第一家国有特大型企业集团公司，属于钢铁行业，经过 20 年的发展，在经营规模上已站稳行业前十强，并形成了同行业为数不多的板管棒线金属制品兼有、普特结合、专业化分工生产格局，是全球最大的宽厚板生产企业，国内第二大无缝钢管供应商，主体产线技术装备达到国内领先水平，在造船、海工、桥梁、高压容器、汽车、家电、工程机械、油气等用钢领域的细分市场具有较强的竞争优势。

【经营概况】2017 年，湖南华菱钢铁集团财务有限公司（以下简称“公司”）着力提升金融服务水平，突出风险防控，盘活集团内部资金，全力帮助和支持成员单位的主业生产。2017 年总资产 70.18 亿元，负债总额 50.1 亿元，所有者权益 20.08 亿元，实现营业收入 25214.55 万元，实现利润总额 15904.65 万元，创造历史最好水平。

【信贷业务】2017 年，公司继续加大对成员单位的资金支持，发放自营贷款 225.35 亿元，贴现 26.7 亿元，票据承兑 10.36 亿元，年均涨幅分别为 237.12%、111.48% 和 159.38%，共向成员单位提供资金 262.41 亿元，极大地支持了成员单位主业生产，在保持

H

信贷业务高位运行的同时，全年累计为成员单位创效11712万元。

【资金业务】2017年，公司广开融资渠道，同业授信达到48.50亿元，较2016年增长24.68%，实际可用同业授信26.50亿元，较2016年增长32.50%；授信品种增加了财票保贴、代开银票、票据池等。全年同业拆入146亿元，是2016年的1.69倍，日均2.50亿元，为保证整体资金链安全发挥了不可或缺的作用。

【投资业务】2017年，公司对外投资余额12.15亿元，其中债券7.65亿元、固定收益类理财4.5亿元，全年累计对接成员单位联网资金委托理财合计48.62亿元，日均余额1.86亿元，平均收益率为5.19%，累计创效达753.55万元。

【票据业务】2017年，公司共开立电票10.36亿元，比上年增长159.38%，公司积极向成员单位上游供应商推介财务公司电票，编写了业务流程说明书和宣传册，公布业务咨询电话，指导解决实际操作中遇到的问题。从9月开始短短3个月左右的时间，累计为成员单位开立支付用电票4.28亿元，提升了财务公司电票的市场认可度和流通性。

【外汇业务】2017年，公司完成跨境外币借款业务10笔，累计从境外融入资金2.74亿美元和1.02亿澳大利亚元；跨境人民币借款业务4笔，累计从境外融入资金14.15亿元人民币，本外币资金池累计从境外融入资金折合人民币32.51亿元。在上半年成员单位融资仍较困难的情况下，“两池”业务在集团资金管理上发挥了重要的作用。

【资金集中】2017年，公司全面落实集团的整体部署，配合集团对所有账户进行全面清理，对账户的开立、注销、联网进行统一规划，加强整体资金的管控力度，同时，重点关注账户联网和资金归集，加强与成员单位和银行的工作联系，截至12月末，资金归集率达到41%。

【风险管理和内部控制】2017年，公司继续夯实风险管理基础工作，一是着眼于查找自身问题，开展了包括“三三四”、压力测试等14项检查工作，及时发现问题、及时整改；二是修订完善各项制度16份，从源头上强化对各类业务操作运行的监督制约；三是制定了《投资业务操作指引》，在原有基础上建立了投资业务的门槛，从源头对产品进行了筛选。

【人力资源管理】2017年，公司通过强化激励、招才引智、学习培训等措施，不断完善人力资源管理。一是重新修订薪酬办法，进一步调动员工的工作积极性，保证公司发展目标的实现；二是清理了员工劳动合同，及时与未续签的员工签订合同，防止合规风险。

【信息化建设】2017年，公司严格执行信息科技管理制度，全年未出现系统性安全事件。一是解决了12处九恒星软件系统的需求更新及系统问题修复、3次因网络设备宕机引起的网络故障、7次因湘府路高架桥施工导致的电信、联通专线故障，解决时间迅速，均未影响业务系统操作；二是完成了连接上海票据交易所的专线租赁工作、上海票据交易所系统的上线工作，成功完成电子商业汇票系统迁移工作。

【企业文化建设】2017年，公司着力打造以“诚信、合规、廉洁”为内涵的企业文化，积极倡导和培育全体员工的核心价值观，规范行为准则，强化合规意识，营造和谐氛围，为企业和谐发展提供文化保证。

【党建工作】2017年，公司将党建工作列为公司首要工作，一是开展了对龙山县苗儿滩红光村贫困户扶贫工作，了解他们的思想和生活现状，对贫困人员进行资金资助；二是参观了怀化芷江抗日战争胜利纪念馆，组织了一堂党课，以此迎接党的十九大胜利召开。

华联财务有限责任公司

【集团概况】北京华联集团投资控股有限公司（以下简称“集团”）成立于1996年，是中国规模最大的大型连锁商业集团之一，现拥有大型综合超市、百货店和购物中心等多种零售业态，建立了覆盖全国的连锁零售网络，拥有中国一流的商业管理资源、商品资源、品牌资源和人力资源。

【经营概况】2017年，华联财务有限责任公司（以下简称“公司”）在国内经济发展进入新常态，实体经济下行压力加大，利率市场化加快推进的背景下，本着“依托集团、服务集团”的宗旨，发挥自身功能定位，保持经营业绩基本稳定，为集团成员单位提供优质的财务和金融服务。截至2017年12月31日，公司资产总额92.01亿元，同比增长8.43%；负债总额62.27亿元，同比减少6.74%；所有者权益总额29.74亿元，同比增长64.40%；截至2017年12月31日，公司实现营业收入3.05亿元，同比增长7.78%；实现利润总额1.84亿元，同比增长34.31%；净利润1.65亿元，同比增长41.03%。

【公司信贷业务】截至2017年12月31日，公司为成员单位发放贷款298笔，全年累计发放贷款222.04亿元，较上年增长16.71%，实现贷款利息收入2.90亿元。

【票据业务】截至2017年12月31日，公司办理集团内成员单位开出的商业票据贴现4笔，贴现总金额2261.23万元；全年共承兑票据281笔，承兑票据总计36493.82万元。

【结算业务】截至2017年12月31日，公司吸收成员单位存款60.98亿元，较年初增长27.17%，日均吸收存款57.79亿元，较上年日均存款减少7.76%。2017年公司结算笔数69.73万余笔，日均处理约2800笔，全年结算金额5101.83亿元，满足了成员单位的资金支付需求。

【资金和投资业务】2017年，宏观经济金融形势复杂多变，市场资金面持续偏紧，资金价格不断上涨，监管力度不断加大，公司盈利能力和盈利模式面临考验。公司积极应对复杂外部环境，合理、充分、高效配置资金投向，加强与银行、基金、券商等各类机构的沟通，努力提高资产收益水平。

【中间业务】2017年，公司为集团下属各门店提供保险代理业务，办理了255笔保险理赔案件，理赔金额283.36万元，全年实现保险代理手续费收入84.2万元。

【风险管理和内部控制】2017年，公司继续认真开展全面风险排查、评估及报告工作；按照监管部门要求，先后开展了信用风险专项排查、“两个加强、两个遏制”回头看整改情况自查、银行业“监管套利、空转套利、关联套利”专项治理工作、银行业“违法、违规、违章”行为专项治理工作、银行业“不当创新、不当交易、不当激励、不当收费”专项治理工作、银行业市场乱象整治工作以及以“防范内部员工作案”为重点的专项排查，撰写并上报了各项报告。公司继续推进制度完善工作，新增加了《同业授信管理办法》《采购管理制度》，修订了《董事会对经营层年度考核办法》，增加了高管问责相关内容。

【信息化建设】2017 年，公司经过对其他财务公司调研，按照满足现阶段实际需求并满足监管要求的思路重新规划了数据库备份方案，以本地和异地双定时备份方案取代实时备份方案，既增强了公司重要数据的安全性，又为公司节约了费用支出。同时，针对信息设备、运维服务金额大、市场信息不透明的情况，亟需建立健全信息设备、运维服务采购制度，公司通过不限区域、不限原有合作厂家、多方比价等方式，广泛寻找设备、服务提供商，无论新增还是续签合同，都通过公开招标方式遴选，在服务商综合实力、报价等基础上，择优选择中标的设备、服务提供商。

【人力资源管理】2017 年，公司组织各部门关键岗位员工进行每月一次的岗位知识和技能分享会，加强内部业务学习与交流，提升岗位技能和业务知识，培育良好的企业文化，同时，公司组织了多场与外部科技金融机构的专题交流会，既加强了员工对公司业务的深刻了解，又开阔了眼界，让员工了解到科技金融的最前沿动态。

【企业文化建设】2017 年，公司组织员工进行雄安新区红色之旅、第七届跳绳踢毽比赛等丰富多彩的团建活动；积极报名参加集团工会组织的健走、骑行、三八节插花等活动。

淮北矿业集团财务有限公司

【集团概况】淮北矿业（集团）有限责任公司（以下简称“集团”）始建于 1958 年，目前已发展成为以煤电、化工、现代服务为主的省属国有大型企业。截至 2017 年末，集团资产 934 亿元，在岗职工 5.7 万人，电力总装机规模 200 万千瓦，年产原煤 3500 万吨、焦炭 440 万吨、甲醇 40 万吨、聚氯乙烯 46 万吨。集团位列 2017 年中国企业 500 强第 288 位、煤炭企业 50 强第 17 位，被评为国家首批矿产资源综合利用示范基地、安徽省循环经济示范企业等。

【经营概况】2017 年，淮北矿业集团财务有限公司（以下简称“公司”）全面推进公司治理、内部运营、新业务拓展和风险管理等重点工作，信贷等各项业务稳健发展，投资、再贴现、同业拆借等实现新突破。资金集中度和使用效率进一步提高。截至 2017 年末，公司资产总额 51.45 亿元，其中贷款（含贴现）21.19 亿元；负债总额 41.49 亿元，其中吸收存款 41.27 亿元；所有者权益总额 9.96 亿元。实现营业总收入 1.43 亿元，实现账面利润 1.13 亿元。监管指标全部达标，业务规模和利润均创开业以来的新高。

【信贷业务】公司为成员单位提供贷款、承兑、贴现、保函等一系列金融服务。2017年公司累计发放贷款18.78亿元，票据贴现4.48亿元，委托贷款43.46亿元，办理保函63.80万元。信贷投放比上年增加4.24亿元，全年累计让利成员单位0.35亿元。通过对临涣焦化、亳州煤业等单位开展委托贷款、置换贷款、签发票据等方式，显著降低其财务成本。

【资金业务】以优化结算服务为龙头，加强对资金、预算和银行账户的集中管理，杜绝了资金沉淀，壮大了资金池，保障了成员单位的资金需要。2017年累计对外付款62667笔，清算金额459.17亿元；收款28079笔，金额464.91亿元；内部转账8930笔，结算金额408.06亿元，结算业务量与金额同比增幅分别达27.8%、5.5%；对于可运作的资金，多方询价、议价，精心安排业务品种和交易时间段，办理质押式回购业务192笔，收益0.09亿元。

【代理集团融资业务】推动联合资信对集团的主体评级由AA/稳定调升为AA+/稳定，推动大公国际对集团和股份的评级展望AA+/负面调升为AA+/稳定（全国煤炭行业仅14例）；协助集团和股份实现在上交所平台发债的突破；2017年累计融资233.37亿元，其中贷款122.59亿元，发债40亿元，融资租赁19.58亿元，债转股51.2亿元，完成了集团下达的任务，并促使集团有息负债降低了42亿元，财务费用减少2.1亿元，资产负债率也降到70%以下。

【投资业务】一是开拓投资渠道。2017年1月，首笔投资业务开办，获准进入全国银行间同业拆借市场。4月份首单同业拆借业务开办。5月份正式获得债券投资交易资格。7月份银行间市场债券交易正式开通，进行了首笔现券买卖。二是提升投资收益。积极协调确定资金、期限和风控，精心安排投资品种，全年办理理财产品投资业务76笔，收益0.20亿元；银行间市场债券买卖业务3笔，收益0.01亿元，2017年实现投资收益0.30亿元。

【票据业务】2017年，公司累计签发电子银行承兑汇票2336张，金额7.87亿元，累计票据贴现39笔，金额4.48亿元。票据是彰显公司金融服务特色的重要手段。如西北公司收到的票据变现困难，公司每月按低于市场价格的50%进行贴现支持；物资分公司对外支付的小额票据需求较大，银行不愿受理，公司每月开票近200张，满足材料款等零星支付需求。2017年推动新增同业授信8.8亿元，公司电票已在全国范围内流通，得到广泛的认可和接受。

【资金集中】通过在拓宽资金归集范围和扩大归集深度两个维度上发力，市场、行政、资本等多种手段并用，明显提高了资金集中度。2017年公司资金归集度为65.1%，可归集口径的资金归集度已达90%。日均存款为31.38亿元，比2016年增长了100.13%。一是完善和扩大结算网络，提高线上业务处理效率；二是引导、争取了湘西雷鸣等集团三、四级异地子公司在公司开户；三是引导成员单位细化、优化结算业务管理；四是以集团公司名义下发文件，开展账户清查，撤销26个外部银行账户。协同集团财务部门归集财政专项资金6.3亿元。

【业务创新】一是投资业务，2017年2月正式开展投资业务。全年办理理财产品投资业务76笔、金额48.98亿元、投资收益0.20亿元；银行间市场债券买卖业务3笔、金额2.04亿元、投资收益0.01亿元；二是再贴现业务，2017年4月，公司成功办理首笔银行承兑汇票再贴现业务，贴现金额0.16亿元，再贴现利率2.25%；三是同业拆借业务2笔，拆出金额1亿元，实现拆出利息5.28万元；四是质押式回购，2017年共办理质押式回购业务192笔，已到期业务190笔，累计回购金额154.72亿元，实现收益0.09亿元。

【风险管理和内部控制】一是持续健全制度和优化流程。2017年新增、修订优化制度、流程80余项。二是健全全面风险管理体系，统筹流动性风险、信用风险、市场风险、操作风险，进行精准控制。三是将风控贯穿于所有业务流程中，保持风险理念、目标和标准的统一，实现风控的全程化、规范化。四是不断强化信息系统的“机控”能力，公司可方便地对成员单位做穿透式的查询和调查分析研究。五是规范开展“三违规”“三套利”“四不当”等专项排查，提高了管理水平。

【人力资源管理】一是通过每周一个专题，部门轮流讲课，外聘专家讲课等方式，切实提升“财务公司大讲堂”质量，促进员工成长。二是鼓励员工参加金融类职业资格、执业资格等考试。公司有33人拥有会计、15人拥有银行、7人拥有证券从业资格，4人拥有注册会计师等执业资格；有1人拥有正高级、14人拥有高级、14人拥有中级专业技术职称。三是以战略实施需要为导向，加大技术型人才、后备人才选拔任用力度，加大部门间和部门内部交流轮岗力度。公司有一人获得集团公司拔尖人才称号。

【信息化建设】以信息技术为支撑，优化结算模式，扩大支付渠道。新增或改进了银财直联、票据系统、信贷系统、投资系统等子系统功能，确保资金及时、安全收付和各项业务的开展。公司核心业务系统已成功接入上海票交所，完成了电票系统的顺利迁移；成功接入上海清算所和同业拆借中心。公司还积极参与集团信息化集中平台的建设，主导了资金管理子系统和融资子系统开发建设，提升了工作效率。2017年，公司有一个信息化项目获得集团公司管理创新成果三等奖。

【企业文化建设】始终坚持“依托集团、服务集团”的宗旨，以“汇集资源，创造价值”为使命，培育以“创新”“诚信”“合规”和“审慎”为核心的价值观。以“稳健、精细、集约、高效”为经营方针，促进管理流程再造，打造具有“淮北矿业”特色的一站式、综合性金融服务品牌。如以客户为中心，启动跨部门的首问负责制。完善信贷、委贷、担保、票据贴现、融资租赁等业务流程，规范服务价格管理、投诉办理等制度的执行。加强后台监控和第三方测评，随机抽查电话及网上服务标准落实情况，并公示结果。

【党建工作】坚持双向进入、交叉任职领导体制，将党建写入公司章程，前置支部议事程序。通过“两推直选”方式选举了一名缺额的支部委员。优化领导班子分工和党小组设置，充实综合信息部党建执行职能。加强选人用人，有一名后备人才走上公司领导岗位；强化支部标准化建设，推进“两学一做”和“讲重作”专题教育及专题警示教育。深入开展“解放思想大讨论”，将习近平新时代中国特色社会主义思想，尤其中国特色社会主义经济思想，融入公司2018年工作规划。2017年公司荣获集团公司“人才科技工作先进单位”。

淮南矿业集团财务有限公司

【集团概况】2017年，淮南矿业集团（以下简称“集团”）深入推进能源供给侧结构性改革，落实以市场为导向，以效益为中心的管理思想，严防安全管理放松，严防经营管理放松，进一步优化集团管控模式，激发内部活力。2017年集团生产煤炭6815万吨，发电220亿度，营业总收入757亿元，利润总额18亿元，资产总额1622亿元，净资产357亿元，资产负债率为78%。

【经营概况】2017年，淮南矿业集团财务有限公司（以下简称“公司”）紧紧围绕集团发展战略，统筹做好融资工作，大力推进改革创新，持续提升经营效益，提高金融服务能力，全面强化合规经营，圆满完成了各项任务目标，为集团公司转型发展提供了坚实的金融支撑。截至2017年末，公司资产总额217亿元，比上年末增长86%；吸收存款191亿元，比上年末增长111%；所有者权益25.93亿元，比上年末增长1.93%。全年实现经营业务收入5.48亿元，利润总额4.81亿元，创历史新高。

【信贷业务】坚持服务集团战略，加大对煤电主业贷款支持力度，2017年，累计发放贷款51.7亿元，有力支持集团主业持续发展。坚持集团利益最大化的经营理念，向集团执行贷款优惠利率，一律按基准利率下浮30%执行。

【资金业务】在保证资金安全和流动性的前提下，提高资金运作效率，公司抓抓市场流动性紧张、资金价格高涨的有利时机，大力开展同业定存、同业拆借等资金业务，充分运作短期闲置资金，提高存量资金收益，2017年取得资金业务收入3.3亿元，同比增加2.03亿元，大幅对冲了集团公司融资利息支出。

【票据业务】积极推广电票业务，缓解成员单位资金支付压力，降低成员单位融资成本，2017年新增19户成员单位开通财务公司电票系统，办理承兑电票161笔，金额1.88亿元，通过公司电票系统对外背书转让720笔、18.32亿元。年末结存票据2189张，金额24.76亿元。在代保管集团票据的基础上，开发票据质押管理系统，开展票据池业务。

【资金集中】加强资金集中管理，进一步衔接地产公司、西部公司等单位，把可归集资金充分归集到财务公司，可归集资金集中度稳定在95%以上。发挥“资金归集平台”作用，通过争取政策支持，将集团去产能奖补资金账户、“三供一业”财政补助账户等政府监管账户开设在财务公司，共归集资金9.23亿元，并逐步转化为对集团公司的新增贷款，进一步盘活了存量资金，减少了集团外部融资规模。

【业务创新】与建信养老金管理公司合作，实施职工储蓄计划，分别于2017年2月、9月份完成集团第一、第二期职工储蓄计划，

H

共归集资金13.96亿元，为集团节省债券承销费用支出0.04亿元。两期储蓄计划职工实得收益率均高于市场上同类型银行理财产品约1个百分点，通过合法合规方式增加了职工理财收益。

【风险管理和内部控制】一是强化风险管控。围绕“公司治理建设提高年”活动，加强风险管理体系制度建设，全年修订完善了16项规章制度，夯实业务检查和风险审查工作，规范日常业务基础管理。严格执行信贷、资金运营合规性和风险审查，审查信贷和资金运营业务79笔，共计金额127.03亿元。开展了“合同审批”等9项稽核审计检查，有效防范风险。二是认真查摆整改。按照银监部门安排开展“三违反”“三套利”等自查工作，对检查问题逐条梳理落实整改。

【人力资源管理】2017年，公司以人才为核心，加强人才队伍建设，按照集团公司统一安排，稳妥有序完成职工离岗退养工作，通过公开竞聘方式从集团内部招聘12名人员，充实各关键岗位人才储备，进一步优化了公司年龄结构。加大培训力度，邀请业内专家举行债务融资工具业务等多场培训讲座，积极组织员工参加银监局、中国财务公司协会等外部培训，进一步增强公司市场适应力与竞争力。创新培训方式，拓展视频培训、在线培训。

【信息化建设】信息化建设整体平稳，信息系统未发生重大运行故障。公司成功实现了电票系统与上海票交所的联网对接，在零投入的前提下自主开发的反洗钱系统被人民银行淮南市中心支行作为亮点向合肥中心支行上报。

【企业文化建设】推进家文化建设，以家聚心，以文化人，不断增强职工的幸福感、归属感。坚持职工大会制度，实行民主管理，营造和谐氛围；组织三次健康徒步走活动，倡导健康生活方式；成立兴趣爱好小组，开展知识竞赛，丰富职工精神生活；配发纯净水饮用装置，保证职工健康饮水；办理工会会员普惠卡，配送蔬菜等健康菜品；筹措资金18.39万元，开展大病救助、过生日送祝福、夏送清凉等活动；开展志愿服务，培育文明风尚。

【党建工作】全面加强党的建设，将党建工作与中心工作同谋划、同部署、同落实，充分发挥把方向、管大局、保落实的核心作用。制定下发党建制度文件11份，提升党建工作制度化水平，加强党建基础工作，顺利完成党支部换届选举工作，扎实推进基层党组织标准化建设。2017年，分别获得了省属企业文明单位、安徽省文明单位、安徽省国资委基层服务型党组织示范点等多项荣誉。

吉林森林工业集团财务有限责任公司

【集团概况】吉林森工集团（以下简称“集团”）组建于1994年，是全国首批57户建立现代企业制度大型试点企业集团和全国五大森工集团之一，为省属重点大型骨干企业。

2006 年经省政府批准，集团由国有独资企业改制为国有控股 65%、内部职工参股 35% 的有限责任公司。集团注册资本 50554 万元，其中，省政府出资 32860 万元，职工出资 17694 万元。省国资委代表省政府行使出资人职能。集团经过多年发展，形成了森林经营、木材加工、森林食品、森林旅游、金融投资、房地产和矿产七个业务板块。除传统的原木外，开发出人造板、实木复合地板、德式木门、家具、木制百叶窗、木结构房屋、天然矿泉水、森林特色食品、绿化苗木等系列主导产品。其中，露水河牌刨花板、金桥牌实木复合地板、泉阳泉牌矿泉水均为中国驰名商标和中国名牌产品。

【经营概况】 2017 年，吉林森林工业集团财务有限责任公司（以下简称“公司”）坚持立足于“更好地发挥财务公司功能作用，加强集团公司资金管控与资金集中，全面提高资金集中规模与归集效率，提高金融服务能力，为集团重建资金管控体系，提高资金运营效率，履行财务公司职能。”这一工作思路与定位，团结一心、迎难而上，各项工作突出了金融服务这一重点，职能作用发挥取得了一定成效。全年实现营业收入 15482 万元，同比减少 1709 万元，比预算增加 2482 万元；实现利润总额 8298 万元，同比减少 2952 万元，比预算增加 828 万元；实现净利润 6223 万元，同比减少 2201 万元，比预算增加 723 万元；资产总额 328537 万元，负债总额 265362 万元，所有者权益 63175 万元。

【信贷业务】 2017 年，公司持续加大外部融资力度，全力提高对集团整体的信贷支持。一是以自有资金和集团成员企业结算沉淀资金，差别化满足集团成员企业的资金需求，依据集团转型发展战略，优先保证集团公司和集团重点企业的资金流动性。二是通过加强与商业银行和其他财务公司的合作，引进集团外部资金，为集团成员企业提供信贷支持，发挥企业集团财务公司的职能作用，增强集团成员企业与商业银行合作的商业优势，降低了集团及成员企业的融资成本。2017 年末，公司自营贷款余额为 291070 万元。

【资金业务】 2017 年，公司通过发挥金融牌照优势，积极与金融同业机构展开多渠道、多层次、多维度的合作，以个性化的金融服务和优惠的融资，服务于集团和成员企业的改革发展。2017 年末，公司累计办理法人账户透支业务 6 笔，融入资金 55000 万元，与上年同期持平；累计办理同业拆借业务 9 笔，融入资金 152000 万元，较上年同期增长 26.66%。

【资金集中】 2017 年，公司积极发挥并巩固资金集中平台职能作用优势，不断增加和改进金融服务手段，最大程度地提高集团成员企业的资金归集水平，并且在存款利率定价上采取“跟随市场、优于市场”的策略，制定了符合集团成员企业的《多元化存款种类与定价方案》，各品种存款利率均略高于五大国有银行公告的利率水平，让利成员单位，凸显财务公司将“服务”的经营定位置于“盈利”之前，切实助力集团成员单位“降成本”，有效改善资金集中水平。

【风险管理和内部控制】 2017 年，公司开展了对结算、信贷、会计重点业务的事中审计工作，并用时 5 个月，对公司 89 项经营管理制度进行了全面梳理与评估，对照国家金融监管政策、集团行业管理办法和公司经营业务特点进行对比分析与评估评价，形成了全面评估评价报告，并就制度建设方面存在的缺陷问题提出了具体整改措施，逐步实现审计工作由经营业务型审计向管理控制型审计方向发展。

【人力资源管理】 2017 年随着集团“十三五”改革发展规划全面实施，公司在迎来机制创新和企业发展的同时，也处于集团资金链过度紧张、金融服务需求骤增、监管更加严格及更趋激烈的同业竞争环境中，因此制定了初步的人才引进战略，以便更好地应对资本市场激烈竞争，实现公司战略目标和持续发展的首要目标。

【信息化建设】一是系统运维工作有序开展，对核心业务系统的数字证书进行了更新，保证网上资金管理系统安全稳定运行；二是系统建设工作稳步推进，重点完成了机房环境监控系统的建设工作，强化机房环境监控能力，对重要区域、设备进行了有效的监控和风险防范；三是严格按照人民银行清算总中心与上海票交所的要求与部署，按阶段分步骤完成了电子商业汇票系统的上线培训、移交切换、网络与中间件及应用系统的测试等前期准备工作，实现了电子商业汇票系统与上海票交所的顺利割接。

【党建工作】2017 年，公司按照集团党委的部署和要求，特别是学习贯彻落实“两学一做”和十九大精神，牢固树立并坚持党对国有企业的领导原则，通过对党支部组成人员及分工的调整，不断前置和强化党支部在公司经营管理中的领导地位，同时以集团和公司“三重一大”制度为依据，进一步明晰党支部在公司决策、执行、监督等各个环节中的权责和工作方式，充分发挥党支部在公司中的政治核心作用。

冀中能源集团财务有限责任公司

【集团概况】2017 年，受国家供给侧结构性改革政策的持续影响，冀中能源集团（以下简称“集团”）紧紧抓住煤炭市场企稳向好的有利时机，以“质量效益”为中心，以“提质增效、转型发展”为主线，改革创新，攻坚克难，瘦身减负，强身健体，实现了企业的稳健运营和健康发展。集团 2017 年实现营业收入 203.82 亿元，同比增长 49.47%；全年实现营业利润 17.68 亿元，同比增长 533.96%；实现归属于上市公司股东的净利润 10.64 亿元，同比增长 336.25%。

【经营概况】2017 年是冀中能源集团财务有限责任公司（以下简称“公司”）承上启下的一年。公司认真贯彻落实集团公司的各项工作部署，以资金安全为底线，从党建和完善治理结构入手，在内控体系建设、资金安全运营、信息系统建设、人才技术储备等诸多方面蓄力前行。全年各项指标持续向好，实现营业收入 3 亿元、利润总额 1.61 亿元、资产总额 94.33 亿元，均创历史最好水平。总资产收益率 1.47%，净资产利润率 5.36%，均较 2016 年小幅提升。

【信贷业务】2017 年末，公司信贷规模 55.94 亿元，较年初增加了 14.18 亿元，增长 33.94%。全年办理贷款 52 笔，共计 48.43 亿元。贴现 51 笔，共计 40.28 亿元。累计投放资金 88.71 亿元，较上年提高 11.35%。

【资金业务】资金实力稳步提升。2017 年初公司完成了注册资本增加工作，从10亿元增加至20亿元；资金归集工作持续深化，新增2家归集银行，吸收存款和资金存量稳步提高。2017年企业存款平均余额46.87亿元，年内企业存款最高达到73亿元，存放同业平均余额21.61亿元，为支付结算安全和各项业务拓展奠定了坚实的基础。

【票据业务】2017年公司累计签发、承兑电子商业票据28.37亿元，办理票据贴现38.88亿元；获得同业票据融资12.75亿元；全年累计办理再贴现业务2.57亿元，获得人民银行再贴现2.55亿元。2017年5月公司成功加入上海票据交易所。

【风险管理和内部控制】认真开展银行业“三违反”“三套利”等系列监管自查整改工作，完善了董事会及专业委员会、高管层、风控部门、各业务部门、内审部门构成的风险组织架构，形成年度评估、季度监控、日常审查的风险工作框架。在原有的业务稽核基础上，建立内部审计管理制度，逐步开展业务专项审计，加强内控有效性的监督机制建设。2017年，公司制定专项风险管理制度10余项，出具各类风险报告近80篇，完成《信息披露管理办法》《法律工作管理办法》等公司顶层管理制度的拟订。

【人力资源管理】2017年，公司加强人才梯队建设，新招聘5名高学历毕业生，6人取得金融行业的专项资格，外派32人次参加各类专业培训，与同业机构进行36次业务交流。改革薪酬分配制度，着力打通人才晋升通道，建立公平公正、激励有效的人才成长机制。

【党建工作】将党组织的作用写入公司章程，党组织的领导地位通过公司章程合法确立。2017年，公司全面推动党建工作，开展“忠诚、干净、廉洁、担当”大讨论、“全面透视体检”和清理“小金库”等专项行动，通过“三会一课”学习了集团下发的重要文件精神，落实党员学习教育，充分发挥党员先锋模范带头作用，增强拒腐防变和求真务实的自觉性。新发展入党积极分子两名，另有六名员工递交了入党申请书。

江铃汽车集团财务有限公司

【集团概况】江铃汽车集团公司（以下简称“集团”）成立于1947年，是我国商用车行业领军企业、我国汽车整车出口基地和轻型柴油商用车最大的出口商之一，国家重点支持的520家大型企业集团之一。集团以“广泛吸纳资源、着眼竞争内涵、坚持自主创新、科学持续发展”为战略思想，设有12座海外运营中心，产品覆盖全球115个国家和地区。2017年，集团位居中国制造企业500强前100位，位居中国企业500强第227位，取得历史最好名次。2017年集团整车销量同比增长7%，高于全行业平均增速两倍；营业收入同比增长 23%。

【经营概况】江铃汽车集团财务有限公司（以下简称“公司”）紧抓集团发展机遇，坚定不移执行集团要求，立足“五大平台”功能定位，紧密围绕实现“集团利益最大化”目标，紧抓合规建设，开拓创新发展，利用产融结合优势，不断提升服务集团实体经济的能力，为集团发展壮大发挥了重要作用。2017 年，公司资产总额同比增长 7.42%，营业收入同比增长 25.83%，利润总额同比增长 24.76%，各项监管指标均符合要求。

【信贷业务】公司积极通过多种金融手段满足集团中小型企业需求，主动减免企业收费，通过免收成员企业转账、资信证明、询证手续费等手段，有效降低企业成本；充分利用银行资源优势，运用财务杠杆撬动银行资本，确保企业融资渠道；不断提升存款集中度，推进票据池业务开展，活用融资租赁，进一步降低集团融资成本，节约企业财务费用。

【产品销售信贷业务】公司制定了经销商小微客户汽车金融策略，在行业整体增速放缓的大环境下有力地支持销售，保持了集团逆市增长的良好态势。一是力促渠道建设，与集团各品牌 431 家经销商建立了长期稳定的汽车金融合作关系。二是充分发挥厂家金融优势，以“逐车贷为主、商票贴和逐笔贷为辅”方式投放组合信贷，充分满足主机厂及经销商客户的需求，2017 年库存融资合作家数同比增长 12.35%，公司支持经销商销量占集团销量比重达 82.77%。2017 年 2 月，公司正式成立消费金融部，深入拓展汽车消费信贷市场，加大普惠金融力度，深化与各主机厂的合作黏性，始终与各主机厂保持目标一致，持续开展贴息活动；加大金融产品开发、整合力度，根据客户需求进行产品定制，显著提升客户体验，提升客户满意度。2017 年，消费贷款累计投放额同比增长 28.92%，投放台数同比增长 31.31%，有效渠道整体渗透率为 3.05%。

【投资业务】公司坚持稳健经营原则，积极开展投资业务，探索产业项目研究，为集团金融资产承担更大的保值增值责任。一是资产管理产品配置更谨慎。贯彻“固收类投资为主，兼顾权益类投资”资产配置策略，强化资金管理，严防久期风险和信用风险，2017 年实现综合收益率 4.14%。二是扮演好投顾角色，依照集团产业金融布局，积极做好项目投资研究分析，为集团决策提供参考信息。

【票据业务】2017 年，公司票据池“双池联动”，有效整合、盘活集团票据资源，加速集团资金周转力度，完成票据池系统与上海票据交易所以及银行系统端口对接，奠定票据业务开展的基础。公司积极推广票据池业务，加大对成员企业的票据额度授信，加大缓解企业资金压力。2017 年累计对成员企业提供票据业务支持同比增长 47%。

【资金集中】公司逐步完善资金池运营，更好地为集团成员单位资金收支提供保障。借助集团资金集中管理平台，成员单位融资能力提高，贷款利率下降，整体提高了集团资金使用效率、降低了财务成本。截至 2017 年底，公司资金池共实现 58 家企业的实时资金归集，可归集口径集中度达 89.86%。

【风险管理和内部控制】2017 年，公司以防范全面风险管理为主线，公司治理结构更趋严谨。一是董事会下设审计风险委员会，牵头内审部全面履行公司内审检查职责；二是成立合规法务部，建立健全合规风险管理，确保自身合规与外部监管的有效互动；三是加强全员法规制度学习，组织全员定期进行制度考试，进一步强化员工合规意识；四是针对各类风险，不断建立和完善防控手段。

【人力资源管理】公司着力打造一支素质过硬的金融人才队伍，一是通过建立在岗轮岗培训、外培转内培、内训师机制，搭建“金融分享例会”等交流平台，丰富培训体系；二是创新激励机制，成立课题研究小组，树立人才创新意识，建立人才入编机制，试点人才激励约束机制，最大限度地激发员工积极性、创造性、主动性，提升公司业绩。

【信息化建设】2017 年，公司致力打造一个基础设施、形成一体化数据中心、构建四大系统平台、完善两个保证体系，不断推进各项信息化建设工作落地，完成了票交所电票切换工作，完善了汽车金融平台与核心业务系统的接口功能。公司四大系统平台建设初见成效，“互联网+金融”探索步入实际。一方面汽车金融 APP“铃融 e”项目正处于集成测试阶段；另一方面引入大数据征信，弥补传统征信调查空白区域，及时、高效地为客户提供更专业的金融服务。公司上线银监局 1104 系统，完成反洗钱系统建设，启动了个人征信和企业征信数据上报系统的建设。

【企业文化建设】公司工会积极开展各类劳动竞赛，提升团队技能，开展沙盘演练、微电影创作竞赛等出特色、出成绩的活动，调动广大职工的积极性和创造性。2017 年，公司团支部升格为团总支，以服务青年、引领青年为出发点，举办“一学一做”教育实践征文、“书香财司”读书分享、“诗词大赛”等丰富的团建活动，进一步提高了青年员工的综合素质、团队意识、专业素养。

【党建工作】公司党组织不断加强思想建设、组织建设和作风建设，把学习宣传贯彻党的十九大精神纳入“两学一做”学习教育中。公司加强制度建设，把党建工作总体要求纳入公司章程；狠抓党风廉政建设，贯彻落实“三会一课”制度、“从严治党”第一责任，构建风清气正政治环境；创新开展“党建+”系列活动，把党组织活动融入企业经营中，开展“三进三亮三精神”活动，前往韶山进行红色革命教育活动，引领广大党员坚决保持政治忠诚、政治定力和政治担当，凝聚“砥砺前行”的强大合力。

江苏凤凰出版传媒集团财务有限公司

J

【集团概况】江苏凤凰出版传媒集团有限公司（以下简称“集团”）属国有独资企业，实际控制人为江苏省人民政府，产业领域主要包括出版、发行、印务、影视、文化酒店、文化地产、金融投资、艺术品经营等板块。2017 年，集团实现营业收入 176.80 亿元，实现利润 22.97 亿元。截至 2017 年末，集团总资产 490.84 亿元，净资产 280.74 亿元。集团连续九届入选全国文化企业 30 强，连续八年位列全国出版集团总体经济规模和综合实力评价第一名。

【经营概况】江苏凤凰出版传媒集团财务有限公司（以下简称“公司”）于 2016 年 10 月 27 日正式运营，2017 年是公司第一个完整经营年度，公司全面完成了年初制定的各项经营目标，全年未发生任何风险事件。截至2017年12月31日，公司资产总额86.9亿元，其中，贷款余额3.55亿元，存放同业余额80.64亿元；吸收存款余额76.1亿元；委托贷款余额3.5亿元；2017年实现营业收入12336万元，利润总额9134.5万元。

【信贷业务】2017年，公司依据成员单位的信贷需求，积极开展信贷业务。全年为集团及成员单位通过授信申请金额合计13.55亿元；发放流动资金贷款9笔，共计3.55亿元；办理委托贷款业务3笔，共计3.5亿元。

【资金集中】2017年，公司以资金集中管理为核心开展各项工作，推动集团统筹安排，突破关联交易限制。在各板块、各层面的大力支持下，上市公司、非在宁公司等陆续加入公司结算体系，实现内部资金一体化运作，使集团财务资源的聚合作用和规模效应得以充分发挥。2017年末全口径资金归集度为66%，远超年初制定的不低于50%的目标。

【业务创新】公司积极探索创新服务，利用专业优势开展各类代理咨询业务。一是整合集团整体融资计划，协助成员单位办理外部授信业务，统一谈判使合作银行以零保证金为成员单位开立银行承兑汇票；二是分析短融中票等金融工具的发行时点，主动管理中长期负债的期限结构和价格，降低成本；三是集中代理成员单位各类理财产品询价、方案设计；四是代理集团金融资产投资项目的材料收集、初审以及尽调等；五是代办集团网下新股申购的日常事务性工作。

【风险管理和内部控制】公司建立了事前防范、事中控制、事后监督和纠正的动态风险防控机制。一是加强制度建设，董事会与内控制度小组上下联动，科学运作，持续补充和完善各项内控制度；二是重视系统改进升级，软性约束与硬性控制相结合；三是培育合规文化，提高经营团队和员工的合规意识；四是对公司经营风险进行持续跟踪、评估与报告，提出风险控制管理建议；五是通过内部审计评估现行的制度和业务，积极整改所发现的问题。

【人力资源管理】2017年，公司进一步优化人力资源管理，重点围绕人力资源管理各模块有序开展了薪酬管理、人员招聘、培训、考核等工作。一是建立公平、公正、透明的员工薪酬、奖惩及任用机制；二是通过集团内部选拔与外部招聘相结合，高标准、严要求提供人才保障；三是营造学习氛围，培育复合型专业人才。

【信息化建设】2017年，公司持续加强信息系统建设，不断完善各个功能模块，优化用户体验，使功能模块基本满足日常结算、支付、与银行间信息传递、日常事项管理、风险管控、流程控制、计划预算等业务需求，全年测试更新的信息系统需求共计254项，较好地支持公司各项业务的开展和规模的增长。

【企业文化建设】公司以“稳健务实、专业创新、融合主业、共创价值”为经营理念，着力培育具有积极乐观、和谐进取的企业文化，并将党建工作与企业文化建设相融合。一是定期开展合规培训；二是开展丰富多彩的文体活动，工会积极组织“植树节”植树、“环湖走”等活动，并鼓励员工参与集团首届职工运动会；三是提升党风廉政意识，年初签订了《党风廉政建设责任书》，明确各级领导干部职责，还通过组织党课、制定员工行为规范、员工行为排查、建立内部网站和意见箱等多种方式，塑造风清气正的企业文化。

江苏国泰财务有限公司

【集团概况】江苏国泰国际集团有限公司（以下简称“集团”）成立于1997年，前身是1973年成立的沙洲县对外贸易公司。集团以进出口贸易为主业，并涵盖了软件开发、新能源新材料、高端酒店、地产开发、零售品牌、金融及股权投资等领域。

【经营概况】江苏国泰财务有限公司（以下简称“公司”）牢固树立“依托集团，服务集团”的宗旨，在“稳外贸、促增长”的政策主基调下，围绕集团发展战略，在防范集团及公司风险的前提下，各项业务有序推进：贷款、保函、代开信用证等业务为成员单位扩宽了融资渠道；公司内控建设和基础管理有了新提高，各项工作取得了较好成绩。截至2017年底，资产规模37.22亿元，各项存款21.42亿元，实现净利润3861.14万元。

【信贷业务】2017年，公司共发放自营贷款7.4亿元，共为13家成员单位办理授信，授信总额12.55亿元。此外，开展了税款保付保函、保险代理及代理进口信用证业务。贷款业务、海关税款保付保函和代开信用证、保险代理业务的开展，既有利于成员单位保证金的归集，又丰富了资金服务手段，降低了集团整体资金成本，增强了集团成员单位资金流动性，有效提高了资金利用率。

【资金业务】公司充分挖掘成员单位资金潜力，最大限度地归集成员单位的存款，使集团的资金资源得到有效聚集和高效利用，提高资金使用效率。加强资金计划管理，提高资金运作效率。通过有效控制和统一调度，充分利用金融同业系统资源，及时与同业互动。积极办理同业定期存款，尽量提高公司的收益，发挥冗余资金的效益。2017年公司开展存放业务定期业务92笔，存放资金量达到116.39亿元，实现定期利息收入4363万元。

【票据业务】2017年2月，公司申请接入上海票交所平台，开立专用资金清算账户，并成功调试对接通道。公司相关业务人员参加了票交所一期系统业务培训并顺利通过交易员考试，获得系统接入资格，为以后开展票据业务、提高票据清算效率打下良好基础。

【外汇业务】公司从2017年5月开始推进美元实时归集，经过一段时间的调试及运行维护，中国银行、农业银行美元资金池顺利地完成了实时归集，2017年末归集1.73亿美元；外币实时归集改变了原来只能时点归集的问题，增加了美元资金沉淀。

【资金集中】根据集团公司账户清理要求，分阶段、分层次对银行账户进行全面清理工作，更好地掌握银行账户开户、使用等情况，2017年共梳理成员单位账户973个，累计销户319个，剩余账户654个，为加强集团资金安全奠定了较好的基础。12月末公司各项存款21.42亿元，日均存款9.76亿元。

【业务创新】公司通过分析现有资金池架构，相继对农业银行、中国银行、交通银行现有资金池进行拆建优化，通过一次拆建农业银行外币资金池、二次拆建中国银行外币资金池解决了外币实时归集问题，一次拆建升级交通银行联动资金池解决了归集、余额明细等问题。与此同时，也督促其他银行进行优化和改进，提高工作效率。

【风险管理和内部控制】2017 年，公司共完成 17 项制度的修订工作，主要包括法人授权及内部分级授权、绩效考核、印章管理、财务管理、部门与岗位职责、业务制度与流程、准备金缴存、洗钱风险评估等制度的修订、完善。坚持更新公司法律法规汇编，并通过组织员工学习法律法规、规章制度，督导员工形成自主合规的工作理念。

【人力资源管理】公司积极推进人员持证上岗制度，鼓励员工参加会计、银行从业资格与职称考试。加强与同行、同业交流学习，积极组织人员参与中国财务公司协会、银监、人民银行各类培训学习。鼓励员工参加业务技能竞赛，公司参加张家港市金融系统第二届“数据精英”金融统计技能大赛，获得了团体优秀奖的荣誉，有效检验和提升了公司从业人员的业务素质和水平。

【信息化建设】积极做好信息系统的维保工作，坚持不断完善信息系统功能。对系统建设、规划进行全面调查、分析、研究，对实施方案进行充分验证，充分考虑公司的实际情况，在合适的时间通过合理的方式，循序渐进，逐步改善。改善系统的可操作性、安全性与稳定性，提高成员单位的资金流转效率，支付结算效率及成员满意度逐步提高。

【企业文化建设】公司致力于营造和谐美好的工作氛围，积极组织员工参加集团运动会、书法绘画大赛等各类文体活动，丰富员工业余生活，增强组织力和凝聚力，为建设美好国泰营造良好的企业文化氛围。

【党建工作】2017 年 1 月公司成立党支部，公司积极贯彻落实党的十九大精神，按照党委关于党建工作的总体部署和要求，紧紧围绕党员教育工作，从加强学习教育、强化内部管理和完善制度机制入手，转变工作作风，狠抓工作落实，切实加强党建工作，提高党员的整体素质，扎实推进各项工作顺利开展。

江苏华西集团财务有限公司

【集团概况】江苏华西集团有限公司（以下简称“集团”）位于江苏省江阴市华士镇。集团以“体力转脑力、数量转质量”为举措，一手抓传统产业的技改提升，一手抓三产服务业的转型升级，成功拓展了金融投资、旅游服务、仓储物流、远洋海工、农产品批发市场及矿产资源等一大批新兴产业。2017 年，集团再次实现“双增”：可用资金比上一年增长

6.99%，交税比上一年增长2.71%。集团对成员企业实行承包经营责任制，对所属职能部门实行经济责任制考核，按各项指标完成情况对承包者进行奖惩。

【经营概况】 截至2017年末，江苏华西集团财务有限公司（以下简称“公司”）资产总额23.06亿元，负债总额15.5亿元，全年实现利润总额11396.9万元，同比增幅达89.35%。2017年末，公司净资产收益率为12.15%，流动性比例为36.69%，资本充足率为31.31%，不良资产率为零，拆入资金比例为7.65%，担保比例为40.81%，各项指标均符合监管要求。

【信贷业务】 2017年，公司为集团成员企业授信达73.99亿元，同比新增15亿元，年末贷款规模达17.49亿元，同比增长2.50亿元。2017年公司累计为集团成员企业发放流动资金贷款58笔，发放流动资金贷款77.63亿元，办理票据贴现业务12笔，贴现金额4.66亿元，其中，办理再贴现7笔，再贴现金额2.1亿元，再贴现节约融资成本230万多元，为集团及成员企业办理资金结算112163笔，办理结算资金达4334.76亿元。

【资金业务】 2017年，公司代理集团融入资金210.64亿元，其中，代理信用证17.11亿元；按时代理偿还及兑付到期资金214.99亿元，其中，偿还金融机构到期借款173.49亿元，兑付到期融资债券26亿元，信用证到期15.5亿元；通过银行同业拆借市场，调剂资金头寸87笔，累计拆借融入资金127亿元；全年累计为集团节约融资费用约9000多万元，开拓新增了苏宁银行、东亚银行同业授信以及中国银行发行海外债等融资新渠道。

【资金集中】 2017年，公司对集团所有成员企业进行摸底调查，逐项分析未归集账户原因，落实补充归集计划。截至2017年末，已归集企业达96家，当年新纳入归集企业8家，累计归集企业数量比例达93.2%，已归集企业账户177户，当年新增归集企业账户8户。2017年，上市公司归集资金规模由2亿元增至5亿元，扩大了资金归集覆盖面，增强了资金归集的力度。

【风险管理和内部控制】 2017年，公司对风险进行有效防范、控制和监督，年内各项经营活动稳健、有序，未发生重大经营风险、重大经济案件和重大责任事件，不良资产保持零余额。公司内控建设更趋完善，“三会一层”各司其职、各负其责、协调运转、相互制衡，各董事、监事勤勉工作、客观表决、认真履职，治理效果得到改善。2017年公司共召开股东会1次、董事会7次、监事会8次、总经理办公会议22次以及风险、战略、审计等专业委员会会议12次，形成各类决议计38项，新增和修订了《监事履职评价办法》《反洗钱客户风险等级分类管理办法》《合规问责制度》等管理制度10项，新设内部审计委员会开始有效工作，内控制度体系与运行机制持续完善，内控制度执行效果良好。

【信息化建设】 根据公司已制定的《信息化规划（2016—2019年）蓝图》要求，2017年，公司完善和细化公司中短期信息化建设的整体计划，全面完成了核心系统管理模块升级，扩充了包括业务审批流、信息资源共享、风险预警与管控等系统服务功能。上海宝信软件科技有限公司成功完成了公司核心新老系统切换，全面完成了信息系统机房改扩建项目，有效改善了信息系统运行环境，新增中国银行、交通银行2家直联银行，直联行已达5家，在联1家，资金归集技术环境持续优化；OA系统成功推广上线和并运行良好。

江苏交通控股集团财务有限公司

【集团概况】江苏交通控股有限公司（以下简称“集团”）是江苏省重点交通基础设施建设项目省级投融资平台，负责全省高速公路、铁路、机场、港口、码头等重点交通基础设施建设的投融资，全省高速公路的运营和管理，以及相关竞争性企业的资产和经营管理。2017 年集团实现营业收入 495 亿元、利润 125 亿元，分别同比增长 13.85%、10.91%；累计完成融资 1411 亿元，平均融资成本约 4.57%，信用评级继续维持 AAA 等级，国际评级结果处于行业顶尖水平。截至 2017 年末，全口径资产总额 3164 亿元，净资产 1162 亿元。

【经营概况】江苏交通控股集团财务有限公司（以下简称“公司”）积极发挥产业金融优势，聚焦集团主业，保持了稳中有进、稳中向好的发展态势。全年累计实现营业收入 29103 万元，利润总额 14508 万元，为集团节省财务费用 28497 万元。截至 2017 年末，公司总资产 104.21 亿元，负债 90.65 亿元，净资产 13.55 亿元，分别比年初增加 28.98 亿元、28.39 亿元、0.59 亿元。

【信贷业务】公司积极做好对集团重点交通建设项目的信贷投放，开展首单高速公路服务区集中式光伏能源项目贷款，2017 年累计发放自营贷款 54.22 亿元、委托贷款 130.74 亿元。截至 2017 年末，自营贷款余额 47.58 亿元、委托贷款余额 95.44 亿元，分别比年初增加 10.68 亿元、32.47 亿元。以银行授信、短融、中票、资产证券化等产品协助集团建立和完善多层次的融资渠道，全年协助集团融资约 1411 亿元，偿还外部债务约 1242 亿元。

【资金业务】公司积极开展同业合作，新增江苏银行、广西交投财务公司等 9 家同业合作机构，截至 2017 年末，合作同业机构 28 家，共获得同业授信 100 亿元，同业业务余额 18.45 亿元。及时抓住市场利率上升的机会，适时适度配置风险可控、收益较高的金融资产，全年累计办理同业业务 675.93 亿元，累计实现同业收入 8483 万元，综合资金收益率为 4.04%，比上年提高约 125 个基点。

【票据业务】2017 年，公司有序推进产业链金融服务，为成员单位创新支付工具，积极推广电票业务在高速公路建设领域的应用，成功开具共 1545 万元电子银行承兑汇票，实现了江苏省高速公路项目建设资金支付方式的历史性突破。

【资金集中】2017 年，公司服务成员单位增加至 74 家，镇扬汽渡、苏锡常南部通道等 8 家单位新加入资金池，共开立结算账户 88 户、工会专户 15 户。2017 年末存款余额 90.19 亿元，比年初增加 28.43 亿元；日均存款 70.08 亿元。

【业务创新】实现江苏省路网内 ETC 和现

金收费统一拆分清算，开展专用工作车辆通行费统一代付、路网管理费托收、养护技术服务费托收以及快鹿公司通行费拆分专项结算，推进成员单位工会经费专户集中管理，2017年结算量6612.64亿元、归集资金1138.92亿元、总账支付资金1113.77亿元，分别比上年增加1383.18亿元、272.48亿元、226.05亿元。新增金融机构股权投资业务获得了江苏银监局批准。

【风险管理和内部控制】创新风险管理技术，初步建立了风险管理监测系统，实现风险监管指标信息化管理。深入开展“三违反”“三套利”“四不当”以及市场乱象等专项治理，加强重点客户信用风险、重点业务风险控制和员工行为监督管理。通过开展法律知识竞赛、合规演讲等形式多样的“普法年”活动，积极营造依法合规的文化氛围。

【人力资源管理】主动承担起人才基地建设的责任，不断强化集团金融财务人才“孵化器”作用，先后引进优秀员工11名，向成员单位输送财务经理等重要岗位人员4名。按照效率优先、兼顾公平的原则，努力保持员工工资合理增长。

【信息化建设】制定《信息技术建设与管理2017—2019年行动计划》。统筹各方资源，加快信息系统建设步伐，积极搭建专业协同、高效联动、线上线下一体化的金融服务平台。完成了账户管理系统（二期）、风险监测系统、机房动态环境系统和OA办公系统短信平台建设，积极推进存贷款定价系统、信贷管理系统、固定资产管理系统等设计工作。

【企业文化建设】树立以“员工”为中心的发展理念，关心关爱员工职业成长。以6S管理常态化建设为基础，助力员工素养全面提升。积极开展员工喜闻乐见的业余活动和创建“职工之家”，进一步营造“快乐工作、健康生活”的愉悦氛围。

【党建工作】认真学习宣贯十九大精神，持续推进以习近平新时代中国特色社会主义思想引领公司新实践，推动“两学一做”常态化、制度化。继续开展“党员示范岗”活动，强化党风廉政建设“一岗双责”制度，组织党员赴遵义接受革命传统教育，与中国银行江苏省分行投行部开展党建共建。切实把党建工作融入公司治理和运营管理各环节，发挥党支部把关口、定方向作用。

江苏省国信集团财务有限公司

【集团概况】江苏省国信资产管理集团有限公司（以下简称“集团”）是江苏省政府批准成立的大型国有独资企业，也是江苏省政府授权的国有资产投资主体，从事授权范围内的国有资产经营、管理、转让、投资、企业托管、资产重组以及经批准的其他业务，注册资本金为人民币200亿元，现有成员单位逾280家。集团拥有以电力、天然气和新能源为主的能源产业平台，以信托、财务公司、担保、保险经纪、期货为主的金融服务业平台，以房地产开发、软件园、酒店业为主的不动产平台，以及以进出口贸易为主的贸易平台。截至2017年末，集团总资产1545亿元，净资产817亿元，资产负债率为47.16%，营业收入579亿元，利润总额69.08亿元。

【经营概况】 江苏省国信集团财务有限公司（以下简称“公司”）2017年被中国财务公司协会评为行业课题研究突出贡献单位。截至2017年12月末，公司总资产为138.01亿元，表内外资产规模达到335.59亿元；实现营业收入4.37亿元（集团口径），实现利润总额1.68亿元，归集资金余额达到119.1亿元，为成员企业提供融资85.65亿元。12月末全口径资金归集率达到85.11%，居于行业先进水平。

【信贷业务】 2017年，公司为16家成员单位办理了50.66亿元综合及专项授信，累计授信余额166.45亿元，其中为集团主业板块7家上市发电企业授信总额达到104亿元。先后为22家成员单位办理了82.71亿元的贷款业务、为3家成员单位办理了1.08亿元的贴现业务、为5家成员单位办理42笔电票承兑业务，票面金额2.31亿元。截至12月末，公司为集团和成员单位提供资金支持余额达85.65亿元，较年初净增17.35亿元。公司还以保函业务支持了集团燃料物资公司开展电煤集中采购。

【投资业务】 2017年，公司有价证券投资增加了证券投资基金产品、银行及其他金融机构发行的理财产品和信托计划、主体评级为AAA级的省级地方政府债券等，并将中信证券发行的收益凭证纳入投资标的。截至12月末，公司通过购买集团中票、货币基金和理财型基金、信托计划等方式实现投资收益1912.78万元。同时积极开展同业业务，抓准时机开展拆借交易，全年实现同业利息收入8809.15万元。

【票据业务】 2017年，公司积极推动集团票据池业务上线，截至12月末，三家试点单位（医药公司、舜天机械公司、协联公司）共登记入池票据1.85亿元，其中三家单位共有纸票313万元入建设银行票据池。2017年，公司还为成员单位办理了1.08亿元的贴现业务和42笔电票承兑业务，票面金额达到2.31亿元。

【资金集中】 截至2017年12月末，新能源、酒店、金融板块资金归集情况良好，资金归集率均达到了93%以上，能源板块归集率进一步提升，月均全口径归集率达到87.72%，另外，往年归集率较低的房地产板块月均全口径归集率为80.30%，相比2016年末提高19.66个百分点。同时积极搭建外币资金池，先后与5家成员企业实现了外汇资金归集，境外资金归集取得零突破。月平均归集额达1766万美元以上。1—12月，集团全口径资金归集率平均达到79.67%，较2016年同期提高10.61个百分点。12月末全口径资金归集率达到85.11%的历史新高点。

【业务创新】 2017年，公司积极创新信贷业务，简便流程提高金融服务效率。公司2017年推出了“循环额度贷款”新业务，在一定的额度范围内可以随借随还，更好地解决成员单位生产经营中短期循环用款需求，同时极大地简化了用款手续。公司还与江苏省天然气公司签订了额度为1亿元的最高限额循环借款合同，并成功办理了第一笔循环额度贷款，贷款金额3000万元，帮助天然气公司缓解月末资金周转压力。

【风险管理和内部控制】 一是认真落实监管部门要求开展自查工作，对反洗钱系统建设、可疑交易报告制度和操作规程、公司制度建设、合规管理、风险管理等进行了全覆盖、立体式检查，确保公司各项经营管理活动符合监管政策和检查要求，确保风险安全可控。二是组织编制《内部控制手册》。手册包括总章、内部环境、风险评估、业务类控制活动、行政管理类控制活动、廉洁风险类控制活动、信息与沟通、内部监督八个方面，成为员工日常工作的详细指南和规范执行手册。

【人力资源管理】一是积极优化招聘模式引进人才。2017 年根据集团招聘工作的整体部署，结合公司实际制定了较为周详的人才引进计划和行动方案，邀请用人部门共同参与，从工作态度、工作能力、岗位匹配度和工作稳定性四个维度综合考量、多轮筛选。二是积极开展职业培训。通过内部挖潜，安排公司业务部门负责人及骨干根据自身积累和工作实际，开展相关业务讲座，还组织全体员工开展规章制度笔试考试。组织员工参加各类专业培训达 500 余人次。

【信息系统建设】2017 年，完成了人民银行征信系统和上海票交所电票系统切换的上线工作。征信系统的上线将进一步提升风险识别和管控能力，电票系统切换上线为公司更好开展线上业务奠定基础；依托集团外网，搭建了公司的外部门户网站；OA 系统新增会议管理和登记簿模块；开展异地灾备系统建设工作，在扬州建立了公司数据库的异地灾备中心。

【企业文化建设】公司关心员工生活，关注员工在企业的发展。通过组织女职工参加“三八节”踏青健身活动、组织员工业余时间参加羽毛球活动、组织参加集团“勇于创新，敢于超越”主题朗诵会、开展“喜迎十九大健身环湖跑”等活动，进一步丰富员工的文化生活；开展“我为企业发展献计策、提意见”活动，公司采纳了相关合理化建议；积极承办集团财务知识竞赛，派出参赛选手参赛并获得三等奖。

【党建工作】2017 年，公司党委认真落实全面从严治党要求，切实履行好主体责任。公司党委班子主动履行“一岗双责”责任，既抓好分管业务工作，又抓好分管范围内的党风廉政建设责任，通过贯彻落实“党建进章程”工作，明确党组织在公司法人治理结构中的地位、从严治党责任；通过完善“三重一大”决策制度、规范党委会议事规则，保证党委决策民主化、科学化；坚持中心组学习制度，积极开展十九大精神学习宣传贯彻活动，党委中心组 2017 年以来组织集中学习 9 次，公司党委书记为中层以上干部上了一堂“旗帜鲜明讲政治”专题党课。

江苏悦达集团财务有限公司

【集团概况】江苏悦达集团有限公司（以下简称“集团”）成立于 1991 年，注册资本 10 亿元，为国有独资企业。集团行业分布主要包括煤炭、有色金属等矿产物资产销、高速公路、商业零售、车辆生产、纺织等业务板块，并适度涉足汽车销售、房地产等其他业务。截至2017年末，集团总资产617.87亿元，所有者权益合计168.06亿元，资产负债率为72.8%。2017年，集团实现合并总收入183.4亿元，同比增幅为3.63%；合并净利润1.56亿元，同比降幅为46.76%；归属于母公司净利润1.97亿元，同比增幅达185.5%。

【经营概况】截至2017年末，江苏悦达集团财务有限公司（以下简称“公司”）资产总额48.39亿元，负债总额39.73亿元，所有者权益总额8.66亿元；各项贷款余额18.84亿元，吸收存款余额38.29亿元；全年实现营业收入1.45亿元；实现净利润4644万元，同比增加2663万元；全年为集团节约资金成本1.93亿元，同比提高85.6%。年末资本充足率为30.83%，流动性比例为84.72%，贷款损失准备充足率为100%，不良率为零，各项指标均符合监管要求。

【信贷业务】截至2017年末，公司自营信贷余额18.95亿元，银票承兑余额457.56万元，委托贷款余额18.15亿元。全年累计投放流动资金贷款11.85亿元，项目贷款2180.2万元；办理银票贴现28.72亿元，银票承兑484.16万元；发放委托贷款22.75亿元。无不良贷款发生。

【资金业务】全年完成定期存放同业85笔，累计193.3亿元，取得存放同业利息收入5525万元，年化收益率为3.64%；全年办理票据转贴现8.47亿元、再贴现3.86亿元，进一步开拓了融资渠道，提高了资金运作能力。

【票据业务】公司2017年共办理银票贴现28.72亿元，银票承兑484.16万元，创新开展电票业务和票据池业务。电子商业汇票方面，全年累计签发电子银行承兑汇票484.16万元，办理电票贴现业务125577.56万元，办理央行电票再贴现9474万元。票据池业务方面，公司与浙商银行盐城分行合作开展了票据池业务，并通过票据池业务累计为集团成员单位办理银票承兑1520.82万元，丰富了成员单位的结算方式，有效缓解成员单位的资金压力。

【资金集中】截至2017年末，已开立财务公司账户的成员单位116家，本年新增36家；归集成员单位银行账户120户，本年新增41户。全年累计发生资金结算量为34199笔，结算金额1639.02亿元，结算量和结算金额同比分别增长了173.11%和52.56%。年末公司各项存款余额38亿元，日均存款27.97亿元。全口径资金集中度为56.79%，可归集资金集中度为93.74%。

【业务创新】一是成功开办电票业务。公司电子商业汇票系统接入项目于2016年8月正式向人民银行提出申请，2017年3月份顺利通过人民银行现场验收，6月份成功上线，并于上线首日成功签发了首笔金额26.6万元的电子银行承兑汇票。二是成功取得跨国公司外汇资金集中运营业务资格，成功打通了集团境内外资金通道，有效提升集团内部外汇资金管理水平。三是顺利获批接入人民银行个人征信系统，为后续消费信贷、汽车金融等个人业务的开展提供基础保障。

【风险管理和内部控制】2017年，公司在规范和完善“三会一层”总体架构的基础上，扎实推进过程管理。一是常态化开展制度流程“重检回头看”，全年先后修订26项、新增9项以及废止4项制度或办法，并通过不定期组织学习，开展合规教育，培养合规文化，传导合规理念，保障业务有序开展。二是充分发挥审计稽核部第三道防线职能，重点加强对结算账户管理、信贷业务、存放同业等关键领域和重点业务的合规检查稽核，确保风险可控，保障了公司平稳运行。

【人力资源管理】公司贯彻执行集团“人

力资源是第一资源”的人才理念，不断强化人才保障。一是不断加强公司常态化内外部培训交流，提升员工业务水平和综合素质。全年组织员工参加各类外部培训学习16批31人次，开展内部培训10批180人次。二是强化绩效考核管理，将员工的绩效、责任、风险与薪酬挂钩、与奖惩结合，激发员工活力，切实提升工作效能。

【信息化建设】2017年，公司紧跟业务发展，不断加强信息化系统建设，严防系统风险隐患。通过对软硬件状况的科学评估，制定了升级完善计划并顺利完成了“电票系统”“机房容灾项目一期”等八个项目实施，改造后的机房在省内率先达到了“等保三级”的标准，为公司核心信息系统提供更加强有力的安全保障。

【企业文化建设】公司坚持践行“忠诚、激情、专业、创新、执行”的新时期悦达精神，重视公司企业文化的树立和培养。一是成功举办首届专题劳动竞赛活动，营造比学赶超氛围，提高员工业务水平，全面建设学习型组织。二是积极开展读书月、职工运动会等工会文体活动，提高职工综合素质，激发团队凝聚力和工作活力。三是选拔人员参加集团主题演讲活动，并荣获三等奖，激发员工工作积极性、主动性和创造性。

【党建工作】经集团党委批准，公司于2017年5月成立第一届党支部委员会。一是坚持把党风廉政建设责任制与推进分管工作有机结合，重抓制度落实。二是实行“三重一大”工作集体研究、集体决策，确保各项决策的民主性和科学性。三是进一步加大党风廉政建设考核力度，严格责任追究。四是通过抓好民主生活会、党员统一活动日等常态化学习教育活动，深入学习贯彻党的十九大精神，切实提高党员干部队伍素质。

江西铜业集团财务有限公司

【集团概况】江西铜业集团有限公司（以下简称“集团”）成立于1979年，隶属于江西省国资委，为江西省特大型国有企业。位列2017年《财富》世界500强企业第339位。多元化的业务包括铜、金、银、稀土、铅、锌等多金属矿业开发，以及支持矿业发展的金融、投资、贸易、物流、技术支持等增值服务体系，在中国、秘鲁、阿尔巴尼亚、阿富汗等国建立了矿业基地。39年来，受益于国家经济持续增长，亦有赖于自身的专业与专注，已成为中国大型阴极铜生产商及品种齐全的铜加工产品供应商。2017年，集团资产规模1230.04亿元，全年实现营业收入2160.33亿元、利润总额31.59亿元。

【经营概况】2017年，江西铜业集团财务有限公司（以下简称“公司”）秉持“立足集团，服务集团”的理念，有效服务成员单位，调整资金运营结构，全面提升合规水平，顺利实现了各项业务的平稳发展，取得了良好的经营业绩。2017 年度，公司实现营业收入 3.79 亿元，利润总额 3.08 亿元。2017 年末，公司资产总额 160.57 亿元，较上年末增加 42.01 亿元；吸收存款余额 132.16 亿元，各项贷款余额 67.70 亿元（含贴现），投资类资产余额 19.47 亿元。资本充足率为 24.45%，流动性比例为 50.22%，各项指标均符合监管要求。同时，公司连续第六年被评为“南昌高新区先进企业”。

【结算和资金运营】2017 年，公司常态化对成员单位外部银行账户进行摸底统计、监控和清理，全年新增授权账户 50 个，新增华夏银行为人民币结算协作行，账户集中比例达 55%，较 2016 年提高 12 个百分点，办理成员单位结算 13.03 万笔、结算总金额 4729 亿元，日均结算 519 笔、日均结算金额 18.84 亿元。此外，公司加强了与成员单位的沟通，与大客户建立头寸微信群，每日告知大客户公司结算结余资金情况。每日测算流动性比例指标，根据成员单位结算需求情况，合理设置结算头寸上、下预警值。全年日均结算备付资金 15.65 亿元，只占实际日均结算金额的 82.37%，较 2016 年压缩了 50.88%，结算备付效益明显提高。

【信贷业务】2017 年，随着集团公司各成员单位盈利结构以及融资需求的转变，公司深入实地调研成员单位生产经营融资需求，科学调整各家信贷客户授信、用信规模，有力地支持了实体产业的发展。全年新增 6 家信贷客户；截至 2017 年末，各项贷款余额 67.70 亿元，比 2016 年新增 2.05 亿元；办理跨境双向人民币资金池业务 2 笔共计 4 亿元；为成员单位开立保证金全免的电票 78 张，累计金额 6.57 亿元；办理结算中心贷款 11.20 亿元。

【投资业务】2017 年，公司稳步发展投资业务，包括为集团公司发行交换债和集团下属股份公司投资乌商行股权等提供投资顾问与建议服务，就集团金融板块平台化发展牵头调研并提出建议方案。此外，公司通过与银行和信托公司合作，寻求符合公司风险控制要求的信托理财产品，通过质押上市公司流通股权，设定合理质押率、风险预警线和平仓线，以及要求提供相关担保等，在有效控制风险的前提下，信托理财产品投资取得较好的投资收益。截至 2017 年末，公司投资业务余额 19.47 亿元，全年实现投资收益 1.55 亿元。

【风险管理和内部控制】为进一步加强全面风险管理的建设，2017 年 5 月公司成立了风控合规部，紧紧围绕“加强制度建设，做好风险防控，稳健公司经营”的目标，一是启动了 ISO 9001（2015）质量管理体系认证工作，提高了公司员工的工作效率；二是对现有制度进行排查，补制度短板，全年新增制度 28 项、修订制度 17 项、废止制度 3 项；三是开展“精细化管理巩固年”活动，建立了合规台账、风险项目台账和员工行为管理台账三本台账，使公司风险管理有账可查，化解风险有账可释。

【信息化建设】2017 年，公司启动了多项信息系统项目建设，陆续实施了金融衍生品风险管理系统、N6 系统外汇资金归集功能升级、反洗钱系统、票交所系统接入、投资业务管理系统升级、外汇数据报送平台等多个项目的上线。公司开展信息系统应急演练一次，发现设备故障隐患 5 次。

【人力资源管理】2017 年，因业务发展需要，公司招聘了 5 名新员工，其中有 4 人具有研究生学历。2017 年，公司印发了《员工绩效管理暂行办法》和《绩效薪酬延期支付管理办法》，将监管机构的要求与公司实际情况相结合，建立合规、奖惩结合的考核模式。通过规范公司绩效考核制度，2017 年底，公司进行了全体员工的绩效考核，从个人绩效、部门绩效及个人能力三方面对员工的工作表现和业绩进行考核，并通过 k 值方式对员工年终奖进行分配，将绩效考核落到实处。

【党建工作】2017 年，公司完成了将党建工作要求写入公司章程的工作方案，获得了江西银监局《关于江西铜业集团财务有限公司修改公司章程的批复》（赣银监复〔2017〕163 号）。公司深入开展“两学一做”常态化制度化建设，推动全面从严治党向基层延伸。2017 年，公司领导班子成员讲党课 8 次、参加所在支部学习研讨 7 次。通过上级党组织“两会代表”专题督查、巡察反馈倾向性问题整改、党建内审等方式，重点督查“三会一课”落实情况以及党建基础工作是否扎实有效，从而保证了“两学一做”学习教育的质量和成效。

金川集团财务有限公司

【集团概况】金川集团股份有限公司（以下简称“集团”）是以矿业和金属为主业，采、选、冶、化、深加工联合配套，相关产业共同发展，工贸并举，产融结合的跨国集团。集团镍产量全球第三，铜产量全国第三，钴产量全球第四，铂族金属产量亚洲第一，拥有世界第三大硫化铜镍矿床，拥有世界首座富氧顶吹镍熔炼炉、世界首座铜合成熔炼炉、亚洲第一座镍闪速熔炼炉等国际领先的装备技术。

【经营概况】2017 年，金川集团财务有限公司（以下简称“公司”）认真落实集团“提质增效、转型升级”攻坚行动，紧紧围绕经营目标，增强经营服务意识，统筹金融资源，合理配置资产，充分发挥金融服务功能，助力集团提质增效。全年实现营业收入 1.63 亿元，同比增加 0.11 亿元，完成年计划的 105%；利润总额 1.23 亿元，同比增加 0.22 亿元，完成年计划的 100%。截至年末，公司资产总额 51.92 亿元，负债总额 38.69 亿元，所有者权益 13.23 亿元。不良资产率和案发率持续为零，各项监管指标均符合监管要求。

【信贷业务】落实“增贷、稳贷、收贷”政策，统筹信贷规模，优化信贷资产配置，把握市场利率波动的窗口期，及时调整资产结构及期限结构，针对成员单位不同金融需求制定差异化资金配置方案，加大对优质实体子公司的信贷支持力度，提高金融供给有效性。2017 年办理流动资金贷款 37 亿元，委托贷款 6.53 亿元，保函 1.91 亿元，实现信贷业务收入 1.27 亿元，同比增加 777 万元，增长 6.50%。

【资金业务】加强金融同业合作，做活同业业务，补充短期流动性不足，提高资金收益。2017 年办理转贴现业务 3.40 亿元，同业拆入 21 亿元，同业拆出 7 亿元，有效调剂临时性资金余缺。争取同业较优的存款利率，做好节假日资金闲置期收益管理，实现同业存款收入 2878 万元，同比增加 394 万元，增长 15.88%。

【票据业务】深化市场化服务理念，发挥金融专业优势，大力推进票据池业务，根据票据市场和成员单位情况，适时调整票据贴现利率，免费办理承兑业务，正向引导成员单位及时办理票据业务，满足成员单位资金需求，为成员单位节约了大量的财务费用，同时利用转贴现等金融工具，实现对成员单位的循环金融支持。2017 年办理票据贴现 20.20 亿元，开具电子承兑汇票 3.34 亿元。纸票业务顺利接入上海票交所平台，取得直接参与票据交易二、三级市场资质。票据业务直通式处理和票款对付（DVP）的结算模式，提高了公司票据清算效率和流通速度；降低了票据融资成本，更好地防范了票据交易风险。

【资金集中】2017 年集团实行严格的资金管控政策，成员单位存量货币资金大幅减少，公司狠抓金融服务，配套减费让利措施，深入挖潜，以优质服务吸引成员单位存量资金，同时加强账户资金监控，清理冗余账户，防止“资金池”外沉淀，多措并举有效提升公司资金集中度，截至 12 月末，可归集资金集中度为 91.10%。

【外汇业务】加强与监管部门的沟通，确保结售汇规模，降低市场交易成本。在集团公司美元还款购汇需求大幅减少的情况下，2017 年办理结售汇 15 亿美元，实现收入 300 万元，助力成员单位减少购汇成本 2000 万元，结售汇规模在甘肃省连续两年名列前茅。

【风险管理和内部控制】严密防范各类风险，加强信用风险防范，严格评级授信和贷前调查，提高贷款审查审批效率，强化贷后管理，规范五级分类管理，掌握信贷资产质量状况，严控不良资产发生。加强流动性风险计量监测，开展压力测试，提高备付金管理效能，确保流动性安全。加大风险排查和内审力度，重点排查业务流程的关键风险节点和薄弱环节，防控业务风险。修改制定《金川集团财务有限公司内部审计制度》等制度，完成部门《岗位标准化工作手册》编制工作，系统规范“做什么、怎么做、如何做好”等业务基础工作。加强业务制度执行情况检查，促进各项业务操作合规高效。

【人力资源管理】公司以提升金融服务效能为重点，以推动组织能力建设为抓手，着力打造专业化的金融服务团队。立足本源做实内功，提升员工综合素质，聘请专家举办监管政策、跨行现金管理、票据池、风险管理、信息系统等专题讲座 7 期，共 132 人次。注重可持续发展，加强梯队建设，选派员工参加中国财务公司协会和中国银行业协会组织的基础业务、风险管理和金融法律法规等培训，并进行内部转培训 11 期，共 170 人次；同时积极引进金融专业人才，完善充实人才队伍。

【信息化建设】加大信息科技投资，启动资金管理系统换代工作，软硬件效能跨越式提升，为公司各项业务拓展提供强有力的科技支撑。强化信息系统运行维护工作，保障业务正常进行。按照《信息科技业务外包管理办法》，与第三方信息科技公司签订信息系统运维协议，完善系统应急预案并完成演练，确保系统安全稳定运行。经过三次联调测试，年内开设了两条上海票交所专线，有效保障电票业务顺畅运行。

【企业文化建设】强化全员风险意识，开展风险案例和警示教育，培育良好的风险文化和合规文化，员工风险意识、合规意识不断增强。开展《把信送给加西亚》读后感主题分享活动，切实抓落实、抓执行力，提升员工责任感、使命感，传承金川文化、金川精神。

锦江国际集团财务有限责任公司

【集团概况】锦江国际（集团）有限公司（以下简称“集团”）是中国规模最大的综合性酒店旅游产业集团之一，由上海市国资委全资控股，拥有酒店、旅游、客运三大核心主业和地产、实业、金融等相关产业及基础产业。集团三大核心主业营收占比超过90%，初步形成了以酒店为核心的旅行服务产业链。

【经营概况】2017 年，锦江国际集团财务有限责任公司（以下简称“公司”）共实现营业收入 14600 余万元，净利润 4200 余万元。截至 2017 年 12 月末，公司注册资本 5 亿元，所有者权益 6.78 亿元，总资产 90.71 亿元，总负债 83.92 亿元。信贷余额（包括融资租赁）26.73 亿元，委托贷款余额 9.40 亿元。信贷资产质量继续保持无后三类贷款水平。

【完善法人治理结构】2017 年 3 月，公司董事会根据集团党委推荐作出决议，同意聘任尹嫣红同志和孙瑜同志为公司董事，并于 4 月中旬正式到任，进一步充实了公司高管队伍。同时，调整公司董事会战略与投资委员会、风险控制和审计委员会和合规管理委员会主任与成员，于 6 月初召开专业委员会会议听取并审议专题报告。8 月，因公司总经理陈月明同志到龄退休，集团党委同意免去其总经理职务。同月，经金融事业部党委讨论，事业部研究决定任命毛怡刚同志为总经理助理。9 月，公司董事会经讨论研究形成决议，决定由毛怡刚同志代为履行总经理职责，健全公司治理结构。

【内部控制】新增、修订公司规章制度。公司持续完善公司内控制度体系，完成修订了《稽核工作管理办法》。同时根据财务公司评级体系要求，新制定了《董事履职评价管理办法》，进一步完善公司治理体系。

【信息化建设】2017 年，公司持续推进各业务系统开发升级。升级“网上客户对账模块”，取代原有纸质询证函往来，增加“资源下载模块”。人民银行 ACS（中央银行会计核算数据集中）系统正式上线使用。人民银行新一代金融机构征信系统进入人民银行验收阶段。银监 EAST（现场检查分析）系统上线运行。

晋煤集团财务有限公司

【集团概况】 晋煤集团（以下简称“集团”）前身为晋城矿务局，始建于1958年，历经2000年公司制、2005年债转股两次改制，现为山西省国有资本投资运营有限公司控股（股比为62.57%），国开金融（股比为20.36%）、中国信达（股比为17.07%）多元股东持股的有限责任公司，是全国最大的煤层气开发利用企业、我国优质无烟煤重要的生产基地、最大的煤化工企业集团、最大的瓦斯发电企业和山西最具活力的煤机制造企业。现有69家二级子公司、12家分公司、1家托管企业，在岗员工总数14万余人，经营范围覆盖全国11个省份30多个地市，是一家跨区域、跨行业、跨所有制的现代综合能源企业集团。2017年实现营业收入1666.58亿元、利润30.62亿元。

【经营概况】 2017年，晋煤集团财务有限公司（以下简称“公司”）紧紧围绕集团公司“改革提速、转型提档、升级提质”的工作目标，充分发挥综合金融功能，不断加强“五个平台”建设，努力提高风险防控能力，加快推进信息化建设，扎实开展投融资业务和业务创新，内部运营管理水平不断提高，党的建设持续引向深入，取得了良好的经营业绩。截至2017年末，公司资产总额100.66亿元，负债总额85.32亿元，存款余额84.90亿元，贷款余额43.55亿元，资金集中度为23.91%。2017年，完成营业收入3.12亿元，实现利润总额2.32亿元，净利润1.76亿元，圆满完成年初预算任务。公司资产收益率为1.78%，净资产收益率为11.75%，资本充足率为21.40%，流动性比例为71.47%，贷款拨备率为4.58%，不良贷款及不良资产率为零，各项风险控制指标符合监管要求，全年安全无事故。

【信贷业务】 2017年，公司加强自营贷款、委托贷款、代理签发银行承兑汇票等传统业务办理，同时通过与浦发银行合作开展了规模为10亿元的代开国内信用证业务；积极与银行业信贷资产登记流转中心和山西省金融资产交易中心沟通，利用信贷资产流转市场以及国有金融资产交易平台，盘活信贷存量，帮助成员单位获取更多外部融资，支持成员单位健康发展；构建科学的信贷政策和评级授信体系，科学调整信贷结构，积极参加集团融资担保委员会，充分发挥好财务公司作为集团融资助手的作用。公司全年共办理流动资金贷款54.1亿元，票据贴现6.43亿元，委托贷款198.58亿元，代理签发银行承兑汇票24.77亿元，代开国内信用证业务1.8亿元。

【投资业务】 公司重点加强同业产品研究，根据银行定期存款、同业拆借、银行理财产品等业务品种的数量、期限及风险结构，实现合理搭配，有效控制投资风险，切实减少资金低效沉淀。2017 年各类同业产品取得收益 0.64 亿元，综合收益率为 4.10%。

【**票据业务**】2017 年，公司先后到兵器工业财务公司和创维集团财务公司进行票据集中管理调研，全面学习票据集中管理过程中的机构及岗位设置、业务流程、制度建设等情况，尤其针对异地票集中、签票保证金比例、业务流程优化等问题进行深入了解。在此基础上完善了《晋煤集团票据集中管理办法》，通过制度建设夯实票据集中管理开展的基础。2017 年，公司票据业务量显著增长。全年代理托收银行承兑汇票共计 21.82 亿元，增加 7.22 亿元，增幅为 49.45%。

【**资金集中**】公司制定了《2017 年度资金集中管理工作安排》，明确工作目标和任务，细化工作内容和流程，指导资金归集工作深入开展；严格按照《资金集中归集管理办法》的要求，对超限额资金加强手动归集，最大限度地减少资金的外部沉淀；严格执行资金归集内部考核制度，按月收集考核资料，按季兑现考核结果，增强员工工作的积极性；开展成员单位账户检查工作，对存在问题的成员单位以集团名义下发整改通知，进行限期整改；在原有六家直联银行的基础上，结合成员单位在邮储银行的开户情况，完成与邮储银行直联。2017 年公司归集的资金总量较上年度有较大提升。全年共 363 家成员单位在财务公司开户；吸收存款日均 80.27 亿元，较上年增加 25.54 亿元，增幅为 46.67%；货币资金日均 51.27 亿元，较上年增加 23.59 亿元，增幅为 85.22%。2017 年末，全口径资金集中度为 23.91%。

【**风险管理和内部控制**】积极开展自查，夯实合规管理制度基础。积极配合监管部门先后开展“两加强、两遏制”回头看、“三违反”、“三套利”、“四不当”等监管活动，严格按照监管法律法规，开展制度完整性排查，2017 年共排查公司各项业务制度 84 项，明确 12 项增补建议，确保监管政策的有效传导和贯彻。加强业务稽核，夯实内部控制管理基础。对前台业务部门和信息科技部开展常规稽核，对公司所有部门开展绩效专项稽核，保证稽核检查结果落实到位。公司定期召开案防分析会，对与公司经营管理密切相关的典型案例进行深入剖析和充分交流。加强风险审查，夯实风险管理评价基础。尤其对与公司发生信贷关系的成员单位的生产经营、财务、融资等情况进行综合评价，对借款人的法律资格、财务状况、还款来源进行严格审查，通过信贷审查委员会审议，确保信贷业务投放符合国家金融政策，符合集团产业政策，结合对公司各类风险指标的实时监测，密切配合监管部门工作，提前做好风险预警，增强制度执行力和风险防控能力。

【**人力资源管理**】开展业务制度培训，进一步明确、强调业务操作和员工行为规范。2017 年，通过工作日志、重点工作督办等管理工具，记录工作流程、督促任务进度，促进部门及员工主动提升工作的计划性、条理性。重新梳理《晋煤集团财务有限公司绩效考核管理办法》，实现部门考核与员工个人考核相结合；在考核指标上，将公司预算目标与部门工作职责相结合；在考核激励上，基本形成员工薪酬与经营业绩挂钩、与日常表现挂钩的激励模式，初步建立起促进公司健康发展的员工考核评价机制。2017 年，公司从多所国内外重点综合大学及财经类院校选拔优秀毕业生，基本形成了学历结构优化、年龄结构合理的财务公司“老、中、青”三级人才梯队，为集团金融人才队伍建设积蓄后备资源。

【**信息化建设**】成立信息科技管理委员会作为公司信息科技工作的最高决策机构，同时下设业务连续性、信息安全、软件正版化三个工作组分管各项专业工作，加强业务管理。制定《晋煤集团财务有限公司信息科技发展规划2017—2020年》，明确行动路线，为公司未来几年的信息科技工作指明了方向、设定了目标、明确了任务。公司资金支付系统与集团资金计划系统的对接、办公自动化系统建设、主机安全管理系统建设三项系统建设重点工作均取得实质性进展，数据机房升级改造工程全面推开，电子商业承兑汇票系统建设各方面条件日益完善，公司各项业务的信息化保障能力不断增强。

京能集团财务有限公司

【集团概况】京能集团财务有限公司（以下简称“公司”）是北京市国资委系统第一家财务公司，也是中国投资协会地方电力委员会会员单位的第一家财务公司。控股股东为北京能源集团有限责任公司（以下简称“集团”），股比为98%。集团四大主业分别是“电力生产和供应、热力生产和供应、煤炭的生产和销售、房地产开发经营”。四家上市公司分别是京能电力、京能置业、清洁能源和昊华能源。2017年，集团总资产突破2600亿元，实现营业总收入634亿元，实现利润总额30.85亿元。

【经营概况】2017年，公司积极调整业务结构，创新金融产品和服务。截至2017年末，公司资产总额217.05亿元，负债总额179.08亿元，所有者权益37.97亿元，收入总额7.02亿元，利润总额4.74亿元；净资产收益率为9.53%，资本充足率为18.73%，投资收益4287.79万元，不良贷款率为零。

【信贷业务】2017年，公司全年自营贷款日均余额为104.72亿元，同比下降7.71%；累计发放自营贷款及贴现344.55亿元，发放委托贷款147.93亿元，回收自营贷款及贴现327.43亿元，回收委托贷款138.69亿元，全年贷款本息回收率达100%。

【资金业务】公司对34家金融机构开展了授信，累计授信总额达到479.30亿元。为提高短期闲置资金获利能力，公司全面累计拆出资金85亿元，取得拆出利息收入680.95万元，创造了4.34%的较高回报率。

【投资业务】在投资业务方面，公司通过一级市场认购了1亿元成员单位债券，通过支持成员单位债券市场直接融资，有效降低了成员单位债券的发行成本，确保债券的顺利发行。2017年度公司债券投资日均规模（含信用债和同业存单）8.35亿元，同比增长24.26%，全部投资收益4287.79万元，同比增长24.97%。

【票据业务】2017年，公司票据业务开展取得重大突破。累计开展票据承兑业务320笔，金额合计5.49亿元，既解决了成员单位资金紧张无力付款的难题，又有效提升了商业承兑汇票的信用等级。

【外汇业务】外汇资金归集方面实现了零

的突破。截至 2017 年 12 月末，累计开展 26 笔，运作资金 1.11 亿美元。实现了吸收存款、支取结算、资金运作以及存款准备金管理等外币存款全链条运营管理。

【资金集中】发挥资金平台作用，公司持续推进京煤集团资金归集，深挖成员单位资金归集潜力，实现“应归尽归”。截至 2017 年 12 月底，在公司开户的成员单位共计 206 户，其中 194 户实现资金归集。日均存款金额为 144.42 亿元（含外币），同比增长 7.60 亿元，增幅为 5.55%。平均全部资金归集率为 74.56%，可归集资金归集率为 96.83%。

【业务创新】为提高公司资金使用效率，丰富业务品种，合理配置资产结构，公司开展了同业存单配置业务和同业约期存款业务，2017 年累计开展同业存单 7 笔，获得收益 559.04 万元，开展约期存款 10 笔，利息收入 1143.13 万元，平均年化收益率为 4.40%。

【风险管理和内部控制】2017 年，公司严格按照监管要求组织开展了“三套利”、“三违反”、“四不当”、治理市场乱象等 10 项工作，进一步强化依法依规依章经营意识；优化标准修订管理流程，提升了标准化管理效率；组织开展了招标管理、保理业务、合同管理、资产管理等六项风险识别与评估；合同审批增加必要节点控制，通过信息化手段强化合同闭环管理。公司组织全方位对标及内部自查工作，对标整改完成率为 82%；以每季度日常稽核为基础，围绕重点管理活动和新业务等开展 6 次专项稽核，提出管理建议共 25 条；梳理公司整改事项，组织制定整改计划和组织判定程序，以“管理建议改进跟踪库”为基础提高整改效率和整改实施的可操作性，实现整改完成率 85% 以上的目标要求。

【人力资源管理】截至 2017 年底，成功招聘录用了 9 名员工，人员规模达到了 44 人，平均年龄 34 岁，硕士研究生 28 人，具备中高级职称 31 人。2017 年，公司员工获得各类资格证书 27 项，7 名员工通过中高级职称评审，1 名员工获得学位提升。打开员工职业发展通道，4 名管理人员获得职位晋升。

【信息化建设】2017 年，公司实施外汇业务系统项目、外汇资金归集业务和即期结售汇业务，确保外币业务安全落地；完成外汇核算、信贷业务、资金报表等个性化项目实施工作，提升信息化管理水平；升级资金管理系统 VPN 访问解决方案，选用 RSA2048 位加密算法，更新 Webserver 服务器证书，保证系统访问的安全性；完成工行银企直联接口升级工作，在功能提升（支持外汇）的同时，可靠性和稳定性得到进一步加强。

【企业文化建设】公司坚持“文化兴企”战略，践行学习型和外向型组织建设。截至 2017 年底，公司已连续六年荣获北京市管理创新成果一等奖，累计对外发表理论文章 35 篇，累计微信发表文章 181 篇，连续三年获得集团领导班子突出贡献先进集体奖。

【党建工作】以发挥党员模范带头作用为切入点，讲党课、戴党徽、亮承诺，以个人实际行动书写党建篇章，以克己奉公、凝心聚力感染身边干部群众。深入开展群众身边的不正之风和腐败问题自查、“为官不为、为官乱为”问题自查、违规公款购买消费高档白酒问题集中排查整治等一系列专项工作，引导党员领导干部树立正确的权力观、地位观和利益观，持续增强拒腐防变能力，弘扬清风正气信念。

酒钢集团财务有限公司

【集团概况】酒泉钢铁（集团）有限责任公司（以下简称“集团”）始建于1958年，是新中国继鞍钢、武钢、包钢之后规划建设的第四个钢铁工业基地。1998年成立酒泉钢铁（集团）有限责任公司，注册资金144亿元，甘肃省国资委持股68.09%，国投集团持股31.91%，公司类型属于有限责任（国有独资），主要经营范围包括制造、采矿、能源、房地产业等。2017年营业收入875.2亿元，同比增长7.6%；工业总产值529.3亿元，同比增长30.6%；实现利润6.6亿元。

【经营概况】2017年，酒钢集团财务有限公司（以下简称“公司”）资产总额107.3亿元，负债总额71.4亿元，所有者权益总额35.9亿元。实现营业收入2.9亿元，利润总额1.1亿元，资产收益率为1.02%，净资产收益率为3.7%。截至2017年末，公司资本充足率为34.06%，流动性比例为45.67%，担保比例为57.84%。

【信贷业务】2017年，公司通过不断加强业务创新，优化信贷资产结构，提升金融服务能力，助力集团发展。一是继续加大传统信贷支持力度，为成员单位节约融资成本。二是积极开展法人账户透支业务，为成员单位提供方便快捷的融资渠道。三是积极推广财务公司电子银行汇票业务，拓宽集团融资渠道。

【投资业务】充分发挥金融平台功能，拓展投资银行业务，创新服务模式，为集团债券融资做好财务顾问服务。利用财务公司的专业优势，加强与银行、证券、基金等金融机构合作，整合金融资源，发挥协同效应。有效研判市场形势，转变投资业务策略，增强流动性投资资产配置，提高资金运作效益。

【票据业务】加速业务创新步伐，完善“票据池”结构体系，大力推广财务公司票据贴现及电票业务，拓宽集团公司和成员单位融资渠道，压降银行保证金规模。开展票据创新业务，在成员单位不增加财务成本的前提下盘活闲置票据资产，增加票据池存量，扩充融资空间和规模。

【资金集中】强化“企业集团资金集中管理平台”的履职能力和工作力度，资金归集工作取得突破性进展，2017年末全口径和可归集口径资金归集率达到71.65%和97%，同比增加28个和11个百分点。进一步加强账户管理，建立集团银行账户数据库，实现账户联动监控，保证资金归集及时有效。

【风险管理和内部审计】着力加强稽核审计和风险管理工作，开展了“三三四十”、“两加强、两遏制”回头看整改问责等13项风险排查和专项治理工作。设立隶属于公司董事会的审计监察部，独立审查评价并督促改善公司经营活动、风险管理、内控合规和公司治理效果。

J

【信息化建设】顺利完成上海票交所纸票交易平台部署和电票接口切换工作，具备了票据交易、登记托管、清算结算、信息服务等多项功能，提高了票据市场透明度和交易效率。开展财务公司虚拟化平台项目建设，搭建起公司专用网络虚拟化平台，有效提升了服务器安全性、可靠性、稳定性及可维护性。

【企业文化建设】着力加强高技能人才培养和专业技术力量储备，强化金融政策、业务、管理、专业技能等方面的专业培训，积极组织开展丰富多彩的文娱体育活动，极大提升了员工学习意识、政治素质、专业素质、工作能力和企业凝聚力。

【党建工作】公司党支部紧密联系工作实际，在思想上高度重视，在部署上深入谋划，严格执行政治理论学习、“三会一课”等制度，履行教育、管理、监督党员的主体责任，对照“四强”“六有”标准，开展党员示范区和示范岗活动，成功组织“迎七一”重温“铁山精神”等党建活动，助力公司经营发展。

巨化集团财务有限责任公司

【集团概况】巨化集团有限公司（以下简称“集团”）是浙江省国资委下属的国有独资企业。集团下设 12 个事业部和 6 大中心，化工主业涵盖氟化工、氯碱化工、石化材料、电子化学材料、精细化工等；环保产业涵盖燃煤电站烟气治理装备、城市与工业污水处理、危废与垃圾焚烧填埋等；兼有功能性新材料、装备制造、公用配套、物流商贸等生产性服务业。2017 年，集团实现营业收入 265.59 亿元，利税 16.99 亿元。浙江省国资委是公司唯一股东。

【经营概况】2017 年，巨化集团财务有限责任公司（以下简称“公司”）立足集团产业，在巩固提升基础业务，保持合规稳健经营的同时，不断加强经营管理体系建设。以资金集约管理为核心，持续完善管理制度和业务流程，提高资金集中管理能力和水平，大力拓展电票、同业拆借、质押担保、境外放款和固定收益类有价证券投资等业务品种，进一步完善公司“票据池”集中管理和“外汇池”建设，各项工作取得了明显的成效。2017 年，公司实现营业收入 1.11 亿元，利润总额 6579.70 万元，吸收存款余额 26.45 亿元，资金归集率为 52.90%，发放各类贷款余额 25.91 亿元。

【信贷业务】2017 年，公司共完成 22 家成员单位综合授信 43.57 亿元，其中，19 家成员单位存量授信 40.34 亿元，3 家成员单位新增授信 3.22 亿元，各成员单位所有授信项下的贷款基本不超过基准利率。公司自营贷款发放金额 26.21 亿元，收回贷款 23.97 亿元，全年实现净投放 2.24 亿元，办理集团委托贷款 3.16 亿元，较好地完成了各项信贷预算指标，发放贷款基本执行基准利率，委托贷款办理手续费执行最低标准（2‰），极大地满足

J

了巨化集团及成员单位实体经济对资金的需求。

【资金业务】 2017 年，公司积极与人民银行衢州市中心支行沟通协调票据再贴现业务，全年共办理票据再贴现 1.62 亿元，再贴现利率为 2.25%，较同期市场利率优惠 200 个基点以上，间接地降低了集团财务费用 150 余万元，同时增加了公司的资金头寸。截至 2017 年末，公司完成同业定期存款业务 27 笔，金额 15.42 亿元，取得同业存放利息收入 681.08 万元。

【投资业务】 2017 年 6 月 27 日，公司投资第一只工银瑞信货币基金，启动固定收益类有价证券投资业务，在资金头寸调度、流动性管理和资金收益提升方面发挥重要作用，截至 2017 年末，平均投资余额 4.59 亿元，实现收益 1004.36 万元。

【票据业务】 2017 年，公司“票据池”入池总额 30.38 亿元，出票总额 13.88 亿元，出票到期兑付总额 12.91 亿元。公司贴现票据到期托收总额 3.39 亿元。完成公司承兑的汇票 6000 万元、公司贴现票据 8050 万元入“票据池”质押出票。通过加强票据资金集中运营管理，有效地盘活了存量票据资源，为集团增效近 3000 万元。

【资金集中】 2017 年，公司完成保险服务中心外部银行存款到期资金 2.41 亿元转入公司。上收巨化股份、宁波巨榭“票据池”保证金户资金 6.94 亿元。完成科健公司、巨能公司、汉泰公司、检安公司、福华公司和菲达环保四家子公司资金归集。

【业务创新】 2017 年，公司加入上海票交所，实现贴现与再贴现业务票交所同步登记办理。公司通过全国银行间债券市场准入备案申请，并完成在上清所开户。

【风险管理和内部控制】 2017 年，公司完成《巨化集团财务有限责任公司结算业务管理办法》等制度的修订完善工作，完成《巨化集团财务有限责任公司存放同业业务管理办法》等制度的起草下文工作。公司在开展新业务的同时，提前制定相应配套的管理制度，及时将新业务纳入合规管理，2017 年，公司完成《巨化集团财务有限责任公司投资审查委员会工作规程》等新业务制度的制定工作，《巨化集团有限公司商业汇票管理规定（暂行）》等新业务制度正在修订之中。

【人力资源管理】 2017 年，公司一方面积极选调新的业务骨干，另一方面加强现有员工的学习培训，鼓励和支持员工积极参加上海票交所、中国财务公司协会、人民银行和银监的专业化培训，组织与同业和金融机构的学习交流，员工的业务能力得到了较大提高，有力地支撑了公司新业务的开展。

【信息化建设】 2017 年，公司一是完成了对电票系统的软硬件实施方案多次论证和测试。二是对有价证券业务系统需求进行了调研，根据业务需求形成了业务需求报告和系统解决方案，已进入系统开发和实施阶段。三是实现了工商银行、农业银行、中国银行三家银行的外币接口专线直联，能够实时查询三家银行外币账户的余额和明细，并通过系统实现了外币资金的上收和下拨业务。

【企业文化建设】 公司大力培育优秀的企业文化，用公司愿景激励员工，用公司使命引领员工，用公司经营理念规范员工，不断增强团队合作精神，增进员工凝聚力和归属感，促进公司可持续发展。

【党建工作】 2017 年，公司进一步完善公司法人治理结构，将党建工作纳入公司章程，使党组织成为企业法人治理结构的有机组成部分。深入推进“两学一做”学习教育常态化制度化，将“两学一做”学习教育列入党支部月度主题党日活动。组织开展红色教育主题党日活动，进一步增强党员的凝聚力和归属感。

开滦集团财务有限责任公司

【集团概况】开滦（集团）有限责任公司（以下简称“集团”）是中国特大型煤炭企业，始建于1878年，已有140年的历史，创造了多个中国近代工业的第一，享有“中国煤炭工业源头”“中国近代工业的摇篮”等盛誉，位列2017年中国企业500强第98位，中国煤炭企业50强第7位，是河北省煤炭、煤化工、现代物流领军企业。

集团坚持“以煤为基、多元发展”的战略方向，倡导绿色发展、创新驱动、抢抓机遇，深化改革创新，大力挖潜增效，全面加快产业结构调整，积极构建以煤炭、煤化工、现代服务和战略性新兴产业为支撑的“三柱一新”产业格局，努力建成主业突出、结构合理、治理科学、效益领先的大型能源化工集团，打造百年开滦转型发展升级版。

【经营概况】2017年，开滦集团财务有限责任公司（以下简称“公司”）全面贯彻集团第二次党代会、年初“两会”精神，认真落实监管部门要求，牢牢把握功能定位，稳步推进管理升级，积极推动工作落实，公司上下团结一致、努力拼搏，实现了公司持续健康发展。

截至2017年末，公司资产总额为74.68亿元，比年初增加16.66亿元；负债总额为61.34亿元，比年初增加15.98亿元；所有者权益13.34亿元，比年初增加0.68亿元。全年公司实现营业收入2.09亿元，同比增收0.06亿元；完成利润1.74亿元，同比增利0.16亿元；资金集中度为71.95%；各项监管指标均优于监管部门的要求。

【信贷业务】全年信贷业务余额46.14亿元，同比增幅为12.24%，信贷资产优良、结构合理，有效发挥了支持实体经济的作用；年末委贷业务余额80.3亿元，同比增幅为30.51%，有效发挥了集团内部资金融通作用。积极开展同业合作，已争取到12家商业银行及财务公司同业授信，授信额度50.8亿元；努力拓宽同业拆借范围，提高拆借额度，全年累计拆入资金4亿元，首次尝试拆出资金1亿元；全年累计办理再贴现业务12.75亿元，余额4.8亿元。

【资金和投资业务】贯彻执行集团资金预算刚性控制，保证成员单位生产经营支付需要，科学调度资金；充分运用资金预算ABC分类管理，实现资金预算与支付周计划、日头寸合理匹配，按轻重缓急控制付款节奏，保持了合理的资金备付水平。完善同业业务控制流程，初步建立同业准入制度；在确保资金安全、满足流动性需求的前提下，稳健开展银行理财等投资业务，2017年获取收益2937万元。

【资金集中】2017年，公司始终将资金集中作为重中之重常抓不懈，努力克服“三供一业”财政专项资金无法归集、集团外部融资环境差等不利因素影响，不断加大资金归集工作力度，实现了应归尽归，年末资金集中度达到71.95%；做实票据信息集中管理，提高票据信息集中度和票据周转效率，年末票据信息集中度预计达到80%以上。

【票据业务】 2017年，公司累计开出电子承兑汇票17.93亿元，年末余额9.52亿元；在全集团预算统管基础上，鼓励成员单位通过财务公司电票平台开具商业承兑汇票，全年累计开出18.8亿元，年末余额11.76亿元。电子票据的广泛应用有效发挥了票据的支付融资功能，对缓解集团资金紧张发挥了重要作用。

【外汇业务】 在获批5亿美元外债额度后，积极与成员单位、合作银行、境外机构寻求合作契机，研究协商引入境外资金的业务模式，千方百计推动跨境融资项目落地。首单由建设银行、炭素化工公司、财务公司三方合作的跨境资金500万美元成功引入，标志着集团外汇资金集中运营业务实现零突破，也为今后更大额度的境外资金引入奠定了基础。

【风险管理和内部控制】 不断完善风控体系建设，充分发挥内审作用，坚持监审联动，健全审计标准，实施审计计划，全年开展内部专项审计15项，审计工作流程化规范化程度进一步提高。全面系统开展公司内部风险排查，成立公司层面检查组，对各部门各项业务的流程设计、制度建设及落实、岗位设置、手续资料完备性以及档案管理等进行全方位检查，并制定整改计划逐一进行整改。通过检查及整改，公司新增和修订11项管理制度，各项工作基础进一步夯实，业务规范性水平显著提升。

【人力资源管理】 以公司“金融大讲堂”为主线，公司内部员工登台讲课，创新培训方式，收到了良好效果；以组织从业资格考试、职称考试为重点，完善培训学习机制保障，培训考试取得积极成效，公司2017年有10人通过基金从业资格考试，3人通过期货从业资格考试，1人通过会计师职称考试，公司中级职称以上员工占比达83%以上。

【信息化建设】 扩大银企直联范围。在国有五大行银企直联的基础上，推进与全国性股份制银行的银企直联，进一步提高全集团资金归集及结算效率。兴业银行银企直联已成功实现，与浦发银行、招商银行、中信银行、民生银行、光大银行已达成合作意向并做好相关技术准备。2017年7月12日正式成为上海票交所会员，按人民银行统一安排于2017年10月2日将电票系统成功切换至上海票交所系统；推进电子票据系统建设，优化电子商业票据兑付流程，成员单位实现兑付单据自动生成，提高了工作效率；构建以需求为导向的管理模式，创新系统维护方式，为各项业务规范操作提供了坚强保障。

【党建工作】 2017年，公司全面加强党群工作，着力推进党支部建设和工会建设，公司党支部荣获集团直属机关先进党支部、唐山市国资委党委先进基层党组织荣誉称号，公司工会荣获集团直属机关先进职工之家荣誉称号。按上级党组织要求召开股东会将党建工作要求写入公司章程，从公司治理上保障了党建工作法定地位。

【企业文化建设】 2017年，公司先后开展了与新奥财务公司、冀中能源财务公司的走访交流活动，取长补短，相互借鉴。积极参加中国财务公司协会、监管部门组织的学习交流活动，公司被中国财务公司协会评为2016年度行业数据统计优秀单位，《开滦财务公司票据池业务》入选《中国企业集团财务公司行业发展报告（2017）》优秀案例。

连云港港口集团财务有限公司

【集团概况】 连云港港口集团财务有限公司（以下简称“公司”）所属集团为连云港港口集团有限公司（以下简称“集团”），集团作为国有大型企业，主要从事港口码头装卸与仓储、综合物流与贸易、航运交易与服务、港口投资建设与临港产业发展、资本运作及口岸信息服务等业务。其最大股东为连云港港口控股集团有限公司，实际控制人为连云港市国资委。2017 年，完成全港吞吐量 2.29 亿吨，集装箱量 472 万标箱，加快中哈物流基地和上合组织出海基地建设，推动“一带一路”倡议落地见效。

【经营概况】 公司于 2017 年 3 月 14 日获得中国银监会江苏监管局核准开业，是连云港市首家非银行一级法人金融机构，由连云港港口集团有限公司和江苏连云港港口股份有限公司共同出资设立，注册资本金为 5 亿元人民币。

【信贷业务】 截至 2017 年末，完成对成员单位授信总额 15.3 亿元，累计投放贷款 13.24 亿元，提前完成 10 亿元信贷规模；委托贷款、自营保函、担保业务实现首单告捷，为成员企业节约贷款成本 110 万元。

【资金业务】 充分利用资金、账户整合优势，与合作银行达成结算费用减免协议，2017 年节约结算费用 20 万元。科学调配资金头寸，及时跟踪市场价格和走势，抓住价格最佳时机，将存量资金办理同业存放，获取更高的收益。另外，通过与合作银行洽谈，对公司的活期存款利率也有不同程度的提高。

【资金集中】 出台《港口集团资金集中管理办法》，清理成员单位银行账户，规范成员单位账户管理，大力推进资金归集，完成集团公司、股份公司原资金管理中心业务的平稳划转，建成集团统一资金归集、结算、监控平台。截至 2017 年末，完成 86 家成员单位的资金归集，归集资金余额 25.19 亿元。

【业务创新】 融资运营平台有新突破，融资结构进一步优化。2017 年为集团融入资金 243 亿元，其中直融 138 亿元，牵头完成 3 亿美元海外债的发行。

【风险管理和内部控制】 规范公司内部治理，董事会下设风险管理委员会和审计委员会，总经理下设信贷审查委员会。编印《制度汇编》《内控合规手册》《反洗钱工作手册》和《信贷投向指引》等。设置业务、风控、审计三道防线，开展各项合规性检查和专项审计，执行员工行为排查制度，全方位防范各类风险，年内风险管理指标全部达到监管要求。

【人力资源管理】 加快高素质金融人才队伍的培养步伐，建立岗前培训、“每周一课”制度，分层次、有重点地采取内培外训相结合的方式，在全体员工中广泛开展素质提升工程，确保员工上岗前具备岗位基本要求、上岗后逐步成为精英能手，2017年员工参培达300人次。启动“三星人才”培养工作，遴选培养群星人才、锻炼提升新星人才、重用举荐明星人才，畅通职工成长通道。建立绩效考核体系，发挥薪酬分配导向作用、激励作用，提高工作质效。

【信息化建设】公司从筹建起便投入大量资源和精力，完成科技设施设备安装调试、网络环境搭建与安全隔离、监管机构专线铺设、财企和银企系统对接、核心业务系统开发运行、征信系统搭建实施、电票系统申请搭建等工作，并出台《3～5年信息系统发展规划》，为公司经营决策和业务发展保驾护航。

【企业文化建设】提炼弘扬企业精神和文化理念，引领职工团结奋进，打造鲜明的企业文化。开展职工文体活动，丰富职工文化生活，提高职工集体荣誉感和归属感；为员工提供健康体检、互助医疗、女工“三期”保护、优秀子女奖励、生日祝福等关爱措施，打造家园文化；注重宣传推介，在中国财务公司协会网站发表报道22篇，“金融知识进万家”宣传月活动成效显著。

【党建工作】成立公司党支部，隶属于集团机关党委，共有13名党员。扎实开展“三会一课”“两学一做”“固定学习日”“党风廉政教育”等活动，与建设银行连云港港口支行党支部开展结对共建，通过组织联建、队伍联育、业务联抓、和谐联促，实现党建促业务发展，该工作入选集团“两学一做”经典案例。

联通集团财务有限公司

【集团概况】中国联合网络通信集团有限公司（以下简称“集团”）于2009年1月6日在原中国网通和原中国联通的基础上合并组建而成，是中国唯一一家在纽约、香港、上海三地同时上市的电信运营企业，主要经营固定移动通信、国内国际通信设施服务、卫星国际专线、数据通信、网络接入和各类电信增值业务，以及与通信信息相关的系统集成等业务。截至2017年底，拥有约6000万本地电话用户，约7654万固网宽带用户，约2.84亿移动出账用户，其中4G用户约1.75亿户。连续十年入选世界500强企业，在2017年《财富》世界500强企业中位列第241位。

【经营概况】联通集团财务有限公司（以下简称“公司”）2017年实现收入8.4亿元，利润3.2亿元，资产总额365.4亿元。资金集中度达90%，同比提升32个基点。统筹头寸运作，2017年同业收入6.3亿元，综合收益率为3.17%，同比提升60个基点。公司价值不断提升，ROE达到10.3%，人均利润646万元，同比提升531万元，财务贡献度达15%，同比提升11个百分点。

【资金管理】2017年，公司完善以自由现金流为核心的集团资金预算管理体系，建立现金流入能力评价和约束经营现金流出的机制，建立资金计划趋准机制、资金成本调节机制；从打通集团两总部与财务公司两个资金池入手，实现集团头寸统筹运作；完善同业收益方案，开展定期流动性压力测试；以互联网思维推动集团营业收入资金线上线下一体化。

【资金集中】搭建以财务公司平台为核心的资金归集与结算体系，完成集团境内所有子公司结算上线工作，新系统月均结算超过2万笔；搭建集团人民币跨境资金池，顺利将首笔6.3亿元调入境内；强力推进账户管理提升工作，组织完成账户与科目联动功能上线，实现银行账户的开立、撤销与ERP系统会计科目联动；组织对银行账户信息进行了全面梳理核对，清理冗余组织15个，清理失效账户430个，变更账户信息8715条。

【集团融资】多措并举优化集团债务结构，集团融资成本低于市场平均水平51个基点。通过加大与银行合作、减缓债券发行，境内外多种融资方式、不同融资期限的搭配，解决了集团全年各主体各类到期债务近1500亿元的资金筹措工作。为集团混改资金运作提供全方位支持和保障，确定“境内—境外—境内”资金划转方案并做好各项准备，顺利完成750亿元混改资金的全流程划转，并及时归还贷款。成功发行债券通10亿元。

【信贷业务】公司累计为集团及所属单位提供贷款60亿元人民币，委托贷款47.20亿元人民币。积极开展票据、投标保函、履约保函等非融资性保函业务。向云数据公司开具了电子银行承兑汇票用于其设备款项的支付，为联通系统集成广东分公司成功办理了2笔期限不同、总金额60万元的履约保函。

【风险管理和内部控制】完善内控体系和风险管理体系，构建了公司风险防范的三道防线。完成52个主流程、168个子流程、400个风险点和1078个控制活动的风险控制矩阵编写，更新、完善和修订了93项业务管理制度，建立了较为完整的制度体系。对重点业务开展了内控自评、信贷审计、同业审计、存款准备金稽核等9个项目，发现问题并于年内落实整改。

【信息化建设】完成了核心业务系统平台的搭建和优化工作。开通了与集团报账系统、ERP核心系统接口，实现了中国银行、农业银行、工商银行、建设银行、交通银行、招商银行、邮储银行7家银企直联，完成了人民银行征信系统上线。制定了信息、机房、运维等14个安全管理制度，建立了应用系统、数据库、中间件及终端等安全管理机制，完成了信息安全相关管理工作。

【人力资源管理】完成全面激励体系中晋升、绩效、福利、培训和长期激励五个子体系的建设和落地；制定了《员工退出管理办法》，并配套医疗期、试用期等规定，编制《员工手册》，明确了员工应知应会内容；制定了《核心员工队伍管理办法》；梳理完成公司部门和岗位职责；制定培训管理办法，加大培训力度，举办大讲堂18次，外部提升类培训人均2次，年度给予自学奖励3人。

【企业文化建设】党建统领企业文化建设，从党、团、工会、纪检部门四个维度，推进落实开展公司企业文化工作。组织线下大讨论宣贯，加强VI设计企业文化形象墙、展板、新闻稿件等宣传，将企业文化理念在日常工作中渗透落地。结合公司金融行业特性，组织全体员工讨论确定了员工行为规范。

【党建工作】组织党员学习习近平总书记重要讲话精神和十九大精神；开展“我是党员我带头”争创先锋模范系列活动，以风险内控项目和子公司支付上线项目为契机，树先进典型，彰显党员先锋模范带头作用；制定了管理人员管理办法和“三重一大”制度，明确选人用人相关程序并严格执行；召开了以抓基层党建为主题的专题组织生活会。

潞安集团财务有限公司

【集团概况】 山西潞安矿业（集团）有限责任公司（以下简称“集团”），是山西五大煤炭企业集团之一，是国家重要的优质动力煤和喷吹煤生产基地，原是山西省国资委全资控股国有企业，现为山西省国有资本投资运营有限公司全资子公司。2017 年，集团煤炭产量 8058.20 万吨，营业收入 1602.88 亿元，实现利润 27.23 亿元，连续五年位居世界 500 强企业，在煤炭企业全球竞争力 30 强中排名第 15 位，在全煤行业 100 强中排名第 9 位。

【经营概况】 2017 年，潞安集团财务有限公司（以下简称“公司”）紧跟集团发展战略，以落实监管检查为契机推进“制度修订完善年”活动，以信息系统升级改造为重点严抓“基础管理强化年”活动。截至 2017 年末，公司资产总额 390.57 亿元，同比增长 29.14%；负债总额 360.90 亿元，同比增长 27.3%；所有者权益 29.67 亿元，同比增长 56.82%；实现营业收入 4.11 亿元，利润总额 3.60 亿元；资本回报率为 11%；不良资产率、不良贷款率均为零。

【信贷业务】 公司积极配合集团开展煤炭行业去产能，落实人民银行贷款规模控制要求，实现了年度信贷资金的合理配置。根据监管要求，健全了对贷款客户资金用途、生产经营情况、风险事件等的监督机制，完善了信用客户风险预警、信贷资产保全、不良贷款责任追究等管理制度，强化了贷后管理工作。结合集团战略，加大对现代煤化工、装备制造等非煤产业的支持力度，促进了传统产业升级和转型项目发展。2017 年末，自营贷款余额 56.52 亿元，其中煤炭主业 38.31 亿元，非煤产业 18.21 亿元。

【资金业务】 2017 年，在煤炭市场回暖和集团现金流好转，公司注册资本增加 10 亿元的双重利好驱动下，公司流动性较为宽裕。在严格的预算管理基础上，对长期、中期和结算资金需求进行合理预判，积极开展同业资金业务累计金额达 3169.68 亿元，实现资金收益 1.06 亿元；继续加大与银行协商力度，活期存款利率保持在 1.62% ~ 2.35%，争取到了超额收益；10 月份顺利接入人民银行 ACS 综合前置系统，实现了实时余额核对、系统对账和电子回单打印等功能，进一步提高了资金管理水平。

【投资业务】 公司将投资业务作为提高资金收益与拓展融资渠道的重要补充手段。2017 年，坚持以季度投资决策委员会为统领，严守“控风险、合监管、求效益”的投资原则，巩固传统的货币市场基金产品投资阵地，稳健做好集合资金产品投资及回购业务，拓展集合资金产品申购新渠道，实现了固定收益产品业务稳定增长。全年日均投资额 15.12 亿元，共实现投资利润 0.84 亿元，同比增长 50.22%，综

L

合年化收益率达到5.57%。

【票据业务】2017年，公司紧跟我国票据市场创新步伐，于6月26日正式加入上海票据交易所，并顺利开展了贴现业务登记、到期收款等业务。继续延伸电票业务，加深与商业银行合作，增加银行对公司承兑电票的贴现授信额，发挥信用优势拓宽了外部融资渠道。2017年，累计为成员单位承兑电子银行承兑汇票及商业承兑汇票8.19亿元，节约财务费用约0.35亿元，进一步发挥了票据在支付结算、短期融资等方面的重要作用。

【资金集中】2017年，公司继续深入贯彻落实加强成员单位银行账户管理和资金归集“能归则归、应归尽归”工作要求，加强资金源头管理。一是落实账户审批报备、账户全面清理、账户专项检查等要求，筑牢资金集中管理的根基；二是开立安全专户、补助金专户等特殊账户，延伸公司资金集中结算网络；三是推广协定存款、开通同业账户短信通知，提升资金归集认可度。截至2017年末，集团254家单位开户，开户率达99.60%；直联账户596个，直联率67.96%；日均归集资金94.40亿元，同比增加30亿元。

【业务创新】2017年，面对集团多元的融资需求，公司继续在内外源融资手段上寻求突破。一是发挥现券投资优势，将“稳收益”与“助融资”有机结合，与海富通基金公司开展合作，投资“海富通大正5号资产管理计划”债券专户产品，不仅取得了较高的投资回报，而且通过大力投资集团债券发挥了辅助集团债券融资的作用；二是拓展票据业务，将“控风险”与“助融资”有机结合，针对成员单位经营风险状况，办理首笔存单质押开票业务。

【风险管理和内部控制】在风险管理方面，开展对重点客户的信用风险联合现场检查和财务诊断；强化对市场风险和政策风险的管理，对高风险交易对手与业务资金流向开展风险提示，发挥合规预警作用。在合规管理方面，组织开展“信用风险排查”“三三四十”等自查整改工作，补足短板；落实案防主体责任，按季召开案防分析会，强化全体员工主动防控风险的意识。在内控管理方面，对内控进行全面梳理，2017年新增修订制度、流程共37项；对稽核风险部进行分设，强化内部审计作用；以员工违规积分、风险责任剖析为导向，强化制度的权威性和执行力。

【人力资源管理】继续推进薪酬改革，进一步健全“员工能上能下、收入能多能少”的人力资源管理体系。按照“党管干部”的要求，完善干部选拔任用机制，注重对干部德、能、勤、绩、廉的全面考核。推进职工民主管理，按时召开职工大会，落实职工培训、劳动保护等诉求，构建了和谐的劳动关系，促进了企业与员工共同成长。

【信息化建设】推进信息系统升级改造，致力于建设一套“以业务流程为导向，以客户服务为中心，集全面业务管理、网上金融服务、决策监督于一体”的核心业务系统。顺利完成了接入上海票据交易所系统平台建设和自建CA证书系统建设。

【企业文化建设】围绕集团《文化建设责任书》，开展理念文化、物质文化建设；开展文化管理巡查、形势任务宣讲会，促进合规文化培育；积极践行社会主义核心价值观，制作道德守礼提示牌，倡导崇德向善新风尚；组织青年志愿者投身到企业金融服务中，开展征信宣传、反洗钱宣传、“金融知识进万家”等活动，推进金融知识普及和文明风尚传播。

【党建工作】开展“两学一做”专题教育和“三基建设”等活动，党员从思想、作风和党性上进行了持续的“补钙”和“加油”；加大十九大精神宣贯落实，开展十九大精神手抄报活动；坚持全面从严治党，建立完善“一岗双责”和党建工作责任清单；制定公司支委会议事规则，修订公司章程，切实将党的领导融入公司经营管理各环节；扎实开展思想政治、文化管理和文明创建等工作，为公司完成全年目标任务提供了思想和行动保证。

马钢集团财务有限公司

【集团概况】马钢（集团）控股有限公司（以下简称“集团”）是安徽省属国有企业，是中国特大型钢铁联合企业和重要的钢材生产基地，由安徽省人民政府国有资产监督管理委员会100%控股。2017年，集团粗钢产量1971万吨，资产总额918亿元，实现营业收入797亿元，利润总额56亿元。

【经营概况】2017年，马钢集团财务有限公司（以下简称“公司”）利用存款较多和外部市场资金价格高位的有利条件，在保证集团资金支付和稳定贷款规模的前提下，灵活运用各项资金配置手段，促使资金效益明显提升，全年实现综合效益3.88亿元，为成员单位节约财务费用1.36亿元。

【信贷业务】受人民银行MPA指标考核、集团关联交易限额及吸收存款波动影响，信贷投放规模受限。通过实地调研和客户财务状况分析，相应加大信贷投放力度，保持信贷规模稳定增长，2017年新增贷款33.76亿元，办理票据贴现23.82亿元，合计信贷资金投放57.60亿元。截至2017年12月31日，信贷资产余额60.79亿元，日均余额58.93亿元，最大限度地满足了成员单位的融资需求。

【产品销售信贷业务】持续推进买方信贷业务，理顺集团内部相关单位管理职能，进一步完善管理办法、业务流程及风险防控措施，积极联系推介业务，大力开发新客户，2017年为3家经销商客户提供买方信贷4600万元，支持下游客户购买马钢产品。

【资金业务】充分利用货币基金、银行理财、同业存单等方式灵活配置资金，通过银行间市场债券质押回购、同业拆借和再贴现渠道融入资金，解决资金临时性头寸需求，注重长、短期资金灵活配置，获得较好收益。积极争取18家金融机构65亿元授信，并通过银行间市场债券质押回购、同业拆借融入资金370.56亿元。日均再贴现规模1.54亿元，成功办理安徽省首批绿色票据再贴现。

【投资业务】抢抓集团提前发债、外部市场资金价格高位的有利时机，灵活调整各项资产配置，逐步扩大货币基金、银行理财、同业存单等外部投资收入比重，资金运作由“内生型”向“外向型”转变。

【票据业务】进一步加大电票业务推广力度，通过远程培训或上门服务的方式为成员单位提供业务指导，已有78家成员单位接入财务公司电票系统，直接接受财务公司电票的外部单位有300余家。2017年为成员单位开立电子银行承兑汇票42亿元，累计兑付电票44亿元，电票承兑期末余额21.71亿元，日均余额22.96亿元。

【外汇业务】积极沟通外汇管理局，马钢股份公司计财部、海外事业部及海外公司，推进跨境资金集中运营业务，统一政策理解，疏通业务渠道，完善业务流程，于2017年11月成功完成首笔跨境资金归集及放款业务，取得了突破性进展。

【资金集中】资金归集取得新突破，成功完成埃斯科特钢等股权多元化成员单位的资金归集工作。不断加大资金集中管理力度，通过积极争取保留共管账户开户行资格、资金池外账户排查、外部保留资金额度与时间监控、非工作时间上收等有效措施，截至2017年12月31日，资金集中度创出新高，达到67.46%，比上年增加6.31个百分点。

【业务创新】一是获准开办延伸产业链金融服务试点业务，全面打通产业链金融服务的上下游通道。开展产业链客户“一头在外”票据贴现、应收账款保理业务，进一步提升了集团核心竞争力。2017年办理“一头在外”票据贴现2.45亿元，“一头在外”应收账款保理2000万元。二是积极推进跨境资金集中运营，成功完成首笔跨境资金归集及放款业务。

【风险管理和内部控制】开展“公司治理建设提高年”活动，通过梳理和完善治理架构等，进一步夯实管理基础。主动与6家直联银行联合排查成员单位联动账户，力保资金安全。稳步推进反洗钱工作，完善相关制度和反洗钱自评估体系与可疑交易甄别标准，加大人员培训和宣传力度。严格按照监管要求，完成“三违反”“三套利”“四不当”等专项治理工作。在2016年度马鞍山市金融机构考评中，被市政府评为“马鞍山银行业服务二等奖”。

【人力资源管理】以开拓经营管理思路、提升业务运营效率为着力点，安排管理、技术业务人员参加各级监管部门举办的专项业务培训40期74人次。推行技术津贴人员带题上岗制度，引导技术骨干利用专业特长解决公司疑难问题。

【信息化建设】多方位优化升级信息系统，重点完成资金系统硬件更新、征信和电票系统升级、上海票交所ECDS迁移切换等工作，全力保障各项业务稳定顺行。2017年3月，财务公司纸质票据业务在上海票据交易所正式上线运营，这在安徽省非银行金融机构中尚属首家。

【企业文化建设】强化团队意识，积极引导广大员工形成共同的精神理念。大力开展员工教育培训，精心组织文体活动，扎实推进厂务、党务公开民主管理等工作，打造具有金融行业特色的企业文化。2017年，公司被评为马鞍山市第17届文明单位、马钢第27届文明单位。

【党建工作】扎实推进“两学一做”学习教育常态化制度化，严格落实“三会一课”。组织全体党员实地开展红色革命传统教育，重温入党誓词。狠抓基层党组织标准化建设，将党建工作要求纳入公司章程，以党建促发展。严格落实“两个责任”，深入推进党风建设和反腐倡廉工作，健全完善廉洁风险防控体系，经常性开展廉洁自律警示教育。

美的集团财务有限公司

【集团概况】2017年，美的集团（以下简称“集团”）坚持“产品领先、效率驱动、全球经营”三大战略主轴，聚焦产品与用户，加大科技投入，推动精益管理与全价值链卓越运营，整体经营目标顺利完成，各产品品类均实现高速增长，产品品质与口碑持续改善，并购项目有效进行，集团全品类及全球协同的市场竞争优势进一步稳固。2017年，集团实现营业总收入2419.19亿元，同比增长51.35%；实现归属于母公司的净利润172.84亿元，同比增长17.70%。

【业务创新】2017年12月，美的集团财务有限公司（以下简称“公司”）获准备案延伸产业链金融服务“一头在外”票据贴现业务，这是公司深化服务实体经济能力、发挥企业集团财务公司功能的重要举措，对降低集团制造业产业链融资成本、支持集团主业发展具有重大意义。贴现资金主要用于支持中小微企业票据贴现业务，对符合条件的中小微企业客户在贴现利率上给予优惠，为中小微企业客户节约财务费用，解决其“融资难、融资贵”问题，积极扶持中小微企业发展。

【风险管理和内部控制】2017年，公司切实履行风险防控的主体责任，坚守风险底线，重点强化合规风险管控工作，各项风险监测指标全部符合监管要求，信贷资产质量良好，未发生违规经营行为及违法案件。一是持续完善风险管理制度体系，为业务开展提供制度指引；二是配合监管部门开展专项自查及现场检查，确保各项业务合规稳健开展；三是加强信用风险管控，强化贷款“三查”（贷前、贷中、贷后检查）制度的执行和落实，严守“三道防线”（业务管理、风险合规、审计监督三条业务线），做好风险管控。

【企业文化建设】2017年，公司积极履行社会责任，充分认识到加强公众金融知识宣传教育、提高社会公众防范金融风险和正确使用金融服务意识的重要性，先后开展了“金融知识进万家”“活力金融一起Walk”等形式多样的金融知识宣传普及活动，并选取了集团内食堂、办公走廊等人流量密集的公共场合设置宣传台，开展防范电信诈骗以及购买银行理财实行“专区双录”等主题宣传，向制造业企业员工普及了金融常识，取得了良好的宣传效果。

南方电网财务有限公司

【**集团概况**】2017年，中国南方电网有限责任公司全网统调最大负荷1.63亿千瓦，同比增长10.5%；完成售电量8902亿千瓦时，增长7.3%；西电东送电量2028亿千瓦时；营业收入4946亿元，增长4.5%；利润总额180.3亿元；资产总额7445亿元，增长8%。客户平均停电时间（低压）20.08小时，下降10%；中心城区客户年平均停电时间2.14小时，下降21.3%；客户满意度测评81分，提升1.5分。荣获2017年国家科技进步奖特等奖1项、二等奖2项。连续11年获得国务院国资委年度经营业绩考核A级，位列世界500强企业第100位。

【**经营概况**】2017年，南方电网财务有限公司（以下简称“公司”）资产总额594.05亿元，同比增长8.41%；实现营业收入27.74亿元，同比增长33.48%；利润总额13.5亿元，同比增长26.6%；实现经济增加值6.16亿元，同比增长29.68%，各项主要指标均创历史最好水平。2017年公司没有发生资金安全事故，获得了行业评级A级，在南方电网公司2017年绩效考核结果中获得竞争性公司第一名。

【**信贷业务**】加大信贷支持力度，助力集团改革发展，2017年，公司各项贷款余额451.83亿元，同比增长19.47%；各项贷款净增73.68亿元，贷款日均余额414.03亿元，同比增长39.38%；加大电网重大工程建设资金支持力度，为“滇西北至广东特高压直流输电工程”等国家重点工程提供资金支持余额52.69亿元。支持精准扶贫攻坚战，对农网贷款等扶贫贷款审批开辟“绿色通道”，签订“农村电网升级改造工程”信贷合同5.2亿元，实际发放9.44亿元。发挥集团内部融资桥梁与纽带作用，为成员单位办理委托贷款194笔，年末余额86.24亿元；办理保函2.22亿元。

【**资金业务**】加强同业合作，积极开展银行间市场业务。成功跻身人民银行发布的2017年度银行间本币市场交易300强，在3120家金融机构中名列第181位。加强资金市场化运作，创新开展同业存单质押式回购、短期理财债券型基金、国债一级市场投标等新的投资业务，运作资金规模1.8万亿元，同比增长52.38%，实现资金运作收益9.94亿元，同比增加41.89%，资金运作规模和效益双提升。

【**票据业务**】大力推广票据业务，提供安全高效的金融服务。促进电票推广使用，2017年通过公司电票系统累计开立商业承兑汇票754张，合计金额7.19亿元，年末电票替代率达80%以上。2017年6月26日，公司正式获准加入上海票据交易所。中间业务取得进展，共办理保函业务168笔，金额合计2.43

亿元，参与3期南方电网超短期融资券发行，金额合计3.3亿元，为获得主承销资格奠定基础。

【资金集中】进一步提高资金集中度，扩大资金结算覆盖面。2017年末吸收成员单位存款余额510.05亿元，同比增长15.3%；日均存款余额594.05亿元，同比增长26%；可归集资金集中度达到93.33%。2017年全年结算金额5.84万亿元，结算笔数73.73万笔。结算服务网络覆盖了网、省、地、县四级单位，共服务五省区481家成员单位，开立账户总数1480户，结算覆盖面达93%。

【业务创新】加快金融业务创新，提高金融服务质效。备案通过“一头在外”票据贴现和应收账款保理等两项产业链试点业务资质。开展首笔即期结售汇业务，以高于外部银行同一时点外汇牌价47个基点的结汇价格为成员单位办理美元结汇业务。创新开展融资租赁业务，2017年共办理2笔金额逾3.6亿元融资租赁业务。

【风险管理和内部控制】巩固全面风险管理体系建设成果，切实守住风险底线。贯彻落实国家金融监管政策要求，组织开展“三违反”“三套利”“四不当”市场乱象整治等专项治理。开展重点业务和重点环节风险审查，防控新业务风险。完善《内部控制管理手册》和《内部控制评价手册》，开展内部控制评价工作；落实资产风险分类，防范经营风险和法律风险。加强审计监督，强化内外部审计，发现问题整改落实，建立审计问题风险库。

【人力资源管理】加强干部人才队伍建设，提高人才支撑水平。坚持党管干部原则，坚持正确选人用人标准，2017年调整处级干部16人、科级干部24人，优化了中层管理人员队伍结构。推进人才队伍建设，制定《人才发展工作推进方案》，明确了专业技术人才发展计划等4项重点人才发展项目。抓实岗位管理体系建设工作，明确岗位权责和考核重点。

【信息化建设】推进信息化建设，提高信息化支撑能力。组织实施金融业务管理系统架构升级项目，建设金融业务管理系统和电子支付系统的集群，提高核心系统的可用性、稳定性及承载能力；信息系统整体迁移成功，金融业务管理系统运行可用率提高至99.95%。严守信息安全防线，完善信息系统和网络运维机制，完成信息系统安全整改项目9批次，2017年公司没有发生信息安全事件。

【企业文化建设】以《南网总纲》为指引，持续推进公司企业文化建设，深入践行“诚信、服务、和谐、创新”企业理念，切实推动企业文化入眼、入脑、入心、入行，不断提升公司持续发展能力、经营能力、创新能力和金融服务能力，将南网价值观深度融入加快建成国内领先财务公司的具体实践。开展“金融知识进万家”、网络安全法宣传、平安金融宣传月、国家安全教育日、“12·4”国家宪法宣传日等活动。

【党建工作】深入学习宣传贯彻党的十九大精神，制定学习贯彻落实十九大精神的宣传工作方案和系列研讨工作方案，组织召开十九大精神研讨会。履行管党治党责任和“一岗双责”。落实党建工作进章程的要求，制定“两方案两要点”，建立党建工作五项督查机制。推进“两学一做”学习教育常态化制度化。抓好“三个基本”建设，强化基本组织建设，强化基本队伍建设，强化基本制度建设。

南山集团财务有限公司

【集团概况】 南山集团有限公司（以下简称“集团”）始创于改革开放初期，经过40多年发展，现已形成以铝业、精纺服饰、金融、航空、地产、健康、教育、旅游等为主导的多产业并举发展格局，机构遍及澳大利亚、美国、意大利、新加坡、中国香港等国家或地区。2017年综合实力位居中国企业500强第165位、中国制造企业500强第68位、山东省纳税百强企业第18位。企业主体长期信用评级为AAA级。

【经营概况】 2017年，南山集团财务有限公司（以下简称“公司”）紧密围绕董事会的决策部署，准确把握复杂多变的经济金融形势，积极推进业务创新，强化内部管理和队伍建设，较为圆满地完成了各项工作任务。截至2017年末，公司总资产84.33亿元，负债70.48亿元；实现净利润19096万元；资本充足率为25%，流动性比例为28.60%，贷款损失准备充足率为326.40%，不良率为零，各项指标均符合监管要求。

【信贷和票据业务】 2017年，为充分发挥资金调节作用，用好用活信贷资金，公司因企施策，分类管理：一是保障正常的流动资金需要；二是支持航空等新兴产业克服成长阶段的资金困难；三是以获批延伸产业链金融服务试点资格为契机，大力推广集团票据，同时为集团产业链上的小微企业解决融资困难，承兑及贴现同比增长了73.70%，提高了企业创造信用的能力。全年累计投放资金36.80亿元，贷款余额45.06亿元，同比分别增长9.20%和16.68%。

【外汇业务】 2017年以来，集团积极参与“一带一路”建设大潮，国际化进程不断加快，为了更加有力地支持企业“走出去”，充分发挥金融机构的专业作用，一是指导企业做好资金计划性管理，根据外汇汇率走势，择机办理结售汇业务282笔，金额4.40亿美元，直接为企业降低汇兑成本90万元；二是发挥好桥梁作用，新发放跨境贷款3000万美元贷款，利率较市场价格低30个基点以上；三是深入研究外汇市场形势，通过每周发布《一周汇市简报》、组织汇率风险研讨班、参与涉汇事务谈判等方式，为集团汇率管理出谋划策；四是研究商业银行的外汇衍生产品等业务，使企业实现外汇资产的保值增值。

【资金集中】 2017年，公司不断拓宽资金来源渠道，负债规模不断提高。一是完善与集团的信息沟通机制，参与新设立公司的股权设计，及时为符合条件的企业提供金融服务；二是充分利用外汇便利化政策，加快外汇资金回笼效率，外币日均存款增长255.74%；三是扎实做好房地产预售资金监管等工作，稳定存量；四是不断优化信息系统，为企业提供更加快捷的结算服务。年末全口径、可归集口径归集度分别为66.57%和92.75%，同比分别提高11.14个和4.08个百分点。

【风险管理和内部控制】2017年，公司着力加强内控及全面风险管理体系建设，继续保持了开业九年“零”案件的案防工作成果。一是抓制度、重控制，修订出台制度42项，确保与时俱进；二是抓预判、重预防，先后作出风险提示20余个，对328个风险点进行梳理，进一步明确了控制措施；三是抓检查、重整改，开展内审检查64次，定期和突击查库24次，发现业务差错20个，处罚53人次；四是强监管、严排查，先后开展案件风险、市场乱象治理等各类风险排查，进一步提升了内控管理水平。

【信息化建设】2017年，公司着力加强信息科技建设工作，一是完成16个系统功能模块上线，完成上海票交所、上清所线路接入，支持业务发展；二是通过聘请专业机构对信息系统进行安全评估，查找薄弱环节，全面组织整改，提高系统安全等级；三是实施办公网和业务网完全分离等工作，严防信息科技风险；四是扎实做好系统运维工作，完善三地灾备体系，组织6次演练，主备设备切换逾40次，应急管理能力大大提高。

【人力资源管理】2017年，公司实施多元化的人才培养策略，提高凝聚力、向心力和战斗力。以“懂管理、会经营”“落实四项规划，提升服务能力”“知礼明仪，提高综合素养”为重点，开展集中培训110次，总计130多个小时，总经理室成员亲自指导点评，切实提高培训质量；发挥好三大专业课题研究组的作用，按季进行交流，激发员工求知探索精神，取得了较好效果；定期组织形式多样的集体活动，进一步凝练了以“团结、进取、务实、创新”为核心的企业文化。

【党建工作】为发挥好党的领导核心和政治核心作用，全面落实党的路线、方针和政策，公司于2017年7月申请获批成立党支部。党支部成立以来，一是建章立制，明确了党组织的决策机制、职责权限、党员管理、档案管理等各项规定，使党建工作有序开展；二是将党建工作嵌入公司治理中，建立“党组织核心领导、董事会战略决策、监事会尽责监督、高级管理层授权经营”的现代金融企业治理机制；三是加强党员管理，积极开展“学习重要讲话，争做合格党员”等活动，发挥好党员的模范表率作用，推动各项工作有序开展。

内蒙古电力集团财务有限责任公司

【集团概况】内蒙古电力（集团）有限责任公司（以下简称“集团”）为内蒙古自治区所属国有独资特大型电网企业，承担着自治区西部8个盟市72万平方公里的工农牧发展和1388万居民生活供电以及向华北、陕北和蒙古国跨区域跨国境送电任务。企业所属单位

36 家，员工总数 3. 58 万人。蒙西电网现已形成覆盖内蒙古中西部的“三横四纵”500 千伏主网架，运行 35 千伏及以上电压等级变电站 1115 座，500 千伏变电站 25 座，220 千伏变电站 147 座，变电总容量 1. 52 亿千伏安，输电线路 5. 67 万公里。2017 年，集团售电量 1678. 87 亿千瓦时，在全国 33 家省网公司中排名第 11 位，资产总额 898. 56 亿元，位居中国企业 500 强第 252 位，服务业企业 500 强排名第 97 位。

【经营概况】2017 年，内蒙古电力集团财务有限责任公司（以下简称“公司”）全力为集团和各成员单位提供优质、高效、专业的金融服务。截至 2017 年末，公司资产总额 184. 11 亿元，所有者权益 16. 15 亿元，全年实现利润总额 4. 82 亿元，吸收存款平均规模达到 175. 76 亿元。资本充足率为 35. 18%，流动性比例为 175. 23%，资产收益率为 2. 12%，各项监管指标均符合监管要求。

【信贷业务】2017 年，公司持续推进集团农网项目贷款业务，于 2017 年 11 月 1 日与集团签订了农网改造项目 10 亿元贷款合同，并在 11 月 16 日为集团办理了首笔 3 亿元贷款放款，标志着公司信贷业务正式开展。

【资金和投资业务】2017 年，公司坚持秉承集团整体利益最大化的原则，抢抓市场利率高点，办理定期解付、资金存放等业务，有效提升了集团资金整体收益水平。截至 12 月末，公司累计办理同业定期存款业务 31 笔，累计金额 495. 64 亿元，实现利息收入 7. 54 亿元。在高效利用定期资金的同时，公司亦高度关注活期资金的运营，每月通过对各银行活期利率询价，引入同业竞争的市场机制，不断提升各银行对公司的活期资金利率水平。

【资金集中】2017 年，公司畅通资金结算渠道，实现了电费资金，多经单位资金，养老、年金、补充医保及党团、工会经费等各类资金的全面归集。2017 年，全口径资金集中度从 62. 63% 增至 72. 85%，提高了 10. 22 个百分点。可归集口径资金集中度从 69. 92% 增至 83. 01%，提高了 13. 09 个百分点。截至 2017 年末，累计完成结算资金量 5961 亿元，累计结算业务 32. 43 万笔。

【风险管理和内部控制】2017 年，公司以合规化经营为发展之基，全面构建风险管理体系。一是按季度组织召开董事会、监事会会议，履行公司治理职责。二是加强对重要风险点的日常监督检查，对准备金缴存、结算业务抹账等风险业务环节进行监督审查，发挥事前风险防控作用。三是按照《合同管理办法》对各类合同、协议进行合规审查，对空白合同、协议指定专人建立台账保管，履行领用登记手续，提高合同管理的规范性和严谨性，防范相关操作风险和法律风险。四是进一步加大系统运行监控力度，建立业务信息系统巡检制度，落实专人每日对系统服务器、银行前置机、通信网络、数据存储等软硬件设施运行情况进行全面检查，及时解决存在的问题和隐患，保障业务系统稳定连续运行。五是做好结算对账业务的稽核检查，有针对性提出整改意见建议，督促各部门落实整改，及时堵塞漏洞，防范各类风险。六是按照监管要求定期向银监局、人民银行、中国财务公司协会报送相关数据报表和分析报告，确保报送监管资料的准确性和及时性。七是对资本充足率、流动性比例等 11 项监管指标进行监测，对指标异常变动与合规情况及时进行预警和报告，防范和避免合规风险。

【人力资源管理】2017 年，公司完成干部人事档案专项审核整理，按时办理各项保险和工资奖金发放业务，积极开展人才引进和岗位成才培训，不断完善职工教育培训工作，年内在京蒙大厦举办了首届“产融结合”业务培训班，组织职工参加了集团公司、中国财务公司协会和人民银行开展的各类专业培训，同时与兄弟单位联合举办了“公文写作”培训活动，提升了员工综合能力和业务技能。

【信息化建设】 2017 年，公司持续加大信息系统优化改造力度，将银企互联串行支付模式改造为多线程并行支付，支付能力获得指数级提升。通过开展系统全面巡检，建立起应急反应机制和异常情况预警机制，实现了事故问题的及时排查消缺。2017 年，公司综合运营系统总体运行情况良好，各类硬件设备运行正常，保障了集团资金归集平台、集团资金结算平台功能的有效发挥。

【企业文化建设】 2017 年，公司着力强化企业文化建设工作，持续致力于构建和谐企业文化生态，塑造和谐企业文化，提升团队凝聚力。为丰富职工业余文化生活，提高职工文化素养，弘扬中华民族传统美德，扎实开展“创建幸福企业”活动。在办公营业场所布置职工读书角，购置了《中国家规》《中华传统八德论解丛书》《做有能力的共产党员》等图书，引导党员、群众参加阅读，分享阅读心得，提升综合素质。

公司每年定期组织职工进行体检，并认真落实职工带薪休假制度，切实为职工身心健康创造条件、提供保障。同时，积极开展对生病住院职工的关怀、探望活动，使员工及时得到组织的关心和问候，提升了团队的凝聚力、向心力、战斗力，推进了公司企业文化建设。

【党建工作】 2017 年，公司坚持将党的建设各项工作与企业中心工作同谋划、同部署、同推进。2017 年 6 月，组织党员干部赴卢沟桥进行了重温革命历史，强化“四个意识”专题党日活动。通过举办廉政教育专题讲座，结合金融风险防控要求，强化权力运行制约机制，查找廉政风险点，制定具体措施，努力营造遵纪守法的工作氛围，提高了全体党员干部的廉洁从业意识。

内蒙古伊泰财务有限公司

【集团概况】 内蒙古伊泰财务有限公司（以下简称“公司”）是内蒙古伊泰集团有限公司（以下简称“集团”）的控股子公司，伊泰集团是一家民营煤炭生产企业，已成长为以煤炭开采为主业、以铁路运输为辅业、以煤化工为产业延伸的大型现代化能源集团。截至 2017 年末，集团资产总额达 1119. 03 亿元，负债总额为 732. 59 亿元，所有者权益 386. 44 亿元，实现营业收入 409. 11 亿元，实现净利润 42. 99 亿元。

【经营概况】 2017 年度，公司始终秉承“集中管理、统筹调配、量入为出、以效定支”的资金管理理念，在资金集中管理、调剂资金余缺、提高资金收益以及内部管理提升等方面全面推进年度各项工作。截至 2017 年末，公司资产总额 68. 98 亿元，负债总额 58. 12 亿元，所有者权益10.86亿元，营业收入1.41亿元，实现净利润0.74亿元，较上年增幅为656.51%。

【信贷业务】按照“立足集团、服务集团、规范经营、稳健发展”的经营理念，为了更好地向成员单位提供优质金融服务，公司积极推进产品多样化以拓宽成员单位筹资渠道。2017年，公司累计办理信贷业务18笔，金额为43.2亿元。其中流动资金贷款18亿元，委托贷款25.2亿元。

【资金业务】截至2017年末，与公司合作的12家商业银行中已有8家与公司签订了同业协定利率协议，最高协定利率为年化2.6%，年度平均协定利率为年化1.8%，较上年提升0.2%，累计实现协定存款利息收入0.33亿元。同时在充分考虑头寸资金充裕的情况下，选择提供高收益的银行办理短期同业定期存款业务，2017年公司同业定期综合利率约为3.5%，累计实现同业定期利息收入0.25亿元。

【票据业务】公司积极开展票据业务，于2017年6月22日正式申请成为上海票据交易所会员单位，为下一步以直联的方式开具电子银行承兑汇票奠定了基础。同时2017年公司已通过中信银行以间连的方式开具财务公司电子银行承兑汇票0.62亿元，丰富了对外支付结算手段，进一步满足了成员单位的支付需求。

【资金集中】截至2017年末，累计办理结算业务4.49万笔，累计结算金额达2685.7亿元，较上年末结算笔数增长51%。2017年末，吸收存款余额58.01亿元，年日均吸收存款余额达33.76亿元。

【风险管理和内部控制】2017年，公司加强“合规经营”理念，重点关注流动性风险和操作风险，并由合规部门牵头重新梳理管理办法及操作规程，修订及完善了30项管理办法及操作规程，进一步加强制度体系建设，有效防范风险。公司加强事后监督检查，由内审部门组织开展了覆盖全业务部门的审计项目，包括常规业务审计及反洗钱、信贷业务、合规管理等多项专项审计，并督促整改落实审计中发现的问题，有效保障公司日常业务的合规运行。

【人力资源管理】2017年，公司加强人才队伍建设，利用每日早晨上班前半小时组织员工内部培训，通过让员工自学自教并定期评选优秀讲师的方式提高公司员工的专业技能和工作积极性。同时，公司鼓励员工积极参与中国财务公司协会等外部机构组织的各类提升业务及管理能力的培训。

【信息化建设】为了更好地服务成员单位，提高成员单位存货周转效率，公司提出“自动收款”理念，实现收款信息从资金管理系统到会计核算系统到业务系统的无缝衔接，并及时将收款信息传递到销售人员和客户手中，极大地提高了船货衔接和油品销售的时间效率。在此基础上，公司进一步扩大一体化支付范围与支付限额，有效提高资金结算效率，从而提升客户满意度，为下一步打造自主金融服务平台奠定了基础。

【企业文化建设】在秉承集团公司“家”文化的基础上，建立了“审慎务实，博大致远”的公司文化。2017年，公司进一步加强合规经营文化建设，多次组织合规培训，营造浓厚合规氛围，做到“人人合规，事事合规”。同时公司适时开展企业文化团队建设活动，2017年联合工商银行开展“银企共联弘扬党建文化，徒步互助倡导绿色出行”活动，在增强体魄的同时，促进了银企合作交流。

宁波舟山港集团财务有限公司

【集团概况】宁波舟山港集团财务有限公司（以下简称“公司”）所属集团为宁波舟山港集团有限公司（以下简称“集团”），集团为地方国企，主营业务为港口经营管理、引水领航、拖驳船、码头租赁、装卸搬运、船舶代理、仓储等。2017 年，集团克服不利影响，主动对接国家战略，积极抢抓市场机遇，成为全球首个年货物吞吐量超 10 亿吨大港，连续 9 年位居世界第一。集团的发展主要围绕港口营运板块、航运服务板块、投融资板块、开发建设板块四大板块来展开。

【经营业绩】2017 年末，公司总资产规模为 133.19 亿元，同比增长 19.98%；实现营业总收入 3.7 亿元，同比增长 29.83%；实现利润总额和净利润分别为 2.65 亿元和 1.99 亿元。各项存款余额达 113.50 亿元，各项贷款余额 80.36 亿元。公司资本充足率为 20.21%，流动性比例为 42.58%，不良贷款率为零。

【信贷业务】2017 年，公司信贷投放合理有序。一方面积极联系人民银行职能部门与分管领导，取得人民银行在信贷规模上的政策支持；另一方面加强与成员单位的沟通，及时了解信贷需求，全年为 44 家成员单位办理授信，同比增长 7.32%。累计发放贷款 106 笔，金额为 52.55 亿元，同比增加 15 亿元，增长 14.24%，为成员单位生产经营提供了强大的资金保证。

【资金业务】2017 年，公司对资金调度进行精细化管理，在确保流动性安全的前提下，努力压低资金备付，将备付率控制在 6% 以下，提高了资金使用效率。在科学安排现金流同时，对同业定存期限与拆借期限进行创新与突破，结合流动性风险实际，增加较长期限的同业存放，调整同业业务结构，提高资金效益。2017 年完成同业拆借 489.10 亿元，实现同业拆借利息收入 5131.68 万元，同比增长 61.53%，同业拆借业务实现快速增长。

【票据业务】结合公司电票业务推广实施方案，组织了 8 期电票业务培训，146 家成员单位票据业务相关人员计 250 余人参加了培训。截至 2017 年底，已开通电票账户的成员单位达 85 家，较年初 31 家增加 54 家，对票据使用情况进行统计，近 90 家单位有票据经常业务，电票开户覆盖率达 85% 以上；全年为成员单位开立电票 221 张，金额 37052 万元，分别同比增长 380.43% 和 216.63%，全年为成员单位节约成本 535 万元。

【资金集中】公司着力推进港口一体化整合的资金集中管理工作，2017 年 12 月末公司资金归集额 113.29 亿元，资金归集率达 89.48%（全口径统计），比上年末的 82.63% 增加 6.85 个百分点。积极推动舟山港区银行账户与资金集中管理工作，截至 2017 年底，已完成舟山港 22 家子公司归集开户工作，其中全资子公司开户率达80%，舟山区域成员单位资金归集率从2016年末的16.63%增加到78.83%。

【业务创新】2017年9月5日，正式获批承销成员单位的企业债券、股票投资以外的有价证券投资、办理成员单位之间的委托投资三项新业务资质。

【优化服务】对成员单位新系统N6使用情况进行回访，整理问题28类，进行梳理并逐一解决；开发批量对私业务，方便成员单位日常报销、工资奖金发放；协调“信通中心”人员攻克系统与银行端口对接传输不稳定难题，提高运行效率；定期组织大规模业务指导培训，提高成员单位对系统的操作水平；深入成员单位现场指导业务解决问题，累计解决具体问题50多项；主动派员参加成员单位开盘售房收款，保证收费工作正常有序开展。

【风险管理】2017年，公司重点做好关键领域的风险排查和防控工作。开展银行业信用风险专项排查、“三违反”、“三套利”、“四不当”行为专项治理、市场乱象整治、“两个加强、两个遏制”回头看整改问责工作和同业账户风险排查工作。全年对12项新增制度、27项修订制度、3个合同和15个开户单位出具合规审查意见。将年度案件防控责任逐级落实，与各责任部门签订了案防责任书，明确年度案防工作责任，提高各部门案防责任意识。

【党建工作】公司将党建写入公司章程，修改后的章程对公司党组织的职责权限、机构设置、运行机制等作了明确规定。2017年第四季度，成立了集团党委直属的财务公司党总支。公司党总支切实落实“一岗双责”，做好从严治党工作，促进党建与业务工作相融合。明确了总支委员分工，组建成立3个党支部，党支部与业务部门负责人高度融合，业务开展坚持党性指引，实现党务工作与业务工作双抓双促进。

青岛港财务有限责任公司

【集团概况】青岛港财务有限责任公司（以下简称“公司”）隶属于青岛港（集团）有限公司（以下简称“集团”），由集团和青岛港国际股份有限公司共同出资设立，其中集团持股30%，青港国际持股70%。青岛港属于大型国有企业，开埠于1892年，是世界最大的综合性港口之一，占据东北亚港口圈的中心位置，是西太平洋重要的国际贸易枢纽。青港国际于2014年6月6日在香港联交所主板挂牌上市，经营绩效连续四年保持两位数增长，继续保持国内一流港口企业的领先地位。

【经营概况】2017年，公司经营绩效稳步增长。实现营业收入3.94亿元，同比增长47.6%，实现利润3.56亿元，同比增长48.1%。资产总额158亿元，存款余额142亿元，贷款余额44亿元，投资余额4.5亿元；

获批新资质2项，新系统上线6项，创新产品12项。2017年末，公司资产总额、营业净收入、利润总额、净资产收益率四项指标位列全国港口行业财务公司第一。

【信贷业务】2017年，公司在国家“一带一路”政策引领下，将更多的金融资源配置到港口新旧动能转换的重要领域，共向19家成员单位投放贷款68笔，金额18.87亿元，叙做保理业务3笔，金额2.16亿元；投放委托贷款9笔，金额15.63亿元；实现产业链客户买方信贷业务突破。为自动化码头建设及董家口—潍坊输油管道等国家、省市重点项目及时提供了信贷支持。

【资金业务】一是加强头寸精细化管理，建立成员单位资金计划及对外资金支付考核机制，实现动态管理；二是合理配置闲置资金，提高资金收益。叙做同业业务115笔，金额287亿元，实现利息收入2.8亿元；三是制定《存款准备金管理办法》，及时缴存法定存款准备金及划回超额准备金。

【投资业务】一是正式进入银行间交易市场，开展同业存单、债券买卖等自营投资业务，提升公司流动性管理水平与资金配置效率；二是扩大交易对手合作范围，建立全国优质银行、券商、信托、基金等金融机构合作名单库，投资银行理财、券商资管计划、收益凭证、银行资产证券化产品等，分散投资风险，提升投资收益；三是提升团队投研能力，开展内部定期培训与外部不定期培训，通过金融机构总部的合作沟通交流，提升团队投研能力。

【票据业务】公司积极推进电票业务系统建设，2017年6月份成功上线票据交易系统，优化电票系统出票登记三合一功能，提升票据服务质效，有效防范纸票业务风险。2017年承兑电票2545笔，金额15.98亿元；办理票据贴现149笔，金额3.82亿元，同比增加1.72亿元；办理电票再贴现23笔，金额0.8亿元，同比增加0.6亿元。

【外汇业务】2017年，公司新开展即期结售汇业务，全年为成员单位办理结售汇业务93笔，金额1.55亿美元，为集团节约汇兑成本244万元。

【资金集中】一是夯实本币业务归集，服务成员单位数量增至113家，开户率达到91.86%；各项存款日均余额114.75亿元，同比增加25.47亿元。二是建立本外币一体化的资金管理体系。实现首笔外币资金集中上收，正式启动外汇集中运营。三是加强资金管理，与集团协同联动，减少体系外资金留存，提升结算服务质量，结算量突破千亿元。

【业务创新】一是开发“青港收付达”业务，批量为成员单位代理收付款项，减少成员单位财务人员工作量，提升资金收付效率。8月份正式启动后，为48家成员单位代缴企业年金3000余万元。二是针对青岛港产业链客户中大量小微企业融资难的现状，公司主动挖掘产业链客户融资需求，为其提供融资服务，叙做2笔买方信贷业务。三是金融市场业务取得重大突破，完成了同业存单、同业拆借、利率债投资、券商资管计划、券商收益凭证、委托投资、银行资产证券化7项产品创新，有效分散了投资风险，提升了公司金融市场参与度。

【风险管理和内部控制】一是全面开展制度流程梳理，持续推进制度修订，确保对现有业务实现全面覆盖；二是开展年度内控评价工作，制定内控管理及风险防范措施，修订内控手册，进一步完善内部控制体系；三是持续开展重点流程合规检查，针对信贷业务、市场业务、核心系统权限配置等重点业务开展合规检查，同时对易松懈的管理环节进行突击检查，有效防范合规风险。

【人力资源管理】一是继续加强人才队伍建设，引进专业人才6名，为业务拓展注入新活力；二是完善薪酬考核及延期支付体系，强化强制休假及岗位轮换管理，切实将绩效考核与职工薪酬、职务晋升、评优评先紧密结合，调动员工工作积极性；三是加强培训交流与学习考试，邀请成员单位业务骨干开展主业培训4次，开展内部培训24次，组织召开全员监管政策、法律知识考试，每季度组织警示教育培训，提升员工理论水平及职业素养，增强合规经营意识。

【信息化建设】公司核心业务系统功能架构逐步完善，信贷、投资等业务子系统相继上线，实现稳健运行，确保了各项业务的顺利开展；逐步完善信息化建设及日常运维管理制度，逐步减少对集团科技公司及外部运营商托管运维的依赖；不断加大信息化硬件及安全投入，更换单电设备为双电设备，改造机房供电，增加柴油机发电设备，逐步强化设备和系统的持续运行能力。

青岛啤酒财务有限责任公司

【集团概况】青岛啤酒集团有限公司（以下简称“集团”）是以青岛啤酒股份有限公司为核心组建的国家大型企业集团，是山东省政府重点支持的全省八大企业集团之一。青岛啤酒股份有限公司是中国首家在上海证券交易所和香港联合交易所同时上市的公司，主业为啤酒制造和销售，规模和市场份额居国内啤酒行业领先地位。

【经营概况】2017年，青岛啤酒财务有限责任公司（以下简称“公司”）以补短板、增效益为目标，着力优化业务结构，在实现资金存放超额利润的同时，积极争取和拓展有价证券投资、供应链票据贴现以及买方信贷等专项业务，并涉足货币基金等新业务领域。2017年公司资金集中度保持行业领先地位，利润保持高速增长态势并首次跨越3亿元级门槛，全年实现利润总额3.37亿元，同比增加1.20亿元，增幅为55%。

【信贷业务】2017年，公司累计发放自营贷款12.06亿元，委托贷款2.49亿元。通过银财联贷等买方信贷升级模式，公司在风险可控的前提下提高买方信贷业务规模，进一步挖掘供应商电子票据融资需求，提高票据贴现规模，稳步报备应收账款保理融资业务，加强对集团产业链上下游客户的金融支持，促进集团主业发展。

【产品销售信贷业务】2017年，公司累计发放经销商贷款1110万元，同比增长21.98%。公司积极探索升级买方信贷运作模式，形成“银财联贷”具体实施方案，并完成首笔金额为100万元的贷款发放，对突破当前业务瓶颈、做大买方信贷规模从而促进集团主业发展产生了积极影响。

【资金业务】2017年，公司在保证资金流动性的前提下，优化存放同业资金结构，提高存放利率水平。公司建立了经营运行分析测算机制，紧密跟踪宏观政策，准确把握收支规律，制定有效的资金头寸运营策略，提高获利能力。2017年公司新增5家合作银行，拓宽资金运营渠道，整体实现利息收入4.57亿元，同比增加1.29亿元，增幅为39%。通过定期开展压力测试，公司灵活运用同业拆借等融资工具，提高了流动性管理水平。

【投资业务】公司密切关注货币市场形势变化，跟踪和研究资管新规及其配套细则等政策动向，审慎稳妥推进有价证券投资业务，试点货币基金投资业务，灵活配置短期投资品种，增加避税和MPA应对工具。2017年公司完成首笔货币基金投资业务，截至2017年末，累计发生金额19100万元。2017年公司投资业务较用于存放同业多产生收入约190万元。

【票据业务】2017年，公司通过点对点沟通和走访供应商等多种方式的持续推介和宣传，电子票据业务保持持续增长，累计承兑电子票据1563笔，合计4.77亿元，同比增长19.2%。2017年8月，公司完成票据贴现业务向银监局备案，积极开展“一头在外”的供应商贴现业务，截至2017年末，累计办理供应商贴现31笔，合计2595万元，实现利息收入15.30万元。

【资金集中】2017年，公司持续推广青啤特色的资金管理模式，结合股份公司在线收单系统升级，制定银企直联及资金归集方案并研发上线，确保股份公司的收入资金及时颗粒归仓。截至2017年末，公司已实现对133家成员单位的资金集中管理，资金归集度达到92.02%，持续保持行业领先。

【风险管理和内部控制】2017年，公司严格控制信用风险，做好买方信贷、投资业务风险管控。对买方信贷业务，严格落实贷款“三查”，谨慎选择用于设定抵押担保的抵押物，并拓展保险公司履约保险、担保公司担保等多种担保模式。公司持续推进内控管理，新制定7个制度，完成35个制度的修订，内外部检查及专项风险排查均未发现重大违规行为和显著风险隐患。公司组织员工异常行为风险自查，举办合规、案防警示教育及法律知识培训，不断加强员工行为管理。

【人力资源管理】2017年，公司全年完成3个岗位的人员配置（其中包含1个中层岗位）和6个岗位的人员轮换，全年共组织员工外出参加培训34人次，新增3人取得银行间市场债券交易员资格。在绩效薪酬管理方面，公司积极调研同地区、同行业薪酬水平，努力争取提升薪酬竞争力。

【信息化建设】2017年，公司为进一步提升信息系统安全性、可追溯性，成功上线堡垒机项目。顺利完成了ECDS切换项目、邮储银行银企直联对接和事后监督模块二期升级等多个系统开发维护项目，进一步完善了公司信息系统。

【企业文化建设】2017年，公司践行“凝心、审慎、自律、效率”的公司文化精神，积极推动公司文化建设。以送温暖活动为载体，关怀员工、凝聚人心，慰问员工及家属共计9人次，为员工申请职工互助保险赔付1人次。以健康向上的文体活动为平台，在引领职工素质提升上出新招，组织开展“财女匠心系列活动之虎虎生威”泥塑彩绘活动、“追梦西海岸”活动、第二届“羽你共赢”趣味羽毛球赛等活动。

【党建工作】2017年，公司组织签订《党风廉政建设目标责任书》，落实党风廉政建设责任制，积极推进“两学一做”学习教育常态化制度化，深入学习党章党规，持续开展党风廉政建设教育系列活动，教育和引导党员同志牢固树立遵纪守法、廉洁从政的意识。公司党支部书记带领全体党员和入党积极分子学习贯彻十九大精神，认真恪守金融从业者职业操守，努力提升金融服务实体的质效。

青建集团财务有限责任公司

【集团概况】青建集团股份公司（以下简称“集团”）始建于1952年，总部位于青岛市南海支路5号青建大厦，集团公司通过产融双驱，沿建筑业全产业链进行延伸整合，构建起以工程承建、地产开发、金融投资为三大主业，以物流贸易、设计咨询、设施农业、新型建材为战略新兴业务的“3 + X”产业组合模式。

【经营概况】2017年，青建集团财务有限责任公司（以下简称“公司”）加强资金集中管理，重点发展票据业务，降低集团整体财务成本，为获取新业务牌照奠定基础。公司通过不断提升自身金融服务能力，着力为集团打造多功能、全方位的平台，推动集团产业的健康快速发展。

【信贷业务】截至2017年末，公司贷款余额共计12.72亿元，贷款质量五级分类全部为正常，其中，流动资金贷款3.67亿元，占比为28.85%，固定资产贷款9.05亿元，占比为71.15%。房地产行业授信余额9.05亿元，占授信总余额的57.31%，建筑行业授信余额2.28亿元，占授信总余额的14.46%，制造业授信余额1.70亿元，占授信总余额的10.70%，批发与零售行业授信余额2.72亿元，占授信总余额的17.19%，租赁和商务服务业授信余额550万元，占授信总余额的0.35%。

【资金集中】为加强资金集中管理，规范成员单位账户使用，公司加强了对账户的管控。截至2017年12月31日，成员单位共在财务公司开立账户198个，全年共清理成员单位闲置账户53个，新增归集账户72个。公司对成员单位资金流入和流出实施规范化管理。每日末，成员单位上报次日资金预算，公司根据资金预算和资金计划向同业报送资金头寸，对集团资金实施统筹管理；公司营业部、计财部、同业融资部三部联动，对资金计划进行每日更新，并对未来资金情况进行预计。

【票据业务】公司本年度新开展承兑业务，截至2017年末，全额保证金承兑汇票2200万元，保证金承兑汇票3.12亿元。全年共签发承兑金额4.27亿元，其中，对青建集团股份公司签发3.46亿元，余额2.57亿元；对青岛青建海华置业有限公司签发2690万元。为成员单位释放保证金额度约1.56亿元。

【风险管理和内部控制】公司自成立以来不断探索与改进风控工作，已经形成较为完整的体系。风控工作流程融入日常管理制度，进一步完善了公司的风险控制体系，参照银行等金融机构项目评审机制，建立公司项目评审管理机制。完成公司授权体系建设，明晰各自责权、提高工作效率、控制业务风险。建立风险管理预警机制，相关风险预警机制构建途径清晰。

【信息化建设】公司电子商业汇票系统于

2017 年 8 月 23 日正式上线，通过直联模式与人民银行电子商业汇票系统（ECDS）连接并开展电子商业汇票相关业务。公司引入外部测评机构，对信息系统进行测评，进一步排除了风险隐患，建立了信息安全应急处理机制，完善了信息安全应急预案体系。以一个预案针对一类事件、一个业务系统为原则，分别制定应急预案，并定期组织应急演练，通过实际演练积累应对突发安全事件的处理经验。

清华控股集团财务有限公司

【集团概况】清华控股有限公司（以下简称“集团”）是清华大学出资设立的国有独资有限责任公司，涵盖科技产业、创新服务、科技金融、创意产业、在线教育五大产业集群。2017 年，集团通过持续调整战略布局，引导所投资企业由侧重于规模和速度向侧重于效益和质量转变，进一步规范了公司治理与国资管理，促进了产业的健康发展。2017 年，集团位居中国企业 500 强第 163 位，研发强度位居第 7 位。

【经营概况】2017 年，清华控股集团财务有限公司（以下简称“公司”）以打造“集团产融结合平台、成员单位金融服务平台、集团价值创造平台”为目标，围绕提高“资金集中管理能力、经营与服务能力、风险管理能力和盈利能力”四个核心能力开展工作，稳步推进各项业务，不断提升内部管理水平。截至 2017 年 12 月 31 日，公司总资产 125.8 亿元，净资产 32.3 亿元，全年营业收入 2.6 亿元，净利润 1.3 亿元，整体运行良好，各项监管指标符合行业监管要求。

【信贷业务】公司信贷业务在积极响应国家和行业宏观调控、严守监管政策的前提下，紧密围绕“依托集团、服务实体”的目标，不断改进管理机制和操作流程，审慎把控、优化服务，力争为集团和成员企业提供最优质、安全的信贷业务支持。2017 年末，公司贷款余额 28.66 亿元，较 2016 年同期增长了 7.78 亿元，增幅为 37.26%；2017 年贷款发放金额 42.89 亿元，较 2016 年同期减少 16.51 亿元，降幅为 27.79%。

【资金业务】2017 年，公司利用已取得的同业拆借资质，积极与同业机构建立拆借渠道；提高原有合作金融机构的存款利率，提高活期资金利率水平；积极拓展合作金融机构，择优开展业务；深入研究本年度资金市场利率水平走势，合理控制投放节奏；积极开展与人民银行再贴现业务。本年度，资金业务效果显著，收益较上年有大幅度提高。

【票据业务】随着票据业务改革的推进，成员单位对票据业务的接受度和使用率大幅增加。公司开展了票据贴现和票据承兑两类票据业务，其中票据承兑为 2017 年新增业务。票据贴现业务 2017 年共办理 16.02 亿元，较 2016 年的 4.75 亿元增长 2.37 倍；自 2017 年 9 月底开展第一笔票据承兑以来，截至 2017 年末共发生业务 1.08 亿元。

【资金集中】公司通过新增中国银行代理收款和银企直联，新增贷款资金用途监控业务，满足成员企业个性化需求，新增财企接口功能，开发存款业务品种等途径，持续加强资金归集工作。截至 2017 年底，公司共有归集直联银行 6 家，代理收款行 2 家，结算笔数同比提升 211.52%。

【业务创新】公司全年新开拓并成功落地两类新业务品种：一是资产端的融资租赁，该业务从 2017 年 2 月启动，历时 7 个月完成最终放款。该笔业务使公司形成了一套个性化租赁服务产品；二是资金端的票据保贴，该业务使公司在不占用任何资金的情况下，利用自身的银行授信帮助成员单位解决贸易融资需求。公司全年帮助 3 家成员单位的 9 家供应商完成了 4000 多万元的贴现融资。

【风险管理和内控建设】2017 年是公司内控建设年，共修订制度文件 118 项、流程 208 条，建立了层次分明、权责对应的内控制度体系。在风险管理方面，公司通过梳理风险点提出风险治理整体思路，形成了《风险管理政策》；通过出具“风险及合规提示”，对自查发现的问题进行跟踪整改；通过统一信息披露口径，建立了规范的信息披露模式；通过建立前中台沟通机制，严格业务审查；通过完善法律事务管理，规范操作流程。

【人力资源管理】公司紧密围绕发展战略和年度经营目标，高度重视人才队伍建设。通过优化组织架构，重新设置岗位层级并开展岗位竞聘等，提升了组织的竞争力；通过积极支持员工参加人民银行、银监会、中国财务公司协会等组织的各类业务培训，定期开展内部业务交流，提升了员工的专业素养；通过完善人力资源制度体系，为公司业务发展提供了坚实的人力资源支持和保障。

【信息化建设】2017 年，公司信息化建设围绕完善信息科技治理体系、优化核心业务系统功能、强化 IT 基础架构监控能力、提高信息安全能力水平四个方面展开：通过完善制度流程，规范工作；通过开发新项目，优化系统功能，提升管控能力；通过搭建设备监控管理系统、机房环境控制系统、建设灾备机房，为公司业务发展保驾护航；通过参与资金系统等保二级评定，强化信息安全管理水平，提升系统安全防护能力。

【企业文化建设】2017 年，公司进一步强化了企业文化建设，搭建起了以愿景、使命和核心价值观为支撑的三位一体的企业文化体系，并综合运用员工交流会、团建活动、日常宣传等多种形式，积极引导企业员工将企业文化内化于心、外化于行，进而打造一支以“专业、高效、务实、合作”为核心价值观的人才队伍，使企业文化真正成为推动公司发展的内在动力和重要保障。

【党建工作】公司党建工作紧密围绕“两学一做”教育实践活动常态化制度化和深入学习贯彻党的十九大精神展开，通过建立健全学习机制、落实“一岗双责”制度、创新特色支部活动、推动党建工作与业务发展相结合等形式，深入开展党建工作。特别是与人民银行营业管理部货币信贷处开展的支部共建活动和与中节能财务公司开展的交流活动，对加强公司党建工作和业务开展起到了积极的推动作用。

日立（中国）财务有限公司

【集团概况】日立（中国）财务有限公司（以下简称“公司”）所服务的日立集团是全球名列前茅的电气集团，世界500强企业排名为第71位，在世界范围内有着很高的声誉。日立集团在中国的事业主要有8大核心板块：信息通信系统板块、社会产业系统板块、电子装置系统板块、建筑机械板块、高性能材料系统板块，汽车系统板块、生活环保系统板块、金融服务板块。截至2017年末，日立集团在中国有126家集团公司，已在财务公司开户的企业有72家，成员单位的资产规模约为661.71亿元人民币，净资产规模约为375.01亿元人民币，营业总收入约为174.98亿元人民币，利润总额约为9.95亿元人民币。

【经营概况】2017年，公司坚持“依法经营、优质服务、提高效益、和谐发展”的经营方针，围绕集团的主业和战略目标，积极拓展业务规模。本着“稳健经营、服务高效、客户满意”的经营原则，不断构筑完善合规、稳健的经营管理体制，在日常经营中坚持“依托集团、服务集团”的宗旨，以风控合规为本，以客户利益为上，兼顾自身效益，很好地发挥了公司在集团中集中资金管理、提升资金利用效率的作用。

截至2017年末，公司资产总额为50.12亿元，同比增长37.50%，负债总额为45.72亿元，同比增长41.87%，所有者权益为4.40亿元，同比增长4.17%；全年实现营业收入0.66亿元，同比增长38.61%，净利润0.18亿元，同比减少39.28%。资本充足率为14.77%，无不良资产。本年度资产质量优良，各项监控和监测指标均符合规定。

【信贷业务】截至2017年末，一般贷款余额26.86亿元，比2016年末增长30.95%，均为正常类贷款，无不良贷款。公司根据《贷款风险分类管理办法》和《中国银监会关于中国银行业实施新监管标准的指导意见》等文件规定以及信贷风险管理委员会会议的决定，对全部贷款计提了2.5%贷款拨备率。委托贷款余额78448.87万元，比2016年末增加了3.78亿元。2017年全年共实现贷款利息收入0.54亿元，同比减少9.05%，委托贷款手续费收入94.49万元，同比减少70.92%。

【资金集中】截至2017年末，新增成员单位累计达到62家，其中37家成员单位已在财务公司开户，且实际开展业务。受此利好影响，本年度吸收新增成员单位存款累计23.43亿元，发放新成员单位贷款累计11.90亿元，发放委托贷款累计7.96亿元，并办理了19.78亿元的代理支付业务。2017年末，公司吸收成员单位存款余额为44.85亿元，同比增

R

长41.19%。

【业务创新】2017年继续扩大跨境双向人民币资金池业务，通过开展此业务，扩大了公司业务规模，开拓创新的同时，对自贸区建设起到了一定的积极作用。2017年办理跨境人民币资金池累计流进出资金为1.51亿元人民币。

【风险管理和内部控制】2017年，公司修改了《人民币存款准备金管理办法》《重要物品管理办法》等基本规章制度及业务管理办法。同时，对共计32项存贷款业务、支付代理业务以及其他类业务的案件风险进行了排查，所有业务均合法合规，没有发现异常。公司还积极做好内审及外部审计工作，定时接受内审及外部安永会计师事务所的审计，对审计中发现的问题及时予以纠正、解决。2017年度公司各项监管指标均符合非现场监管要求。

【人力资源管理】在培训工作上，2017年公司组织了2次员工教育培训，讲解外部法规规章以及公司内部管理办法；邀请顾问银行进行了3次业务培训；还多次分派员工参加集团总部以及中国财务公司协会等组织的外部培训，有效地拓展了培训的知识面，提高了员工的综合素质。在考核与激励工作上，公司实行MBO目标管理考核制度，将个人工作目标计划与公司目标计划有效地结合在一起，本着公开、公平、公正的原则，合理地对员工进行绩效评价。

【信息化建设】2017年，公司优化升级了核心管理系统九恒星系统的存、贷款模块，新开发了资金池、营改增、客户信息维护、授信业务、电子回单等模块。同时，为集团财务共享中心的系统作了接口。公司更换了两台数据库服务器，提高了公司业务系统的稳定性与安全性。此外，公司及时响应人民银行、银监局等监管部门对公司非现场监管数据报送系统的升级要求，保证了非现场监管数据能够及时准确传送。公司还认真做好对成员单位的服务工作，及时处理成员单位资金管理系统发生的各类问题，保证了成员单位能够正常及时地使用资金管理系统进行业务操作。

【企业文化建设】公司坚持以人为本，提倡“和、诚、开拓者精神”的日立企业文化。将合法合规作为前提，所有业务在风险可控的前提下开展。在面对成员单位时，强调服务意识与效率标准，尽所能提供高质贴心的服务。在员工培养方面，重视员工与企业的共同成长，提供各种进修提升的机会，大力提倡员工自学习、自提升，形成了浓厚的学习氛围。同时，充分发挥工会作用，解决员工实际困难，改善员工福利，并通过公司旅游以及新年联欢、文体活动等形式，提升员工归属感，增强企业凝聚力，争建和谐企业。

【高管变更】2017年，根据董事会第三次会议的决议，经上海银监局发文批复同意，公司的总经理由水流孝一变更为陈庆锴，并完成了营业执照等相关证照的变更工作。

日照港集团财务有限公司

【集团概况】 日照港集团有限公司（以下简称“集团”）为日照市市属国有企业，属于交通运输业。2017 年，集团超额完成了年度各项任务目标。全年完成货物吞吐量 3.6 亿吨，位居全国沿海港口第 9 位；实现利税 13.37 亿元、利润 10.08 亿元。

【经营概况】 2017 年，日照港集团财务有限公司（以下简称“公司”）各项工作取得较好成绩。截至 2017 年末，资产总额 37.45 亿元，负债总额 26.63 亿元，所有者权益 10.06 亿元，实现营业收入 1.42 亿元，利润总额 1.02 亿元，不良贷款率、不良资产率继续保持为零，其他监管指标也均符合监管规定。

【信贷业务】 积极开展“增提创”活动，主动对接成员单位服务需求，跟进集团公司重点建设项目，提供个性化金融服务方案。实施“挂图作战”，及时完成成员单位评级授信工作，合理安排到期贷款回收以及投放计划，增加信贷资金有效供给。截至 2017 年末，贷款余额 26.56 亿元，办理委托贷款 4.8 亿元、余额 3.75 亿元，出具履约保函 1.64 亿元，有效支持集团新旧动能转换。

【资金业务】 2017 年，公司通过精准计算、利率议价、期限错配等手段深入挖掘资金潜力。一是充分发挥公司金融机构优势，通过在多家银行开户、比价，全力争取较高的同业存款利率；二是密切跟踪同业利率市场，充分利用存贷款“时间差”，叙做定期存款 65 笔。

【票据业务】 确定票据业务模式，制定了《票据管理办法》《票据池业务实施细则》，“票据池”业务全面上线运行。依托“票据池”平台，通过票据质押或由财务公司交纳较低比例保证金方式，委托商业银行代开承兑汇票 7.31 亿元、余额 5.03 亿元。同时，积极推进电子票据准入工作，2017 年 11 月份纳入上海票交所电票系统测试名单。

【资金集中】 公司实现了房地产预售资金以及发债资金归集。同时积极推广定期存款、通知存款、协定存款等业务品种，让利成员单位，合资公司资金归集也取得新成效。截至 2017 年末，全口径资金归集度为 63%。

【业务创新】 公司不断加快业务创新步伐，“量身定做”金融服务方案。办理首笔诉讼保函、贷款承诺业务，满足成员单位个性化服务需求。针对资金结算量大、周转速度快、占用时间短的成员单位，公司推出了“快速贷”“法人账户透支”等产品，服务范围不断拓宽。

【风险管理】 2017 年，公司开展了“三三四十”、信用风险专项排查、“两会一层”等专项治理工作，做到自查部门全覆盖、业务全覆盖，促进公司合规运营。同时，不断深化全面风险管理，建立流动性预警机制，进行流动性风险压力测试；开展反洗钱和风险管理两期专题培训，推出“票据合规”“流动资金合规使用”两期风险提示；做好非法集资监测、案件防控及重大事项报告等工作，加强风险管控。

【**内部控制**】成立流程优化小组，梳理完善了各项业务流程、操作规程，提高了整体运行质量和效率。充分发挥稽核审计功能，开展飞行检查，对各部门进行全面序时审计；开展财务管理、信息科技、新增贷款、反洗钱、薪酬设计和执行、关键岗位离任以及后续跟踪七项专项审计，突出重点风险防控。

【**人力资源管理**】公司不断增强后备力量建设，一是鼓励员工学历提升、考取职称和职业资格证书，公司3人具有研究生学历、5人研究生在读或通过入学考试，多人具有中高级职称，多人具有高级国际财务管理师、国际财资管理师、法律职业资格以及银行、证券、保险、基金等金融从业资格。二是坚持“走出去”和“请进来”相结合，加大各类内外部培训力度，组织员工到行业先进单位对标学习。

【**信息化建设**】部署了EAST系统、金融数据统计系统以及运维审计系统，信息系统功能不断完善。与系统供应商管理层进行对接，更新了50余项系统功能。

【**党建工作**】一是认真学习宣传贯彻党的十九大精神和习近平新时代中国特色社会主义思想，深入推进“两学一做”学习教育常态化制度化，增强全体党员“四个意识”。二是夯实党建基础工作，建立健全了党建制度，制定支部书记抓基层党建“三张清单”。三是修订公司章程，增设党组织章节，初步形成“党组织领导核心、董事会战略决策、监事会尽责监督、高级管理层全权经营”的现代治理体系。

S

三房巷财务有限公司

【**集团概况**】江苏三房巷集团有限公司（以下简称“集团”）是一家以PTA和PET聚酯为主业的大型生产型企业集团，拥有1家上市公司、一个博士后科研工作站、一个省级工程中心和一个企业技术中心，与中国科学院化学所、南京大学、上海交通大学等著名院所进行产学研合作，连续十多年被评为江苏省明星企业、省级文明单位，被国有省级银行评定为AAA级信用单位，是全国聚酯行业的领军企业。2017年，集团位列中国企业500强第307位，中国民营企业500强第93位。

【**经营概况**】截至2017年末，三房巷财务有限公司（以下简称“公司”）资产总额11.94亿元，营业收入3117.03万元，净利润1337.09万元；计提贷款损失准备金2925万元；资本充足率为25.47%；流动性比例为37.77%；贷款损失准备充足率为100%，不良率为零，各项指标均符合监管要求。

【**信贷业务**】2017年，公司立足集团主业发展需要，在对成员单位筛选、信用评级及尽职调查基础上，向其中的10家单位发放贷款16.85亿元，其中票据贴现4.3亿元，分别比上年增长4.01%和82.97%，信贷业务结构进一步优化。

【票据业务】 2017年，公司制定了票据贴现、转贴现管理暂行办法，全年办理票据贴现16笔、4.3亿元。同时，向人民银行申请办理了9笔、3亿元票据再贴现业务，年末余额0.9亿元，降低了成员单位融资成本。2017年，公司积极申请加入上海票据交易所，于8月16日通过了人民银行清算总中心对公司电子商业汇票系统接入端软件、接入端信息系统和接入环境的检测。

【资金集中】 公司充分利用已建直联平台稳步推进成员单位账户体系建设，不断提高财务公司账户集中比例。除集团海外子公司等个别企业外共有30家成员单位在公司开户，截至2017年末，结算客户已达28家，办理结算1.35万笔，金额共计1078.90亿元。年末成员单位存款余额7.76亿元，其中上市公司及其下属公司资金6.94亿元。2017年末，公司全口径资金集中度为24.15%，可归集口径资金集中度为86.28%。

【风险管理和内部控制】 公司构建了股东会、董事会、监事会和高级管理层为主体的公司治理结构，并设有战略发展委员会、风险管理委员会、信贷审查委员会三个专门委员会，建立严格的授权及审批制度，形成了分工合理、职责和授权明确、报告关系清晰的组织架构。在具体业务运营上，构建了风险管控的"三道防线"体系，通过一线岗位双人双责、相关部门相互制约和稽核部事后审计监督最大限度地降低业务开展中的风险隐患。

【人力资源管理】 公司重视团队建设，通过外部招聘和内部选拔方式配备各类人才23人；建立了部门和岗位职责，初步搭建了人力资源基本架构；公司在员工培训方面，一是以老带新、结对帮扶；二是组织相关业务知识培训，多方提高员工金融素养；三是组织员工对口交流学习，拓宽视野，减少弯路。

【信息化建设】 2017年，一是通过了人民银行对三房巷财务公司电子商业汇票系统的接入技术验收；二是完成了与南京金融城域网、上海票交所的线路接入；三是经与农业银行、中国银行、浦发银行联系，全部完成银企直联工作；四是完善公司其他相关系统功能搭建，包括反洗钱功能、资金计划、同业往来、审计与风险管理、领导查询、电子商业汇票、报表管理、纸票管理等功能。

【企业文化建设】 公司倡导团结、协作、务实、进取的企业文化，努力培养员工合规理念和社会责任意识，积极参加集团各项活动，增强公司凝聚力。

S

三环集团财务有限公司

【集团概况】 三环集团有限公司（以下简称"集团"）是湖北省人民政府国有资产监督管理委员会履行出资人职责的省属大型制造企业，主要从事专用汽车、汽车零部件和数控锻压机床产品的生产和经营，是湖北省属机械汽车行业的龙头企业。2017 年，集团实现营业收入 215. 76 亿元，利润总额 3. 87 亿元。

【经营概况】2017 年 7 月 6 日，三环集团财务有限公司（以下简称“公司”）顺利开业。公司是集团全资子公司，承接集团资金管理功能，对内合规经营，对外积极开拓创新，是集团与外部衔接的金融桥梁。公司按照监管要求稳健经营、合规发展，积极践行“立足集团，服务成员，产融结合，创新发展”的宗旨，紧紧围绕集团效益最大化的终极目标，稳妥推进各项基础业务。截至 2017 年末，公司资产规模达到 12. 39 亿元，全年实现营业收入 1414. 87 万元，利润总额 236 万元。

【结算业务】截至 2017 年末，公司为 69 家成员单位开立活期账户，实际发生过业务的单位有 67 户，其中 4 家开立定期户，公司在银行开立同业账户 8 户。2017 年 7 月 6 日，公司结算部正式受理业务，截至 2017 年末，共处理各类业务 16702 笔。工商银行、农业银行、建设银行三家银行资金归集上线成功，工商银行发生业务笔数 7905 笔，发生额 95. 50 亿元，其中资金上收 1830 笔，发生额为 32. 70 亿元；农业银行发生业务笔数 1529 笔，发生额为 3. 61 亿元，其中资金上收 140 笔，发生额 1. 39 亿元；建设银行发生业务笔数 224 笔，发生额为 144148 万元，其中资金上收 156 笔，发生额 8. 32 亿元。

【信贷业务】公司加强信贷营销，积极争取监管支持，保持信贷规模的基本稳定和贷款质量优良。2017 年，公司已完成对 17 家成员企业的评级、授信工作，授信金额共计 19. 28 亿元；对成员企业发放贷款 27 笔，累计发放贷款总额 9. 93 亿元，对成员单位累计贴现规模 3. 05 亿元。

【同业业务】2017 年，公司加强同业合作，配置不同期限的短期同业存放、同业结构化存款，头寸资金收益保持较高水平。为顺利开展各项信贷业务，满足成员企业资金需求，公司广泛开展同业授信业务，争取同业信用支持，已启动的授信银行有工商银行、招商银行、兴业银行、民生银行、广发银行、浙商银行等，授信产品包括同业拆借、转贴现、代开银承、法人账户透支等。

【运营管理】一方面，公司建立了由董事会、监事会、经理层组成的现代金融企业法人治理结构。董事会下设风险管理委员会，主要负责审查公司风险管理战略和政策，监督检查公司建立健全可持续发展的风险控制体系和管理机制。经理层下设信贷审查委员会，主要负责审议各项信贷类业务、信贷资产五级分类、不良贷款的回收与处置等。另一方面，公司全面发挥窗口服务功能，积极开展反洗钱和“金融知识进万家”宣传活动，履行金融机构社会责任。7 × 24 小时保持在线后台服务和电话沟通，切实做好网银系统的维护和答疑工作。

【风险管控】2017 年，公司高度重视风险管控工作。一是风险管理部根据成员单位行业分布情况、经营情况、财务状况等建立了信用评级、授信模型，将成员单位信用分为 6 个等级，根据评级情况，结合被授信单位财务指标，测算授信额度。二是根据监管要求及“三个办法一个指引”标准，完成信贷资料审核，确保业务符合监管要求及风险控制。三是完成监管机构现场及非现场监管报告的报送，公司各项指标均符合监管要求。四是完成案防自查及评估，根据案防要求五个板块 25 个指标自评案防情况，对缺失部分指标有关制度文件进行了相应的补充。

三峡财务有限责任公司

【集团概况】 中国长江三峡集团公司是国内可控装机最大的清洁能源集团和全球最大的水电开发企业，2017 年 10 月，经国务院国资委批准，中国长江三峡集团公司更名为“中国长江三峡集团有限公司”（以下简称“集团”），改制为国有独资公司。截至 2017 年末，集团可控、在建、权益装机总规模 1.24 亿千瓦时，其中可控装机 7002 万千瓦时，可再生能源装机占比 96.2%；完成发电量 2846 亿千瓦时，同比增长 8.4%。全员劳动生产率、人均利润、人均上缴利税、成本费用利润率继续在中央企业名列前茅。

【经营概况】 2017 年，三峡财务有限责任公司（以下简称“公司”）各项业务运行规范稳健，规模效益再创新高，公司注册资本金增至 50 亿元，管理的各类金融资产近 1800 亿元，全年实现利润总额 15.20 亿元。

【信贷业务】 2017 年，公司累计发放自营贷款 290 亿元，信贷资产日均规模 223 亿元。重点关注白鹤滩、乌东德等在建大水电项目资金计划，优先确保融资需求和提款进度；担任牵头行和代理行，为长龙山抽水蓄能项目组织 85 亿元银团贷款，并争取到基准利率下浮 5% 的优惠贷款利率；紧紧围绕集团公司打造“风光三峡”和“海上风电引领者”战略目标，重点做好江苏大丰、广东阳江、福建兴化湾等海上风电项目的内源融资以及银团融资等金融服务。

【资金业务】 2017 年，公司抢抓利率阶段性高点契机，适当延长配置期限，加大 1 至 3 个月期限资金配置，实现集团公司整体资金效益最大化。同时，采用双向询价方式，灵活调拨资金头寸，运用市场化公开“询价”和“竞价”机制，提升同业存款收益。全年短期资金日均规模近 170 亿元，短期资金利息收入超过 6 亿元，同比增长近 42%。

【投资业务】 2017 年，公司固定收益类投资以资金池类项目为主，权益类投资以调查研究、投资分析和防范风险为主。2017 年，公司自营投资收益近 1.9 亿元，完成预算的 103.3%。

【受托理财】 2017 年，公司发挥专业优势，精细管理集团受托资产，取得了高于银行理财的平均收益水平。2017 年，受托理财日均投资规模近 160 亿元，实现收益 7.60 亿元，收益率为 4.77%，实现了集团公司受托资产的安全、保值和增值。

【票据业务】 提前高效完成上海票交所一期纸票电子化及二期人民银行 ECDS 电票切换入网工作。2017 年，集团成员单位申请加入公司电子商业汇票系统增至 75 家，较上年增长 34%，全年办理商业汇票交易量较上年增长 106%。

【资金集中】 2017 年，集团及成员单位日均存款余额近380亿元，可归集口径资金集中度近98%；全年办理人民币资金结算笔数同比增长7.46%，支付结算电子化率高达99.68%。资金结算业务安全、稳定、高效，保持了20年“零延误、零差错”的优良业绩。

【保险经纪业务】2017年，保险经纪公司完成增资扩股目标，注册资本金由5000万元增至1亿元，保险集中管理和风险管控能力进一步提升。全年为集团公司46个项目提供了保险集中安排和保险咨询服务，按市场费率测算为集团公司节省保费约5000万元。

【整合湖北能源财务公司】截至2017年末，湖北能源集团股份有限公司入股三峡财务公司已获北京银监局批复，增资资金已到位；湖北能源财务公司各项业务、人员已经全部转移至公司，其解散工作已获湖北银监局受理，仅待银监会正式批复。

【风险管理和内部控制】2017年，完成公司内控手册修编和7项风险管理制度修编：按照监管要求新制定《合规管理制度》《公司董事、监事和高级管理人员内部问责制度（试行）》两项制度；按照公司业务模式变化情况，及时修订《全面风险管理管理规则》《风险控制委员会议事规则》《业务风险审查与监控管理办法》《客户信用评级管理办法》《客户授信管理办法》五项制度。

【人力资源管理】2017年，公司科学建立内部任职资格体系，提高组织效率，减少运行成本，优化薪酬结构，已初步完成“三定方案”的技术设计和实施路径。积极提升员工综合素质，全年全员参加培训500人次，同比增长55.8%；全员培训共计4394学时，人均37学时，同比提高42.3%。组织公司内训17班次，外派培训76人次，重点项目培训落实率在90%以上。

【信息化建设】电子服务系统功能继续拓展完善，新增反洗钱业务模块，实现了由人工监测到系统实时监测并流程化管理的飞跃；完成保险经纪业务管理系统54个功能节点的开发，实现保险业务全流程数据的采集、分析和共享；积极探索业财融合的信息化工作，利用互联网、大数据等IT技术，加大系统集成融合力度，积极打造集统一管控平台、辅助决策平台、资金支付平台为一体的资金债务系统“2.0版”，努力实现本、外币结算一体化和资金、票据结算一体化。加快推进决策信息化研究，贯彻“数据即资产”的理念，使公司的信息化能够完成从业务、监管信息化向决策信息化的转型。

【企业文化建设】高度重视职代会的提案办理工作，2017年工会共收到提案14件，合并予以立案7件，其中督办落实5件，持续督办2件。积极参与集团和行业协会组织的文体活动，不断增强员工的团队凝聚力和向心力。团委制作迎新手册、组织座谈交流，帮助新员工解决实际困难、尽快适应新环境，合力营造温暖和谐的工作氛围。

【党建工作】党委统筹、班子带头，深入基层、集中学习，实现十九大精神学习培训和宣传贯彻的整体推进、全面覆盖。修订公司章程，将党建工作要求纳入章程，实现加强党的领导与完善公司治理结构有机融合。构建“系统教育+专题研讨”的学习模式、“媒体宣传+特色活动”的教育模式、“逐级分解+层层落实”的防控模式，查找岗位廉洁风险点，扎实开展廉洁从业申报和廉洁从业承诺活动，努力构筑齐抓共管的良好局面。

沙钢财务有限公司

【集团概况】江苏沙钢集团有限公司（以下简称“集团”）是江苏省重点企业集团、国家特大型工业企业、全国最大的民营钢铁企业。集团总部位于江苏省张家港市。集团坚持走创新发展之路，不断优化产品结构，深化节能减排，发展循环经济，企业实现了稳健发展。集团位列2017年《财富》世界500强企业第365位。

【经营概况】2017年末，沙钢财务有限公司（以下简称“公司”）资产总额92.90亿元，负债总额77.12亿元，所有者权益15.78亿元。全年实现营业收入1.66亿元，利润总额1.58亿元，净利润1.19亿元，公司净资产收益率为7.83%，资本充足率为29.28%，流动性比例为67.36%，投资比例为63.86%，拆入资金比例为13.28%，担保比例为4.60%，公司无不良贷款。

【公司金融】2017年，公司积极为成员单位提供低成本的信贷支持，主动为成员单位提供流动资金贷款、办理票据贴现、保函等业务。公司全年累计为成员单位发放流动资金贷款22.20亿元，开具各类保函4份。截至2017年末，公司各项贷款余额30.94亿元，累计办理成员单位票据贴现15.18亿元。此外，公司积极与银行洽谈研究新的融资品种，以低成本的融资置换高成本融资，有效解决了资金缺口，控制了总体资金成本。集团财务费用比2016年同期下降12.80亿元（剔除汇兑损益，财务费用同比下降2.66亿元）。

【产品销售信贷业务】为拓宽低成本中长期融资渠道，公司积极与券商联系做好可交债发行可行性分析并及时更新相关材料，多渠道申请新的直接融资发行资质。为配合集团兼并重组，公司积极联系银行洽谈并购贷款及资本金融资事项，确定了中国银行、国家开发银行、招商银行、中信银行四家银行组成并购贷款的银团，中国银行为牵头行，国家开发银行和招商银行为联合牵头行，额度为26.70亿元。

【资金和投资业务】2017年，公司统筹安排生产经营、投资及筹集资金，在确保资金安全的前提下，资金使用效率进一步提升。库存人民币结算资金明显压缩，人民币结算资金日均库存比2016年减少3.60亿元，有效减少了日常结算资金占用。重点推进有价证券投资业务，与多个金融机构合作推进有价证券投资业务，实现收益4188万元，比2016年同期日均增加4.41亿元，收益增加2560.38万元。

【票据业务】2017年，公司稳步开展票据贴现、再贴现等票据业务，累计办理成员单位票据贴现15.18亿元，比上年同期增长35.88%；向人民银行再贴现6.03亿元，比上年同期增长6.18%。全年实现贴现、再贴现利差收入3108万元，比上年同期增加942万元，增长43.49%。累计为成员单位“代开银票”2.5亿元，办理电子承兑汇票1亿元，获得“代开银票”及承兑手续费18.87万元。集团单张出票金额在300万元以上的商业汇票收付款业务已全部通过电票办理，销售回笼电票占票据总额的85%，每月在银行开立电票占开票总额的90%，集团电票结算比例大幅提高。公司积极与银行开展票据池业务，将库存的短期电票办理票据池质押融资，有效盘活电票库存。

【资金集中】2017年，公司加大了对银行账户的管理力度，日常及时跟踪账户资金进出情况，重点关注成员企业非归集账户资金，并督促外围成员企业将资金存放于银企直联账户。按季度对集团本部、外围成员企业账户进行全面梳理，及时处理未归集账户、长期不动户和外地账户闲置资金。截至12月底，全口径资金归集率为68.19%，比2016年底62.41%上升了5.78个百分点。剔除无法归集部分，资金归集率为90.25%。

【业务创新】2017年，公司积极申请开展延伸产业链金融服务试点工作，做好相关申请材料的准备工作。与成员单位明确授信范围、授信额度等规模控制相关要素，保证公司产业链金融业务获批后的顺利开展。

【风险管理和内部控制】2017年，公司对各项业务审批流程进行了全面梳理，根据实际业务需要及时完善相关规章制度。共梳理业务管理制度110个、业务流程99个，修订了《资金管理规定》《票据再贴现管理办法》《集团本部电子银行承兑汇票管理办法》《沙钢集团保险管理办法》等制度，起草了《沙钢集团资金理财业务管理制度》，进一步规范了各项业务操作。

2017年，公司对重要物品、合规风险管理、存放同业业务进行了专项检查，共检查11次，及时发现问题并整改，确保各项业务运行顺畅。对小贷公司、房地产公司、淮钢公司、广西猛业等公司进行检查，发现问题62个，其中包括税务风险、内控制度缺陷等问题，在税务方面为集团挽回直接损失近30万元。

【人力资源管理】2017年，公司组织开展各类培训28期。通过集中学习和利用网络学习平台开展学习，进一步增强员工业务知识水平。

【信息化建设】2017年，公司积极推进财务公司核心业务系统、集团资金应付款管理系统二期开发、上线工作。对软通动力公司开发的业务模块做好测试，积极协调软件开发公司解决存在的问题，争取尽快上线。

【企业文化建设】2017年，公司组织员工积极参加集团及监管部门组织的各项活动。11月，在张家港市金融系统第二届“数据精英”金融统计技能大赛中，公司荣获团体第一名。此外，公司金融党支部与中国银行锦丰支行党支部签订了党建共建协议，签约仪式结束后，双方党员一同前往沙洲县抗日民主政府纪念馆参观。

S

山东晨鸣集团财务有限公司

【**集团概况**】山东晨鸣纸业集团股份有限公司（以下简称“集团”）是处于国内造纸行业龙头的地方国有企业，主要从事机制纸、纸板等纸品和造纸原料、造纸机械的生产、加工和销售。截至 2017 年末，集团合并总资产 1133 亿元，浆纸产能超过 1000 万吨，实现利润总额 62. 70 亿元，效益指标进入全国企业 100 强。集团一直专注于林、浆、纸一体化建设，形成了以拥有全球最大制浆造纸生产基地和数十条国际尖端水平生产线的制浆造纸板块为主，纤纱板块、林业板块、金融板块、综合服务板块为辅的多元化发展企业集团。集团主要股东为寿光晨鸣控股有限公司、香港中央结算（代理人）有限公司（H 股）、晨鸣控股（香港）有限公司（B 股）。

【**经营概况**】2017 年，山东晨鸣集团财务有限公司（以下简称“公司”）资产总额、存贷款余额、营业收入、利润总额等主要经营指标均增长了 20% 以上，各项监管指标全部符合监管要求，不良资产率、不良贷款率均为零，公司服务集团及成员单位的能力不断增强。通过 7 家直联银行已基本实现资金结算、归集、对外付款全覆盖，加大同业合作力度，加快推广电票业务，以金融服务支持集团及成员单位发展，丰富业务品种，围绕产品买方信贷、结售汇业务开展调研论证，不断拓展产融结合的广度和深度。

【**信贷业务**】2017 年，公司累计发放贷款 46. 71 亿元，同比增长 34. 92%，年末贷款余额 61. 91 亿元，比年初增长 28. 28%。随着集团所属行业景气度的不断提升，成员单位的市场竞争力和抗风险能力也不断增强，信贷需求趋向旺盛。公司不断开拓新的成员单位客户，将富裕晨鸣、青岛国际物流、海鸣矿业、森达美港等成员单位纳入授信客户群体，使更多的成员单位能够享受财务公司方便快捷的信贷服务。

【**产品销售信贷业务**】2017 年初，公司获批开展消费信贷、买方信贷业务，在集团销售部门的配合下，开展了下游客户需求问卷调查以及长三角、北京、上海等下游客户密集区面对面对接等工作，一企一策制定了八种不同担保方式的业务模式，完成了合同文本设计和操作流程的修订，储备了 5 家大型物资公司和经销商客户、20 余家中小经销商等目标客户，为集团和成员单位扩大产品销售、防范资金风险提供支持。

【**资金业务**】2017 年，公司认真分析市场形势，结合集团及成员单位资金流动特点，主动联系同业合作银行，采用制式与定制相结合模式，开发适合自身的超短期金融产品，合理安排资金存放，增加资金收益。利用银行间市场，公司加强与同业机构的资金拆借业务合作，有效提高了流动性管理水平和资金收益水平。

【票据业务】2017 年，公司大力发展票据业务。一方面，借助集团力量加大推进力度，集团要求各成员单位推广财务公司电票支付业务，公司印制宣传折页，制定成员单位走访计划，对湛江、江西、吉林等地成员单位及主要供应商进行上门走访、宣传，扩大票据使用范围。另一方面，公司利用同业授信，积极与授信银行开展票据保贴和转贴现业务，增强票据流通性，提高客户接受度。2017 年公司累计开立 8.95 亿元财司电票对外付款，成为集团付款的重要补充。

【外汇业务】伴随集团核心产业在海外的拓展，外汇管理成为资金管理的重要环节。公司发挥自身优势，深入调研，统筹集团外汇资源，积极申办即期结售汇业务，即期结售汇业务经营资格获得国家外汇管理局批准。

【资金集中】公司对遍布全国 8 个省 11 个市包括集团在内的 48 家成员单位进行深入调研，了解各成员单位资金管理模式和特点，根据成员单位资金业务复杂、开户银行多、客户对收款账户依赖性强、资金被动归集模式不易操作的特点，增加主动上划模式，即由结算人员通过银企直联监测单位账户余额，成员单位提报归集计划，公司主动发起上划，有效增加了资金归集。

【风险管理和内部控制】通过开展“三三四十”、合规制度建设年活动等工作，公司全面实行月度审计制度，开展各类风险排查和内部审计问题的原因分析讨论，挖掘问题产生的深层次原因，组织开展问题整改和制度修订，员工的风险合规意识明显增强，依法合规稳健经营的理念深入人心。

【人力资源管理】为了提高员工的业务素质和职业素养，真正抓好培训学习及队伍建设，公司人力资源部门按照年度培训计划，每月两次聘请外部专家和内部业务骨干进行专题培训，内容覆盖规章制度、政策解读、操作规程、业务创新等方面，同时做好监督检查及培训内容测试工作，并将测试结果纳入个人绩效考核，确保培训效果。

【企业文化建设】公司秉承“依托集团、服务主业”的经营宗旨，以“加强协同、提升服务、做大规模、效益突破”为目标，支持集团实体经济发展，为员工创造美好生活，为股东创造回报，努力打造行业领先的优秀金融服务商。

山东钢铁集团财务有限公司

【集团概况】山东钢铁集团有限公司（以下简称“集团”）成立于 2008 年 3 月 17 日，是由济钢、莱钢和山东冶金工业总公司所属单位重组设立的国有独资公司。集团总部设在济南。2017 年，全年营业收入、利润总额均创 2008 年以来最好水平。实现利税 93.81 亿元，实现利润37.76亿元。全年累计生产铁、钢、材分别为2116万吨、2175万吨、2086万吨。集团列2017年中国企业500强第150位，中国制造企业500强第57位，企业信用等级为AAA级。

【经营概况】2017年，山东钢铁集团财务有限公司（以下简称“公司”）强化内部经营管理，多项经验做法被辖区金融机构和集团作为典型推广。公司先后被授予山东银监局“进走访”活动先进单位、集团财务工作先进单位、审计工作先进单位等荣誉称号。截至2017年末，公司资产总额144.71亿元，负债总额109.36亿元；所有者权益35.35亿元。全年累计实现收入5.66亿元，实现考核利润3.5亿元，同比增加1.14亿元，增幅为49.03%。公司不良资产率和不良贷款率均为零，全年累计提取贷款损失准备金8706.58万元，年末余额2.65亿元，贷款拨备率为2.52%；资本充足率为28.20%，流动性比例为51.12%，各项指标符合监管规定。

【信贷业务】2017年，公司通过贷款、贴现、转贴现、委托贷款、电子票据等产品，累计为集团和成员单位提供表内表外信贷支持261亿元，信贷支持余额149亿元。

【保险和投资业务】实施让利政策，累计让利成员单位2亿余元。加强与商业银行的谈判协商，提升存放同业利率；开展有价证券投资，提高资金收益能力，实现存放同业收入4100万元。加大保险代理力度，将保险代理业务打入海外市场，成功办理塞拉利昂矿业保险业务；创新实施保险业务联席会议模式，提升了保险代理的工作效率。2017年累计为成员单位代理投保资产余额648.38亿元；实缴保费2095.07万元，保费降低率达到50%以上。协助成员单位加大索赔力度，累计索赔到位1115.10万元，赔付率达到53.22%，提升了保险的保障能力。

【票据业务】积极开展票据贴现业务，优化完善了票据—贴现—转（再）贴—资金的快速流转渠道，截至2017年末，票据贴现余额10.40亿元，转贴现余额13.40亿元，电票余额24.82亿元，扩大了集团公司融资渠道。

【资金集中】2017年，公司通过资金归集领导包片制度、引导全员上门营销、强化归口管理、以结算带动存款增长等措施，加大资金归集力度。公司年末各项存款余额达到108.47亿元，全口径资金归集度达到50%以上。

【信息化建设】2017年，公司投资1000余万元，组织了信息系统升级转换工作。8月18日，系统顺利实现上线运行，建成了行业内领先的新一代资金管理系统。

【风险管理和内部控制】组织开展“三违反”“三套利”“四不当”专项治理自查、信用风险排查、市场乱象整治等系列工作。修订完善公司制度体系文件，梳理完成151项，印刷形成新的制度汇编。重新修订《员工轻微违规行为积分管理办法》和《工作人员违规失职行为处理办法》两个手册，调整积分标准62项，新增正向积分办法。先后对16人次积20分，罚款3000元，发挥了激励约束作用。认真落实《风险预警会议制度》和《重大事项报告管理办法》，组织召开4次季度风险预警会，将风险防范关口前移，不断提高风险防控能力。加强内部审计，建立三层审计稽核监控模式，对业务部门逐一进行审计，促进问题整改。

【人力资源管理】加强业绩评价考核，将合规经营、风险管理、资金归集、净资产收益率等作为重点指标，将成员单位结算量、融资额度、存款保证金、保险索赔率等作为新增细化考核指标，严格考核兑现，发挥了激励导向作用。注重标准化管理，借鉴先进单位做法，制定实施《6S管理评价办法》，全面推进公司运营管理各项工作规范化。为了解和满足成员企业需求，宣传并营销公司产品和服务，增设客户服务部；为强化对资金管理信息系统的运行和维护，增设信息科技部。实施全员竞聘上岗，选任18名部门经理、副经理及业务主管，引进3名信息技术人才，有8名干部职工跨部门岗位交流，实现定岗、定责、定人，完成部门和人员的优化配置。

【企业文化建设】 为促进公司加快实现跨越提升，组织开展了“转观念、转作风，提素质、提能力”（两转两提）活动，着重解决干部职工在思想、工作和学习中存在的突出问题，推进公司整体发展水平实现新跨越。通过集体学习、研讨交流、演讲比赛等多种方式，加强企业文化的宣传和贯彻。将文化建设与公司经营管理有机结合，在全公司营造了风清气正劲足、干事创业的良好环境和氛围。加强合规文化建设，引导全员严格落实“按岗履职、按权履责”的要求。注重公司文化与山钢文化的融合发展，积极参与集团组织的“中国梦·党在心中”集中宣讲等文化建设活动。

【党建工作】 认真履行“两个责任”，扎实做好各项基础工作，坚持“两学一做”学习教育常态化制度化，不断提高党员领导干部和全体党员的政治、业务素质。强化党风廉政建设，严格落实“一岗双责”，大力开展反腐倡廉宣传教育品牌建设。不断加强党建基础工作，将2017年作为党建基础年，制定印发20项党建工作制度，在集团公司办公楼率先建设了党员活动室，坚持“每周一学”“理论中心组学习”“三会一课”等基本制度，积极组织形式多样的主题党日活动。指导群团组织积极发挥自身优势，促进中心工作的开展。

山东黄金集团财务有限公司

【集团概况】 2017年，面对复杂多变的宏观形势、趋紧趋严的产业政策和艰巨繁重的改革任务，山东黄金集团有限公司（以下简称“集团”）深入贯彻落实党的十九大精神，坚持质量第一、效益优先，供给侧改革成效显著，发展新动能持续增强。资产总额首次突破千亿元，同比增幅为23.09%；成功探获金资源量超过550吨的世界级大型金矿床——西岭金矿；与全球最大的黄金生产商巴理克黄金公司成功合作开发阿根廷贝拉德罗金矿项目，达成不限于南美地区的全球范围内优质资源的战略合作。

【经营概况】 2017年，山东黄金集团财务有限公司（以下简称“公司”）按照“做优做稳”的战略要求和“对内服务集团、对外跑赢市场”的经营理念，有力地支持了集团实体经济发展。资产总额达58.25亿元，较年初增加5.52亿元；负债总额44.94亿元，较年初增加4.60亿元；存款余额39.96亿元，较年初增加0.85亿元；贷款余额（含贴现）34亿元，较年初新增5亿元。不良资产率为零。实现利润总额1.51亿元，同比增加0.28亿元，归属母公司净利润1.13亿元。为集团成员单位节约财务成本1500余万元。获得集团2017年非矿山企业综合排名一等奖和党建工作示范奖。

【信贷业务】公司信贷业务深挖内潜，为27家集团成员单位办理了评级、授信业务，累计投放自营性贷款55.82亿元，截至年末，存量自营性贷款共计62笔，余额29.87亿元，同比增长24.24%。公司通过实地调研，深入挖掘客户融资需求，大力推广保理、买方信贷等产业链金融业务，为企业提供“量体裁衣”式金融服务。通过保理业务模式，向产业链提供信贷支持1.26亿元。

【资金业务】一是资产负债管理持续强化。明确“先内而外，高低有序”的资产配置规则，在满足成员单位结算和信贷需求的基础上，严格按照收益率高低进行资产摆布，提高资金使用效率。活期存款存放采用了询价机制，2017年末活期利率达到3%的银行增至3户。高度重视MPA考核，评级上升至A类。二是流动性管理精准度进一步提升。采用滚动预算模式，确保日大额资金支出精准度在95%以上。探索集团资金运动规律，锁定可能出现流动性风险的时间节点，积极准备应对方案。

【投资业务】公司投行业务注重风控，明确“风控首要、兼顾效益”投资原则，规范了运作流程，2017年共完成理财投资业务55笔，实现投资收入5763.98万元。公司继续遵循有价证券投资业务的五项基本原则和八种不能投资的负面清单，积极与资本市场实力强、信用高的投融资主体合作，储备优质项目，甄选投资产品。

【票据业务】抓住了贴现市场利率走高机遇，实现客户数量和业务收入快速增长。2017年增加贴现新客户8户，共办理票据贴现8.41亿元，同比增长21.70%；成功开办了电子商票的再贴现，以及对已办理过再贴现的银票进行了第二次再贴现，全年办理票据再贴现2亿元；顺利加入上海票交所，为业务持续发展奠定了基础。

【风险管理和内部控制】公司结合监管部门开展的“三套利”“三违规”“四不当”“十乱象”等多项自查整改活动，全面排查整改公司金融风险，不断完善各项规章制度，并以“合规制度建设年”为契机，强化公司制度建设，进一步提升内控执行力，促进公司合规、健康、持续发展。组织开展“学制度、会制度、用制度”活动，督促员工学习掌握公司各项规章制度，提高制度执行力。

【党建工作】2017年，公司全面落实从严治党向基层延伸和“两学一做”学习教育常态化、制度化要求，逐渐探索出一套适应公司特点的“党建+”工作模式，以“党建+服务”树立服务型党组织新形象；“党建+学习”构筑学习型党支部新模式；“党建+创新”打造创新型党组织新名片。5月和12月，作为集团推荐的基层党支部分别接受了省国资委和省委组织部的党建工作现场督导，得到各级领导充分肯定。

【企业文化建设】一是开展为期70天的纪律作风整顿活动，进一步治理慵、懒、散等不良风气，使全员充分认识到严肃工作纪律，整顿工作作风的意义，从而自觉提高依规从业、廉洁从业意识，遵守廉洁自律有关规定，进一步夯实了纪律作风建设的思想基础。二是为积极响应省委省政府、山东银监局及集团“第一书记”扶贫帮扶工作号召，向临沂市郯城县庙山镇扶贫项目进行了捐助，切实推动了金融扶贫工作的开展。

山东能源集团财务有限公司

【集团概况】 山东能源集团（以下简称“集团”）是山东省属国有独资公司，注册资本100亿元，总部在山东省济南市，下辖6个矿业集团、2个省外区域能化公司、9个非煤专业化公司，是山东省规模最大的省管企业。集团连续六年跻身世界500强企业，2017年位列第372位，是全省唯一跻身世界500强的国有企业。

S

【经营概况】 山东能源集团财务有限公司（以下简称“公司”）作为集团金融板块的领航者，紧紧围绕集团“资金统一、财务创效、风险防控、做大金融”的目标与要求，充分发挥财务公司金融专业优势，挖掘内部金融潜力，优化外部金融环境，产融结合桥梁作用不断显现，服务实体产业能力不断提升，公司各项经济运行指标屡创新高。2017年全年实现收入总额4.02亿元，利润总额2.5亿元，年末资产总额178亿元。截至2017年12月末，公司资本充足率为28.58%，流动性比例为49.67%；不良资产率、不良贷款率均为零，资产损失准备充足率、贷款损失准备充足率达100%，符合监管各项要求，各类风险指标均处于安全可控范围之内。

【信贷业务】 公司2017年在信贷业务上加大对成员单位重点项目支持力度，加速新旧动能转换进度，通过深化开展“进走访”活动，“一户一策”制定特色化、综合性金融服务方案，加快推进集团客户授信；不断丰富金融品种，从单一的短期流动资金贷款扩展到中长期的固定资产贷款、流动资金贷款等；搭建金融机构—财务公司—成员企业互利共赢平台，积极与浙商银行、泰山保险、中泰证券等十余家金融、保险机构牵手，充分利用各家银行给予公司的同业授信，为成员单位办理担保、商票贴现、转贴等业务，拓宽成员单位企业融资渠道。

【资金业务】 加大同业合作力度，不断扩大公司“朋友圈”，增加同业授信规模，丰富授信品种，签订长期战略合作协议银行15家，新增中信银行、兴业银行授信15亿元，累计取得同业授信52亿元，为开展成员企业票据业务、代理业务、担保业务优化了外部金融环境。在力保资金流动性的基础上，抓住市场机遇，最大程度地提高资金收益。

【票据业务】 公司认真研究企业票据使用规律，加大票据池与电票推广力度，形成票据收付、开具、管理、贴现、交易全业务链，不断盘活票据与信用，变票据为现金、变信用为现金，降低企业资金占用。在票据池推广上，认真梳理操作规范，优化服务流程，不断提高成员单位认可度和票据集中度，减少外部银行托收资金及质押开票保证金。在电票业务上，积极宣传培育企业用票习惯，充分发挥信用创造工具作用，打造财务公司电票品牌。通过票据池与电票的推广，压减资金占用，逐步缓解票据应收应付“双高”现象。

【资金集中】 公司始终将资金集中工作作为第一要务，从考核督导、平台疏导、服务引导三个维度出发，刚柔并济不断提升资金集中度。研究出台《资金集中管理意见》，实时监测、定期考核，形成督导强力。不断完善“收支两条线”资金管理模式，提高成员单位特别是贸易单位的结算效率，不断延伸平台范围，扩大银企直联网络。持续深化“服务提升年”活动，持续开展市场让利，最大限度地让利于成员单位，提高归集意愿。2017 年末全口径资金集中度达到 53.16%，比年初上升 30.56 个百分点，比半年末上升 24.42 个百分点。

【业务创新】 公司一是积极推进“票据池”建设，开创了全国首例“成员单位分散入池，能源集团集中管理”的“票据池”运作模式。二是加快推进电子票据系统建设，顺利通过人民银行现场验收，并于 2017 年 4 月份取得人民银行资格批复正式上线运行，并成功对接上海票交所。三是顺利获批同业拆借市场资格，系统平台现已搭建完毕，实现与人民银行联网，已基本达到开展拆借业务的要求。

【风险管理和内部控制】 公司始终将风险管理管控摆在突出重要位置，严格依法合规经营，持续提升风险管控能力。一是不断完善公司各项信息系统，修补漏洞，升级平台，为集团资金安全保驾护航。二是继续探索审慎和动态平衡的流动性管理策略，加大对流动性比例、资本充足比例等关键指标的监控力度，确保“资金池”松紧适度。三是认真落实金融监管要求，组织开展“三违反” “三套利”“四不当”“整治银行业市场乱象”“合规建设年”以及信用风险专项自查等活动，定期开展风险指标预警监测，牢守风险底线，保障合规经营。

【人力资源管理】 为深入实施人才强企战略，扎实推进人才工作机制创新，公司不断推进和完善人才发展工作。一是完善人才激励机制，深化岗位绩效工资制度，激发员工干事创业激情。二是提升队伍活力，积极配合集团完善公司人力资源结构，加大金融人才引进力度，完善员工职业晋升渠道，补齐队伍短板。三是积极开展金融队伍建设专项课题研究，以构建形成具有较强团队凝聚力、较强市场竞争力的管理激励机制为目标，逐步打造形成一支梯队合理、经营丰富、作风扎实、忠心敬业的金融团队。

【信息化建设】 2017 年，公司以业务为导向，不断加大信息化建设投入，完善公司信息系统，积极进行系统运维及日常维护，不断夯实信息科技管理基础，较好地实现了信息科技作为业务发展的支撑保障作用。一是稳步推进系统建设工作，2017 年共新建信息化项目 9 个，续建信息化项目 4 个。二是积极推进正版化工作，制定了软件正版化方案，加大对国产正版软件使用的培训和推广工作。三是加强网络安全管理工作，开展网络安全专项治理，完成公司所有终端电脑的保密安全检查等工作。四是积极做好公司基础设施运维及信息系统应用保障工作。

【企业文化建设】 全面对接宣贯集团企业文化，结合金融行业特点，实施团队凝聚力专题建设活动，选聘专业培训机构，不断提升内部沟通效率，增强队伍凝聚力；加强员工人文关怀，组织领导与员工、员工与员工间的谈心活动，开展员工生日派对、家庭走访等活动，增加员工集体感情。不断以优秀的企业文化凝聚队伍，为公司发展注入精神动力。

【党建工作】 2017 年，经董事会和股东会审议，同意将党建工作写入公司章程。公司党支部通过发挥基层党组织的战斗堡垒作用和党员的先锋模范作用，领导群众组织，加强思想

S

政治工作，凝心聚力推动各项工作任务落实；坚持把方向、管大局、保落实，通过坚决贯彻执行党的理论和路线方针政策，确保公司坚持改革发展正确方向。

山东省商业集团财务有限公司

【集团概况】 山东省商业集团有限公司（以下简称“集团”）是山东省商业集团财务有限公司（以下简称“公司”）的股东，是1992年底由山东省商业厅整建制转体组建而成的国有企业，现已成长为涵盖零售、房地产、生物医药、文化传媒、金融支付、汽车服务、职业教育等多个领域在内的多元化企业。2017年，集团实现营业收入1101.07亿元，同比增长8.25%；实现利税33.59亿元，同比增长33.54%。

【经营概况】 公司紧紧围绕“产融结合、良性互动”的基本导向，狠抓资金集中管理，研发创新金融产品，提升金融服务水平，打造创新型、服务型财务公司。2017年，公司实现营业收入1.93亿元，同比增长1.05%；实现报表利润1.40亿元，同比增长11.11%。截至2017年末，公司资产总额52.30亿元，负债总额43.74亿元，所有者权益总额8.57亿元。

【信贷业务】 公司始终坚守服务集团的根本不动摇，坚持与成员单位同舟共济谋发展。根据集团“转型、瘦身、创新、活力”四个工程要求，公司重点落实差别化信贷政策，大力支持集团支柱产业和扶持行业。2017年累计发放成员单位贷款55笔，金额合计43.67亿元。截至2017年底，流动资金贷款余额为31.47亿元，项目贷款余额为2.5亿元，公司全年实现贷款利息收入1.23亿元。

【资金业务】 2017年，公司加强同业合作和交流，努力打造同业业务体系，更好地统筹资金计划。截至2017年底，公司已取得16家金融机构授信额度，授信总额61.30亿元。全年累计办理定期存款45笔，累计金额91.30亿元；累计办理同业拆借业务41笔，累计金额84.40亿元，在确保公司流动性的同时兼顾效益性，也在助力集团和成员单位资金链安全方面发挥了积极的作用。

【票据业务】 公司多措并举全力做好电票业务推广工作。截至2017年底，公司电票业务累计发生额3.7亿元，其中为成员单位开立电子银行承兑汇票242笔，累计金额2.78亿元；电票贴现85笔，累计金额1.83亿元。此外，公司制定了《电子商业汇票系统危机处置应急预案》《电子商业汇票系统运行管理办法》等相关制度，确保电票系统的安全高效运行。

【资金集中】 截至2017年底，公司全口径资金集中度为55.79%，剔除口径为85.97%，资金归集工作稳步推进。一是夯实资金集中的基础管理工作。加强成员单位账户管理，鼓励成员单位使用子账户付款，有效提升资金集中；在集团的支持下，把资金集中度指标纳入财务工作目标责任书，强化资金集中考核。二是房地产项目预售资金归集工作稳步推进。继青岛项目之后，公司先后实现了临沂、济宁两个项目房地产监管资金的归集，截至2017年底，归集房地产预售监管资金7.61亿元。

【业务创新】2017年，公司成立了新业务筹备小组，进一步梳理新业务有关的制度流程，加强业务人员的专业知识培训，同步开展信息管理系统建设等，为新业务开展打下坚实的基础。8月，公司获得了开展延伸产业链金融服务试点资格；11月，公司取得了承销成员单位企业债券、有价证券投资（股票投资以外类）、成员单位产品的消费信贷买方信贷三项业务资质，这对于公司更好地满足成员单位多元化金融服务需求、推动集团可持续健康发展有着重要的意义。

【风险管理和内部控制】公司不断完善全面风险管理和内控制度，重新梳理各业务线条，对存量业务进行“全面体检”，对新增业务进行“全面摸底”。2017年共开展内部审计10次，审计发现问题36项，提出审计建议29条。强化内审的深度和广度，逐步探索从事后监督向事前审计转变，局部审计向系统审计转变，业务操作审计向内控管理审计转变，有效提升了内部管理水平，督促完善全面风险管理建设，补足公司经营管理之短板。

【人力资源管理】公司探索建立市场化的绩效考核激励机制，充分发挥考核的激励导向作用；继续引进金融专业人才，有效提升公司投资、产业链等新业务水平，进一步提升服务集团的能力和高度；组织开展员工全方位培训和评先创优活动，改善在岗员工知识结构，全面提升员工的综合素质，努力打造学习型、专业化的人才队伍。

【信息化建设】作为集团资金集中管理平台，公司高度重视信息化建设工作。2017年，信息系统建设在前期运营的基础上，着力提升对成员单位的服务效率，完善票据业务自动化功能，改造信贷还息业务自动化功能等，在业务量逐步增长的同时提升了对成员单位的服务效率和成员单位对财务公司的满意度。

【企业文化建设】2017年，公司按照文化建设的总体要求，不断创新活动方式，激发员工的工作热情和企业文化认同感。通过一系列文体活动增强了员工凝聚力和向心力，努力创建“快乐工作、健康生活”的文化氛围。

【党建工作】2017年，公司扎实开展了党建工作。组织召开了“两学一做”学习教育常态化制度化座谈会，增强了学习教育的感染力和号召力；开展了党的十九大和省十一次党代会精神学习宣传活动，把思想和行动统一到党的十九大精神上来，确保传达好、学习好、落实好党的十九大和省十一次党代会精神；按照上级党委要求完成了党建写入公司章程工作，以法定文件明确了党组织在公司法人治理结构中的领导核心和政治核心地位。

山东招金集团财务有限公司

【集团概况】 山东招金集团有限公司（以下简称“集团”）前身为山东招金集团公司，是由1992年6月28日成立的山东省招远市黄金集团公司逐次变更而来，为招远市市属国有独资公司。2001年12月经招远市人民政府批准，实行国有资产授权经营，将山东招金集团公司改组为山东招金集团有限公司，注册资本为人民币8亿元，为集聚黄金矿业、非金矿业、黄金交易及深加工业、高新技术产业、房地产业、金融业六大产业的大型综合性集团公司。截至2017年12月末，集团资产合计489.36亿元，负债合计306.23亿元，累计营业收入361.67亿元。

【经营概况】 2017年是山东招金集团财务有限公司（以下简称“公司”）认识、适应和引领公司发展的“新阶段”。公司继续以“立足集团、服务集团”为宗旨，围绕集团规划部署及年初工作计划，积极强化资金管控及融通平台作用，丰富业务品种，扩大经营范围，提高盈利能力。同时狠抓基础管理，推进精细化流程再造，促使公司经营管理水平再上新台阶。截至2017年末，公司总资产31.15亿元，总负债15.69亿元，所有者权益15.46亿元；存款余额12.60亿元，贷款余额22.93亿元，全年实现账面利润0.33亿元，净利润0.25亿元，计提拨备0.13亿元，拨备前利润0.46亿元。通过减免结算手续费、存款利率上浮、贷款利率下浮，为企业让利1124万元。

【公司信贷业务】 公司运用多渠道资金融通手段，通过积极筹措资金，满足成员单位投放需要，解决集团的资金流需求，保证了集团资金的运转畅通，充分发挥出公司的资金融通平台作用。截至2017年末，公司为21个成员单位和26家同业合作伙伴核定了综合授信额度，取得了17家金融机构合计50亿元的可使用授信额度。向企业发放人民币贷款55笔，金额39亿元；美元贷款1笔，金额500万美元；发放委托贷款50笔，金额10亿余元。

【资金和投资业务】 公司加强资产负债管理，科学配置贷款、贴现、投资、存放同业等资产数量，合理进行长短期限资产的搭配，不断强化资金管理能力，实现流动性与效益性的统一。2017年，金融企业往来收入2454万元，占总收入的29.32%。全年调拨资金1524笔，金额1533亿元，推动资金向高收益产品流动。同业存款平均收益率为3.55%，同比增长34.50%；通过法人账户透支筹集资金30.94亿元，通过拆借市场筹集资金26.10亿元，较好地补充了流动性的不足。2017年12月28日取得有价证券投资资格。

【票据业务】 公司以直联方式加入电票系统，并通过制作宣传手册、举办培训班、现场指导等方式大力推广电子商业汇票的使用。自

2017 年 5 月份正式上线以来，成员单位利用该系统签发电票 50 余笔，金额 11.80 亿元。公司还建立了“纸质票据池”，纸票、电票联动服务。公司为成员单位办理办理商业汇票承兑 43 笔，金额 9.23 亿元；办理商业票据贴现 68 笔，金额 10.10 亿元；办理再贴现 13 笔，金额 3.3 亿元。

【外汇业务】公司获得开办即期结售汇的经营资格，2017 年成为中国外汇交易中心的会员，全年累计办理结售汇业务折合 450 万美元，其中，办理购汇业务 2151 万港元和 152 万美元；办理结汇业务 14 万美元，为企业节约成本 4 万元。

【资金集中】公司建立了人民币资金池、外币资金池、纸质票据池、电票池四池联动的资金集中管理体系，全面加强资金集中管理。同时通过标准账户体系建设和虚拟账户的开通方便企业的资金流转；通过授信优惠政策鼓励成员单位将资金通过公司进行集中管理；通过积极调整业务流程分工、增加业务处理速度统计、改进汇划效率等一系列措施，资金集中管理效果逐步加强。2017 年结算业务量共 69146 笔，金额累计 4620.48 亿元；虽然因期货公司资金及境外资金不能归集，全口径归集度仅为 48.86%，但扣除口径资金归集度达到 92% 以上。

【业务创新】2017 年，为成员单位新开办的业务品种包括即期结汇、即期购汇、票据承兑、电票贴现、法人账户透支、单位协议存款等。加入银行间市场，开办了同业拆借业务；加入了中国外汇交易中心，开办了外汇平仓业务；取得固定收益类有价证券投资业务资格。

【风险管理和内部控制】2017 年，确定了“一项业务、一个管理制度、一个操作手册、一个风险点及控制要点手册、一个事后监督检查手册”的完整闭合内控体系，并不断实践，共完成 180 余个、逾 130 万字的操作手册编写。完善内控监督提报体系，坚持风险、审计岗全覆盖立体交叉式检查，追加“业务退回”环节便于及早发现业务短板和薄弱环节，并通过监督检查手册的制定、风险点和控制要点的查找，不断夯实监督检查的手段。建立一套人人都是合规员的前后手之间、上下级之间的广泛的监督检查体系。全年共发现和提报问题 91 个，认定为差错的 76 个；形成监督检查手册 41 个，风险点及控制要点 48 个，完成 8 次应急情景演练。

【人力资源管理】2017 年末，公司员工 28 人，除司机外全部具备大学本科及以上学历，其中 5 人有研究生学位。公司采取“赛马不相马”的方针，不断进行岗位调整，将合适的人安排在合适的岗位上。2017 年通过市场招聘，引进财务管理、保险、审计等人才 5 人，其中 2 人有高级会计师资格。继续强化持证上岗制度，截至 2017 年末，公司已有 23 人取得银行从业资格，13 人取得证券从业资格，5 人取得黄金从业资格。

【信息化建设】围绕提供工作效能、加强风险管理的目标，不断优化信息科技建设。2017 年在保证公司核心业务系统安全稳定运行的基础上，新上了有价证券投资、债券承销、成员单位产品消费信贷、买方信贷、融资租赁、反洗钱、营改增等业务模块；强化信息科技系统在管理制度、安全控制、系统规划、系统运维及应急保障等方面的内容，接受了公安部指定单位的信息安全等级保护现场测评，最终取得二级的较好测评结果；完成与集团财企接口、EAST 系统、MTS 系统、上海银行间市场、结售汇系统的专线铺设；自主开发建立了监控指标监测及信息共享平台等自动化办公平台，减少公司成本，提高公司信息化监控监测能力。

【企业文化建设】2017 年组织了团队拓展、周年庆等系列活动，围绕确定目标分解任务、信息传递及沟通、角色职责履行等在工作中的运用，进行总结提炼，确立了“以职业的态度、专业的标准，为成员单位提供优质高效的金融服务，打造一流财务公司”的公司使命，培育“无私、训练有素、值得信赖、遵守纪律”的公司员工职业态度。

山东重工集团财务有限公司

【集团概况】 山东重工集团有限公司（以下简称“集团”）成立于2009年6月，是山东省省管国有企业，中国实力领先的汽车与装备制造集团之一，主要有汽车业务、工程机械、动力总成、智能物流、豪华游艇、金融与服务六大业务板块。2017年，集团继续保持了良好发展态势，全年累计实现营业收入1681.65亿元，同比增长56.46%；实现利润总额100.98亿元，同比增长140.89%。

【经营概况】 2017年末，山东重工集团财务有限公司（以下简称“公司”）各项存款余额为212.56亿元，较年初增长43.66%，资金归集率达到71.52%；各项贷款余额为90.44亿元，较年初增长21.09%；实现营业收入6.84亿元，同比增长28.33%；实现利润总额2.57亿元，同比增长27.23%。公司新业务发展迅速，其中产业链融资余额17.58亿元，同比增长104.18%；共办理即期结售汇4.43亿美元，同比增长107.01%；累计开立电票83.61亿元，同比增长256.85%。

【信贷业务】 产融结合是集团财务公司的天然优势，也是信贷业务转型的核心。公司按照产业链不同环节，将集团主要业务板块进行了划分，一是将集团内部具有融资需求的18户核心企业作为核心层，实行贴近实际、“一户一策”的信贷政策，在满足成员单位信贷需求的基础上，实现了风险的有效控制。二是根据各主要板块绘制了图谱，共找出了关联交易对手401对，涉及年交易额296亿元，利用票据解决了56亿元的关联交易融资需求。

【产品销售信贷业务】 2017年8月，公司取得了延伸产业链金融服务试点资格。通过采用名单制管理，采取有力措施，推动供应端业务迅速增长，2017年已累计为集团122家上游供应商办理保理融资10.05亿元，办理票据贴现6.79亿元。2017年，公司为陕重汽下游40家经销商提供保兑仓等买方信贷产品，累计办理保兑仓30.48亿元，有效发挥金融平台作用，带动其他金融机构扩大保兑仓业务规模，增加陕重汽销量5万台，助推企业跃升至国内重卡第一梯队。

【资金业务】 一是计划先导，加强管控，确保流动性。2017年，公司经历了存款的大幅波动，通过票据池收付款情况、按月对接客户付款预算、提高电票付款占比、完善资金计划、拓展资金来源渠道，始终确保流动性维持在安全范围内。二是落实制度，完善程序，确保安全性。公司着手建立完善各项同业投资管理制度。三是公司科学论证运营资金的总量和期限，论证交易对手和交易产品，紧盯市场和央行的货币政策，有效提高了资金收益。

【票据业务】一是通过不断完善银企财“票据池”业务的管理模式，以合作银行授信管理和票据有效入池质押为重点，调整合作银行范围，解决银行诉求，适应以电票为主导的业务模式变化，2017年入池质押开票126.50亿元。二是积极发挥自身金融企业的作用，全年累计开立票据83.60亿元，分别占潍柴动力、山推股份、亚星客车等成员单位对外付款的21%、62%、59%。

【外汇业务】一是参与集团国际化进程，提供资金支持。在集团开展的国际并购重组中，公司通过开展咨询服务，出具融资方案，并根据融资需要积极提供融资支持。二是境内境外两个资金池业务有效运作。公司通过合作银行开通国际付款结算业务，共办理国际付汇150笔，金额达2400万美元。三是扎实有效地运作即期结售汇业务。2017年，潍坊、济宁地区的结售汇业务占比达到100%，共计办理结售汇4.43亿美元，同比增长107.01%，成为集团内不可或缺的结售汇平台。

【资金集中】在集团“资金池”的大框架下，公司紧抓资金归集率这一关键指标，通过纳入绩效考核，狠抓开户、授权、资金限额管理全覆盖的工作，加强资金收支计划管理，改善现场服务，有效提升了服务效率。2017年末，公司的资金归集率达71.52%，比2016年提高了11.01个百分点；2017年末，各项存款212.5亿元，同比增长43.66%。提前完成了“十三五”规划目标——到2020年存款余额达到210亿元。

【风险管理和内部控制】2017年，公司重点围绕建立“四个标准”开展风险合规管理工作。一是建立规范的遵循标准。公司完成制度修订和模板化改造超过200项，初步形成了较为完备的制度体系。二是建立五大风险管理体系，并将风险管理纳入日常管理工作当中。三是建立严格的执行标准。公司制定了切实可行的风险合规管理年方案，实行严格的考核。四是建立检查标准，强化检查。公司每季度对制度实行全覆盖检查，突出以各专业自查为主的检查方式。

【信息化建设】一是按照已确立的公司信息化模式架构——“小核心、大应用、标准化”，执行2016—2018年信息化的建设规划。二是在信息化建设的推进上落实责任制，建立有效机制，对现有的系统完成梳理，找出当前应用系统的问题。三是调动“两个积极性”，一方面调动应用部门的积极性，另一方面调动信息技术部门的积极性。作为山东省金融行业的代表，公司对信息化模式探讨的论文被推荐至中国银监会参赛并获得三类成果奖。

山西焦煤集团财务有限责任公司

【集团概况】山西焦煤集团有限责任公司（以下简称“集团”）是全国最大的炼焦煤生产加工企业，也是全国最大的炼焦煤市场供应商，位居2017年世界500强企业第433位。集团组建于2001年10月，属山西省国有独资企业，总部位于山西省会太原市，下有25个子分公司和3个A股上市公司。集团以煤炭、发电、焦化为主业，兼营金融投资、物流贸易、节能环保等配套辅助产业。

【经营概况】2017年是党的十九大召开之年，是“十三五”发展规划实施的关键之年，山西焦煤集团财务有限责任公司（以下简称“公司”）坚持审慎经营与创新发展并重，以修订完善公司内部管理制度和搭建内控体系为主线，以提高资金归集率和提升金融服务能力为抓手，对接实体经济所需，拓宽经营管理思路，科学决策扎实工作。2017年实现营业收入8.57亿元，利润总额5.57亿元，2017年末，资本充足率为21.04%，流动性比例为62.66%，无不良贷款，各项指标均符合监管要求。

【信贷业务】2017年，公司对34户成员单位开展信用评级，提供182.13亿元的综合授信。全年办理流动资金贷款35.98亿元，年末信贷资产余额92.85亿元。2017年，公司到期贷款收回率达100%。

【资金业务】根据业务开展实际和监管政策变化情况，对同业授信管理办法、流动性管理办法和头寸管理办法进行修订。为最大程度地满足集团和成员单位资金需求，避免资金供应脱节情况的发生，公司主动拜访各开户银行，宣传公司的资产优势、盈利能力、集团扶持政策和资金安全保障措施，争取银行同业授信的优惠待遇。

【票据业务】2017年全年办理票据贴现业务50.45亿元，办理电票承兑业务16.14亿元，充分发挥了票据业务融通资金的作用。

【资金集中】按照“进一步提高资金归集率，减少资金沉淀，避免存贷双高现象”的要求，公司通过扩大资金结算，加强预算管理，实施优惠政策，提升优质服务等方式多方面促进资金归集。不断完善考核制度，建议将资金归集率和账户管理等内容纳入集团公司绩效考核体系，提高成员单位进行资金归集的积极性，从而提高资金归集比例。

【业务创新】2017年，公司使用同业授信为成员单位代开银行承兑汇票16.5亿元，办理电票承兑业务16.14亿元。建立健全贷后管理、风险预警、五级分类等相关业务管理制度。牵头制定代签国内信用证管理办法、抵质押管理办法。公司于2017年12月25日完成票据池核心系统首笔测试业务，公司开展票据池业务取得实质性进展。

【结算业务】落实资金集中管理要求，注重提高服务水平，拓展结算覆盖面，2017 年新上线成员单位 43 户，新增归集和管理商业银行账户 99 个，为 20 家成员单位办理 1270 笔代理支付业务，金额为 146.16 亿元，票据代保管 70.37 亿元，办理票据承兑 17.75 亿元，系统业务操作规范流畅，结算业务办理安全快捷。

【保险经纪】努力提高保险兼业代理工作质量，完成了上年度的保险考核工作和新一轮的保险公司选聘工作。2017 年累计为成员单位开展各类险种业务 200 多笔，总保额 300 多亿元。

【风险管理和内部控制】按照“业务发展，制度先行”的原则，成立制度编写小组，对现有制度进行梳理，共修订 103 项、新增 23 项制度，形成由 8 类 126 篇制度和 27 个风控流程图、矩阵组成的内部控制体系。组织开展“三违反”“三套利”“四不当”“十乱象”等专项自查。按照授信主体统一、标准统一、内容统一、对象统一原则，统一确定表内外最高综合授信额度，加强授信审批和客户准入管理。在董事会下增设审计委员会，购置九恒星 I8 运营管理系统。

【人力资源管理】以更新知识结构、重塑思维模式、提升创新能力，倡导自我提升为人才建设宗旨，向培训要素质，以素质促发展，通过“走出去”“请进来”“全方位”“多层次”等形式开展培训。坚持周二、周五全员学习制度，有考勤，有考核，公司领导多次带领员工前往知名央企学习考察，邀请海尔财务公司等同业机构高管指导业务、传授经验。对重要岗位人员进行岗位轮换。鼓励员工参加职业资格考试。2017 年，员工累计参加各类培训 115 期，参训人员 4493 人次。

【信息化建设】2017 年，公司资金管理系统在原有硬件设备的基础上进行虚拟化改造，将 Web 服务器、银行前置机等都纳入虚拟化平台运行、管理，提高系统稳定性，降低系统维护强度。在接入人民银行金融城域网时，又配备了堡垒机、安全审计等各类安全设备。制定了《财务公司软件正版化工作责任制》《山西焦煤集团财务有限责任公司机房巡检制度》等制度，完善信息科技、机房及信息系统方面相关管理制度。

【企业文化建设】坚持以人为本，为员工进行健康体检、发放生日贺卡，组织开展公司迎新春年会、户外拓展训练。遴选职工参加集团公司第九届技能运动会和竞技性球类比赛。2017 年 6 月 5 日，公司党支部与山西省地税局省直一分局党支部联合举办“税企党建互促，推进两学一做”主题经典诵唱活动。10 月 14 日，公司联合组队参加了“颂党恩、爱焦煤、喜迎十九大”山西焦煤双创基地第一届“投资杯”歌咏比赛。为职工建成体育活动室、党员活动阵地和阅览室。

【党建工作】推进“两学一做”学习教育常态化、制度化，组织全员收听收看十九大召开实况，学习习近平总书记系列重要讲话，开展弘扬“红船”精神主题党日活动。加强党建“三基”工作，开展“创先争优”活动，选树“党员示范岗”，党支部进行换届、重新划分党小组，共青团支部进行换届，选举产生工会委员。修订公司章程，将党建工作要求写入公司章程。开展反腐倡廉宣传教育和党性党风党纪教育，运用好监督执纪“四种形态”，坚持廉政谈话制度。

陕西煤业化工集团财务有限公司

S

【集团概况】陕西煤业化工集团有限责任公司（以下简称“集团”）是陕西省委、省政府为落实西部大开发战略，充分发挥陕西煤炭资源优势，从培育壮大能源化工支柱产业出发，按照现代企业制度要求，经过重组发展起来的国有特大型能源化工企业，是陕西省能源化工产业的骨干企业，也是省内煤炭大基地开发建设的主体。集团总部位于陕西省西安市，现有职工近12万人，资产总额4700亿元。集团自2004年成立以来，通过投资新建、收购兼并、资产划转、内部重组等多种途径，形成了煤炭开采、煤化工两大主业和燃煤发电、钢铁冶炼、机械制造、建筑施工、铁路投资、科技、金融、现代服务等相关多元互补、协调发展的产业格局。拥有全资、控股企业60余家、上市公司3家。2017年，集团完成煤炭产量1.4亿吨，化工产品1621万吨，钢铁产量1024万吨，发电量434亿千瓦时，实现营业收入2600亿元，实现利润105亿元，位列2017年世界500强企业第337位。

【经营概况】2017年是陕西煤业化工集团财务有限公司（以下简称“公司”）追赶超越，打造一流财务公司的关键一年，完成增资扩股，业务规模跨越式提升；综合化平台初步搭建，市场化业务稳步推进；改革创新，调整内部架构，不断提升效能。截至2017年12月31日，公司资产总额191.59亿元，同比增长44%，所有者权益38.05亿元；存款余额152.88亿元，同比增长38%；贷款余额105.21亿元，其中，自营贷款余额93.42亿元，贴现余额11.79亿元。全年营业收入5.48亿元，同比增长17%；利润总额3.60亿元，净利润2.71亿元，同比增长75%。在为集团节约财务成本、创新融资、降低资产负债方面，公司始终坚持服务成员单位，在存、贷款利息、票据业务和结算等方面充分让利。按存款基准利率测算，为成员单位多带来了约0.76亿元的利息收益。通过公司签发商票和代开银承、保函等，共节约保证金35.54亿元，节约财务费用0.71亿元。全年累计还为成员单位节约手续费0.03亿元。以上累计为成员单位带来1.5亿元的直接经济效益。利用票据池全年为集团提供143.5亿元超短融；通过代开国内信用证，为集团在外部银行融资4亿元；为集团释放内部贷款平移资金13.8亿元，以上累计为集团创新融资超过160亿元，较2016年的72亿元翻一番多。

【结算业务】截至2017年末，在财务公司开立结算账户的单位数达572户，开立账号2219个；全年累计结算量43.71万笔，同比增长37%；结算金额11147.32亿元，同比增长41%。为成员单位代发工资金额74.47亿元，同比增长29%。

【信贷业务】截至2017年末，共完成自营贷款64笔，累计发生额134.19亿元；完成国内信用证6笔，累计发生额5.45亿元；完成保函业务194笔，累计发生额1.05亿元；融资租赁业务1笔，金额2600万元；完成委托贷款67笔，累计发生额47.46亿元。

【产品销售信贷业务】2017年，公司产业链金融业务取得突破。买方信贷业务发生2笔，金额共计0.17亿元。其中一笔与陕西煤炭交易中心有限公司合作，对其贸易商开展融资业务；另一笔与陕西省煤炭运销（集团）有限责任公司协作，制定买方信贷业务方案，为下游电厂成功融资，支付集团煤款，在加快资金回流的同时，使公司业务延伸至集团核心产业上下游企业。

【资金和投资业务】在同业合作方面，公司加强与银行及财务公司同业的合作，2017年拆入资金61亿元，拆出资金64亿元，拆入拆出资金总额是上年的3倍，发挥了金融工具功能，补充了流动性，提高了资金收益。2017年初，公司设立了投资银行部，按照监管要求审慎开展投资业务，截至2017年底，投资项目18个，累计发生额12.44亿元、余额7.24亿元，全年通过流动性工具进行备付资金管理的投资余额最高为20亿元。

【票据业务】2017年，公司票据业务综合服务量为337.53亿元，业务笔数32649笔，处理票据41228张。托管托收票据29.17亿元，贴现40.03亿元，转贴现3.68亿元，再贴现4.83亿元，商票签发177.7亿元，代签银承5.04亿元，银承签发15.89亿元。签发票据已全部实现电子化，且针对电票逐步替代纸票的新情况，通过与银行对接，建立了“财务公司+银行”双重票据池。不仅实现了在所属单位内部之间的票据资源盈余调剂，还实现了在全集团范围内的资源调剂，为所属单位和集团在银行授信额度外提供了日均近30亿元的资金支持。

【资金集中】为进一步加强集团资金集中管理和票据集中管理，规范内部经济秩序，集团于2016年底下发了《资金管理办法》《票据集中管理办法》和《内部资金结算办法（修订稿）》，并于2017年1月1日起执行。“三个办法”强化了公司的功能定位和职能作用，有利于公司进一步发挥专业优势，协助集团公司加强资金集中管理工作，规范资金运行，提高资金使用效率，节约资金成本，防范资金管理风险。2017年，公司充分履行职责，积极推进集团资金管理工作的落实。多次组织成员单位进行业务培训，宣讲集团资金管理要求。日常通过资金监控信息系统，对账户开立、外部银行账户余额及资金流向进行监控，保障集团资金管理要求落实到位。

资金归集工作成效显著。2017年末存款余额152亿元中，除集团和陕西煤业股份有限公司（以下简称“股份公司”）外的成员单位存款近100亿元，日常经营性资金归集大幅提升，较上年底的52亿元几乎翻一番，多数基层单位资金管理执行到位。票据集中管理取得阶段性成果。到2017年末，实现股份公司、陕西化工集团有限公司以及陕西煤业化工物资集团有限公司的全面票据集中管理，全集团存量应收票据的集中规模超过50%，进行信息集中管理的票据293.43亿元，实物票据集中管理余额261亿元。

结算平台助力板块公司加强财务管控。根据板块公司自身管理要求，公司开发完善了多种资金结算管理工具，包括资金全面司库管理服务、资金支付定额管理、大额及逐笔支付审批、上收下拨的资金管理等。各种工具满足了各板块公司的资金管理需要，较好地提升了板块公司对下属单位的财务管控。

司库管理模式在集团其他板块得到推广。公司与股份公司共同提出的“具有陕煤特色的司库管理模式”通过公司平台运行两年来，实现了在股份公司的全面推广，在实践中为股份公司和集团创造了很大的管理价值和经济价值，带来综合效益超过4亿元。2017年，公司成功将司库管理模式向集团其他板块延伸，将票据池业务向化工集团推广，资金池业务在物资集团实现落地。

【业务创新】2017年，公司新获得承销成员单位企业债券业务资格，获准加入全国银行间债券市场，成为银行间市场交易商协会会员。成功申请加入上海票交所，成为其会员。2017年，公司紧紧围绕集团发展战略，发挥金融驱动作用，支持集团重点工作落地。支持集团上市公司建设机械重组后的业务整合和发展，为其并购的子公司庞源租赁提供了一揽子融资方案，包括代开银票、商票、保函以及售后回租，支持了其主业发展，加速了在管理上与集团的融合。

【风险管理和内部控制】2017年，公司以监管要求为指导，以业务标准化为抓手，认真学习贯彻“三违反”“三套利”“四不当”“3号令”等系列监管政策，针对合规管理“短板”，进一步完善合规制度全流程管理和合规文化建设，确保“2017年合规建设提升年”见成效。将各项监管政策融入日常全面风险管理，严监控、重实效，在信用风险管理、流动性风险管理、操作风险防控以及强化风险防范主动意识，提高风险预警机制效能等方面，加强精细化管理。根据公司业务开展及监管重点，有重点、分阶段地开展内部审计工作，覆盖了公司各关键业务流程。通过规范的审计程序，提高审计质量，保证审计工作的独立、客观和公正。全年进行专项审计9项，对存在问题要求整改并主动跟进，充分发挥审计的监督服务职能。

【人力资源管理】2017年，经过充分研究论证，将结算业务部和票据中心整合为营业部，使部门从任务型单元向功能型组织转变，理顺了业务条线，提高了服务效率，节约了人力，扩大了业务张力，基础服务功能更为强大；对标先进，年初组织主要业务部门，赴上海汽车财务公司等先进财务公司进行有针对性的调研学习；持续加强团队建设，积极开展各类培训，大力推进学习型企业建设，2017年共开展内部培训12次，参加外部培训30多人次。鼓励员工参加资格职称考试，全年共取得证券、投资等从业资格5人次；根据业务开展需要，进行轮岗交流，激发团队活力。

【信息化建设】信息化建设方面，2017年公司各类信息系统运行整体安全平稳。授信及额度管理模块、营业税改增值税系统上线运行，实现了信息系统模块对各业务条线支撑的全覆盖。电票系统迁移进入上海票交所。完成股份公司信息池开发，为股份公司加强资金管控提供了有力的技术手段。全面启动了新一代业务系统的准备工作。

【企业文化建设】在文化宣传方面，公司积极鼓励全体员工在集团网站发布各类宣传稿件，截至2017年底，71篇稿件在公司微信及网站上发布，其中11篇稿件在集团和中国财务公司协会网站发布，微信关注人数从上年度的近300人增至569人。

【党建工作】2017年，按照集团党委的安排部署，公司党支部认真开展党建及反腐倡廉各项工作。扎实推进“两学一做”学习教育常态化，夯实党组织建设的各项基础工作，积极开展党员发展工作。落实全面从严治党向基层延伸，强化公司作风建设。按照集团总体安排，积极履行社会责任，开展“主题党日+助力精准扶贫”各项活动。

陕西能源集团财务有限责任公司

【集团概况】陕西能源集团有限公司（以下简称“集团”）是陕西省首家国有资本投资运营公司，隶属于陕西省人民政府，注册资本100亿元，总资产1400亿元。实业方面，涵盖地勘、煤炭、电力、航空、房地产酒店等板块；金融方面，涉及证券、信托、基金、期货等业务，形成了产融结合的业务布局。

【经营概况】陕西能源集团财务有限责任公司（以下简称“公司”）于2017年6月取得金融许可证并完成工商注册。开业首年，公司以“审慎经营，合规管理，服务集团”为经营理念，竭力克服初创期面临的各种困难和问题，稳步推进集团结算账户平移过渡工作，开展了对成员单位吸收存款、发放及委托贷款、转账结算等业务。截至2017年12月31日，公司资产总额22.61亿元，负债总额12.54亿元，实现营业收入2627.23万元，利润总额839.04万元。

【信贷业务】2017年，公司对信贷业务进行了全面的流程梳理。从评级、授信、具体业务办理、贷后检查等方面完成了信贷业务全流程整合，共完成8项信贷业务制度的制定工作。公司设立信贷评审委员会，负责审议各类信贷业务，依据权限管理、审贷分离的原则进行集体审议。在流程梳理的基础上，公司逐步开展对成员单位的调研工作，了解成员单位融资需求和经营模式，开展信贷业务。截至2017年末，公司共计发放自营贷款4笔，贷款余额7.5亿元。

【资金集中】2017年，公司从多个角度提升资金集中度。一是加强系统建设。核心业务系统成功上线，为集团企业搭建集账户管理、资金管理、票据管理、计划管理于一身的综合管理平台，有效提升资金管控能力、资金使用效率。二是选择合理的资金划拨模式。公司与直联银行紧密合作，实行收支一条线、母子账户联动，成员单位银行账户资金“零余额管理、实时逐笔归集”模式，满足成员单位支付的及时性。三是加快建立与商业银行直联合作。2017年，公司与七家银行建立直联，极大地方便了成员单位结算需求，提升了结算业务水平。

【资金业务】为切实提高资金效益，在保证公司资金正常运转前提下，合理安排资金用途，定期调整资金计划，实时追踪头寸变化，最大限度地减少活期资金沉淀。一方面充分运用公司沉淀资金，适时开展存放定期同业业务，长短期搭配的存款结构既保障了公司日常用款需求，也锁定了相对较高资金收益；另一方面积极与合作银行进行活期利率商谈，确定较高活期存款利率，有效提高资金效益。

【风险管理和内部控制】运营首年，公司主要从四个方面入手，初步建立全面风险管理体系机制，并实现全年结算业务零差错。一是借鉴同业经验，对标商业银行风险管理先进实践，印发了公司《全面风险管理实施办法》，理清风险管理职责，推进全面风险管理建设；二是坚持内控先行，制度先行，印发制度86项，已全面覆盖经营管理与业务需要；三是与集团精细化管理要求相结合，通过全员岗位描述，岗位风险点梳理，制定防控预案，形成“公司—部门—员工”三级风险清单和预案；四是以评级为抓手，全面梳理，查漏补缺，夯实内部风险合规管理工作。

【审计稽核】公司坚守稳健经营、规范运作的经营方针，以加强规范经营和合规经营管理为核心，建立常态化业务稽核机制，组织开展重点业务稽核检查工作，强化公司审计稽核部门内部监督职能。审计稽核部门针对结算业务逐笔开展稽核检查，累计稽核结算业务3120笔，并组织开展重点业务专项检查，强化内部稽核监督与服务职能，促进稽核成果的运用与共享，进一步强化业务部门的合规意识，有效防范操作风险。

【人力资源管理】根据公司开业初期的发展，建立科学合理的组织架构，设立了八个职能部门。梳理完成各职级各岗位职责与人员编制情况，制定了薪酬管理办法、业务职位聘任管理办法等5项薪酬考核制度，初步搭建起了公司薪酬考核体系。同时，通过参加监管机构、金融同业组织的交流培训和内部聘请业内专家进行多次全员培训，有效提高了公司从业人员的专业性，提升了全员合规经营的理念。

【信息化建设】2017年，公司严格按照行业监管规范，制定信息化建设标准和目标，高质量完成了B级机房建设、核心系统建设及全面业务测试工作。7月21日业务系统上线，截至年底完成了9家银行直联、65家成员单位的开户工作，完成系统消缺60余项。认真做好数据安全管理，严守数据安全红线；强化应急管理，全年完成应急演练4次，完成信息管理制度12项。完成了银监局专网及金融城域网的接入建设，按照监管要求及时报送相关数据信息。

【党建及企业文化建设】公司成立伊始，就将党建工作总体要求纳入公司章程，并经上级党委批准，设立公司党总支，充分发挥党组织领导作用。围绕中心工作，党支部从增强党组织凝聚力和企业文化建设吸引力上入手，积极创新方式方法，丰富活动载体，加强学习教育，提升理论水平及专业技能；开展建言献策，凝聚发展共识；组织文体活动，提高幸福指数；扩大宣传力度，提升社会声誉等，在促进如期开业、实现当年盈利、完成重大任务、加强团队建设上发挥了重要作用。

陕西延长石油财务有限公司

【集团概况】陕西延长石油（集团）有限责任公司（以下简称“集团”）是集石油、天然气、煤炭等多种资源高效开发、综合利用、深度转化为一体的大型能源化工企业，也是国内拥有石油、天然气勘探开发资质的四家企业之一，隶属于陕西省人民政府，其股东为陕西省国资委、榆林市国资委和延安市国资委。截至2017年末，集团资产总额3294.44亿元，实现营业总收入2799.47亿元，利润总额15.78亿元，净利润11.8亿元。

【经营概况】2017年，陕西延长石油财务有限公司（以下简称“公司”）面对融资成本攀升、资金供需矛盾更加突出的严峻形势，以“一体两翼”发展战略为指引，强本固基，提质增效，不断强化资金管控，积极丰富业务品种，持续释放金融效能。2017年，公司实现营业总收入5.50亿元，利润总额4.12亿元，净利润3.09亿元，利税4.36亿元；2017年末公司不良贷款率和不良资产率均为零，资产质量良好，各项指标均符合监管要求。

【信贷业务】公司继续发挥内源性资金调剂作用，2017年累计为成员单位发放自营贷款55.53亿元，有效地解决了成员单位在外融资难、融资贵的问题，大力支持集团发展。

【资金业务】公司从严落实资金“紧平衡”要求，建立长效管理机制，强化效能监督力度，推进资金精细化管理，完善资金支付计划管理，坚持成员单位资金周计划和大额资金计划申报机制。推行拨款资金支付率考核管理，开展拨款单位拨款执行比对工作，进一步提升集团资金运转效率。

【投资业务】公司以合规运营、稳步推进为原则，在风险可控的前提下，积极丰富投资品种，合理构建投资结构。同业业务持续增长，银行间市场债券回购累计交易量621.40亿元，同业拆借累计金额48.30亿元，累计新增同业交易对手149家；以527.62亿元银行间市场债券交易量进入财务公司行业前15位，位列西北五省第一，同业市场影响力不断扩大。投资业务稳步推进，累计立项有价证券投资项目18项，金融资产配置种类不断丰富。稳健开展股票资产配置，充分衡量评估投资风险，落实风险防控要求，参与彩虹股份定增项目，合理配置资金，积累投资经验。

【资金集中】2017年，通过加强对未归资金的归集力度、每月开展货币资金效能监察工作、对已归集资金做有效监督等措施，公司每月可归集资金归集率持续保持在96.5%以上。

【业务创新】2017年，公司成功组建97.60亿元银团贷款，为“榆能化二期填平补齐”项目银团融资事项牵线搭桥，按期取得国家开发银行批复，为集团重点项目建设奠定坚实的资金基础；完成跨境人民币资金池搭建，正式上线跨境双向人民币资金池，打通集团境内外人民币资金合规跨境渠道，为集团扩展境外业务配备了资金通道平台。

【风险管理和内部控制】以制度建设为抓手，搭建全面风险管理框架。制定《2017年制度建设计划》，为公司加强内控体系建设打好了制度基础。配合监管部门先后开展了“三违反”、“三套利”、“四不当”、市场乱象集中整治等风险排查工作，建立整改工作台账，明确责任部门及负责人。做好日常授信审核。2017年公司共组织召开授信集体评审委员会会议20次。

【人力资源管理】完善绩效考核和人才引进机制。进一步完善公司绩效考核办法，按月实施运用，充分发挥考核的正向激励作用；试点岗位价值评估，推动建立全方位月度、年度绩效考核体系；初步完成岗位标准化体系建设，建立岗位标准50个、工作流程35个；建立健全显绩隐绩兼顾、成绩公论互补的考核评价机制；建立个人业绩档案和廉政档案。

【信息化建设】2017年，公司根据成员单位的业务需求，推进电子商业汇票系统建设；持续做好核心业务系统的更新升级工作，随时收集业务部门及成员单位的反馈意见和业务需求，持续加强系统管理，不断提高系统的便捷性和安全性；相继制定、修订了《机房安全管理制度》《计算机安全管理办法》《信息系统外包管理办法（试行）》等制度，进一步加强信息安全管理。

【企业文化建设】2017 年，公司通过持续开展主题教育活动和宣传思想文化建设，牢牢把握新时期意识形态工作主动权，构筑以“四正”从业理念为内核的企业文化，探索建立“融资 + 融信 + 融智 + 党建共建”银企合作模式，推动党建工作“融入业务、融入基层、融入人心”，持续加大党风廉政建设，切实做到“文化润心、廉风塑人”，启动运营“两微一网一平台”宣传载体，不断加大公司文化、业务宣传力度，入围中国共产党员网全国 9 大最受关注党建云平台，为公司持续快速发展奠定深层次的文化基础。

【党建工作】以深入学习贯彻党的十九大精神和十八届六中全会精神为统领，认真落实“三会一课”制度，创设“微党课 + 微培训”特色模式，扎实推进“两学一做”常态化制度化。深入落实党委主体责任和纪委监督责任。建立党风廉政建设主体责任清单和从严治党主体责任清单。高效开展“讲党性、强作风、勇担当”专题教育活动。制定实施方案，强化组织保障，组织“我的岗位你放心、我与财司共成长”主题演讲和作风纪律专项整顿，对照开展干部员工问题查摆。

上海电气集团财务有限责任公司

【集团概况】上海电气集团股份有限公司（以下简称“集团”）是我国综合性装备制造集团之一，主导产业聚焦高效清洁能源装备、新能源及环保装备、工业装备和现代服务业四大领域。2017 年，集团实现营业收入 795.44 亿元，实现归属于母公司股东的净利润人民币 26.60 亿元，较上年同期上升 10.96%。

【经营概况】上海电气集团财务有限责任公司（以下简称“公司”）在 2017 年积极应对国内外经济环境，紧紧围绕集团“三步走”战略目标，以服务集团转型发展为主要任务，在发展综合金融服务、稳步提升内部管理水平上都取得了良性发展。截至 2017 年末，公司总资产规模 571.64 亿元，吸收存款合计 511.64 亿元，信贷资产规模达 214.52 亿元。

【信贷业务】公司全力支持集团高端装备制造业的转型发展。2017 年，全年新增本外币贷款、贴现等信贷投放折合人民币约 30 亿元，年末信贷余额首次突破 210 亿元大关，达到了 214.52 亿元的新高，近五年信贷余额复合年均增长率为 15%，有力地支持了集团实体产业稳增长、调结构的发展目标。此外，公司通过本外币联动，根据企业实需原则，通过发放外币贷款，满足企业向境外采购设备的信贷需求，克服了人民币信贷规模瓶颈，同时配以远期购汇锁定购汇成本，控制汇率风险。此举不仅盘活了公司境内外汇资金池的外汇资金，而且利用产品结构帮助企业进一步降低了综合融资成本。

【投资业务】公司加强宏观经济研究，关注市场风险，在监管额度及董事会授权范围内，审慎开展投资业务，严格控制投资规模。同时，公司以2017年固定收益部和资产管理部合并为契机，同步对资产管理制度体系进行梳理和优化，对权益投资、固定收益投资、同业业务和资金管理等方面的管理要求和操作原则进行规范，进一步规范了投资计划和投后管理方面的工作要求。

【票据业务】2017年，公司通过推广电子商业汇票业务，全年累计开立电子票据136亿元，其中，电子银票26.50亿元，同比增长75%；电子商票109.40亿元，同比增长32%。同时，公司不断深化票据池建设，协助股份公司先后发布了集团票据池管理制度和集团银票准入银行名单，并对股份公司合并报表范围内的成员企业均进行了制度的宣贯，在集团层面全面推广票据的集中管理。此外，公司还创新开展了首单基于票据池票据质押担保的财务公司电子银票开立业务，为后续落实集团纸质票据全部代保管打下了坚实的基础。

【外汇业务】2017年，公司结合市场走势和企业需求，借助各类创新资质，先后在票据池、跨境融资、境外放款、融资加衍生产品组合等领域不断探索创新，稳步提升跨境金融服务能力。一是公司初步实现了全球司库功能；二是自贸区业务功能进一步完善，将自贸区业务服务对象拓展到集团内科技创新类企业，并有效拓宽了跨境融资授信的币种和期限；三是初步在集团层面建立了外汇风险管理体制，对集团整体外汇风险的识别、计量、监测、对冲和评估都作出了明确的要求，并通过股份衍生品制度修订予以制度保障，有利于公司发挥汇率风险管理平台职能。

【资金集中】公司积极营销各类存款，在高度重视季末存款集中度的同时更加强了提高日均存款的意识，通过人民币资金池、跨境人民币双向资金池、外汇资金池、自贸区资金池和全球资金池五大资金池的归集，2017年全口径资金集中度达到80.85%，年末存款余额达511.64亿元，全年日均存款达444亿元。

【业务创新】公司根据市场节奏，积极开发新的业务品种，加快大类资产配置调整节奏，在货币市场利率高企的窗口，创新开展同业存单业务，促进业务模式转变。同时，公司试点了一笔同业存单二级市场卖出用于补充流动性，此举对公司加强资金流动性管理、提高资金使用效率有着积极的作用。

【风险管理和内部控制】2017年，公司切实完善风险监控和分析手段，为公司经营发展保驾护航。一是坚持开发各类创新业务和风险管理体制建设并重，将风险管理穿插到新业务开展的各个环节。二是通过风险管理部门和业务部门的联动将新的信用评级体系应用覆盖到了公司全部信贷业务客户。三是新建和修订制度总数达到35个，优化业务操作流程，细化业务管理方式，提高防控风险能力。四是进一步培育与宣导公司合规文化，启动“2017年提升风险管理”专项工作，通过内外部培训、通用和专项考试等方式提高公司全员的风险管理意识和风险管理能力。

【人力资源管理】公司不断推进劳动用工与市场化接轨，加大市场化专业人才引进力度，为公司的正常经营提供了人力资源的基本保障。同时公司创新人才培养模式，以正向激励为主导，实现专业序列发展通道落地，动态管理专业岗位和职务，配合公司转型需求，创新公司内部和外部培训学习模式，使一批优秀专业人才成长起来，不断为各部门输送新鲜血液，为人才成长创造良好环境。

【信息化建设】公司加快信息系统建设力度，完成了公司核心系统五期、金融 BI 系统一期、金融资产管理系统二期、营改增系统等核心及关键业务系统项目，对公司业务发展起到了重要的支撑作用，稳步提高了信息化处理能力。

上海纺织集团财务有限公司

【集团概况】上海纺织（集团）有限公司（以下简称“集团”）成立于 2001 年，隶属于上海市国有资产监督管理委员会。集团致力成为中国最具影响力的时尚产业综合配套服务商，以科技为先导，品牌营销和进出口贸易为支撑，以纺织时尚产业和先进制造业为依托，且具有较完整的纺织服装产业链的集科工贸为一体的大型跨国集团。集团拥有总资产 464 亿元，员工 6.5 万人，其中，海外员工占 50%，所属企业 476 家，包括申达股份、龙头股份、香港联泰控股 3 家上市公司。2017 年，集团实现营业收入 732 亿元，名列中国企业 500 强第 276 位，中国纺织服装行业百强企业第 3 位，中国对外贸易企业 500 强第 41 位，中国纺织品服装出口第 2 位。

【经营概况】上海纺织集团财务有限公司（以下简称“公司”）成立于 2017 年 12 月 15 日，注册资本人民币 10 亿元。公司紧紧围绕“依托集团、服务企业”的宗旨，聚焦集团“全球布局、跨国经营”的战略部署，以集团主业发展最优化为目标，围绕主业发展需求，发挥财务公司在加速资金流转、提高资金效率、优化资源配置、助推集团实体经济发展的作用，打造成集团资金归集平台、资金结算平台、资金监控平台、金融服务平台，为成员单位提供集中、高效、满意的服务。

【信贷业务】作为新成立的企业集团财务公司，公司 2017 年度主要信贷业务工作是制定涵盖了综合授信、金融创新、涉及主要信贷业务品种等多个方面的业务制度和工作流程，包括流动资金贷款、固定资产贷款、银团贷款、票据承兑及贴现、委托贷款等。针对集团外贸企业较多的特点，建立起了合规有效、较符合外贸型成员单位经营特征的评级授信模型。同时公司还制定了与信贷业务相关的信贷审查委员会工作规程、资产分类管理、信贷档案管理等相关制度办法。

【资金集中】资金集中管理及结算业务是公司业务发展中的基础和关键。开业初期公司的首要任务是将集团报表归并范围内的所有成员单位全部加入公司资金归集体系中，其次选择了建设银行、中国银行、工商银行作为首批银企直联合作银行，稳步推进资金池搭建，成员单位分批上线，最后集中力量提高资金结算能力和质量，为成员单位提供优质的服务，以期达到提升整体资金集中度的目标。

【风险管理和内部控制】2017 年，公司积极开展业务制度建设工作，主要完成了整章建制、制度梳理及细化、风险管理机制建立以及风控稽核知识宣传培训等相关工作，始终坚持制之有衡、行之有度的工作理念，不断促进公司治理和内控机制，充分利用有限风控稽核资源，最大限度地发挥风控监督作用，有效保证公司风险管理各项工作扎实、有序开展。

上海复星高科技集团财务有限公司

【集团概况】上海复星高科技（集团）有限公司（以下简称“集团”）由复星国际有限公司独资设立，所有制为集体民营企业，所在行业为租赁和商务服务业。集团已经建立了较为完整的经营管理体制。

【经营概况】2017 年 12 月末，上海复星高科技集团财务有限公司（以下简称“公司”）资产总额 988431.02 万元、负债总额 793365.89 万元、所有者权益 195065.13 万元、净利润 17033.06 万元。公司发展的主要特点在于：第一，持续深耕集团产业，发挥金融服务实体作用；第二，加大创新研发力度，保持可持续增长动力，提高资金使用效率和收益率。

【信贷业务】公司信贷业务主要包括流动资金贷款、项目开发贷款、经营性物业抵押贷款。随着公司信贷业务的迅速发展，公司贷款规模也不断扩大，贷款余额相比 2016 年大幅增加。截至 2017 年末，公司贷款余额为 429458.44 万元，比年初增加 137458.44 万元。按照“五级分类”口径，公司贷款均为正常贷款，无不良贷款。

【产品销售信贷业务】公司已向上海银监局申请开展成员单位产品消费信贷业务。拟以养老消费信贷业务作为消费信贷切入点，向购买集团成员单位开发或管理的养老社区会籍的个人消费者提供贷款服务。2017 年度，公司已成立了消费金融部，完成了公司消费信贷业务的战略规划和流程等工作。

【资金业务】2017 年，公司及时把握市场利率走势，将发放贷款以外的闲散资金用于存放同业，获取稳定而又较高的利息收益。全年存放同业利息收入约占利息总收入的近三分之一，同比增长 347.87%。存放同业利息收入的增长改善了整体收入结构。

【投资业务】2017 年 1 月 20 日公司取得了银监部门批准，新增固定收益类有价证券投资和办理成员单位的委托投资业务。公司始终将投资风险控制放在首位，修订投资业务管理制度，严控投资风险。在充分保证集团内资金需求和安全性的前提下，2017 年底投资货币基金规模为 2.97 亿元。

【票据业务】为解决成员单位业务需求、有效提高其支付效率及支付管理水平，公司一直积极筹备电子银行承兑汇票业务。2017 年，公司已完成电子票据业务流程设计，建立了相关业务制度规范，开发了电票业务系统。在上海票据交易所正式许可公司电票业务上线后，公司将稳健开展承兑电子票据的推广工作。

【资金集中】 截至2017年末，公司客户达172家，存款规模为78.83亿元，全年日均存款49.39亿元，较2016年末存款规模63.47亿元增长24.20%，较2016年日均29.83亿元增长65.57%。全口径资金集中度为23.52%，较2016年有所上升。

【业务创新】 为了方便异地客户支付操作，克服了传统结算业务普遍存在的行业板块分散、地域分布广等困难，公司于2017年2月上线了“复星汇”电子支付平台。通过复星汇平台，为成员单位提供一站式查询、转账、对账等便捷的金融服务。截至2017年12月，“复星汇”开通客户已达137家，覆盖率超过了80%。

【风险管理和内部控制】 公司风险管理方面设有三道防线：第一道为各职能部门；第二道为风险管理委员会及风险管理部；第三道为审计委员会及稽核审计部。风险管理体系较为完备。内部控制方面，截至2017年末，公司因新增业务、优化审批流程等原因，新增48项制度，修改46项制度，合计共有161项制度。此外，风险管理部也会根据监管实时要求，及时协调公司相关部门调整或制定相关制度。

【人力资源管理】 2017年，公司推行继任者计划，经广泛征求意见，多次讨论拟定了中层干部梯队培养方案，推行中层预备选聘工作，引导员工职业发展规划。此外，公司还大力引进人才，优化绩效考核方案，以更全面客观评价员工工作绩效和能力。同时，还完成了新绩效考核系统的开发和上线应用。

【信息化建设】 基础架构方面，公司基本完成了PC Server的核心业务系统迁移至虚拟化设备上的主体工作。系统建设方面，完成了一批新增系统建设，包括公司官网、绩效考核系统、复星汇系统、人民银行大集中平台、征信系统上线等。信息安全方面，按照人民银行的要求，信息科技部的员工参加并通过了信息安全的认证培训，满足了人民银行要求的信息化安全持证上岗的基本要求。

【企业文化建设】 公司通过官网和微信公众号平台宣导、图书角等实体建设、户外运动等多种形式让复星文化潜移默化地在员工心中扎根。2017年，公司还参与了复星集团“健康暖心——乡村医生精准扶贫支持计划”。该计划旨在为贫困地区培养并留住一批优秀的乡村医生，使农村贫困人口基本医疗有保障。

上海华信国际集团财务有限责任公司

【集团概况】 上海华信国际集团有限公司（以下简称“集团”）是一家以能源石油产业为基础，承担大型能源产业项目投资建设与运营管理的综合民营企业集团。

【经营概况】上海华信国际集团财务有限责任公司（以下简称“公司”）于2017年2月7日正式开业，坚持“立足集团，服务集团”，在做精做细资金集中管理主业的同时，深度融入集团价值创造，各项业务突飞猛进，实现了“开门红”。截至2017年末，公司资产总额达132.16亿元，累计营业净收入1.88亿元，实现净利润2079.69万元。

【信贷业务】公司一方面主动加强与监管部门的沟通；另一方面积极利用归集资金开展信贷投放，提高资金运转效率，有效降低集团整体负债率，为主业提供金融支持。截至2017年末，公司共对10家成员单位完成授信，其中，境内单位9家，额度296亿元，境外单位1家，额度5亿美元；累计投放流动性贷款374.92亿元、委托贷款39.19亿元，各项融资余额147.42亿元，占总资产的比重达78.3%。2017年，公司票据承兑累计金额2.06亿元，进一步丰富了公司金融产品和服务体系。

【资金业务】2017年，公司启动存放同业资金交易业务。一是梳理修订了存放同业的业务流程，形成较为合理的业务分工与管理；二是规范了存放同业业务的商务谈判及台账管理工作，实现了合作机构的名单制管理、报价的备案机制及审批的线上化；三是紧密配合集团，在与机构的合作中站在集团整体利益的高度，充分探讨双方的长远深度合作。截至年末，公司同业存放累计超过150亿元。

【资金集中】公司针对集团各成员单位的不同特性和监管要求，不断改善存款结构，拓展存款来源。2017年公司共吸收上市公司、华信期货、华信证券等重点客户资金约46亿元。此外，自2017年下半年起，公司积极开拓非金融类企业存款，主动引导成员单位存入验资资金、日常备付资金等，先后吸收华信工业装备、云能投及其他合伙平台等客户资金约65亿元。

【业务创新】2017年12月，公司与集团合作完成海南华信40亿元信贷资产转让，在改善集团资产流动性、促进资金融通的同时，也为公司探索业务联营模式、增加中间业务收入作出了有益的尝试。

【风险管理和内部控制】公司坚持审慎经营的原则，严格按照监管要求，搭建形成了涵盖流动性风险、操作风险、合规风险、法律风险和信息技术风险在内的“六位一体”全方位风险管理体系。

【人力资源管理】2017年，公司推进金融专业人才培养，完善人员配置，加强人事制度建设，科学搭建薪酬体系，优化绩效考核方案，积极为员工争取各项福利待遇，营造良好的工作成长环境。

【信息化建设】2017年，公司完成了资金管理系统的上线和推广，成功对接建设银行、浦发银行和国家开发银行财银直联系统。2017年，共安装成员单位企财端50家，绑定、发放和回收各类数字证书230个。公司已完成金融统计报表报送系统和EAST报送系统的建设，并完成征信系统接入的前期准备工作。公司高度重视信息安全，完成了同城数据备份机房的建设，实现核心数据在线实时备份。

【企业文化建设】公司广泛参加社会活动，参与陆家嘴绿色金融理事会活动，树立公司形象，传播华信文化。公司领导积极向《博简》杂志投稿并有多篇稿件被采用；公司组织员工参加集团首届“格胜杯”摄影比赛，并获“优秀组织奖”及单项一、二、三等奖；公司员工参加“知华信，爱华信”演讲比赛，获三等奖。

【党建工作】公司坚决支持上级党组织安排部署，公司员工积极参加党支部活动，组织全体党员认真学习党的十九大精神，促使其将华信意识与个人意识紧密结合，融会贯通。

上海华谊集团财务有限责任公司

【集团概况】上海华谊（集团）公司（以下简称“集团”）成立于1996年10月，隶属于上海市国资委，是国有独资企业，以“打造具有国际竞争力和影响力的化工企业集团，成为社会需要、受人尊重的公司”为愿景，现已形成能源化工、先进材料、绿色轮胎、精细化工、化工服务五大核心业务，2017年底总资产679亿元，2017年实现营业收入654亿元，利润总额20亿元。

【经营概况】上海华谊集团财务有限责任公司（以下简称“公司”）通过稳固基础，做精做专传统业务；通过强化创新，丰富新业务、新产品；抓住集团整体经济效益向好发展机遇，发挥金融平台作用。截至2017年末，公司资产总额134.17亿元，较年初增长57.77%；各项贷款余额42.24亿元，较年初增长27.46%；2017年实现净利润1.01亿元，同比增长47%。

【信贷业务】公司结合集团供给侧改革、“三元业务”发展模式，挖掘信贷业务需求，扩大授信业务范围，为成员企业结构调整和创新变革做好融资服务。坚持让利于成员企业的经营策略，在符合监管要求的范围内主动降低存贷款息差，帮助成员企业解决融资难、融资贵问题，降低集团整体融资成本，2017年累计发放贷款99.07亿元。

【资金和投资业务】公司关注宏观政策和货币市场动态走势，拓展交易对手，创新资金业务，在保证流动性和安全性前提下提高同业资金收益率。与同业财务公司开展授信业务，开拓拆借渠道。与合作银行开展美元同业定期存款业务，提高美元资金的综合收益。公司于2017年11月获批除股票投资以外的有价证券投资业务资质，初期以风险较低产品为主。年内配置了货币基金，开展了国债逆回购业务，优化了整体资金配置，丰富了资产结构。

【资金集中】公司注重资金集中，推进集团资金平台建设，做强财务公司司库功能，完善差异化定价政策，提高存款稳定性；利用银行外币资金池扩大外币企业上线范围，通过为成员企业叙做美元定期存款提高美元归集度。2017年末全口径资金集中度达到70%以上，可归集口径资金集中度超过95%。

【业务创新】公司完善创新激励机制，以“服务集团战略，为企业量身打造服务产品”为服务总目标，聚焦集团战略规划，各部门负责人带团队、领任务，探索新业务领域，研究新业务产品。2017年内新添有价证券投资（除股票外）业务资质，新增同业存单业务品种，开展美元定期存款质押发放人民币流动资金贷款的业务，完成跨境融资业务备案，可在额度内自主开展本外币跨境融资业务；电子商业汇票系统上海CCPC直连通过人民银行现场验收。

【风险管理和内部控制】按照“高度重视

风险防范，依法从严治企”的总体要求，围绕年度目标，把握监管动向，以加强制度约束，提升合规执行力为主线，辅之以提升信息系统管控水平，稳健推进各项工作。以《内部控制管理手册》为抓手，推进全面风险管理体系建设，结合公司业务发展需要、制度体系建设需要、公司部门结构调整、实际操作流程调整等，合计新增及修订了54项制度，形成了共计140项制度的制度体系。

【人力资源管理】公司重视人才培养，注重团队建设，强化选人育人，打造高素质金融团队。完善内部组织建设，新设投资业务部和资金管理部，规范岗位职责，完善公司定岗、定编机制。拓展招聘渠道，引进合作银行优秀人才，参与集团校园宣讲，为金融板块建设吸引更多名优高校毕业生。鼓励员工提升业务资格和能力，组织参加各类学习和资格培训认证，年内共有44人次参加了外部培训，156人次参加公司内训，18人次取得相关业务资质证书。

【信息化建设】将核心系统升级作为重点项目贯穿全年，年末新系统已上线试运行。同时，先后完成营改增生产系统环境的迁移和生产环境的上线、中国银行外汇系统接口的上线、机房空调外机散热以及喷淋设备的改造、ACS项目的上线、电票系统验收、纸票登记系统上线、门禁系统改造、交易所以及机房硬件部分改造，信息化系统整体能力得到了提升。

【党建工作】认真学习党的十九大精神，在完成规定学习任务的同时，精心策划党员组织生活，丰富学习方式，扩大学习范围。将“华谊梦”与金融人的“青春梦”相结合，激发全员干事创业精神。通过公司党、政、工、团齐抓并举，在专题党课、支部生活、团队活动中弘扬社会主义核心价值观，开展“两学一做”学习教育活动，并群策群力创新学习方法，将学习制度化常态化。以社会公益为切入口，积极创新党组织生活，通过建立公益爱心活动日，增强党员奉献意识、服务意识、责任意识，并荣获华谊集团党建特色工作发布三等奖。

【企业文化建设】公司利用纪念建司五周年契机，通过制作“携手同行，感恩同庆”为主题的宣传视频、组织召开专题座谈会、颁发“服务贡献奖”、开展广泛深入的服务满意度调研、“阳光益行”团队活动、《华谊报》专版宣传等方式，弘扬“阳光华谊　常德不离”的企业文化精神。在中国石油和化学工业联合会举办行业企业品牌故事征文比赛和集团企业文化演讲赛等各类活动中获奖，公司“金融服务”品牌得到了广泛宣传。

上海浦东发展集团财务有限责任公司

【集团概况】上海浦东发展（集团）有限公司（以下简称“集团”）成立于1997年11月14日，注册资本为39.99亿元。经营范围涉及土地开发和经营管理、城市基础设施项目投融资建设和经营管理、房地产开发和经营管理、建筑施工、金融和高科技环保等业务。截至2017年底，总资产1431.38亿元，净资产735.25亿元。

【经营概况】2017年，上海浦东发展集团财务有限责任公司（以下简称“公司”）资产总额186.60亿元，所有者权益27.62亿元，实现营收4.28亿元，净利润2.86亿元，净资产收益率为10.66%。公司发展特点：在严监管常态下，风险管控能力不断加强；集团“智库”功能的作用不断提升和发挥；初步完成了具有综合金融服务功能的司库型财务公司转型。存在受行业评级影响制约业务发展、信息科技水平有待提高、团队建设有待加强、风险管控体系有待完善、综合服务能力有待提升等主要问题。

【信贷业务】积极开展房地产政策的研究探讨、运作方案的设计及财务测算，努力为新区重点区域开发的融资提供服务；向集团环保产业发放17000万元的资金支持，积极开展绿色信贷；牵头组建银团，协助集团推进新区重大工程及民生工程等项目建设。截至2017年12月31日，公司累计发放各类贷款102.71亿元，日均贷款规模24.30亿元。

【资金业务】围绕集团发展规划和年度中心工作，通过科学合理的资金计划保证集团和成员单位的流动性。同时，有序开展资金在存款准备金缴存、结算备付、信贷投放、（同业）投融资等各业务环节的科学统筹、合理配置，实现了资金运用的安全合规、计划有序及灵活高效。

【投资业务】开展债券投资、货币及类货币基金投资、股票投资、可转债投资、混合型基金投资以及非保本理财投资，2017年实现了4.41%的投资收益率；发放委托投资28笔，日均委投金额达到22.34亿元。

【票据业务】在调研走访其他相关同业机构、了解电票业务开展情况、总结业务开展经验的基础上，同多家商业银行商洽电票业务推广模式，权衡各商业银行优劣势和与集团体系的契合度，完成在集团内部推广电票业务的实施方案，为推进电票业务开展奠定基础。

【资金集中】公司有序推进各项资金归集工作：继续强化季度资金动态监控，敦促成员企业推进资金归集，日均存款规模144.52亿元，同比增长26.92%，年平均资金归集率为95.3%；按季做好资金归集统计，加强数据比对、分析变动原因、形成资金归集报告，进一步提高资金集中和资金管理效率；开展“不纳入资金归集账户”清单的申报及认定，进一步加强资金集中管理。

【业务创新】公司重点开展了可转债套利、可转债一级市场认购操作和非保本理财投资等多项创新，努力为集团及成员企业提供有针对性的投资服务；通过经营权转让的实施、“并购贷款+装修贷+经营性物业贷款”无缝衔接的融资模式设计，着力为成员企业提供个性化金融服务；加强对租赁产业的研究、盘活存量项目公司股权创新融资方案的设计。

【风险管理和内部控制】公司通过探索建立内部评级模型和方法、重新拟定同业资金存放标准、引入资产管理系统加强投资业务独立风险管理的能力等方式，进一步树立底线思维，有效加强风险防控。另外，公司还组织开展制度修订完善、聘请外部专业机构全面复核内控手册等专项工作，不断夯实内部基础管理工作，持续提升内控管理水平。

【人力资源管理】制度建设方面，通过梳理完成了相关人事制度的废立改；绩效管理方面，进一步优化考核指标，并通过任务分解和季（年）度考核，激发员工工作积极性；薪酬管理方面，发挥绩效考核的导向作用和企业年金的激励作用，继续探索合理的薪酬激励机制；团队建设方面，通过挂职锻炼的尝试理顺晋升通道。全年共招聘11名新员工及时补充相关部室的人员需求。

【信息化建设】一是自主开发完成EAST系统取数程序，有效提升制表效率和正确率；

二是组织开展了制度梳理、灾备演练和数据安全管理等工作，进一步加强信息及网络安全；三是完成《新一代业务系统建设项目可行性研究报告》并完成专家评审及立项，为后续系统建设夯实基础；四是通过引入虚拟化技术构建系统运行平台，增强公司信息系统整体安全性，提高信息化管理效率。

【企业文化建设】 通过会计学院在线课程学习、微课比赛和风险合规知识竞赛的开展，在丰富培训载体、创新培训方式的基础上，进一步强化风险意识且更为直观地展示培训成果。同时，公司申报的《关于永续债如何对接PPP项目支持实体经济发展的研究》获“上海市金融学会2016年重点课题三等奖”；《财务公司推进绿色金融的探讨》获财务公司30周年征文活动创新成果类优秀奖。

【党建工作】 开展“两学一做”学习教育活动，学习宣传贯彻党的十九大精神；完成党组织换届选举、党费补缴和党员基本信息采集等工作；积极开展各类精神文明创建活动，并先后获取“上海市文明单位”“市和谐劳动关系达标企业”“上海市五四青年奖章集体”“上海市模范职工小家”“浦东新区五四特色团支部”等荣誉；发挥工团组织作用，通过组织开展各类活动，增进员工间的沟通了解，增强团队凝聚力和战斗力。

上海汽车集团财务有限责任公司

【集团概况】 上海汽车集团股份有限公司（以下简称“集团”）是国内A股市场最大的汽车上市公司，总股本达到116.83亿股。集团主要业务包括整车（含乘用车、商用车）的研发、生产和销售，正积极推进新能源汽车、互联网汽车的商业化，并开展智能驾驶等技术研究和产业化探索；零部件（含动力驱动系统、底盘系统、内外饰系统，以及电池、电驱、电力电子等新能源汽车核心零部件和智能产品系统）的研发、生产、销售；物流、汽车电商、出行服务、节能和充电服务等汽车服务贸易业务；汽车相关金融、保险和投资业务；海外经营和国际商贸业务；并在产业大数据和人工智能领域积极布局。2017年，集团整车销量达到693万辆，同比增长6.8%，第13次入选《财富》世界500强企业，排名第41位，比2016年上升了5位。

【经营概况】 上海汽车集团财务有限责任公司（以下简称“公司”）成立于1994年5月。2017年末，公司资产总额2730亿元，全年营业收入157亿元，全年实现净利润39.27亿元，同比增长近17%。

【汽车金融业务】 2017年末，公司汽车金融业务已覆盖全国406个城市2609家经销商，融资余额（含电票）达1085亿元，同比增长近50%，全年发放整车零售贷款93.01万单，再创历史新高，同比增长近23%。2017年，公司基于B2B技术全面升级开发了“车贷e

管家2.0”系统，对经销商各维度的历史风险情况进行汇集，建立了“经销商贷后信息集成管理系统”，运用互联网技术，在汽车金融业务系统全面应用分布式影像存储系统。2017年，对自主品牌乘用车，公司继续提供最优消费信贷利率，促销单占比近100%，全力支持其经销商网络发展，2017年上线数是2016年的2.3倍，大通经销商上线数量同比增长4.4倍，红岩、跃进品牌库存融资实现从无到有。公司与上汽保险公司联合推出了驾驶员意外伤害保险产品——安心贷，通过保险和车贷的交叉营销，为经销商挖掘新的盈利模式。

【公司金融业务】2017年，公司以精细化、个性化服务满足成员企业需求，全年日均存款金额超1000亿元，同比增长近20%，年内单日存款峰值首超1400亿元。以财务公司为中心的支付平台，创造了多模式开发自由拼装的“乐高”式架构，实现了与12家银行直联，与银联、支付宝、微信全面对接，已广泛应用于集团内电商平台，2017年结算业务量达15亿元。此外，公司升级开发了“现金+自动背书+自动开票”三合一智能组合支付系统。2017年，公司积极支持集团“新四化”项目，为分时租赁的“环球车享”项目提供5亿元专项贷款，成为上汽大众销售公司独家票据收款业务合作金融机构，2017年8—12月累计收电票680亿元。

【互联网金融业务】2017年，公司下属“好车e贷”平台全年新增注册用户94万，累计注册用户总数208万，扣除重复因素后的日均浏览量达8600余次，同比增长67%，全年通过平台放款28万单。2017年7月，“好车e贷”平台被专业第三方金融机构估值达45亿元。公司“神速贷”产品多次升级，全年放款量超12万单，是2016年的7倍多，上线人工智能客服“小i机器人”，提升用户体验，上线车主理财、保险比价、上传保单、违章查询、车品商城等多项功能，提升客户黏性。

【投融资业务】融资方面，2017年3月，公司在全国银行间市场成功发行39.86亿元“上和2017年第一期个人汽车抵押贷款资产支持证券”，市场参与度和发行利率水平均为同期最优。股权投资方面，2017年，公司投资的合资企业——上汽通用汽车金融有限责任公司业务持续增长，全年完成零售合同超100万笔，同比增长23%，实现净利润达26亿元，同比增长19%，2017年末汽车金融信贷资产余额1074亿元，同比增长33%。

【风险管理】2017年，公司统筹管理，多维度应对各项业务风险。一是积极响应监管要求，深入落实各项风险防控措施，保证业务合法合规的开展；二是实施了覆盖公司所有业务板块的内部控制体系建设和运行情况稽核检查，并对内控体系进行全面梳理；三是在试点取得良好效果的基础上，将经销商贷款精细化管理模式推广至全国实施；四是不断加强互联网金融等新型产品的风险控制。

【企业文化】人本管理方面，一是继续推进关键岗位见习管理项目，制定并实施了《2016—2017年度管理实践见习培训工作方案》；二是结合见习培训，修订了《员工职业发展管理办法》，进一步拓宽了员工职业发展通道；三是加强各部门员工培训，全年培训参与数超1500人次，人均培训时间达10.12个小时，培训覆盖率达92%。企业文化方面，2017年公司启动了LOGO整体升级项目，对各设计方案进行内外部多轮意见征集，充分听取员工建议，并进行全员投票，最终选定新LOGO的设计方案，于2018年初全面推广应用。

上海上实集团财务有限公司

【集团概况】 上海上实集团财务有限公司（以下简称“公司”）隶属于上海上实（集团）有限公司（以下简称“集团”），集团成立于1996年，是上海实业（集团）有限公司（以下简称“上实集团”）的境内执行总部。上实集团1981年在香港注册成立，由上海市国资委全资控股，拥有上实控股、上海医药、上实城开、上实发展、上实环境5家境内外上市公司，成员企业约1000家。上实集团持续拓展金融投资、医药、基建、房地产、消费品五大产业以及新边疆业务，加快向绿色环保、大健康产业转型，是上海在境外规模最大、实力最强的综合性企业集团和香港最具地方代表性的中资企业之一。

【经营概况】 公司积极推进各项重点工作，全面实现年度工作目标。2017年，公司实现营业收入1.07亿元，利润总额0.84亿元。年末总资产70.61亿元，资本充足率为28%，流动性比例为74.02%，贷存款比例为51.54%，不良贷款率为零，各项监管指标均符合监管要求。

【信贷业务】 2017年，在资金面收紧的情况下，公司合理调整信贷结构、优化业务品种，尽力满足成员单位信贷需求，全年累计发放贷款57.24亿元。支持集团绿色环保、大健康产业转型发展，持续降低异地医药企业融资成本，为绿色能源企业提供并购融资、项目融资、短期搭桥等一揽子服务，优化融资方案；结合电票系统上线，积极推进票据业务，尝试性开展三甲医院商票贴现，票据业务占比显著上升；加强同业合作，采用银团方式引入外部低成本资金支持成员单位融资需求。

【资金业务】 公司合理安排资金头寸，在确保成员单位日常对外支付的同时，强化资金配置管理，紧盯同业市场利率变化，积极沟通合作银行，配置符合公司需求的同业产品，有效提高同业存款收益水平。公司取得9家金融机构的同业综合授信额度约55亿元，授信品种包括同业拆借、票据转贴现、买入返售等，丰富了流动性管理工具，提高了支付保障能力与收益实现能力。

【投资业务】 公司稳健开展投资业务，提升资金收益。投资业务开展前，对各投资品种的监管要求、业务流程、风险管控、税务影响等因素进行充分研究。2017年，公司不断遴选优质交易对手及交易品种，开展了货币基金、国债逆回购、债券基金、同业大额可转让存单等的投资业务，实现了较好的投资收益。

【票据业务】 2017年，公司完成电票系统直联和上海票交所系统上线，大力推进票据业务，当年办理票据贴现3.95亿元，同比增长112%；办理电票承兑0.53亿元，同比增长342%。开展三甲医院商票贴现业务，为集团医药企业降低资金占用，拓展了资金融通

S

渠道。

【资金集中】2017年，集团和成员单位受宏观经济环境影响，资金规模呈现一定程度下降，资金集中工作难度加大。公司积极应对，保持了资金集中度水平的相对稳定。一是持续推进账户挂接工作，当年新增账户20户；二是扩大直联银行范围，当年完成直联业务测试，扩大可归集范围；三是在集团和成员单位支持下，优化年度资金集中考核指标，推进外部存放资金回笼；四是会同集团计财部研究推进成员单位银行账户清理工作。

【风险管理和内部控制】2017年，公司认真开展了“三违反”“三套利”“四不当”“银行业市场乱象整治”等多项自查，并以此为契机，全面梳理和完善制度流程，进一步摸清风险底数，规范业务行为，为合规稳健经营夯实基础。随着公司信贷业务品种和规模的扩大，信用风险敞口呈上升趋势，为提升风险管控质效，公司对现有信用评级体系重新构建，夯实授信基础；强化贷后跟踪检查，加大检查力度，细化检查要求，切实抓好贷后管理。

【人力资源管理】2017年，公司根据监管要求，围绕业务发展，进一步充实关键岗位人员配备，当年新增4名员工，充实到公司前中后台，规范选人用人程序，努力打造适应公司发展需要的员工队伍。进一步完善考核办法，制定《问责管理办法》，增强员工履职尽责意识，规范经营管理行为。开展形式多样的内部培训，积极参加行业专题培训。

【信息化建设】2017年，公司继续拓展和完善核心业务系统，满足业务发展需求和监管要求，完成了电票系统、上海票交所系统、征信系统、人民银行ACS系统、EAST系统接口的测试和上线工作。扎实做好系统运维和信息安全防护工作，做到运维工作制度化、规范化，提升机房巡检自动化水平，提高故障发现与处置效率。开展业务连续性应急演练，加强网络安全等级，有效应对网络及病毒攻击。

【党建工作】2017年，公司党支部以学习十九大精神和“两学一做”学习教育为契机，切实抓好党建工作，有效发挥党组织的领导和政治核心作用。一是强化思想政治建设，引导党员群众深入学习习近平总书记系列重要讲话精神；二是推进“两学一做”学习常态化制度化，以党建工作进章程为抓手，推进基层党组织制度建设；三是推进党纪工团“四位一体”联动共建，以工会、团支部为基点，以形式多样的活动为载体，增强企业活力和凝聚力。

上海外高桥集团财务有限公司

【集团概况】上海外高桥集团（以下简称“集团”）成立于1999年12月，出资人为上海市浦东新区国有资产监督管理委员会（现出资人为上海浦东投资控股有限公司）。经过20余年的发展，集团已经发展为中国（上海）自由贸易试验区的开发商、运营商、服务商，逐步形成了园区开发、商业地产、贸易物流、配套服务、文化发展、金融投资六大板块。集团合并报表口径2017年末资产总计3055263万元，负债合计2023448万元，营业总收入合计895356万元，净利润78145万元。

【经营概况】上海外高桥集团财务有限公司（以下简称“公司”）紧紧围绕集团“创新自由贸易园区运营商和全产业链集成服务供应商”的定位，不断夯实基础业务，加强风险防控能力，拓展创新业务，提升服务水平，已初步建立能够全面覆盖及服务所有成员企业的金融服务新格局。2017年，公司资产总额为32.27亿元，实现主营业务收入9092.56万元，净利润2240.86万元。资本充足率、不良贷款率等重要经营资产质量指标符合监管机构的监管要求。

【信贷业务】一是通过灵活的2000万元循环贷款额度保障支持自贸区重点功能创新——平行进口汽车业务。二是支持保税区重点功能性项目——文化贸易展示基地项目，以优惠条件向文化投资公司的国艺中心项目提供了4.7亿元。三是公司为成员企业千岛湖大酒店提供了500万元的流动资金贷款，使其得以重新整合资源。

【资金业务】公司通过财务公司网银系统中开发的资金计划模块，实现了资金周计划、日计划追加的工作机制，根据成员企业上报的资金计划，预计资金总体流量，做好资金备付及流动性安排，合理高效地安排资金头寸，实现了资金计划集中管理。在确保资金备付头寸及风险可控的前提下，公司办理的资金业务产品包括商业银行存放同业产品以及交易所国债逆回购产品等以提高资金收益。

【投资业务】公司于2017年12月取得固定收益类有价证券投资资质。投资业务管理过程划分前台、中台和后台，建立健全风险控制体系。资金计划部负责分析研究、制定资产配置和投资组合方案，结合公司资金运作模式，将风险较低、流动性较高且收益较有竞争力的货币市场基金作为主要的投资业务品种。风险管理部对投资过程与投资业务实行动态监控，确保公司投资业务的合规运作。

【票据业务】2017年，成员企业通过公司电票系统开立电票22张，合计12180.52万元。成功兑付3张电子银行承兑汇票，合计2461.99万元；5张电子商业承兑汇票，合计4103.59万元。2017年10月，公司成功将电票系统从人民银行切换至上海票据交易所，并成功申请成为上海票交所会员，为今后开展票据交易打下基础。2017年，公司通过举办电票业务研讨会扩大电票业务的宣传，为成员企业更好地利用这项现代化金融工具奠定了基础。

【资金集中】2017年，公司全口径资金归集率为63.39%，可归集口径资金归集率为89.13%，较2016年同比分别增长了6.96%、8.86%。公司搭建了覆盖全部成员企业及16家主要收支银行的公司网银，实现了所有归集账户实时查询、资金调度、资金计划、票据开立及网上对账等全功能运行。公司还开通了上海支付结算综合业务系统的集团公司委托付款业务，开发投产了非归集账户的查询和转账功能，为成员单位提供了非归集账户资金查询和转账渠道。

【业务创新】2017年，公司完成了国内外汇资金主账户、国际外汇资金主账户和下游成员企业外汇账户的建池、入池工作；并分别在人民银行和外汇管理局完成外汇存款准备金账户开通、外债额度和对外放款额度备案等工作。在此基础上，公司顺利完成了资本金购汇入池、成员单位美元资金归集入池的工作，并通过外汇资金池完成了首笔美元对外放款业务。

【风险管理和内部控制】一是强化风险管

控，做好重点领域风险排查。严格按要求开展“三三四十”等专项自查，对制度建设、合规管理、风险管理、流程及系统控制进行了全面梳理，紧盯关键制度、关键岗位、关键人员。二是完成流动性风险、信用风险、市场风险首次压力测试，切实摸清公司风险承受水平。三是完善制度建设，强化内控管理。编制完成《内控手册》1.0 版本，共涉及 6 个章节、22 个主要业务流程；完成制度汇编更新及操作风险重要风险点 2.0 版本。

【人力资源管理】2017 年，公司通过校园招聘、社会招聘等方式，新招录了 6 名员工。公司制定并实施了 2017 年度培训计划，组织内训累计完成 145 人次，行业及其他专业机构组织外训累计完成 83 人次。此外，公司鼓励员工取得金融及财会等各类相关职业资格证书，已实现全员持证上岗。

【信息化建设】2017 年，公司根据监管机构的要求，制定了灾备项目的技术及实施方案，并于年内将所有灾备相关设备均安装调试到位，实现了重要信息系统的同城数据级灾备及系统级灾备。另外，公司按照年度信息系统安全应急演练工作计划，按季度实施完成核心系统服务器故障切换演练等 7 项应急演练工作，且对每项演练进行经验总结。

【党建工作】2017 年，公司党支部以党的十八大和十九大精神为指导，深入学习贯彻习近平总书记系列重要讲话精神和习近平新时代中国特色社会主义思想，坚持党的领导、加强党的建设，坚持党要管党、从严治党，以“两学一做”教育活动、主题党日活动、十九大精神学习实践活动为载体，充分发挥公司党支部的领导核心和政治核心作用，全面推进公司党的建设工作。

上海文化广播影视集团财务有限公司

【集团概况】上海文化广播影视集团财务有限公司（以下简称“公司”）所属集团为上海文化广播影视集团有限公司（以下简称“集团”），集团是中国产业门类最多、产业规模最大的省级国有独资新型主流媒体及综合文化产业集团，注册资本 50 亿元。集团业务涵盖媒体运营及网络传输、内容制作及版权、互联网新媒体、现场演艺、文化旅游及地产、文化投资、电子商务等领域。2017 年度，集团（合并口径）总资产规模达到 574.95 亿元，实现营业收入 247.06 亿元。

【经营概况】2017 年为公司开业后的首个完整年度，公司以“服务第一、兼顾效率”的理念服务于集团主业，探索金融支持文化产业发展的有效路径。公司起步阶段取得积极成效，截至 2017 年 12 月 31 日，公司资产总额为 58.91 亿元，实现营业收入 4903 万元。

【信贷业务】公司对集团产业重新界定分类，将集团成员单位分为 IP 制作及经营类企业、实体商品经营类企业和房地产企业。在此基础上开发适用于成员单位的共性金融产品，包括普适性的常规金融产品、供应链金融产品，以及针对尚处于投入期的IP产品的专项融资产品。2017年，公司先后完成了对5家成员单位9.73亿元授信及其项下业务的审批，累计发放贷款4.34亿元。

【资金业务】公司不断完善同业业务流程及制度，拓展同业业务合作银行，积极与各银行建立同业业务合作关系，积极向同业询价，合理安排同业存放资金，在满足成员单位支付需求的基础上，努力提高公司资金运用收益率。

【资金集中】公司与核心系统供应商积极沟通需求，对核心系统功能与使用细节进行多次优化、升级，实现了二级联动虚拟池模式+三级实体池模式。2017年6月份实现与上市公司的账户挂接，11月实现与非上市板块成员单位的账户挂接，达到资金实时上收与下拨。年末全口径资金归集率为38.60%，可归集口径资金归集率为50.22%。

【业务创新】公司2017年以顾问形式参与成员单位的跨境担保、影视剧销售应收款融资、贵金属销售等金融服务需求的政策咨询、方案设计及实施推动。积极洽商包括经营性物业银团贷款和针对供应链上游供应商的应收账款双保理业务，并且逐步对票据、单证、保函等产品的代理业务及相应自营业务进行可行性研究和有限度尝试，丰富公司融资产品和服务。

【风险管理和内部控制】2017年度风险管理建设在全公司起着立柱架梁的重要支撑作用。一是始终贯彻制度先行的原则，将制度梳理和修订作为公司内控管理的重要环节；二是定期召开风险例会和组织制度审议会；三是培养员工风险意识，通过签订书面承诺书、加强合规教育的方式树立内部合规文化理念；四是以控制风险为导向开展内部审计。

【人力资源管理】公司高度重视员工队伍建设，拓宽渠道引进专业人才，提供内培外训激发员工的学习热情。2017年引进3名不同层次的金融专才。开展业务培训、上岗资格培训及继续教育、干部培训、金财课堂内训及参加中国财务公司协会、银监、人民银行等专业机构组织的外部培训，保证培训全覆盖，全年组织培训近30次，人均培训10次。

【信息化建设】公司在2017年开通专用网络，建立与银监、人民银行和中国财务公司协会间通畅的信息交互通道，实现了业务数据和信息的报送、电子公文传输，以及完成银监一系列有关网络和信息安全的专项工作，建立强化了公司内部OA管理流程。通过集团OA、人力资源、财务系统、合同管理等系统及时与集团信息交流。机房自动监控与安全相结合，机房环境监控实现自动短信报警，同时按计划完成网络、数据库、动力等方面的应急演练。

【企业文化建设】公司从企业宣传递进至企业文化建设，实现双轮驱动。建立了覆盖全公司各部门的通讯员队伍，编报各类宣传信息累计70余篇。通过编辑企业文化内刊（启航）、设立两个读书角、设计四面企业文化墙、组织八场群团活动，展现党团工青妇的力量以及公司对每一个员工的关爱，增强员工的归属感，使得公司企业文化建设持续健康发展。

【党建工作】2017年，公司组织参观“逐梦新时代”展览、学习习近平总书记“7·26”讲话、学习“习近平在上海”专题系列报道；收看十九大开幕会等八项活动。专辟“党员亮身份”专栏，在公司显眼位置张贴党员名单、照片和工作岗位，接受群众监督和党员自我监督。公司还设置“两学一做”学习角，放置习近平总书记系列重要讲话等相关书籍，使公司全体党员群众主动接受学习。

S

申能集团财务有限公司

【集团概况】申能（集团）有限公司（以下简称“集团”）创建于1987年，是上海市国资委出资和监管的国有独资有限责任公司，注册资本100亿元。集团系统拥有全资和控股企业逾100家，员工近1.5万人。集团成立以来，秉持“锐意开拓、稳健运作”的经营理念，立足能源主业，稳步拓展投资领域，逐步形成“电气并举、产融结合”的产业格局，已发展成为一家涉足电力、燃气、金融、能源服务与贸易等领域的综合性能源企业集团。截至2017年底，集团总资产1756亿元，所有者权益1210亿元，当年实现营业收入384亿元，利润总额62.3亿元；连续16年进入中国企业500强。

【经营概况】2017年，申能集团财务有限公司（以下简称“公司”）实现净利润4.00亿元，总资产169.75亿元，净资产24.76亿元，年度吸收存款和发放贷款日均数分别达到152.05亿元和94.79亿元。公司各项主要财务指标较好地完成年初预算，各项监管指标良好，均符合银监会要求。

【信贷业务】2017年，公司累计发放贷款116亿元。公司通过打造多元化金融服务平台，全力做好对成员单位的金融支持，确保重点能源项目投入，并积极牵头或参与组建电力、燃气等多个银团项目；公司大力探索绿色金融，推进绿色信贷投放，支持集团绿色产业发展。截至2017年底，公司绿色信贷余额达57.65亿元，占比达到55.2%；公司积极争取各项政策，深入和丰富金融服务能力，采用贴现、保理、融资租赁等业务进一步降低和优化企业经营成本。

【资金和投资业务】2017年，公司外部融资规模保持稳定，票据再贴现等方式外部融资余额逾6亿元。2017年，公司投资收益率为12.45%。

【票据业务】2017年，全年公司电子商业汇票累计出票量19.45亿元，贴现业务量18.03亿元。回购式再贴现累计达到13.74亿元。截至2017年末，公司未结清存量电票余额17.96亿元。2017年电子商业汇票系统新增签约客户2家。公司支付清算工作和创新研究工作获得人民银行认可，作为唯一一家财务公司当选上海支付清算协会理事单位。

【外汇业务】2017年，公司外汇即期结售汇业务稳步开展，全年完成代客结售汇112笔，累计金额折合美元4.66亿美元，其中新增2家外汇新客户，并开展了首笔港币结售汇交易，为集团节约汇兑成本528万元。同时，公司紧跟集团“走出去”发展战略，发挥金融服务平台优势，集各方专业力量，搭建专业互动交流平台；参与具体课题研究，深入研究和探索跨境业务的可实施性和落地方案。

【资金集中】2017年，公司日均吸收存款

152亿元，较2016年增长8%，系统运营实体的资金归集量较上年有明显增长。公司全年总结算量6826亿元，较2016年增长16.2%；其中成员单位结算量3781亿元，增长4.9%；资金池归集业务实现交易量80.3亿元，增长7.6%。全年交易笔数13.42万笔，本外币新开账户18户。

【业务创新】2017年，公司作为唯一一家财务公司入选首届“中国（上海）自由贸易试验区制度创新十大经典样本企业”。公司《基于上海自贸区分账核算单元的跨境金融平台建设》项目获得上海市企业管理现代化创新成果一等奖。在此基础上，公司总结自贸区创新成果，积极探索利用分账核算单元（FTU）服务集团“走出去”。

公司逐步优化信贷产品结构，加大产品创新力度，推出阶梯利率创新定价模式，提高科技型节能企业金融服务能力；进一步深化与清洁基金中心的合作，通过为系统企业申请清洁发展委托贷款，积极引入低成本资金支持集团节能减排项目建设；布局清洁能源应用，涉足绿色消费金融领域，将绿色金融服务延伸至公共大众；探索产业链金融服务创新，获批产业链金融服务业务试点资质，有效地发挥产融结合效应。

跟踪全国碳市场最新政策，基于此前在碳市场建立的沟通渠道，提供专业化顾问服务，协助集团内控排企业降低年度履约成本。

【风险管理和内部控制】公司认真落实监管重点和全年各类专项治理工作，全年完成“三违反”“三套利”“四不当”等十余项专项自查梳理等工作。公司在流程再造的基础上，落实授权体系的梳理和制度建设工作，积极推进线上审批系统的建设，通过业务流程的系统化、流程化、规范化操作提升了总体风险防控水平。公司不断实践业务连续性管理体系，定期组织相关部门开展模拟演练，并逐步将创新业务纳入管理范畴，保障公司关键业务稳健运行。此外，公司继续推进业务流程复核再造项目，以适应业务规模不断扩大、创新业务力度增强、监管要求日益严格而主动开展的内部管理优化工程。

【人力资源管理】2017年，公司不断完善人力资源开发与队伍建设规划，通过与外部专业猎头合作，保证面试者质量。公司聘请有丰富经验的专家作为业务顾问，为公司培养年轻人提供专业指导。

截至2017年末，公司共组织65人次参加30项培训，覆盖包括消费金融、财税管理、风险管理、外汇业务、公司运营等各方面。公司创新培训方式，派遣员工至境外参加专业培训，为公司提升能源金融服务能级打下基础。

【信息化建设】2017年，公司自主研发的核心业务系统2.0版——新一代核心业务系统正式上线，标志公司信息化应用的一个新起点。公司持续推进消费金融系统优化迭代，充分应用身份验证、人脸识别、电子合同等先进的互联网技术，为公司圆满完成消费金融业务的既定目标提供强有力的系统支持。

根据人民银行的部署安排，公司首批接入上海票据交易所，完成上海票交所票据交易系统的部署上线，并在2017年10月1日圆满完成人民银行电票系统迁移到上海票交所的切换工作。

【企业文化建设】2017年是公司成立十周年，公司举办高端论坛、拍摄企业宣传片、协助举办公益定向赛、组织秋季论坛，在集团系统开展了一系列活动。

公司倡导并营造学习氛围，鼓励员工不断结合岗位工作，加强学习和思考，探索创新业务。2017年，全年完成研究课题共11篇，同时还参与银监会、申能集团等6项外部课题。其中，自贸区分账核算单元跨境双向资金池、绿色能源产业的财务公司消费金融系统建设等，都是围绕集团主业及公司发展方向。

【党建工作】公司以党建工作为契机，开展“党群齐参与、创新我能行”百日竞赛活动，推动全员参与消费金融创新业务。在这一过程中，公司中后台部门涌现出多位营销“达人”，在海报设计、现场营销等方面充分展现了公司年轻人才的创造力。

深圳华强集团财务有限公司

【集团概况】深圳华强集团有限公司（以下简称“集团”）创建于1979年，是一家以高科技产业为主导的大型投资控股集团，产业涵盖文化科技产业、电子信息高端服务业、产业地产、云产业、清洁能源和金融服务等领域。拥有100多家投资企业，多家国家级高新技术企业及国家级技术开发中心，总资产600多亿元，员工2万多人，集团下属多家企业连续多年被评为中国电子信息100强、中国电子信息行业创新能力50强、中国文化企业30强、国家文化出口重点企业。

【经营概况】2017年，深圳华强集团财务有限公司（以下简称“公司”）各项工作有序推进，整体业务规模及营业收入再创新高，实现资产总额871440.36万元，同比增长10.30%，营业收入31873.67万元，同比增长39.99%，利润总额13303.42万元，同比增长51.95%。

【信贷业务】2017年，公司合理配置信贷资源及调整信贷结构，结合成员企业实际经营情况，制定信贷方案，并给予利率下浮等优惠措施，截至2017年12月末，公司累计为成员企业发放贷款40笔，贷款金额56.30亿元；发放委托贷款7笔，金额13.92亿元，协助集团及成员企业降低资金成本，积极支持成员企业经营发展。

【资金业务】公司利用金融机构优势，一方面根据市场利率变化，及时通过同业存放等方式存放资金，提高资金收益；另一方面加强与各金融机构的交流与对接，通过金融产品投资等方式实现资金收益最大化。

【投资业务】2017年，公司开展固定收益类产品投资，率先引入信用保险担保方式，为投资业务增加安全保障。开展交易所国债逆回购业务，本年度累计发生国债逆回购业务41笔，累计发生额11.51亿元。

【票据业务】2017年，公司积极走访成员企业，根据企业经营特点为其设计贴现方案，并以低于市场的价格办理贴现，全年为成员单位提供票据贴现共计118笔，累计贴现金额11.04亿元。其中，银票贴现77笔，累计票面金额8067.79万元；商票贴现41笔，累计票面金额10.24亿元。2017年第三季度，公司顺利获批开展再贴现业务，截至2017年末，成功开展再贴现业务3笔，再贴现金额1755.61万元。

【资金集中】2017年，公司适时上浮成员企业存款利率，增强成员企业资金归集意愿；

优化结算流程，提升结算人员专业水平，根据成员企业资金使用特点，引导成员企业合理安排活期、协定、通知、定期等存款结构，多渠道提高资金集中度。截至2017年末，全口径资金集中度达到64.57%，可归集口径资金集中度为85.01%。

【业务创新】公司积极拓展新业务，持续丰富业务种类及优化交易方式：2017年第三季度，公司成功获得人民银行再贴现业务资格批复；2017年末，公司通过各项资料审核，成功接入由上海票据交易所建设管理的中国票据交易系统。

【风险管理和内部控制】2017年，公司通过多项举措，持续提升内控工作的规范性及有效性。一是完善制度体系，实现业务开展有章可循；二是加强常规业务稽核，对会计结算的真实性、准确性，信贷业务制度的执行情况和贷后管理情况开展全面事后监督；三是开展专项风险排查，全年共完成专项排查工作有7项，包括“三违反”“三套利”“四不当”专项治理、征信业务风险排查、金融统计自查、信用风险专项排查、“两加强、两遏制”回头看整改问责排查、每季度的案件风险排查等；四是夯实会计核算规范化，加强费用支出的审核管理；五是加强档案管理工作，完善档案建档、保管、借阅、归还各环节的操作流程，在纸质档案管理的基础上新增影像档案管理。

【人力资源管理】2017年，公司加强员工培训，持续提升员工专业技能，全年共开展全公司范围专题集中讲座6次。选派骨干员工参与银监局、人民银行、中国财务公司协会举办的各种外部培训共计15人次，多渠道提升培训工作实效。参与人民银行公众号上的征信知识及反洗钱专题知识竞赛活动。

【信息化建设】公司持续完善核心业务系统建设，加强电子化支付渠道建设，提高结算业务安全性和效率。通过与核心业务系统供应商沟通洽谈，优化“定期转活期”“通知转活期”业务操作流程，减少人工传递单据，降低操作风险并提高工作效率。

【企业文化建设】公司坚持以人为本，在“诚信、创新、和谐、共赢”的企业文化指引下，致力于创造和谐、友爱、团结、互助的人文环境。推进公司与集团之间的文化衔接，依托集团工会及团委组织，开展各类活动，包括定期举办读书会、组织员工参加登山徒步、羽毛球、瑜伽等文体健身活动。

【党建工作】2017年，公司组织党员认真学习了习近平总书记在党的十八届六中全会上的重要讲话精神及党的十九大精神，深入学习《关于新形势下党内政治生活的若干准则》《中国共产党党内监督条例》《中共广东省委关于深入推进全面从严治党的决定》，深刻认识加入中国共产党的义务，提高作为党员的主动性、自觉性。开展党员民主评议工作。通过以上举措，进一步明确党内职责，提升党组织的凝聚力和战斗力。

深圳能源财务有限公司

【集团概况】深圳能源集团股份有限公司（以下简称“集团”）是由深圳市能源集团有限公司作为发起人而募集设立的股份制企业。深圳能源发电模式涉及煤电、水电、风电、光伏发电、垃圾焚烧发电和燃气发电等。截至2017年末，集团已投产控股装机容量976.84万千瓦；其中，燃煤发电491.4万千瓦，天然气发电245万千瓦。公司的实际控制人为深圳市国资委，直接持有公司47.82%的股份；华能国际电力股份有限公司为公司第二大股东，持股比例为25.02%。

S

【经营概况】2017年，深圳能源财务有限公司（以下简称“公司”）持续完善制度建设，大力夯实管理基础，积极扩大集团成员单位服务范围，不断提升集团系统内资金的归集水平，维系了各企业资金链的安全，提升集团整体资金使用效率和收益，紧跟集团产业发展步伐，为集团产业布局与新能源项目推进提供了有力的金融支持。截至2017年12月31日，公司总资产130.30亿元，净资产15.28亿元，2017年度实现利润总额2.2亿元。

【信贷业务】集团进一步加大了在风力、光伏、水力、城市固体废物处理发电等新能源行业的投入力度。公司信贷重点投向风力发电、光伏发电、水力发电等清洁能源。截至2017年12月31日，公司发放贷款余额78.7亿元，清洁能源贷款余额57.36亿元，占比为72.79%。其中，风力发电企业贷款余额14.3亿元，占比为18.2%；光伏发电企业贷款余额24.52亿元，占比为31.2%；水力发电企业贷款余额13.65亿元，占比为17.3%。

【资金集中】2017年，集团要求所有成员企业必须在财务公司开立账户以便归集资金，要求企业资金归集度必须达到85%。同时，公司将成员企业的存贷款利率与成员企业资金归集度挂钩，在基准利率的基础上，对存贷款利率进行上浮或下调。

【结算业务】2017年，全年累计完成结算业务笔数4.89万笔，同比增长13.65%。2017年全年累计结算业务量合计人民币2182.4亿元，同比增长53.49%，重大差错为零。反洗钱方面，公司于2017年制定发布了《可疑交易报告内部管理及操作流程》，落实了交易监测标准、反洗钱岗位职责、黑名单监控等各项要求，规范了公司可疑交易报告行为，防止洗钱活动，有效规避金融风险。结算业务安全方面，通过对付款流程和信息安全两个维度进行把控。付款流程严格按照《结算业务管理》制度执行；通过信息系统数据备案、银企直联接口升级等保障结算业务的信息安全。

【风险管理和内部控制】2017年，公司紧盯不良贷款额和不良贷款率的“双控”目标，健全外部监管责任和内部法人治理责任的“双线”风险防控机制，持续强化案件防控，与监管部门就监管标准、指标变动及风险提示情况保持及时联动，持续分析运用监管信息，做到风险早期预测和监管关口前移，实现监管报告及时规范，监管报表零差错，保障了2017年准备金率、存贷利率、流动性指标、不良资产、数据质量等多项行业指标要求的调整落实。

【信息化建设】2017年，顺利完成了电子商业汇票系统从人民银行到上海票交所的移交切换；开展了企业征信系统等级保护测评工作，并对测评中发现的问题进行积极整改，使公司企业征信系统达到等级保护第二级。

【党建工作】2017年，公司党支部以“两学一做”为主线，深入贯彻落实党的十九大精神，牢固树立“四个意识”、切实履行全面从严治党主体责任，围绕集团战略定位，结合金融特色和自身实际，转变观念，攻坚克难，以党建促经营、促发展，强化巩固“四讲四有”和反“四风”成果，坚定推行“三重一大”决策制度，通过上党课、支部集中学习、观看警示片、法律讲座、考学问学、重温入党誓词、参观廉政教育基地、分发宣传学习材料等多种形式加强党员教育，以开展纪律学习月、健全制度体系、金融服务送上门、党员先锋岗“争先创优”、志愿者服务队组建活动为载体带动推进作风建设与文化建设工作，进一步提升了支部党建工作水平。

【企业文化建设】2017年，公司党支部、工会、妇联、青联充分发挥作用，组织员工参加文体活动，丰富员工业余生活，增强了员工活力和凝聚力。

S

深圳市有色金属财务有限公司

【集团概况】深圳市有色金属财务有限公司（以下简称“公司”）所属集团为深圳市中金岭南有色金属股份有限公司（原中国有色工业深圳联合公司）（以下简称“集团”），是由广东省广晟资产经营有限公司控股的国有控股上市公司，主要产业为有色金属开采及冶炼。集团管理模式为“集团化管理、集约化经营、专业化发展、一体化战略”，并根据与主业的关联性、投资比例来确定对旗下产业的管控程度，即对与主业关联性强且投资比例大的单位实行“一体化管控”；对与主业关联性不强的全资子公司/控股子公司实行“深度管控”；对国外并购公司实行“国际化管控”；对参股公司实行“适度管控”。

【经营概况】2017年，公司按照监管要求稳健经营、合规发展，认真开展各项业务，取得了较好的经营业绩。2017年1月至12月，公司实现营业总收入5208.98万元、实现利润总额4315.29万元，实现净利润3231.00万元，超额完成集团及公司董事会下达的全年净利润3000万元的经营目标。截至2017年12月31日，公司总资产12.40亿元，总负债6.20亿元，净资产6.20亿元。

【信贷业务】一方面，不断完善贷款的调查、报告、审批程序，加强贷款五级分类管理，努力做好贷款业务的风险防控；另一方面，合理调度资金头寸，努力满足集团及其下属企业的资金需求，全年累计新增发放贷款3.80亿元，办理票据贴现1797.80万元，有力地支持了集团发展。

【资金业务】资金是公司提供服务和持续经营的基础。2017年，公司在吸收成员单位存款的基础上，积极开展同业授信业务和再贴现业务，努力丰富和完善融资渠道：一是争取到了3家商业银行合计4亿元的授信额度，并与1家财务公司签订了总额为1.5亿元的授信协议；二是开展再贴现业务，累计再贴现980万元，再贴现利率为2.25%，降低了资金使用成本；三是利用结算收支业务沉淀下来的资金，与商业银行开展同业存放业务，提高资金效益。

【投资业务】公司稳健开展投资业务，一方面，继续跟踪所持有的投资产品，其中一只投资产品于2017年5月份到期，获得了年化收益率7%的投资回报；另一方面，与券商投行进行沟通，与多家有增发计划的企业进行交流，积极调研外部固定收益投资业务发展现状，为后续投资工作做准备。

【票据业务】2017年，银行间市场资金面紧张，市场贴现利率出现较大幅度上涨，导致公司贴现量同比有所下滑。面对较为低迷的票据市场，公司继续向新成立的集团子公司宣传电票系统及买方付息式票据贴现模式。公司全年累计发生再贴现业务980万元，为成员单位办理票据贴现1797.80万元。

【资金集中】一是对集团成员单位的资金收入和支出按照“收支两条线”的原则进行管理，要求成员单位的各类资金收入必须全部上划至其在资金结算中心的收入账户，同时要求成员单位在支付资金时，先向资金结算中心提出拨款申请，经核准后，再从该单位在资金结算中心的成本账户对外支付。二是对成员单位的银行账户实行相对集中管理，并定期对银行账款进行检查。三是对成员单位的成本账户余额设立限额。成员单位的成本账户可以留存一定的存款资金以备急需，但所有成本账户当日的存款余额均不能超过限额。2017年，公司资金集中度为75.48%（扣除集团海外资金、募集资金无法归集等特殊因素），超过了监管要求。

【风险管理和内部控制】公司采取多种手段防范风险的发生：第一，积极贯彻落实银监会部署的多项专项治理工作，认真领会治理要求，及时部署相关工作，切实自查自纠，不留死角，确保公司依法合规经营；第二，根据人民银行的部署，认真落实可疑交易监测、报告等反洗钱工作，严控反洗钱风险，为金融稳定贡献力量；第三，按照集团要求，成立全面风险管理和内部控制委员会，开展风险排查，对重点及关键岗位进行风险防控，重新梳理工作流程，绘制权力清单与廉洁风险矩阵图，有效防范各类风险漏洞；第四，开展稽核工作，通过稽核查漏补缺，进一步规范各项业务。此外，公司还通过开展项目效能监察、党风廉政建设、案件风险防控、信息科技风险防控等专项工作，多角度、多维度地加强风险管理。

【人力资源管理】2016年，根据中金岭南的统一部署，公司开展了人事、用工、薪酬等相关改革工作，即“三项制度”改革。2017年，公司继续巩固“三项制度”改革成果，全面实施新修订的《薪酬管理制度》《绩效考核制度》和《员工职业发展通道及晋升管理制度》，并根据《三项制度改革实施方案》，研究选人用人、员工退出、员工奖励和惩罚等相关制度。此外，公司还根据集团部署，对“市场招聘”“干部选拔”等关键人事项目进行了廉洁风险分析，重新梳理相关工作流程，绘制权力清单和廉洁风险矩阵图，有效防范廉

S

洁风险漏洞。

【信息化建设】2017 年，公司继续扎实开展信息化工作，一是继续开展 2016 年未完成项目，先后完成了信贷核心系统建设工作和电票系统升级工作。2017 年末公司的重要信息系统为电票系统、信贷系统及征信系统，各项系统均在有效运转。二是对软件正版化、桌面计算机使用情况、机房物理与环境安全管理、数据保密及数据备份等方面进行定期风险排查，检查未发现较严重的安全漏洞。三是延续以往的惯例，对涉及外包项目进行了检查。经查，公司聘请的外包服务商基本做到了勤勉尽责，其提供的运维服务能够较好地满足公司的日常需求。四是对业务连续性进行了测试。经测试，发现公司应对突发事件的能力较强，不存在业务连续性风险隐患。

【企业文化建设】在集团的领导和支持下，2017 年，公司继续扎实展开内部物质文化、制度文化和精神文化建设工作：一是继续开展物质文化建设，加强公司固定资产及办公物品的精细化管理，做好公司办公环境优化工作，为公司员工创造和谐、舒心的工作氛围；二是继续开展制度文化建设，不断优化公司各项管理制度，对多项制度进行梳理和修订，为公司的经营管理提供强有力的依据和支撑；三是继续开展文化建设，通过组织瑜伽锻炼、太极锻炼、体育比赛、观影等对职工身心有益的文体活动和开展慰问、帮扶等一系列人文关怀工作，增强职工的凝聚力和向心力。

【党建工作】公司党总支大力开展党建工作，如推进“两学一做”学习教育常态化制度化；落实党风廉政建设主体责任整改方案；落实“三会一课”制度和“三重一大”制度；开展“全省国有企业党的建设 80 条工作重点任务措施”自查与整改工作；开展党风廉政建设防控廉洁风险，构建权力运行清单和廉洁风险矩阵图；开展“七一”主题教育活动；开展纪律教育学习月活动；对巡视督查反馈问题及巡察反馈问题进行自查自纠和整改等。针对以上工作，2017 年，公司召开党员大会 25 次、支委会 11 次、党小组会 16 次；开展主题党课活动 3 次；赴外开展廉政学习 2 次；组织志愿者活动 2 次；发展新党员 1 名；新增或完善党建党务制度 3 项；集体讨论“三重一大”事项 3 件；形成各类方案、报告 30 余个。

S

神华财务有限公司

【集团概况】神华财务有限公司所属集团为国家能源投资集团有限责任公司。2017 年 8 月 28 日，经报国务院批准，中国国电集团公司（以下简称“国电集团”）与神华集团有限责任公司（以下简称“神华集团”）合并重组为国家能源投资集团有限责任公司。国家能源投资集团有限责任公司是国有独资有限责任公司。

【经营概况】2017 年，神华财务有限公司（以下简称“公司”）全年实现营业收入 22.09 亿元，实现利润总额 11.44 亿元，超额完成集团下达的考核指标；实现中间业务收入 0.39 亿元，同业存款收益率为 2.64%；管理费用和七项费用控制在分解预算范围内。截至 2017 年末，公司自营贷款余额 304.03 亿元，委托贷款余额 893.68 亿元，吸收存款余额 689.22 亿元，日均存款规模达 593 亿元，集团成员单位在公司开立活期人民币结算账户共 300 个，结算量超过 22 万笔，结算金额 3 万亿元。全年通过存贷款利率优惠、手续费和服务费减免，为集团内部贡献价值 5.25 亿元。

公司连续 4 年蝉联集团绩效考评 A 级，荣获“国家能源集团 2017 年度经营业绩考核先进单位”荣誉称号。

【信贷业务】2017 年实现资产业务规模、质量、效益均衡发展。推进客户分类管理和差别化利率机制，建立客户综合评价体系，加大对过剩产能行业的风险分析，预判信贷风险采取前置措施，确保信贷资产安全。与 16 家成员单位新签订自营贷款 35.35 亿元，自营贷款日均余额 303.66 亿元，实现利息收入 11.18 亿元，为成员单位节约利息支出 1.24 亿元。为成员单位开立电子银行承兑汇票 1.3 亿元。

【资金业务】强化资金管理能力，日均存款再创历史新高。紧抓煤炭市场价格高位运行、集团煤炭销售形势持续向好的有利时机，着力加强存款吸收力度，积极推动成员单位结算性资金回流，存款规模迅速回升。全年日均存款规模达 593 亿元，再创历史新高。

【投资业务】创建专业证券交易室，搭建了具备投研分析、金融数据支撑、债券交易、同业拆借等功能的集中交易平台。投资业务品种涉及银行理财、信托计划、资管计划、金融债券等，覆盖银行间债券市场、交易所债券市场、上交所和深交所股票市场等业务；首次开展金融债券投资 1 亿元，单只产品投资收益率创新高；获得银行间授信额度 300 多亿元，同业授信额度 45 亿元，取得华能财务公司 30 亿元双向互授信。建成同业拆借业务平台，开展同业拆借业务累积发生额 12 亿元。

【业务创新】积极推动保险经纪公司筹备，保险经纪公司设立取得实质性进展，获得集团批复。开展集团“基于神华清洁能源产业金融平台建设的产融结合”课题研究，获中国煤炭经济研究会优秀论文（调研报告）一等奖、原神华集团改革征文三等奖。

【风险管理和内部控制】公司严格按照银行业监管要求，借鉴同行业优秀经验，构建了具有行业特色的内控和风险体系。一是创建以一个目标、三道防线、四级架构、五套体系为主的“1345”内控体系。共梳理出 379 个风险点、27 个一级流程、99 个二级流程，262 个末级流程、399 个控制措施及 277 张流程图，并系统地提出制度优化建议 54 条，公司治理建议 6 条。二是以风险治理、风险制度、风险监控、应急处置四个体系构成的全面风险管理体系进一步完善。加大外部监管协调力度取得实效，公司风险评级显著提升。三是高度重视合规性检查和审计稽核。积极构建常态化合规检查和内控评价机制。建立日常法务工作机制，聘请律师事务所开展常年法律服务。开展“普法一百天”活动，评选表彰先进部门和先进个人。

【人力资源管理】公司在全面梳理各岗位职责、完成价值评估、设计优化薪酬结构的基础上，建立了具有财务公司特色的绩效考核体系，实现由“发工资”到“挣工资”的转变。一是建立企业绩效考评实施方案，分类设置考核指标和评价工作。探索改进内部绩效考核汇报机制，研究内部考核指标和方式。再将集团考核指标、公司战略和经营目标全部落实到部门，部门目标全部落实到岗位，形成传导机制，确保公司战略的有效落实及年度经营目标的完成。二是绩效考核内容充分体现集团、金融行业和公司自身的要求，将风险合规、党务工作、党风廉政建设、员工行为、监管意见等纳入考核指标，与经营业务共同挂钩考核。三是分层别类，精准考核。制定差异化的考核内容，体现岗位特色，强化结果应用，打破平均主义。

2017 年通过公开招聘和内部竞争上岗的形式，招聘 3 名员工和选聘 3 名中层管理人员。出台专业人才管理办法，拓宽员工职业发展通道。创新开展“自我启迪”“智慧启迪”“人文启迪”系列培训，全年组织培训 80 余批（次），400 人次。

【信息化建设】公司按照集团公司“SH217”工程的总体部署，制定了信息化规划，重建了新核心业务系统，为业务的持续发展奠定了坚实的基础。一是开展了新核心业务系统建设并实现双系统并行。涵盖核心业务子系统、网银子系统、金融业务数据池、对外报表报送子系统、预算管理等。该项目具有行业领先的技术支撑平台，荣获中国煤炭工业协会 2017 年度管理现代化创新成果一等奖。二是新核心业务系统 IT 基础设施建设全面交付完成，基本建成满足公安部安全等级保护三级要求、横跨两个数据中心的新核心系统 IT 基础设施。公司 IT 基础设施水平步入国内财务公司第一梯队。三是建立了公司金融信息服务和管理提升平台。开发了以内部网站为主的集约化高效管理业务支撑平台。公司荣获集团 2017 年度统建系统使用水平第一名及优秀单位称号。

【企业文化建设】一是创立“朴雅”后勤服务品牌。设置“朴雅”宣传栏，设立“朴雅”茶歇区，装修“朴雅”浴室，提高员工的获得感。二是制定办公环境统一标准，确保公司办公环境有序、高效、安全、整洁。三是提供精细化后勤服务，优化设计 VI 标识体系，统一员工工装，提升公司整体形象。

【党建工作】深入学习贯彻党的十九大精神，以习近平新时代中国特色社会主义思想为指引，落实全面从严治党主体责任，夯实党建基础，创建联学共建特色品牌，引领行业党建新模式，党建考核名列集团前列。

一是制定学习宣传贯彻党的十九大精神实施方案，开展主题知识竞赛，迅速掀起学习宣传贯彻的热潮。二是制定党建工作责任制实施办法，公司党委同领导班子成员、各支部书记和部门负责人签订《全面从严治党主体责任书》。三是创建联学共建模式，同建设银行北京分行、东四支行开展“神华建行　产融互促”联学共建活动，同农业银行总行大客户部开展“求创新　谋共赢”和“不忘初心　学思践悟”联学共建活动。以该模式为重要内容的课题论文在中宣部《党建》杂志发表，总结的案例被收入集团案例集。四是开展丰富多彩的党建主题活动，捐助山西贫困小学，资助北京宏志班贫困高中生。

全面完善纪检工作体系，着力培育具有金融行业特色的纪检监督职能，经受集团多轮党风廉政专项检查，继续保持零问题线索和零案件纪录。

首都机场集团财务有限公司

【集团概况】首都机场集团公司（以下简称“集团”）隶属于中国民用航空局，是一家跨地域、多元化的大型国有企业集团，于2002年12月28日成立。截至2017年底，集团管理资产规模超过1628亿元，员工5万余人。集团在机场管理、服务、保障、建设等方面构建起一体化的发展平台，并在地产、物流、证券、酒店、旅游等领域有了较大发展。

【经营概况】2017年，首都机场集团财务有限公司（以下简称“公司”）全年日均吸存规模127.9亿元，同比增长10%；为成员企业发放64.4亿元自营贷款，同比增长1.26%。全年实现营业收入5.25亿元，同比增长25.9%；实现利润总额2.75亿元，同比增长41%，实现了公司自成立以来的利润最高水平。在业务平稳健康发展的同时，公司始终重视风险内控管理，年末公司资本充足率为13.4%，流动性比例为73%，存贷比为49.7%，均符合监管要求。

【信贷业务】针对国家重点工程之一的北京新机场建设项目，公司联合外部7家参团商业银行，与银团牵头行密切配合，为北京新机场提供银团贷款。为支持成员机场改扩建项目的顺利开展，协助吉林机场顺利完成机场扩建项目银团筹组工作。

【资金业务】规范同业业务授信要求，拓展同业交易对象，合规开展同业拆借业务和存放同业业务，提高市场参与度。

【投资业务】面对国内市场资产配置荒的严峻形势，抓住基金市场阶段性投资机会，开展了货币市场基金的申购交易，取得了良好收益。

【票据业务】成功加入上海票据交易所，为拓展电子票据业务奠定基础。

【资金集中】拟定资金归集度提升计划；严格账户管理、大力推行代理支付业务及提升有效对账率，持续加强资金集中管理工作。截至2017年末，公司上线成员单位186家，成功归集及监控成员单位账户757户，全年累计日均规模为127.88亿元，较2016年同期增加了10.08%，全年付款业务2.58万笔，代理支付量占全年付款总量的77%，较2016年同期增加了2%，全年四个季度的有效对账率均为100%，资金集中管理卓有成效。

【风险管理和内部控制】一是建立风险提示机制，运用风险管理系统持续收集风险监测指标与预警指标变化；梳理公司风险管理现状，形成分析报告；开展操作风险隐患排查，全年共计识别46例操作风险隐患并及时整改。二是强化监管报送规范管理，推行清单式管理；完善信息披露工作机制；开展全员法规宣贯和案件警示教育。三是开展“三套利”“三违反”“四不当”及市场乱象、信用风险等专项排查活动。四是定期开展反洗钱工作，梳理客户信息，并量化为模型，规范账户管理，强化资金监控。

【人力资源管理】加强人才队伍建设，调整了公司组织机构、部门职责和岗位职责，完善了选人、育人、用人及绩效考核工作，落实岗位轮换及强制休假管理办法。

【信息化建设】持续优化完善核心业务系统功能，提升业务系统运营能力，提升用户体验，有效降低业务人员的工作量；成立网络与信息安全领导小组，顺利完成十九大、“一带一路”高峰论坛等重大活动信息安全保障工作，开展网络安全模拟演练，全年未发生网络安全事故。

【企业文化建设】2017 年制定了《办公区宣传展示方案》，统筹规划公司宣传展板，内容涉及党建知识、监管法规、科技信息、服务客户、职工之家等，营造了和谐的企业文化氛围。

【党建工作】通过党委中心组学习、“三会一课”、赴红色教育基地培训等形式，深入学习贯彻习近平新时代中国特色社会主义思想、党的十九大精神、十八届六中全会和国企党建会精神，并将上级重要精神和会议文件整理汇总为党员应知应会的理论基础知识。召开全面从严治党定期分析会，对党建工作形势进行动态分析和研判。各党支部确立了党员活动日，规范了党费收缴、使用，完成了党员信息采集。

首钢集团财务有限公司

【集团概况】首都钢铁集团有限公司（以下简称“集团”）是以生产钢铁业为主，兼营采矿、机械、电子、建筑、房地产、服务业、海外贸易等多种行业，跨地区、跨所有制、跨国经营的特大型企业集团。集团确立“一根扁担挑两头”的发展战略定位，通过打造全新的资本运营平台，实现钢铁和城市综合服务商并重和协同发展。

【经营概况】首钢集团财务有限公司（以下简称“公司”）初期注册资本金 20 亿元人民币，经过 2016 年、2017 年两次股东增资后，现注册资本为 100 亿元人民币。公司实行独立核算、自主经营、自负盈亏。公司按金融监管要求，设立了股东会、董事会、监事会，实行董事会领导下的总经理负责制，并建立了“三会一层（经营管理层）”的法人治理结构和内控体系，董事会下设风险控制、审计两个专业委员会以及综合管理部、审计稽核部、信息管理部、结算业务部、信贷管理部、票据中心、风险管理部、计划财务部、党群工作部九个职能部门。截至 2017 年 12 月，公司在册员工 45 人，其中本科以上学历 43 人，中、高级职称以上 24 人。

【结算业务】公司切实提高集团资金集约化管理能力。2017 年结算业务总量迅速增长，达到 19.4 万笔，增幅达到 91%，结算业务总额达到13425亿元，增幅达到76%；成员单位内部转账和对外支付总量达到13万笔，两项指标合计增幅达90%以上，年末吸收外币存款2.39亿美元，有效提升集团归集率，将存款结算业务从本币扩展到外币，公司已逐渐替代银行成为集团成员单位主要结算渠道。

【融资业务】公司采取多种方式扩大融资渠道，增加资金来源，降低成员单位对外融资成本。2017年累计再贴现12.4亿元；取得25家金融机构同业授信，总额度247.45亿元，业务品种包括票据保贴、同业拆借、票据转贴现等；7月28日获准进入并正式接入同业拆借市场，9月26日与京能财务公司成功办理首笔同业拆借业务，使拓宽短期流动性补充渠道、提高资金使用效率成为可能。全年公司流动性比例得到改善，呈稳定上升趋势。

S

【票据业务】公司不断加强票据管理。3月，集团召开票据集中管理工作专题会，明确票据集中管理工作总体要求和实施步骤；4月，以整合纸票与电票、实现成员单位票据集中管理为目标，公司启动票据管理系统项目。在各试点单位大力支持下，公司形成具有首钢特色的票据集中管理模式，基本实现票据贴现在公司办理，票据资金归集率不断提升；通过与同业机构合作以扩大保贴额度等方式，公司承兑汇票市场接受度和流通性逐步增强。全年累计开立承兑汇票154亿元，年末余额83.4亿元，落实银行累计保贴财票金额57.36亿元。

【风险管理和内部控制】公司大力夯实风险管理，全面建设风险防控体系。2016年11月公司启动风控体系建设，经过4个月时间，搭建完成全面风险防控体系：梳理25个一级流程、84个二级流程和207个三级流程，查找风险点390个，识别239条岗位和系统职责分离规则，确保业务决策、业务执行的管理权限不交叉，操作、复核、审批三类业务操作权限不重合；风控手册和内控评价手册已经年中董事会审批后正式颁发，内部控制已经建立并有效执行。同时全面开展制度修编工作，全年修订制度79项，新增20项，共计123项，基本覆盖全部业务流程。编制完成2017年业务规范手册，为员工规范开展业务提供依据。

【信息化建设】2017年，公司从升级改造资金管理系统、完善网络基础环境、健全运维保障体系等方面进一步提升系统建设能力。一是优化改进，积极完善资金管理系统功能。重点对网银业务、结算业务、贷前管理、信贷合同管理、贷后管理、价格管理、监管报送、资金归集率统计七个业务模块进行功能优化完善，功能优化类占系统变更总项的47.92%。开发实现增值税专用发票自动打印、票据分类统计等业务功能，新接入民生银行银财直联、人民银行电票和同业拆借等6条业务专线。二是深化网络基础环境优化改造，做好与集团公司互联网接入端口的物理拆分工作，提高网络互联抗风险能力。三是提前谋划，启动公司灾备建设，提升公司业务连续性保障水平，确保业务数据安全和完整。四是聘请专业机构对公司全面开展信息系统风险评估并完成整改，已达到公安部等级保护三级标准，同时顺利取得北京市公安局颁发的信息系统安全等级保护备案证明。

【企业文化建设】根据集团薪酬改革有关精神，公司结合实际并广泛征求广大职工意见后，制定印发《薪酬管理办法》《绩效考核和薪酬体系说明》，完善了公司绩效管理和薪酬分配体系，提升了激励效能；在考核执行上，则强调制度的刚性原则，弱化人治成分，基本实现薪酬兑现、职级晋升与绩效考核的挂钩；制定下发《职工考勤管理办法》《劳动合同管理办法》《劳动纪律管理办法》《5S管理办法》等制度，促进公司管理规范化和标准化。

顺丰控股集团财务有限公司

【集团概况】顺丰控股集团有限公司（以下简称“集团”）注册资本20亿元，是国内领先的快递物流综合服务商，经过多年发展，已初步形成为客户提供一体化综合物流解决方案的能力。不仅提供配送端的高质量物流服务，还可利用大数据分析和云计算技术，为客户提供仓储管理、销售预测、大数据分析等一揽子解决方案。集团物流产品主要包括时效快递、经济快递、同城配送、仓储服务、国际快递等多种快递业务，物流普运、重货快运等重货运输服务，以及为食品和医药领域的客户提供冷链运输服务。2017年集团实现营业收入710.94亿元，利润总额64.32亿元。

【经营概况】2017年，顺丰控股集团财务有限公司（以下简称“公司”）通过资本运作、资金集中化管理、增值金融服务，支持集团战略发展，成为集团金融服务平台。截至2017年12月31日，公司资产总额204.40亿元，实现营业收入3.27亿元，净利润2.04亿元。

【信贷业务】2017年，公司不断扩大业务覆盖范围，以满足各成员单位多样化资金需求。通过对各主体业务及存贷款分析，设计不同主体最优贷款方案，匹配自营贷款、委托贷款、统借统还等模式，优化成员单位报表。公司建立贷款闭环管理机制，规范集团内资金调拨模式；密切与人民银行的沟通，争取信贷规模不受限制；分析各主体存贷款现状，调整贷款模式分布，促进成员单位资本结构优化。

【投资业务】公司成立使集团获得存放同业投资渠道，极大地增加了集团投资方式的灵活性，使得集团获得更多的免增值税收益。公司基于年度和月度资金计划、大额报备、融资流入流出，建立资金安全存量，输出资金短期预测，并每日滚动更新，计算可投资资金。在确保资金安全的前提下，进行稳健投资。2017年度通过存放同业投资渠道促使集团整体投资收益率提升0.9%，财务费用率下降0.25%。

【资金集中】2017年，集团资金池业务整体下移至财务，存贷款业务全面上线。通过全网账户全生命周期管理，结合银行短名单管理机制，建立境内外双向多币种资金池，拓宽银企直联通道，实现全球资金集中管理、全网资金集中结算。

【业务创新】基于快递行业季节性及特殊性，结合各成员单位资金周转现状，公司设计了法人透支贷款产品，按天计息、按月收息，如当月发生现金净流入，则系统自动还款，极大地满足了成员单位临时性经营用款需求，降低了资金成本。

【风险管理和内部控制】2017年，公司加强重点领域风险管控，并积极开展风险管理文化建设和内控底盘建设。一是开展全面风险管理文化建设。通过多种形式，培养风险合规文

S

化。二是建立制度流程体系。对制度流程实行全生命周期管理。三是加强重点领域风险管控。设计流动性风险指标计算模型；开发、建设业务管理系统，实行重要岗位轮岗；制定各类报表报送操作手册，开发数据自动提取系统。四是强化应急管理，明确重大事项细化标准和处理要求。五是强化稽核检查和内审，开展8次项目稽核，有效发挥了风险防控第三道防线的作用。

【人力资源管理】2017年，公司紧跟业务步伐，精细化人员管理，逐步搭建金融人才管理体系。一是建立金融人才信息库，储备、引进优秀金融人才。二是建立全方位培训通道，强化人员综合技能，稳固技术屏障，完善培训体系建设。三是推行双通道发展机制，打通员工职业发展通道，实施跨部门轮岗。四是优化员工关怀措施，增加企业文化辐射度，把文化“软实力”打造提升成企业竞争的“硬实力”。

【信息化建设】公司信息系统由北京软通动力公司开发的核心业务系统、监管报表平台以及公司的SAP人财物系统构成。核心业务系统是系统架构的基础模块，涵盖资金结算、信贷管理、资金预算、票据管理、资金监控、客户管理等功能模块；SAP系统涵盖人员、物资、账务管理。2017年监管报表平台上线，实现系统自动取数，自动计算与生成报送数据。2017年完成同城灾备机房的建设工作，机房整体完全隔离，配备完整的消防、供电、监控等设施，保证了各项业务连续、平稳运行。

【企业文化建设】2017年公司着力打造“团队精英化、学习主动化、能力复合化、氛围活泼化”的企业文化，通过组织丰富的团建活动、总经理午餐会、下午茶沟通、设立英语角社区、月度案例分享会等方式，提升团队凝聚力，营造积极氛围。

四川长虹集团财务有限公司

【集团概况】四川长虹集团财务有限公司（以下简称“公司”）由四川长虹电子控股集团有限公司（以下简称“集团”）筹建，于2013年8月23日正式工商注册，地址是绵阳市高新区绵兴东路35号。集团注册地为四川省绵阳市，是国有独资企业。截至2017年末，集团总资产为796.69亿元，营业收入806.87亿元，较上年增加99.88亿元，增幅为14.13%；净利润5.33亿元。

【经营概况】公司利润目标完成情况：截至2017年12月31日，实现管理口径利润1.16亿元，实现净利润近0.52亿元。创新目标完成情况：2017年公司经集团审定的公司级创新项目共三个，其中，业务类2个，管理类1个。业务资质新增：2017年，公司获得了四川银监局批准开办委托投资、固定收益投资、买方信贷和消费信贷业务的资格。

【信贷业务】截至2017年末，公司各项贷款余额（含贴现）97.18 亿元，比年初增加 9.72 亿元，增长 11.12%。资产状况良好，贷款均为正常类，均未出现减值迹象。2017 年票据承兑业务较 2016 年增加 29.71 亿元，增长率高达 306.69%。

【产品销售信贷业务】 2017 年，公司取得买方信贷、消费信贷批复，延伸产业链业务备案，全年消费信贷和延伸产业链业务共实现收益 311.93 万元。

【资金业务】 2017 年修订了《关于流动比指标管理要求的通知》，提出控制流动比的相关管理措施，并每月跟进措施落实情况，情况发生变化时，重新预测，确保公司流动比达到监管要求。

【投资业务】 货币基金方面，结合对市场的跟踪了解，累计办理货币基金业务 70 笔，累计金额达 54.70 亿元，综合收益率为 3.89%，共实现投资收益近 0.10 亿元。国债逆回购方面，不断强化流动性管理，在头寸允许情况下，根据盯市情况，在研究逆回购新规后，选择收益最大化的投资时点，操作逆回购业务 29 笔，共计 30.80 亿元，综合收益率为 5.13%，共实现投资收益 141.91 万元。2017 年，公司共实现投资 85.50 亿元，实现投资收益 0.11 亿元。

【票据业务】 针对应收账款多、票据量大、上游供应商遍布全国的特点，公司积极加大银行承兑汇票、商业承兑汇票的开票力度，2017 年开票量达 71.96 亿元，变相发行长虹"信用"。同时持续为成员单位、供应商办理贴现业务、保理业务，有效支持了长虹产业发展，为建立良好的长虹产业链生态环境发挥了促进作用。

【外汇业务】 2017 年积极联系外汇局，完成了集团外汇资金集中运营由股份公司到财务公司的切换。公司向外汇局申请新增外汇资金池参与成员单位及外债指标，最终获得外汇局批复，公司外汇资金池包括主办企业在内共有 25 家企业。

【资金集中】 截至 2017 年 12 月末，公司资金集中度为 62.39%。

【风险管理和内部控制】 2017 年，公司不断完善制度建设，全年累计修订制度 25 项，新增制度 37 项，各项制度办法合计 143 项，制度建设进一步加强。围绕公司治理、业务管理、风险控制、案件防控等各个方面，深入开展了"三违反"、"三套利"、"四不当"、整治金融乱象、信用风险专项排查等多项专项检查，以及季度飞行检查和专项审计等内部检查工作，对发现的问题予以充分暴露、及时整改、严肃问责、加强考核，业务中存在的不规范情况得到有效遏制，未发现任何重大违规违纪行为。

【人力资源管理】 全面加强人才培训工作，2017 年共计组织培训学习 35 次，其中，安排各级员工参加外部培训学习 31 次，公司内部组织培训学习 4 次，参与培训人次达到 326 人次，培训总时长达到 1066.5 个小时。外部培训学习项目主要以中国财务公司协会、银监、集团总部等组织安排的相关学习内容为主，培训对象涵盖公司高层、中层、基层各层次员工。

【信息化建设】 2017 年，新网银信息系统成功升级切换，投产后运行状态良好。系统架构先进，流程管理严谨；特别是系统报表部分功能、自动化程度对比原有系统有较大提升，能够满足监管需要。

【企业文化建设】 一是重视人才梯队建设培养，通过在暑期引进实习生实习，储备优质学生资源。二是计划性人才培养调整共计 5 人。对于管理队伍，坚持能者上，庸者下，以业绩为导向选拔和使用人才，计划性调整 3 人；对于专业员工，坚持全面培养，计划性多岗位/AB 角色培养 2 人，有效保障了公司业务发展的员工队伍匹配建设。三是通过薪酬保障

S

调整，有效减少员工流失，增加了员工满意度与稳定性。

【党建工作】公司始终坚持“两手抓”，在抓业务的同时狠抓党建工作。2017 年开展了党建带团建机制创新，实行党员一对一帮扶年轻员工尽快成为岗位熟手、岗位能手，获得集团党委肯定，并在集团党委工作会上进行了交流发言。公司党支部连续 7 个季度被集团考核为“优秀”，2017 年第三季度考核为“卓越”，在七一被集团党委表彰为先锋争创活动先进集体，一名党员被市国资委党委表彰为先进个人，取得了支部成立以来的最好成绩。

四川省宜宾五粮液集团财务有限公司

S

【集团概况】四川省宜宾五粮液集团有限公司（以下简称“集团”）是全球知名的以白酒生产为主的特大型集团公司，已发展成为以酒业为核心主业、多元化发展（大机械、大包装、大物流、大金融、大健康）的产业格局。2017 年五粮液品牌价值达 958.59 亿元，实现销售收入 802.2 亿元，利润总额 142.7 亿元，利税 222 亿元，资产总额达 1066.5 亿元。

【经营概况】2017 年，四川省宜宾五粮液集团财务有限公司（以下简称“公司”）坚持稳健经营、严控风险、创新突破，经营业绩稳中有进，公司呈现良好发展态势。截至 2017 年末，公司总资产达 222.72 亿元，全年实现营业总收入 7.43 亿元，实现拨备前利润 3.19 亿元，实现利税总额 2.58 亿元，资产规模和利润总额分别位居四川省六家财务公司第一位和第二位。

【信贷业务】公司坚持“以市场为导向、以国家产业政策为导向、以集团产业和发展战略为导向”，优化信贷结构，着力支持集团重点项目和优质实体，为集团发展和转型升级提供金融服务。2017 年公司累计为成员单位及产业链客户发放贷款 13.68 亿元，年末贷款余额 30.46 亿元（其中贴现 16.88 亿元）。

【产品销售信贷业务】2017 年，公司信贷业务范围不断延伸，支持聚焦集团主业产品销售，买方信贷成员单位产品范围从 2 个增加至 8 个，买方信贷业务客户从 7 户增加至 45 户，范围覆盖五粮液全国七大营销中心，遍及 11 个省、自治区、直辖市。

【资金业务】公司不断积累经验，紧盯同业市场利率走势，分析市场价格变动趋势，择优择机选择同业存放机构，提高资金收益。2017 年，公司存放的 3 个月、6 个月、1 年期价格均高于同期限 Shibor 资金平均价格水平，实现存取同业约期款项 138 笔，累计存取资金 396.85 亿元，实现资金收益 62522.78 万元。

【投资业务】2017 年，公司严格制定年度投资经营策略，合理规划全年资金投放进度、资金摆布、收益计划及风险控制措施，持续深入银行、券商、基金等机构，加强业务对接，穿透分析交易对手底层资产配置，审慎选择交易对手和交易产品。截至2017年末，公司共办理自营投资业务11笔，累计投放113000万元，实现投资收益2713.85万元。

【票据业务】2017年，公司办理成员单位票据贴现17.52亿元，年末余额16.88亿元，较年初增加4.14亿元，签发电子银行承兑汇票14.19亿元，为成员单位节约财务成本1000余万元。公司于2017年5月22日成功加入上海票据交易所系统，金融服务手段进一步丰富和完善。

【资金集中】2017年，公司用市场化手段服务结算业务客户，根据成员单位服务需求，完善资金归集实施方案和结算推广试点方案，分析总结试点成效和不足，持续优化改进服务流程。公司利用多形式和渠道开展结算业务宣传，名单制管理未开户成员单位，为成员单位打造专属结算服务方案，听取成员单位意见建议，协助信息系统优化服务体系，按需上线财企接口。在集团和股份公司的鼎力支持下，公司获得五粮液股份有限公司新增24亿元、集团新增10亿元的资金归集额度。截至2017年末，公司共开立成员单位内部结算账户96户，账户覆盖面达到93.81%，有16家二级子公司办理存款及结算业务，结算覆盖率达100%。

【风险管理和内部控制】公司全年紧紧围绕"审慎经营、防范风险、持续发展"的经营方针，不断加强和完善合规风险管理，全面开展制度回检和评估，及时填补在公司治理、业务经营、风险控制方面存在的制度缺失，确保制度严格遵循监管要求，实现对业务的全覆盖，建立健全各项制度211项。2017年，公司配合监管部门组织开展现场检查、"三违反""三套利""四不当""重点业务"等专项检查15次，坚持按月开展经营业务事后监督检查，按季开展员工异常行为排查和重岗人员排查，完成投资、预算执行、信贷、票据贴现、同业存放以及案防工作审计等业务项目审计6项。

【人力资源管理】2017年，公司按照集团"千百十"人才体系建设的要求，扎实开展人才培养等工作。一是完善选人用人机制，搭建员工成长发展的平台，建立和完善后备人才库，为员工晋级晋升开辟通道，推行中层管理人员选拔竞聘上岗，以竞聘演讲、答辩、综合测评、民主投票等方式选拔中层管理人员。二是重视员工队伍建设，积极引进高学历人才。三是持续开展员工教育培训。

【信息化建设】2017年，公司信息系统建设以提升系统服务能力和确保安全运行为主线，紧跟业务发展需要，完成了综合统计报送系统、投资业务系统、投融资新业务系统、资金头寸管理系统、反洗钱管理系统、灾备二期系统等多个系统改造建设，为公司业务运作提供更强有力的系统支撑保障。

【企业文化建设】2017年，公司加大企业文化体系建设，深入宣传和推广。公司以院坝楼道文化、企业网站、宣传画册、公司内刊等予以展示，以职工之家、职工图书室、党支部文化墙、企业荣誉室等形式营造文化氛围，通过邀请老五粮液人讲述五粮液传统文化，组织开展专题文化论坛等活动载体，使公司员工树立较为强烈的守法意识、合规意识、团队意识和服务意识，员工的良好行为风貌逐步展现。

【党建工作】2017年，公司进一步加强党的领导，加强党组织建设，强化党在企业内的政治核心作用，持续推进"两学一做"学习教育制度化常态化，坚持学习贯彻党的十九大精神，深入学习习近平总书记重要讲话精神，坚持"三会一课"制度，牢固树立和保持向核心看齐的思想自觉、政治自觉和行动自觉。

松下电器（中国）财务有限公司

【集团概况】 松下电器（中国）财务有限公司（以下简称“公司”）是由松下电器（中国）有限公司（以下简称“集团”）100%投资的法人机构，所属集团为松下电器产业株式会社。集团一直以中国为重要的战略地区，在中国主要事业有AIS汽车电子和机电系统、AP电化住宅、ES环境方案、CNS网络解决方案四大核心板块等。

S

【经营概况】 公司始终坚持服务实体经济的理念，以集团利益最大化为目标，较好地达成了2017年的监管要求和经营计划。公司主要经营业务为一般存贷款、委托存贷款、外汇集中收付汇及代理远期外汇预约、票据贴现、同业拆借等。截至2017年末，公司资产总额为114.64亿元，负债总额为104.87亿元。2017年，营业收入及净利润较2016年大幅上涨，实现营业总收入1.92亿元，利润总额1.82亿元，净利润1.36亿元。

【信贷业务】 作为集团金融服务平台，公司信贷业务均为流动资金贷款，主要为了满足成员单位短期融资需求。根据集团业务需求，2017年公司总贷款规模有所减少，年末贷款余额为0.42亿元。2017年未发生票据业务。各信贷资产五级分类均属正常类，无不良贷款。

【外汇业务】 公司主要开展的外汇业务有外汇集中收付汇及代理远期外汇预约。2017年共有49家集团成员单位通过财务公司开展远期外汇预约业务，通过开展此项业务，公司为集团成员单位规避外汇风险提供有力支援。

【资金集中】 2017年，公司继续与集团各成员单位加强沟通，努力争取吸收成员单位存款，年末资金集中度为53.95%，较上年的48.66%有所提高。资金集中度的提升有助于提高集团资金整体使用效率，提供更好的服务助力成员单位发展，凸显财务公司的金融服务功能。

【业务创新】 2017年，公司就关于核准开办即期结售汇业务向国家外汇管理局上海分局申请备案。国家外汇管理局上海分局根据《国家外汇管理局关于印发〈银行办理结售汇业务管理办法实施细则〉的通知》的相关规定，2017年8月核准公司即期结售汇业务经营资格，包括自身结售汇业务和对集团在华成员单位的结售汇业务。

【风险管理和内部控制】 公司在经营过程中主要存在市场风险、信用风险、操作风险、流动性风险等。公司根据各项业务的不同特点制定了不同的风险管理制度、操作流程和风险防范措施等，通过日常的各项风险控制措施将风险最低化。2017年，公司经审核批准，新增了一名中方高级管理人员以提升风险管理能力。

公司非常重视内控制度的建立，截至

2017年末从未发生过违法、违规等问题。公司不断完善内部控制制度，同时加强内部控制的监督管理工作，及时发现内部监督中的缺陷与问题，完善内部控制评价标准；加强内部控制人才的培养，有效识别存在的风险，强化经营薄弱环节的控制能力，确保公司合法合规经营。

【人力资源管理】公司近一半从业人员具有3年以上金融行业工作经验，公司注重引进专业化人才，特别是稀缺人才，以提高业务的专业水平，达到增强竞争力的目的。在日常工作中，注重公司员工的专业技能及合规意识培养，通过制度法规等的学习，不断提升业务人员素质、增强职业判断能力。

苏州创元集团财务有限公司

【集团概况】苏州创元投资发展（集团）有限公司（以下简称“集团”）是一家以先进制造业为核心，融现代服务业为一体的大型国有投资控股集团，集团列入统计口径的全资及控参股企业38家。通过结构调整、产业转型，集团先进制造业形成了汽车及零部件、环保设备与工程、输配电及控制设备三大产业高地。服务业形成了生产性服务业和主题文化酒店品牌两大板块。截至2017年末，资产总额118.10亿元，利润总额6.21亿元，净利润5.58亿元。

【经营概况】2017年，苏州创元集团财务有限公司（以下简称“公司”）实现营业收入5981万元，利润3633万元，净利润2785万元，同比分别增长2%、86%、123%，吸收存款17.92亿元，贷款及贴现10.81亿元，总资产规模21.74亿元，各项监管指标符合监管要求。

【信贷业务】2017年，公司继续发挥“内部银行”的功能，为集团重点领域、新兴产业和转型升级中的传统产业等不同成员单位制定差异化资金配置方案，尽可能为成员单位提供有效的金融供给。集团重点板块企业授信总额15.50亿元，累计发放贷款及贴现13.76亿元。在风险可控的前提下，分别为电瓷、新能源、洁净环保三大高地板企业提供特色化服务。2017年，共为成员企业节约财务费用约1000万元，客户满意度达97%以上。

【票据业务】2017年，公司大力推动电票业务的发展，开展票据贴现（再贴现）、票据承兑、委托贷款、对外担保、同业拆借、自主银票、电子商票等业务，制定《电票业务手册》，在各成员单位中进行宣传和讲解，累计办理汇票贴现21笔，共计金额2686万元，自主签发电子商业汇票13笔，共计金额200万元，代理签发保函13笔，共计金额1389万元。

【资金集中】2017年，公司针对资金集中管理制定了深化改革课题和实施计划，每月按全资、控股、参股企业类型分类后对所有成员单位的资金归集度进行统计分析，对资金归集度较低的企业逐一走访调研，了解企业账户分布特点和资金不可归集原因，通过提升服务品质、上浮存款利率等手段，着力增加有效存款。同时与集团财务管理部共同探究和寻找最适合集团成员单位资金归集的方式和方法。全口径资金归集率为68.47%，同比增长15个百分点。

【风险管理和内部控制】2017年，公司根据监管部门要求，集中开展“三违反”“三套利”“四不当”和银行业市场乱象行为四个专项治理工作，对公司业务进行了全面自查和结果反馈。2017年9月11—20日，江苏银监局针对公司法人治理、内部控制、业务活动、风险状况等方面对公司进行了全面现场检查，根据监管部门反馈的意见，公司制定了整改方案，抓住薄弱环节，专项整治，严防系统性金融风险。

【信息化建设】为有效防范票据市场风险，提高票据交易效率，公司于2017年申请成为上海票据交易所会员，派员参加中国票据交易系统上线机构实务操作培训班，学习票交所业务内容和运行规则，进行上机操作和模拟演练，并考试合格获得了接入系统的资格。公司票据交易平台系统经过了接入、调试、测试、试运行之后，于2017年年底正式上线使用，推动了公司票据业务的发展。

【企业文化建设】公司始终践行“聚、创、诚、稳、优、廉、智、信”的核心企业价值观，并逐步成为每位员工的自觉行为和行动指南。公司党支部和工会联合组织开展了“我为财务公司创新发展献一言”、“喜迎十九大·首届创元杯灯谜大赛”、摄影大赛、“创元杯”职工乒乓球团体比赛、家书传真情、羽毛球比赛等一系列文体活动，不仅丰富了员工的业余生活，增进团队之间的配合，也充分体现了全体员工关心、热爱公司发展的主人翁精神和工作热情。

【党建工作】2017年，公司党支部在集团党委的统一部署下，全面贯彻党的十八大、十九大精神，积极开展支部学习教育和思想建设工作。加强制度建设，将党建工作要求写入公司章程，明确了党组织在公司法人治理结构中的法定地位；新增专职书记、成立组织人事部，进一步完善党组织结构；充分利用“三会一课”、创元党建APP、《财务公司信息专刊》等学习平台，调动党员和群众的学习积极性；每月开展主题党日，将党建工作全面落到实处。

太钢集团财务有限公司

【集团概况】太原钢铁集团有限公司（以下简称“集团”）是山西省人民政府出资、山西省人民政府国有资产监督管理委员履行出资人职责的有限责任公司，是集矿山采掘和钢铁生产、加工、配送、贸易为一体的特大型钢铁联合企业，也是全球不锈钢行业领军企业。

2017 年，太钢集团实现营业收入 810.03 亿元，利润 43.56 亿元。

【经营概况】 2017 年，太钢集团财务有限公司（以下简称“公司”）全年实现营业收入 4.13 亿元，利润 2.46 亿元，资产收益率为 1.56%，资本充足率为 22.57%，各项监管指标均符合监管部门要求。

【信贷业务】 公司基础信贷业务量不断扩大，满足了集团成员单位间资金融通需求。2017 年发放贷款 36.72 亿元人民币、0.28 亿美元，办理委托贷款 8.02 亿元人民币、0.4 亿美元。

【投资业务】 加强投资前尽职调查及投后管理，提升风控水平，逐步完善投资体系。根据资金存量情况，做好投资额度的动态控制，开展有价证券投资业务，资金运作能力得到显著提升。截至 2017 年末，有价证券投资余额 26.51 亿元。

【票据业务】 加强集团票据资金集中管理，2017 年票据池票据收支 395.06 亿元。大力开展票据业务，办理票据贴现 52.11 亿元；另外开展了票据转贴现和再贴现业务。为进一步增强票据市场服务实体经济的能力，2017 年 6 月加入上海票交所系统，同时进行制度修订，多维度分析电票系统数据，提出合理化方案。

【外汇业务】 2017 年，办理代客结售汇 5.33 亿美元，占集团结售汇总量的 46%。开展外币理财 0.58 亿美元，提升了外币资金配置效益。制定结售汇业务权限管理办法、外汇买卖业务操作规程和银行间外汇市场外币对交易操作规程。按月开展外汇风险管理咨询，监测集团各成员企业进出口业务和资产负债外汇敞口情况，分析市场汇率波动，出具外汇风险管理咨询报告，提出外汇风险管理建议。

【跨境业务】 积极开展外债业务并在境内和境外成员企业之间灵活调剂资金余缺，助力集团优化财务管理，提高资金使用效率。创新性开展集中收付汇业务，通过自身国内外汇资金主账户，代理太钢不锈办理出口收汇 102 万美元。

【资金集中】 截至 2017 年末，共有 91 个集团成员单位 262 户银行账户纳入资金归集，日均归集率为 97.22%。

【同业业务】 2017 年，办理人民币拆借 121.4 亿元、美元拆借 0.83 亿美元。开展债券回购业务，扩大交易对手范围。办理债券正回购 37.69 亿元，办理债券逆回购 123.04 亿元。根据市场情况及公司流动性、资产负债配置需求，择时办理存放同业定期业务，购买银行同业存单。办理存放同业定期 25 亿元，购买银行同业存单 11.5 亿元。

【结算业务】 2017 年，公司结算量 71367 笔，结算额 6474.67 亿元，其中，人民币 5928.85 亿元，74.47 亿美元，7.59 亿欧元。不断提高结算服务质量，制定客户服务计划，为 76 家成员单位建立客户服务信息档案，同时建立微信服务群及定期回访制度。为 21 家成员单位开通电票权限，为集团开展电子商业票据业务提供保证。

【业务创新】 2017 年，集团利用财务公司电子票据系统签发电子商业汇票 110.67 亿元，占集团全部签票量的 75%，商业信用得到了推广，极大地支持了集团资金支付需求。其中为成员单位签发电子银行承兑汇票 51.45 亿元，成员单位签发电子商业承兑汇票 59.22 亿元。公司向上游供应商提供融资支持 48.51 亿元，其中发放订单融资 6.62 亿元，办理票据贴现 41.89 亿元。

【风险管理和内部控制】 根据银监局要求，完成“三违反”“三套利”“四不当”“十乱象”等系列自查、整改报告；开展案防、非法集资、风险排查及高管合规履职工作。根据人民银行要求，开展“两管理、两综合”、反洗钱和恐怖融资风险等自评工作。制定公司合规文化深化年活动方案，组织签订案防责任书，不断完善优化制度流程。2017年新增制度6项，修订5项，优化流程21项。完成5次常规稽核、7次专项检查，同时对检查中发现的问题督促完成闭环整改。

【人力资源管理】根据员工绩效考核管理办法，完成岗位分解手册的编制和岗位绩效责任书的签订。2017年通过开展管理者上讲台、青年人讲课题（6期）、全员业务培训（3期）、政策法规“周周学”（6次考试）等活动，不断促进全员业务素质提升。

【信息化建设】推进产业链金融业务，优化信息系统，实施信息化四期项目。按照人民银行及上海票交所要求，组织加入了上海票交所交易系统。根据外汇局要求，建设外汇报送接口平台。按照人民银行要求，完成人民银行ACS综合前置系统上线运行。开展信息系统应急演练，提升信息系统的安全性和可靠性。采用清单模式持续完善信息系统功能，2017年开发管理报表52张，优化自动计结息等模块26项。编制信息化发展规划，开展信息系统网络安全自查，有效应对蠕虫病毒。

【企业文化建设】组织全员开展建言献策活动，共收集55条涉及企业文化、制度流程、公司发展等建议，并逐条落实。组织开展“金融知识进万家”活动，在《太钢日报》、太钢电视台、微信公众号等媒介发布金融知识。

【党建工作】组织开展“两学一做”学习教育常态化制度化、开展维护核心见诸行动主题教育活动、“三基建设”及十九大精神学习研讨、贯彻落实。组织完成领导干部述职述廉工作和“一报告两评议”工作。

天津渤海集团财务有限责任公司

【集团概况】天津渤海化工集团有限责任公司（以下简称“集团”）隶属于天津市国资委，是国家计划单列企业，拥有渤化永利、渤天化工、大沽化工、长芦海晶、汉沽盐场、渤化石化、渤化橡胶、渤海精细、渤化资产、渤化发展10个大型子公司，121户国有及国有控股企业，69户合资合作企业，1个国家级企业技术中心，5个科研院所，1家财务公司，1所职业技术学院，以及进出口公司、渤化香港公司和物产公司等，在岗职工3.2万人。2017年，集团实现利润18.08亿元，位列中国企业500强第131位，中国制造企业500强第50位，天津市百强企业第5位。

【经营概况】2017年，天津渤海集团财务有限责任公司（以下简称“公司”）立足自身金融服务职能，牢牢把握风险合规底线，强化管理风险能力，加大金融创新和服务创新力度，充分发挥金融服务职能。截至2017年末，公司总资产为53.76亿元，增长26.55%；负债总额40.86亿元，增长36.93%；所有者权益合计12.90亿元。实现营业收入1.68亿元，利润总额1.01亿元，净利润7583.85万元，资本充足率为28.38%。不良贷款率为零。

【信贷业务】2017年，公司秉持立足整体、服务企业的理念，充分发挥财务公司金融服务平台职能，通过挖掘内部潜力和外部合作银行的资源，持续以低成本融资支持成员企业发展。截至2017年末，公司已为集团成员企业核定56.13亿元授信额度，累计承兑电票24.73亿元，累计发放委托贷款319.92亿元。公司发放的短期及中长期流动资金贷款加权平均利率为4.2642%，相比一年期贷款基准利率4.35%下降了8.58个基点，大大降低了成员企业的融资成本。

【同业和投资业务】2017年，公司按照监管要求审慎开展各类同业业务，投资业务顺利起步。公司年内制定了同业机构准入、同业授信、有价证券投资等业务制度和操作规程，通过同业存款和同业投资实现资金的保值增值，不断扩大同业合作机构的深度和广度，逐步提高同业资产收益率，全年获取外部收入2565.53万元。同时，完成银行间债券市场备案和开户，为下一步进入银行间债券市场打下基础。

【票据业务】2017年，公司不断优化票据池服务模式，丰富票据池衍生业务品种，全面提升票据入池、票据换开及票据融资效率。为成员企业开通票据池功能，累计入池票据1130张，形成质押额度31亿元；开展票据换开业务14.47亿元，开展超短贷业务31.09亿元，尝试性开展信用额度加载业务3亿元，缓解企业融资压力，通过票据池业务获取收入超过200万元；公司按照票据市场发展方向，申请加入上海票交所，探索电票集中贴现业务模式。

【风险管理和内部控制】2017年，公司牢牢把握合规底线，区别对待传统业务和创新业务不同风险点，加强风险管理与合规建设。一是强化制度和合同审核，建立了以总法律顾问为核心的法律工作机制。二是深入开展针对银行业专项治理整顿和自查，制定整改措施。三是启动了流动性风险压力测试。调整资金头寸管理岗位，突出内部牵制和监督审核。四是开展财务公司、银监局、会计师事务所“三方会谈”。

【人力资源管理】2017年，公司深化三项制度改革，通过定职责、定任务、定待遇，提高标准考核干部，兼顾激励与保障，推进薪酬绩效体系改革；强化人才培养，通过内部培训与外部交流培训相结合的方式，提高员工综合素质；加强人才建设，开展校园招聘，2017年吸纳2名应届毕业生，人才队伍趋于专业化、年轻化。

【信息化建设】2017年，公司加强信息科技管理，加大信息技术支持力度，开展信息化二期调研，针对业务需要对现有信息系统优化升级；开展等保测评，对整个信息系统进行“体检”，以最大限度确保信息安全；建立反洗钱大额可疑交易监测系统，为反洗钱工作提供技术支持；完成平安云资金管理系统建设工作，作为对现有系统的补充和支撑。

【党建工作】2017年，公司坚持和加强党的全面领导，发挥党支部领导核心和政治核心作用，健全党务工作机制，加强党务工作力量；深入开展主题教育活动，创新理论学习方式方法，努力使理论学习和业务实践有机融合；加强干部队伍作风培养，加强党风廉政建设，强化监督和执纪问责，全面落实从严治党主体责任，以党建促行政管理和业务开展。

天津港财务有限公司

T

【集团概况】天津港财务有限公司（以下简称“公司”）为天津港（集团）有限公司（以下简称“集团”）的全资子公司，集团为有限责任公司（国有独资），属交通运输行业，主营业务为港口投资、装卸搬运、仓储分拨、客货运输服务等。2017 年集团狠抓结构调整、功能升级和改革创新，各项工作取得积极进展。全年完成货物吞吐量 4.46 亿吨，同比下降 8.6%，集装箱吞吐量 1506.9 万标箱，同比增长 3.8%；接待国际邮轮 175 艘次，进出境旅客 94.2 万人次，分别同比增长 23.2%、31.6%。

【经营概况】公司优化资产负债结构，提高经济效益；落实监管要求，完善内控风险体系，确保公司合规经营。截至 2017 年末，公司资产规模为 92.59 亿元，同比下降 12.28%；负债规模 69.30 亿元，同比下降 16.70%；所有者权益 23.30 亿元，同比增长 4.18%。全年实现收入 3.41 亿元，同比增长 5.97%；利润总额 2.78 亿元，同比增长 4.61%，不良贷款率和不良资产率均为零。

【信贷业务】公司着力配合集团转型升级、结合成员单位实际需求、服务实体经济发展、科学权衡收益风险，2017 年度内对 56 家成员单位进行统一授信，总额达 146.42 亿元，全年累计放款 37.73 亿元，累计实现信贷收入 2.05 亿元；办理 26 笔保函业务，金额 0.7 亿元；办理 56 笔委托贷款业务，金额 46.69 亿元；出具并承兑电子银行汇票 263 笔，金额 3.21 亿元；办理 2 笔融资租赁业务，金额 1.17 亿元；2017 年 12 月末各项贷款余额为 56.58 亿元。

【投资业务】2017 年，公司投资业务受限、投资规模下降，公司在满足流动性需求的前提下，科学调配资产配置比例，加大同业存款业务规模，全年实现利息收入 6946.44 万元，同比增长了 60.13%。综合全年，投资业务收入共计 1.13 亿元，同比增加 0.15 亿元。

【票据业务】公司成功获得上海票交所会员资格，推进了票据池系统的上线，完成了系统测试、银企直联上线及相关银行的协议签署和专线开通工作。

【资金集中】公司积极推行资金管理（司库）系统，深入挖掘归集潜力，一是拓展天津港投资比率 20% ～50% 的合资企业，实现此类企业开户率逾 50%；二是深入成员单位了解需求，提升认可度和口碑，2017 年新增 15 家成员单位开立账户；三是争取上市公司信贷规模，提高可归集存款上限，年末达 31.20 亿元，同比增加 3.66 亿元。由于上市公司资金归集上限、集团公司资金规模下降等因素，年末资金集中度（监管口径）为 47.47%，同比下降 9.48%；可归集口径资金集中度为 97.20%，同比增长 3.94%。

【业务创新】公司配合集团完成物资平台系统的研发上线，对平台建设的关键环节提出合规和改进意见，确保业务开展符合监管要求。截至2017年末，累计为成员单位开立69个保证金账户，为39家单位结算890笔款项，金额合计近5000万元。

【风险管理和内部控制】天津银监局于本年对公司进行了现场检查，针对制度建设、合规管理、重点业务等方面提出了整改意见，公司定措施、分层次、按步骤，累计完成37项具体整改工作，制定、修订27项有关制度，完善了公司内控制度体系，进一步提高了合规性和风险管理水平。

【信息化建设】公司作为系统载体，配合集团建设资金管理（司库）系统，实现公司综合业务系统与该系统的有效连接，完成了系统实施、客户运维、操作手册编写、成员单位培训等方面的工作。年内在原有中国银行、农业银行、工商银行、建设银行4家直联银行的基础上新增交通银行、招商银行、浦发银行等5家银行，新增上挂账户近300个；共计开通900余个账户，日均余额100亿元左右，日均交易近2000笔，提升了账户管理水平，提高了资金支付效率，规范了支付审批流程，更好地发挥了公司资金结算平台作用。

【党建工作】公司将党建工作要求纳入公司章程，年内完成了新章程的监管审批及工商备案，明确党组织在公司法人治理结构中的法定地位。公司本年设立了党群工作部，选优配强专职党务工作人员，强化党建工作基础保障；积极探索党建工作新模式，与合作金融机构党支部签署党建共建协议，年内围绕理论知识学习、业务交流开展了多次共建活动。

天津能源集团财务有限公司

【集团概况】天津能源投资集团有限公司（以下简称“集团”）为天津市国资委独资的大型国有企业集团，被天津市委、市政府赋予“在落实全市能源规划中发挥带头作用，在保障全市能源供应中发挥骨干作用，在全市重大能源项目合资合作中发挥主导作用”三个重要功能使命。集团主要业务为“四源”核心产业，即电源（煤电、燃气发电等火力发电项目的投资建设和运营）、气源（城市燃气工程的建设和销售供应）、热源（发展热电联产及清洁能源集中供热）和新能源（太阳能、风力发电、绿色电池等的研发利用）。集团在天津地区能源供应保障体系中占主导地位，多次入选中国企业500强。

【经营概况】天津能源集团财务有限公司（以下简称“公司”）注册资本10亿元人民币，集团出资7.6亿元人民币，占比为76%。公司于2017年9月12日经天津银监局批准开业，2017年9月15日取得营业执照。2017年9月26日正式开业，公司积极发挥“资金归集平台、资金结算平台、资金监控平台、金融服务平台”四个平台作用。截至 2017 年末，公司拥有资产总计 15.09 亿元，其中，同业存款 12.16 亿元，占总资产的 80.57%；发放自营贷款 2.80 亿元，占总资产的 18.55%，固定资产、无形资产等其他资产 1324 万元，占总资产的 0.88%。截至 2017 年末，公司负债总计为 5.03 亿元，其中，吸收成员单位存款 5.00 亿元，占负债总额的 99.3%。

【信贷业务】自成立以来，公司采用实地走访成员单位、分析企业资金需求、查询外部信息等方式，积极开展信贷业务。截至 2017 年底，公司共完成 6 家成员单位信用评级、额度授信及自营贷款审批等工作，授信合计金额 25 亿元，累计发放贷款 3 笔，金额合计 2.8 亿元。

【资金业务】公司主要资金运作方式为办理同业约期与定期存款，同时通过竞争性谈判的方式，争取最优惠利率。2017 年共实现同业存款利息收入 704 万元。

【资金集中】公司成立以来，集团已将资金归集率作为集团年底考核的重要指标；同时，公司对成员单位给予大幅让利，保证存款利率不低于银行的存款利率，并对手续费采取减免。截至 2017 年末，归集总额为 5 亿元人民币。

【风险管理和内部控制】2017 年，在“强监管、强问责”的金融监管形势下，公司依托队伍建设、系统工具、风险文化及全面风险责任制，对公司各类风险进行了有效的识别、评估、计量、监测、控制、报告。在会计核算、资金管理、信贷业务和合规经营等方面均建立了完整的规章制度、高效的业务流程，并配备了高素质的业务团队。公司制定较为完善的公司治理制度（8 项）、业务管理制度（43 项）（结算业务类、信贷业务类、计划财务类、风险管理类、审计稽核类）、综合管理制度（9 项）（含信息科技类）三大类管理体系，细化了 60 项具体管理制度，建立并完善了公司治理架构、业务操作与流程、风险管控、后台支持等管理体系。

内审稽核部全面开展内控活动的稽核工作，有序实施财务活动的检查监督，加强全面风险管理的监督检查，开展重点风险领域的专项审计。报告期内，新建内控制度 1 项，完善内控流程 2 项，出具内部审计报告 2 份，内部控制评价报告 1 份。

【人力资源管理】公司面向社会开展了市场化招聘工作，风险管理、信贷管理、资金管理、结算管理等关键岗位人员均具有 5 年以上金融或财务工作从业经验。

【信息化建设】2017 年，公司机房参照国家 B 类标准建设，采用设备及环境监控系统进行 24 小时监测；在软件环境建设上，充分考虑了关键设备及数据的冗余和备份，采用了双机热备和异地备份机制；系统已涵盖资金结算、信贷管理、网上银行、资金监控、信用评级等功能。

【企业文化建设】公司成立之初即重视企业文化建设，创建和谐团队、学习团队。购置报纸期刊和专业图书，创办阅览室，丰富员工文化生活。及时布置更新宣传栏，增加学习“党的十九大精神”固定版面。加强员工企业文化培训，积极参与集团首届会计人员技能竞赛、向集团《天津能源》期刊刊稿，有效宣传了公司和经营管理中的理念和重要成绩。同时，公司重视员工身体健康，每天做五分钟早操，劳逸结合。公司组织一系列团建活动，营造和谐上进的工作氛围，提高全体员工对公司的认可度和归属感。

【党建工作】公司高度重视十九大精神的学习宣传贯彻工作，不但积极参加集团第四党支部组织的每一次学习，还多次组织包括党员、预备党员、群众在内的全体员工学习、讨论十九大报告全文，并组织两次专题考试，全员参加，通过率为100%。同时，公司还自行组织党建专题学习18次，学习文件42件次，观看视频直播9次。确保十九大精神深入人心、“落地生根、开花结果”，并积极落实“五个现代化天津”建设实施方案的部署要求。

天津天保财务有限公司

【集团概况】天津保税区投资控股集团有限公司（以下简称“集团”）是天津港保税区管委会下属国有独资公司。作为滨海新区大型国有控股集团，坚持区域功能服务与企业经济效益相统一，致力于为区域提供安全、稳定、优质的基础设施建设、运营与服务，形成了涵盖“区域开发建设、基础设施运营、物流及汽车展贸、金融与投资”四大主业板块的多元化产业发展格局。未来，集团将持续倾力打造“治理规范、主业突出、管控有力、业绩优良”的一流投资管理型公司。

【经营概况】2017年，天津天保财务有限公司（以下简称“公司”）致力于资金管控，以资金为纽带，围绕资金管理和融资服务业务主线，发挥“金融牌照”优势作用，稳健推进各项业务，持续提升公司风险防控能力。截至年末，公司注册资金30亿元，资产总额96亿元，负债总额63亿元，所有者权益合计32.9亿元。实现营业总收入3.41亿元，利润总额为2.26亿元。年末贷款余额为54.72亿元，存款余额为58.8亿元，取得同业授信额度100亿元。

【信贷业务】公司秉持“立足集团、服务实体”宗旨，坚持服务与效益并重，围绕服务滨海新区大项目、好项目，为承担项目建设的所属企业持续提供便捷高效的信贷服务。年度内重点对接支持空客A330交付中心、空客总装天津公司、平行进口汽车等多个大项目，累计发放贷款金额超过10亿元，截至2017年末，共为7户符合信贷条件的所属企业发放贷款30.56亿元，年末贷款余额54.72亿元，较年初增加9.5亿元，增长幅度达21%。

【融资业务】公司立足“统一运作、专业经营、集成管理”的融资管理思路，切实降低集团整体融资成本，保障所属企业资金需求。对内主动了解所属企业的资金需求，及时与合作银行沟通谈判，争取优惠贷款条件；对外运用金融牌照信用优势，为所属企业提供融资担保，缓解集团担保压力。2017年累计为所属企业提供担保19.5亿元，落实商业银行授信额度32亿元。

【投资业务】公司严格遵照监管要求，通过判断市场形势、组合金融工具、每日比价等手段，进行流动性管理。2017年，公司综合配置了货币市场基金、债券、逆回购、同业存放等产品，通过线上和线下交易结合，全面参与银行间市场资金交易，线上交易总量近500亿元；同时首次进行债券自营投资，提前制定投资计划，合理选定投资标的，严格控制久期与杠杆水平，取得稳健合理预期收益。

【票据业务】公司围绕集团“区域开发建设、商贸物流、基础设施运营”板块经营特点有序开展电票服务，有效缓解所属企业融资压力。2017年，公司持续跟进重点企业电票业务需求，引导企业优先使用电票付款方式，并探讨借助同业授信拓展电票流通渠道，增加电票付款可行性。全年共与所属企业签订电票业务服务协议2亿元，全部用于集团重点项目工程款项支付。

【资金集中】2017年，公司严格落实集团资金管控要求，持续优化“资金归集平台”基础功能，通过拓展与集团所属上市公司合作深度、增强委放资金监管力度，全程监控资金使用，确保专款专用，防范资金风险。截至年末，吸收存款余额58.8亿元，较上年末增长12.5%，年度日均归集资金49.4亿元，较上年增加16.5亿元，增长50.2%，纳入考核的所属企业可归集口径资金集中度月均超过90%，全口径资金归集度达到37.37%。

【风险管理和内部控制】2017年，公司严把风险内控关，建立内审自纠机制，夯实合规管理基础，有效提升内部管控水平。一是严格落实制度体系动态调整机制，对现行制度进行全面梳理，年度内先后修订各类制度70余项；二是严格落实监管要求，坚决治理金融乱象，实现经营管理风险防控全覆盖，年度内主动开展专项治理工作10项，所涉问题均已纠正。

【人力资源管理】2017年，公司充分发掘内部潜能，致力于培养锻炼高素质专业人才队伍，人力资源管理工作持续深化。一是全面推行绩效考核机制，以季度为单位客观考核反映全员工作业绩、能力，并针对问题协商改进方案，为下一步施行市场化薪酬激励机制奠定基础；二是健全培训管理体系，年度内先后组织内外部培训30余次，参训人员规模400余人次。

【信息化建设】2017年，公司针对系统功能不能满足新业务开展需要现状，专门组织信科力量归纳整理、分析提取业务需求，会同供应商反复沟通项目研发实施方案，并同步协调资源落实系统升级；同时，按照控股公司统一要求完成同城灾备系统建设，提升数据防护能力。

【党建工作】公司党支部深入学习贯彻党的十九大精神，严肃认真开展组织生活，从严执行党规党纪，稳步推进“两学一做”学习教育常态化制度化，形成了“维护中央权威、捍卫核心地位、对党绝对忠诚”的良好政治生态。2017年，以将党建工作写入公司章程为契机，明确党支部对企业重大经营决策的领导作用，同时优化“三重一大”决策机制，在充分贯彻民主集中制前提下规范决策行为，切实防范经营风险，提升企业内部管理水平。

天津物产集团财务有限公司

【集团概况】天津物产集团有限公司（原天津市物资集团总公司，以下简称“集团”）是天津市最大的国有生产资料流通企业。集团注册资本25.5亿元，拥有企事业单位217家，集团经营领域涵盖大宗商品（含进出口）、现代物流等，集团经营区域覆盖全国，并在美国、德国、日本、新加坡、中国香港等国家和地区建立了21家境外经营网点，形成辐射全球的网络布局。集团是天津市第一家进入世界500强的企业，自2012年起连续六年入围。在2017年《财富》世界500强企业中，集团排名第129位，是天津市2017年唯一入选企业。

【经营概况】2017年末，天津物产集团财务有限公司（以下简称“公司”）资产总额243.94亿元，净资产规模55.22亿元，全年实现利润总额3.92亿元，营业收入7.01亿元。

【信贷业务】公司人民币流动贷款业务覆盖集团29家法人单位，2017年累计发放贷款181笔，金额401.88亿元，年末余额196.76亿元，同比增长70.95%，为集团及成员单位的业务开展提供资金支持。办理委托贷款业务72笔，金额120.7亿元，手续费收入1236.42万元，年末余额69.81亿元，同比增长13.73%。为10家成员单位代开国内信用证16笔，金额25.25亿元人民币，为集团节省资金流6.31亿元人民币。

【票据业务】公司2017年累计开立商业承兑汇票2176笔，金额182.39亿元，同比增加76.13亿元，余额136.32亿元，同比增长50.25%，实现手续费收入875.42万元。累计贴现77笔，金额31.40亿元。依托银行不断扩大票据池业务量，实现票据集约化、精细化管理。票据业务池成员单位增至32家，票据质押贷款金额58.9亿元；票据信息池入池量4178张，票面金额612.69亿元。

【外汇业务】积极开展即期结售汇。2017年集团参与公司即期结售汇的成员单位增加至28家，公司为9家成员单位办理业务36笔，金额2.26亿美元，在优化本外币资产配置的同时为集团节省财务费用273万元人民币。通过外汇交易系统平台，与3家金融机构累计开展外币拆借业务9笔，金额2.23亿美元，为10家成员单位发放国内外汇贷款30笔，金额2.46亿美元，为集团节约融资成本1259万元人民币。

【资金集中】开展账户授权，加大资金结算量及付款审核力度。2017年累计完成17家银行的1114个账户授权工作，约占全集团全部一般结算户（可归集）账户总数量的88%，实现实时零余额归集，公司全口径资金归集度为25.91%，较2016年提高7.94%。办理结算业务7272笔，金额6772.15亿元，通过统谈费率，节约结算手续费40余万元。审核付款单 18.14 万笔，金额 13192.13 亿元。统谈同业存款利率，获得存款利息收入 1958.33 万元，同比增加约 1500 万元。

【业务创新】一是开展人民币同业拆借方面，累计与 15 家金融机构开展业务，同业拆借业务量 115.4 亿元，调剂公司资金头寸。二是获批加入上海票交所，顺利完成人民银行电票系统移交切换。2017 年 2 月 7 日正式被纳入上海票交所推广上线机构名单，成为天津首家申请获批的财务公司，并顺利完成电票系统切换、验收，确保公司票据处理顺畅运行。

【风险管理和内部控制】一是强化公司风险防控。严格落实审贷分离制度，做好资产五级分类、同业拆借额度审批等工作；做好风险审查和风险提示；定期检测担保剩余额度和流动性指标，保障公司稳健经营。二是加强公司合规管理。对 5 个部门 6 名负责人和 11 名员工进行岗位轮换，进一步防范操作风险；做好 MPA、监管评级和监管指标等内容的预测工作；及时、准确报送监管报表。三是提升审计管理水平。开展稽核月度检查、季度审计 16 次，并及时做好问题整改。开展反洗钱、同业业务系统专项审计和专项排查各 2 次。做好监管机构要求的各项检查，落实监管部门“两个加强、两个遏制”、人民银行《评级意见书》的整改问责。

【人力资源管理】一是完善薪酬职级体系。重新修订绩效考核管理、请休假等制度。二是加大专业培训力度，累计参加集团、银监、人民银行和中国财务公司协会等各类培训 90 余场，参与 600 人次。开展全员体验式培训，增强了团队凝聚力和忠诚度。三是核查公司全体员工的学历学位真实性。落实学历排查共计 63 人次、143 份，未发现学历造假行为。

【信息化建设】一是自主开发同业业务管理系统和反洗钱系统，满足业务需求。二是做好信息安全工作。完成信息安全等级保护定级备案；组织实施网络线路切换应急演练，增强应急响应能力。三是配合集团风控部进行资金管理系统建设，确认总体方案、业务需求，完成流程调整与优化方案。

【党建工作】一是强化责任落实，党的领导作用不断增强。突出国有企业党组织“两个核心”作用，明确将公司支委会讨论作为董事会和经理层决策重大问题的前置程序。二是强化学习教育，“四个意识”不断增强。深入学习宣传贯彻十九大精神，扎实开展“两学一做”专题教育活动，创新学习方式，与国家开发银行天津分行开展 3 次联学联建活动，以党建促经营。三是强化基础党建，战斗堡垒作用不断增强。成立 3 个党小组完善支部机构设置，落实领导干部双重组织生活。主动到社区报到并沟通，推动共建工作。四是强化纪检监督，作风建设不断增强。

天津医药集团财务有限公司

【集团概况】 天津医药集团（以下简称“集团”）前身为成立于1979年的天津市医药管理局。经过近40年的发展，集团现已成为以绿色中药、化学原料药、化学制剂与生物药、特色医疗器械、现代商业物流五大板块为主体，科研、生产、商业销售一体化运作的国有大型综合性制药集团。集团拥有180多家成员企业，控股中新药业、天药股份、力生制药、迈达科技等多家上市公司，与葛兰素史克、大冢、维克多等跨国知名制药公司合作组建合资企业10余家。集团主要经济指标位居中国医药行业前列，连续多年入选中国企业500强、中国医药工业百强。

【经营概况】 2017年，天津医药集团财务有限公司（以下简称“公司”）紧紧围绕“服务集团、规范经营、稳健发展、致力为股东和集团企业创造价值”的经营方针，在整合资金资源、节约财务成本、保障资金安全、提升运行效率、加强融资能力等方面取得了初步效果，公司经营管理渐入平稳。2017年公司实现营业收入4317万元，营业利润1958万元，利润总额4045万元。

【信贷业务】 公司在金融市场流动性短缺，利率维持高位，银行放款规模紧张的情况下，坚持在合规审慎的原则下向成员单位提供优质高效的信贷服务，在有序开展传统自营贷款、委托贷款业务基础上，完善和丰富信贷产品，与银行合作签约电票代理接入服务，顺利开展了电子银行承兑汇票承兑业务，发挥金融同业优势为企业设计配套贴现方案，从而帮助企业实现外部融资，在满足成员单位资金需求的同时切实降低了企业的融资成本，同时也提高了公司的收益。2017年公司累计向17家成员单位发放贷款41笔，金额11.45亿元，年末贷款余额为8.86亿元，利息收入共计3080.72万元。

【资金业务】 针对公司归集资金的特点，通过资金预算、精细化流动性管理等手段，在确保公司资金足额备付的同时，把握时机开展同业资金运用工作。2017年全年累计开展定期存款业务31笔共8.52亿元，利息支出共计326.86万元，超出预算238万元，平均利率为4.36%。

【资金集中】 公司不断丰富和完善存款业务品种，与集团公司紧密配合大力推动集团资金集中管理和考核，努力提高资金归集度，致力于建立科学的资金集中管理模式，稳步推动资金归集，资金集约效果初步显现。截至2017年末，公司累计完成74家法人单位的177个银行账户的直联，日均归集资金7.69亿元，年末归集资金余额13.81亿元，“资金池”规模初见成效。

【风险管理和内部控制】 2017年，公司累计制定及修订制度20余项，覆盖公司主要管理及业务板块。同时，在前台业务部门设置第一道防线的基础上，充分发挥风险督导纠偏和内审事后监督的二三道防线作用，确保了公司开业以来无重大风险事故发生。

【人力资源管理】一是建立健全制度体系，规范人力资源流程操作。2017年新增和修订人力资源管理制度和规范文件7项，让日常管理工作更制度化、规范化和更具操作性。二是运用考核与培训手段，促进员工与企业共同成长。建立季度考核与年度考核相结合的机制，以绩效考核工作推动各项工作目标任务落实。三是优化组织架构，明确岗位职责。结合公司经营战略和业务需求，对筹备期建立的组织架构进行优化调整，制定了符合公司运营现状的岗位职责手册，为招聘录用、绩效考核提供依据，为员工完成工作目标、实现自我管理起到引导作用。

【信息化建设】为有效服务和保障运营需求，公司着力提升IT支撑保障能力。一是持续优化核心业务系统功能，修改和完善核心业务系统功能40余项；二是实现核心系统本地双活与异地备份改造、成员单位接入网络线路双活改造、不间断电源双控制器改造，切实提高了IT系统的高可靠性和高扩展性；三是定期进行系统切换演练、数据恢复演练及灾备应急演练，确保在紧急情况下顺利切换或恢复系统。

【企业文化建设】为了给集团和成员单位提供更加优质的金融服务，公司高度重视并不断提高经营团队整体专业素质和服务水平。公司党政合力推动企业文化建设，积极营造“合规高效、专业向上”的工作氛围和文化氛围，完善绩效考核体系，激发员工自主提高专业素质和服务水平的主观能动性。一是组织开展了为期两天全员参与的拓展培训活动，增强了大家对目标的认同感；二是开展“我心中的企业文化理念”有奖征文活动。

天瑞集团财务有限责任公司

【集团概况】天瑞集团始创于1982年，经过三十余年的发展，已成为集旅游、水泥、铸造、互联网物流为主体的股份制企业集团。总部位于河南省汝州市，注册资本12.5亿元，经营范围包括控股、投资，计算机及软件应用服务、科技服务，机械设备及矿山设备销售、废金属加工专用设备销售、铁路机车车辆配件销售，建筑材料批发，企业管理服务，工程管理服务和其他专业服务，旅游开发经营，铝业经营，资源开发经营等。天瑞集团是河南省重点支持的百户工业企业之一。2010年1月，“天瑞”商标被国家工商总局商标评审委员会认定为中国驰名商标。根据中国企业联合会公布的数据，2017年，名列中国企业500强第406位，中国制造企业500强第187位。

【经营概况】2017年6月28日，天瑞集团财务有限责任公司（以下简称“公司”）完成增资，增资后注册资本由原来人民币 3 亿元增加至人民币 10 亿元。股权结构：天瑞集团股份有限公司出资 4.63 亿元，出资比例为 46.25%；天瑞水泥集团有限公司出资 2.56 亿元，出资比例为 25.5%；天瑞集团铸造有限公司出资 0.53 亿元，出资比例为 5.25%；天瑞旅游集团股份有限公司出资 2.3 亿元，出资比例为 23%。截至 2017 年末，公司资产总额 11.40 亿元，负债总额 1.11 亿元，净资产 10.29 亿元，全年实现净利润 0.16 亿元。各项存款 1.08 亿元，各项贷款 11.3 亿元。

【票据业务】 截至 2017 年末，公司共开展贴现业务 61 次，贴现票据 25 亿元。

【资金集中】 公司成员单位共 56 家，为 48 家成员单位开立结算账户 51 个，资金归集户 48 个，实现统一结算、统一归集；全年累计办理结算业务 6351 笔，结算量 197.45 亿元。

【风险管理和内部控制】 公司各项业务以“制度先行”为原则，截至 2017 年末，修订了贷款、融资租赁、同业、反洗钱等相关业务规定及操作流程。内控制度体系能够覆盖信贷、结算、财务、风险等业务活动和管理活动，防范各类业务风险；完善健全风险管理制度，梳理各项业务流程；开展授信业务风险审查和风险分类；进行信用风险、操作风险、市场风险、流动性风险等风险的监控、评估、预警、防范与处置。

【人力资源管理】 依照集团《关于集团 KPI 绩效管理办法的通知》《关于对财务公司组织绩效考核指标的通知》等考核文件，对照财务公司的功能定位和在集团管理中应发挥的服务职能，侧重考核流动性指标和不良贷款率。

【信息化建设】 公司根据《商业银行信息科技风险管理指引》和《银行业重要信息系统突发事件应急管理规定》的相关要求制定了相对完备的信息管理制度。包含机房管理、网络管理、系统管理、安全管理、权限管理、数据管理、应急管理、业务连续性管理等各个方面。相继制定了电票系统相关制度，并对已经实施的制度进行了修订完善，并即时下发执行。

通用技术集团财务有限责任公司

【集团概况】 中国通用技术（集团）控股有限责任公司（以下简称“集团”）成立于 1998 年 3 月。集团主业包括贸易与工程承包业、医药健康产业、技术服务咨询与先进制造业等板块，拥有门类齐全、素质较高、经验丰富的专业人才队伍，与国际国内众多大型企业、金融机构有长期稳定的战略合作关系。各板块所在企业，多数经历了半个多世纪的发展，历史悠久，实力雄厚，资质齐全，品牌卓著，在我国相关行业或细分领域发挥着重要骨干作用，长期以来为经济社会发展作出了重要贡献。

【经营概况】2017年以来，通用技术集团财务有限责任公司（以下简称“公司”）深入学习贯彻落实党的十九大精神及习近平总书记系列重要讲话精神，紧密围绕集团发展战略目标，全面落实集团部署，切实加强党的建设和企业文化建设，按照发展规划，不断推动金融平台建设和金融功能拓展，着力畅通业务渠道，稳定资金规模，守住风险底线，提升服务能力，各项经营管理工作按计划推进，公司持续稳定健康发展。

【信贷业务】2017年，公司对集团本部及下属二级公司17家、三级及三级以下公司28家成员单位开展信用评级，进行了风险限额的确认和新年度的额度授信，满足成员单位资金需求，支持业务发展。全年累计发放贷款类业务65.78亿元，全年贷款日均58.68亿元。截至年底，贷款类业务余额为67亿元，较2016年底增长4.39%，全年不良贷款率为零。

【资金业务】2017年，公司对包括银行及财务公司同业在内的一百余家金融机构开展了授信评级，按照总量控制、分类授信的原则对其中50家给予同业授信并实行名单制管理，在货币政策稳健中性的大背景下，积极把握市场机会，紧跟市场利率走势，努力提升同业存放业务操作及管理水平，配置效率进一步提高。

【投资业务】2017年，公司完成了与投资有关的制度、人员以及风险管控等方面的安排和准备，明确了2017—2018年度拟投资品种、总投资规模及各品种投资规模、交易对手选择、风险等级的设定，在风险可控的前提下，成功开展了公司第一笔投资业务。

【外汇业务】2017年，公司积极走访有潜在结售汇业务需求的成员单位，以细致周到的服务和优惠的价格赢得成员单位的好评，取得了较好的效果，助推集团利益最大化的达成。公司高度关注当前融资市场的政策、途径，跟踪市场动态，积极跟进成员单位发债事项。

【资金集中】2017年，公司有效加强与成员单位的沟通，采取有效措施，集中力量、重点突破，资金归集规模和结算量均得到巩固并保持稳定增长。2017年，公司日均吸收存款折合人民币达到96.79亿元，比2016年同期增长4.98%。

【业务创新】2017年，公司初步建立创新研究机制，就公司创新工作的内容、方式、渠道、成果体现、计划管理、激励机制等方面形成指导意见，确定全年课题研究范围并推动公司全年创新课题研究工作。从司库管理未来发展研究、信息科技外包风险管理研究、财务公司票据资产证券化、流动性风险的压力测试研究等多领域开展专题调研和研究，以开放的思维探讨未来财务公司发展模式和方向，在积累经验的同时，为相关领域工作的开展奠定了良好的基础。

【风险管理和内部控制】2017年，公司不断加强内控制度和风控体系建设。一是修订完成了《内控管理手册》，启动风险分类管理研究。二是开展新业务风险评估并提出相应建议，有重点地对公司部分领域开展专项风险评估，并结合内外部环境分析，前瞻性地预判2018年重大风险。三是按季度开展风险指标监测工作，对2018年风险监控监测指标体系进行了部分调整，并积极推进风险指标线上实时监测工作。四是制定了重点业务的风险政策，并对前期专项风险评估报告中提示的可能存在的风险隐患按季度进行持续性跟踪和落实。

【人力资源管理】2017年，公司不断加强队伍建设，推动人才管理体系、教育培训体系、岗位职级体系、绩效激励体系“四位一体”的人力资源管理体系建设。一是积极开展上岗准入工作研究，拟定人才库体系建设方案，开展公司内部考试，完成岗位评价与员工能力评价，并根据业务需要通过招聘充实人才队伍。二是修订完善了部门及各具体岗位的职责描述。三是巩固学习型团队建设，推进2017年度培训计划落地。四是丰富公司员工短期交流学习渠道，完成部分员工现场上岗实践，为员工多维度发展提供平台支持。

【企业文化建设】2017年，公司积极推进企业文化建设。一是在明确企业文化要素的基础上，持续加强文化宣贯。二是公司将党风廉政建设及企业文化建设有机融合，组织开展反腐倡廉宣传教育以及企业文化月活动。三是通过组织观看展览视频、参加主题展览、编纂《初心——我的2017》年刊等形式，不断增加员工凝聚力和责任感，营造积极向上的文化氛围。

【党建工作】2017年，公司深入学习宣传贯彻党的十九大精神，持续提升党委班子素质能力，充分发挥党委“把方向、管大局、保落实”作用，通过党支部换届调整、有效监督支部落实“三会一课”等组织生活制度、推进“两学一做”学习教育常态化制度化，切实规范基层组织生活。通过做好集团巡视和内部巡察整改，进一步规范公司管理。通过积极发挥群团组织作用，持续凝心聚力，公司党建思想政治工作水平得到进一步提升。

铜陵有色金属集团财务有限公司

【集团概况】铜陵有色集团控股有限公司（以下简称“集团”）是以有色金属（地质、采矿、选矿、铜铅锌冶炼、铜金银及合金深加工）、化工、装备制造等产业为主业，集建筑安装、井巷施工、科研设计、房地产开发、物流运输、金融贸易等相关产业多元化发展的国有大型企业集团。2017年，集团位列中国企业500强第111位，位列中国制造企业500强第38位。

【经营概况】2017年，铜陵有色金属集团财务有限公司（以下简称“公司”）资产规模、日均存款、营业收入和利润总额均大幅增长。平均资产规模75亿元，同比增长37%；日均存款61亿元，同比增长44%；营业收入2.75亿元，同比增长40%；利润总额同比增长33%。资本充足率为16.08%；流动性比例为44.91%。不良资产率和不良贷款率均为零。

【信贷服务】根据“全力满足小型企业，尽量满足中型企业，适度满足大型企业”的服务原则，最大限度地发挥了财务公司服务成员单位、调剂资金余缺的功能。积极开拓集团主业客户，稳定贷款数量及质量，2017年12月末贷款余额41.86亿元，为成员单位节省了财务费用，有效发挥了财务公司金融平台作用。

【资金集中】结算业务全面实现“柜面业务桌面化，异地业务本地化”。上市公司的存款限额大幅提升，新增股份公司存款12亿元。配合集团管理部门对成员单位的账户进行清理，2017年共清理减少账户400余个。积极争取集团专项资金的监管权。努力实现成员单位效益最大化，2017年主动为集团及成员单位办理各项定期或通知类存款，极大地提高了成员单位的存款收益。免费为成员单位提供资信证明、询证函、资金结算等服务。

【票据业务】在电票业务推广上，全面落实人民银行大力支持电票的政策，电票承兑、贴现户数及发生额、余额均大幅增长。2017年承兑、贴现户数较上年增长48%、贴现笔数及贴现金额分别增长141%、31%。

【结售汇业务】2017年累计办理代客结售汇30.75亿美元。在外汇局的大力支持下，重点推进外汇数据报送系统的上线工作，克服多种困难，在9月末实现系统的成功上线，公司实现了向外汇局的数据全方位报送，所有外汇数据均在外汇局系统内可查。

【保险代理业务】2017年共为集团42家单位办理了统一保险，并开展一次集团保险统一招标，集团保险综合费率下降近50%。

【保函业务】2017年1—12月为8家成员企业办理了16笔海关增值税、投标和履约保函业务，极大地节约了集团的资金成本。

【风险管理】按照监管要求做好“三违反”、“三套利”、“四不当”、市场乱象整治自查工作。根据安徽银监局部署，做好“公司治理建设提高年”自查自纠和整改工作。主动积极配合银监、人民银行、外汇局等部门的检查，针对检查提出的问题及时整改，责任到人。在系统和业务流程两个方面梳理风险隐患，针对风险点及时进行系统升级和业务流程优化。

【信息化建设】2017年，针对系统硬件服务年限较长问题，与集团信息科技公司积极沟通，在保证业务正常开展的前提下，有条不紊地进行了硬件更换。根据资金管理系统需要实现了核心交换器、存储服务器、应用服务器、系统集成及办公终端等硬件升级。

【党建工作】发挥党支部战斗堡垒作用，根据上级党委部署和要求做好党建规定动作，始终认真贯彻执行八项规定精神，坚决遏制“四风”。严守集团“阳光工程”规定，针对信息系统核心交换器、存储服务器、应用服务器、系统集成及办公终端等升级更换，公司严格按照集团规定进行招标采购。

万向财务有限公司

【集团概况】万向集团（以下简称“集团”）主业为汽车零部件生产，是中国汽车零部件生产的代表企业之一。集团与一汽、二汽、上汽、广汽等公司建立了稳定的合作关系，国内主导产品市场占有率达65%以上，在美国、英国、德国等10个国家拥有近30家公司、40多家工厂，是通用、大众、福特、克莱斯勒等国际主流汽车厂配套合作伙伴，国际主导产品市场占有率超过10%。从1999年开始，集团开始探索清洁能源，发展电池、电动汽车、天然气发电、风力发电等产业。近年来，集团正筹建一座面向全球的开放的“万向创新聚能城”，同时，积极响应反哺农业的号召，从事种业研发、远洋捕捞及海洋产品深加工等业务。2017年，集团营收、创利指标均实现稳步增长。

【经营概况】2017年末，万向财务有限公司（以下简称“公司”）坚持以筹融资为核心，坚持以提升集团整体的金融风险控制能力和资金使用效率为重要目标，坚持金融服务国际化、发展创新特色化、服务产融一体化和产品渠道多元化“四化”原则，实现了自身业务稳定增长，各项监管指标全部达标。截至2017年末，公司资产规模较上年增长10.22%，营业收入、利润总额分别较上年同期增长15.16%和5.39%。

【信贷业务】截至2017年末，公司累计发放人民币贷款同比增长30.58%，本外币贷款余额基本与2016年持平，本外币存款余额同比增长9.49%。公司不良贷款为零，信贷资产业务运行良好。

【资金业务】2017年，公司在战略资本引进方面，重点开展了万向123股份公司引进工商银行总行优先股100亿元工作，截至2017年末工商银行总行已累计出款25亿元。在债券承销服务方面，公司重点配合完成有关成员企业公司债、中期票据和超短融券的申报审批。

【投资业务】2017年，公司通过自营投资和新股业务超额完成年度投资收益目标。在投行研究方面，公司不断充实投行人员队伍，并组织投行人员积极参与券商策略会及金融机构交流会，拓宽和加深与券商以及基金的业务联系和交流，为投行研究业务的大力发展打好基础。

【票据业务】2017年6月，公司正式加入上海票据交易所，完成公司ECDS与上海票交所的对接工作，为今后票据清算打好基础。截至2017年末，公司累计开立电子银行承兑汇票和余额同比分别增长20.18%、14.9%，累计票据贴现金额与2016年基本持平，票据贴现余额同比增长12.45%。

【业务创新】2017年，公司积极寻求业务创新。一是2017年9月，公司取得延伸产业链金融服务试点业务资格，将风险控制放在首位，在满足成员企业自身需求前提下，逐步、分批、稳健开展延伸产业链金融服务，先重点试点“一头在外”贴现业务。二是公司取得中国外汇交易中心的外币对市场会员资格，丰富了公司可开展结售汇业务的种类。三是公司积极探讨和尝试区块链技术在金融业务中的运用，重点与上海万向区块链股份公司进行了具体业务的对接，完成公司区块链节点部署，签订了涉及相关区块链汽车金融协议。

【外汇业务】2017年，公司稳步推进外汇资金集中运营管理和跨境人民币资金池业务。截至2017年末，公司外汇资金归集度已接近100%。围绕推进集团外汇资金集中管理的目标，全年新增7家成员企业列入可开展业务名单，年末累计完成集中收付汇业务3173笔，业务量较2016年递增50%，集团范围内可开展结售汇业务成员企业增至30家，全年共开展结售汇业务675笔。公司完成结售汇业务申报系统的研发和上线工作，实现结售汇业务自行申报。同时，公司积极推进集团跨境人民币双向资金池业务，截至2017年底，已有5家成员企业开展了相关业务，共开展业务136笔，业务量较2016年增长300%，解决了成员企业受外汇管理限制不能开展业务的难题。

【资金集中】2017年，公司通过网银系统、电票系统、纸票系统、外汇系统及柜台结算的多渠道方式，重点加强财务公司、银行、企业三方协作，扩大资金归集面，有效提高资金集中度；配合集团清查企业银行账户，巩固资金归集成果。截至2017年末，公司本外币存款余额同比增长9.49%，累计结算资金同比增长6.86%，资金集中度同比提高1.81个百分点。

【风险管理和内部控制】2017年，公司不断健全风险内控管理，进一步完善和强化事前、事中以风险控制为核心，事后以稽核跟踪为导向的风险内控体系。公司持续加强对信贷业务、资金业务、投资业务和外汇业务等的风险控制审查，提出风险控制意见，有效防范各项业务的市场风险、信用风险、操作风险和流动性风险，并切实执行好集团整体的汇率风险、利率风险、财务风险等金融风险把控职责。

【人力资源管理】2017年，公司继续围绕定岗、定编、定责、定权、定能、定薪、定考核“七定”目标有序开展人力资源各项管理工作，重点修订完善公司《各部门经济责任制考核办法》《各部门员工岗位考核办法》，切实将年度经营目标任务层层分解，落实到岗、到人。全年累计举办培训24期，培训覆盖率100%，积极推进公司激励机制，根据评优办法开展季度优秀员工、年度先进集体、先进个人和年度优秀党团员评选工作，共奖励员工20余人次。

【信息化建设】2017年，公司重点开展同业代理融资系统、票据业务系统上线的后续改进，以及1104报表项目上线系统的开发和人民银行线上清算直联接入等工作。公司“大数据管理”建设进一步提升，通过对数据来源、分析深度和应用场景等方面的深入分析，提升大数据技术在运营管理、风险防控、优化服务等方面的应用。2017年，公司重点着手开展大数据平台建设工作，在与多家大数据公司业务接触与交流的基础上，已开展完成大数据系统方案的前期研究、探讨和初步方案制订工作。

【企业文化建设】2017年，公司党支部认真落实党的各项方针政策，深入开展十九大会议精神贯彻落实、“两学一做”和深入学习贯彻习近平总书记关于金融工作系列重要讲话和全国金融工作会议精神专题教育等活动，进一步发挥党建工作对公司企业文化建设的主导和推进作用。公司积极组织开展各项健康有益的文体活动，组织公司年终总结表彰会及联谊会、三八节赴诸暨五泄联谊活动、嘉兴南湖的党员考察教育活动、以学习交流集团鲁冠球主席讲话汇编为主题的公司成立15周年庆祝活动，以及组织员工参加集团企业文化竞赛、英语口语比赛、歌手比赛等活动，为员工的身心健康营造了良好的环境。

五矿集团财务有限责任公司

【集团概况】中国五矿集团有限公司（以下简称“集团”）是由两个世界500强企业（原中国五矿和中冶集团）战略重组形成的中国最大、国际化程度最高的金属矿业企业集团，是全球最大最强的冶金建设运营服务商，构建了以金属矿业、冶金建设、贸易物流、金融地产为基础的“四梁八柱”业务体系。2017年，全面超额完成国务院国资委各项考核任务，营收和利润总额双双创出历史新高。

【经营概况】五矿集团财务有限责任公司（以下简称“公司”）坚持“一体两翼”工作思路，着力确保“主体”经营任务，着力打造五矿资金管理与结算系统，着力强化内部管理，实现了金融服务与风险管控双重功能的不断升级，推动发展建设呈现新气象，取得新成果。2017年资产规模首次突破200亿元大关，以财务公司为平台的全新的五矿资金管理与结算系统于2017年9月30日正式上线。

【信贷业务】公司作为产业集团内部的金融机构，直接对接了“三去一降一补”五大供给侧结构性改革重点任务。公司信贷业务尤其是自营贷款作为供给侧改革的着力点，充分发挥“金融服务平台”功能，满足成员企业的金融需求，自营贷款规模保持高速增长。按照区别对待、有扶有控的原则，明确对于传统产业和过剩产业有扶有控的差异化支持方向，促进化解过剩产能和传统产业转型升级。

【资金和投资业务】公司在保障集团资金安全的前提下，将投资业务作为流动性管理的工具和提高资金利用效率的手段，在审慎安全的前提下开展投资业务。2017年，公司抓住资金富余和货币市场上行的有利时机，积极配置货币基金，实现了短期资金高效运用。同时，利用短期资金头寸开展了国债逆回购操作，其中三季度开展的逆回购业务加权平均收益率达3.99%，显著高于同期银行存款利率。

【票据业务】公司是首批通过人民银行验收、正式接入电票系统的四家财务公司之一，2017年已成功通过电票系统办理了票据贴现、承兑、托收、解付等业务，票据业务延迟了成员单位现金支付时间，促成了应收、应付款向应收、应付票据的转化，提高了资产质量，改善了财务报表。此外，2017年首次为成员单位办理了其他集团财务公司承兑的商业汇票贴现，加强了与同业业务联系，互惠互利。

【外汇业务】由于集团的业务发展特点，公司进出口结算及外汇业务起步较早，多次承担国家外汇管理改革试点任务，在这一领域创新不辍。2017年，进出口结算量较2016年成倍增长。即期结售汇业务以汇率价格的优势及批汇用汇的便利度吸引了京内主要成员企业纷纷在财务公司集中办理结售汇业务，自推出以来，业务规模迅速扩大，为集团节约了可观的财务费用。

【资金集中】公司通过业务创新、信息系统建设等多种手段，不断强化资金归集，可归集集中度有较大提升。五矿资金管理与结算系统于2017年9月30日正式上线，系统的上线打破了公司服务范围的时间、地域限制，实现了金融服务的线上延伸，扩大了资金集中的覆盖范围。资金系统上线后，公司新增客户59家，其中异地56家，客户总量增至180家，服务范围覆盖全国27个行政区域。

【风险管理和内部控制】2017年，公司统筹内外两方面因素，积极应对多种风险和压力，多措并举加强流程管控，确保资金结算安全顺畅。在货币市场剧烈变化，实体企业风险延伸势头增加，公司存贷款单一、主要客户资金多次大规模突然调动、业务系统数据迁移等多重压力下，确保了全年不良资产率始终保持为零，流动性比例保持在60%以上，各项结算业务未出现重大操作失误，金融服务工作安全运行。

【人力资源管理】培训工作是人才队伍建设的重要方面，公司坚持以提高员工综合素质为目标，开展了一系列卓有成效的培训工作，在做好专业管理提升培训的同时，以“两学一做”、形势任务教育和十九大精神的学习为契机，加强了党建教育培训。同时，按照集团要求，结合现有人员状况和内外部监管要求，制定了定岗定编方案，以保障公司战略规划的落地实施，实现“人尽其才，才尽其用”。

【信息化建设】集团2016年启动了五矿资金管理与结算系统项目建设，公司是项目建设的中坚力量，是系统上线的主要推动者。项目组在时间紧、需求多、涉及广的压力下，高标准、高质量地确保了系统于2017年9月30日如期上线。系统的顺利上线，打响了集团资金管理信息化的第一枪，促进了资金流、信息流、审批流的一体化融合，对于实现集团资金管理和风险管控的目标意义重大，标志着集团资金管理工作迈向新发展阶段。

【企业文化建设】资金管理与结算系统项目一期建设中，公司业务骨干作为项目建设的核心力量，秉承“珍惜有限、创造无限”的核心理念，践行了“一天也不耽误、一天也不懈怠”的企业精神，彰显了公司积极向上、高效务实的企业文化。

【党建工作】公司深入学习贯彻党的十九大精神，深入推进“两学一做”教育常态化制度化，党支部核心领导力不断增强，党建工作服务经营管理更加有力。一是把党建工作摆在重要位置，进一步加强组织建设；二是以扎实开展“三会一课”为抓手，促进“两学一做”向纵深推进。全年共召开全体党员大会7次，支委（扩大）会19次，组织专题党课5次，主题党日活动8次，内容丰富的党性教育帮助党员干部不断增强“四个自信”，自觉为党的事业而奋斗。

武汉钢铁集团财务有限责任公司

【集团概况】武钢集团有限公司（以下简称“集团”），是中国宝武钢铁集团有限公司100%控股的下属子公司，2017年集团由全民所有制企业变更为有限责任公司，经营范围由原有的冶金产品制造向智能设备制造、智能城市建设、物流服务、软件开发和信息技术服务、节能环保等业务延伸。2017年集团实现营业收入361亿元，利润36亿元，提前达成“去产能”三年目标，并顺利完成劳动效率年度提升目标。

【经营概况】2017年，武汉钢铁集团财务有限责任公司（以下简称“公司”）根据集团战略发展要求，服务于集团内部各平台、产业板块整合、融合、化合协同发展，不断细化产品服务，实现年营业收入6亿元，完成利润3.40亿元，年末自营资产135亿元，不良资产率为0.003%，资本充足率为34.45%，达到年初确定的年度预算目标。

【信贷业务】公司在保障运营资金稳定的前提下，为集团成员单位产业升级提供资金支持，为绿色城建公司累计发放贷款15.80亿元，主要用于支持其开展海绵城市建设等民生工程项目。结合供给侧改革和集团资源配置优化策略，逐步减少对过剩产能的信贷投放，相关单位用信规模总体下降约14亿元。截至2017年底，公司累计向成员单位发放自营贷款169亿元，发放资产池贷款21亿元，办理票据承兑累计72.5亿元。

【票据业务】公司保持原有的“一头在外”业务规模，深化产业链金融，促进上下游交易，支持成员单位生产经营，2017年累计办理“一头在外”贴现业务16亿元。持续推广金融支持企业签发商业承兑汇票，为武钢建工集团申请到金融支持企业签发商业承兑汇票额度1亿元。

【资金集中】2017年，随着中国宝武钢铁集团有限公司资金管理平台整合，公司内的部分存款资金因成员企业股权变化及资金管理模式变化而清出，公司存款规模出现下滑，为确保日常经营稳定运行，公司通过跟踪重要客户资金情况，稳定大额资金存款，利用协定存款和增加保证金存款等手段，稳定和增加存款来源，2017年公司日均存款56.39亿元，年末资金集中度为74.11%，为公司平稳运营奠定了资金基础。

【风险管理和内部控制】针对票据业务激增的特点，公司对商票兑付相关业务制度及流程进行了修订，以防范瑕疵票、克隆票、逾期票的风险，为客户规避资金损失。结合人民银行反洗钱工作要求，公司利用业务系统加强了开户单位基础资料管理，完善账户管理。加强贷后管理，运用担保、抵押等手段实现风险敞口的覆盖，并督促客户经理定期对抵押品状况进行现场检查，有效防控贷后风险。

【信息化建设】2017 年，公司对网银和电票系统进行了持续的升级，网银结算量达到 5 万多笔，累计金额达到 900 多亿元。为成员企业新开通财企接口，协助企业实现账户余额实时查询与交易。电子商票业务基本实现对纸质商业汇票的替代，线上资金结算效率进一步提高。持续开展金融服务信息化建设，完成了核心业务及票据系统升级。

【党建工作】公司于 2017 年上半年对公司章程进行了修订，确定了基层党组织在公司决策中的领导地位。公司党支部持续推进“两学一做”常态化、制度化，围绕习近平总书记系列重要讲话和党的十九大报告，定期组织中心组及小组学习，公司支委会成员每月围绕确定的主题，结合工作实际轮流进行专题发言。通过组织党员参观革命纪念地、重温入党誓词、开展党章知识竞答等多样的主题党日活动，不断深化党员党性教育。为提高支部工作效率及透明度，公司党支部在上级党委指导下，完成了支部党员信息及支部活动在宝武党建云系统的录入工作。在党风廉政建设方面，以层层签订廉政风险责任书的形式，落实中层及以上管理人员廉政责任，确保了公司无任何违纪违规事项发生。

物产中大集团财务有限公司

【集团概况】物产中大集团股份有限公司（以下简称“集团”）是浙江省首家于 2015 年完成混合所有制改造实现整体上市的省属特大型国有控股企业，是我国最大的大宗商品流通服务集成商之一，已连续 7 年入围世界 500 强企业（2017 年排名第 348 位），连续 10 年位居浙江省百强企业首位。2017 年，集团实现营业收入 2762 亿元，同比增长 33.5%，利润总额 38.26 亿元，同比增长 15.75%。

【经营概况】2017 年，物产中大集团财务有限公司（以下简称“公司”）全年实现营业收入 3.92 亿元，利润总额 0.93 亿元，月均投放规模 112.33 亿元，不良贷款率为零。公司坚持以创新促发展，顺利获得电子票据、固定收益类有价证券投资、同业拆借业务资质，并创新开展纸质票据贴现、保函业务，不断提升公司价值创造能力。

【信贷业务】2017 年，公司累计发放自营贷款 120.21 亿元，有力地支持了成员企业业务发展，年末自营贷款 38 亿元，各类信贷资产不良率保持为零，信贷资产风险低。全年实现贷款利息 1.66 亿元，取得良好经济效益。

【票据业务】2017 年 9 月末，公司正式开展纸质商业汇票贴现业务，截至年末已经成功办理纸票贴现业务 7 笔，合计金额 293.23 万元，为业务创新进行了有益的尝试，也为今后大力拓展票据业务奠定了基础。

【资金业务】2017 年，公司的同业运作主要按照以下三条思路进行操作：一是提前筹划，兼顾流动性与效益性；二是满足需求，保证集团整体流动性；三是主动负债，创造同业外源性收益。2017 年公司在保证信贷投放、集团投资、日常结算的前提下，积极开展存放同业业务，累计办理存放同业定期 58 笔，合计 264.50 亿元，累计实现定期存放利息收入 0.8 亿元，有效抓住了 2017 年同业资金利率较高的机会，实现了资金创收、持有降本。

【资金集中】 2017 年资金集中管理工作持续推进，主要采取了扩展资金池、推进银行账户挂结、优化资金结算流程等积极措施，从而使资金池个数增加到 10 个，银行账户挂结数达到 505 个，2017 年底全口径资金集中度由 2016 年的 48% 左右提升到 55%，可归集资金集中度由 2016 年的 83% 左右提升到 89%，账户集中比例由 2016 年的 40% 提升到 2017 年的 51%。2017 年末，公司吸收存款余额 89.38 亿元，比上年末的 61.08 亿元增加 28.3 亿元，月均吸收存款余额 70 亿元，与 2016 年相比增加 40 亿元。

【业务创新】 一是票据业务。2017 年 9 月末，公司正式开展纸质商业汇票贴现业务，全年成功办理纸票贴现业务 7 笔，合计金额 293.23 万元，为业务创新进行了有益的尝试，也为今后大力拓展票据业务奠定了基础。二是保函业务。2017 年 11 月 23 日，公司完成了首笔保函业务，金额 900 万元，实现了保函业务零的突破，为成员企业在 PPP 项目投标、履约等方面提供了资金支持，也为公司提早了解成员企业后续项目和融资需求，帮助其规划融资方案、提供财务顾问服务提供了条件。

【风险管理和内部控制】 2017 年，公司继续加强风控制度和流程建设，提升内控管理精细化水平；修订评级授信办法，提升信贷管理精细化水平；强化新业务风险审核管控，保障新业务平稳开展；加强反洗钱管理，落实公司反洗钱职责；落实监管“三三四十”等各项工作部署，推进公司稳健合规发展；发挥内审监督职能，有效开展内审工作；加强公司信息安全管理，推进信息安全制度建设；开展风险、法律知识宣传培训，提升公司风险管理文化。

【人力资源管理】 2017 年是公司成立的第二年，逐步跨入多角化、多领域发展阶段。体系建设方面，制定岗位说明书、员工手册，指引员工熟悉公司企业文化，熟悉日常工作流程和行为规范；绩效考核方面，在前一年的基础上进一步完善和调整公司绩效考核方案，以适应经营发展需要；招才引贤方面，通过人才引进、校园招聘等多种渠道筛选简历 617 份，招聘优秀人才 7 名；人才培养方面，积极参与和举办各类培训、讲座、知识竞赛等活动 20 余次，进一步提高员工整体素质。

【信息化建设】 2017 年，公司不断优化和提升信息系统建设，实施信息化项目 20 余个，为公司稳步发展提供技术支撑。2017 年公司顺利完成电票、保函和营改增等系统模块的上线，有力推动公司新业务的开展；新增北京银行及招商银行的财银接口，不断深化实施财企接口，从横向与纵向同步推进公司资金归集度；成功实施服务器虚拟化项目，实现服务器资源动态管理；部署堡垒机、运维监控平台、漏扫平台等项目，对机房及网络安全进行加固。

【企业文化建设】 公司以观念创新作为服务创新的方向，引导员工更新服务观念，提高服务意识，打造特色企业文化。通过开展“书香企业”系列读书活动、搭建票据业务学习平台、法律法规知识讲座、制度知识竞赛、反洗钱业务培训等多种方式，全方位提升员工综合业务素质。同时，通过印制公司宣传册、员工手册，宣传公司企业的文化、经营理念和业务发展情况，并借力微信业的蓬勃发展，开通公司微信公众号，不断提升公司品牌管理和企业文化宣传。

【党建工作】以党的先进理论做指导来加强企业党组织的自身建设，通过“一企一品”“一支部一特色”“一党员一闪光”“标准化、亮化、先锋”行动等活动载体，多措并行打造党建品牌活动。通过金融服务效能监察工作把业务工作的目标管理引入党建工作，使党建工作目标明确、责任到人，更好地服务和促进企业各项工作的发展。按照省国资委和集团部署，将党建工作要求写入公司章程，进一步落实党组织在公司法人治理结构中的法定地位。

物美商业财务有限责任公司

【集团概况】北京物美商业集团股份有限公司（以下简称“集团”）系由北京物美综合超市有限公司经股份制改制整体变更设立的股份有限公司，注册资本 12.88 亿元，主要从事连锁便利超市和中、大型超市经营。集团及下属子公司主要经营业务范围包括购销百货、五金交电化工、针纺织品、工艺美术品、建筑材料、装饰材料、机械电器设备、日用杂品、电子计算机软、硬件及外部设备、家具、出租柜台、技术咨询、技术服务、零售国家正式出版的音像制品、从事商业经纪业务、购销农副产品等。截至 2017 年末，集团总资产 143.69 亿元，资产规模较 2016 年同期增长 11.79%；净资产 25.90 亿元，较 2016 年同期增长 4.27%；截至 2017 年末，集团完成主营业务收入 270.92 亿元，较 2016 年同期增长 6.0%，实现净利润 2.16 亿元。

【经营概况】截至 2017 年末，物美商业财务有限责任公司（以下简称“公司”）资产总额 21.36 亿元，同比增长 51%。负债总额 16.19 亿元，其中，吸收存款 5 亿元，卖出回购资产 11.16 亿元，所有者权益 5.17 亿元，公司资产负债率为 76%。公司 2017 年度营业总收入 4128.22 万元，当期实现营业利润总额 3662.07 万元，扣除资产减值损失 2103.17 万元及所得税 505.98 万元，净利润 1052.93 万元。

【信贷业务】公司继续坚持面向集团主业服务，积极开发适应集团及成员单位业务需求的信贷产品，结合集团核心业务的战略调整，公司 2017 年主营信贷业务全面转向成员单位商业票据贴现业务。2017 年，公司面向集团及成员单位累计授信 26 亿元，截至 2017 年末信贷资产余额 17.49 亿元。

【资金业务】2017 年 5 月，公司开通电票系统，持续开展电票贴现、再贴现业务。截至 2017 年末，公司再贴现余额 11.16 亿元，全年累计再贴现发生额 24.34 亿元。2017 年 5 月 31 日，公司获批同业拆借业务资格，同年 11 月 21 日获得北京银行同业授信额度 2.5 亿元，当年累计开展同业拆借业务 2 亿元，有效提高了公司的主动负债能力。2017 年，公司持续优化同业存款比价原则，存款活期利率由0.35%提升至3.45%以上，一个月以上的同业定期存款利率保持在4.0%以上，实现同业收益1215.89万元。

【票据业务】基于集团采购方式由原有分散采购模式逐步向统购分销模式的变革，公司秉承资金运作首要支持集团实体经济发展的理念，全面支持成员单位间采用商业承兑汇票方式结算货款，将业务重心转向票据贴现业务方面。2017年，公司共与5家成员单位签订19笔票据贴现业务协议，合计贴现票据张数472张，贴现票面总金额26.68亿元，实现贴现利息收入4331.48万元。

【资金集中】2017年，公司继续加大资金管理力度，进一步落实统收统支，通过资金归集全方位精准性服务于集团资金运作需求。截至2017年末，公司面向集团及成员单位吸收存款5.01亿元，存放同业及央行4.35亿元，公司可归集资金集中度为90.26%，全口径资金集中度为57.91%，较上年末增长24%。

【风险管理和内部控制】公司自成立以来逐步构建了董事会领导下职责清晰、分工明确的全面风险管理组织架构。2017年，公司继续加强风险管理、合规管理的规范化、标准化，严格组织落实各项资产风险分类工作，并对各项业务进行风险排查。截至2017年末，公司不良资产率和不良贷款率为零，各项业务经营合规，资产质量良好，整体风险可控。公司依照2016年度监管意见书切实落实整改工作，完成各项业务及内控管理的自检自评，贯彻稽核审计计划并形成稽核审计工作报告，较为全面地发挥了内审稽核功能。

【信息化建设】2017年，公司进一步明确信息科技风险管理职责，强化责任意识，将信息科技工作纳入日常议事范畴，科学决策信息化战略、信息化建设和科技风险管理等重大事项。进一步加强了灾备系统建设，建立健全应急管理机制，逐步完善了符合现代金融企业制度的信息科技管理体系。2017年，公司新增并修订了《网络安全管理办法》《公司网络安全合规问责制度》《业务连续性管理暂行办法》，各项制度涵盖网络管理、介质管理、系统维护及故障处理制度、软硬件变更流程、机房管理、监控管理、密钥管理、巡检制度等各项流程。

【企业文化建设】公司坚持“规范经营、开拓创新，依托集团、特色金融”的经营理念，以助推集团战略发展、实现整体利益最大化为根本目标，为集团的多元化经营发展战略提供更为广泛深入的金融支持。同时锐意进取，开拓创新，集中开发并开展与集团整体发展战略相一致的新增金融业务，逐步发展成为与核心产业链充分融合、协同的金融服务平台。

西部矿业集团财务有限公司

X

【集团概况】西部矿业集团财务有限公司（以下简称“公司”）股东为西部矿业集团有限公司和西部矿业股份有限公司，其中，西部矿业集团有限公司持股比例为40%，西部矿业股份有限公司持股比例为60%，股东性质属于地方国企。集团产业涉及六大板块：有色金属、盐湖化工、建筑地产、旅游文化、金融贸易和科技信息。

【经营概况】2017 年，公司认真贯彻落实集团公司和监管机构各项工作要求，围绕“提升管理、深化服务、严控风险、创新发展”的经营方针，积极适应经济发展新常态，加强资金运营管理，提升金融服务能力，强化风险合规管控，多措并举，创新增效，各项业务保持稳健发展，各项指标符合监管要求，圆满完成各项工作任务，取得了良好的经营业绩，实现了公司稳健发展。公司被集团授予2015—2017 年度“扭亏增盈杰出贡献奖”先进集体。

【信贷业务】2017 年，公司科学分析集团资金状况，合理确定贷款目标，通过置换、主动授信、利率调整等方式，降低成员单位融资成本。全年召开 19 次贷审会审批了 21 个项目，新增授信 11 亿元；积极调整贷款结构，截至 2017 年底，短期和中长期贷款余额分别为12.44 亿元、10.30 亿元，比重为 55:45；集团和股份各项贷款比重为 50:50，贷款结构进一步优化。在保证贷款收益的同时，增强了贷款的流动性和安全性；同时，公司积极推进深化绿色信贷工作，大力倡导和推广绿色信贷。

【资金业务】2017 年，公司根据成员单位资金计划，通过拓宽合作金融机构范围，合理安排同业定期存款额度和期限，不断提升谈判议价能力，规范业务操作流程，努力实现资金收益最大化。截至 2017 年 12 月 31 日，公司存放同业活期款项平均收益率为 2.64%，存放同业定期款项平均收益率为 4.50%。

【投资业务】2017 年，公司投资业务紧密联系金融市场环境，进一步发挥金融市场的专业性和议价能力，以资金安全性为前提，兼顾资金的效益性与流动性，2017 年末投资业务五级分类均为正常；同时，调动各方资源，积极为集团融资出谋划策，实现与集团战略的协同。

【票据业务】2017 年，公司积极统筹内外部资源，着力票据模式创新，实现了模式、规模“两突破”，品牌、服务“双丰收”。一是大力推进商业承兑汇票业务，严格执行集团延期付款要求，节约成员单位财务成本，降低票据业务操作风险；积极开展电票业务运作，成功加入电子商业承兑汇票系统，完成与上海票据交易所“中国票据交易系统”接入工作，为后期“纸电票”融合奠定了良好的基础。

二是积极推进商票保贴业务，充分发挥桥梁纽带作用，快速对接成员单位、外部供应商和保贴银行，较好地支持了成员单位和外部供应商的发展和合作。三是在人民银行持续压缩规模的情况下，积极拓展票源、创新票据运作模式、扩大再贴现规模，吸收低成本资金，有效保障了公司资金来源渠道。

【资金集中】2017 年，公司持续加强资金归集力度，提高资金归集频率，圆满完成资金归集任务，资金集中度继续保持行业上游水平。同时，积极研究探索跨境资金归集业务及政策，制定外汇资金集中管理计划，健全外汇管理制度及系统建设，为下一步业务拓展奠定了良好的基础。截至 12 月 31 日，可归集口径资金归集率达到 99.52%，全口径资金归集率为 69.80%。

【业务创新】2017 年 8 月，公司获得监管机构同意开办产业链金融服务业务，立即积极拓展“一头在外”贴现及保理业务，相继在 9 月和 10 月实现业务突破，进一步促进了成员单位与上游供应商的业务合作关系，从而提升了整个产业链的核心竞争力。截至 2017 年 12 月 31 日，累计办理“一头在外”贴现 227 笔，办理“一头在外”保理 1 笔。

【风险管理和内部控制】一是从法人治理、综合管理、业务管理三个层面着手，修订完善各类规章制度 40 余项，不断优化制度体系，有效防范合规风险；二是将重点风险防控工作进行全面具体细化，明确责任机构及责任人，层层分解并纳入重点工作进行绩效考核；三是董事长、总经理亲自撰写《合规认知及管理措施承诺书》，并逐层、逐级、逐岗签订《合规责任承诺书》，进一步落实合规风险责任；四是全面组织落实各项监管规定与要求，努力提升监管评级。逐条对照银监会关于企业集团财务公司监管评级与分类监管所列四个方面 43 项具体内容要求，对发现的问题或不足全面梳理，不断完善公司治理及风险内控管理重点，优化完善监管评级事项并整改落实；五是组织开展信用风险排查、“三违反”、“三套利”、“四不当”及银行业乱象等监管检查工作，发现的问题和不足全部得到落实、整改和完善；六是加强投资业务、信贷业务等重点业务的风险审查力度，全年共审查各类业务 40 余项，提出风险防范意见及建议 10 余项。对公司管理层面和业务层面 10 余项审批流程进行了全面梳理，并得到落实优化。公司通过持续的风险合规管控，优化内部流程，在股份公司内控管理评比中获得分子公司第一名。

【人力资源管理】截至 2017 年末，公司在岗人数 32 人；大专及以上学历人员占 94%，研究生及以上学历人员占 15%，从业人员中从事金融或财务工作 3 年以上的人员达到三分之二以上。一是薪酬体系不断完善。依据岗位替代情况、市场获取难易程度、价值贡献、风险程度、责任大小、任职资格，形成以全面预算为基础，以市场为导向，体现个人收入与团队贡献及公司业绩紧密关联、内部岗位差异化管理的全面薪酬体系。二是考核体系持续优化。逐步建立以全面预算为基础，由合规经营、风险管理、经营效益、发展转型、社会责任五类指标组成的考核体系，凸显风险和合规类指标权重，覆盖公司经营管理各个维度。三是培训力度不断加强。每周固定三次组织全员开展业务知识、法规制度、金融监管、集团产业等方面的培训，全年累计培训 72 次。

【信息化建设】一是完成公司新一代核心业务系统及集团资金管理系统建设工作。项目于 2017 年 7 月 17 日正式立项，年底顺利完成项目各阶段工作任务。二是巩固数据中心机房基础设施环境，加强外包服务管理、应急演练及渗透性测试工作。2017 年 8 月份完成公司数据机房发电机电路改造、移动发电车租赁及 UPS 电池更新等工作；积极对标学习金融机构优秀做法，完善公司外包服务管理体系，形成了完整的准入、考核、退出机制；进一步完善公司应急预案，开展应急演练，强化应急演练实效性；加强渗透性测试工作，提高突发事件处理能力和检测系统抗攻击能力。三是积极开展信息科技课题研究工作。在中国银监会2017年度信息科技风险管理课题评选中，公司组织申报的“财务公司信息安全管理体系建设与实践”课题经青海银监局和中国银监会两级现场评审，荣获课题研究四类成果奖。

【企业文化建设】一是建立职工阅览室，购置各类专业图书近百本，为员工创造良好的学习环境；同时为提升任职能力、知识水平和业务技能水平，大力推广“师带徒”活动，有力地促进了员工的快速成长；二是充分发挥工会作用，积极开展十九大知识竞赛、综合素质拓展训练、爱国教育活动、“五四”青年活动，通过富有成效的文体活动，提高员工凝聚力，为公司经营管理发挥有力的助推作用。

【党建工作】一是建立健全党建工作长效机制，创新工作方法，积极推进“三个活动”，完成党员示范岗和责任区建设。二是积极开展“两学一做”及十九大精神学习教育，深入落实集团“两会”精神，从思想上、认识上、行动上积极向党中央、集团统一领导、统一部署、统一安排靠拢。三是强化管理工作，不断提升公司内外部形象。公司全面针对办公环境、员工仪容仪表、工作规范等方面进行系统梳理和整改，定期开展自查、抽查，公司整体精神面貌焕然一新，标准化程度有较大提升。

西电集团财务有限责任公司

【集团概况】中国西电集团有限公司（以下简称“集团”）是国家最具规模、成套能力最强的高压、超高压交、直流输配电设备和其他电工产品的生产制造基地，是集科研、开发、制造、贸易、金融为一体的大型国有独资制造业企业集团，集团近年来快速发展，并已实现了主业整体上市，注册资本60亿元。

【经营概况】截至2017年末，西电集团财务有限责任公司（以下简称“公司”）资产总额133亿元，负债总额115亿元，所有者权益19亿元，收入超过3.30亿元，其中外部收入占比近80%，利润总额近2.60亿元，保持了两位数增幅。

【信贷业务】公司通过优化企业综合绩效评价、客户信用评级、综合授信、五级分类等信贷管理措施，全面提升授信质量，规范信贷业务流程，严控企业信用风险。2017年，公司发放人民币自营贷款36.30亿元，余额超过25亿元，发放委托贷款12.80亿元，余额超过13亿元，满足了集团成员企业合理的资金需求。

【资金业务】2017年，公司严格按照同业授信的范围和规模，紧跟市场、科学预判、灵活操作，通过询价、比价和议价，确定最高报价存放，合理配置资金，资金运营收益保持较高水平；公司通过加强资金头寸管理和利率风险的分析研究，为集团资金管理决策提供支持。

【票据业务】2017 年，累计签发各类票据近60 亿元，同比增长13.71%，其中电子票据得到多数成员企业及供应商认可，使用度明显提高。2017 年，累计签发电子商票、电子银票同比分别增长了 842.96%、16.64%，签发纸票同比减少 44.74%。累计办理票据贴现超过 12 亿元，同比增长 9.30%。

【外汇业务】与合作银行沟通，探索境外资金集中管理方式和途径，编制《西电集团海外资金集中运营管理方案》专题报告。强化外币资金归集力度，推进“境外资金境内管”的境外资金账户的可视、可控、可归集管理试点。

【资金集中】2017 年，公司不断夯实资金管控基础，深挖资金归集潜力，加强成员企业账户管理，资金集中度持续稳步攀升。截至2017 年末，全口径资金集中度达到 87.55%，成员企业在公司开立本、外币账户 211 户，公司已归集成员企业在外部银行开立的本、外币账户 159 户。

【业务创新】公司针对集团上游企业，稳健推动应收账款保理等新业务的研究拓展，加大宣传力度，不断积累经验，适时在集团范围逐步展开，进一步提高公司服务成员企业的范围和能力。2017 年，保理业务累计发生额8800 多万元，同时与商业银行合作开展了联合保理业务，办理金额近 8 亿元，打通了核心企业上游供应商和下游客户间的资金链条。

【风险管理和内部控制】完善公司治理结构，把党建工作写入公司章程，优化“三会”建设，成立了董事会审计委员会，制定了《董、监事履职评价办法》，进一步提升董、监事履职能力和水平；加强制度体系建设，梳理了 29 项管理活动，完成 112 项制度及流程编修；以“合规建设提升年”为契机，强化风险自查自纠、上级督查整改、全面巩固提升，进一步完善公司全面风险管理机制，规范各项金融业务运营，筑牢风险防控篱笆。

【人力资源管理】通过新老员工传帮带、内部轮岗交流、内外部培训、外出学习、理论研究、综合考核、鼓励员工深造等多种方式，提高员工自身能力；定期由公司领导或相关部门负责人带领全员学习相关新业务及政策法规知识，提高员工对业务、政策的熟知度和运用能力；强化干部队伍建设，完善选人用人机制，逐步建立干部能上能下的调整通道；完善激励机制，逐步建立激励与约束相结合、适应市场竞争环境的考核评价制度体系。

【信息化建设】公司搭建的财企直联系统已在集团多家成员企业中推广使用，初步构建起成员企业、财务公司、银行互连互通的闭环体系，实现真正意义上的资金流、结算流、信息流的统一；电子印章使用范围进一步扩大，基本覆盖了集团所有成员企业，较大程度地提高了结算业务效率；按照人民银行统一部署，积极搭建电子票据线上清算系统，经过前期调研、制度建设、项目方案报批、项目测试，现已取得上海票据交易所会员资格。

【党建工作】以党员集中学习、民主生活会等形式，组织党员干部深入开展学习宣贯十八大历次全会、十九大及习近平新时代中国特色社会主义思想等活动；创新党建模式，开展结对共建，与同业开展“党建共建”结对，按照“平等共建、相互学习、互通信息、互利双赢”的基本原则，促进双方党建工作和金融业务深度合作；积极运用信息技术和网络手段推进党员学习教育，充分依托集团培训中心搭建的学习系统，引导组织党员利用网络自主学习、互动交流，扩大学习教育覆盖面。

西门子财务服务有限责任公司

【集团概况】 西门子股份公司（以下简称“西门子”）是全球领先的技术企业，170 年来不断致力于卓越的工程技术、创新、品质和国际化发展。作为世界最大的高效能源和资源节约型技术供应商之一，西门子业务遍及全球，专注于电气化、自动化和数字化领域。在高效发电和输电解决方案、基础设施解决方案、工业自动化、驱动和软件解决方案等领域占据领先地位的同时，还是影像诊断设备如计算机断层扫描和磁共振成像系统，以及实验室诊断和临床 IT 领域领先的供应商。西门子最早在中国开展经营活动可以追溯到 1872 年，向中国出口了第一台指针式电报机，并在 19 世纪末交付了中国第一台蒸汽发电机以及第一辆有轨电车。1985 年，西门子与中国政府签署了合作备忘录，成为第一家与中国进行深入合作的外国企业。

【经营概况】 2017 年，西门子财务服务有限责任公司（以下简称“公司”）实现了自身业务稳定增长，各项监管指标全部达标。截至 2017 年末，公司资产总额折合人民币约 347 亿元。

【信贷业务】 根据集团内部规定，公司的贷款发放对象主要为西门子（中国）有限公司和/或德国西门子股份有限公司持有其 50% 以上股份的在华成员单位，且集团母公司提供支持。按照西门子全球内部惯用的 10 级风险分类，西门子控股成员单位的信用风险等级为零。

【票据业务】 公司仅向西门子集团控股企业提供贴现业务且公司接受的均为全国性商业银行承兑的银行承兑汇票，并事先对票据要素和贸易背景的真实性进行了严格审核，将风险降至可控范围。

【外汇业务】 2017 年，公司的外汇业务主要为吸收西门子在华成员单位的外币存款、外汇资金集中运营管理试点业务、即期结售汇业务和即期外币对业务。

【资金集中】 公司一直致力于减少集团成员在外部银行的存款，提高资金集中度，为集团的稳健发展提供最好的保证。公司资金集中度常年保持在 90% 以上。

【风险管理和内部控制】 建立健全各项规章制度，严格遵守内控制度，坚持稳健发展和合规经营的原则，实现健康经营。将风险管理作为日常工作的重要组成部分，着重关注信用风险、流动性风险、市场风险及资本充足率水平。同时认真学习并执行监管机构的各项监管指标及监管要求，保证公司的合规经营和稳健发展。

【人力资源管理】 公司按照集团要求，通过西门子（中国）有限公司的人力资源共享服务部门实现公司的人力资源管理，包括人员招聘、培训管理、劳动用工制度、薪酬体系、绩效考评管理等，完善公司人力资源基础建设，实现目标管理与激励机制的有机结合。同时根据外部监管要求，结合自身行业特点，安排或组织相关部门员工进行形式多样且有针对性的岗位培训，丰富员工的职业技能和综合素质，在促进个人职业发展的同时，也提高了公司的经营效率。

【信息化建设】公司从德国总部引进了Murex系统并将其作为核心业务和风险管理系统，主要使用交易模块、风险管理模块和授信管理模块等，可满足各类内外部交易管理、市场风险管理和信用风险管理等需求。其中交易模块涵盖所有内外部表内交易，包括存贷款、贴现、同业拆借、债券逆回购和外汇交易等。风险管理模块主要用于市场风险管理，包括实时在险价值（VaR）计量及其限额控制、实时损益监控及其限额控制等。授信管理模块主要用于信用风险管理，包括为内外部交易对手设置授信额度、实时风险敞口计量和授信额度使用率计算、超限预警等。

同时，Murex系统与Finavigate系统实现了无缝对接，Murex用于金融交易录入、确认、本金和利息计算和交易查询，Finavigate完成结算、会计处理和基本财务报表等，最大限度地减少了人员操作风险和会计核算风险。2017年，德国总部决定对Murex系统实行全面升级。

【企业文化建设】公司一直提倡营造和谐团队，通过组织各类活动激发团队活力和提升凝聚力，包括户外旅游、健身锻炼、新春联欢等。同时西门子集团工会也定期组织丰富多彩的文体活动，如音乐会、艺术展、各类体育运动等。

西王集团财务有限公司

【集团概况】2017年，西王集团践行“创新、协调、绿色、开放、共享”五大发展理念，抓住山东积极争创国家新旧动能转换综合试验区的战略机遇，深化创新驱动，加快新旧动能转换，推进转型升级，全面打造企业发展的新动能和新优势，保持了稳健向好的强劲发展态势。截至2017年末，西王集团资产总额471.68亿元，负债总额300.80亿元，净资产170.87亿元，资产负债率为63.77%；2017年累计实现营业收入354.52亿元，较上年同期增加49.48亿元；实现利税24.97亿元，较2016年增加12.21亿元，其中，实现利润总额12.86亿元，较上年同期增加6.81亿元，实现净利润8.99亿元，较上年同期增加5.36亿元，上缴税金12.11亿元，较上年同期增加5.4亿元。

【经营概况】2017年，西王集团财务有限公司（以下简称“公司”）积极践行“立足集团，服务集团”的根本宗旨，稳妥推进各项基础业务，充分发挥自身功能定位及金融专业优势。同时，根据集团面临的形势，及时调整经营策略，坚持从严治司、科技兴司，加强基础管理，夯实风险管控，各项工作稳健有序，经营效益明显提高。截至2017年末，公司资产总额28.70亿元，负债总额7.62亿元，净资产21.09亿元，全年累计实现营业收入14576.87万元，实现拨备前利润总额13595.16万元，拨备后利润总额9895.84万元（按2.5%计提拨备），各项监管指标全部符合监管要求。

【信贷业务】一是严格信贷准入管理。公司重新修订了《西王集团财务有限公司信贷业务准入与退出条件》，制定了《西王集团财务有限公司拟授信企业差异化授信政策实施方案》。不断强化信贷结构调整，严把准入条件。二是细化操作流程。公司补充完善了《信贷业务三查实施细则》《重大信贷风险事件应急预案》《信贷台账管理办法》《信贷业务统计工作管理办法》等系列制度办法，对贷前调查、贷中审查、贷后检查细化操作流程。三是强化贷后责任管理。公司开展“贷后管理提升年”活动，通过建立风险预警及处理机制，推进落实风险经理定期风险分析预警制度、贷后管理定期报告制度，落实责任人责任追究。2017年，各项贷款余额28.06亿元，较年初增加14.62亿元。

【票据业务】公司积极协助集团制定了《西王集团有限公司纸质商业汇票管理办法（暂行）》，确定了资金管理中心及公司作为主办机构行使集团票据管理职能。集团确定了以公司为主，银行票据池为辅的多元化票据管理模式。公司已实现对成员单位票据收、支统管和相关信息报送职能，实现了对成员单位纸质票据的物理集中和对电子票据的信息集中，建立了票据支付、票据融资的流程，完成了对成员单位的票据全流程管理。2017年，累计为成员单位办理商业承兑汇票贴现5.55亿元，银行承兑汇票贴现3.75亿元，为成员单位承兑电子银行承兑汇票5.10亿元，累计办理再贴现6.19亿元。

【资金集中】一是加强预算管理，不断健全“月预算、季滚动、周调度、日安排”的资金管理体系，通过资金日预算审批流程，不仅保证集团成员单位运营资金的正常支付，而且实时掌握成员单位资金使用情况。二是加强资金监控，强化资金集中管理，公司对成员单位支出户资金进行监控，积极与成员单位沟通，在不影响生产经营的情况下，由成员单位主动或公司手动将支出户未支付大额资金进行上划，截至2017年末，全口径与可归集口径资金归集度分别为42.92%、97.09%。

【风险管理和内部控制】一是做好内部稽核工作，突出内部牵制。公司按照监管要求取消风险稽核部，分设风险管理部和审计稽核部，加大内部审计稽核力度，部署开展了岗位职责、内部牵制风险评价活动，完成5个部门的岗位职责评价审计工作。二是严格管理，全面加强内控合规建设。公司以“合规制度建设年”活动为抓手，全面开展合规教育，加强合规文化建设。三是积极开展同业业务、非法集资、安全稳定隐患排查等专项排查治理活动。

【人力资源管理】一是开展人才招聘，为公司发展补充新鲜血液，为各项业务发展提供充足的人才储备。二是加强员工培训，提升员工综合素质。拓宽培训渠道，多次选派员工参与集团、中国财务公司协会、人民银行等组织的业务培训。三是开展评先评优活动，评选出2017年度优秀党员、优秀管理者、先进个人，树立标杆，激励全员争先创优。

【信息化建设】一是更新升级安全设备、网络运维设备。确定合格供应商并签订软硬件采购合同，完成数据存储备份、网络设备管理、网络入侵防范、日志管理、网络整体运维管理等安全设备的升级与调试工作，加强网络安全硬件配置。二是搭建数据存储异地备份平台，与移动公司签订IDC托管协议，租赁济南移动IDC机房两个机位，用于存放公司数据备份一体机，实现重要数据的异地备份。三是进一步对机房现有网络进行统一梳理规划，规整线路、统一标识，为电票的验收奠定了坚实的基础。四是聘请专业机构对公司信息科技进行评估，并出具评估报告。

【企业文化建设】公司继续扎实推进企业文化建设，员工队伍稳定，团队凝聚力进一步提高。积极响应集团“两个幸福”，组织员工积极参与集团运动会、合唱比赛、迎春晚会等文体活动，努力创建“快乐工作、健康生活”的文化氛围。

【党建工作】公司深入学习宣传贯彻习近平新时代中国特色社会主义思想和党的十九大精神，以党的政治建设为统领，思想建党和制度建党相结合，深入推进全面从严治党，压实党建责任。紧紧围绕公司年度工作任务，认真开展“不忘初心、牢记使命”主题教育，严格落实“三会一课”、组织生活会、民主评议党员制度，推动公司党支部建设，打造坚强的基层战斗堡垒。

厦门海翼集团财务有限公司

【集团概况】厦门海翼集团有限公司（以下简称“集团”）是厦门市人民政府国有资产监督管理委员会出资设立的国有独资企业，是厦门市十大集团之一，总资产200亿元。集团组建以来，实施资源整合，打造发展平台，构筑了高端制造业、供应链运营、金融服务、航空产业和地产五个业务板块，拥有控参股企业20余家。集团“实业经营”与“资本运作”双翼并重，打造高端制造业投资平台和发展服务商，形成了相互协同、健康可持续的发展格局。

【经营概况】2017年，厦门海翼集团财务有限公司（以下简称“公司”）苦练内功、实现金融服务的转变升级。公司注册资本由人民币5亿元增资至8亿元。截至2017年12月31日，公司资产总额22.53亿元，净资产9.23亿元，营业收入5117.79万元，利润总额0.29亿元，净利润0.24亿元。同时，2017年公司也面临着成员企业需求萎靡，信贷投放渠道受限；资金归集率低，业务资质申请困难；结算沉淀不稳，头寸管理难度加大等困难。

【信贷业务】一是不断适应监管要求，积极研究各项监管政策，自查信贷业务。根据成员企业资金使用周期匹配中期流动资金贷款，并修订相应管理办法。二是充分发挥内部银行作用，为成员企业节费增效，据统计，2017年为成员企业降本783.77万元。三是信贷品种及投向不断丰富，2017年新增保函业务品种，为成员企业提供综合的金融服务。四是根据集团的规划部署，为汽车贸易板块等提供信贷支持，满足成员企业资金需求。

【资金业务】2017年，公司进一步提升资金计划的准确性及时效性，在保证流动性的前提下，不断提高资金使用效率，通过不同期限的资金投资业务提高资金收益，并合理调配信贷资产。

【投资业务】2017 年，公司建立集合厦门市 14 家主要商业银行对公司定期同业存款开展竞价的招标体系，定期存放同业业务累计完成 38 笔，累计发生额 35.07 亿元。同时，公司大力开展货币市场基金投资业务，投资笔数合计 206 笔，投资金额合计 34.10 亿元，取得分红收益 951.39 万元。

【票据业务】2017 年，公司成功与招商银行厦门分行达成首笔票据转贴现转入业务合作，实现了在业务运营管理系统中顺利操作票据转（再）贴现业务转入、转出双向业务模式的目标。同时，加强银企配合，不断营销成员企业及上游客户，提高公司票据业务接受度。另外，不断拓展票据业务类型，部分成员企业的零散纸票在股份制银行贴现困难，公司通过发放第一笔票据质押贷款解决了企业的资金问题，分散了企业的财务费用，同时也提升了公司的资金归集率。

【资金集中】2017 年，集团加大资金的统筹管理力度，公司通过积极走访调研，对成员企业月末资金余额逐一分析归集，确保公司流动性符合监管要求。根据成员企业资金使用特点，引导成员企业合理安排存款结构，提高成员企业对公司存款品种的黏度。同时，资金归集率的提高带动了结算业务的发展，2017 年完成结算笔数 68410 笔，结算金额 2019 亿元，比 2016 年均有大幅度提高。

【业务创新】2017 年 12 月 7 日，公司开立了福建省首笔自贸区财务公司关税保函，金额 220 万元，被担保人为集团成员企业，受益人为厦门海关。本次保函的开立为企业集团财务公司担保模式突破了海关传统的进出口企业凭银行保函或保证金办理海关税收担保的局限，进一步丰富了担保主体。该担保模式允许企业集团财务公司等非银行金融机构参与海关税收担保，明显降低了企业担保成本。

【风险管理和内部控制】2017 年，公司总体风险管理情况良好，实现了零风险事件及零不良资产。在防范信用风险方面，加强了集团内重点客户和重点领域潜在风险的贷前、贷中、贷后检查，加强信用到期管理，建立守信激励和失信惩戒人员名单库。在流动性风险管理方面，公司制定规范，建立体系，有效地识别、计量、监测与控制流动性风险。在内控管理方面，组织学习监管政策，在自查业务的同时，梳理操作流程中的漏洞和风险点，加强各业务条线的精细化管理。

【人力资源管理】2017 年，公司总经理辞职，副总经理代为履职。同时，公司从外部金融机构引进了 3 名专业技术人员（营业部复核岗、信贷业务岗及信息管理员各 1 人），进一步充实了公司团队。2017 年末公司共有员工 22 人。

【信息化建设】2017 年，公司根据流程梳理及业务发展，对核心系统进行了一次升级开发，并已上线使用。为进一步扩展财务公司票据的对外接受度，加快资金回笼速度，防范操作风险，2017 年，公司完成 ECDS 票据交易系统接入上海票据交易所工作。同时，加强信息化建设，创新服务，通过集团平台实现日常办公事项无纸化审批，提高整体办公效率。

【企业文化建设】2017 年，公司举行五周年庆系列活动，丰富多彩的活动形式展示了公司的风采，增强了员工的归属感和集体荣誉感，激励公司上下砥砺奋进，再上征程。

【党建工作】2017 年 10 月，公司成立了党支部委员会，在集团党委的指导下逐步开展党建工作，凸显了党建引领公司发展的作用。

2017年，公司党支部夯实党建基础工作，规范党支部学习及活动，参加集团十九大知识竞赛并取得优异成绩，发展党员，培养新生党员力量。

厦门翔业集团财务有限公司

【集团概况】厦门翔业集团财务有限公司（以下简称“公司”）由厦门翔业集团有限公司（以下简称“集团”）全额出资设立。集团是一家跨地域、多元化发展的大型国有企业集团，拥有全资或控股下属公司70余家，产业覆盖机场、码头、城际客运、酒店、会展，电子商务、物流服务，临港商业地产，食品，广告传媒，智能科技等领域，是中国服务业企业500强之一。

【经营概况】公司成立于2016年6月28日，注册资本10亿元，2017年是公司完整经营的第一个年度，对内着重于夯实管理基础，建立健全公司法人治理机制，对外丰富业务品种，实现了多项从零到壹的突破。截至2017年12月31日，公司资产总额为50.25亿元，增长47.28%，所有者权益10.80亿元，增长6.13%，2017年实现营业收入14467万元，同比增长442.54%，利润总额8329万元，同比增长250.75%。公司资本充足率为29.97%，平均流动性比例达51.19%，日均存款32亿元，日均贷款22亿元，全口径资金集中度为80.49%。

【信贷业务】2017年，公司重点开展了票据贴现、开立电子银行承兑汇票、融资租赁和商业保理四项新兴业务，实现了零的突破。截至2017年末，公司为集团21家成员单位提供授信额度75.05亿元，授信覆盖率为30%。全年累计发放贷款规模为46.73亿元（含票据贴现573万元、融资租赁1000万元、商业保理200万元）。表外业务规模14.39亿元，其中，银行承兑汇票1856万元，工程保函2132万元，对外担保8亿元，委托贷款6亿元，并推动成员单位开具商业承兑汇票共计2836万元。

【资金业务】2017年，公司收付款结算笔数25万笔，结算金额1751.05亿元，其中办理通知存款299笔，金额28.31亿元；办理定期存款92笔，金额49.66亿元；为14家成员单位共17个账户办理协定存款业务。自开业至2017年12月，存款优惠创造价值贡献958万元，为成员单位减免结算手续费达133.04万元。

【投资业务】公司2017年累计办理同业存放79笔，全年日均余额15.8亿元，全年平均存放利率4.12%；2017年累计实现同业业务收入0.78亿元。公司发挥集团内部银行的作用为集团办理投融资咨询，融资咨询总量99.7亿元，全年加权融资成本较上年大幅降低。

【资金集中】2017年，公司通过加强集团账户归集，进一步提高资金集中度。截至

2017年末，公司已归集82家成员单位（含分公司），开立129个账户，吸收存款39.17亿元，日均吸收存款31.82亿元，账户集中度为66.21%，全口径资金归集度为80.49%，可归集口径资金集中度为82.78%。2017年12月末彻底撤销集团资金池，进一步提高账户集中度与资金集中度。

【风险管理和内部控制】公司现已形成较为完备的业务管理和内控制度体系。2017年将内审稽核工作重心定位为“业务合规专项审计”，针对主营业务范围开展专项审计工作。完成《关于进一步强化内控合规管理防范案件风险的排查报告》和《关于开展银行业“监管套利、空转套利、关联套利”专项治理工作的报告》等系列报告，配合完成厦门银监局2017年5月、10月的现场检查工作。

【信息化建设】公司形成了信息科技管理的框架性管理制度，制定了《网络与信息安全应急预案》，开展了网络及系统故障切换应急演练。2017年完成了代理电票系统的接入、实现了核心系统扣款、对外付款记账等功能，同时对除同业保本理财与贷后管理外的所有核心业务系统进行了流程优化。

【企业文化建设】公司积极参加集团第二党支部组织的“两学一做”学习教育活动，认真学习习近平总书记系列重要讲话精神和党的十九大报告，严肃作风建设。努力建设“阳光、健康、活力”企业文化，为已入职员工创造多种渠道、多种形式的定期、轮流培训。实施“司务公开”、设立“意见箱”，广纳群众意见和建议，制定并实施员工生日福利制度，自主开展长跑活动，提高团队协作，有效增强员工凝聚力。

新奥财务有限责任公司

【集团概况】新奥财务有限责任公司（以下简称“公司”）的母公司新奥能源控股有限公司（以下简称“集团”）是中国最大的清洁能源分销商之一，主要业务为在中国投资、建设、经营及管理燃气管道基础设施、车船用加气站及泛能站，销售与分销管道燃气、液化天然气及其他多品类能源，开展能源贸易业务以及提供其他与能源供应相关的服务。截至2017年12月31日，集团在中国拥有172个城市燃气项目，遍布17个省、自治区、直辖市，覆盖可接驳人口超过8469万。同时，集团在全国25个省市的重点区域全面推进综合能源业务，推动城市用能全面升级，引领现代能源体系建设。

【经营概况】2017年，公司立足金融本源，严抓风险管控，做大做强服务。全年实现营业收入2.72亿元；净利润1.52亿元，人均净利润298万元；公司资产总额达到107亿元。2017年初，公司增加注册资本至20亿元；截至2017年末，共有506家成员企业在财务公司开立账户 512 个，新增开账户数 84 户。

【信贷业务】2017 年，公司充分调动各种资源力量，稳步推进传统信贷业务。在强化内部合规管理的基础上，坚持开拓创新，丰富金融产品。截至 2017 年末，客户存款 72.53 亿元，全口径资金归集率为 59.73%，可归集口径资金归集率为 77.98%；信贷余额 64.04 亿元，较 2016 年增长 22.7%；自营贷款 52.73 亿元，较 2016 年增长 18.1%。

【产品销售信贷业务】2017 年，公司依托买方信贷这一载体，联合成员企业客户，加大对下游客户走访调研的广度和深度，买方信贷业务实现了跨越式发展，全年累计实现买方信贷余额 1.8 亿元。

【资金业务】2017 年，公司共完成境内结算 21.2 万笔，较 2016 年增长 26.3%，结算金额 2577.93 亿元，较 2016 年增长 18.4%。全年完成境外结算 450 笔，结算金额折合美元为 34.72 亿美元，并保持了全年资金风险事故零发生。公司通过主动摸排成员企业资金支付规律和需求，精准预测资金收支，合理降低了备付率，平均备付金率较上一年度降低了 1% 左右，日均盘活沉淀资金约 1.3 亿元。

【投资业务】2017 年，公司积极开展有价证券投资业务，尝试了债券、货币基金、委外投资和回购型资产等多种类投资产品。2017 年初，公司取得债券乙类资格，全年主要债券业务交易类型为债券回购和现券买卖；同时在当年 6 月开始建立债券自营盘，自有资金规模 5000 万元，杠杆系数约 1.5 倍，年化收益率约为 5.75%。同时，公司加大对同业市场的开拓，完成外部金融客户授信 30 家，取得 9 家金融客户的同业授信，授信总额为 30 亿元。

【票据业务】2017 年，公司大力推进票据业务，票据融资规模再创新高。其中，开立电票 470 笔，累计金额 19.02 亿元，较 2016 年增长 40.3%；票据贴现发放累计 900 笔，累计发生额 22.09 亿元，较 2016 年增长 44.5%；再贴现日均余额 4.66 亿元，累计发放 16.24 亿元，较 2016 年增长 25.3%；转贴现全年累计发生 1.68 亿元，均为转贴现转入电子商业汇票，加权平均利率为 5.58%。

2017 年 4 月，公司正式加入上海票交所系统并上线运行。截至年底共有 176 笔、金额 7664 万元的纸票贴现进行了登记托管。同时，公司与建设银行合作开办票据池业务，并成功在萧山管道、能源贸易等成员企业实施。

【外汇业务】2017 年，公司积极探索实践跨境资金运作便利化，持续推动外币资金池覆盖范围的扩大。年内，新增入池企业 9 家，入池企业达到 26 家，其中境内企业 23 家，境外企业 3 家；境内资金归集 5 笔，金额合计 1340.3 万美元，余额 1245.89 万美元。全部业务均按时完成外汇资金池线上对外金融资产负债表及线下资金池运行情况表的报送，以及资金池主账户收款申报工作。

【风险管理和内部控制】公司坚持风险常态化管理，从四方面入手提升公司风控合规管理工作，一是优化完善规章制度，筑牢依法依规依章经营的制度基础和机制保障；二是通过发现问题并有效落实整改；三是从审计视角审视风险管理薄弱环节；四是加强合规文化建设。

【人力资源管理】2017 年，公司围绕发展战略，构建了“价值共建、价值共享、风险共担”的薪酬激励机制。高度重视员工发展和人才培养，2017 年与新奥大学合作，开展了后备人才队伍培养计划；鼓励员工参加内外部培训及外部各类专业资格认证，2017 年共考取注册税务师 1 人、国际财资管理师 5 人、中级会计师 1 人、中级经济师 4 人、银行从业中级认证 5 人。

【信息化建设】2017年，公司启动了新核心系统建设工作，选定交通银行作为公司新核心系统开发商，截至年底，新核心系统已实现测试环境部署，初步具备上线条件。2017年，公司牵头开展了资金监控系统搭建工作，经过需求调研及供应商选型、平台接入银行的测试等，在8月份完成了资金管理平台一期功能上线及新增银行专线接入及网络调试。

【企业文化建设】2017年6月，公司委托新绎健康开展了两期体态修复课程。2017年8月，公司组织开展了“一把手”授课、员工自学、手写学习心得、部门成果展示等一系列主题活动，在公司内部掀起了全员学习新文化的小高潮。通过有步骤有计划地推广、实施、实践新文化，确保了新文化传承落实到每一位事业伙伴的思想上、行动中。

新凤祥财务有限公司

【集团概况】新凤祥财务有限公司（以下简称“公司”）最大控股股东为新凤祥控股集团有限责任公司（以下简称“集团”）。集团是一个跨行业、多元化的大型企业集团，旗下拥有凤祥食品和祥光有色金属两大主导产业，正在形成新凤祥金融产业。

【经营情况】2017年，公司秉承“依法合规、审慎经营”的理念，坚持“依托集团、服务集团”，充分发挥“资金归集平台、资金结算平台、金融服务平台、融资运营平台和资金监控平台”的作用，顺利完成了年初制定的各项经营目标。截至2017年末，公司资产总额52.56亿元，比上年增长34.42%，其中各项贷款43.80亿元，比年初增长47.67%；负债总额31.94亿元，其中各项存款28.99亿元；所有者权益20.62亿元。2017年公司共实现营业收入9929.55万元，利润总额4716.52万元，净利润3537.39万元。2017年末，全口径资金归集率为35.09%，比年初增加1.68个百分点。2017年，经公司股东会审议并报山东银监局批准，公司于8月份顺利完成了12亿元的增资工作。

【信贷业务】一是信贷规模稳步增长。根据祥光生态有色金属产业环保升级和凤祥食品产业消费升级的实际需求，公司在保持贷款适度增加的同时，努力保持信贷增长幅度与自身资本水平相适应，年末各项贷款余额43.46亿元，比上年增加13.91亿元，信贷总量和增速均保持在合理水平。二是加大涉农、支农服务力度。公司通过优化信贷产品结构和投向，多举措强化对涉农企业的金融支持，助力农业供给侧结构性改革，提高“三农”服务质效。通过强化涉农业务监督考评，先后支持凤祥股份6万吨可追溯食品深加工建设、兴文天养极食乌骨鸡项目和莘安耶果生态农业项目的生产运营，涉农信贷投放持续增长。截至2017年末，涉农贷款37.81亿元，占信贷总量的87%。全年为涉农企业办理电子商业票据承兑

18.60亿元，占公司承兑总量的82%。

【业务拓展】公司增强金融服务手段，推动基础业务升级。2017年相继申报并获批了同业拆借、承销成员单位的企业债券、有价证券投资（固定收益类）、成员单位产品的消费信贷、买方信贷及融资租赁业务资格，取得银行间外汇市场会员资格，实现了即期结售汇业务的顺利落地。2017年，累计为集团成员单位办理售汇金额2550万美元，结汇金额1000万美元，降低汇兑成本55万元人民币；全年办理同业拆出12.10亿元，固定收益理财投资5.21亿元。围绕凤祥食品产业在消费升级的大环境下拓展国内销售市场，积极探索买方信贷业务模式，并在合格经销商内部进行产品推介，力求为凤祥食品在市场拓展和产品升级中提供有力的资金支持。

【资金流动性管理】公司授权对集团授信融资、资金头寸实行统融统管，运行两年来管理模式趋于成熟，较好地发挥了“头寸管理”的作用，提高了调剂内部资金余缺的能力。构建了“核心产业—企业集团—财务公司”多级化、双通道的资金计划和头寸管理体系，授信融资审批、信贷产品落地更加规范，资金综合头寸布局更加合理，实现了授信资源利用能力、融资成本议价能力、代理金融服务能力的全方位提升，资金归集水平逐步提升，2017年末全口径资金集中度为35.07%，可归集口径资金集中度为93.51%。

【结算服务电子化】全面加强公司账户管理工作，截至2017年底，成员单位在财务公司账户数量共计36个。电子票据业务实现快速增长，公司办理成员单位新增票据实现了出票、承兑、贴现、转贴现、再贴现业务电票对纸票的替代率达到100%。2017年已有16家成员单位在财务公司开通网银电票功能，公司电票系统上线一年来累计出票129笔，共计40.10亿元。通过公司核心系统和集团资金管理系统对接，实现各成员单位的自动付款、自动账务处理、自动对账等，提升了公司对成员单位的结算服务水平。

【风险管理和内部控制】一是持续开展各类专项治理整顿。按照监管部门要求，扎实开展“三违反”、“三套利”、“四不当”、“十乱象”、合规制度建设年、风险防控工作落实情况、安全稳定隐患排查等专项治理整顿，严密组织自查和整改，确保问题归零。二是坚持“以查促改”“立现立改”。针对各类内外部检查中发现的问题，逐一制定整改计划并严格按照计划进行整改，同时举一反三，进一步贯彻“审慎经营、依法合规”意识，全年新增业务制度13项，完成制度手册修订53项次。三是进一步加强对操作风险的管理，提高精细化管理水平，加强内部审计检查，规范风险管理，实行审贷分离。严格监控风险控制指标，各类金融风险指标均控制在监管指标范围之内，年末资本充足率为40.58%，流动性比例为112.61%，贷款损失准备充足率为100%，无不良资产。

【信息化建设】完成新建IDC机房，实现高标准软硬件配置。为降低信息科技外包业务风险，提高整体信息科技管理水平和运维效率，公司在新办公区投资473万元新建了标准IDC机房，结合新机房的建设将陆续完成业务连续性加固、三级安全等保、数据库安全审计加固、全面推进正版化等工作。2017年先后启动了核心系统营改增会计及科目设置、EAST全科目数据采集、有价证券投资（固定收益类）、反洗钱模块、即期结售汇、线上同业拆借、上海票交所业务切换、监管报表及业务报表取值优化等一系列核心系统建设和优化提升。公司成立三年来，累计信息科技投资额达到2105万元。

【党建工作】首先，建立了一支坚强有力的党员队伍。公司设有2个党支部，参与支部活动的党员共有24名，占员工总数的32%，其中，组织关系在本机构的党员21名，中层及以上管理人员的党员数量占党员总人数的52%。其次，严格落实党风廉政建设主体责任。按照集团党委的统一部署，集团与公司党支部书记、党员签订了《落实党建主体责任和党风廉政建设主体责任书》，层层落实责任主体，做好基层党建和党风廉政体系建设。党支部组织全体员工参加“依法治企、廉政合规”和预防职务犯罪系列培训，在集团相应考核评比中均取得优异成绩，进一步强化了党风廉政建设的良好氛围。

新华联控股集团财务有限责任公司

【集团概况】新华联集团（以下简称“集团”）创立于1990年10月，是一家涵盖文旅、矿业、石油、化工、投资、金融、陶瓷、酒业等多个产业的大型现代企业集团，拥有全资、控股、参股企业100余家，其中包括10家控股、参股上市公司，拥有“新华联文旅”“东岳制冷剂”“金六福酒”“华联陶瓷”“香格里拉·藏秘”“红官窑”等14个中国驰名商标。

【经营概况】2017年是新华联控股集团财务有限责任公司（以下简称“公司”）成立之后经历的第一个完整年度。公司业务基础逐步夯实，风险管理不断深化，金融服务能力显著提升，票据业务顺利开展，较好地发挥了公司在集团内的资金集中管理作用。截至2017年底，公司资产规模51.47亿元，资金归集40.65亿元，全年实现净利润5464万元，实现收入1.19亿元。

【信贷业务】根据集团战略发展目标，公司将信贷资源投向集团重点支持板块，采用以短期贷款和票据融资为主、中间业务为辅的服务模式，合理配置信贷资源，有效应对资金流动性风险，积极拓展信贷业务品种，先后开展了票据融资、保理、融资性担保等新业务，多渠道、多模式地解决了成员单位资金需求。2017年，公司对成员单位的信贷投放余额由2016年末的10亿元增加至2017年末的19.78亿元，全年累计贷款投放35.57亿元。

【资金业务】公司积极研究市场价格规律，总结把握集团整体资金运转特点，采取有针对性的期限配置策略，在保证成员单位日常付款的前提下，通过存放同业定期类业务提高资金收益。2017年公司共办理同业定期类业务128笔，累计金额163.65亿元，取得同业定期利息收入1556万元，未发生同业定期提前支取事项。公司与北京银行、建设银行、兴业银行等加深同业交流，合理借助在各家银行的同业授信，为成员单位提供新的融资渠道，降低企业财务成本。

【票据业务】公司深耕企业需求，高度重视票据业务拓展。2017年4月，公司电票业务直联准入获得人民银行批复，2017年10月，公司顺利完成电子商业汇票系统接入工作，并陆续开展了对成员单位的票据业务。在确保风险把控的前提下，公司以较低成本为成员单位提供短期融资支持，2017 年累计为成员企业开立承兑汇票 7.97 亿元，办理票据贴现 3.47 亿元。

【资金集中】2017 年，公司全口径资金集中度为 33.91%，可归集资金集中度为 81.66%，共为 90 家成员企业开立结算账户，吸收存款余额为 406463.92 万元。为了提高资金集中度，公司一方面积极推动开通新的资金归集渠道，已开通 9 家直联银行；另一方面，向成员单位提供账户管理、资金归集、资金下拨、对外支付等优质金融服务，以良好金融体验带动资金归集。

【业务创新】公司合理配置信贷资源，有效应对资金流动性风险，积极拓展信贷业务品种，先后开展了票据融资、再贴现、保理及财务顾问等新业务，满足成员企业资金需求，其中，票据类业务实现了重大突破，从直贴、保贴到再贴，公司在 2017 年成功打通了票据业务流程，形成了票据业务的产品体系。

【风险管理和内部控制】公司遵循“适中”的风险偏好，把握“稳健、审慎”原则，不断健全内控机制、优化政策流程、丰富技术工具、提升专业能力。一是全面推进制度重检，优化制度框架，完善制度缺陷，发挥政策导向和专业指导作用。二是建立流动性指标监测和预警报告机制，实行日监测、周计划、季分析，合理调配资金头寸，加快流动性管理系统开发测试，初步完成生产环境部署。三是梳理核心系统功能，设定流程风控环节，调整岗位权限，修订业务及管理工作流程，形成相互制约、相互监督的工作机制。四是增设人民币存贷款利率定价管理委员会，负责利率定价的专业评审，完善市场风险专业管理架构。五是结合监管机构“三三四十”专项治理要点，开展重点领域风险摸排，通过抓落实、求实效，夯实基础管理，强化合规管理执行力。

【人力资源管理】公司高度重视人才队伍培养和建设，把人才引进、人才培养和挖掘内部员工自我潜能相结合，建设人才梯队，提升人力资本在公司发展过程中的价值，通过打造价值创造型团队，助力公司发展战略的实施。公司定期组织主题培训，不断提升员工专业能力；公司努力打造事业平台，形成公平合理、有效激励的体制机制，让员工“想干事，能干事，干成事”，将人才作为推动公司长远发展的动力。

【信息化建设】2017 年，公司信息化建设以“科技引领”为契机，以全面提升系统服务水平为目标，不断强化网络安全建设，助推公司各项业务落地。一是狠抓资金系统建设，全面推进信息化应用。二是成功接入人民银行上线票据交易系统，借助系统开展票据业务，打通票据业务流程，形成了票据业务的产品体系。三是建设容灾备份系统，强化信息安全管理。四是搭建 VPN 网络，在保证安全的同时，提升成员企业 VPN 网络接入及系统使用的操作体验。

【企业文化建设】公司加大员工关怀力度，员工生病、生育、生日，公司及时送去问候和慰问品；以月为单位，公司精心为员工选购福利物资，并提供洗衣、游泳、健身、观影、午餐、咖啡、图书阅览七项免费福利；积极为员工办理工作居住证，提高员工稳定性；组织员工参加各项文体活动、团队建设，丰富员工业余生活。

新希望财务有限公司

X

【集团概况】新希望集团有限公司（以下简称“集团”）是一家以农牧业为主、适度多元化发展的大型农牧业民营集团企业，集团拥有800余家法人实体，8万余名员工。业务主要划分为四大板块：农牧与食品、化工与资源、地产与基础设施、金融与投资。截至2017年12月底，集团总资产达到1174亿元，年销售收入达730亿元，已连续多年位于中国企业500强前列。

【经营概况】截至2017年12月31日，新希望财务有限公司（以下简称“公司”）资产总额91.56亿元，较年初增加16.18亿元，增长21.46%。实现营业收入1.48亿元，净利润0.8亿元，收入同比增长50.48%，净利润同比增长532.21%（剔除贷款拨备影响增长52.66%），净资产收益率为6.28%（剔除贷款拨备影响为7.55%）。

【信贷业务】2017年，公司对69家成员单位开展融资授信，较2016年增加45家；年末对成员单位授信总额85.55亿元，同比增长7.61%，成员单位实际用信总额44.48亿元，同比增长31.56%。2017年，为成员单位办理信贷业务433笔，交易金额54.07亿元，业务量同比增加300笔，增长243.9%。

【资金业务】2017年，公司一方面拓展同业合作渠道，另一方面不断提升集团本部和公司融资能力。同业授信额度明显提高，存放同业、同业拆借、票据转贴现、法人透支业务渠道多元化，国债逆回购业务实现破冰。2017年向人民银行办理再贴现发生额8.194亿元，较2016年增加5.854亿元；2017年集团本部在银行间市场发行债券5期，总额80亿元，平均债券发行价格均低于同期同级别民营企业发行价格。全年为集团节约成本1040.5万元。

【票据业务】2017年，公司在全集团范围内，特别是在农牧板块内加大推广电子商业汇票的使用力度。2017年，公司办理成员单位票据贴现业务401笔，交易金额13.59亿元，交易额较2016年增幅达435%；年末票据贴现余额为11.49亿元，较2016年增长703.5%。票据业务的拓展，进一步调整优化了公司信贷结构，单一信贷产品风险集中的局面得到一定缓释。

【外汇业务】经中国人民银行成都分行批准，公司作为新希望集团跨境双向人民币资金池业务的主办企业，负责跨境双向人民币资金池业务的资金流入和流出的管理。公司制定了《跨境双向人民币资金池业务管理办法（试行）》草案，并积极走访同业财务公司，学习跨境业务的具体操作流程。此外，配合三家合作结算银行顺利完成2017年跨境资金池年审工作。

【资金集中】着力提升资金集中管理能力。公司牵头召开各事业部资金安全管理工作联席会议以及集团资金管理工作联席会议，进一步强化全集团资金安全管理、战略合作银行拓展、授信融资能力提升、资金流动性管理及海外资金管理；首次建立付款退票考核通报机制和探索设立资金集中度、账户集中比例等绩效考核指标；全力配合推进集团资金管理系统的立项招标工作；公司及时完善更新了账户管理和结算管理制度，提出管理与服务并重的经营思路，确定了把资金管理工作纳入公司日常工作。通过以上措施，2017 年资金集中度和账户集中比例均提升至60%以上。

【风险管理和内部控制】2017 年，公司进一步理顺了风控职责，增强了风控与稽核在防控风险上的工作联动性，通过制度和流程将风控工作贯穿于全部业务和业务全过程，确保了公司未发生任何实质损失风险事件。适应强监管的金融大环境，全力推进银监“三三四”等专项风险自查、银监立项现场检查、银监评级核查以及重点风险防控，查找自身治理短板、制度短板和业务短板，及时弥补缺陷。通过实施“三道风险”防控网络，公司有效预防重大违法违规事件、重大风险事件及重大安全事件发生。

【人力资源管理】2017 年，公司按照搭建专业化、年轻化、同心同向同行的员工队伍目标，全力推进落实。2017 年招聘金融行业从业经历员工 6 名，具备证券行业从业资格员工 2 名，全年培训员工67 场次，新入职员 12 人，年末员工平均年龄 33 岁，本科（含）以上学历占比为 92.3%。公司领导班子重新分工，部门负责人重新明确，员工精气神得以重塑提升。员工稳定率由上半年的 73% 提升至年末的 95%。

【信息化建设】2017 年，公司重新规划 IT 整体建设方案，按照整体布局，分项实施原则，全力推进。顺利完成过保硬件更换、电票系统全国联网运行、EBS 成功上线运行、人民银行金融数据标准化改造等总计 17 项信息化项目实施。老机房改造、IDC 新机房建设、买方信贷、有价证券和统一监管报送平台等项目处于紧锣密鼓的推动过程中。

【企业文化建设】2017 年，公司组织员工开展工作建议分享会 37 次，根据员工的合理化意见建议，对工作流程、制度建设、后勤保障等方面进行整改，为员工营造良好的办公氛围，全力提高工作效率。同时，加强培训力度，全年外派及转培训 25 次，新员工入职培训 5 次。公司按月组织活动，通过一系列积极向上的集体活动，增强员工凝聚力与组织活力。

徐工集团财务有限公司

【集团概况】2017 年，徐工集团工程机械股份有限公司（以下简称“集团”）牢牢牵住供给侧改革和转型升级的主线，以技术创新和国际化两大战略快速适应市场变化，主要指标实现大幅提升，实现营业收入951亿元，同比增长23.4%；实现利润总额8.2亿元，同比增长3.5倍；品牌出口额10.52亿美元，同比增长87.3%；主要指标连续29年稳居全国工程机械行业第一，位列全球工程机械制造商第7位。

【经营概况】截至2017年末，徐工集团财务有限公司（以下简称“公司”）资产总额94.90亿元，增幅为26.19%；负债总额70.35亿元，增幅为13.36%；所有者权益24.55亿元，增幅为86.73%。2017年，累计实现净利润1.40亿元，增幅为2.84%。全年累计为集团创造效益4.11亿元，其中节约成本费用2.47亿元，直接贡献收益1.64亿元。

【信贷业务】2017年，公司累计为成员单位办理各类信贷业务114.46亿元，其中，自营贷款46.60亿元，委托贷款13.51亿元，商业汇票贴现31.47亿元，商业汇票承兑8.94亿元，代开银承13.01亿元，保函0.93亿元，通过规模化开展电票业务、扩大业务合作范围、提高信贷投放精准性等方式有效促进了集团传统优势板块及战略新兴板块的全面发展，为集团工程机械主业2017年度的全面复苏提供了重要的金融助力。

【产品销售信贷业务】2017年，公司获得从事延伸产业链金融服务试点业务资质，成为省内首家开展全产业链金融服务的财务公司，不断加强适应性金融产品开发设计：以“商付通”打通全链条融资；通过财务公司间票据互认、转贴现业务，带动集团间业务深入合作；推行“集束式”金融服务，促进PPP项目发展；开展融资租赁业务，助力集团主业快速反弹。截至2017年末，产业链业务累计投放资金达72.28亿元，累计办理业务1405笔，其中2017年业务发生额为40.02亿元，办理业务811笔，同比增长幅度分别为86.51%和93.1%。

【资金业务】一是显著扩大了再贴现规模。2017年，公司累计办理再贴现18.71亿元，并首次实现电子银行承兑汇票和电子商业承兑汇票再贴现。二是充分利用同业拆借渠道。2017年，公司累计同业拆借23.6亿元，有效平滑流动性风险。三是优化同业存放。对于临时沉淀资金，合理布局存放同业定期、约期等各类方式获得最优收益，最高利率达6.2%，并积极与银行谈判，将活期利率提高至2.55%，实现资金收益最大化。

【票据业务】2017年，公司在充分利用招商银行电票同业代理功能的基础上，与建设银行合作开通了电票同业代理业务，实现了电票业务的双渠道推广，全年为成员单位累计办理各类电票业务25.08亿元，对成员单位的采购付款及低成本融资提供了高质量的金融渠道；同时公司积极拓展同业合作，全年为成员单位累计办理代开银承13.01亿元，有效利用公司的金融同业授信资源解决了集团主业票据付款需求，为集团主业的高速稳健发展提供了资源保障。

【外汇业务】2017年，公司根据集团境内外成员单位需求不断加强新业务开发与业务领域拓展力度，年内相继获批全国银行间外币拆借会员资格及全国首批企业集团财务公司海关税收担保试点资格。全年累计为成员单位办理AEO认证保函、履约保函、AEO高级认证保函、即期结售汇等外汇业务3200万美元。外币池主账户累计结算量突破2.01亿美元，境内归集外币1.65亿美元。累计为成员单位办理即期结售汇1800万美元，节省成员单位购汇成本，增加结汇收入，实现集团内部风险对冲。

【资金集中】2017年，公司定期通报资金归集工作。一是安排专人每日关注成员单位监管账户，及时提醒归集；二是把好成员单位在外部银行开立账户关，从源头做好资金监控；

三是加快业务创新，通过代开银行承兑汇票、票据池等推动公司商票承兑规模，提高保证金等各类资金在公司的留存比例；四是提高徐工商票再贴现规模和信誉度，减少开票保证金比例，激发成员单位在财务公司开立商票的积极性，以实现对资金的有效归集；五是加强外币资金归集管理，实现了多币种的资金集中。截至 2017 年末，公司全口径资金集中度达到 70.91%，可归集口径达到 92.87%。

【业务创新】一是首推“金桥融”业务，即在主机厂发车后至金融机构发放按揭日之间的期限内，公司为客户发放的短期按揭资金，主机厂实现货款的及时回笼。二是开展多元化担保创新，开立海关高级认证保函 1105 万元，为徐工保税、徐工进出口通过国际高级认证评审提供关键金融支持。三是为徐工进出口公司科威特销售项目开立履约保函 1637 万元，助力集团海外市场拓展及销售。

【风险管理和内部控制】2017 年，公司定位“风险管理年”，将风险管理和内部控制作为公司核心竞争力来抓，一是制定发布了《关于开展全面风险管理工作的通知》和《全面风险管理体系框架》，加强全面风险管理体系建设。二是加强成员单位融资管控，制定符合助推主业发展的特色风险管控政策。三是推进制度建设，优化业务流程，规范操作行为，强化风险监测，推动信贷业务健康发展。四是开展风险合规和廉洁从业培训，有效防范操作风险和道德风险。

【信息化建设】一是完善核心业务系统，2017 年，公司对国内多家财务公司进行调研，明确了“小核心、大应用、标准化”的升级模式，积极推动核心业务系统优化提升项目；二是优化两网分离方案，不断完善办公网与生产网，构筑信息安全有效屏障；三是加强系统运维保障和外包服务监督，确保信息系统平稳运行；四是定期开展信息安全检查，加强保密教育，防范各类信息安全风险。

【党建工作】2017 年，习近平总书记亲临集团视察调研。公司将深入学习习近平总书记重要指示作为公司认真贯彻落实党的十九大精神科学指南，深入落实集团发展战略的行动纲领。学习方面，要求党员同志与骨干员工带头学、全员范围广泛学。宣传方面充分利用内外部平台，把总书记的嘱托传达给身边每个人。落实方面，围绕十九大“增强金融服务实体经济”的要求，结合集团战略，制定了发展行动纲要。

兖矿集团财务有限公司

【集团概况】兖矿集团有限公司（以下简称“集团”）为山东省属国有独资公司，其控股子公司兖州煤业股份有限公司为香港、纽约、上海、澳大利亚四地上市公司。2017 年，集团公司实现营业收入 1950 亿元，利润总额 45.62 亿元，创出五年来最佳水平。2017 年末资产总额 2750 亿元。

2017 年，兖矿集团财务有限公司（以下简称“公司”）股东兖州煤业股份有限公司收购兖矿集团有限公司持有财务公司 65% 股权。收购完成后，公司股权比例调整为兖矿集团有限公司持股 5%，兖州煤业股份有限公司持股 90%，中诚信托有限责任公司持股 5%。

【经营概况】2017 年，公司实现营业收入 3.05 亿元，利润总额 2 亿元。2017 年末公司资本充足率为 22.65%，流动性比例为 52.81%，不良资产率、不良贷款率为零，各项指标符合监管要求。截至 2017 年末，资产总额 126.72 亿元，较年初增加 37.98 亿元，增幅为 42.77%；负债 109.42 亿元，较年初增加 36.47 亿元，增幅为 50%。其中，存放同业款项余额 66.57 亿元、各项贷款 55.47 亿元、各项存款余额 109.18 亿元，较年初分别增加 34.49 亿元、3.28 亿元、34.46 亿元，整体保持增长态势，有力支持集团实体经济新旧动能转换。

【信贷业务】2017 年，公司累计投放信贷资金 59.26 亿元，发放委托贷款 6.83 亿元，办理融资性保函 1.45 亿元，盘活集团资金，降低成员单位融资成本。提供优惠利率，利率下浮 10% ~20%，节约利息费用 0.4 亿元，进一步让利成员单位。

【金融服务】公司全年办理结算业务 9.32 万笔，结算金额 4253.75 亿元，结算金额同比增长 25.19%，有力提升对成员单位资金的监督管理效力。发挥金融牌照优势，协助成员单位办理贴现、保贴业务融资 22.80 亿元。获批加入上海银行间同业拆借市场，同业拆借最高限额 10 亿元。

【资金业务】公司在足额缴纳存款准备金、留足备付头寸的情况下，精细化调度资金，实现同业定期存款利息收入 0.52 亿元。

【票据业务】公司办理电票 10.73 亿元，同比增加 17.91%。开展电票贴现 1.7 亿元，为成员单位节约财务费用 51 万元。

【资金集中】公司圆满完成上市公司控股财务公司工作，突破关联交易限制，集中资金规模首次突破百亿元。截至 2017 年 12 月末，全口径资金集中度为 24.38%，可归集口径资金集中度为 55.76%。日均存款余额 71.04 亿元。

【风险管理和内部控制】公司召集股东会及临时股东会 4 次，董事会 6 次，完成公司股权收购、公司章程变更等关乎公司长远发展的重要议案共计 22 项。选举产生了公司新一届董事会董事和监事会监事，组成了第三届董事会和第三届监事会。进行第三次制度全面修订工作，对相关业务制度进行增删。配合监管部门成功召开 2016 年度审慎监管会议，认真落实“三三四十”专项监管工作要求，自觉接受现场和非现场监管，主动报告重大事项，确保各项工作依法合规开展。

【信息化建设】公司开发资金管理信息系统与 ERP 系统、共享中心连接的数据接口，为实现集团公司金融财务信息协同共享打下基础。

【党建工作和企业文化建设】公司党支部每月按时开展政治理论学习，宣传贯彻十九大会议精神，利用业余时间组织主题党日活动，开展“两学一做”和民主评议活动。落实员工带薪休假、健康查体等工作。组织丰富多彩的体育文化活动，营造积极向上的和谐工作氛围。

阳泉煤业集团财务有限责任公司

【集团概况】阳泉煤业（集团）有限责任公司（以下简称“集团”）是在阳泉矿务局基础上组建的国有大型煤炭企业集团，成立于1950年1月，1997年12月改制为国有独资公司。集团经过多次股份变更，现注册资本为75.80亿元。集团是我国最大的无烟煤生产企业和冶金喷吹煤生产基地、无烟煤出口基地，是国家首批确认的特大型企业和全国500家最大工业企业之一，是国家规划的13个大型煤炭基地——晋东煤炭基地的重要组成部分，也是国家首批19个煤炭规划矿区之一，被山西省政府列入三大经济方阵中第一方阵骨干企业。是一个以煤炭开采和洗选为主业，煤化工、煤电铝为“两翼”，建筑地产、装备制造、金融、现代服务业“一主两翼七大板块”协同发展的国有特大型企业集团，位列中国煤炭企业50强第8位、中国企业500强第99位和世界500强企业第445位。

【经营概况】2017年，阳泉煤业集团财务有限责任公司（以下简称“公司”）围绕集团战略目标，坚持“三位一体”战略，坚持巩固一块、发展一块、创新一块的工作理念，服务集团深化供给侧改革和实体产业的转型升级，构造实体产业与金融产业的良性循环，助力集团实现高质量发展。全年共实现营业收入5.21亿元，利润总额3.98亿元，资产规模120.06亿元，全年结算量15.84万笔，净资产收益率为14.84%，资本充足率为19.57%，无不良贷款，各项指标符合监管要求。

【信贷业务】公司在“立足集团、服务集团”的经营理念下，把服务实体经济作为出发点和落脚点，优化资产结构，降低流通成本，提高资金使用效率，实现了信贷资金向重点领域、关键行业、薄弱环节配置的基本目标。2017年共计投放信贷资金297.85亿元（含委托贷款），其中，向煤炭产业投放179亿元，向化工产业投放80亿元，向建筑产业投放13.3亿元，向铝电产业投放3.9亿元，向制造产业投放1.3亿元，向其他产业投放20亿元。在保证公司正常经营的前提下，为集团按照贷款基准利率4.35%提供日均33亿元的资金规模，节约了利息支出2485万元，充分保证了集团资金的正常周转。

【投资业务】一是利用市场利率，提高同业定期收益。2017年共办理同业定期69笔，金额合计158.9亿元，收益率为3.86%；与各商业银行进行商谈，已有5家金融机构较上年提高了同业活期利率，最高活期利率达到2.5%，极大地提高了同业收益水平。二是充分利用有效的资金，合理安排投向和期限，办理投资业务31笔，日均投资9.8亿元，累计投资金额50.15亿元，完成投资收益0.5亿元。合理安排长短期资金投向，一年期投资收益水平为5.3%～7%，T+0或T+1期限投资收益率在2.4%～4.5%之间，在保证了收益的同时，兼顾流动性和安全性。

【票据业务】一是充分发挥公司中介作用，为集团代签信用证5亿元，盘活1.5亿元保证金，通过再贴现业务，为成员单位减少利息支出0.04亿元。二是与4家银行完成了票据池业务协议的签订，先后协调三十余家单位完成票据池的加入工作，票据池中保管的票据量达到集团应收票据量的50%，初步实现了票据集中的目的。三是完成了中国人民银行的电票验收和人员培训、设备调试、系统试运行的工作。

【资金集中】一是继续强化账户管理，通过集中管理开户许可证，管控成员单位账户开立。先后跟踪督促成员单位撤销银行无效账户总计75个，新增绑定账户95个，归集率较2016年同期有所增长。二是以资金效率为管理核心，建立月计划、周平衡、日监控的流动性管理体系。以集团月度资金预算为基础，每周平衡融资、投资、结算资金，结算、风险每日监控，保证了全年集团各项融资有效对接，满足了不同成员单位的支付结算需求，公司全年未出现一起流动性风险，资金集中稳步提高，账户管控力度加强。

【风险管理和内部控制】一是按照中央经济工作会议精神及银监会2017年重点工作部署，稳步有序开展“三违反”“三套利”“四不当”治理工作，防范和化解系统性风险，提高金融服务实体经济的能力和水平。二是建立立体化、标准化、信息化的内部控制体系，通过设立业务流程“三道防线”，形成纠错防弊的机制性保障，有效控制风险；通过制度评价机制，对内控制度进行废、改、立，实行制度管人和流程管事，坚持合规稳健经营；通过信息系统的升级改造，以信息化手段升级服务和业务，提高服务质量和业务效率。三是对流动性和安全性指标进行实时跟踪监测，及时预警风险，实时把控风险。

【信息化建设】公司加大了对预算系统的投入，完成了应用服务器的更换升级，提高了预算系统的反应速度，按照“付什么、付多少、付给谁”的预算管理要求，对预算管理系统进行升级，打造了预算明细控制平台，提升了预算管理精细化水平。

【党建工作】一是以“三会一课”为抓手，全面提升党员和领导干部的政治理论水平，以“两学一做”和学习贯彻习近平总书记系列重要讲话为契机，将学习教育常态化制度化，全年支部共组织12次集中学习交流。二是制定“不忘初心、牢记使命”喜迎党的十九大系列活动方案。组织前往狮垴山、七亘、南庄等红色革命教育基地，重读党的历史、重温入党誓词，深刻感受到革命的艰辛、胜利的不易。支部以党小组为单位举办了十九大报告知识竞赛，掀起了支部学习十九大报告的热潮，进一步提升党员思想认识与政治素养，增强党员干部“四个意识”，坚定“四个自信”，强化党员立足岗位、踏实工作、敢于担当的模范带头作用。

一汽财务有限公司

【集团概况】中国第一汽车集团有限公司（以下简称“集团”）企业性质为有限责任公司（国有独资），所属行业为汽车制造业，股东国务院国有资产监督管理委员会持股比例为100%。2017年，集团打响全面改革攻坚战，构建了“运营加管控”新的集团管理体制，明确总部直接运营红旗，各事业板块责权利对等、产供销一条龙。2017年，集团实现销售整车335万辆，主营收入4654亿元，利润420.5亿元。

【经营概况】2017年，一汽财务有限公司（以下简称“公司”）整体经营情况良好，年末资产总额达838.08亿元，同比增长19%，各项存款规模755.22亿元，同比增长20%，全年累计实现利润总额13.45亿元，同比增长28%。2017年，公司以“合规经营”为前提，积极推进集团资金、票据双集中管理，打造结算、集团成员单位信贷、票据、商用车消费信贷等拳头产品，做实全面风险管理，重点推进信息系统建设，提升综合化金融服务能力，为集团提供有力的服务和支持。

【信贷业务】2017年，公司设计完成一汽解放销售公司买方付息贴现业务模式，形成解放销售公司、经销商、财务公司三方合作、闭环的开票—贴现业务模式。在利率方面，坚持让利成员单位，在控制风险的前提下，自营贷款均采取基准及下浮的利率政策。2017年公司自营贷款累计投放201.98亿元，比2016年同期增长18.29%。

【产品销售信贷业务】公司于2016年7月恢复办理商用车汽车金融业务，2017年全年累计促销解放车辆3.5万台，实现放款80亿元。2017年公司上线商用车个人业务处理自动化项目，有效使用OCR、人脸识别等先进技术，精简人工审核环节，全面提升业务办理效率。为满足商用车经销商多渠道的融资需求，公司在2017年推出商用车经销商电票产品。

【资金业务】2017年，公司结合流动性安排、备付预测以及各类监管限额等指标进行资金安排及运作，投资资产全部为低风险资产。

【票据业务】2017年，公司积极推广电票业务，提高电票开票量及渗透率，截至2017年末，承兑余额9.85亿元，承兑渗透率4.68%，累计开具18.27亿元电票，同比增长337.24%，承兑业务量创历史新高。公司积极拓展同业合作渠道，合作商业银行拓展至15家，能够实现全国范围内保贴合作。公司继续丰富票据业务的服务维度，涵盖市场绝大部分票据金融产品，为集团成员单位提供电票承兑、电票质押贷款、票据贴现、买方付息、票据托收、票据查询等一揽子服务。

【外汇业务】2017年，公司为集团成员单位办理即期结售汇业务规模折合为5.27亿美元，为成员单位节省汇兑成本 320 万元人民币，切实地满足了成员单位外汇业务需求。

【资金集中】2017 年，公司与战略客户紧密对接，协调集团财务部、合资合作事业管理部等相关方配合落实存款集中任务，重点针对大众和丰田合资体、解放系逐户开展营销服务工作。积极配合集团公司开展集团资金集中管理项目，2017 年顺利完成集团本地全资单位的账户、票据业务集中，以及集团异地部分全资子公司账户集中。截至 2017 年末，公司资金集中度为 72.40%，同比增加 5.49 个百分点，存款金额达到755.22 亿元，首次突破700 亿元大关。

【风险管理和内部控制】2017 年，公司深入推进全面风险管理，重点完善信用风险防控，推进信贷流程优化，加速风险管控与业务处理自动化；推进不良资产处置，不良贷款持续“双降”；完善流动性压力测试，确保支付结算安全，提高资金使用效益；重构合规风险管控体系，并完善运行机制。公司加大操作风险检查力度，全年无操作风险损失事件发生。2017 年，公司建立与发展相适应的内控制度，通过内控管理的有效执行，促进公司健康发展。

【人力资源管理】2017 年，公司逐步建立并夯实市场化人才选聘机制，以市场化选聘职业经理人方式引入公司总经理，同时根据一汽集团改革政策与导向，组织公司人事改革以调整人员结构，任命两名总经理助理，结合职等职级体系配备公司后台各层经理人员及员工，拓宽职业发展通道。结合战略对人才培养要求，公司着力打造了针对中层经理人员及新进员工培训项目。借助公司采购平台实现员工福利产品线上自主选择，满足员工差异化需求。

【信息化建设】2017 年，新一代核心系统正式运营上线，公司信息化水平步入新阶段；微信银行上线投产，启动了公司对公金融服务移动化的新篇章；顺利完成上海票交所系统直联对接的工作，成为首批直联接入上海票交所的 4 家财务公司之一；创新式完成与交通银行、建设银行、工商银行、中国银行的收款自动实名清算，实现了与四大战略合作银行的收付款全面直联自动化处理。

【企业文化建设】2017 年，公司聚焦以人为本，开展了多项文化建设工作。公司开展“强化用户第一意识”主题宣传活动，作品在集团故事汇活动中作汇报演出；积极选树“五好榜样”典型，发挥文化辐射作用；搭建员工风采展示及技能提升的平台，开展员工岗位技能大赛，组织工间操大赛、“我运动、我快乐”主题活动、元宵节猜灯谜、三八妇女节文体活动及读书征文比赛，丰富员工生活，加强队伍建设。

【党建工作】2017 年，公司荣获集团“中国一汽模范集体”荣誉。在党建工作中，紧密围绕“双促进、双提升、双关心”工作方针，以深入学习十九大精神为指引，扎实推进“两学一做”学习教育常态化制度化，以强化“争当五好榜样、促提质降本增效”主题实践活动为载体，助力经营目标达成。公司“财务公司支付平台建设项目”获得集团 2017 年度“党员品牌项目”。

Y

伊利财务有限公司

【集团概况】内蒙古伊利实业集团股份有限公司（以下简称“集团”）属公众上市公司，行业分布为液态奶、酸奶、奶粉、冷饮的生产销售，是中国规模最大、产品线最全的乳制品企业，位居亚洲乳业第一、全球乳业八强。

【经营概况】伊利财务有限公司（以下简称“公司”）围绕“立足集团、服务产业链、依托信息技术、打造一流财务公司”的发展目标，将2017年度确定为基础建设年，充分发挥公司金融功能，助推集团主业发展。截至2017年末，公司资产总额153.40亿元，负债总额132.86亿元，所有者权益20.54亿元。全年实现营业收入5.32亿元，利润总额4.36亿元，净利润3.70亿元。

【信贷业务】2017年，在原有成员单位信贷业务的基础上，新落地了买方信贷业务和“一头在外”贴现业务。累计为成员单位及产业链客户授信73亿元。买方信贷业务的落地和“一头在外”贴现业务的成功备案，新增了服务上下游产业链的金融产品，进一步提升了公司服务产业链的能力，完善了公司的金融职能。

【资金业务】2017年，公司在保障整体资金安全性、流动性的前提下，借助同业市场工具，通过科学管理资金流动、降低空闲资金数量等手段，实现资金的保值增值，进一步提升整体资金综合收益率。

【票据业务】积极拓展公司电子银行承兑汇票业务，2017年累计为成员单位签发电子银行承兑汇票金额2.90亿元，在丰富了公司结算融资产品的同时为集团降低开立承兑汇票成本创造了条件，并且为方便大型供应商进行票据贴现，公司搭建了银行贴现渠道，实现了“即开即贴”三方合作共赢的新型票据业务模式。

【外汇业务】2017年，公司合计办理即期结售汇业务662笔，累计折美元金额4.32亿美元，涉及币种为美元、欧元、新西兰元。2017年6月开办代理开立国际信用证业务，合计办理5笔代理开立国际信用证业务，累计金额5757万美元。公司提供即期结售汇服务的同时，利用公司作为集团外汇资金池主办企业的身份，向成员单位提供外汇资金集中收付“一站式”服务。

【资金集中】结算服务能力是公司资金集中管理的重要基础。主要包括代理成员单位收款、对公、对私批量付款、成员单位间资金清算、办理成员单位定期存款业务等。2017年累计处理结算业务160.90万笔，比上年同期增长了31.89%。2017年全口径资金归集率最高达到63.89%，可归集口径最高达到92.26%。

【业务创新】一是获批买方信贷业务资

质，实现买方信贷业务的落地，有效服务了集团产业链下游客户的资金需求，完善了公司金融职能。二是申请并开办“一头在外”商业银行承兑汇票贴现等业务，持续提升公司金融服务能力。

【风险管理和内部控制】 一是完善风险管理制度。通过梳理制度完善公司制度体系，通过制度评审机制保障制度的合规有效性。二是丰富风险管理手段。开展结算业务压力测试，完善结算业务应急机制；下发业务连续性管理办法，规范业务连续性管理工作。三是提升风险管理能力。开展信贷系统优化项目，提升信贷风险管理能力；引进专业人才，参加培训，提高公司风险管理水平。

【人力资源管理】 从人员考评、培养、选拔、激励等方面为公司业务发展提供战略支撑。一是开展管理人员履职考评，考评结果与绩效评估结合，促进各级管理人员在工作中各负其责；二是完善内控机制，做到风险防范，培养复合型人才；三是加强外训管理，开展课程内化及行动落地，确保员工培训达到预期目标；四是激励员工践行伊利核心价值观的优秀行为，在公司内部树立标杆。

【信息化建设】 2017 年，公司完成了信贷管理系统的优化与升级，规范了业务流程，提高了业务处理效率；完成了业务运营系统短信平台、自动开关机以及头寸控制等功能部署，系统进一步实现智能化；完成了业务运营系统二级、电子商业汇票系统三级的等保测评工作，信息安全防护能力得到了进一步提升。

【企业文化建设】 作为集团的全资子公司，公司以提供高品质的金融服务为宗旨，2017 年开展了“最强凝聚力团队”活动，增加公司对基础建设的投入。以“工作 100% 用心、资金 100% 安全、服务 100% 满意”为标准，严格要求自己，提升自己，超越自己，为客户提供高品质的金融服务。

【党建工作】 组织全体党员深入学习中国共产党第十九次全国代表大会内容；组织全体党员参加中国共产党第十九次全国代表大会应知应会知识在线考试；组织全体党员参加关于开展“两学一做”学习教育常态化制度化党建知识的考试；组织全体党员深入学习贯彻习近平总书记“1·5”重要讲话；组织全体党员开展“专题组织生活会”，开展批评与自我批评。

亿利集团财务有限公司

【集团概况】 亿利集团财务有限公司（以下简称“公司”）母公司是亿利资源集团有限公司（以下简称“集团”）。集团创立于 1988 年，是中国生态修复领军企业和联合国认定的全球治沙领导者企业。控股公司亿利洁能于 2000 年在沪上市。截至 2017 年底，集团资产突破 1000 亿元，拥有员工超过 8000 人。经联合国环境署评估认定，亿利集团 30 年累计创造生态财富5000多亿元。企业被中国政府授予“中国脱贫攻坚奖”“国土绿化奖”，被联合国授予“全球治沙领导者奖”和“地球卫士终身成就奖”。集团把“绿水青山就是金山银山”作为永远的价值追求，长期致力于从沙漠到城市的生态文明建设，主营业务涵盖生态修复、节能环保和金融业务领域。

【经营概况】2017年，公司资产总额111.39亿元，其中，各项贷款余额93.41亿元，货币资金15.07亿元；负债总额58.32亿元，其中，吸收存款50.12亿元；所有者权益总额53.07亿元，其中，股本50亿元。2017年实现总收入5.23亿元，利润总额1.64亿元。

【重大事项】一是完成增资扩股。为适应公司发展需要，公司积极筹划安排增资事项，并于2017年6月13日取得增资批复，8月8日完成30亿元增资，注册资本达到50亿元人民币，股本总额一跃至民营财务公司前列。股本实力的增强夯实了公司中长期发展的基础，为更好地支撑集团转型发展、服务实体经济创造了有利条件。二是成功召开绿色金融论坛。2017年7月，公司携手中国财务公司协会成功举办财务公司“生态金融、绿色经济”研讨会，会议邀请了国内40多家企业财务公司的董事长、总经理出席，近距离、深层次开展同业交流与合作，探索研究财务公司产融合作新路径。会议向金融圈推广了亿利生态治理事业，并与多家财务公司达成了战略合作和双向同业授信关系。

【资金业务】公司对成员单位结算账户进行了全面梳理，同时通过提高成员单位存款利率水平并调整存款结构，进一步提高了成员单位存款积极性，有效提升了资金归集效率和业务办理效率。在稳定内部资金方面，主要是与上市公司等多家核心企业达成了金融服务协议。在支付结算体系建设方面，通过与工商银行、建设银行、交通银行和农业银行等银行合作建立直联资金管理通道，完善提升票据业务信息系统平台，全程在线为客户提供资金结算和票据流转服务，实现了大额和紧急支付全年无延误。公司已成为集团和成员单位资金结算的主通道和核心平台。

【票据业务、信贷业务和业务创新】公司研究并推出了循环贷款和固定资产贷款的服务品种，并组合运用票据贴现、转贴现和再贴现的票据融资方式，为集团实体产业发展提供有力支撑。同时，以同业合作为切入点，有效带动了金融机构与集团的全面合作，最终形成与金融机构战略合作、集团授信、财务公司同业合作全面推进的合作模式。

【风险管理和内部控制】公司积极落实监管政策，坚守风险可控、业务合规底线不动摇，全年未发生重大违法违规案件。一是实施“规范管理年”活动，积极推进制度梳理和业务流程建设，并于2017年下半年正式发布《业务流程手册（第一期）》，建立起覆盖主要业务、重要环节和关键控制点的内控体系；二是认真服务集团成员单位，做好授信审批各项工作，积极服务集团转型发展和成员单位实体经济需求；三是及时把握监管动向，强化监管沟通工作，争取监管政策支持，认真落实市场乱象治理和案件防控等工作，保证各项监管要求的落地实施。

【人力资源管理】按照“稳中求进”的团队建设总基调，2017年公司有序开展了全员竞聘上岗、人力资源共享系统上线、定岗定级等工作，在集团内外形成了广泛影响，亿利金融人才基地的雏形初步显现。通过一系列工作的开展，对包括高层、中层、基层在内的岗位进行了大范围优化，进一步稳定了公司团队。

【信息化建设】紧紧围绕监管要求，不断加大对信息科技的投入，信息化建设取得显著成效。新一代核心业务系统升级改造工作于

2017年3月启动，历时近7个月，成功克服了软硬件更新迭代、外联接口交互复杂等诸多困难，于同年11月6日成功上线。升级后的业务系统在业务和管理模块上的功能更加优化，数据更加安全，结算更加便捷，以业务为中心、以流程为导向、以技术为手段的业务连续性管理框架基本形成，全方位提升了公司信息化水平。

【企业文化建设】《亿利忠诚准则》是公司“基本法”，“客户为本、奋斗为荣、厚道共赢”是公司核心价值观。为积极引导全员弘扬和践行企业文化，公司定期开展丰富多彩的员工文化活动，坚持为每一名员工举办生日聚会，同时大力开展文化知识培训，全体员工团结、友爱、和谐、幸福，员工与公司在核心价值观上实现了高度契合。

营口港务集团财务有限公司

【集团概况】营口港务集团有限公司（以下简称“集团”）是由营口市国资委控股的国有独资公司，2003年成立，初期注册资本为人民币17亿元，2009年增资扩股至90亿元。集团拥有集装箱、汽车、煤炭、粮食、矿石、钢材、大件设备、成品油及液体化工品、原油九类货种专用码头。2017年，集团所在港口完成货物吞吐量3.6亿吨，较2016年提高2.9%，排在我国沿海港口货物吞吐量第八位。

【经营概况】营口港务集团财务有限公司（以下简称“公司”）在2017年加大服务集团力度，为成员单位提供综合金融服务，满足集团多元化融资和发展需求。2016年营业收入15253万元，净利润总额8746万元，资产总额为45.28亿元，所有者权益为6.28亿元，资本充足率为20.08%，超额完成了董事会制定的目标，相关指标全部符合监管要求。

【信贷业务】公司充分发挥资金纽带作用，及时解决企业集团资金需求。2017年，公司新投放自营贷款13笔，投放金额28.90亿元，年末累计余额27.90亿元；发放委托贷款6笔，投放金额22.88亿元，年末累计余额21.88亿元，有力地支持了集团的发展战略。

【资金业务】公司在原结算中心的基础上，充分利用公司金融牌照的优势，积极营销、广泛询价，提升同业存放收益水平。2017年新办理同业定期存款59笔，存放金额61.88亿元，年末累计余额10.18亿元。

【票据业务】2017年，公司分别对集团及各公司近年大额付款中的票据使用情况、预计沉淀资金、全集团票据业务及需求等情况进行了分析，加大力度向成员单位推广票据贴现和承兑业务。

【资金集中】截至2017年末，集团137家成员单位在财务公司开户97家，开户率达到70.8%，全年累计结算业务总额1348.54亿元，结算业务量6.58万笔。

【业务创新】2017 年，公司首次开展了担保业务，为成员单位在中国银行开具的履约保函、国内信用证和国际信用证提供担保。

【风险管理和内部控制】2017 年，公司共修订制度 18 项，制定新制度 27 项；召开 2 次风险管理委员会会议；召开 12 次信贷审查委员会会议，评审授信项目 5 个，委贷项目 3 个，客户信用评级 10 家。开展了重点业务专项稽核，并提出整改意见，及时控制风险。

【人力资源管理】2017 年，公司持续加强队伍建设，积极参加集团和监管机构组织的各项培训，全年公司员工受训达 265 人次。分别组织调研湖南高速财务公司、华菱钢铁财务公司、中开财务公司等 4 家财务公司。鼓励员工参加银行从业资格考试，提高专业知识和操作技能，本年度通过银行专业中级考试 3 人，实现持证上岗比例接近 63%。

【信息化建设】2017 年，安装了信息科技非现场监管报表报送系统；完成了人民银行征信系统的测试和申请验收工作；安装了报文转换系统；修订完善《信息系统外包管理办法》；开展了信息系统应急演练工作。

【企业文化建设】2017 年，努力推进企业文化建设，在党员活动室配备党务、纪检、业务等方面书籍供员工阅读学习；组织参加集团各项文体活动，培养员工间的协作意识和凝聚力；定期开展“制度解读”，让员工加深理解，便于有效落实；邀请党校老师、同业机构开展党务知识和业务知识培训，不断提升员工政治理论水平和业务水平。

【党建工作】2017 年，完善党组织机构建设，成立财务公司党支部；明确党建工作责任分工，开展党员责任区活动，以宣传、教育等方式对员工中出现的各种思想问题及时沟通与疏导，发挥党支部和群众之间的桥梁纽带作用；定期观看反腐倡廉电教片，从思想上筑牢拒腐防变意识；以学习十八大、十九大精神为主线，加强“两学一做”学习教育的常态化制度化；创新工作方式方法，用“走出去、请进来”的方式提高党员干部政治理论知识水平；以“党员活动室”“党员微信群”作为党员学习交流的平台。

粤海集团财务有限公司

【集团概况】广东粤海控股集团有限公司（以下简称“集团”）于 2000 年 1 月登记设立，为省属国有独资的投资控股公司，广东省人民政府授权广东省人民政府国有资产监督管理委员会履行出资人职责。2017 年，总资产逾 850 亿元（人民币，下同），全资及控股子公司超过 280 家，涉及公用事业及基础设施、制造业、房地产、酒店及酒店管理、零售批发、金融等行业，并确立了以水务及水环境治理产业、城市综合体产业、产业园及制造业为核心，产业金融为支撑的“3 + 1”新主业板块格局。

【经营概况】2017年，粤海集团财务有限公司（以下简称“公司”）秉承“依托集团、服务集团”的宗旨，坚持合规运营，不断提升服务成员单位能力，各项业务平稳运行，资产质量良好，不良贷款率为零，各项指标均符合监管要求，经营业绩明显增长。截至2017年末，公司全年完成营业收入11426万元，实现利润总额4752万元，同比增长27.88%。

【信贷业务】2017年，公司大力支持集团主业发展，不断丰富信贷业务品种，已办理流动资金贷款、固定资产贷款、并购贷款、委托贷款、贷款意向书、保函、融资顾问等多项信贷业务。进一步扩大业务覆盖面，2017年业务办理（含表内外业务、财务顾问业务）共44户，新增22户。截至2017年末，公司自营贷款余额25.48亿元，同比增长44.87%；新增发放的自营贷款累计减少集团对外负债16亿元，贷款利率优惠为成员单位节省1553万元财务费用。

【资金业务】2017年，公司以资金的安全性与效益性平衡为原则，及时编制季、月、旬计划并严格执行，定期监测流动性指标，不断加强资金头寸管理，优化资金期限结构，提高资金使用效率。2017实现同业收入7878万元，并与多家金融机构建立同业授信关系。

【票据业务】公司已与合作银行签订协议，拟通过银行代接入人民银行电票系统的方式开展成员单位电子汇票业务。

【资金集中】公司通过加强与成员企业沟通，紧密关注成员单位资金安排，持续推动资金归集工作。截至2017年末，公司已与10家合作银行实现银企直联，为成员单位开办活期、协定、通知及定期等多个存款品种，归集成员企业存款余额37.99亿元，全口径资金归集率为21.77%，可归集口径资金归集率为80.71%，全年结算量562.37亿元，同比增长20.12%。

【业务创新】为满足成员单位需求，2017年公司制定非融资类担保业务实施细则及办理流程，新开办保函业务，全年共办理2.18亿元保函业务。

【风险管理和内部控制】根据监管机构、集团对公司的内部控制与风险管理建设要求，公司在集团指导下启动2017年内控体系建设工作，并成立了内控体系建设领导小组与工作小组。通过多次组织工作小组培训讨论，对公司业务进行全面梳理，确定了16个一级模块、41个二级模块、若干业务事项，编制流程75个，最终汇总成内控与风险管理手册，将成为公司内部控制与业务操作的重要管理工具。

【人力资源管理】公司作为集团首个持牌金融机构，在团队搭建、选人用人上特别注意高起点、严要求，同时注意在教育背景、专业背景、技能水平方面跟公司战略实施的衔接，跟实际业务开展的衔接。2017年，根据公司的经营发展需要，采用员工推荐及社会化招聘等方式，补充数名员工；在公司内部开展“一报告两评议”工作，坚持正确的用人导向，坚持正确的用人标准。

【信息化建设】2017年，公司扎实开展各项信息科技工作，进一步完善了信息科技工作制度化、流程化和规范化建设，逐步增强信息科技在各项业务发展中的保障作用，重点实施了优化信息科技管理体系、强化信息科技运维服务、统筹做好核心业务系统二次开发项目和信息科技风险管理方面的工作，有效提高了公司信息化水平。

【企业文化建设】2017年，公司注重弘扬集团“三老四严”企业文化，积极宣传、贯彻集团文化价值体系，通过实施家访制度、员工庆生、困难员工帮扶等活动，进一步拉近员工与员工、员工与企业之间的关系。组织员工开展羽毛球、拓展培训等文体活动，加强员工团队凝聚力，促进公司企业文化的引导和培育。

【党建工作】2017 年，公司围绕集团党建工作要点，通过开展丰富多彩的学习和实践活动，抓好党支部各项工作。一是严格落实集团“两学一做”各项要求，认真学习贯彻十九大精神，全文学习十九大报告及新修订的党章，组织前往中共三大遗址参观等；二是公司党支部利用各种载体，及时宣传党的路线、方针、政策；三是在“两个责任”落实方面做到提前部署，层层签订党风廉政建设责任书，制定公司党风廉政建设主体责任清单；四是从严把控，有序发展党员。

云南建投集团财务有限公司

【集团概况】云南省建设投资控股集团有限公司（以下简称“集团”）是由原云南建工集团有限公司、十四冶建设集团有限公司和西南交通建设集团股份有限公司于 2016 年 4 月 21 日整合重组成立，并由云南省人民政府授权开展国有资本投资运营的省属国有重要骨干企业。

【经营概况】因集团母公司名称变更，2017 年 12 月财务公司名称由云南建工集团财务有限公司更名为云南建投集团财务有限公司（以下简称“公司”）。2017 年公司资金结算量 4047. 08 亿元，同比增长 138. 35%；资金归集率为 40. 78%；同比增长 30. 55%；贷款投放量 69. 57 亿元，同比增长 30. 91%；营业收入 3. 07 亿元，同比增长 120. 86%；计提贷款拨备 4912. 91 万元，同比增长 44. 58%；累计计提贷款拨备 8311. 06 万元；利润总额 1. 86 亿元，同比增长 257. 69%。2017 年各项监管指标保持良好。资本充足率为 18. 44%，拨备覆盖率为 1. 75%，存贷比为 48. 02%，流动性比例为 69. 65%，担保比例为 66. 73%。

【信贷业务】全年贷款累计投放 69. 57 亿元，年末贷款规模达 47. 5 亿元，2017 年末较 2016 年增长 43. 94%，在满足流动性管理、确保成员单位资金支付的前提下，信贷业务有力地支持了集团各成员单位的资金需求，较好地发挥了资金内源融通、余缺调剂的功能。

【资金业务】加强资金计划性管理，动态掌握支付情况，确保合理的资金头寸。2017 年公司先后与 11 家金融机构开展了同业合作，全年月平均存贷比为 72. 9%，资金运营效率明显提高，获取同业收益 9578. 28 万元，已建立了常态化的同业渠道；建立了同业业务专营治理结构和名单制管理机制，规范了同业业务，对同业业务进行合规化、专营化、制度化管理。

【票据业务】公司开展了票据承兑、贴现、转贴现转入、转出和再贴现业务，打通了全部票据业务链条。先后建立 11 项票据管理制度，实行对票据整个生命周期的全面风险管控，开展了 10 多次票据业务学习培训，4 人取得上海票交所业务资格证书。公司是首批加

Y

入上海票据交易所并较早开展业务的非银机构，电子商业汇票系统也已经通过人民银行清算总中心整体验收。

【资金集中】实时掌握资金动态，安排专人对受限资金进行动态跟踪，充分摸清未归集资金，积极与相关方沟通协调，最大限度地归集资金。拟定了《2017年资产经营责任制考核奖罚指标》，根据各类企业制定严格的评分考核标准，对成员单位每期报表进行考核和记录，并于11月份对成员单位进行考核，形成《关于2017年1—9月资金报表统计分析情况的通报》。截至2017年底，全口径资金归集率提高到40.78%。

【业务创新】2017年11月21日，经银监批准，公司取得承销成员单位企业债券、固定收益类有价证券投资、委托投资三项新业务资格，丰富了金融产品，增加了金融工具。

【风险管理和内部控制】2017年，公司各项监管指标均满足要求，全年实现了“零伤害、零损失”的风险管理目标；公司治理结构、业务开展、风险管理等方面均满足监管要求；四个方面17个监管指标均满足监管要求；开展制度梳理，完善公司治理体系，不断建立新制度，规范新业务。

【人力资源管理】一是强化评价考核机制，健全激励约束机制。二是加大员工培训力度，促进员工与企业共成长。全年组织交流学习42次，参加1092人次，交流学习内容80余个。组织人员参加外部机构培训69人次。三是积极组织业务人员参加金融和新业务等资格考试。四是不断完善经济效益和工作业绩挂钩的工资增长机制，健全内部薪酬制度。五是薪资核算、人员基本信息、工作信息，任职、履历、合同、学历等实现信息化管理。

【信息化建设】一是加强信息科技日常工作管理，对机房进出人员实行严格的登记审批制，开通短信报警机制，对机房设备运行情况24小时监控管理。二是加强重要设备日常巡检力度，并在重要时段开展机房全面巡检。三是数字专网全覆盖，为成员单位搭建提供高效快捷的支付平台。四是强化资金系统风险管理，定期对机房进行巡检，监控网络设备、安全设备、服务器及存储等设备运行情况，发现问题及时报告并处置。同时，关注最新的网络风险事件，对系统补丁及时更新，并加大接入终端外接设备管控力度。

【企业文化建设】践行建投集团“爱岗敬业、珍惜岗位、诚实守信、依法经营”的核心价值理念，“永葆忧患意识，弘扬狼性精神”，助推集团跨越式发展，实现公司持续发展。

【党建工作】一是切实加强领导班子思想建设、组织建设、作风建设和廉政建设，形成了同心同德、共谋发展的坚强领导集体，班子成员全面履行“一岗双责”。二是坚持干部队伍、专业技术人才队伍“两支队伍”一起抓，全年向集团推荐干部2名，提任副总经理1名、年轻干部2名。三是以“基层党建提升年”为抓手，加强党员教育，强化责任、担当意识，不断提高党员干部政治素质。四是扎实推进“两学一做”学习教育常态化制度化等学习教育实践活动。五是坚持以经营为中心，充分发挥党组织的政治核心和领导核心作用，全面推进党建工作与经营管理工作的融合。六是把党建工作总体要求写入公司章程，明确了党组织在公司法人治理结构中的法定地位。

云南昆钢集团财务有限公司

【集团概况】 昆明钢铁控股有限公司（以下简称“昆钢”）是云南省人民政府国有资产监督管理委员会控股的国有企业，已由单一钢铁制造企业逐步形成传统产业和新兴产业相结合的现代企业集团，主要业务包括钢铁冶金、现代物流、新型材料、装备制造、节能环保、水泥建材、煤焦化工、矿业开发、文化旅游、地产置业、养生敬老、电子商务、金融服务等产业，是中国企业 500 强之一。2017 年，昆钢“钢铁”和“非钢”产业合计实现营业收入 933 亿元，同比增加 124 亿元，其中非钢收入 543 亿元，占营业收入的 58%，非钢收入占比赶超钢铁主业；昆钢实现利润总额 8.72 亿元，全面实现扭亏增盈。

【经营概况】 2017 年，云南昆钢集团财务有限公司（以下简称“公司”）加强与各股东单位和监管部门的沟通协调，成功实现增资扩股，公司注册资本金由年初的 5 亿元增至 10 亿元人民币。截至 2017 年末，公司资产总额 33.89 亿元，较年初增加 17.99 亿元；负债总额 23.19 亿元，较年初增加 12.55 亿元；所有者权益 10.73 亿元，较年初增加 5.47 亿元，实现利润总额 0.63 亿元。不良资产率保持为零，各项监管指标均达到监管要求。

【信贷业务】 2017 年，公司累计向优质成员单位发放贷款 183 笔，投放信贷资金 75.94 亿元，同比增长 18.57%。全年共受理成员单位委托贷款 17 笔，共计 5.75 亿元。免费为成员单位提供近 30 种金融服务，如开具存款证实书、函证银行询证函等。

【票据业务】 2017 年，公司累计为成员单位代开商业承兑汇票 9449 张，金额 52.34 亿元；为成员单位质押代开商业承兑汇票 156 张，金额 0.29 亿元；为成员单位代理兑付商业承兑汇票 1358 笔，兑付金额 9.47 亿元；为成员单位代保管票据结算 4067 笔，共计金额 50.44 亿元。

【资金集中】 2017 年，全年办理结算 12.71 万笔，金额共计 3232.29 亿元，同比增长 55.76% 和 32.23%；公司年末吸收存款余额同比增加 12.42 亿元，增长 118%；全口径集中度为 49.39%，同比增加 12 个百分点；可归集口径资金集中度达 90%。

【风险管理和内部控制】 公司一是修订完善各项制度，建立健全制度体系，全年修订制度 16 项，新增制度 23 项，进一步完善了制度体系；二是利用系统加强日常风险监控，防范潜在风险，及时发出风险提示；三是切实做好贷款的监测工作，逐笔落实还款方案和还款资金，全年无不良贷款发生；四是严控重点领域风险，开展专项排查，2017 年度开展了票据代开代兑、对账管理、信息安全、软件正版化、“三违反”、“三套利”、“四不当”、市场乱象等多项排查工作；五是严控操作风险、合规风险及声誉风险，加强操作风险防控和员工行为管理，重点整治“屡查屡犯”问题，防范员工失范行为。

【人力资源管理】2017年，公司一是修订薪酬考核管理办法，将责任与薪酬挂钩；二是制定合理的考核指标，前台、中台、后台分别以不同的利润和管理指标作为权重考核；三是加大对员工的考核与问责，分别从合规性、资金集中度及规章制度的执行情况等监管要求来进行综合评定；四是鼓励员工积极考取银行、证券、基金等从业资格；五是大力开展员工素质提升计划，全年组织职工内、外部培训32次。

【信息化建设】2017年，公司一是强化信息系统安全评估与报告，主动到属地银监局进行信息系统安全汇报；二是加大对基础设施、关键设备的投入，新建了备份机房，购置了大量安全设备与软件；三是确保系统条线的稳定性，减少财务人员工作量；四是对成员单位进行了审批流程设置与变更、业务培训与上门服务；五是注重对信息化跨界人才的培养，让信息化人员全面熟悉业务操作流程，编制业务需求，进行系统测试；六是带领信息化团队到属地银监局对集团资金池项目进行评审；七是对九恒星资金管理系统进行了5次较大的系统优化。

【企业文化建设】2017年，公司一是重视培育审慎经营文化，安排职工集中学习监管来文及内部管理制度；二是丰富职工业余生活，组织职工参加了市金融机构气排球比赛、昆钢直属机关气排球比赛、影视观赏等活动。公司获得2017年度昆钢直属机关三八红旗集体、昆钢公司三八红旗集体、安宁市2016年度经济工作先进集体等荣誉称号；昆钢已向云南省总工会推荐公司为云南省五一巾帼标兵岗。

【党建工作】2017年，公司共有在岗职工24人，其中党员8人，占职工总人数的三分之一。公司在昆钢直属机关党委的指导下，成立了“财务公司党小组”。财务公司党小组全面落实昆钢党委、直属机关党委、金控党支部部署的全面从严治党责任，加强基层党建工作各项任务。一是推进“两学一做”学习教育常态化制度化，组织了“两学一做”知识答题竞赛。二是推进“基层党建推进年”各项部署要求的落地；开展了有特色的党内主题实践活动，严格执行“三会一课”制度。三是组织全体敏感岗位人员签订了《廉洁承诺书》；组织了八项规定、六条禁令执行情况自检自查等六项专项清查治理工作。四是深入学习宣传贯彻党的十九大精神。五是贯彻全国、全省国有企业党的建设工作会议精神。六是对2016年度抓基层党建工作述职评议考核指出问题进行整改落实。七是对党群工作检查、党建交叉检查通报问题进行整改落实，切实让财务公司党小组党员起到先锋模范作用。

云南冶金集团财务有限公司

【集团概况】 云南冶金集团股份有限公司（以下简称“集团”）是以铝、铅锌、锰、钛、硅五大产业为主，集采选冶、加工、勘探、科研、设计、工程施工、内外贸以及冶金高等教育为一体的大型国有企业。2017 年集团通过优化结构、满产满销、内部帮扶、资产盘活、业务协同、相对集中采购营销、加大成本管控等一系列举措，抓住了市场上升期和平稳期，实现了“超过同期、好于预期”的生产经营业绩。集团全年完成营业收入超过 460 亿元、利润总额 10.06 亿元、工业总产值 378.71 亿元、工业增加值 76.22 亿元。

【经营概况】 2017 年云南冶金集团财务有限公司（以下简称“公司”）继续坚持“防风险、保安全”的工作思路，加大资金集中及信贷投放力度，严守风险底线，拓宽引入外部资金渠道，主动让利集团企业，全力保障集团资金安全，有序推进各项工作。2017 年 12 月 31 日，公司资产总额 46.17 亿元，各项存款余额 22.98 亿元，各项贷款余额 40.30 亿元；2017 年完成营业总收入 1.99 亿元，利润总额 0.88 亿元，资金结算量 24350 笔、金额 1754.15 亿元；直接引进外部资金共计 192.61 亿元，较上年同期增长 117.54%；新开成员单位账户 15 户，连线银行账户 93 个。

【信贷业务】 2017 年，公司贷款及贴现累计发生额 227.90 亿元，较上年 125.51 亿元大幅增长。在信贷资金的安排和使用上，以保证集团资金安全为基本出发点，科学合理安排信贷期限和规模，针对集团企业的不同特点和实际情况，量身设计与其需求相匹配的信贷品种和业务结构。大力推进电子商业汇票、票交所业务、电子回单等金融工具；积极组织商业承兑汇票，保障了人民银行再贴现额度在较高水平。

【资金业务】 公司充分发挥金融平台接驳同业市场的功能，深化与金融同业机构的合作，开辟新的资金通道。积极开展同业授信和同业拆借，分别与多家财务公司完成相互授信，新增财务公司同业拆入作为资金来源，用于弥补临时性资金需求。

【票据业务】 2017 年，公司随着电票系统直联上线，大力向成员单位推广电票，贴现及开票实现全电票办理，降低了票据业务操作风险；积极助力企业转型升级，给予部分新兴及环保的中小企业开票业务支持；联动银行开展票据转贴现及成员单位直贴财务公司承兑票据；实现全电票再贴现，日均再贴现及时点再贴现余额均保持较高水平，获取低成本资金，有效降低了成员单位贴现成本。2017 年，公司办理贴现累计金额 23.21 亿元，开立银行承兑汇票金额 12.41 亿元，转贴现金额 6.68 亿元；再贴现金额 16.93 亿元，再贴现余额 8.485 亿元。

【资金集中】 公司作为集团的资金运营管控平台，资金集中管理一直是工作的重中之重，以银行账户连线归集为突破口，通过实地走访企业，重点联系连线银行等方式开展资金集中工作。2017 年共有 50 家成员单位提交 300 余个银行账户连线归集申请。截至 2017 年 12 月 31 日，已成功连线归集成员单位 93 个外部银行账户，其中包括跨省账户。2017 年进一步加强与集团及各企业在大额资金往来信息方面的沟通，及时掌握大额资金动向及到期债务情况，充分发挥资金总调度平台作用。

【业务创新】 公司“电子回单系统”3 月正式上线运行，截至 2017 年 10 月已有 98 家成员单位申请开通电子回单业务，占开户成员单位的 88.29%，此举大大提高了成员单位凭证处理的时效性，同时提升了公司工作效率。

【风险管理和内部控制】 公司主动规划并致力于建设一个更加充满“弹性”和较强“应变及处理能力”的全面风险管理体系。出台了《2017 年信贷指导意见》，明确了防范系统性风险的差异化信贷政策，从根本上防范系统性风险。继续完善内部管理制度，印发了《贯彻落实“三重一大”决策制度的实施办法》《司务公开制度》等 9 项制度，修订完善了《固定资产管理办法》《会议管理办法》等 8 项制度，11 月启动《内部控制手册》的编制工作，以建立一套科学、系统的内控标准为目标，为公司内部控制体系运行和维护提供指引。

【人力资源管理】 为满足公司发展的需要，2017 年上半年实施了春节校园招聘工作。本次招聘尝试采用校园宣讲会的全新方式，到北京、上海、武汉三地的 5 所 985 高校现场宣讲，既直观地了解毕业生就业状况和应聘者情况，又起到对外宣传集团和公司的效果。

【信息化建设】 一是公司于 2017 年 1 月在中国人民银行总行及昆明中心支行的指导下，顺利完成电子商业汇票系统联调接入测试工作，电票系统正式上线运行，成功实现以直联方式加入人民银行电票系统。二是公司启动了资金管理系统升级上线工作，并初步完成资金管理系统升级上线和全业务流程的再造。三是向中国银监会申报了以“数据治理”为主题的信息科技风险管理专项研究课题并获得通过。

【企业文化建设】 内外并举重视意识形态工作，对内宣传方面，紧扣集团和公司年度工作主题，充分利用 OA 系统、宣传栏、微信等宣传平台，及时传达、报道集团重大战略决策和改革发展成果，着力提振干部职工信心。在对外宣传方面，公司成立了编辑部，全体员工共同参与，积极报道重大事件、最新动态、经营等情况。2017 年共向集团手机报、集团报报送稿件 28 篇，被采用 8 篇；参与集团微信公众号周六“副刊”征文活动，投稿 3 篇，全部被采用；公司微信公众号共推广 15 期，文章数量共 49 篇。

【党建工作】 一是全面规范党内政治生活。全面落实“三会一课”，认真组织开展民主生活会和组织生活会，规范党费缴纳，完善党员信息，以组织生活会、党员活动日、“三会一课”制度等为主要抓手，把学习教育活动与日常业务深入结合，统筹推进公司党的建设和改革发展各项工作。二是深入开展“基层党建提升年”活动。党支部认真贯彻上级党委文件精神，制定了《财务公司党支部实施“基层党建提升年”工作方案》，实行党建工作责任制，健全和完善考评机制，把党建工作考核结果作为评价党支部及党员干部工作实绩的重要依据，促进公司工作作风转变，工作效率持续提升。三是推进“两学一做”常态化制度化。按照上级党委文件精神，制定了《财务公司党支部关于推进“两学一做”学习教育常态化制度化的实施方案》等重要文件，深入学习贯彻党的各项重要精神，加强党纪党规和法治教育，推进学习型党组织建设。四是认真抓好党建工作责任制的落实。围绕各项专题党建工作内容，先后制定了《党建工作及党风廉政建设责任清单》《支部书记抓党建工作责任清单》《“基层党建提升年”项目清单》，对各项工作内容进行分解、细化，建立主体明晰、责任明确、有机衔接的党建工作机制。五是实行党员积分制管理。按照上级党委有关精神，从2017年6月份起，组织全体党员通过党员积分管理系统进行党员月度积分自评和申报，并召开支部委员会审核及进行公示。

云南云天化集团财务有限公司

【集团概况】云天化集团（以下简称“集团”）注册资本为41.18亿元，是云南省省属国有企业，是以化肥及现代农业、玻纤新材料、磷矿采选及磷化工、石油化工、商贸及制造服务、产业金融六大产业为重要发展方向的国有综合性产业集团。2017年，集团名列中国企业500强第239位、中国制造企业500强第106位。

【经营概况】2017年，云南云天化集团财务有限公司（以下简称“公司”）紧紧围绕集团“稳增长、保利润，抓改革、促转型”的工作思路，面对错综复杂的经济形势，克服吸收存款下降，坚持产品创新和市场开拓工作主线，切实提升服务集团的能力。截至2017年末，公司年末资产总额42.41亿元，比上年同期增长15.78%，实现利润总额6567.23万元，比上年同期增长6.90%。全口径资金集中度为36.28%，日均融入外部资金32.51亿元。累计为成员单位办理结算业务共计5.44万笔，金额7085.94亿元。

【信贷业务】2017年，公司积极调整信贷产品，将之前以票据贴现业务为主调整为以票据承兑业务为主开展信贷业务，为集团多渠道以合理的价格融入外部资金。2017年，公司累计为成员单位办理贷款61.83亿元，办理票据贴现29.42亿元，办理票据承兑23.22亿元，向人民银行办理回购式再贴现16亿元。

【资金业务】2017年，公司在确保资金流动性安全的前提下，一是继续加强资金集中管理，强化资金分析，积极与成员单位沟通协调，提高资金使用效率；二是融入低成本外部资金，为成员单位解决应急资金需求；三是开展同业拆借业务，补充短期临时性资金需求；四是开展现券质押式回购和买断式回购业务，融入期限较长的资金；五是结合公司头寸稳定性，调整资产业务期限结构。2017年，公司累计融入外部资金134.46亿元，日均融入32.51亿元，期末存量46.15亿元；累计为成员单位提供资金118.18亿元，日均提供50.51亿元，期末存量70.58亿元。

【投资业务】2017年，公司在二级市场上购买集团公司发行债券1.50亿元，年末债券投资余额 1.60 亿元，同时公司积极推动集团公司发行新债券。

【票据业务】2017 年，公司主要与同业机构开展以财务公司承兑的电子银行承兑汇票（以下简称财票）直贴与转贴业务，丰富公司业务产品，拓宽集团融资渠道。全年开展票据承兑业务 23.22 亿元，办理商票转贴 2 亿元，与同业机构办理财票直贴 16 亿元，与同业机构办理财票转贴 8.05 亿元。2017 年，公司搭建了票据池业务系统，并完成了电票与票据池的整合，共计 66 家成员单位上线票据池系统，上线成员单位通过票据池系统开展的电票业务均能实现账务处理，并对接 SAP 实现自动做账。公司以建设银行为主开展票据池质押融资业务，2017 年，共 19 家成员单位加入建设银行票据池，并有 5 家成员单位开展了累计金额 9.22 亿元票据池质押融资业务。

【资金集中】2017 年，公司依托集团对成员单位资金集中度的考核力度，继续按月对成员单位资金集中度情况进行通报及提示，深入了解成员单位经营情况、业务、需求等；定期对账户授权、陈旧账户进行清理，作为集团公司加强管理的依据；通过制定个性化金融服务方案，采取差异化的信贷支持手段和优惠政策，实现年末全口径资金集中度 36.28%。

【业务创新】2017 年 4 月，公司积极协调成员单位和云链金融，通过云信平台开出第一张“云天化集团云信”，实现“云信”增量融资 500 万元。随着云链保理公司将保理款项支付到成员单位，标志着云链金融“云信”融资业务模式在集团成功落地。

【风险管理和内部控制】2017 年，公司进一步加强和完善风险控制管理体系建设。一是全面梳理缺陷与风险点，识别、评估风险程度，形成风险库，制定相应控制措施；二是与岗位职责相结合，明晰相关岗位风险点、控制措施与违规罚则；三是强化风险防范控制，结合银监局布置的“三违反”、“三套利”、“四不当”、银行业市场乱象整治专项治理自查工作、“两遏制、两加强”回头看整改落实情况自查工作五项监管自查工作，进一步提升公司合规管理水平。

【人力资源管理】2017 年，公司逐步建立和完善既符合金融行业特点，又能体现集团管理要求的激励和约束机制。不断优化绩效考核体系，使员工利益与公司整体利益有效结合，使公司与员工共同发展。在公司人员变动较大的情况下，及时加强人力资源管理，保障公司正常的经营和工作秩序，并为公司进一步发展储备人才。

【信息化建设】公司持续加强信息系统建设，资金管理系统保持稳定、安全、高效运行，在确保原 17 家银企直联渠道畅通的基础上，新增了恒丰银行银企直联渠道，扩大了资金可归集账户范围。不断优化系统资源配置，为业务的持续、不间断运行提供了有力的保障，有效支撑了公司各项业务的顺利开展。

【党建工作】2017 年是支部党建工作提升年，以扎实推进“两学一做”学习教育常态化制度化为工作重点。把思想教育作为首要任务，将“两学一做”学习教育作为党员教育的基本内容。以“三会一课”为基本制度，精心安排学习内容，制定学习计划、工作计划，长期坚持，形成常态；坚持问题导向，把查找解决问题作为“两学一做”学习教育的规定要求，联系思想工作实际经常查找解决问题，建立完善及时发现和解决问题的有效机制，推动支部和党员依靠自身力量修正错误、改进提高。

招商局集团财务有限公司

【集团概况】招商局集团财务有限公司（以下简称“公司”）隶属于招商局集团有限公司（以下简称“招商局”）。招商局作为中央直接管理的重要国有独资企业，是一家业务多元的综合集团公司，业务主要集中于交通、金融、房地产三大核心产业，正实现向实业经营、金融服务、投资与资本运营三大平台转变。2017 年，招商局实现营业收入 5844 亿元，利润总额 1271 亿元；年底总资产 7.3 万亿元。

【经营概况】2017 年 1 月，公司增资至 30 亿元，实际控制人由中国外运长航集团有限公司（以下简称“中国外运长航”）变更为招商局，8 月，公司正式更名为“招商局集团财务有限公司”并完成股权转让，招商局和中国外运长航分别持股 51% 和 49%。2017 年全年累计营业净收入 4.80 亿元，利润总额 2.38 亿元，不含减值准备利润总额 4.39 亿元，年底总资产 338.75 亿元。

【结算业务】全年服务成员单位 1166 家，为成员单位开立存款账户 2400 个，银企直联账户 2041 个；提供各类结算业务 23.55 万笔，结算额 3.28 万亿元；办理结售汇业务 144 笔，结售汇额 1.04 亿美元；全年通过跨境通道回拨境外资金 1800 万美元，对外放款 1955 万美元，对外放款还款 739 万美元，代理收付汇 1.64 亿美元，吸收境外公司存款余额 4564 万美元。

【资金集中】2017 年全年着力推进资金集中，通过密切沟通已与 9 家上市公司签署金融服务协议并约定存贷款限额。最高存款限额 100 亿元人民币，最高贷款限额无上限。年末吸收存款 303.46 亿元，全年日均存款余额 216 亿元。

【信贷业务】2017 年，公司努力拓展客户数量、扩大信贷规模、丰富信贷产品种类。针对实业部门融资难、融资贵的痛点提出方案，为成员单位提供全方面的整体服务方案。截至 2017 年 12 月末，年末各项贷款余额 231.84 亿元，较上年增长 638.34%。

【资金业务】公司建立和完善流动性管理体系，拓展同业业务渠道，在满足资金安全和流动性要求的前提下，合理调拨资金，追求盈利最大化。与 7 家银行建立同业授信，合计授信金额 74 亿元，同业活期存款利率显著高于行业平均水平。全年共计完成 202 笔人民币同业定期存款业务，累计金额 935.51 亿元，美元资金调拨 135 笔，累计金额 4.61 亿美元，同业拆借业务累计叙做 6 亿元。

【业务创新】全面修订存贷款管理制度及定价模型，创新使用了循环额度合同，丰富了贷款种类，调整了贷款期限，优化了贷款结构，形成了系统的财务分析框架，探索并建立了横向联动和纵向分层的客户服务体系，定期出具宏观经济及外汇市场研究报告，开拓了以船舶融资业务为代表的特色融资业务满足成员单位需求等。

【风险管理和内部控制】完善全面风险管理、内部控制管理及合规管理三大体系建设工作。全面系统修订公司制度，共计修订108项，新增28项；制定公司风险分类标准，绘制风险地图，细化风险出险标准，明确出险上报标准，建立风险案例库；定期开展风控自查，定期开展审计稽核和内控评价，完善内控体系建设和评价工作。

【人力资源管理】聘请专业机构重新规划、设计符合公司发展阶段目标的薪酬体系方案和员工职业发展通道。采取市场化方式招聘引进专业人才。截至2017年底，公司员工总人数为36人，其中，硕士25人，占员工总数的69.4%；党员28人，占员工总数的77.7%；35岁以下22人，占员工总数的61.1%。

【信息化建设】公司开展了资金管理系统功能优化改造项目，完成了资金系统财企直联接口、利率市场化、1104报表系统、营改增系统等建设。年底系统客户数1147家，系统用户数3100多个，月平均交易量1.96万余笔，交易主要集中在代收代付、归集下拨、转账及结售汇等业务。资金系统完成存储和服务器硬件的扩容升级和迁移工作，提升了业务系统的性能，保障了业务系统安全、平稳运行。

【企业文化建设】通过展板、微信公众号、微信群等手段加强对员工的思想引领，通过组织开展“创一流财务公司，做合格招商财务人”主题教育活动，提炼“一流财务公司”和“合格招商财务人”的统一标准，形成了“合格招商财务人”的行为准则，明确了“一流财务公司”的努力方向。

【党建工作】公司党委深入贯彻落实党的十八大、十九大精神和集团党委决策部署，以党委中心组学习为手段，组织学习中央精神、学习集团战略部署，不断提高政治站位。建立党委工作制度、党委会议事规则等8项制度，形成初步健全的党建工作体系。严格执行党委研究讨论“三重一大”事项的前置程序，确保党委对重大事项的源头把关。

浙江省交通投资集团财务有限责任公司

【集团概况】浙江省交通投资集团有限公司（以下简称“集团”）是以原浙江省高等级公路投资有限公司为主体，吸纳浙江省交通厅其他4家直属企业组建而成的省级交通类国有资产营运机构，于2001年12月成立。2016年浙江交通集团与浙江铁路集团合并重组，新交通集团统筹承担全省高速公路、铁路、跨区域轨道交通和综合交通枢纽等交通基础设施投融资、建设、运营及管理职责。截至2017年底，集团合并资产总额3272.91亿元，资产总额、利润总额均列浙江省属国企首位。

【经营概况】2017年，浙江省交通投资集团财务有限责任公司（以下简称“公司”）持续强化资金集中管理，积极协调好集团内部财务资源与外部环境的动态平衡，从金融产品创新、资金预算信息化、统一投融资等方面入手，不断加大存款吸收力度，在确保集团资金需求的前提下，充分挖掘市场机会，努力提升资金效益。

【信贷业务】截至2017年末，公司各项贷款余额为101.40亿元，较2016年同期增加38.23亿元，增幅为60.52%，创历史新高。在贷款投向上，公司坚持向集团核心主业倾斜，全部贷款的79.39%投向公路铁路核心主业，20.61%投向经营性公司。

【资金业务】加大同业市场研究，抓住关键时间节点适度放长同业存款期限，锁定较高收益水平，切实提高资金收益。2017年共开展存放同业（定期）业务170笔，存放金额1302.97亿元，获得收益4.79亿元。

【投资业务】2017年，公司投资业务主体为固定收益类产品，公司资产配置结构进一步优化。通过大宗交易受让集团持有的浦发银行股票，在提升集团对于整体市场风险管控力的同时，有助于公司挖掘该项股权资源的附加价值。

【票据业务】借助直联人民银行电票系统的契机，充分发挥公司信用功能，大力推广票据业务。2017年，公司累计承兑电子银行票据2.29亿元、票据贴现1.86亿元，2017年末电票承兑和贴现余额分别为1.87亿元和1.37亿元。

【资金集中】截至2017年末，公司吸收存款总额为280.54亿元，可归集口径资金集中度为95.24%。存款结构上，以活期存款（含协定存款）为主，通知存款和定期存款为辅。公司对部分品种实施了优于外部主要金融机构的上浮利率，有效提升了成员单位的存款收益和存款积极性。

【业务创新】推出循环贷款业务，简化高信用评级成员单位借贷手续，提高效率。推出支持高速公路沿线加气站的绿色环保低成本贷款业务，助力集团环保产业发展。

【风险管理和内部控制】一是做好监管新政的学习和落实。组织多期监管新政学习研讨会和“半月谈”。二是开展“三三四”专项自查。通过全方位排查，及时发现管理上的薄弱环节并及时做好整改落实。三是积极推进安全生产标准化系列工作。以编制《业务操作手册》为抓手，对公司主要业务进行标准化管理，进一步提高公司防范操作风险的能力。四是深入抓好反洗钱工作。认真履行反洗钱义务。

【人力资源管理】2017年，公司完成对《绩效考核管理办法》的修订完善，全方位、多维度推进绩效考核。加大人才内外交流力度，为集团重点、难点工作推进提供人才输出，打造一支有能力、肯担当、善作为的“金融铁军”队伍。

【信息化建设】一是完善信息化基础建设。九恒星系统和统一结算平台获得公安部二类等级保护认证资质，并在“设备零损坏、系统零故障、业务有效衔接”的前提下顺利完成数据中心机房搬迁。二是优化统一结算平台。完善和外延平台功能，加大成员单位银企直联推进力度，为后续实现账户实时、动态管理打下坚实基础。三是推进电票系统上线运行，通过人民银行现场考核验收并正式上线。四是引进行业领先的高速公路流量、收入预测算法对平台一期进行改造提升，完成集团财务风险预警与投融资平台二期建设。

【企业文化建设】公司将“同路同心、创业创新、共惠共赢”作为企业核心文化理念，明确了“包容、大气、质疑、进取”的企业精神。2017年，公司“学习型”企业建设收获颇丰。完成浙江省财政厅牵头的企业管理会计应用试点收尾工作。举办“学政策、控风险、促创新”论文大赛。公司信息宣传工作得到中国财务公司协会和浙江银行业协会通报表彰。

【党建工作】突出党建引领，打造坚强战斗堡垒。公司党总支于2017年8月正式升格为党委，重点推进“两学一做”学习教育常态化制度化，注重教育实践活动和业务开展紧密结合，形成对公司经营的正向推动作用。在领导班子中牢固树立“不抓党风廉政建设就是严重失职”的意识，认真履行“一岗双责”，坚持“两手抓、两手硬”，把党风廉政建设的各项任务和经营管理有机结合起来，形成工作合力，助力公司稳健发展。

浙江省能源集团财务有限责任公司

【集团概况】浙江省能源集团有限公司（以下简称“集团”）是以原浙江省电力开发有限公司和浙江省煤炭集团公司资产为基础组建的国有独资有限责任公司，系浙江省省级能源类国有资产营运企业，主要从事能源基础产业（电力、煤炭、天然气）的投资、开发、建设、经营和管理。截至2017年12月31日，集团合并资产总额1932亿元，所有者权益1054亿元，资产负债率为45.45%。全年实现销售收入818亿元，同比增加155.9亿元，实现利润总额70.9亿元。

【经营概况】2017年，浙江省能源集团财务有限责任公司（以下简称“公司”）进一步夯实资金账户集中、融资管理集中、对外支付集中的“三集中”资金管理模式，强化司库型财务公司定位，推动产融结合，经营管理取得了良好成绩。截至2017年末，公司资产总额达235.63亿元，负债总额为211.82亿元，归集资金210.51亿元，全年平均资金归集率为87.85%，剔除不可归集因素后平均资金归集率为90.74%。全年累计实现营业收入7.02亿元，利润总额6.11亿元，净利润4.62亿元。

【信贷业务】2017年，公司继续通过合理配置信贷资源，发挥资金调剂余缺功能，全力支持集团主业转型发展。截至2017年末，公司共对81家符合条件的成员单位提供授信服务，较2016年末新增2家，授信总额303.83亿元，较2016年末增加15.60亿元；自营贷款余额（含贴现和转贴现净值）123.04亿元，较2016年末增加12.99亿元。全年累计发放自营贷款84.05亿元。继续保持无不良贷款纪录，信贷资产质量持续良好。

【资金业务】2017年，公司多途径加强资金池运作管理，加速资金周转，提高资金使用效率。全年资金业务综合收益率达3.74%，高出同期货币市场基金加权年化收益率16个基点，比2016年同期高104个基点。其中，同业协议存款业务日均存量72.66亿元，年化平均收益率为4.48%；银行间质押式逆回购业务日均存量7111.45万元，年化平均收益率为3.87%；同业存单业务日均存量3.31亿元，年化平均收益率为4.57%。同业业务资金收益率较上年明显增长，资金头寸精细化管理水平进一步提升。

【投资业务】2017年，公司在“安全第一，收益第二”的原则下追求适当的投资收益。全年投资净收益3218.06万元，其中，股权投资分红收入1077.64万元，持有股票股息红利收入399.68万元，持有债券利息收入165万元，交易所逆回购业务收入1285.56万元，新股新债申购收入291.76万元。同时，公司还辅导5家成员单位开展新股申购，累计协助实现新股申购收益1033.26万元。

【票据业务】2017年10月，公司顺利完成了电子商业汇票系统（ECDS）接口从中国人民银行移交切换到上海票据交易所。2017年，公司累计办理172笔电子票据承兑业务，金额合计43527万元。公司票据业务流程简单、费率优惠，有效缓解部分成员单位融资难和融资贵的问题。

【资金集中】2017年，公司不断完善资金集中管理体系，把新设立的成员单位及前期尚未纳入归集管理的成员单位纳入归集管理范围，为集中统一管理和配置资金资源进一步夯实基础。截至2017年末，222家成员单位在公司开立结算账户，较年初新增31家，其中150家成员单位实现收支两条线管理模式，较年初新增17家，年末吸收存款余额210.51亿元，年内资金归集率维持在85%以上，排名财务公司行业前列，最大程度地发挥资金集聚效应，资金归集管理工作成效显著。

【业务创新】2017年，公司在经批准的经营范围挖掘潜力，开拓创新，提升金融服务水平。一是协助集团成功注册DFI，大幅提升了集团短期融资的期限、规模、时效等方面的灵活性。二是充分发挥金融平台优势，协助集团开展公司债的发行准备工作。三是协助集团成功发行3亿美元海外银团贷款，实现与集团到期美元债务的无缝对接。四是成立财务服务部。全力协助集团财务共享服务中心实施落地，助力集团财务战略转型。

【风险管理和内部控制】2017年，公司“三会一层”决策作用有效发挥。全年召开董事会6次、股东会5次、监事会1次。制度体系日趋完善。全年新增10项、修订41项制度，形成了业务操作、综合管理、党建纪检、安全生产等6大类190多项内部管理制度体系。稽核审计监督有效。稽核部门积极履行审计监督职能，共开展了6次专项稽核，累计提出改进建议20条，促使业务更加规范。风险防范力度加大。根据监管要求，有序开展了反洗钱、“治乱象，维秩序”、“三违反”、“三套利”、“四不当”等专项自查整改活动，内部控制机制更加有效，制度体系更加健全，全员风险意识、合规意识进一步提高。

【人力资源管理】2017年，公司多渠道深化人力资源管理，逐步弥补人才断层短板。加大人才招聘力度，招聘应届毕业大学生7人，集团系统内调入4人，社会招聘3人。年底在编人员68人，平均年龄30.38岁。跨部门轮岗与人才借调有序开展，全年6人实施跨部门轮岗，8人到集团本部、板块公司、监管部门等上级部门借调锻炼，7人到基层企业锻炼。加强内部培训，多种方式提升员工综合素质。从严从优选人用人，试点岗位竞聘录用1人，激发员工活力。

【信息化建设】2017年，公司信息化运营管理水平进一步提高，根据集团统一部署，全年有序推进ERP系统、合同管理系统陆续上线。根据中国人民银行统一部署，稳步推进中国人民银行ECDS系统切换，成功接通上海票交所等工作。

Z

【企业文化建设】2017年，公司全方位加强企业文化建设。一是加强合规文化建设。通过员工入职培训、邀请律师进公司培训、跨部门业务交流、全面梳理业务制度、“传帮带”等方式，提高员工合规意识，助力公司合规稳健发展。二是加强家园文化建设。以工会、共青团组织为抓手，组织开展趣味运动会、迎新春文艺晚会、春秋游等集体活动，增强企业凝聚力和员工归属感。

【党建工作】2017年，公司全体职工深入学习贯彻党的十九大精神，以高度的政治责任感推动学懂弄通做实。全面开展公司章程修订，将国有企业党组织内嵌入公司治理结构，明确党组织在公司治理中的法定地位。创新党务队伍培养方式，通过培养党务助理，延伸党务工作梯队，充实党建工作力量。以创建星级党支部为抓手，加强党支部战斗堡垒建设。截至2017年末，公司党员31人，占在编人员的47%，公司的领导班子成员既是总经理、副总经理，又是党总支书记、党总支委员；中层管理者既是部门负责人也兼任党支部书记，形成了“你中有我，我中有你”的良好格局。党员先锋模范作用明显，党建引领促发展作用有效发挥，党建工作呈现党务工作队伍年轻化、党建活动多样化、党建与经营融合化等新时代特点。

振华集团财务有限责任公司

【集团概况】中国振华电子集团有限公司（以下简称“集团”），是由始建于20世纪60年代中期国家“三线”建设的083基地不断发展而来的，拥有国家级技术中心、博士后工作站和国家863成果转化基地，共有企业43户，在岗职工11000余人，总资产115.98亿元。

50年来，集团为国家重点工程和国防建设作出了重要贡献：参加了集成电路、“331工程”等大会战，先后为“东方红一号”、“两弹一星”、南太平洋水下导弹发射、探月工程、东风系列、红旗系列、鹰击系列、北斗二号、四代机、大运、南风工程等绝大多数重点工程提供保障，填补了7项国内技术空白，创造了8项国家第一。集团产业分为电子元器件、电子材料、整机及系统、现代服务业四大业务板块。

【经营概况】2017年，振华集团财务有限责任公司（以下简称“公司”）坚持“依托集团，服务集团，稳健经营，持续发展”的经营理念，规范运作，依法经营，扎实推进各项经营管理工作，基本完成了各项经营目标。2017年，实现营业收入4404.20万元，较上年的3585.83万元，增加818.37万元，增幅为22.82%；实现利润总额2049.22万元，较上年的1598.32万元，增加450.90万元，增幅为28.21%；全年实现所得税569.22万元，比上年的410.98万元，增加158.24万元，增幅为38.50%；实现增值税和税金及附加137万元，较上年实现的增值税和税金及附加（1—4月为营业税及附加）减少42万元，主要为营改增的影响。

【信贷业务】2017年，公司全年累计发放贷款44笔，发生额共计67310万元，贷款余额为58602万元；全年累计办理银行承兑汇票贴现110张，发生额共计25930万元，贴现余额15810万元；全年办理委托贷款业务80笔，发生额共计152122万元，委托贷款余额139161万元。期末各项贷款余额为213573万元（含委托贷款），比上年增加123449万元，增幅为136.98%。

【票据业务】2017年，公司办理成员企业银行及商业承兑汇票托收业务828笔，金额共计43466万元。其中，托收银行承兑汇票265笔，金额7444万元；托收商业承兑汇票563笔，金额36022万元。全年为成员企业票据池质押及保证金担保开具银行承兑汇票共计7098万元。

【资金集中】2017年12月31日，公司吸收存款余额为126296.25万元，较上年增加了35084万元，增幅为38.46%。全口径资金集中度为53.64%，扣除不能归集的资金，集中度为86.97%。全年累计办理结算48427笔，累计结算金额385亿元。

【风险管理和内部控制】2017年8月，公司董事会审议通过设立风险管理委员会和审计委员会，并明确两个委员会议事规则，完善了公司治理和风险管控体系。同时成立了风险防控工作领导小组，明确风险防控工作目标，细化责任分工。在内外两个层面落实风险防控责任，公司总经理与贵州银监局签订案防责任书，总经理与副总经理、副总经理与部门经理、部门经理与员工分别签订案防责任书共计18份。信用风险管理方面，公司于2017年第二季度末将可疑类贷款划分为损失类贷款，按照100%的计提比例计提贷款损失准备，以应对其可能带来的风险，并与欠款企业签订了债务清偿协议，截至2017年12月31日，收回不良贷款575万元，不良贷款余额为1142万元，不良贷款率从年初的2.9%降为1.37%。

2017年，公司共新增制度15个，修订制度16个，内容涵盖公司治理、薪酬管理及绩效考核等公司经营管理各个方面。

【信息化建设】为加强信息科技风险管控，公司于2017年11月成立了独立的信息科技部，明确信息部职责为统一规划、建设及管理公司信息系统，实现公司信息技术应用的标准化，增强信息系统对业务的支持，查找薄弱环节和风险隐患，避免系统数据管理出现的操作风险。

【人力资源管理】2017年，公司修订完成《员工薪酬管理办法》《考勤管理办法》《绩效考核管理办法》《员工晋升职级规定》等制度。新增《高级管理人员薪酬和绩效考核管理办法》，参照银监部门发布的《金融机构绩效考评监管指引》和《商业银行稳健薪酬监管指引》的相关规定，引入银行业金融机构绩效考评指标，对高管人员执行绩效薪酬延期支付和追索扣回制度。围绕专注集团主业、服务实体经济、严防各类风险实施绩效考核，构建专业化发展的正向激励机制，推动公司考核体系的完善。

2017年，公司加强员工培训，鼓励员工参加各种有助于提高自身素质的学历、职称及资格考试等。职工参加的业务培训涉及基础业务、税收新规、内控制度、风险管理、人事管理等范围。全年完成了培训人员297人次、2260学时。

郑州宇通集团财务有限公司

【集团概况】郑州宇通集团有限公司（以下简称“集团”）成立于2003年4月23日，性质为民营企业，核心成员企业为郑州宇通客车股份有限公司。集团业务范围涵盖客车及客车零部件制造、工程机械制造、金融投资三大领域。2017年实现营业额478亿元，较2016年增加26.12亿元，增幅为5.8%。

【公司概况】2017年，郑州宇通集团财务有限公司（以下简称“公司”）秉承“依托集团、服务集团、稳健经营、规范运作”的经营方针，通过加强资金集中管理，提升资金使用效率，完成了年度经营目标。2017年末，公司资产规模45.16亿元，贷款余额29.25亿元，全年实现营业收入1.85亿元，净利润1.30亿元，净资产收益率为15%。各项监管指标均符合监管要求，整体风险水平低，资产质量优良。

【资金管理】2017年，公司持续提高资金精细化管理，完善资金计划编制、监督及评价机制，保持合理的资金头寸。公司通过同业拆借、有价证券投资、票据转贴现等渠道融入资金，提升资金流动性管理能力，使集团资金集中度、资金使用效率得到了进一步提升，2017年末，公司全口径资金集中度达到63.67%，较上年提高5.45个百分点。

【信贷业务】2017年，为深入发掘并精准满足成员单位资金需求，公司建立了成员单位走访、需求分析、任务跟踪解决机制，全方位服务成员单位。2017年累计发放贷款金额20.51亿元，办理委托贷款金额19.10亿元，完成了信贷预算指标。公司发放贷款执行基准利率，委托贷款手续费执行较低标准，满足了集团及成员单位生产经营资金需求，促进主业发展。

【投资业务】2017年，公司投资业务持续稳健开展，业务种类丰富，固定收益类投资、高流动性产品投资、同业投资、委托投资业务有序进行，在保证充足流动性的前提下，合理配置闲置资金，提高资金收益率。公司已与多家金融机构建立了合作关系，大幅提升了在同业间的知名度和影响力，为公司投资业务后续发展创造了良好的环境。

【票据业务】公司坚持“以客户为中心”和“产业链共赢”原则，满足成员单位及产业链融资需求。2017年，公司累计为成员单位办理贴现金额0.49亿元，累计为成员单位上游供应商办理贴现金额27.72亿元。为盘活集团和成员单位持有的票据资产，公司持续开展转贴现、再贴现等业务，盘活票据资产规模超过20亿元，提高了资产流动性。

【业务创新】2017年，公司在获批“一头在外”延伸产业链金融业务资质后，坚持“以服务核心成员单位，面向直接交易对手，促进集团主业发展”的原则，推出“成员单位为债务人，供应商为债权人”的应收账款保理业务。2017 年，公司共计办理保理业务 268 笔，发放款金额超过 4 亿元，受益的上游中小微企业供应商超过 60 家。

【风险管理和内部审计】2017 年，公司制订了各项业务风险识别能力提升方案，并建立了复盘机制，通过对各项业务风险政策的梳理和业务的研讨，各类风险得到有效防范，资产质量持续良好。公司开展了信贷、票据、投资、结算等主要业务的日常稽核，开展了合规风险管理、资产五级分类、反洗钱工作专项审计，并对公司制度流程管理开展了专项检查，促进了公司内控管理持续完善。

【信息化建设】2017 年，公司信息科技工作主要致力于完善已有系统功能，优化业务连续性管理，全年信息系统运行平稳。为加强信息安全管理，公司部署了互联网准入设备，调整了设备安全策略，优化了数据备份及容灾机制，保证了公司业务连续性。

【人力资源管理】2017 年，公司以支持公司战略落地和实现员工个人成长发展为目标，以绩效管理为抓手，通过人员优化配置、人才培养发展，建设专业、高效、充满活力的金融团队；持续加强人才梯队建设，积极探索双通道发展道路，对核心岗位实施培养计划、轮岗计划，确保后备人员充足。

【企业文化建设】2017 年，公司紧跟集团文化推进战略主线，重点推进集团党委工作计划和集团董事长讲话精神、文化融入业务、干部文化管理能力提升等项工作；为增进团队融合、促进员工交流，公司持续开展以“快乐工作、健康生活”为主题的团队活动，包括金融知识竞赛、演讲比赛、踏春暴走、户外烧烤、羽毛球和游泳比赛等项目，丰富员工生活，增强了团队凝聚力，营造健康、积极、向上的团队文化氛围。

中材集团财务有限公司

【集团概况】中国建材集团有限公司是经国务院批准，由中国建筑材料集团有限公司与中国中材集团有限公司重组而成，是国务院国有资产监督管理委员会直接管理的中央企业。集团集科研、制造、流通为一体，是全球最大的建材制造商和世界领先的综合服务商，连续七年荣登《财富》世界企业 500 强榜单。资产总额近 6000 亿元，员工总数 25 万人，年营业收入超过 3000 亿元。拥有 15 家上市公司，26 家国家级科研设计院所，3.8 万名科技研发人员，33 个国家行业质检中心，10000 多项专利，11 个国家实验室和技术中心，18 个标委会。

【经营概况】中材集团财务有限公司（以下简称“公司”）2017 年营业收入增长 61%，利润增长 67%，全年增利节费合计 1.23 亿元，已形成可供使用的金融资产规模超过百亿元。日均存贷款、结算量、结算笔数均大幅度增长；电票业务已经覆盖到主要成员单位；提高同业授信规模，业务规模不断扩大；获得银行间市场交易商协会承销成员单位企业债会员资格，全国银行间同业拆借中心债券交易固定收益类有价证券投资业务资格，开展即期结售汇业务资格；核心系统功能日益完善，与有结算中心的单位设计具体系统开发方案，建立多级次的归集模式；落实国家信息安全等级保护要求，提升系统安全防护水平。强化风险管控，各项基础业务有序开展，新业务逐步推进，各经营指标均达到监管机构的监管要求。

【信贷业务】2017 年度日均自营贷款增长 86%。公司积极为成员单位提供过桥贷款服务，最大限度地为成员单位节约了财务费用。同时严格按照有关规定，对每笔贷款进行贷款首次检查和按季度的贷后审查，确保成员单位按照合同约定用途使用贷款。

【资金业务】在保证资金头寸的前提下，有效与各银行开展同业定期存款业务。与金融机构开展同业拆借业务，解决了临时性资金头寸紧张的问题。公司给成员单位提供的人民币和外币活期、定期存款利率都高于国内主要商业银行。

【票据业务】电票业务已覆盖了集团主要成员单位，进入全面开展阶段，通过再贴现、转贴现等方式，进一步扩大了票据贴现业务范围。2017 年 4 月 21 日，公司电票业务推介会在北京召开，为集团内上下游企业提供更完善的金融服务，加强财企合作，进一步助力集团产融结合。

【外汇业务】公司外币存款利率直接与 Libor 挂钩，在美元 Libor 价格呈上升趋势的背景下，成员单位外币存款积极性有了显著提高，公司从外部银行取得的收益更多惠及成员单位。2017 年吸收成员单位日均美元存款较上年同期增长了 318%。

【资金集中】公司为各成员单位办理开户、联网授权，提供资金结算服务，免收各类代理结算费用；办理存款存入、支取、结息等资金服务，提供电子回单自助打印功能。2017 年度日均存款增长 61%，结算量增长 52%，资金池规模进一步扩大。

【风险管理和内部控制】新增及修订规章制度 7 项、业务流程 4 项，截至 2017 年末，公司共有规章制度 127 项、业务流程 115 项，基本覆盖现有业务活动和日常管理活动。公司开展“两个加强、两个遏制”回头看、“三套利”、“四不当”等专项治理自查及整改工作；开展 4 期风险、合规、法律培训；开展阶段性稽核审计 2 次、专项审计 5 次、离任转岗审计 4 次、配合银监局开展专项整改问责 1 次，为公司业务开展保驾护航。

【人力资源管理】一是继续坚持以人为本的理念，不断优化管理。共组织 424 人次参加各类培训、考试、取证工作。二是加强同业交流学习，提高从业人员素质。三是建立员工收入管理的长效机制。结合关键、重要岗位，对专业技术人才薪酬实行动态管理。四是建立岗位类别调整机制，完善了员工上升通道，调动了一般岗位的员工积极性和创造性。

【信息化建设】一是完成信息系统集成搬迁和托管项目。核心区域万兆互联，性能提升 2 倍以上。机房环境满足国家 A 级标准，基础设施可靠性达到 99.99%。建立了从网络到应用、从数据库到存储的多元化异地容灾备份机制，完成了 4 次应急演练和 2 次数据容灾恢复演练；二是与国家及金融行业信息安全等级标准进行对标，完成信息安全等保三级的备案工作，提升系统安全防护水平；三是陆续上线了上市公司超限额回拨、资金池增补、固定收益类有价证券、承销债、对接招商银行 CBS 系统、工商银行外币接口、结售汇、电票等 8 个功能模块。

【企业文化建设】定期组织召开员工大

会，就活动举办、工作制度、员工福利等议题进行审议，维护职工合法权益。组织开展了观影、羽毛球赛、猜谜、春秋游等多项文体活动，组队参加了集团举办的羽毛球赛，组织全体员工加入了企业年金计划，在法定节假日慰问员工。组织了各类内部培训16次。

【党建工作】公司通过党委理论中心组学习扩大会议和支部学习等形式组织全体员工认真学习十九大精神，开展了交流座谈会、知识问答、诗词创作、寄语十九大、主题党日等学习活动。定期组织党员和群众学习上级党委文件精神；通过微信公众号、网络微视频等新媒体形式，组织党员进行系统的学习。2017年9月，单独设立了党群工作部和纪检监察部，配备专职党务、纪检监察工作人员，进一步加强党群和纪检工作。

中车财务有限公司

【集团概况】中国中车集团有限公司（以下简称“集团”）是世界轨道交通装备龙头企业，拥有全球最大的电力机车、高速动车组、大功率内燃机车、铁路客车、铁路货车、城轨地铁车辆研发制造基地。2017年，集团实现营业收入2193亿元，利润总额130.06亿元。中车财务有限公司（以下简称“公司”）由中国北车集团财务有限公司与南车财务有限公司按照对等合并原则组建而成，是集团第一家持牌金融机构，注册资本22亿元。

【经营概况】2017年，公司面对国内金融市场资金面持续偏紧、金融监管力度加大、公司运营模式发生重大改变，公司制度、业务、人员、文化加速融合的内外部经营形势，迎难而上，实现营业收入6.64亿元，较上年同期增长15.37%；实现净利润4.59亿元，较上年同期增长17.62%；不良资产率和不良贷款率为零。

【信贷业务】公司积极推进以自营贷款为核心的各类信贷服务，全面推进票据业务，大力拓展保函业务和贴现业务，截至2017年末，公司自营贷款余额140亿元，自营贷款利息收入和中间业务收入合计6.30亿元，比上年增加4400万元，增幅为8%。

【同业业务】2017年，公司存放同业业务收益及管理水平不断提升，全年实现存放同业定期日均规模48.02亿元，平均利率达4.47%，同业活期资金规模31.02亿元，平均利率达2.81%。同业拆入低成本资金229亿元，平均利率为2.85%。

【票据业务】2017年，公司为60余家成员单位累计开立约2000张50亿元承兑汇票，减免手续费和保证金为成员单位节约财务费用约1800万元，累计办理票据贴现4亿元，完成上海票交所系统切换和核心业务系统电票功能优化，持续推广财司电票，努力拓宽财司电票流转渠道，通过票据互认打通中国铁路财务公司开具的商票在集团和供应商范围内贴现融资路径。稳步推进票据池建设，确定集团票据池建设总体方案。

【资金业务】2017 年，公司日均吸收存款规模222 亿元，同比增长16%。平均全口径资金集中度约 52%，同比增长 7 个百分点。

【外汇业务】2017 年，公司结售汇业务步入良性发展轨道，共办理即期代客结售汇业务 21 笔，合计 1.51 亿美元，实现 177.94 万元的结售汇收益，同时也为成员单位节约汇兑成本约 42.43 万元。2017 年，公司在原有五大外币币种的基础上新增新加坡元和澳大利亚元的开户、直联、归集和结汇业务。

【业务创新】2017 年，公司启动基于核心业务系统的移动互联平台建设，立足核心企业打造移动办公平台、票据管理平台、信息交互平台，为面向全产业链提供金融服务奠定基础。保函业务取得突破性进展，累计办理各类保函 73 笔，共计 15 亿元。公司创新服务模式，组建项目团队，实地调研了解成员企业资金管理现状及存在的问题并为其提供金融服务咨询。

【风险管理和内部控制】2017 年，公司扎实做好风险监测、监控工作，对流动性比率、资本充足率等关键监管指标进行持续跟踪，并建立预警机制，公司不良资产继续实现了“双零”目标（零不良资产余额和零不良资产比例）。

【人力资源管理】2017 年，公司先后完成更名、变更住址、新增董事任职资格审批、南车财务公司注销，正式以中车财务有限公司名义运营；统一工资体系，完善岗位绩效工资制实施办法，完成员工对岗对级。共有在岗员工 47 人（含金租借调人员），全部拥有本科及以上学历；进一步优化新公司的治理架构，完善“三会一层”公司治理结构；通过系统的整章建制、规范流程工作，共计制定、修订 152 部业务相关制度。

【信息化建设】2017 年，公司基于大数据平台一期项目基础，充分利用公司现有各项数据资源，完成财资管理大数据分析专题建设，实现全集团范围投、融资规模的监控，充分发挥公司作为司库的管理职责。2017 年，公司还大力开展移动互联平台建设，将传统业务与互联网高度融合，项目完成后，将实现票据池管理、票据融资管理、沟通平台管理等多项功能。

【企业文化建设】2017 年，公司党委将党建工作、文化建设与规划发展、业务经营更加紧密地有机结合在一起。公司基层党组织规模进一步扩大，成立了工会、女工委员会，开展了自行车比赛、羽毛球比赛等主题鲜明、丰富多彩的精神文化活动。与此同时，公司制定了《中车财务有限公司先进部门和优秀员工评选管理办法（暂行）》等基础制度，为培育和形成“专业、创新、高效、融合”等特质为一体的企业文化氛围建立制度保障。2017 年，公司捐赠扶贫款 39.2 万元。

中船财务有限责任公司

【集团概况】 中国船舶工业集团有限公司（以下简称“集团”）成立于1999年7月1日，是在原中国船舶工业总公司所属部门企事业单位基础上组建的中央直属特大型国有企业，是国家授权投资机构，由中央直接管理，在世界500强企业中名列第364位。截至2017年底，集团拥有40余家二级单位，在中国香港及美国、俄罗斯、泰国等8个国家和地区设有驻外机构。

【经营概况】 2017年，中船财务有限责任公司（以下简称“公司”）紧跟集团改革发展和战略转型需要，坚持创新促发展，树立以产业需求为导向的经营理念，坚持服务实体经济的根本宗旨，全方位提升金融服务的贡献度和满意度。截至2017年末，公司资产总额496.66亿元，全年实现营业收入15.41亿元，实现利润总额11.33亿元，各项指标均符合监管标准。

【结算业务】 2017年，公司已为279家成员单位开立结算中心网银，覆盖率达到96%，为158家成员单位在七家直联银行实现挂接，通过结算中心建设，实现了电子化结算，企业资金收付均通过公司的核心业务系统完成，且财务凭证回单及对账单等均可在企业自助终端打印，为企业提供了极大的结算便利。

【信贷业务】 2017年，公司在2016年首次为上海某造船企业办理银团贷款的基础上（利率为同期基准利率下浮15%），2017年又帮助上海另一造船企业筹措了15亿元规模的银团贷款。2017年8月，公司继续推出“福利”政策，正式出台了《信贷支持新产业发展实施细则》，为集团公司的结构调整和转型发展、为成员单位开发新技术、发展新产业的融资提供无息和低息贷款优惠政策，低息贷款利率最高下浮50%，全面支持企业发展新产业。

【外汇业务】 公司充分利用跨境资金池，帮助企业拓展融资渠道，通过对外放款和代理偿还外债等形式满足成员单位资金跨境融通。同时，公司充分运用具有的即期结售汇业务、远期结售汇业务、人民币外汇掉期交易等资质，为成员单位提供多种汇率风险防范工具，满足成员单位需求。

【保险业务】 2017年，公司完成了第三次保险招投标，此次招标使保险费率在之前的基础上再下降10%，通过三次保险招投标，降低全集团保险费率46.5%。此外，公司在2015年底、2016年初首次帮助企业办理首台套保险业务的基础上，2017年全面展开此项业务，促进成员单位加快产学研科技成果的转化，为集团科技创新提供风险保障。

【风险管理和内部控制】 2017年，公司把防控金融风险放到更加重要的位置，以相关监管文件为抓手，开展“三违反”“三套利”

Z

"四不当"行为专项治理等自查工作，在做好整改的同时，积极关注最新监管动态，坚守监管底线和红线，健全完善风险防控长效机制，将风控体系嵌入各业务链条，实行对业务风险全流程把控，建立业务事前风险把控、事中量化监控、事后定期稽核的风险管理闭环，夯实审慎合规经营的基础。同时，公司不断加强合规管理，积极传达并组织公司员工深入学习相关监管文件，加强对全体员工合规方面的培训，提升全员的合规管理意识和能力。

【依法治企】2017 年，公司制定了《案防工作管理办法》，明确了董事长为公司案件风险防范第一责任人，总经理是案防制度制定和执行的第一责任人。公司董事会根据授权对公司法治建设及案防工作进行指导监督；公司法律事务机构归口管理规章制度审核、重大经济合同起草；总法律顾问参与重要决策会议。2017 年，公司规章制度的法律审核率实现 100%，经济合同的法律审核率实现 100%，重要经营决策的法律审核率实现 100%。在党的十九大"深化依法治国实践"和"健全金融监管体系"总体思路的引领下，依法合规经营仍然是公司必须坚守的底线，2017 年，公司还加强了违规问责机制建设，修订《违规行为处理办法（试行）》，公司将根据相关制度对违规行为进行追究和认定有关人员责任。

【人力资源管理】2017 年，公司进一步完善绩效考核制度，修订《公司绩效考核管理办法》，在完善绩效考评方法和指标设置的同时，进一步提升风险合规管理类指标占比至 50%，强化风险管控和合规经营的基础性作用。完善公司激励和约束机制，建立健全员工晋升通道，通过岗位、职务与薪酬分配相结合的办法，逐步建立管理人员、专业人员不同序列的晋升通道，激发员工的工作热情和积极性。同时，公司制定重点（敏感）岗位人员交流轮换方案，坚持实质重于形式原则，建立员工岗位流动机制。

【信息化建设】2017 年，按照《"十三五"信息化发展规划》的总要求，积极推进重点信息系统建设，启动投资和保险管理系统、电子商业汇票线上清算系统、统一监管报送系统、EAST 系统、ACS 综合前置系统应用推广、核心业务系统和外汇远期管理二期定制开发等项目，实现信息系统对业务领域的全覆盖，全面提升信息化基础管理水平。同时，公司以信息安全等级保护三级要求为切入点，以保障公司核心业务的连续性和数据安全为目标，开展了信息安全等级保护建设，全面提升信息安全保障能力。

中船重工财务有限责任公司

【集团概况】中国船舶重工集团有限公司（以下简称"集团"）成立于 1999 年 7 月 1 日，主要从事海洋装备产业、动力与机电装备产业、战略性新兴产业和生产性现代服务业的研发生产，截至2017年已连续7年入选世界500强企业，排名第233位，位居全球船舶企业首位。拥有上市平台公司5家、二级成员单位84家，其中，二级企业54家、科研院所28家、境外机构18家，总资产4400亿元，员工17万人。

【经营概况】 中船重工财务有限责任公司（以下简称“公司”）以“依托集团、服务集团”为经营宗旨，立足于集团成员单位行业特点，为其提供全方位金融服务，规范经营、稳健发展，确定发展目标为：打造创新型一流财务公司，开创集团金融产业新局面。2017年公司实现营业收入31.31亿元、利润总额22.73亿元、经济增加值12.39亿元，分别完成年度计划的129.01%、122.86%和136.15%，超额完成集团下达的经营目标任务。

【信贷业务】 信贷结构不断优化，融资功能有效发挥。全年累计向成员单位投放贷款460.82亿元，为集团整体节省利息支出13.88亿元，直接减免成员单位各项费用1368万元。坚持零保证金政策为成员单位开立电子银行承兑汇票，持续以优惠利率为成员单位提供电子银行承兑汇票贴现等融资支持，与市场价格相比可为成员单位减少财务费用支出超过4.6亿元。

【资金业务】 通过认真分析资金供求，在满足监管、保证流动性的基础上，合理开展同业存放业务，做好资金灵活运用。2017年存放同业收益率达到4.30%（不含央行准备金）。按季对公司经营业绩考核指标完成情况、预算执行情况、经营环境等综合分析，督促落实重点工作，有效衔接关键环节，提质增效，促进了公司经营效益的稳步提高。

【投资业务】 为促进投资业务的稳步开展，公司不断加强投研能力的提升与培养，对权益及固定收益领域分别研究分析，认真选择投资品种，择机投资，择时售出锁定收益。不断提升风险意识，通过积极调整投资规模，控制投资额度，防范投资风险。此外，在做好自营投资业务的同时，也为集团成员单位开展受托投资服务。

【资金集中】 资金结算业务增长明显，管理效果显著。随着浙商银行银企直联接口连通、开通定期等存款业务线上渠道、内部转账不落地功能上线和账户集中管理等工作的有效推进，结算平台功能进一步拓展，资金集中管理工作不断深化，为集团财务管控模式落地夯实了基础。2017年资金结算总额11645亿元，同比增长31.49%；结算量达31万笔，同比增长20.87%；减免结算费用664万元。全年可归集资金集中度保持在98%以上。

【业务创新】 创新商业模式，积极配合集团实施市场化债转股项目，减少了年利息支出，降低了集团资产负债率，使集团杠杆率高、财务负担重等问题得到有效缓解，“降杠杆”成效明显。

【风险管理和内部控制】 注重预防，健全体系，风险合规工作成效明显。为进一步强化风险管理，确立了“以风险防控促业务发展、以评级提升促管理提升”的工作纲领，坚持稳健的风险管理战略，以监管评级为指引，围绕落实监管整改，开展“三三四”、风险防范、市场乱象自查活动，加强政策解读，开展全员合规培训，全面宣贯风险合规文化，树立“人人重风险、事事讲合规”意识，增强员工风险防范自觉性和主动性，不断完善风险防范机制，为业务稳健经营保驾护航。

【人力资源管理】 紧紧围绕公司发展战略，不断健全人力资源管理体系，强化干部人才队伍建设，为公司发展提供有力的人才支撑。坚持正确选人用人导向，严格工作程序，按照“德才兼备、以德为先”的原则，不断加强公司干部选拔任用工作。总体来看，“70后”、“80后”中层干部占73%。通过设立总

Z

经理助理岗位、团支部委员等，积极培养青年干部，加强后备干部队伍建设。通过内部交流、外部引进等形式，不断优化人才结构。

【信息化建设】 有序推进信息化建设，为公司运营提供支撑。结合公司实际，调整、修订了“十三五”信息科技发展规划，持续推进信贷管理系统二期、浙商银行银企直联接口、“军工票”信息平台和系统接口以及征信接口等系统建设项目。有序开展 IT 基础运维服务采购、信息系统设备更新升级、信息安全提升总体方案建设、电子商业汇票系统移交切换等项目建设，启动新一代核心业务系统建设调研，加强信息系统的运行维护、安全保障，为公司业务开展提供支撑。

【企业文化建设】 凝聚共识，形成合力，推进企业文化建设。通过组织问卷调查，统一公司员工思想行为，初步形成企业共同愿景和核心价值观。创刊《文化之声》，推进企业视觉识别系统建设，加大公司宣传力度。大力支持工会工作，重视员工身心健康。通过“四个看望慰问”、拓展、体检、健步走以及瑜伽、羽毛球等活动，增进员工的沟通、交流，增强团队建设；出台《员工健步走活动奖励相关规定》，激励员工开展持续性的日常锻炼，构建积极和谐的发展氛围。

【党建工作】 按照“抓党建从工作出发，抓工作从党建入手”的总要求，从顶层设计和基层建设两个层面入手，将党建工作总体要求写入公司章程，在加强自身建设、引领发展等方面积极探索。通过制定学习计划，开展党员教育，将党组织研究决策纳入公司董事会、经理层决策重大问题前置程序。积极落实巡视整改要求，将问题、责任和措施一一对应，做到条条要整改、事事有着落。

中广核财务有限责任公司

【集团概况】 中国广核集团（以下简称“集团”）由中国广核集团有限公司和 40 多家主要成员企业组成，为国家特大型清洁能源企业集团。中国广核集团有限公司（原名中国广东核电集团有限公司）1994 年 9 月正式注册成立，注册资本 129.78 亿元人民币，2013 年 4 月更名为中国广核集团有限公司。集团产业格局包括核电、核燃料、新能源、金融服务四大业务板块，以及核技术、节能服务、公共事业等新业务协同发展的清洁能源产业。

【经营概况】 2017 年，中广核财务有限责任公司（以下简称“公司”）实现营业收入 8.43 亿元，利润总额 6.10 亿元，净利润 4.58 亿元，净资产收益率为 11.21%；实现经济增加值（EVA）1.11 亿元，资产总额 378.46 亿元。

【信贷业务】 2017 年，公司在严峻的市场下多方举措保障集团资金安全，为重点项目资金保障打下坚实基础，积极为成员单位提供信贷支持，2017 年提供贷款平均规模 152 亿元；

公司顺利完成防城港核电一期项目长期债务重组，保障项目资金安全；顺利实施英国核电项目融资工作，为获得稳定的长期资金奠定了基础；公司加强信贷融资业务精细化管理，全年完成8个业务操作手册编写和3个业务程序升级版。

【资金业务】2017年，集团内部全面实现资金计划信息化管理，精益化管理水平及管控力度大幅提高，全集团计划执行偏差率大幅下降。为加强公司资金交易市场参与度，提升同业业务议价能力，对竞争性业务采用竞价方式进行市场比价，2017年人民币同业交易品种远较往年丰富，同业交易笔数是2016年的两倍以上，同业综合收益率超过银行间市场Shibor平均利率约50个基点。同时通过对公司资产负债模型的持续优化，合理进行各项资金配置，收入、利润、流动性等关键指标的模型预测值与实际值相比准确率在90%以上。

【投融资业务】2017年，公司不断提升投资和投行业务服务水平和能力，在合法合规、控制风险、追求适度收益的原则下完成既定目标，投资收益水平远高于上证指数2017年年度涨幅；发债顾问服务方面，公司作为财务顾问参与了集团首笔境外欧元债券的发行，本次债券募集资金5亿欧元，是集团的首笔境外绿色债券。与此同时，还发行了5年期美元债3.5亿美元和10年期美元债5.5亿美元。集团同时发行双币种、多期限及欧元绿债在央企中也属首例。

【外汇业务】公司积极构建集团基于跨国公司管理模式的新型外汇风险管理体系，提升外汇风险管理能力。加强外汇风险预测，设计汇兑损益定量预测分析模型。持续为“走出去”项目提供外汇风险管理服务，完成集团对英国HPC项目增资购汇；推动境外相关公司变更本位币为美元，规避长期美元贷款汇兑损益风险；协助马来西亚马六甲项目开展商务合同现金流的外汇风险保值交易，对冲外汇风险；根据成员企业授权要求开展保值交易，将汇率风险控制在目标以内。

【资金集中】为加强资金集中管理，公司统筹成立资金集中管理小组，以资金管理系统为抓手，通过日常与重点工作两手抓、培训与通报相结合的方式，大力推进资金集中管理各项工作。在政策宣贯方面，全年累计培训超过10次；在资金管理专项检查方面，按月开展资金归集、账户直联监控等检查，并实行三级通报；利用跨境外币资金池，归集外债资金，提高集团资金集中度。截至2017年底，可归集口径集中度达到97.62%，同比增长0.69个百分点。

【业务创新】完成开展延伸产业链金融服务试点备案，实现“一头在外”票据业务零突破，截至2017年底，开展一笔“一头在外”的票据贴现业务，金额9990万元，交易对手为国有大型企业。其中“一头在外”的票据贴现业务占比100%，占公司总贷款量的0.68%。公司完成成员单位产品的买方信贷业务资质申请并获得批准；获批二级市场投资业务资质并开始试水二级市场投资。

【风险管理和内部控制】2017年，公司严守风险底线，加强公司合规风险管理工作的可操作性和规范性，修订和完善了公司《合规风险管理制度》，并编制完成《合规风险管理实施细则》，进一步建立健全了合规风险管理运行机制，确保公司依法合规经营。同时制定了管理优化方案，明确了职责分工，完善了体系管理方式和制度框架，规范了制度文件过程管理。

【人力资源管理】2017年，通过公司战略目标的牵引，在初步建立市场化人力资源管理体系的基础上通过多元化的人才招聘渠道，加强了重要管理岗位和核心业务岗位的人才配置；搭建公司内部培训体系，营造知识分享的学习氛围，充分利用内外部培训资源，提高员工职业素养和业务技能；优化调整职业发展体系，明确岗位任职资格，强化业绩和能力导向，确保合适的人才配置到合适的岗位；优化员工绩效考核，进一步凸显薪酬激励差异化和精准性。

【信息化建设】 信息安全方面，公司顺利通过27001信息安全管理体系外审，荣获BSI颁发的“信息韧性卓越奖”。系统建设方面，公司实施了资金管理系统二期项目，有效提高公司资金管理水平，提高资金集中度，该项目获得第27届广东省企业管理现代化创新成果二等奖；实施了监管报表管理系统项目，实现报表编制自动化，提高报表数据质量；在SAP中实现了买方信贷功能，降低业务风险。系统运维方面，公司2017年关键系统可用率达99.8%，保证系统运行稳定正常。

【企业文化建设】 2017年，企业文化与品牌建设工作紧密围绕“十三五”规划总体目标要求开展，在弘扬集团企业文化的同时，落实集团“一次把事情做好”的核心价值观，坚持“以人为本、全员参与、务求实效、促进发展”的原则，管理措施如下：加强企业文化与品牌建设基础性工作；构建有企业特征的企业文化理念；梳理文化融入制度工作；形成科学民主的决策环境与氛围；大力加强金融从业职业道德教育。

【党建工作】 2017年，公司党总支统筹下属两个党支部积极推进各项工作，组织全体党员及员工集中观看了十九大开幕式，并在组织生活会上开展学习分享活动，深入领悟党中央精神。同时，公司党总支与分工会共同开展“爱企爱家系列活动”之全员培训，与邮储银行共同组织“金融进校园”义工活动，与中国进出口银行、中国银行分别开展联合党建活动，并以此为载体促进基层党员学习和交流。

中国大唐集团财务有限公司

【集团概况】 中国大唐集团公司（以下简称“集团”）是2002年在原国家电力公司部分企事业单位基础上组建而成的特大型发电企业集团，2017年完成公司制改制，名称变更为中国大唐集团有限公司，成为国务院国资委100%持股的有限责任公司，注册资本为370亿元。

【经营概况】 2017年，中国大唐集团财务有限公司（以下简称“公司”）完善决策机制，优化业务流程，全面超额完成集团下达的各项指标。连续三年蝉联财务公司行业评级A级企业，再次获得“首都文明单位”荣誉称号。

【信贷业务】 公司积极支持集团结构调整，外部融资渠道进一步拓宽。发挥产融结合桥梁作用，盘活集团存量信用资源，解决困难企业资金急需急用。积极配合集团产业结构优化和资产质量提升，累计向系统内大机组、绿色能源重点项目提供信贷支持，有效缓解部分项目阶段性融资难问题。公司持续落实集团融资管控指导意见，应急保障服务继续强化。及时跟踪集团资本运作及资产质量管理要求，动态掌握成员单位资金变化，严格把控信贷资金用途。通过优化信贷服务策略，创新融资服务手段，有效防控资金风险。

【资金集中】严格落实集团资金管理要求，加强资金集中工作检查力度，针对部分时点出现的集中度下滑苗头，重点分析上市公司月、周、日资金集中和沉淀情况，积极解决部分成员单位资金归集监管限制问题，全力压降沉淀资金规模。大力推动社保账户归集，并已在集团层面达成统一意见筹划实施。加强资金实时监控，持续夯实账户管理基础，高效发挥结算平台作用，集中结算率达99.9%。

【资金业务】理顺部门职责界限，实现资源的统一配置及计划管理。建立与重点存款客户的沟通机制，主动提前掌握集团大额直接融资信息，强化资金预算刚性和存款波动分析，通过压头寸、调结构，提升资产配置的流动性，显著增强应对市场变化的能力。

【票据业务】实现票据业务规模与综合收益率的提升，电子商票推广力度不断加大。根据集团发电产业模式和票据运用规律，开展了集团票据集中管理、电子票据信息集中和未来票据支付预算化管理模式探索研究。同时努力引导集团内部产业链企业间使用电子商票结算，商票推广达到预期效果。

【外汇业务】2017年外币资金集中逐步推开，积极探索境外筹融资管控模式。大力拓展海外业务，服务客户涵盖系统内20余家单位。

【业务创新】获批了“一头在外”票据和应收账款保理业务资质，累计为18家产业链上下游中小微企业提供票据贴现融资，在拓展公司业务格局的同时，提升了集团系统整个供应链竞争能力。

【风险管理和内部控制】公司积极落实监管要求，牢固树立底线红线意识，深入开展各项风险排查，重点关注资本市场风险，做好各项证券资产配置。持续压降风险企业贷款，坚决杜绝无效信贷投放。创新风险防控方式和手段，建立授信风险模型和贷款利率定价模型。开展各类风险应急预案体系建设，有效保证公司风险管理的全面性及完整性。公司不断提高内控全流程、全周期管理水平，全年组织新建和修订制度，优化调整业务系统权限节点和审批权限。不断完善合同管理、改进工作流程，形成统一牵头、交叉协同的管理机制。强化内部监督和风险控制，开展信贷业务、有价证券投资业务、资金系统授权等专项审计和检查。

【人力资源管理】全面责任管理进一步推进，激励约束机制继续完善。颁布实施员工奖惩实施细则，优化绩效考核管理制度，加大问责追责力度，发挥部门管理员工自主权，提升团队战斗力。开展中层管理人员和员工前后台岗位交流与轮换，加大复合型人才培养力度。制定优秀年轻干部培养计划，形成健康有序的人才发展梯队。不断丰富“大唐金融讲堂”品牌内涵，建立自主培训制度化工作机制。

【信息化建设】公司金融信息化规划有序实施，核心系统保障水平稳步提升。一是强化信息系统安全风险意识，定期实施应急演练，建立与成员单位的高效联络机制，全面提升服务响应处理效率，提升外包服务的日常运维质量管理。二是按照信息化规划部署，扎实推进核心业务系统数据标准项目建设，完成新一代信贷业务系统上线，不断提高业务支持能力。三是项目管控模式不断创新，创新性推进PMO项目管理，有效防控项目过程风险，实现项目全周期闭环管理。强化信息化专业能力提升，探索开展自主研发工作，实现自主研发系统突破。

【企业文化建设】全面贯彻“价值思维、

效益导向”核心理念，大力弘扬“务实、奉献、创新、奋进”的大唐精神。加强企业民主管理，丰富文娱活动内容与形式，积极营造温暖和谐的文化氛围。

【党建工作】全面从严治党取得新成效，党委领导核心和政治核心作用切实发挥。党的十九大精神持续深入宣传贯彻，准确领会把握习近平新时代中国特色社会主义思想，“四个意识”进一步增强。全面落实全国国有企业党建工作会议精神，党的建设工作不断提升。两个责任落实继续强化，全面从严治党不断深入推进。

中国电建集团财务有限责任公司

【集团概况】中国电力建设集团有限公司（以下简称“集团”）是经国务院批准，于2011年9月在中国水利水电建设集团公司、中国水电工程顾问集团公司和国家电网公司、中国南方电网公司所属的部分电力勘测设计、工程、装备制造企业基础上组建的国有独资公司。

集团是提供水利电力工程及基础设施投融资、规划设计、工程施工、装备制造、运营管理的综合性建设集团，作为全球规模最大、产业链最完整的电力建设企业，集团2017年位居《财富》世界500强企业第190位。

【经营概况】2017年，中国电建集团财务有限责任公司（以下简称“公司”）全面贯彻落实国家金融监管要求，着力“搭建平台、整合资源、提质增效、共享效益”，实现营业收入13.22亿元，利润总额4.28亿元。截至2017年底，公司资产总额473.51亿元，吸收存款余额418.2亿元，资金集中度为43.88%，自营贷款余额184.89亿元，委托贷款余额222.07亿元，各项监管指标运行良好，未发生风险事件。

【信贷业务】2017年，公司累计办理自营和委托贷款757.36亿元。积极发展中间业务，开展票据贴现、内部保函、资信证明等业务，参照商业银行标准，全年为成员企业减少6.66亿元保证金。不断丰富创新金融服务产品，首次推出并承贷新能源项目长期银团贷款0.57亿元；开办应收账款保理业务，发放无追索权内部保理20.35亿元，牵头办理外部保理89.43亿元。装备板块试点金融服务取得新进展，公司金融服务综合贡献约占板块利润的10%。

【资金业务】按照“保支付、防风险、期限错配”的原则，加强资金头寸管理，2017年实现同业资金运作收入5.36亿元，占公司收入总额的40.52%。在满足资金流动性需求的同时，资金收益实现持续稳定增长。强化价格引导，灵活利用归集资金向成员企业创效，先后推出7天、14天、20天等跨期通知存款、定制通知存款等产品，为成员企业创效6.51亿元。

【资金集中】资金集中管理范围进一步扩大，按照“横到边、纵到底”的资金归集思路，一方面聚力特殊性资金归集，首次在公司开立PPP项目共管账户；在商业银行开立异地账户，归集成员企业的异地项目监管资金。另一方面促使700余家三级企业在公司开户，协助成员企业利用公司专业金融平台搭建企业总部资金池。

在集团范围内大力推行代理支付业务，成功对接成员企业总部结算系统和财务公司核心业务系统，建立起“三点两线”闭环结算信息系统，打通结算便捷通道，极大提高结算效率，以结算效率提升推动人民币日均存款由2016年的130.08亿元提高至404.63亿元。

【管理创新】2017年，公司在深化资金归集平台建设的基础上，在46家特级和A级成员企业中策划开展了资金集中管理达标竞赛活动。活动综合研判成员企业对集团公司的贡献度，指标综合了国务院国资委、监管机构、行业协会以及集团公司的相关考核指标，突出考核账户管理、资金结算和资金集中三大类指标，并将考核结果与公司金融服务挂钩。历时7个月的竞赛活动对31家达标企业进行了表彰，推动集团资金集中度提升3个百分点、财银直联账户新增206个、公司日均结算量提升30%，资金集中运营创造增值效益近1亿元。

【风险管理和内部控制】风险管理贯彻“以风险为导向、以流程为纽带、以控制为手段、以制度为保障”的总体思路，建立资金管理科学评价体系，开展“三违反”“三套利”“四不当”等市场乱象自查自纠工作，坚持监测、报告和分离原则，紧盯风险监测指标，全年各项监管指标运行良好，满足监管要求。内部控制全面梳理和优化业务流程，开展内控体系建设项目，及时整改落实内部控制缺陷问题。

【人力资源管理】坚持正确的用人导向，按照德才兼备、以德为先、工作需要和人员特长相结合的原则构建人才队伍。截至2017年底，公司共有职工39人，全部具有本科以上学历，拥有中级及以上专业技术职称的占77%。公司以构建能力导向型培训体系和业绩导向型薪酬体系为抓手，不断提升职工队伍综合素质。在培训方面，将打造学习型团队作为一项重点工作来抓，系统提升人才队伍素质；在薪酬方面，推行工作分析与岗位评价项目，探索实施市场化薪酬政策。

【信息化建设】公司致力于打造“互联网+金融”的IT治理结构，推动大数据、云计算等信息技术与企业经营管理融合。发布公司信息科技“十三五”规划，开展核心业务系统三期项目建设和管理驾驶舱系统建设工作。搭建人民银行统一监管报送系统，实现人民银行大集中报表的自动化功能。

【企业文化建设】公司秉承“责任、创新、诚信、共赢”的价值观，发扬“自强不息、勇于超越”的集团精神，结合实际加强企业文化建设。以为成员企业提供多元化金融服务、助推集团主业发展为已任，以文化建设增强职工素质能力、塑造企业良好形象，充分发挥企业文化的凝聚、导向、规范、激励功能，促进公司战略远景的落地实现。

【党建工作】深入学习贯彻党的十九大精神，积极推进“两学一做”学习教育常态化制度化，着力加强组织建设和制度建设，全面从严治党。制定党委工作规则，依法合规推动党建工作与中心工作深度融合；不断完善惩治和预防腐败体系，切实织密权力的笼子；积极开展对外宣传，营造有利于发展的良好舆论氛围；群团工作有声有色，搭建职工沟通交流平台，培育和丰富企业文化。

中国电力财务有限公司

【集团概况】国家电网公司（以下简称“国网公司”）是全球最大的公用事业企业，经营电网区域包括26个省（自治区、直辖市），覆盖国土面积的88%以上，供电人口超过11亿人。2017年，国网公司售电量3.87万亿千瓦时，实现营业收入23237亿元，利润总额910亿元；2017年末，资产总额3.8万亿元。国网公司连续13年被国务院国资委评为业绩考核A级企业。2017年，公司在世界500强企业中排名第二位。

【经营概况】2017年，中国电力财务有限公司（以下简称“公司”）获批延伸产业链业务资质，取得加入北京市电子清分服务平台试点资格，成为上海票据交易所会员单位，建成投运新一代核心业务运营系统，注册资本金增至130亿元。全年存款日均余额2134.33亿元，贷款日均余额1335亿元，实现利润37.83亿元，无新增不良资产，行业评级获得A级。作为财务公司行业唯一代表，光荣出席第五次全国金融工作会议。

【信贷业务】2017年，公司加大信贷投放力度，落实供给侧结构性改革要求，加大对特高压、农网改造、城市配电网建设和抽水蓄能电站的信贷支持，加大直属产业单位信贷投放，解决其融资难、融资贵问题，全年累计发放贷款1855.01亿元，同比增加292.34亿元，增长25.65%。获批延伸产业链业务资质后，全年累计开展“一头在外”票据贴现和保理业务180笔，累计金额8.23亿元。

【资金业务】2017年，公司持续加强资金计划管理，在保证资金备付安全的前提下，加大资金调度频次，进一步提升资金运作效率，全年备付资金日均余额382亿元，同比下降29.43%；大力开展大额存单和质押式逆回购等低风险同业业务，全年交易额1.28万亿元，实现了较好的资金运作收益。

【投资业务】2017年，公司在严控风险的前提下，及时调整投资策略，年底前银行理财产品全部清零；大力拓展中间业务，成功成为国网信通集团发债的财务顾问。

【票据业务】2017年，公司推动票据业务创新发展，获批成为上海票据交易所会员单位，完成电子商业汇票系统与上海票交所的集成对接，在直接参与上海票交所票据交易、推进电票线上清算、全面掌握票据市场信息等方面取得突破，票据业务继续保持良好增长势头，全年累计办理票据承兑业务261.1亿元，同比增长47.46%；票据贴现业务29.31亿元。

【外汇业务】2017年，公司积极关注外汇政策形势，及时跟踪外汇市场变化，建立境内外融资比价机制，研究跨境资金双向通道业务模式，全年共办理结售汇业务59笔，累计金额1.76亿美元，为成员单位节约汇兑成本182.87万元人民币。

【资金集中】2017 年，公司配合集团各成员单位完成银行账户优化，搭建完成国网公司级集团账户体系，形成国网公司资金集中“一个池”，进一步统一资金归集及结算模式，提升电费资金归集效率。

【业务创新】2017 年，公司持续推动管理创新，在国网公司金融板块率先开展卓越绩效管理和评价工作，建立卓越绩效评价体系；加大政策争取力度，获批延伸产业链金融服务资质，取得加入北京市电子清分服务平台试点资格，获批成为上海票据交易所会员单位，发展空间更加广阔；完善对标管理体系，创新开展国际同业对标；积极推进研究工作，在中国财务公司协会 2017 年度课题研究评比中获评突出贡献单位，在财务公司 30 周年征文活动中荣获优秀组织奖，并有 3 篇论文获奖。

【风险管理和内部控制】2017 年，公司认真落实银监会的部署，深入开展“三违反”“三套利”“四不当”“十大乱象”“十大风险”等专项治理工作，全面开展风险自查，筑牢公司全面风险防控体系；认真贯彻落实国网公司金融研讨会要求，全面排查业务风险，明确需巩固拓展的业务和收缩调整的业务，守住底线，不踩红线。持续提升风险管控能力，实现存、贷、结等业务全品种、全过程线上办理，实现客户信用评级、授信管理、资产分类全面在线管理，操作风险得到有效控制，风险管理能力进一步增强；监管报送平台全面上线应用，非现场监管信息化管理水平进一步提升。

【人力资源管理】2017 年，公司切实加强队伍建设，加大岗位人员交流，广大干部员工综合素质得到有效提升；强化绩效考核实施落地，加强岗级薪档管理，加大绩效工资占比，实现薪酬向业绩优秀、贡献突出人员倾斜，引导广大干部员工立足岗位、主动作为。

【信息化建设】2017 年，公司在行业内率先引入商业银行“小核心、大外围”业务信息系统应用体系，充分运用 X86 虚拟资源池技术，构建了一套扩展性好、处理效率高的全新企业级信息系统架构；创新组建新核心“三运”体系，建立近 80 人的运行团队，明确了业务运营、系统运行、平台运维三方职责，配套编制系统运行方案及制度流程，实现了业务与技术深度融合，初步建立起了“六化三中心”的商业银行运营体系；新一代核心业务系统正式上线投运，系统功能性能显著提升，系统运行更加稳定高效，为推动业务发展提供有力支撑。

【企业文化建设】2017 年，公司成功举办“感动电财”主题征文演讲比赛，讲述电财人自己的故事，传播正能量，弘扬新风气。开展送温暖活动，关心关爱员工身心健康，职工的归属感和凝聚力进一步增强。召开董事长联络员座谈会，倾听基层声音，汇聚发展共识。荣获第五届“全国文明单位”和“首都文明单位标兵”称号。

【党建工作】2017 年，公司扎实推进“两学一做”学习教育常态化制度化，实施“旗帜领航·三年登高”计划，加强学习型党组织建设。全面推动党的领导和公司治理有机统一，明确党组织在法人治理结构中的法定地位。落实中央全面从严治党、强化党内监督要求，组织开展内部巡察，促进了各级党组织管党治党责任的落实。

中国电子财务有限责任公司

【集团概况】中国电子财务有限责任公司（以下简称“公司”）隶属于中国电子信息产业集团有限公司（以下简称“集团”）。集团成立于1989年5月，拥有全资及控股二级企业20家，控股上市公司14家，员工总数13万人。集团致力于打造网络安全和信息化产业国家队，以网络安全作为核心主业和核心能力，主营业务涵盖网络安全、新型显示、集成电路、高新电子、信息服务等国家战略性、基础性、先导性电子信息产业领域。集团是中国最大的国有综合性电子信息企业集团，已连续7年位列世界500强企业。

【经营概况】2017年，公司着力深化资金集中，提升金融服务水平，推动公司各项工作再上新台阶。全年营业收入7.78亿元，同比增长40.82%；利润总额3.57亿元，同比增长32.72%；对集团收益贡献8.99亿元，同比增长8.15%；全口径资金集中度为56.28%，同比增长29.11%；含委托贷款、委托投资的资金集中度为70%。

【信贷业务】2017年，公司通过增加授信额度、置换银行贷款、支持集团重点项目建设及扩大授信范围到三、四级企业等方式，扩大金融服务范围和提高金融服务规模。2017年金融服务日均规模为267.24亿元，同比增长28%。截至年底授信企业共104家，授信金额331.49亿元，新增20家授信企业。全年日均贷款规模101.93亿元，同比增长40.79%。

【产品销售信贷业务】公司拓展了直接租赁和售后回租两种融资租赁业务，建立了对系统外第三方付款流程、租赁收入专项收款账户等相关业务流程，制订了合同文本。为中电系统第一个清洁能源发电项目提供1.10亿元直接租赁，为长城网际广东公司提供了0.20亿元售后回租租赁。

【资金业务】加强同业合作，增加银行授信品种和额度。2017年取得同业授信额度193.20亿元，同比增长22.74%。与人民银行及农业银行、中国银行深入对接，与天津银行、浙商银行等6家商业银行开展同业谈判。在满足流动性需求的前提下，沉淀资金安排灵活多样，适度开展多品种低风险投资。

【投资业务】根据董事会通过的《中电财务投资业务开展计划方案》，丰富投资品种，进行债券、净值型开放式理财产品、资管产品、私募证券投资基金等新品种投资。2017年认购了汉光谷MTN001 3年期中期票据2亿元，参与了“民生银行CD338”同业存单的发行。制定和修订了投资业务相关管理制度，完善了投资管理制度体系。

【票据业务】为进一步扩大票据业务辐射范围和业务规模，降低企业资金占用量和资金成本，公司加大与银行合作力度，取得票据保贴额度72.20亿元，同比增长28.93%，2017

年全年票据业务规模 70.02 亿元，同比增长 26.87%。

【外汇业务】公司及时关注外汇市场汇率价格，选择市场优惠价格平价向企业开展结售汇业务。运用跨境双向人民币资金池和外汇集中运营管理渠道，为成员单位提供本外币国际结算和跨境资金运营管理服务。2017 年，外汇新开账户 13 家，全年完成外汇结算 2097 笔，结算金额 35.97 亿美元，结售汇业务 811 笔，金额为人民币 34.87 亿元，为企业节约成本 776 万元人民币。

【资金集中】2017 年，公司每月对成员单位资金集中情况进行测算分析，查找原因，梳理问题，提供个性化的金融服务方案。梳理上市公司资金集中情况，通过扩大金融服务规模带动资金集中，与彩虹股份、光谷联合、冠捷科技、杭州安人新签订金融服务协议，并提高中国长城、中国软件、桑达股份金融服务协议额度。2017 年上市公司金融服务协议存款规模达到 142.80 亿元，同比增加了 75.80 亿元。积极与银行合作，推送个性化服务方案，用同业存款及公司担保等，助力企业置换银行保证金超过 30 亿元。

【风险管理和内部控制】2017 年，公司进一步完善了全面风险管理体系。开展“三违反”、“三套利”、“四不当”、市场乱象等违法违规行为全面自查和重点抽查工作，对自查、排查中的问题进行整改。以银监局两次现场检查为契机，加强对各项业务的梳理，并结合银监局检查提出的问题，认真整改。通过修订完善内控制度，加强业务规范运作，有效防范风险。2017 年共制定和修订了 16 项制度流程。

【人力资源管理】2017 年，公司加强全员考勤和绩效考核工作，工作秩序良好，工作效率显著提高。制定全员月度工作计划，分管领导对下属团队的工作绩效进行月度考核和反馈，构建全员考核体系并不断完善。选人用人及考核机制逐步市场化，人员的进出上下和考察严格按照岗位职责要求和工作实绩执行。

【信息化建设】2017 年，公司完成了网络安全改造、外汇资金池二期顺利运行、实时风险指标监测模块开发、电票 ECDS 系统由人民银行向上海票交所迁移、外汇局接口报送平台开发五项重要工作。

【企业文化建设】2017 年，公司以开展党的群众路线教育实践活动为载体，积极建设阳光、和谐、透明的企业文化，树立“务实高效、勤俭节约”的企业作风。以各种形式组织员工学习、讨论，开展业务知识和管理知识培训，鼓励青年职工成长，逐步建立业绩导向、积极进取的专业团队。

【党建工作】2017 年，公司圆满完成了党委、纪委换届选举。党委围绕中心工作，认真履行主体责任，全面落实从严治党，努力打造和谐进取的新文化，发挥了党组织政治核心和保障监督作用。带领全体党员深入学习贯彻党的十九大精神，认真贯彻落实国有企业党建工作会议和全国金融工作会议精神；召开民主生活会，促进领导班子形成共识；将党员干部思想认识逐步统一到“四个意识”“四个看齐”的要求上来，统一到党中央关于国有企业党建新要求上来；围绕“两学一做”常态化制度化，以主题党日活动、党建工作会、民主评议、党课等多种方式开展党性党风党纪教育；认真落实八项规定精神，修订了领导和员工履职待遇、用车等制度，并定期开展检查。

Z

中国电子科技财务有限公司

【集团概况】中国电子科技集团有限公司（以下简称“集团”）是由中央直接管理的国有重要骨干企业，是国务院授权的投资机构，是国内唯一覆盖电子信息全领域和国家海洋、空间、网络等战略领域，同时为各军兵种全方位提供信息化装备，为各型号卫星、导弹、飞机、舰船、车辆提供各类关键元器件的军工集团；是公共安全和电子信息装备、仪器仪表的研制、生产和服务等方面最具实力的国有中央企业。2017 年实现收入 2041.8 亿元，利润 203 亿元，净资产总额 1619.8 亿元。

【经营概况】中国电子科技财务有限公司（以下简称“公司”）截至 2017 年底资产规模 545.56 亿元，实现收入 13.84 亿元，利润 8.98 亿元，提供 264 亿元资金全面支持集团成员单位产业发展，主动让利支持企业降本增效，为集团节约金融成本 11.21 亿元，不良资产率连续五年为零，连续三年获行业最高评级。

【信贷业务】公司 2017 年日均贷款 211.76 亿元，较 2016 年增加 46.92 亿元。截至 2017 年底，贷款余额 255.78 亿元，同比增加 41.98 亿元，平均贷款利率低于市场 100 个基点。年中主动调增筹资预算内部贷款 57.54 亿元，10.76 亿元银行贷款转为集团内部贷款，2018 年集团筹资预算内部贷款达 374.07 亿元，同比增加 84.03 亿元。

【资金集中】公司主动作为，持续深化资金集中。一是市场与行政手段并举，突破上市公司等重点单位；二是管住集团全级次账户，筛选目标账户，精准归集；三是深化服务，实现保证金、银行理财和定期存款、党费等特殊账户归集。截至 2017 年末，资金池规模 480.53 亿元，同比增加 131.62 亿元。三级及三级以下单位日均资金归集 72.73 亿元，同比增加 22.94 亿元；上市公司日均资金归集 10.97 亿元，同比增加 7.12 亿元。

【资金业务】公司充分发挥集团内部资金运作平台作用，资金运作效率显著提升。一是建立资金使用优先顺序级保障主业发展，投入 123.32 亿元资金重点疏解集团特种装备产业回款压力、129.51 亿元资金全面支持集团民品产业发展、2.94 亿元资金全力保障集团国际化战略实施。二是发挥集团财务部与财务公司“一体化”运作优势，提升集团整体融资能力，融入 50 亿元资金保障了成员单位经营发展。三是提前预判收支规律，实现存量资金收益最大化。

【资金监控】公司不断完善资金监控平台建设，确保集团资金安全。依托账户管理系统，实现了集团账户年检全覆盖，掌握了集团账户和资金分布，明确了资金集中和管控方向。保障集团对全级次单位执行按月分周资金计划管理，提高了资金使用效率。发挥大额资金监控功能，审核贸易背景真实性，监测资金流向，累计对337家单位789.81亿元资金执行大额资金监控，为集团和二级成员单位预警289.42亿元、68940笔超大额标准支出。

【投资业务】公司投资业务全面起步。日均投资规模达19.55亿元，投资收益超过1亿元。组合投资品种日益丰富，正式开展二级市场投资，系统性配置场内外货币基金、交易所国债逆回购，金融股权投资取得重大进展，协助集团完成公司债发行，资产配置理念逐步成熟。

【票据业务】公司积极引导成员单位开展票据业务，协助集团完成“两金压控”指标。全年票据结算规模148.25亿元，同比增长49%，票据贴现累计金额21.17亿元，同比增长64%，票据承兑累计金额9.77亿元，同比增长23%。

【业务创新】公司产业链金融坚持依托集团核心成员单位，服务中小微企业，打造中国电科产业链健康生态，提升集团产业链影响力。在取得业务资质后，快速成立攻关团队，全面推广新业务，供应商认可度显著提升。截至2017年末，累计为405家产业链中小供应商提供金融服务，办理980笔“一头在外”贴现，累计金额8.97亿元；开展首笔“一头在外”应收账款保理；实现192家优质供应商在公司开户结算。

【风险管理和内部控制】公司进一步完善全面风险管理体系。按季监测信用风险；严格执行业务合规和法律合同等合规风险审查；重点监测流动性风险，通过压力测试及时预警流动性风险；加强市场风险管理，坚持风险管理前置，全程跟踪，确保产业链金融、投资等新业务开展稳健合规。

【人力资源管理】公司持续完善人力资源机制。优化组织机构，推进了部制改革；优化人才发展通道，形成了“双通道、四序列、五层十四级”职级体系；完善“五元”薪酬体系，建立了投资部市场化的薪酬分配机制，为业务高速发展提供人才保障。

【信息化建设】公司立足集团信息化大局，出台信息化“十三五”规划；构建综合性科技金融服务平台，全面升级网银系统，初步实现产业链金融和信贷业务线上化功能；启动“两地三中心”信息安全系统第一阶段建设，达到国标灾难恢复RTO六级水平，有效规避IT系统风险，业务运行环境更加平稳。

【企业文化建设】公司坚持党对企业文化建设的领导，加强全员思想引领、核心价值观主题宣贯和专题研讨，实现集团企业文化落地深植，形成电科财务特色文化；规范员工行为，树立良好工作作风；成立党员攻关团队，凝聚起广大干部职工干事创业的巨大力量，推动年度重点任务的全面完成。

【党建工作】公司坚持党的领导，发挥党组织领导核心作用，深化“三位一体”党建工作格局。一是学习宣贯党的十九大精神，形成了“一个发展新定位、两项深化改革、三项重点工作、四个业务方向布局”的新目标。二是推进“两学一做”学习教育常态化制度化。三是加强党对金融工作的领导，落实集团党组关于党建进公司章程、党组织研究讨论作为决策重大经营管理事项的前置程序的要求。

中国航空集团财务有限责任公司

【集团概况】 中国航空集团公司（以下简称“集团”）于2002年10月11日正式成立，是以中国国际航空公司为主体的大型国有航空运输集团公司。2017年，经国务院国资委批准，由全民所有制企业改制为有限责任公司（国有独资），改制后名称更改为“中国航空集团有限公司”。注册资本变更为155亿元人民币。

【经营情况】 2017年，中国航空集团财务有限责任公司（以下简称“公司”）落实集团全面深化改革总体要求，促进集团改革发展，取得了好于预期的经营业绩。截至2017年底，公司资产总额97.4亿元，负债总额81.2亿元，实现利润总额10231万元。

【信贷业务】 公司信贷投放实施多措并举，保规模、让价格、优结构，切实满足企业融资需求；支持机务资源整合和主业生产运营，参与西南基地还建项目银团贷款，协助成员企业调剂内部资金；办理跨境双向人民币资金池业务，实现服务新突破。截至2017年12月31日，公司人民币贷款余额43.44亿元。

【产品销售信贷业务】 2017年，公司积极与主业公司、飞机维修企业交流其经营特点，向同业机构学习业务经验。取得北京银监局新增业务范围的批复，正式具备开展成员单位产品的买方信贷和融资租赁业务资质。

【投资业务】 公司投资业务继续坚持低风险稳健投资策略，在符合监管形势和授权额度的条件下，调整持仓结构，投资标的主要集中在固定收益类资产，同时少量参与净值型产品投资。

【资金业务】 公司深挖存款资源，存款规模保持稳中有升；配合集团强化资金集中管理，加强资金集中度跟踪分析；拓宽资金运作渠道，提高资金效益；继续加强流动性管理，确保外部融资渠道畅通，保证流动性安全。

【资金集中】 2017年，公司配合集团做好资金集中及资金集中度统计及跟踪分析工作，以提升资金集中管理效果。截至2017年底，集团全口径资金集中度达到64%。

【业务创新】 2017年，经与北京海关深入沟通，公司获得海关总署认可，可出具保函为成员企业在北京关区内的进出口业务提供海关税收担保。

【风险管理和内部控制】 公司全面开展公司治理、内部控制、风险管理、案件防控、重点业务环节运行管理自查工作，确定“一个基础、三道防线”的全面风险管理框架。落实监管建议，成立风险管理部门，配齐相关人员。强化内部审计，开展年度内控管理自评工作，重点评价7个管理流程，专项评价信息系统，评价控制点147个。实时审计分析监控公司重点业务环节，有效监督公司经营活动。

【人力资源管理】 注重人才队伍建设，严把人才入口关，加强人才培养力度，制定合理可行的教育培训计划，有步骤、分层次、有针对性地开展学习培训。加强绩效考核，提高管理水平，逐级考核、层层分解，加大风险合规类指标权重，明确工作任务，加强考核导向作用，形成落实责任和传递压力的机制。

【信息化建设】 2017 年，公司加强了系统功能建设，加大运维力度，全面支持各项业务和金融创新，逐步完善运维管理体系，确保系统稳定运行；做好机房搬迁，按照计划推进核心系统升级工作；开展资管系统项目招投标及项目实施。

【党建工作】 学习贯彻党的十八大、十八届历次全会精神，深入学习宣传党的十九大精神，贯彻集团党组精神，扎实推进“两学一做”教育活动。落实上级党委部署，完成党支部改选工作，坚持政治理论学习和“三会一课”制度，坚持党风廉政教育，坚持党的领导融入公司治理各环节，完成党建内容写进公司章程工作。

中国航油集团财务有限公司

【集团概况】 中国航空油料集团公司（以下简称“集团”）是以原中国航空油料总公司为基础组建的国有大型航空运输服务保障企业。集团控股、参股 20 多个海内外企业，构建了遍布全国的航油、成品油销售网络和完备的油品物流配送体系，在全国 215 个机场、海外 46 个机场拥有供油设施，为全球 300 多家航空客户提供航油加注服务，已成为亚洲第一大航油供应商。

【经营概况】 2017 年，中国航油集团财务有限公司（以下简称“公司”）按照“安全性、流动性、盈利性”的经营原则，在稳健有序开展各项业务的基础上，着力提升发展质量，在积极拓展投资业务范围和种类的过程中，不断增加管理效益，实现公司又好又快发展。公司累计实现营业收入（含投资收益）1.86 亿元，实现利润总额 1 亿元，首次突破亿元大关，再创历史新高。

2017 年，公司充分发挥金融牌照优势，以灵活运用利率差异化定价机制为抓手，积极向外部市场要效益，年度集团外收入占比达 73%，全面减免成员企业汇划手续费，全年累计为集团节约财务费用 700 多万元。

【信贷业务】 2017 年，公司加强与人民银行营业管理部货币信贷处的沟通交流，2017 年度最高获批合意贷款规模达 30 亿元。面对集团及成员单位资金需求乏力、信贷资金投放难度增加等不利局面，公司努力扩大业务范围，积极拓展服务对象，先后前往多家成员企业进行业务推介，深入了解其投资规划、项目建设、资金需求等情况。2017 年，累计发放贷款及展期 18 笔，金额 16.92 亿元，年末贷款余额 19.09 亿元（含融资租赁），全年取得贷款利息收入 4879 万元，融资租赁利息收入

106.2万元。2017年，公司加快电子票据业务系统建设进程，开展公司首笔统借统还委托贷款业务，探索信贷资金定价标准体系。

【资金业务】 2017年，公司合理筹划存放同业规模，与银行建立了长效沟通机制，全年累计开展人民币同业定期存款业务54笔，累计金额141.43亿元，实现利息收入4509万元。

【投资业务】 2017年，针对复杂多变的货币基金市场，公司主动出击，参考同业经验，顺应市场变化，动态调整“货币基金池”，成功开展货币基金投资业务14笔，累计投资额8.38亿元。

【资金集中】 公司通过沟通协调集团财务部及各成员单位，努力保持跨境通道畅通，做好成员企业收支户资金的监管工作，确保资金及时足额归集上划。同时，采取差别化市场定价等多种手段和方式吸引成员企业存款，增加资金存量，年末全口径资金集中度为85.39%，年均资金集中度为69.42%，较2016年提高了1.59个百分点。

【风险管理和内部控制】 2017年，公司持续推进法律风险防范体系建设、规章制度建设、授信管理、治理结构完善、专项检查治理及合规宣贯工作，构建依法治企的保障。一是坚持以合同管理、授权管理为抓手，以风险事件的“查缺补漏”为突破口，不断推进法律风险防范体系建设。2017年，共审核合同128份。二是持续推进规章制度建设。制定了《2017年度规章制度修订计划》，完成了公司《章程》《股东会议事规则》《董事会议事规则》及《董事会专门委员会工作规则》四项制度修订工作。2017年，共组织制度评审会3次，评审制度31项。三是扎实落实各项监管要求。主动避免套利类业务，主动自查关键业务、关键岗位、关键制度，主动整改不合规处。

【信息化建设】 扎实推动重点项目落地，不断提高信息化管理水平。一是信息化重点项目均取得快速推进。营改增项目、结售汇项目、人民币分账户计息项目先后于2017年2月、8月和11月完成项目上线。二是运维管理工作进一步规范，核心业务系统稳定性、可靠性进一步提升。2017年，累计处理各类申报135项，编写“问题手册”供各单位查阅，提高问题处理效率。三是严格落实监管要求，确保公司网络信息安全。2017年，公司先后完成了勒索病毒和系统漏洞的排查工作，保证了集团金融信息安全稳定。

【党建工作】 扎实推动党建思想政治工作，努力营造奋发向上新环境。一是全面贯彻从严治党，坚定做好理论武装工作。公司党支部围绕“三会一课”制度，组织全体党员和入党积极分子，深入学习贯彻党的十九大和习近平总书记系列重要讲话精神。2017年，共组织党员大会3次、党支部（扩大）会议3次、党支部委员会议4次、理论中心组学习12次。二是把党建工作纳入公司章程，把党的领导内嵌到公司治理结构中。

中国核工业建设集团财务有限公司

【集团概况】 中国核工业建设集团有限公司（以下简称“集团”）于1999年在原中国核工业总公司所属部分企事业单位基础上组建而成，是中央直接管理的国有重要骨干企业，是经国务院批准的国家授权投资机构和资产经营主体。集团坚持“以核为本、两业并重、适度多元”的发展方针，秉承“责任、安全、品质、卓越”的企业核心价值观和“创新发展、勇当国任”的企业精神，积极应对经济环境和市场环境的变化，紧紧抓住国家推进“一带一路”建设和核电“走出去”的宝贵机遇，立志谱写我国核工业新的辉煌篇章。

【经营概况】 2017年，中国核工业建设集团财务有限公司（以下简称“公司”）全年实现营业收入2.5亿元，同比增长37.54%。利润总额1.48亿元，同比增长44.81%。公司经营稳健，资金运行安全，各项监管指标和重要经营资产质量指标均符合监管要求。

【信贷业务】 2017年，公司办理了首笔融资租赁、首笔代理票据贴现和首笔分离式保函业务，密切跟踪经济金融形势，配合集团相关部门专题研究债转股、应收账款证券化等新业务，协助成员单位对接优质金融资源。2017年，办理信贷类业务90.08亿元，中间类业务21.64亿元，日均贷款余额36.18亿元，较上年增长50.56%。

【资金和投资业务】 以资金计划管理为抓手，持续优化资金管理体系，提高资金管理效率，确保资金的安全性、效益性和流动性的有机统一。在分析集团资金运行情况、资金运作规律的基础上，合理确定同业存放资金规模、期限，优化同业渠道，提高资金收益。2017年，公司日均同业存放利率达到2.7%，较2016年提升近30个基点。2017年6月13日正式进入全国银行间同业拆借市场，完成首笔拆入业务，拓宽了资金融通渠道。

【资金集中】 组织开展账户集中清查工作，挖掘资金集中潜力，进一步提升资金集中度。2017年，摸底集团85家银行共计1949个账户，清理久悬账户，基本实现对五大银行可集中管理账户的集中管理。截至2017年末，集团公司全口径资金集中度为70.71%，可归集口径资金集中度为99.47%，年日均吸收存款61.90亿元，同比增长32.1%。

【保险业务】 贯彻落实集团公司统一保险工作要求，年内先后完成团队组建、需求调研、方案设计、制度建设、机构筛选、系统上线等工作，集团各类保险费率同口径相比显著下降。

【金融智库】 紧紧围绕集团发展战略，积极参与业务前端，主动献计献策，提供决策智力支持。创新推出《每日经济金融》《经济金融参考》，及时跟进行业和政策变化，为集团领导和成员单位提供了决策参考，公司“金融智库”形象进一步树立。

【风险管理和内部控制】启动合规文化年建设，树立“全员合规、严守底线、健康发展”的合规理念。扎实有效开展公司《内控手册》编制工作，梳理9大经营管理体系，优化118项具体业务流程。强化法制知识培训，提高全员合规意识，形成“上下重合规，人人讲合规，处处显合规”的良好氛围。

开展多项内部专项审计，全面发挥审计稽核监督检查职能，落实整改问题46条，切实做到以审促改。制定《审计整改管理办法》，健全审计整改制度，完善整改长效机制，全面提高风险防范水平。

【信息化建设】组织开展股份制银行系统、财企直联系统、征信前置管理系统等业务信息系统的建设，完成核心业务系统合同的总体验收工作，收集并优化信息系统需求76项。对基础设施进行日巡检、周检查，重大节假日进行全面检查和安全隐患排查，开展集团互联网接入、机房改造调研、数据灾备等工作，切实保障信息系统安全稳定。

【人力资源】持续优化“三定”管理，开展行业薪酬对标与分析，不断改进绩效考核体系。增强公司内外部的沟通协调，促进内部管理效能提升。严格程序管理，做好干部选拔任用。加强人才队伍建设，引进和选拔优秀人才，深挖人才潜能。出台《表彰奖励办法》，激发员工创先争优的积极性。组织搭建内部课堂，发挥内部员工专业优势，强化业务制度培训与业务分享交流，提升员工业务素质和综合能力。

【党建工作】扎实有效推进“两学一做”学习常态化制度化，强化党性教育，党支部书记带头讲党课，组织党纪党规集中学习教育；开展“联学联建”党建活动，加强同业业务交流，推动党建工作有效指导经营管理实践；开展“廉政警示教育月”系列活动，完善相关制度，加强谈话提醒，严肃纪律要求，严控重要节点，严格过程管控，有效防控廉洁从业风险。利用各类线上、线下平台，及时推送和宣传公司党建工作开展情况和学习教育资料，深化学习内容，创新学习载体，营造学习氛围。注重以党建带群团组织建设。开展“情系白河核建财务在行动”“情系旬阳爱心在传递”等社会公益活动。邀请十九大代表、《大国工匠》主人公与青年员工面对面座谈交流，提升员工归属感、获得感和幸福感，营造公司企业文化氛围。

中国华电集团财务有限公司

【集团概况】中国华电集团有限公司（以下简称“集团”）是2002年底国家电力体制改革组建的国有独资发电企业，属于国务院国资委监管的特大型中央企业，主营业务为电力生产、热力生产和供应，与电力相关的煤炭等一次能源开发以及相关专业技术服务。近年来，集团深入贯彻落实党中央、国务院各项决策部署和国家能源战略，加快结构调整，着力提质增效，深化改革创新，加强党的建设，综合实力不断增强，行业地位明显提升。

【经营概况】2017 年，中国华电集团财务有限公司（以下简称“公司”）持续推进战略调整落地，抓资金龙头，强服务创效，严格防控风险，着力提质增效，确保公司经营运行平稳，全面完成集团下达各项任务指标，获得集团公司先进企业称号以及提质增效专项奖励。截至 2017 年末，公司管理资产规模达到 963.62 亿元，累计实现利润 10.73 亿元，累计实现经济增加值（EVA）5.96 亿元，主要经营指标继续保持同业前列，各项监管指标全面达标，保持行业评级优秀。

【资金集中】2017 年，账户数量成功压减，配合集团开展账户清理，成功完成账户数量压减 631 个，超额完成集团公司下达的净压减 500 个账户的任务目标，截至 2017 年 12 月末，实现账户入网率 81.87%。资金归集率创历史新高，加强与系统单位沟通，实行日监控、周分析、月督导，不断加大网外资金压缩力度，努力解决资金归集难题，截至 2017 年 12 月末，全口径资金归集率达 87.43%，刷新了公司历史纪录，日均吸收存款 251.66 亿元，同比增加 34.54 亿元。

【信贷业务】信贷业务创历史高位。积极与相关部门沟通，争取优惠政策，将窗口指导保持在最大规模，顶住资金市场趋紧的压力，加大信贷投放，最大限度地支持产业发展和成员单位资金需求，同时以信贷规模增长稳定公司核心收益。截至 2017 年 12 月末，表内信贷类业务余额 277.01 亿元，创历史新高，在息差同比下降的情况下，仍实现信贷业务收入 9.85 亿元。

【资金业务】积极引入外部低成本资金。2017 年累计拆入资金 1489 亿元，日均拆借规模 8.61 亿元，在降低集团融资成本的同时，尽可能满足集团产业发展的资金需求，确保资金链安全；根据集团及监管部门的有关规定，推动完成公司金融债发行审批，获得近年来首个财务公司发行金融债的资格；在防范风险、保证安全的前提下，加大研究力度，合理统筹资金运用，争取市场收益，截至 12 月末，累计实现短期资金运作收入 2.12 亿元。

【业务创新】“一头在外”业务成功突破。抓住财务公司产业链金融试点推广放开“一头在外”的契机，完成备案，取得试点资格，实现首单落地，并不断加强与系统外供应商及多家煤企财务公司的沟通洽谈，切实推动业务规模不断取得突破。截至 2017 年 12 月底，业务金额达 9.82 亿元，单笔金额从 50 万元快速上升到 2000 万元。电票结算业务创新推广，加大短期票据承兑及贴现的营销力度，创新推出“好水快流”的短期电票低息贴现产品，引入市场上稀有的低价资金，在满足成员单位资金需求的同时，降低了融资成本。

【服务优化】平台作用助力集团管控，集团账户管理系统成功上线，实现账户全生命周期、全过程管控，资金全流程监控，在实际应用中优化完善带息负债系统和现金预算管理平台功能，配合集团加强资金计划管理指导，不断提高预算管控意识和准确率，为集团加强融资管理、落实刚性支付要求提供数据支撑和决策支持。业务培训实现全覆盖，根据成员单位个性化需求，组织 7 期业务操作培训，覆盖集团全系统各成员单位，在时间、地域跨度以及受众规模等方面，均刷新了公司的培训历史纪录，主动将服务送到成员单位身边。

【风险管理和内部控制】“一大四小”战略规划体系成功搭建，围绕公司“十三五”战略，建立风险管理规划、人力资源规划和企业文化规划，修订信息化建设规划，细化规划内容，完善战略体系，落实战略引领。全面风险管理体系建设整体化推进，在全面梳理总结和深入分析的基础上，建立风险管理子规划，实施风险偏好运行机制模型的实际测算，数据抽取平台暨监管报送系统二期成功上线运行，完成核心系统安全评估，进一步提高安全保障能力。

【信息化建设】信息化系统建设支撑业务发展，近十年来首次重新设计网络结构，完成核心网络改造，并完成核心系统功能优化、“一户一价”系统升级改造上线、异地灾备中心建设运行、电子发票系统开发应用、虚拟化迁移并投入使用以及数据仓库一期功能上线应用等，进一步提升系统数据应用和业务支撑能力，为公司科学决策提供支持，初步实现决策支持动态化、风险识别可视化。

【党建文化】坚持以习近平新时代中国特色社会主义思想为指导，全面贯彻集团公司党组一号文件精神，推动“两学一做”学习教育常态化制度化。建立企业文化规划；健全完善党委议事决策制度；组织开展党建工作“双融入”活动；分解落实党风廉政建设责任；积极参与社会公益活动，爱心案例入选集团第二届优秀社会责任案例；加强人才队伍建设，加快外部市场化人才招聘，推进内部轮岗交流，实现专业技术岗位晋升通道方案落地，激发团队活力。

中国华能财务有限责任公司

【集团概况】中国华能集团有限公司是经国务院批准成立的国有独资中央骨干企业，坚持电为核心、煤为基础、金融支持、科技引领、产业协同的发展战略。2017 年，完成国内发电量6496 亿千瓦时，同比增长 6.4%。主要经营指标保持行业领先，合并营业收入2586 亿元，同比增长 5.1%；降杠杆减负债取得重大突破，资产负债率为 78.74%，较年初下降 3.75 个百分点。

【经营概况】中国华能财务有限责任公司（以下简称“公司”）2017 年再次获评集团先进企业，再次获得集团绩效考核、行业评级 A 级。2017 年，公司全年实现利润总额 9.34 亿元，比年初预算目标增加 7700 万元；营业收入 13.93 亿元，完成全年预算的 129.03%。结算量、日均存款、日均贷款、资金融通量均创历史新高，各项监管指标均符合监管部门要求。

【信贷业务】公司积极应对人民银行严格控制信贷规模带来的影响，进一步加大与人民银行信贷管理部门的沟通，加大与企业的协调联系，2017 年，实现日均贷款 270.12 亿元，同比增长 18.85%，其中发放应急贷款 15 笔，共计 39.5 亿元，同比增长 44.23%。创新开展应付账款承兑等延伸产业链业务，累计业务规模 9.87 亿元。继续执行优惠利率政策，综合利率平均较基准利率下浮 6%。加大新能源企业和项目信贷支持力度，年末贷款规模达到

51.85 亿元，增幅为 35.67%。

【资金业务】公司落实和细化“月计划、周安排、日调度”工作机制，不断提升资金预测准确度，为确保资金安全，提高资金使用效率与效益打牢基础。加大外部资金融通，夯实融资资金来源。不断丰富资产配置方式，积极开展同业拆出、国债逆回购等业务，加大短期定期存款开展力度。全年累计资金融通量 3996 亿元，同比增长 401.32%，实现净收益 4857 万元。资金备付率为 15.02%，同比降低 2.61 个百分点。

【投资业务】公司根据外部监管政策变化，及时调整投资策略，加大对货币基金等低风险资产的配置，采取以量补价的方式稳定投资收益水平。全年实现投资收益 2.24 亿元，超额完成预期任务。

【票据业务】公司扎实开展电子票据承兑、保函等各项业务，开立电子银行承兑汇票 1104 笔、59.96 亿元，开立保函 88 笔、2.6 亿元，为集团企业提升资金集约化运用水平、降低成本作出应有贡献。

【外汇业务】公司外汇服务不断拓宽，全年共 5 家集团企业新纳入集团外汇资金管理池，年末入池企业达到 31 家。全年开展外汇结售汇 28 笔、6447.02 万等值美元。

【资金集中】公司积极贯彻落实集团关于资金管理的各项要求，进一步完善资金管理信息系统，进一步加强集团企业账户资金信息的统计整理与分析上报，扎实推进资金结算服务、企业资金收支管控、银行账户监控等工作，资金集中水平不断提高。2017 年底，全口径资金集中度为 69.18%，同比增长 18 个百分点，再创历史新高。结算量 23915.64 亿元，同比增长 17.13%；日均存款 346.79 亿元，同比增长 34.84%。

【业务创新】公司扎实做好可行性方案编制、上报等各项准备工作，利用客户座谈会、重点客户上门调研等多种方式加强业务推介，紧盯监管政策变动情况，及时开展业务。公司在五大发电集团财务公司中率先开展延伸产业链金融服务，2017 年累计开展 23 笔、9.87 亿元，为集团企业降低负债水平，提升经济增加值（EVA）作出新贡献。

【风险管理和内部控制】公司完善操作风险和信用风险的防控，逐步形成按年制定风险管理策略，按季开展风险资产分析、按月报告资产风险状况、按日开展重点监管指标动态监测的风险管控体系，实现对公司资产风险管理的全类型与全流程覆盖。根据监管要求积极开展自查 19 次，开展流动性压力测试 2 次，严格开展业务合规审查，持续提升合规经营水平。完善内部控制评估与管理，完善审计监督与检查，累计开展内控测评 4 次、年度内控评价 1 次、内部审计 2 次，不断提高内控缺陷和审计检查问题的整改质量与整改效果。

【人力资源管理】公司制定人力资源中长期发展规划，合理确定人才的发现、培养、引进和管理机制。就公司业务开展、管理规定等内容，有针对性地加强培训，全年人均培训 51 个小时，取得良好效果。

【信息化建设】公司开展数据平台项目建设，整合现有信息系统资源，提高经营数据统计分析水平，为公司提高经营效率、实现高效决策提供有效依据。

【企业文化建设】结合公司成立三十周年纪念活动，广泛征求意见，开展形式多样的文体活动，全年累计开展各项文体活动 16 项，800 多人次参与。继续深入开展“送温暖”活动，累计走访慰问离退休人员、生病员工和生活困难党员 18 人次，申请发放困难帮扶资金 3 万元。通过各项活动的组织开展，公司的向心力和凝聚力不断提升。

【党建工作】公司认真学习宣传贯彻党的十九大精神，深入推进“两学一做”学习教育常态化制度化，强化政治理论学习、强化纪律监察与监督、强化干部培训与管理、强化党建工作与公司经营服务中心工作的融合，注重搭建活动平台，促进干部员工的沟通与交流，使党建工作取得实实在在的成效，对中心工作的保障作用不断增强。

中国化工财务有限公司

【集团概况】中国化工集团有限公司（以下简称“集团”）为国有独资公司，营业范围包括危险化学品生产，化工原料、化工产品、化学矿、化肥、农药经营（化学危险物品除外）、塑料、轮胎、橡胶制品、膜设备、化工装备的生产与销售，机械产品、电子产品、仪器仪表、建材、纺织品、轻工产品、林产品、林化产品的生产与销售，化工装备、化学清洗、防腐、石油化工、水处理技术的研究、开发、设计和施工，技术咨询、信息服务、设备租赁等。截至2017年末，集团资产总额7949.1亿元，负债总额5804.2亿元，实现营业收入3919.3亿元。

【经营概况】2017年，中国化工财务有限公司（以下简称“公司”）实现营业收入3.48亿元，利润总额1.38亿元，日均存款95亿元，年末存款余额114亿元，创历史新高，日均贷款66亿元。各项监管指标均符合监管要求。

【信贷业务】2017年，公司发放自营贷款319.07亿元，其中银团贷款2.13亿元，年末自营贷款余额61.86亿元。发放委托贷款97.39亿元，年末委托贷款余额96.5亿元。按五级分类口径，公司未出现不良贷款。全年为成员企业节约财务费用4498万元。实施集团性客户统一授信，将专业公司本部和优质直属企业由集团担保调整为信用担保，释放集团担保64.2亿元。全年为成员企业发放委托贷款97.39亿元，累计减免手续费611万元。公司继续扩大银团贷款规模，放大信贷规模效应，利用近2亿元自有资金，撬动银行17.25亿元信贷资金，为企业节省财务费用726万元，并首次实现跨区域与企业当地银行组建银团。

【资金业务】在保证企业信贷需求和流动性需要的前提下，合理安排日常资金头寸，提高资金存放收益。一方面，积极与合作银行谈判，争取了较高的活期同业存款利率；另一方面，根据公司资金起伏较大的特点，在短期资金较为充裕的阶段，办理短期同业定期存款提高资金收益，办理同业定期存款较上年增长2.4倍。

【投资业务】公司积极开展投资业务，引进专业投资人员，建立投资团队，设立投资业务制度体系，明确投资业务的组织构架、审批权限、业务规范和人员岗位职责，并完成投资策略、计划的审批程序。在确保公司流动性的前提下，稳健实施固定收益类投资，按季度分析货币基金市场，筛选货币基金进行投资，2个月累计完成投资9.8亿元，实现投资收益293万元。参与集团短期融资券的认购，确保集团债券成功发行，实现合理且相对较低的发行价格。

【外汇业务】2017年，公司积极推广代客结汇服务，全年代理结汇总额3951万美元，为企业节约汇兑成本29万元。

【资金集中】2017年，公司多措并举促进国内资金集中。加大力度推进上市公司等重点企业的资金集中；实行差异化利率政策，丰富存款品种，采取灵活计息方式，稳定大额存款，全年累计吸收大额存款391亿元；完成5大国有银行外汇资金集中协议签署和银企直联，并于11月正式开启境内外币资金集中，新增外币集中资金3362万美元；通过代开信用证等业务释放成员企业保证金；调整主责部门并建立专题会机制；扩大资金集中合作银行范围，新增3家银行，使资金集中合作银行扩大到13家，覆盖成员企业近80%的银行账户。通过上述措施，使境内资金集中规模达到历史新高。

【风险管理和内部控制】一是提升风险管理体系化水平。全年新增、修订各类管理制度30余项，梳理修订“三重一大”事项目录，确保程序规范、合规决策。重点关注新业务风险管控，确定关键风险点和控制措施。二是加强流动性风险管理。加强与重点企业沟通，及时掌握大额资金变化，同时在多家银行获得同业拆借额度作为流动性储备。三是强化信用风险管理。严格执行母子公司统一授信，加强成员企业资信审核，审慎授信，有保有压。全年未出现信贷风险事件，确保了信贷资金安全。四是加强内部审计及检查。以风险为导向开展内部审计，全年开展了信贷业务、利率管理、投资业务和结算业务等专项审计项目，开展“三违反”“三套利”“四不当”等专项检查工作，防范金融风险的发生。

【人力资源管理】2017年，公司组织编写岗位职责和工作手册，规范部门业务工作，提升部门科学管理水平；优化组织机构，对部分部门进行整合、新建，并对相关人员进行了优化配置。引入基于“目标管理+关键绩效指标（KPI）”的考核体系，初步建立部门和岗位KPI，实现对部门和岗位考核的全覆盖；开展岗位价值评估，形成岗位价值体系，完善薪酬体系，激励干事创业；定期开展培训交流活动，提升员工素质；搭建职业发展通道，明确职务晋升标准。

【信息化建设】新增8家银行的本外币银企直联系统，完成余额上报系统上线，支撑了公司资金集中和监管的核心工作；开发上线银团贷款、电票系统、支付不落地、外汇局上报接口等大型系统和功能，有力支撑公司新业务拓展；开发上线财企直联系统，减少客户支付环节，提升支付效率，方便成员企业；完成服务器等老旧设施换代，改造机房消防、监控、电源系统，部署漏洞扫描、入侵检测系统，增强公司信息系统保障能力。

【企业文化建设】编制公司宣传册，充分展示公司业务品种和核心优势，促进公司理念的传播和业务推广。组织开展“大干一百天”经营竞赛、奥森公园竞步走、团队拓展活动、“劳动者我最美”手机摄影大赛、“财智大比拼”知识竞赛、“希望工程1+1项目”献爱心等形式多样的活动。坚持员工生日送蛋糕、“六一”儿童节送爱心小礼物、节假日走访慰问送温暖等活动，推进建设有温度的企业，不断凝聚广大职工群众的智慧和力量。

【党建工作】2017年，公司制定“两学一做”实施方案和学习计划，落实党建工作进公司章程，认真履行重大问题的党委会前置决策程序，抓好“三会一课”制度落实，制定《党委议事规则》《公司干部任用和管理办法》

等文件，党建基础工作实现新提升。认真贯彻落实集团2017年党风廉政建设和反腐败工作会议部署，继续深入反对“四风”，严格执行中央八项规定精神。组织公司中层以上干部签订《廉洁从业承诺书》，开展自查自纠和深化巡视整改工作。全年未发生违纪违规行为。

中国黄金集团财务有限公司

【集团概况】中国黄金集团有限公司（以下简称“集团”）是我国黄金行业唯一一家中央企业，是中国黄金协会会长单位，是世界黄金协会的唯一国内会员单位，是中国国内唯一获得国际黄金行业最高信用评级（BBB级）的黄金企业。中国黄金是集地质勘探、矿山开采、选矿冶炼、加工销售、工程设计与建设于一体的大型矿业公司，拥有完整的黄金上下游产业链。中国黄金下设中金黄金、中金国际、中金珠宝、中金建设、中金资源、中金辐照、中金贸易七大业务板块，有252户子企业，其中上市公司2家（中金黄金、中金国际），金融机构有财务公司、融资租赁公司、资产管理公司共三家。

【经营概况】2017年，中国黄金集团财务有限公司（以下简称“公司”）坚持“依托集团、服务主业”的经营宗旨，不断优化资源配置，提高资金使用效率。实现了系统安全运行、资金集中持续提升、金融业务稳健开展、内控体系规范建设和员工队伍融合，较好地发挥了“资金归集、资金结算、资金监控和金融服务”的功能平台作用。截至2017年底，公司资产总额96.11亿元，负债总额84.84亿元，所有者权益11.27亿元；全年实现收入2.59亿元，利润1.51亿元，各项指标均达到监管要求，荣获中国黄金“先进集体”称号。

【信贷业务】公司充分利用集中资金支持企业生产经营，不断加大信贷力度、推进普惠金融建设。2017年在信贷规模收紧形势下，积极争取信贷规模40亿元，并努力营销、将规模用足，最大限度地发挥集中资金作用和效益。截至2017年底，授信客户超过52户，累计发放自营贷款58笔，金额70.85亿元，其中搭桥贷款27.53亿元，有效发挥了资金池作用。办理委托贷款77笔、金额80.32亿元。全年因替换银行贷款直接为集团节省融资成本1.55亿元，贷款利率下浮为成员单位节省利息支出1007万元。公司分别在6月和9月赴河南、东北区域就金融服务工作宣讲交流，面向30余家企业征求意见，加大到矿山企业现场调研力度，很好地发挥了职能作用。

【资金业务】公司凭借金融牌照、同业身份和规模优势，与商业银行积极谈判，尽力提升同业存放资金的利率水平，2017年，实现存放同业利息收入1.03亿元，远高于企业资金存放银行收益。

【票据业务】2017年，公司大力推广电票业务，累计开立电子银行承兑汇票48张，金额4395万元，进一步丰富了企业的融资渠道，降低了付现成本。

【资金集中】2017年，公司继续采用宣讲行政要求和提升服务质量两种手段，积极、持续推进资金集中工作。截至12月底，集团共有206个单位完成开户，199个单位进行账户直联，464个银行账户完成直联授权，账户直联比例达到56.31%，集中比率超过50%的单位达到149个。年末吸收存款创历史新高，达到84.66亿元，银监会口径集中度达到61.65%，远高于行业平均水平，全年日均集中资金62.33亿元，较上年增长60%，月均集中度超过50%，集中水平显著提升。

【业务创新】2017年，首次办理银行承兑汇票贴现2.50亿元，再贴现2.50亿元（为本年北京地区单笔最大），真正实现低成本融资。开展首笔票据质押开票业务，拓宽企业融资渠道。完成首笔中长期贷款和股权质押贷款。2月，成功获批进入银行间同业拆借市场，已拆借资金2.60亿元。8月，公司正式成为上海票据交易所法人会员单位，实现了直通式业务处理和票款对付（DVP）的票据结算模式，降低了票据交易风险和融资成本。

【风险管理和内部控制】公司切实发挥风险部门和审计部门的职能作用，按日开展流动性风险监测、合规性审查和凭证稽核、事中稽核工作，按月开展监管指标监测和对账工作，按季开展操作风险检查和专项稽核工作，将监管规则内植于日常经营管理，筑牢依法依规经营的制度基础和机制保障，按监管要求开展岗位轮换和强制休假，确保业务合规、资金安全。截至2017年末，流动性比例、资本充足率、不良贷款率均符合监管规定和集团考核要求。

【人力资源管理】2017年，公司组织一次人员招聘，招聘4名金融人才，为集团金融板块建设奠定人才基础。完善考核体系，修订下发了2017年度《绩效考核办法》和《员工年度考核办法》。完善员工培训体系，坚持“走出去”“请进来”，加强与先进同业的交流，公司学习氛围浓厚，实现员工队伍素质的快速提升。截至2017年末，公司人员34人，其中，已考取银行从业资格人员20人、证券从业资格人员13人、国际财资管理师4人、银行间市场本币交易员4人、债券托管结算资格业务员2人。

【信息化建设】公司高度重视信息科技工作，2017年8月，公司同城数据级双活灾备中心正式上线运营，能够实现瞬时接管生产中心实时数据，保证成员单位资金数据零丢失，保障支付结算时效性，提高了业务连续性及灾难应急能力。针对科技风险委外审计提出的22项风险点，经过半年多的信息安全风险整改，中国金融认证中心（CFCA）现场复测认定：公司信息安全等级为好，信息安全管理制度完备，信息安全技术防护手段和措施齐全。

【党建工作】2017年，公司积极履行党建主体责任，按照“党要管党，从严治党”的要求，切实加强党建工作。1月，制定《2017年度党建工作计划》，签订《党建工作责任书》；2月，完成支部改选，成立党群工作部；6月，制定《标准化党支部创建工作实施办法》《党建工作责任考核办法》；9月，制定《党支部议事规则》，修订《“三重一大”决策制度实施细则》，不断完善制度和机制建设。严格执行“三会一课”制度，推进“两学一做”制度化常态化，以党建促经营，以廉政保合规，为公司持续、健康、快速发展打下了坚实的基础。

Z

中国南航集团财务有限公司

【集团概况】中国南方航空集团公司（以下简称“集团”）成立于2002年10月，是中央管理的三大骨干航空集团之一。全集团现有员工10万余人，运营总资产达2000多亿元人民币。集团主营航空运输业务，兼营飞机发动机维修、进出口贸易、金融理财、传媒广告、地产等相关产业。2017年，集团旅客运输量1.26亿人次，连续39年居中国各航空公司之首，机队规模和旅客运输量均居亚洲第一位、世界第四位。2016年和2017年，集团连续获评《财富》（中文版）中国企业500强，居交通运输业首位。

【经营概况】2017年，中国南航集团财务有限公司（以下简称“公司”）持续推进集团资金集中管理工作，稳健开展各项金融创新与投资工作，资产规模大幅提升，经营效益完成情况良好。2017年取得营业收入（含投资收益）37322万元，同比增加11891万元，增幅为47%；实现利润总额17381万元，同比增加4132万元，增幅为31%；资产总额为916866万元，同比增加136.720万元，增幅为18%；负债总额为750710万元，同比增加77870万元，增幅为12%；所有者权益为166156万元，同比增加58850万元，增幅为55%。

【信贷业务】2017年，公司办理了自营贷款、委托贷款与保证三类信贷业务，年日均贷款规模为25.81亿元，同比增长46%。2017年公司合理安排信贷投放，满足成员企业融资需求，助力成员企业去杠杆、降成本，为成员企业节省财务费用支出共计1368万元，客户满意度调查得分在集团排名第一。2017年公司不良贷款率保持为零。

【资金业务】2017年，公司通过优化资金计划管理加大存放同业定期比例，规范同业报价提升利率水平，拓展资金运用渠道增强融资能力等措施，资金收益得到较大提升。全年人民币日均定期资金占比约55%，同比增长20个百分点，同业收入同比增长88%。

【业务创新】2017年，公司开展了同业存单业务，申请并获得外币拆借业务资格。积极参与集团搭建司库管理体系设计，加强银团贷款、经营性物业抵押贷款等产品的研究。

【中间业务】2017年，公司不断挖掘保险代理业务的深度与广度，新开展退票险业务，拓展了南航营业部柜台航意险销售渠道，优化电子化航意险功能，实现了保费收入的稳步增长。2017年取得中间业务收入5315万元，同比增长4%。

【投资业务】2017年，公司把握市场机会，在利率高点增加债券长久期配置，择机卖出可转债兑现收益，新开展可交换债投资，有效提高投资业务收益，投资收益同比增长42%。

【资金集中】2017年完成了集团委贷资金

池的建设，实现了归集资金在集团内部有效循环。协助集团推进资金集中管理工作，全年协助河南航空等36个客户办理了62个本外币账户的资金集中管理，新增账户累计资金流入超过270亿元。2017年全集团日均资金集中度达77.74%，同比提高19.61个百分点，超额完成了集团资金集中度日均75%的任务目标。

【外汇业务】2017年，公司加快外汇系统建设和制度建设，积极稳妥推进外汇业务。完成外币资金集中管理平台搭建，制定了《外汇结算账户管理办法》《收付汇业务管理办法》等相关规章制度。推进了代客即期结售汇业务开展的各项准备工作，完成了结售汇业务申请的准备，制订了结售汇业务发展规划。

【风险管理和内部控制】2017年，公司持续加强内部控制体系建设。完成部门手册的编制与上线，扎牢制度笼子；增加风险排查和专项治理频次，多渠道加大合规建设力度。在董事会下新设审计委员会，修订各专业委员会的议事规则，调整专业委员会成员，完善专业委员会的决策方式和会议频率。先后开展了银行业市场乱象整治、“三违反”、“三套利”、“四不当”等十三项风险排查和专项治理工作。

【人力资源管理】2017年，公司全面修订岗位说明书，强化绩效考核和评优评先，制定《年度部门负责人述职述廉考核方案》。开展管理人员岗位轮换。成立绩效改革小组，按照“正向激励，效率优先，鼓励增量，上有封顶”的原则，鼓励业务部门在满足公司风险控制要求的前提下超额完成公司下达的目标任务。

【信息化建设】升级核心信息系统，应对外币资金归集等功能。上线营改增系统，推进业务系统利率市场化项目和结售汇项目功能开发。全面推行钉钉系统使用，通过“互联网+行政办公”新模式提高沟通协同效率，提升公司管理水平。

【企业文化建设】公司工会制定《班组建设年实施方案》，围绕安全、经营、服务等中心工作，建设和完善“六大工作机制”。积极开展员工关心关爱活动，举办游园、篮球比赛、拔河比赛等文体活动，定期组织员工体检，组织员工参与重大疾病爱心互助基金，开展家庭援助志愿者招募活动，增强员工归属感。

【党建工作】2017年，公司党委全面学习宣传贯彻党的十九大精神，制定工作方案及其推进表，开展形式多样的学习宣传贯彻活动。扎实推进“两学一做”学习教育常态化制度化，深入开展“双争”活动，规范“三会一课”和主题党日活动，发放学习资料450余本，举办各类学习教育活动共计82场次。在公司章程中加入党建内容，在《党委会议事规则》中明确党委对公司重大决策的前置研究，在二级机构年度考核目标中增加“党建工作指标”。2017年完成对所有二级机构巡察，实现党委巡察全覆盖。

中国能源建设集团财务有限公司

【集团概况】中国能源建设集团有限公司（以下简称“集团”）成立于2011年9月，是经国务院批准、由国务院国有资产监督管理委员会直接管理的特大型能源建设集团。集团肩负着“世界能源、中国能建”的使命，是中国乃至全球最大的电力行业全面解决方案提供商之一，具有集电力和能源规划咨询、勘测设计、工程承包、装备制造、投资运营为一体的完整业务链，业务遍布全中国和全球100多个国家和地区。

【经营概况】2017年，中国能源建设集团财务有限公司（以下简称“公司”）全面推进集团资金全面集中管理，发挥传统业务服务集团作用，积极研究探索多元化的金融服务，大力提升金融服务质量，健全规范公司管理体系，全面加强风险防控体系建设，年度经营业绩保持稳中有进的良好发展态势。全年实现营业收入3.12亿元、利润总额（拨备前）1.71亿元，分别同比增长24.60%、23.27%。

【信贷业务】2017年，公司积极向人民银行武汉分行争取信贷规模，增加信贷规模29亿元，有力地支持了集团各成员单位的融资需求。全年累计发放自营贷款44笔，平均贷款规模57.45亿元，同比增长38.38%。建立客户信用评级及授信管理机制，对客户开展信用评级及授信，为公司信贷业务提供决策支持。积极为集团成员单位提供低费率、高效率的中间业务服务，全年办理保函51笔、委托贷款57笔、资信证明7笔。

【资金集中】2017年，集团将集团资金中心并入公司，明确公司为集团唯一的资金集中平台，实现了集团资金集中平台的全面一体化。配合集团制定、实施资金集中管理相关制度，针对不同成员单位研究实施差异化的资金集中管理策略，大力开展业务推介活动，在公司内部制定相关配套实施细则，严格开展资金集中考核，资金集中管理取得了显著成效。2017年末，全口径资金集中度较上年末提高17.51个百分点，吸收存款余额达到197.94亿元，同比增长114.15%，创造了历史新高。

【资金业务】2017年，公司实施精细化的资金管理机制，统筹兼顾资金收益与集团整体利益，合理配置头寸资金，提高资金收益。一是加强部门联动，成立跨部门的资金协调小组，最大限度地提高资金运作效率和资金收益。二是加强与同业金融机构的合作，不断提高同业存放活期利率。三是开拓高收益、高质量的同业存放渠道，通过灵活配置不同期限的中、短期同业存放，使该类资金年化收益率达到4%。

【投资业务】2017年，公司在监管允许的投资范围内，稳妥开展国债逆回购、货币市场基金等固定收益类业务，在保证资金安全的基础上努力提高投资收益。发挥研究优势，每月定期编撰金融市场资讯和投资简报，积极参与集团金融板块业务研究，提供专业投资意见。

【业务创新】2017 年，公司积极申报新业务资格，不断拓宽公司业务范围。8 月公司成功获批全国银行间债券市场准入资格，进一步丰富了公司的投资业务品种。顺利完成上海票交所系统（一期）建设、上线，可实现纸票登记托管、清算结算、信息查询等多项业务。与主办行联合制定了外汇资金集中管理业务模式、操作流程、内控制度等方案，向外汇局提起外汇资金集中运营管理资格申请。

【风险管理和内部控制】2017 年，公司积极落实强监管政策要求，全面推进制度体系和风险防控体系建设，规范化管理水平不断提高。一是启动了覆盖所有业务的制度流程梳理修订工作，全年梳理修订制度 146 项。二是认真贯彻落实强监管政策，组织开展风险自查自纠活动，加强业务的实质性风险审查力度和合规文化建设，组织合规知识宣传和测试活动，进一步提升合规运作水平。三是聚焦公司重点、关键业务领域，全年完成 5 个审计项目，提出的整改建议 12 条均进行了认真整改落实。

【人力资源管理】2017 年，为进一步发挥薪酬绩效的激励约束作用和适应公司两地办公的新形势，公司深入开展了薪酬体系改革，重新制定公司基本工资分配制度、绩效考核制度，实行定岗定编，逐步实现了责任、贡献、薪酬的密切挂钩和有机统一。持续健全法人治理结构，调整公司高管层，定期对董事、监事履职情况进行评价，2016 年度董监事履职全部合格。

【信息化建设】2017 年，业务信息化建设紧密围绕客户需求和业务发展，持续进行优化升级，助力公司转型升级。在核心业务信息系统中增加利息匡算、保函手续费、外汇监控、大客户状况统计、证书到期提醒五项业务功能。开发建设和上线投资业务记账系统、反洗钱监控系统、1104 报表系统和 EAST 监管数据系统，使公司业务管理逐步实现信息化、自动化。

【党建工作】深入贯彻学习党的十九大会议精神，将党建工作总体要求写进公司章程和战略规划，明确了党委在公司治理中的法定地位。梳理修订党建、纪检制度 24 项，优选充实党务干部队伍。扎实推进“两学一做”学习教育常态化制度化，将学习教育融入日常、抓在经常。严格规范党内政治生活，按时召开组织生活会、“三会一课”、党委中心组学习。认真组织党建及党风廉政专题学习教育，让廉洁文化贯穿经营管理的全过程。

中国平煤神马集团财务有限责任公司

【集团概况】中国平煤神马集团（以下简称“集团”）是一家以能源化工为主导的国有特大型企业集团，产业遍布河南、湖北、江苏、上海、陕西等 9 个省区，产品远销 30 多个国家和地区，与40多家世界500强企业及跨国集团建立战略合作关系。旗下拥有平煤股份、神马股份、易成新能3个上市公司和5家新三板挂牌公司，营业收入、资产总额均达1500亿元。集团是我国品种最全的炼焦煤、动力煤生产基地和亚洲最大的尼龙化工产品生产基地。煤炭产能4500万吨，焦炭、糖精钠、超高功率石墨电极、碳化硅精细微粉产能全国第一，尼龙66盐、工程塑料产能亚洲第一，工业丝、帘子布、碳化硅精细微粉产能世界第一。

【经营概况】2017年，中国平煤神马集团财务有限责任公司（以下简称“公司”）认真实施合规管理，积极稳健开展业务，努力开创发展新局面。截至2017年末，公司资产总额72.69亿元，负债总额60.91亿元，所有者权益11.78亿元，累计实现收入2亿元，利润总额1.65亿元，资金结算量23.8万笔，结算金额6933.82亿元。

【信贷业务】2017年，公司积极支持产业结构调整，结合供给侧结构性改革专题，紧紧围绕“三去一降一补”工作思路，调整经营策略，截至2017年12月末，公司贷款规模46.71亿元，累计投放贷款51.89亿元，其中，为集团公司、平煤股份、神马实业、中鸿煤化、氯碱发展、京宝焦化等16家成员单位办理流动资金贷款35.5亿元；为铁运处、天力公司、瑞平煤电、一矿、焦化销售公司、焦化有限公司等28家成员单位办理票据贴现16.39亿元。同时，为平煤股份、中平信息公司、氯碱发展、集团公司、中鸿煤化5家成员单位签发电子银行承兑汇票10.72亿元。

【资金集中】公司持续加大资金归集力度，努力提升资金归集率，一是在资金管理方面，建立与商业银行直联、功能强大、运行安全、使用便捷的资金管理与结算系统，以满足成员单位的资金管理与集中结算需求。二是通过转变服务方式、改善服务态度和完善资金结算平台，提升成员单位的满意度，进一步夯实了资金归集基础。三是借助集团行政化管理和资金监控系统，鼓励和催促不归集、归集不及时的成员单位进行资金归集。截至2017年末，在财务公司开户单位达270家，开立账户368户。

【税收管理】公司密切关注税收新政变化，确保公司税收行为合法合规，并结合自身业务实际做好税收筹划和日常管理工作。一是提高增值税开票限额，为满足成员单位如集团母公司、三基炭素、中平煤电、焦化销售等公司利息支出税前抵扣要求，公司2017年向税务机关申请提高增值税发票开票限额至百万元版。二是做好日常税务核算、申报工作，保持良好纳税信用记录。2017年公司累计缴纳税款0.48亿元，无迟报、漏报、误报及欠缴税款情形。

【业务创新】一是在中国银行业监督管理委员会河南监管局和中国银行业监督管理委员会平顶山监管分局的指导帮助下，顺利获批成员单位之间的委托投资、承销成员单位的企业债券和固定收益类有价证券投资等5项业务，服务集团能力不断增强。二是加入了全国银行间同业拆借市场，进一步拓宽融资渠道，提高了资金的使用效益和收入水平。三是根据商业票据管理新形势与新特点，与上海票据交易所积极接洽，已完成公司电票系统网络集中切换，为未来加入全国性的票据交易市场做好了前期准备工作。

【风险管理和内部控制】公司一直将风险管理作为工作的重中之重。一是认真开展合规检查工作。2017年共安排各类合规检查20余次，涉及结算业务、信贷业务、科技风险及员工行为排查等各个方面。二是认真开展市场乱象自查工作。公司根据监管部门要求，结合自身实际认真开展了市场乱象专项自查整治工作。深入排查存款业务、授信业务、公司治理、股权结构、员工行为等各个方面可能存在的市场乱象和不良行为，有效促进了公司内部管控水平和公司员工的合规经营理念的提升。三是认真开展合规尽职审查工作。2017 年公司共召开审贷委员会会议 32 次，审议授信项目 16 个，金额 78.35 亿元；审议授信发放业务 54 项，金额合计 35.12 亿元。通过尽职审查严格控制操作流程和权限合规，确保岗位操作合规和岗位尽职，防范各类业务风险。

【人力资源管理】公司坚持以人为本，持续建设员工队伍。一是资金结算部、计划财务部和稽核审计部 7 人参加了银行间市场本币交易员培训并通过考试，取得交易员资格。二是赴河南能源化工财务公司调研学习，就资金集中归集、业务创新、票据集中管理、票据池业务运作模式、风险管理、制度建设等进行了深入、细致的沟通，增进同业间交流与合作。三是资金结算部、信贷管理部、风险管理部 4 人参加了中国财务公司协会举办的“2017 年第一期财务公司基础业务培训班”，就财务公司风险管理体系、流动性风险市场及操作风险、资金集中管理及结算业务和信贷业务进行培训学习。四是资金结算部和信贷管理部 2 人参加了中国金融培训中心举办的“新形势下票据业务管理和风险管理双提升及电票应用新发展趋势”培训，就新形势下票据业务进行交流学习。

【信息化建设】公司各项业务的发展都离不开信息化的技术支撑。一是按照监管要求，公司在现有资金系统中新增反洗钱功能模块，建立反洗钱或反恐怖融资监控名单库，并对名单库及时更新，在日常业务处理中，主动甄别大额可疑交易。二是完善公司电票系统，提高金融服务水平，力争全面实现电票线上清算，实现票据交付和资金交割同时进行，提高电票资金清算效率，增强票据市场的竞争优势。三是密切关注信息系统漏洞风险，按照银监局下发的网络安全风险信息通报、国家信息安全漏洞共享平台网站公布的漏洞信息，对照公司信息系统涉及的产品及时进行处理，避免信息系统遭受非法入侵和病毒攻击。

【企业文化建设】公司高度重视企业文化建设和宣传工作。一是按照现代公司治理机制搭建内控合规组织，明确各条线各部门各岗位风险控制职责。二是塑造“助推集团发展，打造国内一流”的公司经营理念和“诚信、共赢、安全、高效”的企业文化，使诚信、合规文化渗透到公司员工的一言一行中去。三是通过组织员工到先进同业考察学习、积极参加中国财务公司协会培训和邀请人民银行、工商银行专家讲课等多种方式提升员工业务技能和风险管控能力，促进企业文化建设。

【党建工作】根据《公司章程》规定，2017 年 6 月公司召开了 2017 年第一次股东会暨第二届四次董事会、第二届四次监事会，根据公司业务发展和管理需要，修改了《公司章程》，将党建工作写入公司章程，明确和落实了党组织在公司法人治理结构中的法定地位。

中国石化财务有限责任公司

【集团概况】中国石油化工集团公司（以下简称“集团”）是1998年7月在原中国石油化工总公司基础上重组成立的特大型石油石化企业集团，注册资本2749亿元人民币，总部设在北京。集团是中国最大的成品油和石化产品供应商、第二大油气生产商，是世界第一大炼油公司、第二大化工公司，加油站总数位居世界第二，在2016年《财富》世界500强企业中排名第4位。

【经营概况】2017年，中国石化财务有限责任公司（以下简称“公司”）坚持稳中求进工作总基调，紧紧围绕服务集团转方式调结构、提质增效升级，不断增强服务意识、提升金融服务能力，防范风险、稳健经营、严细管理、加强党建，圆满完成全年各项目标任务。2017年，公司实现营业收入25.30亿元，实现利润20.95亿元。截至年末，资产总额1789.62亿元，所有者权益247.47亿元。公司通过提供结算、贷款、委托贷款、直接购付汇、优惠贴现等各项服务，为集团协同创效超过35亿元。

【资金集中】2017年，“资金池”保持安稳运行，全年累计完成内外部结算2835万笔、41.49万亿元，连续9年保持安稳高效运行。“票据池”业务有效拓展，组建票据业务部，克服困难、主动服务，累计与150余家企业签订票据池业务服务合作协议，办理票据池业务合计3.37万笔、332.33亿元。代表财务公司行业，促成人民银行解决财务公司票据内部交易规则等多项问题，为上海票交所的建设作出特殊贡献。

【资金业务】2017年，公司主动适应货币市场变化，稳步推动实施差异化存款利率定价机制，日均存款规模达到645.8亿元，同比增长94.29%。不断拓宽融资渠道，取得45家金融机构综合授信，交易对手增加到260家。充分利用银行间债券回购匿名交易平台，加强银行间、交易所和票据市场联动，择优融入资金，全年从外部融入资金2.51万亿元，保障集团和企业的融资和支付需求。

【信贷业务】2017年，公司积极配合集团防范风险、处僵治困、分离移交三大改革攻坚战，持续以优惠信贷资金支持特困和困难企业扭亏脱困，累计提供自营贷款、办理票据贴现等各类信贷支持1190亿元，日均规模达到494亿元。大力推广财务公司电子承兑汇票，累计办理135.63亿元，支持企业提升资金周转效率、降低成本费用。优质高效开展委存委贷业务，日均规模669.79亿元，帮助企业节约财务费用达8.2亿元。

【外汇业务】2017年，公司充分发挥集团购付汇主渠道作用，保持与监管部门常态化沟通协调，认真研判、精心操作，累计办理结售汇504亿美元，有效满足集团公司国际化经营业务发展需求。发挥境内外市场联动优势，支持配合跨境人民币支付原油款，降低集团整体汇兑成本，累计为集团节约购汇成本约5亿元。

【投资业务】2017年，公司审慎灵活应对分化严重的股市以及持续调整的债市行情，强化市场分析研判，精心操作，积极应对资产管理业务面临的挑战，抓好存量产品的经营管理，积极围绕公司资金动态变化稳妥审慎开展理财业务。公司证券资产整体运营情况良好，投资综合收益率保持稳定。

【产业链金融业务】2017年，公司主动作为，广泛组织召开财企交流会，主动深入企业调研，大力宣传推介，在完善制度、防控风险的基础上，积极拓展业务，服务实体经济，累计开展产业链金融业务22.3亿元。成功打通产业链保理业务全流程，为12家系统外供应商办理业务2.09亿元；挖掘产业链客户需求，累计办理各类产业链票据贴现19.2亿元，为近300家产业链客户提供金融服务。

【市场化经营管理】2017年，公司密切关注市场变化，严格资金计划和头寸调度管理，资金计划准确率保持较高水平，流动性管理水平不断增强；建立并有效运用人民币汇率分析模型，进一步提升汇率预测的准确性。完善利率市场化管理，优化FTP定价体系，调整模型参数，及时准确传导市场压力；优化PMS定价体系，提升定价系统功能，实现了存贷款利率定价100%系统测算，为市场化定价提供有力参考，进一步提高了存贷款定价的科学性。

【风险管控】2017年，公司加强信贷日常审查力度和同业业务风险管理，强化对产业链金融等新业务的风险管控。对现行191项制度进行全面梳理，修订业务内部控制矩阵99个。开展5个审计项目的现场稽核，积极配合集团公司审计局开展经济责任审计。严格按照监管要求，开展信用风险专项排查、“三违反”、“三套利”、“四不当”、整治市场乱象、银行业风险防控等六项专项治理自查工作，按时上报近千份各类监管报表，始终确保依法合规经营，全年未发生风险损失。

【信息化管理】2017年，公司全力做好信息化项目建设，顺利完成与上海票交所系统直联接口开发工作，成功实现电票系统接入点由人民银行切换到票交所系统，银行回单电子化、营改增系统功能优化、协同办公系统升级等100多项系统提升方案有序推进。持续加强系统运维管理，及时处理重要信息系统的重大警告监控事件，保障公司各信息系统始终安稳高效运行。

【人力资源管理】2017年，公司持续规范选人用人管理，围绕领导人员能上能下、优秀年轻干部培养选拔等制定5项制度，完成对9家分公司领导班子和领导干部考核，33名员工通过公开竞聘走上基层领导岗位。高度重视人才培养，1500余人次参加公司内外部各类培训，组织71名青年员工到井冈山进行政治轮训，坚定理想信念、激发工作热情。

【党建工作】2017年，公司顺利完成“党建入章”工作，进一步明确党组织在公司治理结构中的法定地位。修订“三重一大”决策制度具体措施，完善党办、党群、纪检稽核、组织人事“四位一体”的“大党建”组织架构，全面开展党建结对共建活动。落实党风廉政建设主体责任，分层级签署党风廉政建设责任书40份，制定《构建“不能腐”体制机制具体办法》，初步构建“大监督”格局。建立处级领导干部廉洁情况“活页夹”，合理用好“四种形态”，持续加强对干部的教育监督管理。

【企业文化建设】2017年，公司制定《财务公司2017—2019年企业文化建设规划》，顺利召开二届二次和二届三次职工代表大会，深入开展“转观念、勇担当、创效益”专题讨论，被评为集团“转勇创”活动先进集体。举办第三届员工风采大赛，开展丰富多彩的群众文体活动，初步建立EAP骨干队伍，深化“走基层，访万家”活动，加强精准帮扶，保持积极向上、健康和谐的环境氛围。

中国铁建财务有限公司

【集团概况】 中国铁建股份有限公司前身是铁道兵部队，由中国铁道建筑有限公司独家发起设立，于2007年11月5日在北京成立，为国务院国有资产监督管理委员会管理的特大型建筑企业。2008年3月10日、13日分别在上海和香港上市，公司注册资本135.80亿元。公司业务涵盖工程承包、勘察设计咨询、工业制造、房地产开发、物流与物资贸易及其他业务。经营范围遍及全国31个省、自治区、直辖市和香港、澳门特别行政区以及世界近100个国家和地区。

【经营概况】 2017年，中国铁建财务有限公司（以下简称“公司”）日均吸收存款余额576亿元，同比增长12.5%；日均发放贷款余额462亿元，同比增长33.2%；实现营业收入22.98亿元，同比增长18.76%；实现净利润7.26亿元，同比增长12.91%；资产总额1017.19亿元，同比增长20.79%。在收入超额完成预算的同时，收入结构也发生了积极变化，其中，贷款利息收入16.85亿元，占比增长到73.32%，同业存款利息收入5.39亿元，占比下降为26.29%，公司支持实体经济的力度持续增大。

【信贷业务】 一是信贷投放稳步推进。2017年末各项贷款余额436.9亿元，同比上年增长8.5%；贷款日均余额461.9亿元，同比上年增长39.3%。二是铁建保函长足发展。公司积极推广铁建保函，保函品种不断丰富，投标保函、履约保函、质保保函、廉政保函等各类保函次第增长，当年累计为成员单位办理保函金额近170亿元，通过保函代替质保金，不仅盘活了存量资金，而且大幅节省了财务费用支出。

【资金业务】 公司与包括财务公司在内的23家金融机构开展同业拆借业务。首笔货币基金投资业务顺利落地，购买的3亿元中银货币基金产品获得预期收益。2017年累计实现存放同业利息收入5.39亿元，占收入总额的23.45%。累计为成员单位开具银行存款证明204份、金额2695亿元；开具财务公司存款证明57份、金额559亿元；开具授信证明和信贷证明21份、金额382亿元；开具资信证明2份、金额8.2亿元。

【投资业务】 2017年12月27日，公司实施首笔有价证券投资业务，成功申购3亿元中银机构现金管理货币基金。

【票据业务】 截至2017年末，承兑余额96.61亿元，与年初相比增加29.75亿元，增长44%。铁建商票办理943笔，金额累计52.39亿元。公司票据贴现余额42.77亿元，较年初增加31.74亿元。

【外汇业务】公司陆续同大型中资银行和外资银行进行场内交易系统维护，代理成员单位开展经常项目境外付款和即期结售汇业务，通过市场交易的方式为成员单位每笔结售汇交易节约成本平均超过100个基点。公司申请加入了SWIFT（环球银行金融电信协会）并取得会员资格，各项硬件设施已配置到位。

【资金集中】公司2017年末吸收存款余额902.5亿元，同比增加139.6亿元，增幅为18.3%；日均吸收存款575.7亿元，同比增加63.4亿元，增幅为12.4%。继续推动资金池平移工作。新增天津、太原、广州、厦门4个区域资金池，并新建多个项目专项资金池，全年为成员单位开户3029个。将财银证书更换为软证书，全年共办理U盾8079个；完成农业银行、建设银行代理结算系统上线前的调试工作，实现农业银行直接代理结算；全年全口径结算业务笔数累计645万笔，同比增长103.9%；全口径资金结算金额6.7万亿元，同比增长2.9%。外汇业务实现零突破，累计归集境内外汇资金超过3亿美元。

【业务创新】2017年11月，公司获准开展延伸产业链金融试点并完成备案工作，于12月27日成功完成首笔“一头在外”票据贴现业务，产业链金融业务正式落地。

【风险管理和内部控制】公司各项监管指标及监控指标均符合监管部门规定。公司内控考核结果达到A级，内控管理健全完善。

【人力资源管理】公司高级、中级管理人员配备到位，合理开展系统内外部招聘，招收大学应届毕业生，有针对性地引进公司紧缺型中高端金融人才。

【信息化建设】2017年，公司编制发布信息科技战略规划、加大信息科技队伍建设，持续优化应用系统建设，促进公司新业务顺利开展。积极处置和防控信息安全事件，更新升级数字证书体系，建立突发事件应急处置机制，持续完善系统容灾备份手段。

【企业文化建设】编制企业文化及品牌建设实施方案，把文化充分融入企业品牌建设之中，明确了品牌定位、品牌架构。邀请外部专家举办“企业文化建设讲堂暨品牌建设”讲座，深化广大员工对企业文化的深度认知和理解。梳理5年发展轨迹，提炼典型案例，编制《企业文化手册》，更新企业宣传册和宣传片，促进公司价值理念传播。

【党建工作】修改公司章程，明确了党组织在法人治理结构中的地位和作用，修订“三重一大”等议事规则，实现了各决策机制对接。成立8个党小组，严格执行“三会一课”制度，严肃党内政治生活，促进“两学一做”学习教育常态化制度化；建立落实党支部党建工作量化考核制度，促进了基层工作的有效落实；加强理想信念教育，组织开展了延安党员培训等系列活动。开展“五个一”廉洁教育，建立廉洁文化体系，出台兼职纪检监察员制度，完善了“大监督”格局。发挥群团纽带桥梁作用，加强民主管理，关爱职工生活，举办经典诵读等文体活动。

中国铁路财务有限责任公司

【集团概况】 中国铁路财务有限责任公司（以下简称“公司”）隶属于中国铁路总公司，中国铁路总公司是经国务院批准成立，由中央管理的国有独资企业，所属主要企事业单位包括铁路局（集团公司）、其他企业和所属事业单位等。2017 年，铁路客货运输实现较快增长，国家铁路完成旅客发送量 30.39 亿人，货物发送量 29.18 亿吨，运输总收入 6958 亿元，多元经营营业收入 2841 亿元，开行中欧班列 3600 列。

【经营概况】 公司于 2014 年 12 月 8 日经中国银监会批准筹备，2015 年 7 月 10 日获批开业。公司注册资本 100 亿元人民币，由中国铁路总公司及其全资子公司中国铁道科学研究院共同出资设立，出资比例分别为 95% 和 5%。截至 2017 年底，公司总资产 601.71 亿元，净资产 109.38 亿元，计提贷款损失准备 1.49 亿元，资本充足率为 65.91%；2017 年度，实现营业收入 14.71 亿元，利润总额 7.73 亿元。

【信贷业务】 公司按照先评级、后授信、再使用的原则，在严格控制风险的基础上，积极开展信贷业务，满足成员单位资金需求。2017 年，公司审查拒绝了成员单位房地产开发等贷款，信贷投向全部集中在铁路运营、铁路建设及其多种经营业务，截至 2017 年末，公司发放贷款余额 149.2 亿元，办理委托贷款余额 4.69 亿元。

【资金业务】 公司在注重头寸管理的前提下，盘活沉淀资金，紧抓银行短期流动性从紧时机，加强资金运作，开展同业合作，取得良好效果。2017 年，公司与银行机构共开展存放同业业务 119 笔，累计金额 4512 亿元，为公司增收和降低集团公司财务成本发挥了积极作用。

【票据业务】 公司大力宣传票据结算方式的使用，以最低成本为成员单位提供相关票据业务服务。2017 年，公司共为成员单位办理票据承兑业务 123.66 亿元。截至 2017 年 12 月 31 日，已经到期的票据均顺利兑付。

【资金集中】 截至 2017 年末，公司为成员单位开立账户 131 户，归集成员单位银行账户 78 个，归集资金余额 490.79 亿元，全年日均归集资金 355.59 亿元，资金集中率全口径与可归集口径分别为 32.60% 和 49.29%。

【业务创新】 2017 年，公司顺利加入全国银行间同业拆借市场，并开始办理同业拆借业务，2017 年办理同业拆入业务 1 亿元。同时，公司向监管机构提交了办理承销成员单位企业债券业务资格的申请。

【风险管理和内部控制】 2017 年，公司严格落实全面风险管理各项要求，风险限额、风险预警等基础工作全面展开，全年未发生相关风险事件；制定并完善了 34 项内控制度，规范了工作流程，内部控制制度体系基本能够覆盖各项业务活动和管理活动；组织开展了“三违反”“三套利”“四不当”专项治理，市场乱象整治、市场乱象整治再自查，不断提升公司风险管控能力，促进公司经营管理依法合规。

【信息化建设】2017 年，公司坚持按照系统建设总体方案的规划，针对开业初期、中期和远期分期建设信息系统，系统运行状况良好，能够支撑公司各项业务的有序进行，系统客户端基本满足成员单位的结算需求。同时，加强信息科技治理工作，完善信息科技制度体系，明确了外包服务商对信息系统软硬件进行运维管理的要求，并与其签订了保密协议，规范了日常工作中系统授权、客户端开通、用户和网盾受理流程等。

中国一拖集团财务有限责任公司

【集团概况】中国一拖集团有限公司（以下简称“集团”）经过 60 多年的发展，已经形成以农业机械制造为核心，同时经营动力机械、零部件等多元产品的大型装备制造企业集团。新中国第一台拖拉机、第一辆军用越野载重汽车在这里诞生。建厂以来，企业已累计向社会提供 343 万台拖拉机和 270 万台动力机械，为我国的“三农”建设作出了积极贡献。

【经营概况】2017 年，中国一拖集团财务有限责任公司（以下简称“公司”）积极为集团及成员单位提供优质金融服务，支持企业集团成员的生产经营、技术改造及产品销售，为促进集团的生产建设、降低成员单位财务费用发挥了银行不可替代的积极作用。2017 年末，公司资产总额 53.32 亿元，负债总额 45.27 亿元，所有者权益 8.04 亿元，全年实现利润总额 1.04 亿元，人均创利 266.32 万元，各项监管指标均符合中国银监会的监管规定。

【资金业务】资金结算和票据管理业务是公司的基础业务，实现了集团成员单位内部的转账结算、票据统一管理和托收承付，对提高资金使用效率发挥着重要作用。2017 年，公司为集团成员单位累计办理结算金额 1385.52 亿元，办理结算笔数 7.92 万笔；成员单位委托收款累计 9.43 亿元，办理业务笔数 1644 笔；公司平均资金集中度为 94.41%，平均票据集中度为 96.66%，资金和票据集中度在全国财务公司系统中继续保持较高水平。

【票据业务】2017 年，公司票据管理业务开户累计 51 家，累计保管票据金额 33.26 亿元，办理业务 8576 笔；公司自成功接入中国人民银行大额支付系统以来，顺利实现电票线上清算，丰富了成员单位对外支付手段。2017 年 6 月按照人民银行统一部署，原电票系统（ECDS）并入上海票据交易所，公司作为非银行机构会员接入上海票交所后，一方面为纸票业务的全面电子化做好准备；另一方面公司实现了电票转贴现直联，电票的转贴现、交付与承兑不再依赖外部银行，提高了集团公司整体资金保障能力。2017 年，公司为集团及成员单位累计办理电票 17.51 亿元，其中，办理农机电票买方信贷 2.27 亿元，累计办理商票 3.91 亿元。年末票据余额 11.13 亿元，其中，电票余额 9.30 亿元，商票余额 1.83 亿元。

【信贷业务】信贷业务是公司的基础业务，促进了集团生产经营及产品销售。2017 年，公司向集团及成员单位累计发放贷款 30.91 亿元，年末贷款余额 17.17 元，不良贷款率为 0.04%（标准值≤5%），符合监管部门监管要求；2017 年，集团及成员单位贴现业务集中度为 100%，公司累计办理票据贴现 3.6 亿元，年末贴现余额 2.67 亿元。公司通过贷款和贴现业务为集团成员单位生产经营提供了有效的资金支持。

【产品金融业务】2017 年，公司充分利用集团“以金融平台促进产品销售政策实施”的有利时机，全力推进新业务模式的快速成长。按照不同区域的市场特点，制定了补贴贷、单机贷、大客户贷、组合贷以及针对经销商的差额贷、抵押贷等业务产品，以满足用户的不同需求。从 2017 年 7 月起，公司通过尝试性开展业务，适时调整推出了适合冬麦区、东北、西北、新疆、中南、华南等区域的差异化产品金融方案。公司全年累计开展产品金融业务 1616 万元，拉动集团产品销售收入近 4000 万元，取得一定的成效和经验。公司产品金融业务的不断深入开展，将有力促进集团成员单位农机产品的销售。

【投资业务】有价证券投资业务是公司充分利用资金资源和提高资金使用效率的主要途径。2017 年，公司在董事会批准的年度投资额度内，利用暂时闲置资金，以审慎的投资策略开展投资业务，累计实现投资收益 3233.32 万元（含公允价值变动损益）。

【金融同业业务】为更好地服务于集团成员单位的生产经营，公司打破原有的“银企”合作模式，积极推行“企业—公司—银行”三方合作。一方面争取将集团所有金融业务都通过公司来开展，实现集团公司利益最大化；另一方面加强与各金融机构的联系与交流，争取更多的同业合作支持，以此获得更多外部资金资源支持集团成员单位，同时在资金暂时闲置时融出资金，提高资金使用效益。2017 年，公司已对 29 家同业金融机构完成授信 86.5 亿元，获得外部授信额度 67.8 亿元，累计办理同业定期存款 45.56 亿元，年末余额 19.5 亿元，同时为提高资金使用效率，累计拆出资金 106.60 亿元，保证了公司资金的流动性和收益性。

【风险管理和内部控制】风险管理和内部控制是全面风险管理的核心内容，是对公司各部门与人员相互制约和协调的一系列制度、措施、程序和方法。公司始终坚持把内控机制寓于经营管理活动之中，根据公司治理要求，建立健全股东会、董事会、监事会合理分权制衡的公司经营管理机制，实行董事会领导下的总经理负责制。公司 2017 年将内控委员会并入董事会，同时在董事会下增设了内部审计委员会、信息科技委员会，并在公司主要业务部门设置风险、合规、总稽核等专职岗位。至此，公司全面风险管理组织体系已基本健全，形成了由董事会及董事会下设风险管理委员会、内部控制委员会、内部审计委员会、信息科技委员会、稽核部和公司经营层下设风险控制部、各部门以及各风险类专职岗位组成的完整风险控制体系架构。同时，公司遵循“主动合规、制度先行”的原则，将内部控制措施嵌入各项规章制度和每个岗位操作环节之中，形成了有效识别风险、主动避免违规的内控机制，全年制定、修订内控制度和业务规程232个，废止62个，新增10个；通过修订《内部控制管理手册》，对公司内部控制的目标、原则、要素、组织体系、要求、监督及内部控制制度体系建设均作出了明确的规定，所有内部控制活动均在公司董事会、经营层及各专业委员会的领导下有序开展。

【人力资源管理】2017年，公司在集团的支持下按照金融行业的特点设计并实施有效人才培养计划，银行业从业资格持证率接近90%；同时，按照公司年度培训计划并根据非银行金融机构业务及风险防范的特殊性，组织从业人员参加专业培训，全年组织业务、法律、内控、反洗钱、信息技术等内、外部培训34次，参加员工400余人次。

2017年，公司打破原有较为单一的绩效考核体系，将员工绩效工资与执行岗位职责、工作负荷强度、风险程度、绩效考核结果和岗位差异五个要素挂钩，持续推行以业绩、能力为重点的绩效考核，充分发挥绩效考核的激励导向功能，不断完善全面岗位绩效考核体系，逐步建立适合公司发展的人事薪酬体系和激励机制。同时，公司根据各部门职能、岗位职责层层分解重点工作和经营指标，在此基础上进一步完善现有薪酬分配方案，提高中层干部和员工的创新意识及工作积极性，在内部形成“多劳多得、多得光荣”的工作氛围，激励全体员工努力工作、创先争优。

【信息化建设】2017年，公司按照“统一规划、分步实施、急用先行”的信息化“十三五”目标，统筹考虑各类业务需求，启动并完成了核心系统立项、审批、招标等工作，以适应行业监管要求和满足业务发展需求。同时，公司通过加大信息化建设投入，不断推动信息化水平快速提升。一方面完成了上海票交所项目，银行承兑汇票纸票登记和电票系统均已接入票交所系统；另一方面完成了中国人民银行安排的国密算法全面验收和上线工作，满足密码算法国产化和数据信息加密解密安全的需要。此外，公司还通过加强各系统的日常维护和业务连续性管理，积极组织应急演练，全面提升公司信息系统安全管理能力和风险防范水平。

【企业文化建设】公司十分注重企业文化建设和社会责任，始终坚持以人为本的方针，按照“发展为了员工、发展依靠员工、发展成果与员工共享”的基本要求，落实“以人的发展带动公司发展，以公司发展促进人的发展”的工作目标。同时，公司积极参加各项集团活动、社会活动及公益活动，并通过日常的宣传教育，增强员工作为一拖人的荣誉感和社会责任感，并以实际行动来回报一拖、回报社会。2017年，公司号召全体员工加入到爱心帮扶活动中来，再次向“国机爱心基金”捐款8398元和一个月党费，通过爱心捐助活动的不断开展，将爱心传递下去，帮助更多需要帮助的人。

中国移动通信集团财务有限公司

【集团概况】中国移动通信集团财务有限公司（以下简称“公司”）所属集团为中国移动通信集团有限公司（以下简称“集团”），集团是全球网络规模最大、客户规模最大、市值排名领先的电信运营企业，主要经营移动语音、数据、宽带、IP 电话和多媒体业务，并具有计算机互联网国际联网单位经营权和国际出入口经营权。2017 年，经国务院国有资产监督管理委员会批准，集团进行了公司制改制，企业类型由全民所有制企业变更为国有独资公司，企业名称变更为“中国移动通信集团有限公司”。

【经营概况】2017 年，公司严守“资金安全增值”工作底线，推出符合集团主业需要的金融产品和服务，为集团“大连接”战略落地提供专业化金融服务支持。2017 年末，公司资产总额 1025.13 亿元，同比增长 17.08%；所有者权益 208.80 亿元，同比增长 5.87%；全年实现营业净收入 17.94 亿元，同比增长 37.45%；实现利润总额 15.66 亿元，同比增长 47.35%。同时，公司资本充足率、流动性比例等各项监控指标均符合监管要求，不良资产率及案件发生率均为零。

【信贷业务】2017 年，公司持续加大信贷服务力度，产品种类更加丰富，客户数量进一步增加，业务规模持续增长，公司全年发放自营贷款 184.87 亿元，发放委托贷款 55.42 亿元，有效缓解成员单位资金压力，助力成员单位业务发展。同时，实现保函业务零的突破，更好地满足成员单位多元化的信贷需求。

【资金业务】2017 年，公司积极发挥专业化运营优势，有序扩大同业机构合作范围，审慎拓展质押式逆回购业务，丰富公司资金管理手段，提高不同期限层次资金头寸利用水平。2017 年末，公司同业存款余额 625.04 亿元、同业拆借余额 36.00 亿元、质押式逆回购业务余额 20.00 亿元。

【投资业务】2017 年，公司根据集团整体风险偏好，审慎稳健开展多途径资金运用，优化资金期限配置，深挖资金增值空间，全年累计开展银行理财投资 165 亿元，并完成首笔货币基金、首笔同业存单投资。同时，持续完善委托投资业务流程及模式，全年面向 35 家成员单位操作委托投资 158 笔，包含 66 个期限品种，投资规模累计达 917.35 亿元，显著提升成员单位资金效益。

【资金集中】2017 年，公司资金集中体系平稳高效运行，资金管理系统不断升级完善，年末资金集中体系成员单位数量达 76 家，结算业务量达 14956 亿元，同比增长 30%。同时，公司优化账户管理模式，提高凭证管理电子化、自动化水平，夯实资金安全管理基础，并深度参与集团ERP集中化项目建设和试点推广工作，推动并支撑电子渠道资金入口统一和集中结算，有效衔接集团主业结算，进一步提升结算效率。

【业务创新】2017年，公司准确定位资金运作提升空间，严把同业合作机构准入关，积极推动货币基金、同业存单、质押式逆回购等新业务落地，进一步丰富公司产品序列、延展产品线深度、拓宽资金运用渠道，资金整体效益不断提高。公司全年共与财务公司、金融租赁公司、基金公司等新交易对手开展同业拆借业务31笔共155.55亿元，开展质押式逆回购业务5笔共20亿元，投资9只货币基金共4.50亿元，投资同业存单面值合计8.00亿元。

【风险管理和内部控制】2017年，公司加强主动风险管理，统一风险衡量标准，探索建立适应公司自身情况的银行理财风险评级体系，并对各类产品投向资产进行穿透分析，强化业务全流程风险管控，切实防范资金风险。同时，梳理优化全面风险管理体系，制定并严格执行年度风险偏好策略及容忍度指标体系。

【人力资源管理】2017年，公司坚持“党管干部、党管人才”原则，加强干部人才队伍建设，从严开展3次干部选任，进一步充实经理人员队伍；推进构建“职位、绩效、薪酬、能力”四位一体的人力资源管理体系；组织开展多层次、多角度全员培训78次，持续提升人才队伍综合素质水平。

【信息化建设】2017年，公司明确信息系统建设计划，并优化完善资金管理系统功能，提升对支付结算、资金管理等业务的支撑能力。同时积极推动公司资金管理系统与集团资金管理平台的协同建设。

【企业文化建设】2017年，公司持续打造具有公司特色的、全员参与的内部论坛，为员工提供充分展示自我的平台，建设团结、信任、尽职、高效的企业文化。积极推进企业民主管理，定期组织开展满意度调查，召开全体员工恳谈会以及新入职员工座谈会，组织开展新春趣味运动会等各类文体活动6次，同时启动EAP项目，组织开展EAP专题心理辅导4次，营造和谐的工作氛围。

【党建工作】2017年，公司党委认真学习贯彻落实党的十九大精神，研究制定年度党建工作计划，并将党建工作纳入公司年度工作要点和战略规划，推动落实党委研究讨论前置要求，不断丰富基层组织建设手段和载体，持续强化党内学习教育，同时以反腐倡廉工作为抓手，在嵌入式廉洁风险防控体系建设和打造协同监督体系两项特色性工程方面下功夫，不断推动党建工作与生产经营的有机融合，有力保障和促进了公司持续健康发展。

中国重汽财务有限公司

【集团概况】 2017年，面对严峻的市场竞争形势，中国重型汽车集团有限公司（以下简称“集团”）积极推动新旧动能转换，实施再造发展宏伟工程，开展创新升级措施落实年活动，以市场为导向、以用户为中心，发挥企业优势，提升产品质量，深耕细分市场，强化能力建设，取得了历史性突破。同时，集团积极开展汽车金融业务，不断加大降本增效力度，成效显著，各项财务指标均创历史最好水平，经营质量在国内重卡行业处于前列。

【经营概况】 2017年末，中国重汽财务有限公司（以下简称“公司”）资产总额达到316.57亿元，比年初增加了109.78亿元，创历史新高，进入全国50强。2017年公司实现营业收入10.29亿元，同比增长101.40%，实现利润总额4.00亿元，同比增长85.20%，经济效益大幅提升。截至2017年末，公司不良贷款率为0.06%，不良资产率为0.02%，各项监管指标均符合要求，主要经营指标位居山东省辖内财务公司行业首位。

【信贷业务】 2017年，公司积极研究资金市场形势，结合集团实际经营情况，积极争取信贷规模。截至2017年底，集团成员单位贷款余额186.7亿元，同比增加88.90亿元，信贷规模新增、投放规模和增速均居山东省各法人金融机构首位，有力地支持了集团公司汽车金融业务发展和销售。同时，公司坚持为成员单位提供最优惠利率，通过降低贷款利率、提高存款利率的方式共向各成员单位让利约1.08亿元，为集团节省了大量的利息费用。

【资金业务】 2017年，公司不断优化网上对账、网上查询、银企直联等互联网结算功能，确保集团资金结算安全、及时、准确，全年累计办理结算业务2310万笔，结算金额8942亿元，银行进出资金共计13181亿元，为集团及各成员单位、上下游客户提供了高质量的结算服务。

【投资业务】 2017年，公司积极发挥投资决策委员会和资金管理中心的作用，及时了解资金市场，在确保资金安全的前提下努力提高资金收益。作为辖内唯一一家入选济南市市场利率定价自律机制核心成员的财务公司代表，公司不断加强利率管理和利率引导，提高议价能力、调整利率水平，进一步提升了资金收益水平。

【票据业务】 公司要求集团成员单位优先使用电票支付货款，并在集团2000多户上下游客户中推广电子汇票业务。2017年，各制造单位电票付款比例已提高至80%以上，全年累计签发电子银行承兑汇票267亿元，同比增加88亿元。公司电票业务已渗透至集团公司生产经营各环节，有效促进了实体经济发展。2017年6月12日，公司成功获得上海票据交易所会员资格，为公司提供规范化、市场化、专业化水平的票据业务服务搭建了重要平台。

【外汇业务】公司积极开展国际资金业务，截至2017年底，美元结算量1.07万笔，结算金额3.68亿美元。2017年5月，公司即期结售汇业务落地开展，成功为中国重汽国际公司办理美元结汇30万美元，折合人民币约200万元。公司积极为集团和成员单位提供国际业务相关咨询服务，初步搭建了服务集团国际化发展战略的金融平台。2017年，公司"大型企业集团财务公司以'四个资金池'为依托的全球资金管理"项目代表山东省优秀创新成果荣获第二十四届全国企业管理现代化创新成果一等奖，此奖项是集团重组以来在企业管理现代化创新成果中获得的最高奖项。

【风险管理和内部控制】2017年，公司严格按照监管部门要求，认真组织开展了信用风险专项排查、重点区域风险专项排查等十余项自查活动，对贷款、票据业务开展全面排查，对贸易背景、资金流向、贷款用途、合同签订、抵押物有效性等进行逐项检查，对发现的问题要求抓根源、强问责、重落实，真正做到了解业务、了解客户、了解风险。公司做实贷款"三查"，全面掌握客户信息，审批前移，严密监测跟踪资金流向，及时发现风险苗头并进行预警，并采取有进有退、有保有压的信贷差异政策，严控增量风险。

【人力资源管理】公司不断探索金融属性的考核评价机制。2017年，公司组织多次社会和校园招聘，共引进新员工14人，从集团引入两名公司高管，加强公司领导班子建设，提拔中层管理人员4人，组织员工积极参加各种业务培训21次合计45人次。公司获评"济南市五一劳动奖章" "济南市工人先锋号""齐鲁金融之星""2017年度行业课题研究突出贡献单位"等荣誉称号，1人入选全国会计领军（后备）人才培养计划，2人入选济南市金融专家顾问团，公司成为利率自律机制核心成员。

【信息化建设】2017年，公司积极优化新一代信息系统，不断提升系统服务水平，将信息科技纳入全面风险管理体系和稽核审计计划，进一步防范信息科技风险。按照山东银监局信息科技检查要求，公司进行了信息科技方面的整改落实，补充制定了《信息科技风险管理办法》等制度办法，夯实了信息科技风险管理的制度基础，实现了公司内部环境与外部互联网的隔离，降低了信息风险。此外，公司组织实施协同办公自动化系统，不断改进公司办公流程，提高办公效率。

【企业文化建设】2017年，公司先后承办了人民银行济南分行"见证中国制造发展奇迹、立足央行岗位创先争优"参观活动、人民银行济南分行首届"深化产融结合·助力济南产业金融中心建设"磋商机制座谈会、"山东银监局辖内财务公司功能定位及延伸产业链金融服务培训班"、人民银行济南分行营业管理部"金融支持新旧动能转换专题座谈会"。组织员工参与青年文明号帮扶留守儿童、学雷锋日集中关爱活动、"血液连接你我"中国重汽无偿献血、攀登泰山等活动。

【党建工作】2017年，公司党总支以"创新升级，再造发展"为工作重点。公司领导班子尽职尽责，模范遵守党的纪律，严于律己，率先垂范，敢于担当，发挥了重要的示范引领作用，每年签订《党风廉政建设责任书》，严格落实"六个一"工作考核标准，围绕"人、财、物，产、供、销"等权力集中领域梳理廉洁风险点。

中海集团财务有限责任公司

【集团概况】中国远洋海运集团有限公司（以下简称“集团”）由中国远洋运输（集团）总公司与中国海运（集团）总公司重组而成，总部设在上海，是中央直接管理的特大型国有企业。中国远洋海运集团完善的全球化服务筑就了网络服务优势与品牌优势。码头、物流、航运金融、修造船等上下游产业链形成了较为完整的产业结构体系。截至2017年12月31日，集团经营船队综合运力为8635万载重吨/1123艘，排名世界第一。

【经营概况】2017年，中海集团财务有限责任公司（以下简称“公司”）认真贯彻落实监管意见及集团要求，围绕改革重组和提质增效中心工作，全年实现利润总额2.67亿元，超额完成董事会下达的效益指标。

【公司金融】公司积极支持供给侧结构性改革和去杠杆、降负债工作，全年累计向14家成员单位发放贷款128.45亿元，平均利率为4.01%，比同期人民银行基准利率低7.82%，比同期市场贷款利率低23.18%，年末信贷规模55.89亿元，同比增加13.16亿元，信贷业务按五级分类划分全部正常。

【资金和投资业务】公司加强资金预算和流动性管理，优化资产配置，提高资金运用效率，2017年实现同业利息收入2.1亿元，平均利率为2.83%，投资收益3936万元，投资收益率为5.76%。截至2017年12月底，投资业务余额10亿元。

【结算和外汇业务】公司为集团成员企业提供资金存放、支付结算、结售汇、资金池等服务，全年完成结算业务26.8万笔，结算金额约人民币0.9万亿元，平均吸收成员单位存款人民币122亿元；全年结汇业务累计732笔、金额6.49亿美元，售汇业务累计108笔、金额0.43亿美元。

【资金集中】公司努力发挥“资金归集平台”作用，不断提升资金集中度。截至2017年底，实现全口径资金集中度为59.21%，较年初提升15.98%；实现可归集口径资金集中度80.25%，较年初提升11.59%。

【风险管理和内部控制】2017年，公司扎实开展自查整改和专项治理工作，完善制度、加强问责，调整资产结构，进一步提升公司风险管理水平。组织开展“三违反”“三套利”“四不当”银行业风险防范、市场乱象整治等专项治理工作。制定实施《董事履职评价管理办法》《监事履职评价管理办法》等制度，并对现有规章制度进行全面梳理。组织与中层干部、关键业务岗位人员签订《廉洁承诺》，与交易对手签订《廉洁协议》。与各部门签订《合规管理与廉洁从业考核责任书》。公司对2017年度自营证券投资业务额度按风险等级进行划分，并赋予相应的配置权重及额度。截至2017年12月末，公司低风险投资资产占比为51.38%，未新增债权融资类信托或资管计划产品投资。同时加强差错考核问责，建立专项检查督促整改机制，落实绩效奖金扣罚制度，有效督导违规、错报数据部门及人员，降低差错率。

【信息化建设】公司利用合并重组机会，升级改造了主营业务系统（TMS）、SAP、OA及综合报送四大信息系统。截至2017年底，基本完成各类系统上线准备工作。

【股权变更】2017年2月，经上海银监局批复同意，公司注册资本增加至人民币120000万元（含500万美元），股东及股权比例保持不变。

中海石油财务有限责任公司

【集团概况】中国海洋石油集团有限公司（以下简称“集团”）是国务院国有资产监督管理委员会管理的特大型国有企业，是中国最大的海上油气生产商。集团成立于1982年，总部设在北京。经过30多年的改革与发展，集团已经发展成主业突出、产业链完整、业务遍及30多个国家和地区的国际能源公司。2017年，集团生产原油7551万吨、天然气259亿立方米，进口LNG 2046万吨，天然气发电213亿千瓦时，加工原油3592万吨，油品贸易量9250万吨；总资产为11260亿元。在《财富》世界500强企业排名中位列第115位，在《石油情报周刊》世界最大50家石油公司排名中位列第31位。

【经营概况】2017年，中海石油财务有限责任公司（以下简称“公司”）面对复杂宏观形势和日益严格的金融监管环境，按照新一届董事会确立的“合规经营，严格风控，优质服务，适度盈利”经营方针，紧扣集团主业打赢“生产经营翻身仗”对于加强资金集中管理、提高资金使用效率、降低总体财务成本的更高要求，妥善履行辅助管理和金融服务职责，为集团公司和主业板块的发展作出了贡献，自身实力也不断发展壮大。截至2017年末，公司总资产规模达到1389.31亿元，同比增长22%；同时，公司自身经营绩效再上新台阶，2017年营业收入29.47亿元，同比增长14%；实现拨备后利润16.28亿元，同比增长45%，利润预算完成度达到171%。

【信贷业务】2017年，公司大力发展面向成员单位的内部信贷服务，有的放矢支持集团重点产业发展，在维持客户满意度的基础上，逐步推进信贷利率差异化定价，新签合同全部实行下浮5%至基准不等的利率。在优于市场利率的情况下，充分实现了“让利集团主业”与“自身良好盈利”这两个不同目标导向的统筹兼顾。2017年，公司内部信贷业务规模再创新高，自营信贷日均余额达394.31亿元，同比增长32%；年末余额430.54亿元，同比增长39%，有力地支持了主业发展与集团内重点项目发展。2017 年，公司累计实现自营信贷业务收入 1.60 亿元，同比增长 31%。

【资金业务】资金与同业业务方面，公司积极研究市场运行规律，总结把握集团资金运行特点，采取有针对性的期限配置策略，同时充分运用货币市场基金流动性调节手段，取得较好资金收益并尽可能规避了利率风险。公司存放同业 2017 年日均余额 359.26 亿元，加权收益率为 3.27%，存放同业与存放央行两项合计实现利息收入 11.74 亿元，为全年预算目标的 144%，超额完成预算目标。

【投资业务】公司始终以“安全性第一、流动性第二、收益性第三”的资产配置原则为指导，在安全、稳健的前提下，兼顾收益，努力保障公司、集团资产保值增值。2017 年，公司牢牢把握“防风险、去杠杆、严监管”这一资本市场主基调，认真把握市场动向，深入研究宏观经济、监管政策动向，更新投资制度、调整业务流程，同时努力优化投资组合，开辟了转融通和可交换债两大投资品种。

【外汇业务】2017 年，公司结售汇业务规模显著提升，办理结售汇业务 565 笔，与 2016 年 543 笔基本持平，结售汇金额达 46.23 亿美元，同比增长 53.38%。2017 年，公司实现外汇业务收入 3020 万元，同比增长 69.15%。

【资金集中】公司依托集团支持，不断提升自身服务水平和对成员单位资金的吸引力，在帮助集团打造统一资金池的过程中，切实提升集团资金集中水平，帮助集团更好地实现资金资源的集中管理与统筹运用，在更大的范围内向资金管理要效益。结算服务方面，2017 年累计完成各项人民币结算业务 56.34 万笔，同比增长 151%；人民币结算金额 49758.83 亿元，同比增长 113%。结算业务量、业务规模均实现翻番，实现开业以来同期幅度最为显著的增长，为集团加强资金集中管控、提高资金使用效率作出了贡献。依托结算服务的增长，2017 年全口径资金集中度最高为 70.87%，最低为 58.16%，平均为 63.74%，同比增长 19%。

【风险管理和内部控制】2017 年，公司面临的金融监管环境显著趋严，公司按要求认真完成信用风险、“回头看”、风险防控、“三违反”、“三套利”、“四不当”、市场乱象等一系列自查，确保公司经营安全合规；并以检查为契机，梳理合规风险管理薄弱环节，巩固公司发展安全基础。同时，在严峻的经营压力下，公司业务面对的风险也逐步上升。对此，公司积极开展对内控制度的全面梳理与修订，着重落实内、外部监督检查的整改要求，并结合业务发展需要和系统优化方案，对相关业务流程进行优化和调整，同时审慎评估客户风险，推动落实差异化定价，实现了对信贷风险的高效防控。依托管理风控水平的不断提升，公司维持了在国内商业金融机构中处于最高水准的标准普尔、穆迪评级；公司标准普尔评级为 A + 级，穆迪评级为 Aa3 级。

【信息化建设】按照集团资金集中管理的新要求，公司在信息化建设方面不断扩展系统功能、提升系统服务水平，报告期内完成了资金池功能系统开发上线推广、资金支付模式优化、数据仓库上线、协同办公平台优化、视频会议系统建设等信息化建设工作，进一步满足了公司业务、管理等方面的需求。

【党建工作】公司从自身特点出发，以“小而全、小而美、小而新”为目标，落实“重视到位、组织完善、达标严格、监督有力、工作细致、活动多样、手段新颖、宣传走心、群团一体”九大保障机制，以党建推动生产经营各项工作见成效，并彰显金融属性。2017 年，公司集中力量推进党的十九大精神贯彻落实，完成党总支换届，完善党支部、党小组基层组织设置，理顺议事决策机制，执行高密度、高质量学习计划，通过建设覆盖各基层组织的视频会议与在线党建活动系统，彻底解决代表处党建工作“老大难”问题，组织富有金融特色的党建学习班与党建知识竞赛，逐项落实党支部达标工作，运用微信群等方式开展特色宣传活动，取得了切实成效。

中航工业集团财务有限责任公司

【集团概况】2017 年，按照国务院国资委统一部署，中国航空工业集团公司名称变更为“中国航空工业集团有限公司”（以下简称“集团”），企业类型由全民所有制企业整体改制为国有独资公司，注册资本 640 亿元不变。集团全年实现利润 165.5 亿元，全年营业收入 4035 亿元，同比增长 8.7%。集团设有航空武器装备、军用运输类飞机、直升机、机载系统与汽车零部件、通用航空、航空研究、飞行试验、航空供应链与军贸、资产管理、金融、工程建设、汽车等产业，下辖 100 余家成员单位、27 家上市公司。

【经营概况】2017 年是集团提质增效、瘦身健体的关键之年。中航工业集团财务有限责任公司（以下简称“公司”）紧密围绕集团发展战略，不断提升服务水平，加强集团资金集中管理，缓解集团存贷双高，较好地完成了全年各项任务。2017 年，公司实现营业总收入 15.77 亿元，实现利润总额 8.96 元，年末总资产 1095.50 亿元。

【信贷业务】截至 2017 年底，公司信贷资产中，航空主业的信贷规模占比达 84%，较上年提升 22 个百分点。全年平均贷款利率为 4.16%，相较于上年同期定价水平，为成员单位节约利息支出 1710.77 万元，切实降低了成员单位的融资成本，并帮助成员单位提升了对商业银行的价格谈判能力。

【投资业务】2017 年，公司调整投资结构，提高资产配置能力。一是在严格风险控制的前提下，拓展同业存单、银行保本理财等符合监管要求的低风险产品，提高富余头寸的价值创造力。2017 年实现投资收益 1.89 亿元，综合收益率达 5.61%。二是抓住有利的时间窗口对配置节奏和期限匹配进行科学统筹，精细投放中短期收益性银行同业存款，实现收益性同业利息收入 2.96 亿元，综合收益率达 4.4%。

【票据业务】公司大力推广电票清算，提升产业链结算效率，降低应收账款规模。一是向上海票交所递交申请并成功成为交易会员，完成系统移交切换，为纸电票交易融合和票款线上清算打下了坚实基础。二是积极参与军工集团财务公司军工票合作项目，研究军工票在集团结算链条上的应用模式，以促进集团商业票据的流通与变现能力。三是以信用支付方式加速产业链结算效率，以应收票据替代应收账款，优化完善电票系统，宣传扩大电票等信用工具的使用力度，全年通过财务公司电票系统实现的清算量达189亿元。

【保险代理业务】 2017年，集团统保进一步提质增效，参保资产2218.84亿元，较上年同期增长1.53%；保费较2016年进一步节省1529万元。航空类保险投保资产503亿元，保费8208万元，保费规模在集团统保中占比为51.3%，实现了主机厂飞机试飞保险全覆盖。协助企业办结理赔20多笔，获得赔款7000万元。一是协助行业申请首台套政策补贴，并为首台套政策在航空工业内的落地取得了突破，补贴数额从2016年的95万元增长至3113万元。二是完成集团新一期统保协议续签工作，首次将供应商评价体系纳入统保，制定了承保服务类、服务保障类、账务结算类、理赔类四个维度共计20项评分内容，提升统保运营质量，为下一步开展供应商评级和比选奠定了基础。

【资金集中】 2017年，公司聚焦集团战略，深挖自身潜能，全力推进资金集中管理。一是根据年度资金集中工作目标，对集团总体资金结构、账户结构和工作短板进行分析，针对问题提出解决措施，形成行动方案。二是实施优惠存款利率，全年为170家客户让利2085.96万元。三是推进账户授权管理。与15家银企直联合作银行逐一梳理账户授权联网办理流程，协调各商业银行办理进度，全力推进账户授权联网工作。四是推进上市公司金融服务协议签署。共与22家上市公司签署服务协议，存款上限265.5亿元。五是积极协调成员单位将在政策性银行存放的资金主动上存。

【风险管理和内部控制】 公司2017年各类风险整体可控，各项风险指标符合监管要求。信用风险方面，截至年末公司无不良贷款，无关注类贷款，贷款拨备率为100%，风险准备充足。流动性风险方面，流动性较为充足，年末流动比例为75.25%，平均流动性比例为47.87%。操作风险和市场风险方面，未发生风险事件。

【信息化建设】 加强信息化建设，提升对“四个平台”的支撑保障能力。一是做好顶层设计，完成信息系统架构优化咨询。二是加强信息系统开发，提升对业务的支撑能力。三是提升全面风险管理信息化水平。完成了非现场监管和流动性监测系统调研、开发并投入试运行，初步实现了监管报表的自动生成和流动性实时监测。四是严密防范各类安全威胁，确保公司信息科技安全。

【党建工作】 一是抓思想建设，用党的理论武装头脑。制定并深入推进年度党建工作要点。组织党委中心组学习和全体党员集中学习。组织全员观看十九大实况，党委中心组集中学习十九大精神，开展专题党课和知识答题。组织全体党员赴井冈山开展党性教育培训。二是抓组织建设，努力夯实党建工作基础。新设党委组织部和党委宣传部，将纪检监察分立。加强党务工作力量，配备了专兼职党务工作者，设立党小组。召开党委会议，履行“三重一大”决策事项前置程序。三是抓制度建设，努力构建党建工作长效机制。深入落实全国国有企业党建工作会议精神，针对问题，逐项整改。落实集团“1122”党建工作体系。四是抓作风和纪律建设，党风廉政建设进一步增强。五是抓群团建设，丰富群团活动内容。落实习近平总书记关于群团改革工作重要指示，加强党对群团工作的领导，指导群团组织开展丰富多彩的活动。

中核财务有限责任公司

【集团概况】中核财务有限责任公司隶属于中国核工业集团有限公司。中国核工业集团有限公司（以下简称“集团”）是中央直接管理的国有重要骨干企业，国务院国有资产监督管理委员会持有其100%股权，主要从事核军工、核电、核燃料循环、核技术应用、核环保工程等领域的科研开发、建设和生产经营，以及对外经济合作和进出口业务，是国内投运核电和在建核电的主要投资方、核电技术开发主体、最重要的核电设计及工程总承包商、核电运行技术服务商和核电站出口商，是国内核燃料循环专营供应商、核环保工程的专业力量和核技术应用的骨干。

【经营概况】2017 年，中核财务有限责任公司（以下简称“公司”）坚持稳中求进的工作总基调和创新驱动的发展新目标，主动适应经济发展新常态，依法治企，防范风险，充分发挥集团资金管理平台和金融服务平台的功能定位，为集团经济增长和资金管理效率提升作出应有贡献。截至 2017 年末，公司资产总额 583 亿元，负债总额 534 亿元；实现营业总收入 18.58 亿元，同比增长 9.60%；实现利润总额 11.75 亿元，同比增长 17.48%；资本充足率为 11.75%，流动性比例为 44.11%，不良资产率为零，各项合规性指标均符合监管要求。

【信贷业务】2017 年，公司坚持集团化融资模式，支持集团实体产业发展，最大限度地满足成员单位资金需要；公司坚持市场最优利率，发挥价格引导作用，助力成员单位降本增效。全年共发放自营贷款 171.74 亿元，年末自营贷款规模 347.67 亿元，较 2016 年增加近 30 亿元；全年日均贷款 333 亿元，较 2016 年增加 50 亿元；日均存贷比达到 70%，较 2016 年增加 10 个百分点，为集团节省财务费用 14 亿元。公司全年累计发放委托贷款 117.81 亿元，年末委托贷款余额 334 亿元，帮助集团进一步实现内部资金的优化配置。公司推进“产业链金融”建设，丰富信贷服务品种，通过票据、应收账款保理业务满足客户多样化需求。

【投资业务】2017 年，公司积极研判市场，审慎开展投资业务，各项投资业务指标均符合监管和内控要求。全年平均投资规模 23.58 亿元，实现投资收益 13492 万元（含税），平均收益率为 5.73%，超过同期市场 260 只偏债型混合基金和 776 只短期纯债型基金平均收益率。

【外汇业务】2017 年，公司贴近集团产业发展需要，积极推广跨境资金池业务，全年累计开展集中付款业务 209 笔，金额共计 1.51 亿美元；拓展结算渠道，理顺业务办理流程；完成新增 5 家资金池成员单位的备案工作；吸收成员单位美元定期存款，实现外汇存款业务

Z

的突破。2017 年公司开展即期结售汇业务 210 笔，金额共计 1.54 亿元。

【资金集中】2017 年，公司坚持资金集中“颗粒归仓”的理念，继续下大力气提高集团账户、资金、结算集中度，取得明显效果。公司主动作为，通过增加结算客户及直联账户、推动成员单位银行账户清理、提供账户管理增值服务等方式，将账户集中度由 2016 年末的 51% 提高至 57.5%；全年日均吸收存款 470.86 亿元，可归集资金集成率为 97.80%，全口径资金集成率为 85%，为集团化资金运作打下坚实基础。公司不断优化完善网银系统，提高结算业务处理能力，全年开展人民币结算业务 35.80 万笔，结算金额 8785 亿元，集团资金结算主渠道作用进一步凸显。

【风险管理和内部控制】2017 年，公司加强信贷、投资业务领域专项风险管控力度，坚决压缩退出“僵尸企业”贷款，防范和化解信用风险；研究制定投资类非标准化产品风险评价标准，提高决策科学性；建立工作机制，加强对各项监管、评价指标的日常管理；严格落实“业务开展，内控先行”的要求，同时开展新业务后评价工作。公司不断加强合规文化建设，发布《员工诚信合规手册》，举办“合规大讲堂”，开展内控手册宣贯培训。

【信息化建设】2017 年，公司借鉴银行业先进经验，完成 IT 基础设施架构规划项目，全方位提升基础架构保障能力和扩展支撑能力；完成集团商业应用网的接入工作，实现了财务与集团及成员单位间互联互通；完成电子商业汇票系统（ECDS）的移交切换工作，推动了集团票据市场电子化的转型升级。公司智能化办公平台（二期）功能正式上线，行政办公、经营管理的规范化、流程化和标准化得到提升。

【企业文化建设】2017 年，公司大力推进企业文化建设，建立了“铁与金”的文化体系，提炼形成公司的使命、愿景及核心价值观。公司围绕生产经营创新文体活动形式，组织丰富多彩的活动，陶冶员工情操，增强公司凝聚力，开展“众·享”、合规讲堂、合理化意见征集系列活动，促进公司合规管理，启发员工创新精神。

【党建工作】2017 年，公司把学习贯彻落实十九大精神作为首要政治任务来抓，在全公司范围内掀起学习十九大报告和新党章的热潮。公司推进“两学一做”学习教育常态化制度化，在“领”“学”“做”三方面形成了特色；加强党组织建设，成功召开党员大会并选举产生了新一届党的委员会和纪律检查委员会；创新“党建 +”工作理念，建立党建工作月度例会和党建工作月报制度，深入推进党建和经营深度融合，使党建工作实实在在转化为发展活力和动力。

中化工程集团财务有限公司

【集团概况】中国化学工程集团有限公司（以下简称“集团”）是国务院国资委直接监管的大型工程建设企业集团，是我国工业工程领域资质最为齐全、功能最为完备、业务链最为完整、知识技术相对密集的工程公司。2017年实现营业收入599.65亿元，利润总额21.30亿元。

【经营概况】2017年，中化工程集团财务有限公司（以下简称“公司”）共实现营业收入3.52亿元，其中，存放同业利息收入2.90亿元，投资收益0.22亿元；营业成本2.31亿元，其中，成员单位的存款利息2.01亿元，占营业成本的87.17%；利润总额1.45亿元，净利润达1.08亿元；吸收存款余额142.82亿元，资金集中度57.93%，不良资产率为零。

【信贷业务】公司积极推广开拓自营贷款、开立保函、票据贴现、票据承兑等表内外业务，贷款发生额22.42亿元，保函发生额4.31亿元，贴现发生额14.56亿元，承兑发生额4.66亿元。

【资金和投资业务】公司继续秉承“合规稳健”的原则，根据公司投资计划、策略标准及相关制度规定，依法合规开展有价证券投资业务。公司有价证券投资业务包括货币市场基金、现券买卖、债券质押式回购等。2017年投资本金为6.2亿元，全年进行多笔货币市场基金投资、债券投资和质押式回购业务。债券投资主要为利率债和高评级信用债，截至2017年12月31日，债券投资盘中利率债余额占比为76.75%，信用债余额占比为23.25%。

【结算业务】2017年，公司共办理结算业务21073笔，资金结算量4683亿元，其中共开立商业汇票897张，金额4.66亿元；办理商业汇票贴现业务651笔，金额14.56亿元；办理商业汇票到期托收、解付、销账共计1483笔，金额16.45亿元；共审验商业汇票742笔，金额3.39亿元。

【外汇业务】2017年2月，公司获得跨国公司外汇资金集中运营管理业务资质，打通集团公司外汇资金通道，便利集团及成员单位灵活调剂境内外资金余缺，提高资金使用效率。2017年11月通过该业务国内外汇资金主账户实现集团境内外汇资金集中管理，进一步提高了集团资金使用效率与结算效率。

【资金集中】通过严格控制离线账户开立、办理银行账户授权、监督离线账户变化、核查银行账户等方式加强银行账户管理，积极推进资金集中管理工作。特别是2017年11月27日成功归集成员单位境内美元资金以来，资金集中管理工作取得了突破性进展，截至2017年12月底资金集中度达57.93%，为推动集团资金集中管理工作奠定了基础。

【业务创新】2017年，公司结合集团“两金压降”实际需求，积极研究新业务，创新开展国内双保理业务，协助成员单位完成应收账款清理。2017年4月，华陆公司与财务公司签订了《债权转让合同》，由亿利财务公司担保，联合新杭能源公司达成了融资保理合作模式。华陆公司转让总额1.2亿元应收账款给财务公司，为华陆公司解决应收账款难以收回的问题，缓解资金紧张的压力，推动成员单位有效盘活存量资产，为集团“两金压降”工作作出积极贡献。

【风险管理和内部控制】持续加强信用风险、流动性风险、市场风险等各类风险防控工作，切实履行日常各项业务环节中的风险把控职责，不断完善和规范公司内部控制和风险管理的组织构架，建立健全各项规章制度，强化合规管理。2017年组织合规风险管理、员工入职合规教育培训、“我与宪法”、风险案件剖析等多次合规风险教育和宣讲活动，加强风险知识学习和培训，规范业务行为。全员共同编写《财务公司合规管理年知识竞赛题库》，自主学习并参加合规管理知识考试，均取得较好成绩。

【人力资源管理】有序高效完成招聘工作，共招聘新员工10人，通过竞聘补充中层管理人员6名，及时填补人员空缺，保证各项业务平稳运行。持续开展多种类型的培训工作，实现培训资源全覆盖，人均参加培训5次，全方位提高业务素质，有效防范操作风险。组织完成年度绩效考核，以考核促发展，推动完善公司绩效管理体系。

【信息化建设】公司全面提升信息化建设水平，加强应用系统建设，优化资金管理系统，实施电子商业汇票系统项目建设，准备SWIFT外汇系统建设，完善会计核算系统和会计报表系统，完成久其系统外汇资金归集业务数据接口工作。同时做好日常网络安全检测，多种手段提高对网络攻击行为的防范，保障信息安全。

【企业文化建设】积极组织“凝心聚力共谋发展”建言献策活动、合规管理知识考试及其他文体活动，努力打造健康向上、勤学共进、团结和谐的企业文化氛围，培养员工的主人翁意识，进一步提升团队凝聚力，推动企业文化建设。

【党建工作】组织全体党员系统学习十九大报告，深刻领会习近平新时代中国特色社会主义思想，深入贯彻落实十九大精神。认真逐项推动国企党建会议30项重点任务；将党建工作写入公司章程，切实发挥党组织的领导作用。积极推进“两学一做”学习教育常态化制度化，严格执行“三会一课”制度。开展2017年度组织生活会和党员民主评议，持续进行反腐倡廉教育，充分发挥党内民主，进行批评与自我批评，巩固和加强基层党组织的战斗堡垒作用，为企业生产经营保驾护航。

中化集团财务有限责任公司

【集团概况】中国中化集团有限公司（以下简称“集团”）为国务院国资委监管的国有重要骨干企业。集团设立能源、化工、农业、地产和金融五大事业部，对境内外300多家经营机构进行专业化运营，并控股中化国际、中化化肥、中国金茂等多家上市公司，拥有全球员工约5万人。2017年集团实现历史最优经营业绩。

【经营概况】中化集团财务有限责任公司（以下简称“公司”）2017年扎实推进各项战略议题，圆满完成全年目标。积极推进上市公司资金集中，创新金融产品，优化客服机制；落实了SWIFT项目建设；实现上海票交所票据业务上线；有序开展保险经纪服务与个人保险服务；优化投资结构，加强组合收益稳定性。

【信贷业务】公司确立了“一切以客户为中心”的战略目标，加速市场化转型和发展的步伐，努力提升市场化金融服务能力，提供优质、便捷的自营贷款、委托贷款、票据、银团、保函、财务顾问等综合金融服务，多样化支持成员单位战略发展。同时强化上市公司金融服务，优化金融服务框架协议。公司深入挖掘成员单位上下游融资需求，通过产业链金融产品，助力企业提升核心竞争力，成为集团和成员单位的财务好帮手。

【资金业务】公司持续加强资金计划管理，不断提升资产负债管理水平，精益摆布头寸，努力降低备付率，实现流动性与收益性的平衡；发挥金融平台优势，为成员企业提供融资支持，支持重点项目建设，助力企业产业发展；发挥银企桥梁作用，协助成员企业引入外部资源提供渠道，有利于保障成员企业获取低成本资金；持续提升同业业务拓展能力，在同业拆借、存放同业、票据融资方面发挥规模效应和专业化优势。

【投资业务】公司在判断当前经济和政策环境下，股债市场都难有趋势性机会的大背景下，为了获得确定性收益，一方面根据市场情况及时调整、适度收缩权益及债券型产品，包括对冲组合和公募基金等；另一方面从规模和品种两方面积极分散信托投资，加强组合收益稳定性。为顺应集团及公司战略转型，积极发展集团内部投资银行及委托投资业务，逐步由证券投资向金融服务领域拓展。

【票据业务】公司创新开展产业链“一头在外”票据贴现业务和“商票＋保贴”票据创新业务。“一头在外”票据贴现业务于2017年5月获监管机构批准，辐射集团外多家企业。票据业务创新开展，围绕集团核心企业深耕产业链上下游企业的金融需求，持续向外拓展，打造产业链金融生态圈，实现产融结合、以融促产。

【外汇业务】公司外汇交易连续第九年入围中国外汇交易中心年度银行间人民币外汇市场100强。公司坚决践行央企责任，严格遵守各项外汇政策规定，在此基础上，向集团及成员单位提供跨境资金调拨、结售汇、外币贷款等服务。持续加强汇率市场分析与研究，为成员单位提供各类汇率资讯与咨询服务。持续丰富国际业务产品，不断完善平台功能，创新开展国际结算代理业务，在国际结算风险管理的基础上，进一步满足客户需求，提升国际业务核心竞争力。

【资金集中】公司持续推进资金集中工作，上市公司存款规模大幅提升。公司以改善集团资产负债结构、有效降低资产负债率、提升资金使用效率为出发点，与集团及各事业部多次召开专题会议，研究、确定资金集中方案，并协助集团开展资金集中方案的数据统计工作，通过资金的有效调配，为集团提供流动性支持。2017 年公司资金集中度再创历史新高。

【业务创新】2017 年，公司开展四类创新业务：一是创新开展产业链金融服务，“一头在外”票据贴现业务在集团主要板块积极开展。二是尝试“商票 + 保贴”创新业务，服务成员单位，优化资金资源配置。三是创新研发国际结算代理产品，拓宽成员单位和银行业务合作通道。四是保险经纪服务尝试网络平台开展业务，“小化 e 保”微信公众号选取 4 款产品作为网销险种，已通过保监会审批。

【风险管理和内部控制】配合“一头在外”业务、代理国际业务、保理和并购贷款业务开展，审定多项管理办法和管理程序；跟踪各类风险变化，优化量化管理工具，提升风险预判能力；开展专项检查，成立专项检查小组，组织召开风险防控专项检查工作说明会；配合业务流程优化，规范票据等业务审核，落实内部管控手段，强化风险监督机制；坚持不懈开展风险文化宣贯，提升全员风险管控意识。

【人力资源管理】基于公司发展战略，着力关注员工思维、员工能力和员工治理，继续围绕“系统化人才培养、双通道发展路径、多样化激励体系”等方面开展工作。组织机构方面，梳理业务流程，调整组织机构；培训开发方面，加大外派选学力度，组织极客演说家、工作型 PPT 等培训；专业序列方面，以角色说明书为依据，开展专业序列评审。

【信息化建设】围绕信息安全、系统建设、系统运维等方面，全面推进信息化建设各项工作，为公司的监管提升、业务运营、风险管控提供支撑。信息安全方面，顺利完成新旧机房割接工作，割接过程中未发生风险事件，各系统平稳过渡，保证业务连续未受影响；系统建设方面主要围绕核心系统优化、上海票交所直联、投资管理系统建设、SWIFT 对接等方面，助力公司业务发展；加强安全运维、系统运维工作梳理，完善制度、优化流程，逐步实现运维的条理化、自动化。

【企业文化建设】以集团“做人做事”价值观为公司文化的核心，着力打造亲情、服务、学习和创新文化理念。探索评优奖励新方式，打造亲情文化，增强人文体验；开展月度荐书，组织“阅 · 分享 · 越快乐”读书分享会，培养读书兴趣，营造学习氛围，建设学习型组织；举办“爱在奔跑 · 心在团队”主题活动，齐心协力解决问题，增强凝聚力和团队合作能力；利用“育财书院”微信群组及订阅号，传递行业动态，宣贯公司理念，实现信息共享。

【党建工作】公司党委按照从严治党、思想建党、制度治党要求开展党建工作。在思想政治教育方面，举办党史讲座，汇编党员月度学习材料《知行》，不断提升党员理论素养；在发挥党员先锋模范作用方面，开展“坚定信仰 · 追梦笃行”党员学习活动；在融入中心促发展方面，开展“一年一大事”实践活动，以年度战略议题为重点，有效推进党建与经营深度融合；在团支部建设方面，开展以“学习总书记讲话，做合格共青团员”为主题的团课学习活动。

中集集团财务有限公司

【集团概况】 中国国际海运集装箱（集团）股份有限公司（以下简称“集团”）是世界领先的物流装备和能源装备供应商，作为一家为全球市场服务的多元化跨国产业集团，集团在亚洲、北美、欧洲、大洋洲等地区拥有300余家成员企业及3家上市公司，客户和销售网络分布在全球100多个国家和地区。2017年，集团销售收入约为人民币763亿元，净利润约为人民币25亿元。中集集团财务有限公司（以下简称“公司”）是中集集团的全资子公司。

【经营概况】 2017年，公司按照“资金集中运营管理者、综合金融服务提供者、资产负债管理协同者、产融结合价值创造者”的战略定位，主要经营业绩均创公司历史新高。公司全年实现营业收入人民币1.49亿元，同比增加超过1180万元，增幅为8.59%；实现净利润人民币8294万元，同比增加2678万元，增幅为47.68%；公司总资产折合人民币为81.92亿元，同比增幅为4.69%。

【资金集中】 公司在2017年度进一步加强了资金集中工作，通过更加深入的分析研究、提供更加针对性的跟踪服务、大力推进跨境人民币业务、加强新企业和重点企业大额资金入池等措施，2017年，全口径资金集中度为67.71%，为公司业务开展和收入增长打下了坚实基础。

【公司金融业务】 公司积极发挥集团产业优势，加强与成员企业业务协同，进一步丰富金融产品，有效延伸金融业务触角，优化授信额度等金融资源配置，大力拓展产业链金融业务，加大力度服务实体经济，助推集团主业发展并提升了综合价值创造能力。特别是通过优化利益分享机制，公司车辆企业买方信贷业务取得突破性进展，显著促进了集团车辆企业的相关产品销售。2017年，公司累计投放信贷资金折合人民币超过124.87亿元，同比增幅超过7.54%。

【票据业务】 2017年3月，公司业务系统接入全国统一的票据交易平台，全面提升集团票据运作能力。与此同时，公司针对业务板块和成员企业不同的特点和需求，进一步优化和完善票据资产集中管理方案，以市场化手段和多样化票据业务品种，推动集团票据信息集中；建立和拓展票据业务运作渠道，为成员企业提供全面的票据业务服务；通过盘活应收票据等资产，协助集团实现资产负债的柔性化管理。

【投资业务】 2017年，公司继续利用同业拆借市场和银行间债券市场业务网络开展资金拆借业务和投资业务，不仅提升了公司流动性管理水平，而且优化了公司的收入结构。除此之外，公司还根据集团资产负债管理的整体策略和目标积极协助集团进行资金管理，适时利用多种金融工具提供流动性支持，协同集团加强货币资金管控和降低资产负债率，为集团资产负债管理提供有力支持。

【外汇业务】公司在2017年加强了对成员企业的针对性业务沟通和服务，代客结售汇业务随着集团主要业务的复苏有了较大增长，全年代客结售汇业务总额超过18亿美元，创公司成立以来新高，有力地支持了公司收入结构优化和收入目标实现。除此之外，通过直接参与外汇市场交易并大幅缩小买卖点差，公司为集团节省了大量外汇交易成本。

【业务创新】2017年，公司开始个人买方信贷业务的探索，并在2017年9月发放了首笔个人车辆业务买方信贷，标志着公司对终端客户服务范围扩展至个人群体。与此同时，为成员企业提供代理记账等财务顾问业务也已起步。

【风险管理和内部控制】2017年，公司顺利通过了监管机构的银行业信用风险、“三违反”、“三套利”、“四不当”等专项现场检查和各类非现场检查，无重大违规事项，各项风险指标全部达标。公司还在原来红线管理基础上实施了“红线+黄线”风险管理模式，进一步完善了具有公司特色的风险管理体系。

【信息化建设】2017年，公司不仅完成了纸票系统、TMS系统和外汇结售汇系统的升级，还完成电票系统和ACS综合前置机系统的迁移，报表系统也已经正式上线并得到进一步完善。除此之外，个人征信系统和营改增系统的开发也正在全力推进中。

【人力资源管理】公司进一步优化了薪酬激励机制，加强了对优秀员工的激励，将“以人为本”落到实处。与此同时，公司还改革了业绩考评机制，在规范工作绩效考核的同时加强了价值观考核评价的导向作用。根据工作需要，公司在选派员工参加各类专业培训同时选派多名优秀员工参加了集团的领导力和管理能力培训，进一步提升员工能力。

【企业文化建设】公司加强了多层次沟通机制建设，通过组织“面对面”跨部门的双向沟通季活动、开展“走进企业”以及其他等多种形式的团队建设活动改善组织氛围。通过用创新的积分制和电子看板方式推动“持续改善”活动深入开展。所有这些工作在激发员工的主动性和积极性方面取得了积极成效，公司也成为集团企业文化建设试点企业，多个案例入选《中集文化》。

中建财务有限公司

【集团概况】中国建筑集团有限公司（以下简称“集团”）正式组建于1982年，是我国专业化发展最久、市场化经营最早、一体化程度最高、全球规模最大的投资建设集团，也是我国建筑领域唯一一家由中央直接管理的国有重要骨干企业。集团主要以上市企业中国建筑股份有限公司为平台开展经营管理活动，拥有上市公司7家、二级控股子公司100余家。

【经营概况】2017 年，中建财务有限公司（以下简称“公司”）全年实现营业收入 18 亿元，同比增长 22%；实现净利润 7.85 亿元，同比增长 34%，截至 12 月 31 日，公司资产总额达 808 亿元，其中，用于内部发放的贷款及贴现 355 亿元，存放同业 393 亿元；负债总额 739 亿元，其中，吸收存款 731 亿元；公司流动性比例为 67%，资本充足率为 15%，均保持在安全范围内。

【信贷业务】2017 年，公司积极推进银团贷款、内部保理等信贷业务。公司全年共办理各项贷款和贴现业务 158 笔，各项贷款余额为 356 亿元，比年初增长 98%，日均贷款余额 317 亿元，比年初增长 83%。同时通过优惠贷款利率，全年共为成员单位节约财务费用约 1.47 亿元。

【资金业务】2017 年，公司继续加强资金业务管理，强化头寸管理手段，灵活运用资金拆借等金融工具，调剂资金头寸和临时性资金余缺，提高资金使用效率。公司稳步开展同业拆借业务，同业拆入 25 笔，累计本金 335 亿元；同业拆出 2 笔，累计本金 8 亿元。

【投资业务】2017 年，公司投资业务再上新台阶，主要投资了银行理财、信托、债券等金融产品，全年共实现投资收益 1.19 亿元，其中在债券投资方面，增加了对 ABS 品种和私募债的投资。

【票据业务】一是通过公司承兑商业汇票，支持集团集中采购。二是通过与商业银行合作开展商票保贴业务，提高成员单位商票的认可度。三是与商业银行合作开展票据转贴现业务，扩大公司票据业务规模。全年累计为集团物资采购承兑电子汇票 633 张，金额共计 8.09 亿元，利用同业授信开展票据保贴及转贴现业务金额共计 17.43 亿元。

【资金集中】2017 年，公司吸收存款余额为 731 亿元，日均存款余额为 544.85 亿元，比 2016 年同期增长 9%。公司全年资金进出总流量达到 3.69 万亿元，与市场利率相比，公司为成员单位多支付存款利息 6118 万元。

【风险管理和内部控制】公司将审计与风险管理、效能监察业务相融合、同部署、同开展，聚焦核心业务，全面完成年度内控评价综合性审计项目，以及转贴现、债券投资、准备金管理、制度管理等专项审计（监察）项目，有效提升了公司整体内控管理水平，切实发挥“第三道防线”作用。

【人力资源管理】编制《领导人员管理规定》，促进领导干部提高廉洁从政的意识。完善了前台激励机制，创新激励措施，为公司发展提供了坚实的人才保障。

【信息化建设】2017 年，公司突破原有资金集中体系，引入跨行收款模式，为满足这一新的业务需求，完成了农业银行跨行代理收款系统的上线。完成了核心业务系统升级项目的立项和应用方案设计，以及移动客户服务 APP、数据仓库和运营分析平台升级等工作。完成人民银行大集中报送系统升级工作，配合银监会金融专网 VPN 升级改造。完成灾备系统应急演练，保障了核心业务数据的安全性，进一步提高了应急响应速度，增强了公司核心业务系统抵抗灾难风险的能力。

【企业文化建设】公司通过持续评选月度、年度优秀员工，增强员工的荣誉感；通过组织员工秋游采摘、趣味健身比赛等活动，增强员工的集体感；通过为员工举办小型生日庆贺会，组织女职工开展与生活紧密相关的活动、慰问和解决员工的实际困难，增强员工的归属感；通过特色内训“智汇讲堂”，提高了全体员工的文化素养。公司还梳理党员先锋典型，大力向集团推举优秀党员、优秀党务工作者，积极营造创先争优文化。

【党建工作】一是学习宣传贯彻党的十九

大精神，全面履行管党治党责任。通过“书香中建”“十九大精神研讨班”等主题学习教育，激励党员群众把握政治方向、坚定政治信仰、勇担政治责任。二是贯彻全国国企党建会议精神，严格管党治党主体责任。党工委制定《中共中建财务有限公司工作委员会议事规则》，加强党组织对“三重一大”事项严格把关。三是持续推进“两学一做”学习教育常态化制度化，强化思想阵地建设。通过开展党委书记讲党课，开办手机“微党课”，围绕集团“砥砺奋进、责任担当”“不忘初心　牢记使命——红色基因、蓝色力量、绿色发展”主题，传播中建故事、宣传中建文化，释放积极正能量。

中交财务有限公司

【集团概况】 中国交通建设集团有限公司（以下简称“集团”）是国务院国资委独资控股的中央企业，主要从事交通基础设施的投资建设运营、装备制造、房地产及城市综合开发等。集团盈利能力和价值创造能力在全球同行中处于领先地位。2017 年，集团居《财富》世界 500 强企业第 103 位；在国务院国资委经营业绩考核中获得“12 连 A”。

【经营概况】 截至 2017 年末，中交财务有限公司（以下简称“公司”）资产总额 702.59 亿元，利润总额 4.2 亿元。多措并举，资金集中水平有效提高；业务创新，有效供给显著增强；统筹兼顾，统保专业平台显现优势；突出重点，全力推广，信息系统建设稳步完善；守法合规，服务一线，风控工作高效务实。

【资金集中】 2017 年，公司将人民币存款利率水平提升至基准利率上浮 30%，激发成员单位的积极性，资金集中度达到 54.17%。全年累计完成结算 46 万笔，结算金额超过 4.1 万亿元，同比 2016 年增幅分别达 94.18%、31.96%。逐步构建了以承诺函、企业授权、清单加企业授权等形式增加账户的管理方式，提高了直联账户的上线效率，新增账户 665 个，增幅达 237.5%。组建了客户服务团队，积极走访深度挖潜客户需求。全年共开具存款证明 73 笔，累计金额达 313.17 亿元。

【信贷业务】 2017 年，公司发放贷款 171.82 亿元，贴现 3.8 亿元，保理 25.75 亿元，再保理 1 亿元。保函业务实现突破，共开具 10.19 亿元，使用财务公司保函替代保证金 4.1 亿元。新增授信证明、贷款意向书等业务共 14.91 亿元。配合成员单位完成资产负债率、带息负债压降指标，年末置换外部银行借款 25 亿元。

【资金业务】 合理配置信贷资产、投资资产和同业资产，在保障流动性的同时提高资产收益。2017 年累计实现同业利息收入 3.93 亿元。广泛申请同业授信及同业拆借业务，已取得 10 家银行共 153 亿元的银行授信，取得 1 家财务公司 8 亿元授信。

【投资业务】公司短久期的货币基金税后收益率在债券市场的投资中排名居于领先位置。货币基金组合取得全年税后 4.165% 的收益率，实现了安全性、流动性和收益性的结合。

【票据业务】票据承兑累计金额 55.41 亿元，同比增长 180.37%；承兑票据 1948 笔，同比增长 315.72%；客户由 24 户增至 41 户，同比增长 170.8%；收票人由 227 户增至 832 户，同比增长 366.5%，公司票据的认可度和市场接受度大幅提高。

【统保业务】2017 年成员单位通过中交统保平台上报项目 1094 个，累计完成 976 个，签单保费 8.8 亿元。平台操作项目数量同比 2016 年增长 44.38%，统保保费同比增长 65.58%。统保项目数量与保费规模再度实现大幅增长。持续推进风险管理、统保培训及理赔服务，举办现场培训近 60 次。协助振华重工申办首台套保险，成功运作了厦门自动化码头 1380 万元保费和青岛自动化码头 3520 万元保费，协助成员单位获取国家政策红利。

【业务创新】成功作为牵头行筹组泉厦漳高速路银团，这在集团大项目融资中尚属首次，实现了内部资源与外部资源的优势互补。解决青岛地铁、港珠澳大桥等集团直属大项目资金难题，多项目储备进一步服务集团大项目实施。信贷投放实现“精准灌溉”的转变。2017 年 12 月，国内首例 1.3 亿元无追索权“买断式双保理”业务顺利落地。

【风险管理和内部控制】推进总法律顾问制度进公司章程、风险管理委员会负责公司法治建设、聘用常年法律顾问等工作。合同标准化工作稳步推进，公司的合同审查覆盖率达到 100%。公司上线风险监测系统，通过信息化手段对重要风险指标实时监测，全面准确地揭示整体风险管理状况。稽核和专项审计重点关注操作风险高的业务环节，审计内容覆盖公司所有业务及半数以上的结算中心，助力业务条线提升风险管控水平。

【人力资源管理】完善绩效考核管理，增加定量考核指标，分解公司经营目标。重视干部职工队伍建设，严格干部选拔任用的标准及程序。开展财务公司大讲堂专题培训 5 期，组织参加公司内外部培训 45 项 310 多人次。关注青年人才队伍培养，制定实施导师带徒管理办法，通过综合考评稳步推进员工晋级工作。

【信息化建设】建立银企直联云平台，降低接入成本，提升结算服务效率。完善核心系统内部资金池，同时开发上线结算系统内部资金池。对上线资金管控系统的成员单位进行培训及上线辅导，完成了与财务公司系统、银企云平台多个系统对接，实现了系统业务处理的自动化。开展信息系统等级保护工作。启动了北京—厦门两地容灾项目的建设工作，实现了业务数据每日自动异地备份及实时备份。

【企业文化建设】充分利用内外网站、微信公众号、宣传栏宣传十九大精神。组织党员赴狼牙山开展了“缅怀英烈争先进　不忘初心跟党走”主题活动，组织团员青年开展“我与企业共成长”演讲比赛等活动。坚持探索联学共建的工作模式，跨区域、跨支部开展丰富多彩的党日活动。

【党建工作】积极推进党的领导入公司章程工作。制定《党委工作规则》《党建工作责任制实施办法》等制度，明确党组织研究讨论是董事会、经理层决策重大问题的前置程序。召开党员大会进行换届选举，产生了新的领导班子和集体。成立党群工作部、监察审计部，新设第八党支部。落实党风廉政建设责任制，签订《党风廉政建设责任书》。扎实开展“两学一做”学习教育。召开了工会会员大会，建立了职工大会、职工监事、集体合同协商等制度。

中节能财务有限公司

【集团概况】中国节能环保集团有限公司（以下简称“集团”）是中央企业中唯一一家以节能环保为主业的产业集团。集团拥有563家子公司，其中，二级子公司28家、上市公司5家，业务分布在国内30多个省市及境外60多个国家和地区，员工近5万人。经过多年发展，集团形成以节能、环保、健康、清洁能源为主业板块，以节能环保综合服务为强力支撑的“4+1”业务格局，是我国节能环保领域实力最强规模最大的产业集团和行业公认的旗舰企业。

【经营概况】2017年，中节能财务有限公司（以下简称“公司”）持续提升金融服务水平，对集团公司综合贡献成效显著。公司深入开展资金管理工作，通过内部金融服务，全年减少集团带息负债规模97.41亿元，为集团公司节约财务费用约4.5亿元。公司坚持稳健合规经营，以“央企财务公司典范”为目标不断提升经营管理水平。

【信贷业务】2017年，公司大力推进系统内企业评级授信，迅速切入成员单位的融资需求，信贷投放显著提升。全年共计完成对24家成员单位的综合授信，授信总额338亿元，授信业务涵盖了主要二级公司及重点三级公司的流贷、汇票、保函、担保、项目贷款等融资需求。截至2017年末，公司自营贷款及融资租赁余额88.08亿元，委托贷款余额9.33亿元。全年通过贷款利率下浮及存款价格上浮、减免各类支付结算及中间业务手续费等，让利集团成员单位8373万元。

【资金业务】2017年，公司先后制定了《同业授信管理办法》《同业拆借管理办法》《债券回购管理办法》等制度，在保障资金安全和满足资流动性管理的前提下，稳健开展各类资金业务，择优配置同业存款、存单、回购、拆借等品种，对公司全年利润增长形成有效支撑。

【投资业务】2017年，公司发挥固定收益类有价证券投资资格优势，开展货币基金投资业务。与多家基金公司联系沟通，择优配置，既为公司创造了收益，又向专业投资者学习了专业投资知识。同时，公司还开展了债券投资业务，进一步拓宽了投资范围。

【票据业务】公司加快搭建电子商业承兑汇票业务系统，推进集团成员单位票据业务的电子化及票据集中管理。于2017年4月取得《中国人民银行支付结算司关于中节能财务有限公司加入电子商业汇票系统的批复》，并完成上海票交所入会及开户手续。

【资金集中】2017年，公司累计对305家成员单位客户培训8次，走访全部26家二级公司及重点三级子公司，一企一策提供全方位金融服务方案。建立市场化定价机制，以最高为商业银行3.3倍的利率价格，大幅让利于成员单位。全年高质量零差错开展结算业务78623笔，金额2261.25亿元，为集团资金集中管理提供了坚实的业务保障。

【业务创新】2017年，公司业务创新工作收获多项成果。成功开办首笔融资租赁业务。委托投资业务、经营物业贷等项目的创新研究取得实质性进展。公司金融创新能力和服务能力得到有效提升。

【风险管理和内部控制】公司持续推进标准化工作，形成系列标准化制度、内控手册、部门岗责说明书；进行全面风险管理体系建设，完善内部控制体系、法律风控体系、合规管控体系建设；落实贷审会管理、五级分类等信贷风控制度；加强信用风险、流动性风险、操作风险、市场风险管理；及时准确报送各类监管报表报告；公司不良资产率和风险事件发生率保持零纪录。

【信息化建设】2017年，公司核心业务系统通过了公安部信息安全三级等级保护测评认证。标志着公司金融业务信息系统在物理安全、网络安全、主机安全、应用安全、数据安全、系统建设管理、系统运维管理方面达到了企业集团财务公司行业的最高等级标准，达到与商业银行相当的信息安全管控水平。

【企业文化建设】公司以建立高效能的团队和有效提升客户感知为目的，着力强化“团队文化”和“服务文化”，推动企业软实力的提升；以“创学习型组织，做学习型员工”为主题，鼓励员工不断学习、处处创新；围绕思想、情感、安全、生活、身心“五关爱”，积极构建员工关爱的长效机制。

【党建工作】2017年，公司深入学习贯彻党的十九大精神，以习近平新时代中国特色社会主义思想为指导，全面贯彻落实党中央和上级党组织各项决策部署。严格党员教育管理，深入开展“两学一做”学习教育活动，强化政治引领。实行党建工作“四同步、四对接”，持续建设“四好”领导班子，抓好全面从严治党责任落实。严格贯彻八项规定精神，开展廉洁从业主题教育，规范“三重一大”决策程序，结合财务公司内控体系建设，完善廉洁风险防控体系。

中开财务有限公司

【集团概况】中开财务有限公司（以下简称“公司”）成立于2013年7月，隶属中国南山开发（集团）股份有限公司（以下简称“集团”）。集团成立于1982年，是我国第一家中外合资的股份制企业。股东包括招商局集团、广东省和深圳市国资委、中海油等。集团从港口运输、石油基地起步，现已发展成为一家以综合物流、产城综合开发、建筑模块化制造、金融服务、资产管理与投资等为核心产业的综合性企业集团。

【经营概况】公司积极开展业务创新，提升金融服务能力，支持集团产业转型升级。在信用支付、制度建设、信息系统建设及费用控制等方面取得显著成效。截至 2017 年底，公司资产总额 49.10 亿元，存款余额 41.95 亿元，贷款余额 20.36 亿元；实现营业收入 18137.39 万元，净利润 8400.55 万元；各项风险指标均符合监管要求。

【信贷业务】公司积极主动支持集团大物流与综合开发，以优质金融服务推动产业发展。全年公司共为 12 家成员单位及个人累计发放贷款 80 笔，余额 20.36 亿元，同比增长 1.88%；开立保函 6 笔，余额 1513.44 万元。全年实现贷款利息收入 9678.49 万元，同比增长 14.88%。

【资金和投资业务】2017 年，公司共开展资金和投资业务 131 笔，日均规模 21.9 亿元，同比下降 10.55%，实现金融市场业务收入 8462 万元，同比增长 14.79%。

【票据业务】公司大力推广票据业务，顺利完成了电票系统的正式上线，实现电票直联。2017 年公司票据量增长超出预期。全年公司开出银行承兑汇票 4.16 亿元，商业承兑汇票 4.21 亿元，票据转让 9208 万元。

【资金集中】公司在资金管理和流动性管理方面做精做细，每日计算流动性比例，收集成员单位大额资金收付计划，做到大额支付提前沟通，资金缺口提前预防，满足成员单位支付需求。全年公司可归集资金集中度为 88.3%，同比增长 1.7 个百分点；新开立单位结算账户 38 户，开立银企直联账户 42 户；办理各类结算业务 12 万笔，结算累计金额 2858 亿元，同比分别增长 77.81% 和 32.35%。

【业务创新】为应对集团资金大进大出、资金计划管理难度大的问题，公司新增线上同业存单品种，通过发挥其丰富的交易手段，优化资金业务配置结构，提升了公司流动性管理能力与集团整体资金使用效率。全年配置同业存单 23 亿元，余额 11 亿元，占资金业务规模的 46.43%，实现利息收入 1788 万元，综合年化利率为 4.47%，比线下定期存放业务提升 35 个基点。

【风险管理和内部控制】公司采用风险防控和内审稽核相结合方式全面推进风险管理和内部控制工作。严格落实“审贷分离、分级审批”的信贷管理制度，全面开展风险审查工作；组织召开贷审会、投委会，统一决策公司业务；动态监测各项指标，及时准确上报监管报表报告；积极实施专项审计和常规审计，全年共完成三个专项审计项目，并组织开展业务自查自纠工作。

【人力资源管理】公司着力加强人才队伍建设。全年公司通过多种招聘形式共引进人才 6 名，保障公司业务发展的人才需求。公司组织全体人员内训 2 次、参加了中国财务公司协会以及银监、人民银行等监管部门组织各类培训共十余次，落实转培训，在保证参加培训人员提升培训质量的同时全面提升了公司员工素质。

【信息化建设】基础业务方面，公司顺利完成了电票系统的正式上线，成功实现电票直联；开展对九恒星 N6 升级 N9 的电话和现场调研，最终形成调研报告。企业管理方面，公司完成费控系统上线运行，实现全面预算管理。外部监管方面，完成银监电子政务系统的升级改造，配合人民银行金融网网络切割。同时，公司全面积极做好运营维护工作，保证公司各项信息系统全年运行稳定。

【企业文化建设】公司加强企业文化建设。中开沙龙、知识竞赛等文化活动有声有色；创办“中开金融”微信公众号，拓展宣传和推广平台；积极参与安康杯安全知识竞赛、集团羽毛球比赛、35 周年歌舞大赛等活动。

【党建工作】公司坚持发挥党组织领导核心作用，按照集团党委要求设立党员之家，落实党员责任区和党员示范岗；充分发挥基层党组织的战斗堡垒作用，扎实开展“三会一课”、民主生活会等活动；创新党建活动形式，通过开展联学联建和赴韶山红色研学培训等党建活动提升全体党员的思想觉悟。

中联重科集团财务有限公司

【集团概况】 中联重科股份有限公司（以下简称“集团”）是一家集工程机械、农业机械和金融服务多位一体的全球领先高端装备制造企业。2017 年是集团的转折之年，重回持续增长且追求质量的发展通道，盈利能力全面增强，经营质量显著提升，市场领先地位更加稳固。2017 年，集团实现营业收入 232.73 亿元，同比增长 16.23%；归属于母公司的净利润 13.32 亿元，同比增长 242.65%，经营性现金流 28.51 亿元，同比增长 31.47%。

【经营概况】 中联重科集团财务有限公司（以下简称“公司”）始终坚持“依法合规、稳健经营”的经营理念，在持续提升内控水平、严控经营风险的前提下，稳步扎实地开展各项自营与代理业务，为母公司经营发展与产业转型提供金融服务支持，较好地履行产融结合、服务实体经济的企业责任。截至 2017 年 12 月 31 日，公司资产总额 77.67 亿元，负债总额 60.73 亿元，净资产总额 16.94 亿元。吸收存款 60.36 亿元，贷款余额 25.63 亿元；2017 年全年累计实现营业收入 1.70 亿元，净利润 0.97 亿元。

【信贷业务】 公司新增消防、环境、河南瑞创等 5 家授信客户，累计为集团及成员单位提供授信支持 61.71 亿元，累计发放贷款 51.70 亿元，贷款利率根据信用风险评级结果执行差别化定价并最大限度地让利于集团成员单位，2017 年全年累计实现信贷收入 0.87 亿元，累计为成员单位节约利息支出约 906 万元。

【资金业务】 公司大力提高资金预测的准确性，有效盘活短期闲置资金，实现资金保值增值。一是加强对集团内各成员单位的现金流分布特征的分析，建立资金日计划，合理安排资金头寸；二是合理配置资产负债结构、强化短期闲置资金管理，有效提高资金收益率；三是加入同业拆借市场，并积极开展同业拆借业务，充分合理利用主动负债工具满足集团临时性的头寸管理需要。

【票据业务】 公司顺利通过人民银行对电子商业汇票系统（ECDS）直接参与者接入端信息系统的现场验收，获得作为金融机构参与票据市场的系统准入资格。公司 2017 年全年累计开立承兑汇票 9.79 亿元，同比增长 13.84%，有效为成员单位降低了外部银行开票手续费及保证金占用。

【资金集中】 2017 年，公司直联银行 14 家，不断畅通资金自动归集通道，此外，探索建立人民币活期存款差异化定价机制，以存款归集率、账户归集率、财务公司开票率为调整因子提供基准利率上浮 10% ～40% 的差别存

Z

款价格，引导成员单位最大限度地支持公司资金的归集，从而有效吸收成员单位存款，提高资金归集范围。2017 年末，公司全口径资金归集率达 66.60%。

【业务创新】 公司开出首张 300 万元的履约保函，为成员单位节约保证金 90 万元；发放专利质押贷款 1 亿元，为成员单位节约税收成本，并为公司和成员单位争取到申请长沙市知识产权质押融资贴息和补助的资格。

【风险管理和内部控制】 持续关注监管政策动态要求，结合公司业务发展实际，全面梳理并修订、完善公司制度及流程；更新、完善部门及岗位职能职责，确保公司各项业务开展均建立在各部门有效制衡、各岗位相互约束的基础上；做好各类风险指标的监测及风险提示工作，坚守风险底线，确保各项风险可控；加强员工风险合规管理、廉洁从业教育和培训，提升员工风险与合规意识，从源头上防范和堵塞风险与案件的发生。

【人力资源管理】 公司积极拓宽、优化招聘渠道，寻找、吸引优秀金融人才、持续优化人才结构；组织全员全程开展业务流程梳理、岗位操作手册编制工作，拓展员工业务认知范畴，提升员工全局观、风控意识及管理素质；通过组织内外部培训，鼓励员工上讲台、取证奖励等措施，促进员工不断提高金融专业知识和业务水平；适当提高员工整体薪酬水平，不断完善、优化绩效考核体系，充分发挥薪酬的激励与约束作用，稳定员工队伍，激发员工活力。

【信息化建设】 公司加大对信息系统建设投入，针对公司发展需要，开发新的系统功能和模块；新增两家商业银行直联，加强了系统统一管理资金的控制力；优化现有信息化系统的功能，加快系统运行的速度、优化操作界面，提升用户体验。开发电子签章系统，进一步提升公司柜面服务效率，强化印章风险管控，为客户提供更安全、高效、便捷的金融服务。

【企业文化建设】 2017 年，公司开展“依法合规经营，做合规财司人”的风险与合规教育主题活动，帮助员工养成自觉依法办事、合规经营的良好习惯；开展“五分钟金融知识课堂”、“内控你说我说”知识抢答赛、“银企直联杯”定向越野挑战赛、“四精”经典案例评选等活动，有效增强了员工归属感及团队凝聚力；加大公司微信公众号推广运营，微信粉丝数量从年初的 280 人增长至 821 人，阅读点击量达 3000 人，为微信平台宣传公司业务、加强品牌宣传奠定了基础。

中粮财务有限责任公司

【集团概况】 中粮集团有限公司（以下简称“集团”）是国务院国资委下属的国有独资公司，是立足中国的国际大粮商，业务遍及全球 140 多个国家和地区，以粮、油、糖、棉为核心主业，同时涉及食品、金融、地产行业。作为投资控股企业，集团旗下拥有13家上市公司。作为国有资本投资公司改革试点企业，集团积极推进企业体制机制改革，不断聚焦核心主业，推进专业化经营。集团资产总额5373.6亿元，年营业收入4426.5亿元，年经营总量近1.6亿吨。

【经营概况】截至2017年末，中粮财务有限责任公司（以下简称“公司”）资产总额203.32亿元，比年初增加30.03亿元；负债总额169.24亿元，比年初增加28亿元；所有者权益34.08亿元，比年初增加2.03亿元。表外业务439.06亿元，较年初增加105.51亿元；扣除资产减值损失后，全年利润总额2.53亿元，比上年增加0.49亿元；不良资产率为零。应计提拨备2.27亿元，实际计提2.27亿元，足额计提。

【资金集中】公司积极落实集团资金集中管理政策。截至2017年末，公司可归集资金集中度超过95%，吸收人民币存款余额153.2亿元，同比增长21.4%。公司继续推广资金子平台业务，提升专业化公司资金管理水平，为中国纺织、中粮屯河、中纺粮油搭建资金池，资金子平台个数增加到14个，实现资金集中管理312亿元，同比增长121%。

【结算业务】公司努力拓展人民币代理支付结算业务，提高成员单位结算效率，成员单位80%以上的对公支付通过公司完成。截至2017年12月，累计完成结算业务61.29万笔，累计结算金额20143.37亿元，在支付准确性100%的前提下，累计节省银行付款手续费369万元。

【信贷业务】截至2017年末，公司信贷规模达到100.1亿元，日均贷款余额85.4亿元，同比增长39%；委托贷款438.25亿元，增幅为31.21%。随着资金归集量的不断增加，委托贷款规模保持平稳增长，资金使用效率不断提高。公司通过丰富信贷服务品种，满足成员单位多元化的融资需求，置换各专业化公司的外部融资，帮助集团将负债率降低了0.54个百分点。

【票据业务】2017年，公司深入剖析各专业化公司融资结构，明确服务方向，开展了电票承兑、电票贴现等票据类新业务，以优于市场利率的价格为成员单位办理贴现，免费办理承兑业务。自2017年11月业务开展至年末，成功办理电票承兑业务132万元，电票贴现业务500万元，不断进行降低企业融资成本的探索。

【外汇业务】公司继续推进结售汇业务，坚持集团整体利益最大化，以银行间市场的成本价格为成员单位提供结售汇服务，2017年办理成员企业结售汇总计509笔，金额11.86亿美元；经常项下集中付汇231笔，金额1.29亿美元；跨境人民币集中支付（分红款）13.42亿元；吸收存款2.22亿美元、0.53亿港元。通过外币结算业务集中，有效降低集团及成员单位用汇成本，累计节省财务成本0.31亿元。

【投资业务】截至2017年末，公司有价证券投资合计7.12亿元，全年投资收益0.35亿元。2017年公司继续秉持安全稳健的投资理念，同时注重资金流动性管理的需求，主要持仓信誉较好、规模较大、收益率较稳定的货币基金产品。

【业务创新】公司首次开展了非融资性担保保函业务，截至2017年末，以零保证金且免手续费的形式开出保函金额共计1.15亿元，显著降低了成员单位的融资成本。

【信息化建设】公司围绕业务系统开发升级和网络日常维护展开信息化工作。2017年实现了与各专业化公司ERP系统财企直联接口对接，实现了多种业务支付指令传送、明细返回、账户管理等需求。投资业务管理系统成功上线，标志着公司业务全口径纳入资金集中管理系统，极大提高了日常工作效率。公司于2017年12月底上线移动服务平台，以自建APP形式打造公司系统移动端服务平台，实现账户明细和余额的实时推送与查询、非资金划拨业务审批等功能。

【风险管理和内部控制】2017年，公司严格按照北京银监局“两个加强、两个遏制”“三违反”“三套利”“四不当”以及金融市场乱象专项治理工作的有关要求，开展了全面的自查自纠工作，严格防控金融风险，提高服务实体经济质效。公司加强内部制度建设，全面梳理业务流程，增补规章制度，细化风险控制岗位职责及风险防控措施。同时健全对各项业务环节的稽核监督机制，积极落实常规和专项稽核工作。

【企业文化建设】公司持续进行全员合规意识的宣传和教育，为规章制度的执行营造良好环境，组织多层次、多角度的业务及专业能力培训，提升公司人才队伍的整体素质，树立符合企业文化的核心价值观，增强团队凝聚力和创造力。

【党建工作】2017年，公司深刻学习领会习近平新时代中国特色社会主义思想的历史地位和深刻内涵，践行十九大精神，坚定不移地承担好、落实好从严治党的责任，利用“三会一课”、组织生活会、三方共建、展览参观等多种形式，开展理论学习培训，指导现实工作，加强党员思想政治教育，坚定理想信念，发挥好党组织的战斗堡垒作用和共产党员的先锋模范作用。

中铝财务有限责任公司

【集团概况】中国铝业集团有限公司（以下简称“集团”）成立于2001年2月23日，是中央直接管理的国有重要骨干企业。集团主要从事矿产资源开发、有色金属冶炼加工、相关贸易及工程技术服务等，是全球第二大氧化铝供应商、第三大电解铝供应商，铜业综合实力位居全国第一，是国家相关部门备案的大型稀土企业集团之一。有所属骨干企业68家，业务遍布全球20多个国家和地区，集团资产总额5300亿元，2017年营业收入超过3100亿元，2008年以来连续跻身世界500强企业行列。

【经营概况】2017年，中铝财务有限责任公司（以下简称“公司”）以保持规模和盈利双增长为主线，坚持经营发展与党建和党风廉政工作同部署，敢于担当负责，勇于改革创新，精于创业创效。2017年末管理资产总额781亿元，同比增长67%，营业收入8.30亿元，同比增长45%，利润总额3.79亿元，同比增长49%。

【信贷业务】2017年，公司信贷供给能力再有新提升。综合运用多种工具，调剂资金总额达815亿元。办理委托贷款超过520亿元，同比增长106%。开辟“应急通道”，累计办理近70亿元的短期过桥贷款、票据融资和保函，及时化解了企业流动性风险。

【资金业务】2017年，公司大力拓展同业授信和外部融资，授信总额度突破了250亿元，全年融入外部资金2440亿元，同比增长66%，融资成本低于市场水平32个基点。

【投资业务】2017年，公司用好投资牌照，高效开展投资业务。固定收益投资收入近2亿元，收益率超过7%，进入行业前列；具备了债券承销能力，首次以财务顾问身份为成员企业完成债券承销15亿元，节省财务费用1400万元。

【票据业务】2017年，公司累计为成员企业办理票据承兑23.52亿元，票据贴现12.98亿元，电票承兑费率低，免收保证金，切实降低了企业手续费支出，实现了电票在产业链上中下游的贯通，成为成员企业新的低成本融资渠道。同时，争取到再贴现低成本资金4.60亿元，列央企财务公司第五名，进一步提升了票据融资水平。

【外汇业务】2017年，公司继续稳步发展外汇业务。全年累计为成员企业办理了结售汇业务6945万美元；将跨境外币资金池的参与成员企业从84家增加至88家，为成员企业办理集中收付汇业务7300余万美元。打通美元拆借通道，完善了公司外币资金池功能。在美元存款运用方面，办理美元同业定期95笔，累计金额68亿美元，实现利息收入600余万美元。在保证成员企业外汇业务正常开展的同时，提高了集团整体外汇资金的运营效率和收益。

【资金集中】2017年，公司完成了小集中全部迁移，实现了资金集中平台的统一，提升了成员企业关联交易上限；日均全口径资金集中度提高到46%，同比增长11个百分点，全年本外币日均存款214亿元，同比增长25%；结算服务规模再上新高，全年结算量达到2.02万亿元，同比增长65%，始终保持资金零差错、零事故和零损失。

【业务创新】公司始终坚持业务创新，一是获批了买方信贷业务牌照，为集团工程企业开立首笔保函，推出循环贷款，设计存款新产品，满足了企业个性化金融需求。二是获得了银行间质押式回购匿名点击业务资质，成为第三家获此资质的央企财务公司。

【风险管理和内部控制】2017年，公司风险管控能力持续提升。加强了两级风险管理能力建设，筑牢了三道风险防线。高质量完成问题清单梳理，落实了领导包企联系点制度，层层穿透培训，梳理问题并制定重点问题整改决议，非重点问题均形成了整改方案；健全制度和内控体系建设，完善了公司内控手册；加大风险预警管理，紧盯重点风险领域，制定统一综合授信方案，实施两级业务审批。高标准完成专项审计和日常稽核，提出问题整改建议超过150条。法律审核做到了三个100%。

【人力资源管理】公司高度重视干部人才队伍建设。抓实了干部理想信念和作风教育，建设了多层次后备干部队伍。用准用活人才，内培外引，内部提拔任用了3名干部，招聘增加了11名员工。以“中铝金融创新讲堂”为培训主阵地，以党性修养和廉洁教育为先导，强化员工融入，做好人才培养。

【信息化建设】2017年，公司信息科技保障更为有力。实施全方位、立体化巡查运维，开展灾备及业务连续性安全演练，机房环境实时监测，实现了系统安全不间断运行。开发了风险指标监测系统，优化了系统性能，核心业务系统开关机速度提升了6倍，实现信贷投资业务线上审批，成功接入上海票据交易所，为电子票据交易奠定了基础。

【企业文化建设】2017年，公司抓实企业文化建设，围绕主旋律，建设宣传阵地。建立十九大专栏，在集团及外部媒体发布40篇报道，传播集团好声音，讲好中铝产融创业故事。加强品牌文化建设，制定实施方案，撰写品牌故事并被《中铝品牌故事集》收录，提升了文化品牌影响力。

中煤财务有限责任公司

【集团概况】中国中煤能源集团有限公司（以下简称“集团”）是国务院国资委管理的国有重点骨干企业，主要业务包括煤炭生产贸易、煤化工、坑口发电、煤矿建设、煤机制造以及相关工程技术服务。承担着央企煤炭资源整合的历史使命，发挥专业煤炭央企的优势，先后接受国投、保利等央企的煤炭资产移交工作，进一步提升了主业实力、行业地位和社会影响力。2017 年，集团资产规模近 4000 亿元，实现营业收入 1170 亿元，达到历史最高水平，实现利润总额 61 亿元，创近 5 年最好水平。

【经营概况】2017 年，中煤财务有限责任公司（以下简称“公司”）坚定大局意识，助推集团供给侧结构性改革，贯彻大财务理念，推进精益化管理，各项风险监管指标良好，经营业绩创新高。实现营业收入 6.78 亿元，同比增长 17.1%；利润总额 4.93 亿元，同比增长 29.7%，贷款规模突破 100 亿元，全口径资金归集度达到 57.4%，资产收益率达到 2.14%，位列央企财务公司第 9 名。公司深化创新创效，不断拓展业务，充分发挥金融牌照价值，助推集团改革发展，实现增值创效 2.14 亿元。

【信贷业务】公司持续优化信贷基础管理，完成信贷业务格式合同的修订，优化评级授信、信贷业务审批流程，提高信贷业务办理效率。创新工作机制，建立信贷规模与监管要求、集团需求和自身经营绩效的“三挂钩”机制。定期开展贷后管理和资产风险分类工作。2017 年召开贷审会 16 次，年末自营贷款余额为 100.69 亿元。

【资金业务】公司加强流动性管理，要求成员单位每日报送资金支出计划，合理确定资金头寸，实施安全备付管理，在确保流动性的前提下，精细开展资金业务。公司密切跟踪资金价格走势，把握有利时机进行资金短、长期存放的合理配置。2017 年，公司搭建内部测算模型，衡量存放同业、贷款的业务结构和经济绩效的科学关系，全年累计办理存放同业 119 笔，共计 520 亿元，利息收入达 3.1 亿元。

【票据业务】公司积极开展票据基础设施建设，大力推进票据业务。一是持续开展票据贴现业务，帮助成员单位及时回款，增加经营活动现金流量，年内办理票据贴现 208 笔，贴现金额 7.52 亿元。二是重点发展票据承兑业务，为成员单位提供支付结算的重要工具。三是准确把握票据市场发展形势，2017 年通过招商银行代理接入电票系统，充分满足了成员单位的电票需求。

【资金集中】公司通过深入挖潜、创新机制、精细管理，资金集中水平创新高，2017年末全口径资金集中度达到57.4%。一是强化管控手段，实现账户、资金的统筹管控，做好对混合所有制企业和新并入企业的沟通协调，扩大账户归集和监控范围。二是针对上市公司资金归集存在体制障碍，公司主动作为，积极协调证券监管部门，妥善解决关联交易问题，成功实现对上市公司的资金集中。

【业务创新】公司积极融入集团煤炭资源整合工作，2017年8月完成与国投财务公司1.15亿元的信贷资产转让业务，该笔信贷资产属于公司首笔银团贷款。公司引入可循环流动资金贷款，便利成员单位临时性资金需求；通过代理方式接入电票系统，实现了电票业务的突破。另外，2017年公司获批新增承销成员单位的企业债券、对金融机构的股权投资、成员单位产品的买方信贷及融资租赁等业务，同时，获准加入全国银行间同业拆借系统。

【金融服务】公司积极发挥金融专业作用，为集团及成员单位提供财务顾问、投融资管理等金融服务。开展信用债监测工作，供集团决策参考，并参与中煤能源公司债、短期融资券等债券发行工作。协助集团确定产业基金运作方式，推动集团与外部银行联合成立股权投资基金，进一步拓宽集团融资渠道。牵头制定集团降杠杆减负债工作方案，设计集团股权融资方案和降杠杆实施路径，协助集团提升债务风险管控能力。

【风险管理和内部控制】公司进一步完善全面风险管理和内部控制体系，全年无风险事件发生，实现了风险可控、运营合规。一是开展全面风险评估工作，对重大风险进行重点管控。二是组织梳理修订内部管理制度，使内部管理制度更加有效、适用、完备。三是重点对新增成员单位开展实地调研活动，了解和摸清企业的基本情况、生产经营情况、财务状况等，严格控制信贷风险。四是开展内部控制、洗钱风险、监管评级等方面的自评估，查缺补漏，推进公司健康合规发展。

【信息化建设】2017年，公司实施系统整合升级，在充分考虑资金管理的前瞻性和工作实际，开创各级结算中心与财务公司共用系统和树形管控模式相结合的独特资金管控模式，打造融合信息流和资金流的数字金融平台，实现全集团财务信息共享，为集团管控模式和营销模式的创新和改革提供支撑。

【党建工作】公司深入学习贯彻习近平新时代中国特色社会主义思想，通过“三会一课”等形式组织全体员工系统学习党的十九大报告和《党章》，围绕“两学一做”学习教育要求，通过建立微信群等形式加强学习交流，不断提升党员自身理论修养。加强党支部建设，认真开展民主评议会和组织生活会，一起深入查摆问题、共同进步；重走战斗遗址，学习先烈事迹，缅怀革命先烈；开展正反典型案例教育，收看警示教育片《褪色的人生》，加强党风廉政建设。

中铁财务有限责任公司

【集团概况】中国中铁股份有限公司是集勘察设计、施工安装、工业制造、房地产开发、资源矿产、金融投资和其他业务于一体的特大型企业集团。作为全球最大建筑工程承包商之一，连续 12 年进入世界 500 强企业，2017 年位列《财富》世界 500 强企业第 55 位，在中国企业 500 强中列第 13 位。业务范围涵盖铁路、公路、市政、房建、城市轨道交通、水利水电、机场、港口等。公司实施有限相关多元化战略，在全球 90 多个国家和地区设有机构和实施项目。

【经营概况】2017 年，中铁财务有限责任公司（以下简称“公司”）坚守功能定位，强化资金集中，拓宽服务领域，从严管控风险，持续加强“五大平台”建设。截至 2017 年底，公司资产总额 647.66 亿元，较上年增长 2.06%，为预算的 106.82%；实现营业收入 11.43 亿元，较上年增长 23.83%，为预算的 110.97%；实现利润总额 7.63 亿元，净利润 5.86 亿元，较上年增长 58.79%，为预算的 129.46%，保持了高速增长势头。

【信贷业务】2017 年，公司为 37 家成员单位办理综合授信 724 亿元，为 28 家成员单位发放流动资金贷款 122 笔，年末余额为 205.06 亿元，较年初增加 14.68 亿元，保持不良贷款率为零，未发生信用风险事件。全年共开展 90 笔委托贷款，年末余额为 97.90 亿元。以国资委保函替代保证金文件为突破，联合成员单位扩大公司金融信用使用范围。截至 2017 年末，为成员单位间办理各类保函 60 笔，合计金额 28.09 亿元，其中外部保函 40 笔 21.88 亿元，占保函金额的 77.89%。

【信贷业务】建立良好客户沟通机制，进行两轮贷后现场调查，定期沟通客户，了解客户资金需求，推介新业务、新产品；对于财务公司新业务从客观角度向成员单位推介；对于成员单位的问题及时解答并整理汇总分析，提升服务成员单位能力。

【资金业务】公司资产负债和流动性管理执行年度资金预算，利用存放同业、货币基金、质押式回购和同业拆借等工具合理管理公司流动性，未发生流动性实质风险，保障了集团资金链安全。全年共安排 257 笔定期存款，金额合计 840 亿元，安排 70 笔同业拆借，合计金额 289.5 亿元，获得同业、准备金和投资收入 3.89 亿元，为年度预算的 129%，占总收入的 32%。

【投资业务】公司于 2017 年 1 月 4 日正式开展货币市场基金投资业务，在保证安全性和流动性的前提下，全年共计开展 163 笔申赎交易，实现投资收益为 0.54 亿元，投资收益率 5.03%。通过研究判断市场资金价格走势、科学掌握货币市场基金业绩波动规律和认真学习监管政策变化，获得了超过组合平均收益水平的良好投资成绩。

【票据业务】2017 年 3 月开通电票间联，顺利为中铁物贸集团办理首笔电子银行票据承兑。截至 2017 年末，年度累计办理电子银行票据承兑 240 笔，总金额 11.78 亿元；累计办理银行票据贴现 124 笔，总金额 2.28 亿元；办理商票保贴 13 笔，金额 7580 万元。

【外汇业务】公司新增外汇定期业务和跨境人民币资金集中业务。2017 年末，外汇日均吸收存款规模达到 8860 万美元，期末时点规模 10152 万美元，累计为成员单位办理结售汇业务 4064 万美元；"外汇资金集中管理系统"荣获股份公司首届青年创新创意大赛三等奖；完成中国银行 SWIFT 报文测试，丰富了境外资金的支付渠道。

【资金集中】对近 30 家二级企业进行了现场推介和业务培训，升级公司核心业务系统。年内新拓展客户 1300 户，新开立各类结算账户 3542 个，累计开立各类结算账户 5524 个，完成银行账户授权 1864 户，年度累计结算流量 34.1 万笔，涉及资金 31022 亿元，内部封闭结算 19449 亿元，年末吸收存款规模达 566.4 亿元，日均吸存规模达 224.4 亿元，较上一年度增加了 39.22 亿元，同比增长 21.2%。

【业务创新】公司创新开展了货币市场基金投资和交易所质押式回购业务，丰富了公司流动性管理工具，提升了资金管理水平。参与资产支持票据（ABN）发行项目，拓展了公司财务顾问的业务范围，公司金融服务能力获得了成员企业更大程度的认可。

【风险管理和内部控制】修订了《风险偏好管理框架》，确定公司风险管理基本原则和风险底线。健全风险评估机制，加强主要业务和重大事项的风险评估。丰富风险监控手段，通过信息系统对各项指标实时监测。完善和开展流动风险、结算业务风险应急预案和信息系统应急演练。开展风险合规文化建设，提升全员风险合规意识。推进内部控制体系建设，制定制度 137 项，实现了对业务和管理活动的全覆盖。

【人力资源管理】2017 年，共引进各类人才 14 人，组织员工参加内外部培训 50 余批次，培训 270 余人次；聘任了 2 名高级、4 名中级、5 名初级专业技术职务人员；制定了《员工职级晋升管理办法》，7 名员工得到了职级晋升；选派 2 名业务骨干到成员单位进行交流，积极打造中国中铁金融人才聚合平台。

【信息化建设】截至 2017 年底，N9 系统累计开设账户 5500 户、受理指令 34.1 万笔，G6 系统累计开设账户 2.62 万户、受理指令 31.21 万笔。重视信息安全和基础设施建设，先后完成数字签名认证系统升级、信息安全加固等项目，按监管要求制定并开展了信息系统应急演练，为公司业务顺利开展提供了有力保障。积极开展信息技术在经营管理中的推广应用，完成督办提醒、中国银行外汇业务测试等工作，保障了监管数据及时上报，提升了外汇管理水平。

【党建工作】2017 年，公司党组织全面加强党的领导，突出思想政治建设，掀起了学习宣传贯彻党的十九大精神的热潮，抓好领导班子建设；扎实推进"两学一做"学习教育常态化制度化；不断强化党建工作责任制，领导班子成员制定了党建工作台账，党委坚持定期安排党群组织及部门重点工作；召开了公司党员大会，选举产生新一届党委和纪委领导班子；及时将党建工作有关要求纳入公司章程，明确了党组织在公司法人治理结构中的法定地位；从完善党委会议事规则入手，明确了党委会研究讨论是董事会、经理层决策重大问题的前置程序。以提升党支部组织力为重点，开展了党内主题实践活动和党员先锋岗活动，强化了对党支部工作的定性和定量考核评价。严格落实党风廉政建设"两个责任"，开展多项专项检查，营造了良好的政治环境。

中信财务有限公司

【集团概况】 中国中信集团有限公司（原中国国际信托投资公司，以下简称“集团”）是在邓小平同志支持下，由荣毅仁同志于1979年创办的。集团现已发展成为一家国有大型综合性跨国企业集团，业务涉及金融、资源能源、制造、工程承包、房地产和其他领域。2017年集团位居《财富》世界500强企业第172位。

【经营概况】 2017年，集团调整了对中信财务有限公司（以下简称“公司”）的功能定位，将公司确定为集团资金管理和降杠杆的重要平台。公司坚决贯彻落实年初集团工作会议部署，主动争取监管部门的理解与支持，克服诸多困难加大信贷投放力度，不断丰富业务模式和结构，着重支持集团发展实体经济和战略性新兴业务，全面完成了年度经营计划和预算目标。公司认真配合集团迎接审计署经济责任审计工作，全面接受集团党委第一巡视组的巡视。

截至2017年末，公司资产总额为465.31亿元，较年初增长47%；各项贷款余额186.26亿元，较年初增长162%；存款余额405.84亿元，较年初增长49%；净资产余额为41.29亿元，较年初增长3%。至2017年末，公司管理表外资产234亿元。资产质量良好，不良率持续为零。公司实现营业总收入6.89亿元，同比增长33%，完成预算的118%；实现营业利润5亿元、利润总额4.98亿元和净利润3.78亿元，分别增长13%、12%和13%。

【资金集中】 截至2017年末，公司各项存款余额合并人民币405.84亿元，较年初增长49%。其中，人民币存款余额375.31亿元，较年初增长42%；外币存款余额折合4.67亿美元，较年初增长314%；全年日均存款余额合并人民币190.64亿元，同比增长23%。按照实质性口径计算，年底全口径资金集中度达41.16%（账面为17.36%），较上年末增长16.31%。

【信贷业务】 2017年，公司积极向人民银行营业管理部汇报沟通，以实际行动全力协助集团降杠杆。至年末，公司本外币贷款余额达到186.26亿元，较年初增长162%，超额完成集团下达的181亿元降杠杆专项任务。其中，人民币贷款余额164.79亿元，较年初增长136%；外币贷款余额折合3.29亿美元，较年初增长1819%；全年日均贷款138.95亿元，同比增长78%，实现利息收入6.43亿元，平均收益率为4.57%。

【资金业务】 2017年，公司采取多种措施应对流动性风险，有力地保障了各项业务的开展。扩大资金头寸管理和主动负债渠道，首次尝试银行间同业存单业务和债券回购业务，提高资金管理效率，综合收益率达到3.89%，较2016年提高89个基点。扩大同业拆借渠道及合作机构，全年累计拆入资金合并人民币62亿元。其中，人民币24亿元，外币折合5.8亿美元。

【投资业务】2017年，在整体风险可控的前提下，公司努力提高投资收益水平。全年累计完成自营投资42.2亿元，中长期投资日均规模24.51亿元，年化收益率达5.93%，获得投资收益1.65亿元。表外管理资产规模继续维持较高水平，全年实现手续费收入4154万元。

【票据业务】2017年，公司从无到有，大力发展电子票据业务。全年累计办理票据贴现433张，累计金额17.85亿元，年末余额13.95亿元；办理再贴现164张，累计金额9.1亿元，年末余额4.86亿元。公司成功实现承兑与转贴现业务零的突破，办理承兑业务1.2亿元，转贴现业务2000万元。

【外汇业务】公司全年外币存款日均余额折合1.6亿美元，同比增长727%；办理代理信用证及进口代收折合5.6亿美元，同比增长859%；贸易融资累计发放折合10亿美元，同比增长650%，日均规模折合1.9亿美元，同比增长1537%；即期结售汇折合18.2亿美元，同比增长189%；外币拆借折合5.8亿美元，同比增长3329%。境内外非融资类保函、外币自营贷款、跨境委托贷款等多项业务均实现了从无到有的重要突破。国际业务全年实现收入3049万元，同比增长554%，其中，利息净收入1425万元，中间收入1624万元。

【风险管理和内部控制】2017年，公司不断提升行业评级水平。同时积极做好向人民银行营管部的汇报和沟通，获得理解与支持，有效缓解MPA监管压力。按照“简化流程、提高效率”的原则，全面梳理、修订公司所有制度，编印《中信财务有限公司规章制度汇编（2017版）》。高效处理线下业务数据，准确地完成“1104”、人民银行等各类监管数据报送任务。

【人力资源管理】2017年，公司贯彻“尊贤而容众，嘉善而矜不能”的人才理念，结合具体实际创新选人用人办法和绩效考核机制，进一步明确奖惩措施。通过校园招聘和社会招聘等渠道引进合适人才，开展多种形式的教育培训工作。公司迄今有7名干部员工取得高级专业职称。年末，公司干部员工人数达39人，研究生以上学历占比为74%，40岁以下青年员工占比为74%，党员人数占比为66%。

【结算和信息化建设】公司继续完善核心业务系统，完成农业银行代理收款功能上线，做好电票系统上线前的软硬件环境准备工作。全年累计完成人民币结算业务3万余笔，代成员单位外币TT付汇400余笔，发放、收回外币贸易融资贷款500余笔。2017年，开始办理代理成员单位收款业务，基本实现结算业务全覆盖。

【企业文化建设】在公司成立五周年之际，编印了《综理密微集》纪念文集和纪念画册，举行了先进表彰会，举办了一系列以弘扬社会主义核心价值观和中信文化为主题的文体活动。此外，公司精心组织拔河比赛、足球、羽毛球、瑜伽、职工子女才艺作品展等员工文体活动。团支部开展主题团日活动和志愿服务活动，获评“中信集团金融青年论坛论文优秀组织奖”。公司代表中信集团向西藏自治区申扎县捐款200万元教育援藏资金，切实履行社会责任。

【党建工作】2017年，公司党支部积极学习贯彻习近平新时代中国特色社会主义思想和党的十九大精神，全面加强党的建设，把政治建设放在首位。公司党支部坚持以理论武装凝心聚力，领导人员定期轮流讲党课，努力打造精品党课，公司党支部书记、董事长张云亭同志主讲的党课——“努力做一名忠诚干净担当的好干部”，被评为中央国家机关“党课月”活动优秀党课。公司党支部继续开展“两学一做”学习教育活动，在建党96周年之际，公司党支部组织党员和职工群众前往延安和梁家河开展主题党日活动。

中兴通讯集团财务有限公司

【集团概况】 中兴通讯集团财务有限公司（以下简称“公司”）所属集团中兴通讯股份有限公司（以下简称“中兴通讯”）成立于1985年，是在香港和深圳两地上市的通讯设备公司，连续8年稳居PCT（《专利合作条约》英文缩写，是有关专利的国际条约）国际专利申请全球前三，位居全球ICT（信息、通信和技术）企业50强。中兴通讯拥有完整的、端到端的通讯产品线和融合解决方案，为全球160多个国家和地区的电信运营商和企业网客户提供创新技术与产品解决方案。2017年，中兴通讯营业收入1088.20亿元，归属于上市公司普通股股东的净利润为45.68亿元。

【经营概况】 2017年，公司根据集团聚焦主业战略，裁减产业链下游、消费信贷与保险代理业务，聚焦资金业务和供应商服务，并协同集团对成员单位融资管控进行有效管理。始终坚持合规经营、集团利益最大化的服务宗旨，着力培育市场化经营能力、专业化服务能力，全面完成集团年初下达的经营任务，各项监管指标均符合要求。截至2017年12月31日，在公司开户并办理业务的成员单位121家；各项存款余额241.59亿元，资产总额260.42亿元；所有者权益17.69亿元，全年实现净利润2.74亿元。

【信贷业务】 2017年，公司坚持对集团战略产业和新兴产业提供金融服务支持，在有效降低集团融资成本、实现资金效益最大化的同时，进一步完善信贷准入标准，加大对战略性新兴产业支持力度，重点扶持集团内的中小企业、高新技术行业等。公司全年累计提供贷款支持35.20亿元，年末贷款余额18.34亿元，办理票据贴现业务66.14亿元，年末票据贴现余额16.92亿元，年末信贷资产分类除一笔为关注类以外，其他全部为正常类资产。

【资金业务】 2017年，公司在确保资金流动性及安全性的前提下，实现资金收益大幅提高，全年存放利息收入2.79亿元。一是通过深化与集团资金一体化运作，加强资金计划精细化管理，提高头寸预报准确性，有效降低流动性风险。二是密切关注市场资金状况，紧抓市场契机，提高闲散资金收益率。三是在融资方面，积极拓展融资渠道，争取充足的授信额度，建立稳定的资金补充机制。根据集团现金流分布特征，充分利用拆借、再贴现等融资工具满足短期流动性需求。

【票据业务】 2017年，公司积极开展产业链金融试点业务，全年合计办理“一头在外”

的票据贴现业务2140笔，服务产业链上游供应商351家，办理票据贴现金额达54.34亿元，充分降低了产业链上游供应商的融资成本，极大地支撑了中小企业和实体经济的发展。

【资金集中】2017年，中兴通讯通过采取对成员单位资金情况分析与资金归集情况通报、加大力度梳理与归集受限资金、加强对成员单位账户可视可控管理等一系列措施，支持公司归集成员单位资金。2017年底资金归集金额为241.59亿元，四个季度资金集中度分别为47.21%、59.05%、54.50%、68.67%。

【风险管理和内部控制】2017年，公司通过制度建设、流程优化、机制完善等措施，有效提高对各类风险的统筹管理水平。调整部门架构，实现审、贷、放三分离制度化；健全管理制度，开展合规文化宣传活动，营造良好合规文化；强化公司资产负债管理，有效管控流动性风险；优化IT系统与操作流程，完善操作风险管理体系；积极开展内控合规检查，全面落实整改工作。

【人力资源管理】2017年，公司全面梳理人力资源管理制度，为建立科学、规范的人力资源管理体系奠定基础。结合集团聚焦主业的发展战略，配合业务需求进行岗位配置梳理和人员结构优化。强化员工培训，通过自主学习、专题讲座等多种方式，开展各项员工培训达274人次，同时鼓励员工参加银行从业资格等职业资格和专业技能考核，提升员工专业化水平。

【信息化建设】2017年通过对信息科技三个领域的项目实施，有效保障了公司核心业务系统的安全运营、电票系统平稳切换和软件合规化的风险管理。一是根据《上海票据交易所关于实施电子商业汇票系统移交切换工作的通知》要求，于2017年圆满完成ECDS系统正式移交切换工作的行业部分。二是基于财务公司用户反馈的N6系统优化需求，完成N6系统优化工作，并在测试环境进行更新部署交用户测试验证。三是开展了内部正版化软件普查及申购工作。

【企业文化建设】2017年，公司继续秉承集团企业文化精髓，积极开展企业文化建设。一是通过全员管理会议将公司重大发展战略及经营治理举措及时传递到每一位员工。二是坚持“以人为本”的理念，在保障员工各项合法权益的同时，积极组织各种形式的凝聚力活动，如公司集体旅游、业余活动协会、集团公益活动等，提高员工团结度，极大地丰富了员工业余生活。

【党建工作】为进一步加强党组织的影响力，积极促进党群关系一体化建设，2017年，公司组织党支部委员公开选举，完成党支部改选工作；积极做好新党员的接收、预备党员转正等日常工作，加强入党积极分子和优秀员工平时的观察和培养；通过“三会一课”方式加强员工思想学习，提高党员党性修养；结合重要节日、纪念日等主题不定期组织各类有益的党员活动，增强党支部凝聚力，促进支部健康发展。

中冶集团财务有限公司

【集团概况】中国冶金科工集团有限公司（以下简称“集团”）是国务院国资委监管的特大型企业集团，其前身是1982年国务院批准成立的中国冶金建设公司，隶属于冶金工业部。2008年12月，集团发起设立中国冶金科工股份有限公司（以下简称“中国中冶”）。2009年9月，中国中冶在上海、香港两地成功上市。集团是全球最大最强的冶金建设承包商和冶金企业运营服务商，以科研、勘察、设计、建设能力为依托，打造“四梁八柱”综合业务体系，锻造成为国家基本建设的主导力量。

【经营概况】中冶集团财务有限公司（以下简称“公司”）不断加强精细化管理运营，创新资金归集方法，激发资金集中积极性，年末存款创历史新高；大力推广创新金融超短贷业务，既支持集团优质企业拿项目、拓市场，又协助资金短期紧缺子公司融资需求；积极探讨票据业务新模式。票据池业务覆盖率超过90%，入池率达到80%。同时推广电票业务，成功加入上海票交所，实施资金日监控与调度，并契合资金波动周期调整资产配置，资金运营效益不断提升。

【信贷业务】2017年，公司全年累计发放贷款333.14亿元，日均信贷规模95.96亿元，截至12月31日信贷资产余额118.08亿元。持续推进超短贷业务，支持集团优质企业拿项目、拓市场。全年累计发放超短贷186.8亿元，极大满足成员单位短期融资需求，为一冶观山湖项目、十七冶兴隆县项目等多个项目投标加分。全年办理工程保函3.4亿元，促成多个工程项目中标签约并为工程施工过程提供保障支持，为集团子公司节约保函保证金支出。

【投资业务】2017年，公司以提高资金使用效率为目的，开展了对低风险、高流动性的有价证券的投资。公司日均投资额为8.91亿元（其间新增认购95.5亿元，赎回90.5亿元），实现投资收益2960.3万元，折算年化收益率为3.91%。在创新同业产品方面，全年累计开展115笔，金额514.8亿元，加权平均利率为3.14%，实现存放同业利息收入1.07亿元。

【票据业务】2017年，票据池业务覆盖12个地区、27家子公司，覆盖率超过90%，入池率达到80%，累计托管票据411.48亿元，累计融资16.83亿元，减少保证金占用5.05亿元，为集团票据集中管理和运营打下坚实的基础。2017年公司办理承兑业务5.94亿元，为集团子公司累计节约保证金支出1.78亿元。2017年7月公司成功加入上海票交所。

【外汇业务】2017年，公司外汇资金全口径集中度和委贷创新高。通过持续沟通、鼓励结汇、外汇资金委贷提高外汇全口径集中度，年末集中度超过40%，为历史新高。外汇委贷余额持续提升，年末余额 1.95 亿美元。SWIFT 外汇账户监控系统上线取得实质性进展，在诸多不利条件下完成网络布线、硬件部署和软件测试。即期结售汇业务量超预算指标，在汇率波动的外部环境下鼓励子公司结汇以缩减汇率风险敞口，结售汇业务量超过预算指标的 60%，增加银行交易对手，扩大询价空间。

【资金集中】公司在资金集中方面狠下功夫，积极拓展资金归集范围；出台优惠的利率政策和创新产品；采取“现场开户、多方监管”方式，协调减少受限资金；通过推广保函、电子票据业务，减少银行保证金存款。2017 年日均集中资金总额 135 亿元，集团累计资金集中度为 80%，极大地提升了集团整体资金使用效率。全年累计日均人民币存款 124 亿元，资金集中度为 80%，全口径资金集中度为 35%。

【风险管理和内部控制】2017 年，公司通过搭建风险管理组织架构，健全风险管理制度，运用合理的风险管理方法，实施风险管理的基本流程，培育良好的风险管理文化，通过对合规风险、流动性风险、操作风险、投资业务风险、信息科技风险、信贷业务风险、案件风险、声誉风险及风险文化建设九个方面的管理管控，建立起全面风险管理体系，为实现公司防范风险和稳健经营的目标提供保障。

【信息化建设】2017 年，公司基于 SOA 架构技术，自主研发了新一代财务公司综合数据管理平台，将解决公司不同系统间数据存取等方面现存问题，提高了信息系统扩展性。公司初步形成业务流程自助式办理，实现在线审计、风险实时控制，提高了公司业务处理效率及风险控制的能力，同时搭建大数据分析模型，实现业务跨系统、跨模块数据实时分析，提高了公司整体业务分析及预测能力。

【党建工作】2017 年，公司按照中冶集团党委部署及总部机关党委的要求，认真抓好企业党建工作，有序组织了“观展活动”“观影活动”“健康长走”“观看党员教育片”等丰富多彩的党建活动，提高了党员责任感，进一步激发公司党组织的活力。公司上下全体党员及员工杜绝“形式主义、官僚主义、享乐主义、奢靡之风”，坚持牢固树立大局意识，把服务集团改革发展作为企业党建、作风建设、落实中央八项规定精神、纠正“四风”的根本落脚点。

中油财务有限责任公司

【集团概况】中国石油天然气集团有限公司（以下简称“集团”）是 1998 年 7 月在原中国石油天然气总公司基础上组建的特大型石油石化企业集团，2017 年 12 月完成公司制改制。集团是产炼运销储贸一体化的综合性国际能源国有独资公司，主要业务包括国内外石油天然气勘探开发、炼油化工、油气销售、管道运输、国际贸易、工程技术服务、工程建设、装备制造、金融服务、新能源开发等。2017年，在世界50家大石油公司综合排名中位居第三，在《财富》世界500强企业排名中位居第四。

【经营概况】2017年，中油财务有限责任公司（以下简称“公司”）积极应对各种不利局面，稳中求进、开拓创新、强化管理、提升服务，努力挖潜增效，取得了好于预期的经营成果。截至2017年末，公司总资产余额6152亿元，平均规模5984亿元，同比减少301.5亿元，下降4.8%。自营资产余额4789亿元，同比增加594亿元，增长14.2%，平均规模4347亿元。全年实现收入152.4亿元，实现利润87.6亿元。公司资产、收入、利润等主要指标继续保持行业领先，资产质量进一步提升，年末贷款损失准备充足率和不良贷款率等指标均优于监管标准。荣获2017年度上海证券交易所债券回购优秀参与机构奖，连续四年荣获中央国债登记结算公司颁发的中国债券市场优秀自营机构奖。

公司坚持以融促产，产融结合，助力集团实体产业发展。全年为成员企业降息、减免交易手续费、节约汇兑成本等共计34.9亿元。充分利用境外税收优惠，为集团节省各类税费达7.2亿元。强化封闭结算、加速资金周转，为集团节约流动资金125亿元。积极发挥专业优势，强化资金运作，全年实现挖潜增效15.7亿元，有效缓解减利因素影响。

【结算和资金池业务】协助集团强化资金归集和账户管理，推进司库营运资金平台升级，顺利实现司库二期上线。利用跨境外汇资金池成功归集和调剂境内外资金，进一步提升资金池管控能力。截至2017年末，公司共管理本外币结算账户2548个，协助集团总部监管境外银行账户2800多个，全口径资金集中度达48%。通过提升结算信息化水平，加速内部资金周转，提高结算效率和资金运行效益，全年办理本外币结算400.5万笔，累计结算金额33.6万亿元，为成员企业节约结算手续费约2亿元。

【信贷业务】围绕国家战略和集团重点投资项目，加大信贷投放力度，积极争取政策支持，强化资金保供，稳定信贷规模。努力消化集团控债降息、大额还款增加、外部银行激烈竞争导致收益率收窄等不利因素，着力稳定现有大额存款业务，完成多家单位续贷。努力推进电票业务，积极参与集团票据池建设，成为上海票交所会员，实现了公司电票系统与司库平台、票交所系统无缝连接，电票业务试运行获得成功。在加强业务创新上，获批产业链金融业务资质，成功办理首笔延伸产业链票据贴现，开展定期存单质押跨境贷款业务，满足成员企业个性化贷款需求。2017年为成员企业发放各类贷款3938亿元，贷款降息优惠达12.9亿元。

【筹融资和资金运作】发挥境内外两大市场平台优势，强化融资平台功能，多渠道筹措外部市场资金，全年累计外部融资6694亿元。抓机遇、调结构，不断丰富投资品种，参与债券一级市场投资，新增同业存单投资，参与分级基金交易、可转债投资；加强资金紧平衡和流动性管理，灵活运用银行间和交易所市场融通资金，努力提高资金效益，择机滚动投资货币基金，依靠二级市场挖潜增效获得了较好回报。

【国际业务】积极应对集团海外投资持续收紧、外汇贷款下降等不利局面，围绕“一带一路”建设和集团境外项目及重组并购计划，加大外汇贷款力度，启用境内存款质押境外贷款的担保结构，稳定贷款规模；积极开拓外部市场，加大证券投研力度，拓宽投资品种，首次建立投资专户基金，开展银行理财和货币市场基金等长短期资金运作；发挥平台和专业优势，通过银行借款置换到期美元债券、加大商票发行、捕捉市场机会开展交叉货币掉期等手段优化负债结构，降低资金成本。发挥外汇交易中心会员优势，为成员企业提供优惠结售汇和风险对冲等综合金融服务，2017 年累计外汇交易 556.7 亿美元，为企业节约汇兑成本 3.8 亿元。

【分支机构管理】 强化分子公司服务窗口作用，四家分公司全力配合司库一期、二期安排部署，成功实现司库二期平稳上线运行，全年结算业务增长 1.3 倍，实现利润同比增长 52%。香港子公司充分发挥境外司库和金融服务平台功能，积极应对低油价和投资收紧等不利影响，多管齐下，提质增效，开拓市场，服务及创效能力持续提升，在贷款同比下降 14% 的情况下，实现经营利润同比增长 2.2%。

【公司治理和风险管理】 严格执行监管机构相关规定及公司“三会”各项决议，认真落实监管评级意见，推进公司治理、“三会一层”建设及合规管理工作。实现风控和审计分离，贷审会、投审会高效运行，风险管理架构进一步完善；稳步推进业务准入、授信管理和制度修订，完善风险管理工具，使管控有效前移；加强风险限额管理，不断优化风险管理机制。

【党建和企业文化建设】 通过多种形式，深入学习宣传贯彻党的十九大精神，强化理论武装和思想政治建设，以学促用，指导实践，推动发展；深入贯彻落实全国国有企业党的建设工作会议精神，推进党建要求入公司章程工作，有效发挥党组织在公司治理中的重要作用；贯彻全面从严治党新要求，积极发挥党委作用，抓好基层党支部建设，严格落实中央八项规定精神和“反四风”各项要求，持之以恒正风肃纪，党建质效进一步提升；加强企业文化和群团组织建设，突出思想引导和文化引领作用，推进“一流财务公司”理念入脑入心，提升队伍凝聚力和向心力。

中远财务有限责任公司

【集团概况】 中远财务有限责任公司（以下简称“公司”）原属于中国远洋运输集团。2016 年 1 月 4 日，经国务院批准，中远集团与中海集团重组成立中国远洋海运集团有限公司（以下简称“集团”）。集团围绕“规模增长、盈利能力、抗周期性和全球公司”四个战略维度，着力布局航运、物流、金融、装备制造、航运服务、社会化产业和基于商业模式创新的“互联网 +”相关业务“6 + 1”产业集群，全力打造全球领先的综合物流供应链服务商。截至 2017 年底，集团经营船队综合运力排名世界第一。

【经营概况】 2017 年，公司按照集团年度工作部署，完成了以公司重组整合、提质增效为重点的各项任务目标，取得了良好的经营业绩。截至2017年末，实现营业收入6.7亿元，利润总额3.7亿元，同比分别增长76%和23%，超额完成全年任务目标；实现净资产收益率10.39%，同比增长1.39个百分点；截至年末，公司资产规模346亿元，各类财务指标均符合监管要求。

【信贷业务】公司着力加强资金余缺调剂、提高集团资金使用效率，严格控制资本开支、努力降低资金成本，积极支持集团主业板块的发展。全年发放人民币自营贷款日均余额78.5亿元，期末余额77.91亿元；人民币委托贷款日均余额85亿元，期末余额93.37亿元。全年发放美元自营贷款日均余额3597万元，期末余额20000万元；美元委托贷款日均余额6941万元，期末余额7500万元。

【投资业务】公司坚持审慎投资操作原则，一方面增加低风险投资品种规模，另一方面对存量的高风险投资产品进行清理处置，取得了较好效果。2017年末公司持仓9.28亿元，其中95%左右均为固定收益类产品。全年日均投资规模12.49亿元，实现投资收入（含公允价值变动）5689万元。

【结算业务】公司贯彻集团各项制度，积极做好资金归集和安全管理工作，协助企业加大对非生产性支出的审核，提升资金管理水平。截至年末，开户企业总数746家，其中已集中管理725家，企业集中度为97.2%；辖内企业外部银行账户总数为3072个，已集中管理3041个，账户集中度为99%。公司全年吸收人民币日均存款285亿元，同比增长36%，全年人民币结算量8241亿元，结算笔数98.2万笔；吸收美元日均存款10.6亿元，同比下降11%，全年美元结算量430亿美元，结算笔数14.9万笔。

【结售汇业务】公司继续推进集中结售汇业务开展，2017年为客户办理结汇业务1126笔，金额共计8.3亿美元，办理售汇业务59笔，金额共计0.4亿美元。业务规模与2016年基本持平，全年为成员单位节约财务费用约871万元。

【资产业务审批和稽核审计】公司积极推进《中远财务公司“三重一大”集体决策制度实施细则》和《中远财务公司资产业务审批和风险管理委员会议事规则》的有机融合。2017年对公司信贷业务、计算机安全与控制和三个延伸柜台进行了审计。全年共实施稽核审计项目5个，已完成审计项目5个，印发审计报告5份，提出审计意见1个、审计建议31个。

【风险防控管理】公司不断完善防控制度和风险评估体系建设，积极组织各项自查和整改工作。开展“三违反”、“三套利”、“四不当”、银行业市场乱象整治等专项自查和整改工作。对可能违反“三三四十”中相关要求的投资业务，按照穿透原则摸清底层资产，制定到期收回或提前收回计划。

【信息化建设】公司把信息系统建设作为持续发展的有效平台之一，不断完善现有TMS、SAP、综合报送及OA四大系统；努力加强MPA、1104指标实时监控系统建设，及时、准确对接监管报送要求；持续完善内部管理和金融管家信息化服务平台，进一步提升内部金融管理及客户服务质量。

【重组整合】2017年是公司改革重组的关键年，成立筹备工作领导小组和专项工作组，建立了上海、北京两地财务公司统一集中办公、签报、会议等工作机制，制定了信贷、投资、账户资金等合并方案及信息系统建设方案，完成了总公司13个业务类别共163项行政管理类制度、分公司4个业务类别共7项行政管理类制度建设，民主通过了公司重组方案和员工安置方案。

【党建工作】公司党委深入学习贯彻党的

十九大精神和习近平新时代中国特色社会主义思想，突出全面从严治党主题。组织开展党的十九大精神的学习教育宣传，用党的最新理论指导公司改革发展的工作实践；全面贯彻党要管党、从严治党方针，加强领导班子、干部队伍和党员队伍建设；“两学一做”学习教育常态化制度化；持续加强作风建设，深入纠正“四风”突出问题，切实加强监督执纪问责。

忠旺集团财务有限公司

【集团概况】忠旺集团成立于1993年，是全球第二大、亚洲最大的工业铝挤压产品研发制造商，主要从事多元化的优质工业铝加工产品的研发、生产及销售，忠旺集团的三大核心业务分别为工业铝挤压产品、深加工及铝压延材，产品广泛应用于交通运输、机械设备、电力电子及建筑工程等领域，产品水平跻身全球领先行列，享誉海内外。忠旺集团规划产能300万吨的铝压延材项目已经投产，成为全球最大的单一铝压延材项目。忠旺集团于2001年跻身中国大型企业集团500强行列。

【经营概况】2017年，忠旺集团财务有限公司（以下简称“公司”）秉持“服务集团、规范经营、稳健发展、提高集团资金运营效率和效益”的经营方针，严格按照监管要求开展各项业务，不断完善公司治理结构，超额完成全年目标任务。截至2017年12月末，公司资产总额267.78亿元，同比增长16.28%；全年实现营业收入7.03亿元，同比增加3.80亿元，增幅为117.80%；实现净利润3.53亿元，同比增加2.02亿元，增幅为133.77%。公司资产质量良好，各项指标均符合监管要求。

【信贷业务】2017年，公司共发放自营贷款292.17亿元；办理电子商业汇票贴现金额52亿元；开展电子商业汇票承兑业务49笔，金额共计212亿元；办理银行代开承兑汇票业务13笔，金额合计12.50亿元。全年新增授信客户8户，新增授信金额165亿元。2017年公司取得了“成员单位产品的买方信贷及融资租赁”业务开办资格，并成功完成首笔600万元买方信贷业务。为配合新业务的开展，公司先后制定了多项操作规程规范业务操作，并严格按照制度要求开展业务。公司建立并不断完善成员单位基础档案，严格执行贷款五级分类和贷后管理制度，截至2017年底，不良贷款率为零。

【资金和投资业务】截至2017年末，公司共取得金融机构同业授信额度215亿元，同比增长18.46%。全年共开展存放同业业务30笔，累计发生额为77.69亿元，年末存放同业余额为66.12亿元。2017年公司取得固定收益类投资和有价证券投资（不含股票投资）业务资质。在完成市场准入、信息系统建设等准备工作后，积极开展银行间市场和同业产品类投资业务，截至2017年末，公司投资业务余额为15亿元。2017年公司同业拆借业务发生额累计为447.90亿元；年末同业拆入余额为25亿元。公司持续稳健拓展业务经营范围、完善业务操作流程、优化资产负债结构，不断提高整体经营管理、风险控制以及盈利水平。

【票据业务】公司在2017年一季度完成了ECDS电票直联系统接入工作。公司立足于成员单位支付结算需要，积极开展公司电子银行承兑业务，为集团成员单位提供专业、优质、高效的票据服务。截至2017年末，公司承兑未到期电子银行承兑汇票余额为212亿元，直贴卖断电子商业汇票余额为52亿元。公司积极响应人民银行与上海票交所关于票据市场改革的各项工作要求，于2017年5月加入上海票交所，并于2017年10月顺利完成ECDS移交切换，为公司票据业务的长期稳健发展打下良好基础。

【资金集中】2017年，公司高度关注资金集中度工作，加强与集团的沟通和交流，加大资金集中管理力度，通过拓宽银企直联渠道，增加银企直联主办行，丰富资金结算服务手段，努力打造符合集团资金管理需要的资金结算服务体系。截至2017年末，成员单位在公司开立内部账户34户，吸收存款185.18亿元，日均存款202.83亿元，全口径资金归集率为57.65%，公司归集账户数83户，账户集中比达到71.30%。公司全年结算笔数5010笔，年结算金额6537.41亿元。

【风险管理和内部控制】为进一步强化风险管理，2017年公司修订了《客户信用等级评定管理办法》《电子商业汇票承兑业务操作规程》等制度规程。根据监管机构全面风险管理工作指引要求和公司风险管理工作安排，公司由风险部牵头，各职能部门分条线负责具体管理制度完善，细化公司各项风险管理工作的职责、内容、分工及要求。同时按照风险管理工作的职能划分，拟定了公司信用风险、操作风险、市场风险的管理办法，提高了公司风险管理工作的识别、评估、监测和控制能力。公司不断加强合规管理体系建设，完善授权管理和内控、问责制度，从业务、管理及监督三个层面入手，强化四线防控效果。通过内控常规审计、业务专项审计和配合监管检查等措施，发现问题，夯实基础，不断提高公司内部管理水平和风险防控能力，达到合规管理和监管工作要求。

【人力资源管理】公司始终坚持“以专业人才队伍支撑专业化发展”的人力资源管理理念，充分发挥集团的品牌号召力，通过建立完善的薪酬体系、合理的绩效考评、适当的轮岗机制和明确的奖惩制度，激发员工的能动性，提高工作效率。截至2017年底，公司正式员工42人，其中有金融行业从业背景的人员超过三分之二，行业工作经验超过5年的人员接近半数；年龄在30岁、30～40岁、40岁以上的人员占比分别为26.00%、40.70%和33.30%；本科以上学历占比超过93%，研究生以上学历占比为31%，人员专业化程度的不断提升为公司业务发展提供了坚实的人才保障。

【信息化建设】在信息技术建设方面，公司始终秉承前瞻性原则，以“满足业务需要、满足发展需求、满足监管要求”为前提，应需而变，确保信息保障机制与公司业务规模、发展速度、复杂性相适应。2017年根据业务需要，陆续完成直联电子商业汇票系统上线，电子商业汇票系统（ECDS）切换到上海票交所，加入同业拆借市场系统、中债登系统以及上清所系统等工作。2017年，公司大幅提高信息化建设经费投入，为各项业务开展、控制和防范各类风险提供先进技术支持和保障。

【企业文化建设】公司高度重视企业文化建设，在集团“人忠业旺、忠诚兴旺”核心理念的引领下，通过多种多样的文化活动，营造积极向上的企业文化。2017年，公司先后组织参与了新年晚会、野外露营、开展第二届金融知识竞赛、组织观看爱国主义电影等文体活动，极大地提高了团队的凝聚力和战斗力。

珠海格力集团财务有限责任公司

【集团概况】珠海格力电器股份有限公司是一家多元化的全球型工业集团，主营空调、智能装备、生活电器、空气能热水器、手机、冰箱等产品。珠海格力电器股份有限公司自1991年成立以来，始终坚持“自主创新”的发展理念，秉承“百年企业”的经营目标，凭借领先的技术研发、严格的质量管理、独特的营销模式、完善的售后服务享誉海内外。2017年实现营业总收入1500.20亿元，净利润224.02亿元。

【经营概况】2017年，珠海格力集团财务有限责任公司（以下简称“公司”）围绕集团发展战略，充分发挥金融服务功能，为成员单位、产业链企业特别是中小企业提供金融服务。2017年实现营业收入8.99亿元，净利润6.40亿元；年末资产总额473.13亿元。公司不断创新金融产品支持实体经济，风险管控、业务拓展、IT保障能力提升，全面完成董事会下达的年度经营、风控管理指标，各项监管、监测指标全部达标。

【信贷业务】2017年，公司积极发挥金融功能，优先满足成员单位需求，给予优惠利率，并协助争取地方政府的贴息支持，降低企业融资成本。创新性地开发了格力战略性发展项目贷款产品，2017年，办理格力战略性发展项目贷款和成员单位流动资金贷款10.47亿元，为成员单位的转型创新和供给侧改革提供了有力的资金支持，发挥了财务公司服务实体经济的作用。

【产品销售信贷业务】公司依托对经销商渠道的管理优势，更熟悉经销商的经营状况，提供股权质押、票据质押等多种形式的买方信贷产品，并与保险公司、担保公司搭建了财保合作平台，向三级中小经销商推进买方信贷。建立延伸产业链金融风控体系，不良贷款长期保持为零，风控良好。2017年，公司买方信贷业务累计服务121家格力经销商，累计融资54.07亿元，余额46.64亿元。公司的资金支持有力地促进了格力产品销售，帮助经销商去库存。

【资金和投资业务】资金业务方面，2017年公司通过不断完善资金预算头寸的管理，强化资金营运管理，在保证业务发展资金需求的情况下，优化定期存款期限结构，配置不同期限的长、短期的同业存款，提高公司议价能力。投资业务方面，公司设立投资决策委员会，持续坚持稳健、审慎的投资策略，严格控制投资规模，并配备专职投资人员，事前评估资金投向及安全，有效保证投资业务的安全性及收益率。

【票据业务】2017年，公司将结算模式和票据业务相结合，提供票据的承兑、背书、贴现、质押、再贴现等全流程票据服务，办理票据贴现、承兑及质押2574张，金额117.51亿元。8月1日起，电票占贴现比率达100%。2017年，公司成为上海票据交易所会员单位，并成功切换财务公司电票系统；办理票交所交易1187笔，金额59.08亿元；创新性地提供电子银行承兑汇票“一票通”金融服务，包括承兑、流通、贴现、到期兑付等环节。

【资金集中】2017年，公司各项业务全面发展，资金的安全性、流动性管理进一步提升，通过对集团实体产业链加大支持力度，资金集中管理得到控股股东认同与支持。公司作为集团资金集中管理的核心平台，始终致力于加强集团资金集中管理和提高集团资金使用效益，为企业集团成员单位提供信贷与融资管理服务。2017年公司可归集资金集中度为80.94%。

【业务创新】一是搭建财保合作平台，拓展买方信贷的深度和广度。2017年，为三级中小经销商办理78笔共计3.26亿元的保险、担保公司担保贷款，得到经销商的广泛认可，为中小微经销商解决了融资缺乏抵质押物的问题，缓解了经销商的融资难题。二是建立授信限额管理。建立同业、投资、信贷共同的授信业务管理系统，实现对风险限额实时监控功能，提供授信管理数据。实现相关授信限额总额、占用、余额实时查询及授信限额有效期提醒、剩余额度预警，加强授信管理。

【风险管理和内部控制】2017年，进一步加强合规风险管理机制建设：对照监管部门布置的各项风险排查、检查要求，修改完善公司《合规风险管理办法》《合规风险审查工作规定》；根据银监会颁发的财务公司全面风险管理指引并结合公司实际，拟定实施公司《全面风险管理办法》；贯彻落实银监会关于银行业风险防范指导意见实施方案，制定符合实际、可行性和针对性强的实施方案，逐项落实工作要求。

【人力资源管理】为多方位地提升公司培训管理水平，加强操作风险管控，2017年新建了公司制度题库系统，对所有制度进行全覆盖式出题，形成各部门制度题库。11月底完成系统建设及测试，鼓励及推动公司员工对涉及业务的其他部门制度进行学习，进行题库考试。

【信息化建设】2017年，公司继续完善资金管理系统，5月完成营改增项目改造。为防范票据市场风险，提高票据交易效率，于6月加入上海票交所，完成系统上线，10月实现电票改挂迁移。自主管理软件建设方面，开发结算分析系统、FTP定价系统、授信管理等管理系统，为公司管理层提供有效的辅助业务决策。

【企业文化建设】2017年，公司党支部认真贯彻党的十八大及历次全会精神，组织员工多渠道深入学习党的十九大精神和习近平总书记系列重要讲话。公司积极组织开展各项健康有益的文体活动：开展“三八妇女节”女员工座谈会，参与“格力电器先进团队”评选活动，组织全体员工参加珠海市银行业协会趣味运动会及格力集团运动会等。

珠海华发集团财务有限公司

【集团概况】珠海华发集团有限公司（以下简称“集团”）组建于1980年，与珠海经济特区同龄，是珠海两家龙头国企之一，也是珠海最大的综合型企业集团和全国知名的领先企业。2012年，集团开始实施“转型升级、跨越发展”战略。经过五年的努力，从单一的区域型房地产企业发展成为以城市运营、房产开发、金融产业、产业投资为四大核心业务，以商贸服务、现代服务为两大配套业务的创新驱动型综合性企业集团。2017年，集团资产总额超过2200亿元，资产总额、总收入、利润总额分别是2012年的6.1倍、6.7倍和5.6倍。

【经营概况】2017年，珠海华发集团财务有限公司（以下简称“公司”）贯彻执行行业监管要求，立足本业、强化风险防控，稳健开展各项业务，认真、稳健地完成了各项工作计划。2017年12月31日，公司资产总额218.25亿元，负债总额184.34亿元，实现营业收入（不含投资收益）7.92亿元，营业支出4.40亿元，实现利润总额3.97亿元，净利润3.07亿元。

【信贷业务】2017年，公司紧跟集团发展战略，在认真执行人民银行信贷规模调控政策的基础上，稳健有序地开展各项信贷业务，积极向成员单位授信。2017年12月31日，公司自营贷款余额90.3亿元，委托贷款余额90.27亿元，担保余额2.7亿元，无不良贷款产生。

【资金业务】2017年，公司在保证资金安全和流动性需要的前提下，坚持收益最大化的原则，开展了各种期限不同品种的存放同业业务。2017年全年存放同业业务实现利息收入4.71亿元，活期资金收益率达4%。截至2017年末，对公司同业授信的金融机构已达24家，授信总额度127亿元；在同业拆借方面，全年共发生拆借业务339笔，总成交金额1162.25亿元；在同业回购方面，全年共发生回购业务3418笔，总成交金额5317亿元；跨境人民币双向资金池累计发生资金池跨境入池业务19笔，金额合计27.77亿元；累计发生资金池跨境出池业务32笔，金额合计24.89亿元。

【投资业务】2017年，基于债市高震荡的情况，公司主要以获取票息的交易策略，稳健开展投资业务。截至2017年12月末，债券持仓额14.7亿元，其中利率债11.2亿元，占比为76.19%；全年开展现券投资34笔，累计发生额50.30亿元，债券投资收入1152.03万元。同时新增券商收益凭证投资品种，全年券商收益凭证投资4笔，金额共计4亿元，加权收益率为4.80%。

【票据业务】2017年，公司按照人民银行要求，规范和促进电子银行承兑汇票业务发展，公司积极向成员单位推广电子银行承兑业务。2017 年，开出电子银行承兑汇票 7987. 96 万元，实现手续费收入 3. 77 万元。

【资金集中】2017 年，公司全口径归集率约为 48%，剔除上市公司资金不可归集因素资金归集率为 53%，全口径归集率较 2016 年提高 12%，创公司开业以来的新高。公司配合集团的战略转型需要，及时调整存款业务规模，同时兼顾资金归集率的稳定，司库管理功能日益显现。

【风险管理和内部控制】公司集中开展了市场乱象整治、“两个加强、两个遏制”回头看问责自查、银行业“监管套利、空转套利、关联套利”专项治理、“违法、违规、违章”行为专项治理等自查自纠工作。特别是 2017 年下半年，根据监管机构的相关要求，对公司同业业务开展了地毯式风险排查。排查工作对照案件情节回顾、梳理公司制度流程，确保公司同业业务符合法律法规和公司制度要求，切实做到相关风险控制措施得当，流程设计合理，在严格控制风险的前提下开展各项同业业务，杜绝了风险事件的发生。

【人力资源管理】为及时、科学地评估员工绩效，肯定成绩，寻找不足，不断提升员工和团队绩效，公司采用了 KPI 关键考评指标和 360 度考评相结合的考核方案。公司还制定了《珠海华发集团财务有限公司绩效薪酬延期支付管理办法》，完善了薪酬延期支付和扣回制度。

【信息化建设】2017 年，公司信息化建设围绕“支持业务发展，防范信息科技风险”开展。在信息安全方面，公司继续强化信息安全保障措施，业务系统等级保护三级年测评得分持续提升。在容灾备份方面，结合公司信息科技新项目新技术的落地，实现由数据层级备份到系统层级备份的跨越提升。在业务支撑方面，公司在 2017 年 6 月接入上海票交所票据交易系统，支持了信贷业务的开展；12 月完成了固定收益业务信息系统上线。2017 年，由信息科技部和风险管理部合作制定了核心业务系统反洗钱模块升级改造方案，并利用供应商外包人员完成系统开发及上线运行。在技术应用方面，2017 年成功实施了公司虚拟化项目，实现业务系统主机虚拟化，建立了私有云管理平台，降低运维成本、提高资源利用效率、实现计算资源灵活交付，同时提升业务连续性。

【企业文化建设】一是以团队能力提升为重点的培训课程，如公司长期开展的“金融岛环岛健步走”主题活动，成为具体实践和贯彻落实全民健身计划纲要的常态化活动项目；二是以提升核心业务能力为重点的培训课程，如开展的信贷业务知识培训，针对调查报告撰写的要点和难点进行逐项解析；三是以提升全员基本职业素质为重点的培训课程；四是积极参加外部培训课程，如人民银行组织的反洗钱业务培训、外部培训机构组织的互联网金融背景下征信体系建设与风险防控高级研修班、基于监管要求的信息科技风险管理与审计、财务公司行业典型经验交流会等。

【党建工作】为迎接党的十九大胜利召开，公司组织全体党员继续开展考学工作。通过网络考学形式，以党章党规知识、习近平总书记系列重要讲话精神和治国理政新理念新思想新战略、习近平总书记对广东工作的重要批示精神以及广东省第十二次党代会报告等内容为知识点，测试题型多样化、内容丰富。积极开展“两学一做”学习教育活动，探索建立“周周讲党课、党员来主讲”党课机制。

紫金矿业集团财务有限公司

【集团概况】 紫金矿业集团股份有限公司（以下简称“集团”）是一家以金、铜、锌等金属矿产资源勘察和开发为主的大型矿业集团（福建省上杭县国资委为第一大股东，持股26.33%）、A+H上市公司，投资项目分布在国内24个省（自治区）和俄罗斯、澳大利亚、南非等9个国家。2017年公司金、铜、锌三大矿产品产量均居中国矿业行业前三甲，实现营业收入945.49亿元，利润总额45.68亿元。

【经营概况】 2017年，紫金矿业集团财务有限公司（以下简称“公司”）积极面对国内经济运行和有色金属市场的新情况新变化，立足集团实际，坚持服务化、市场化、差异化经营策略，充分发挥金融服务实体经济职能、积极服务集团国际化发展、助力成员单位降本增效。截至2017年末，公司资产总额75.50亿元，同比增加4.32亿元，实现营业总收入2.69亿元，利润总额1.82亿元；公司资本充足率为15.91%，流动性比例为51.37%，无不良资产和不良贷款，各项监管指标均符合监管规定。

【公司信贷业务】 2017年，公司坚持执行绿色信贷政策，将安全环保作为公司信贷业务受理首要前提，结合集团对成员单位建设项目“轻重缓急停”的划分以及人民银行核定的信贷规模细化信贷计划，全年以优惠的利率累计向36家成员单位发放贷款62亿元，同比增加10.76亿元，年末贷款余额46亿元，同比增加4.42亿元，通过让利优惠，全年为成员单位节省费用支出约8011万元。

2017年末本外币委托贷款余额43.3亿元，在有效满足成员单位资金需求的同时，进一步规范了集团成员单位间的资金往来。

【资金和投资业务】 2017年，公司作为集团资金结算中心的功能地位得以进一步巩固，公司结算网络覆盖全国各区域并拓展了多家境外成员单位，全年办理结算14.05万笔，共2860亿元，结算笔数大幅增长71.10%。面对金融市场利率波动，公司积极灵活地调整同业存款结构，全年共开展结构性存款82笔，合计75亿元，开展同业拆借27笔，合计16.10亿元。公司坚持安全性、流动性、效益性原则，审慎稳健开展投资业务，全年累计投资8.32亿元，年末投资余额4.11亿元。

【票据业务】 票据业务是公司贷款业务外的主要融资业务，公司大力推广电子票据业务，开立的电子票据业务已逐步得到商业银行和外部企业的认可，票据业务流转通道和出口逐步拓宽。2017年共办理票据业务2003笔，累计40.98亿元，年末票据池持有票据余额6.75亿元，票据业务量和融资服务能力不断提升。

【外汇业务】公司为成员单位提供优于商业银行挂牌的外汇交易价格，全年累计办理美元结售汇35笔，金额1.45亿美元，外汇交易量快速增长，为成员单位节省了大量财务费用，得到广泛认可。成立国际业务部，主动介入集团境外项目，长远布局国际金融服务，累计发放境外贷款6400万美元，累计增长226%。

【资金集中】在集团支持和公司业务政策优惠的双重作用下（通过集团对各子公司财务总监资金归集的考核及公司执行最高上浮的存款利率），公司采取加强动态分析、日终归集、共享支付等措施，坚持执行时点存款和期间存款并重，分部门分层级、每月兑现的考核办法提升资金归集量。截至2017年底，公司可归集资金归集率为95.68%，同比上升0.97%，年末吸收存款余额63.87亿元，同比增加4.85亿元。

【业务创新】2017年，公司坚持在风险可控的前提下鼓励创新，进一步拓展了产业链金融服务、境外放款等多元信贷业务体系；集团统一保险工作成功拓展至境外，整体保险费率同比大幅下降；全年深化同业合作，建立与多家金融机构的金融对接合作渠道，成立国际业务部，主动介入集团境外项目，配合集团香港财资中心建设。

【风险管理和内部控制】2017年，公司立足于企业持续、健康、稳定发展的高度，坚持审慎经营，有效防范和管控经营风险。全年系统性梳理各项业务风险点，完成《公司合规及风险防控手册》的编制和下发学习；修改完善公司制度，强化“每日月必做”岗位责任，风险管控水平进一步提升。完成对19家省外贷款企业实地贷后检查，贷后检查覆盖率达100%；共召开4次风险管理委员会现场会议进行资产五级分类，经分类，公司所有资产风险可控。

【人力资源管理】2017年，公司切实加强人力资源管理和员工队伍建设，努力提升业务发展软实力。一是重视员工综合技能培养，采取形式多样的培训形式，包括公司内部高管授课、员工讲座或培训、内部研讨会、组织员工外出学习等，全年派员参加各类业务培训365人次。二是不断加强人才队伍建设，为员工搭建事业成长发展的平台，公司完善和修订了《职务管理制度》《培训与教育管理办法》，规范和优化了公司员工的职务管理，拓宽员工晋升空间。

【信息化建设】2017年，公司重视信息科技建设，成立信息科技部，结合公司信息建设中长期规划，邀请集团信息中心、外部供应商召开多次现场会对整体软硬件进行更新优化，资金管理信息N9系统成功上线，整体运行更加平稳高效。

【企业文化建设】公司积极发扬“艰苦创业、开拓创新”的紫金精神，多形式多途径地将企业文化建设与员工业务素质技能培养有效融合。通过外派培训、到矿山学习、“五一”和国庆趣味运动会等形式提升员工团结协作和开拓创新能力；以创造企业价值为出发点，引导员工加强对自身价值潜力的挖掘；以“金品”立世、共赢通惠的经营哲学为指导，积极培养员工廉洁自律、诚信尽职的道德品质。

文件与规章

国务院办公厅

国务院办公厅关于积极推进供应链创新与应用的指导意见

（国办发〔2017〕84号）

各省、自治区、直辖市人民政府，国务院各部委、各直属机构：

供应链是以客户需求为导向，以提高质量和效率为目标，以整合资源为手段，实现产品设计、采购、生产、销售、服务等全过程高效协同的组织形态。随着信息技术的发展，供应链已发展到与互联网、物联网深度融合的智慧供应链新阶段。为加快供应链创新与应用，促进产业组织方式、商业模式和政府治理方式创新，推进供给侧结构性改革，经国务院同意，现提出以下意见。

一、重要意义

（一）落实新发展理念的重要举措。

供应链具有创新、协同、共赢、开放、绿色等特征，推进供应链创新发展，有利于加速产业融合、深化社会分工、提高集成创新能力，有利于建立供应链上下游企业合作共赢的协同发展机制，有利于建立覆盖设计、生产、流通、消费、回收等各环节的绿色产业体系。

（二）供给侧结构性改革的重要抓手。

供应链通过资源整合和流程优化，促进产业跨界和协同发展，有利于加强从生产到消费等各环节的有效对接，降低企业经营和交易成本，促进供需精准匹配和产业转型升级，全面提高产品和服务质量。供应链金融的规范发展，有利于拓宽中小微企业的融资渠道，确保资金流向实体经济。

（三）引领全球化提升竞争力的重要载体。

推进供应链全球布局，加强与伙伴国家和地区之间的合作共赢，有利于我国企业更深更广融入全球供给体系，推进“一带一路”建设落地，打造全球利益共同体和命运共同体。建立基于供应链的全球贸易新规则，有利于提高我国在全球经济治理中的话语权，保障我国资源能源安全和产业安全。

二、总体要求

（一）指导思想。

全面贯彻党的十八大和十八届三中、四中、五中、六中全会精神，深入贯彻习近平总书记系列重要讲话精神和治国理政新理念新思想新战略，认真落实党中央、国务院决策部署，统筹推进“五位一体”总体布局和协调推进“四个全面”战略布局，坚持以人民为中心的发展思想，坚持稳中求进工作总基调，牢固树立和贯彻落实创新、协调、绿色、开放、共享的发展理念，以提高发展质量和效益为中心，以供应链与互联网、物联网深度融合为路径，以信息化、标准化、信用体系建设和人才培养为支撑，创新发展供应链新理念、新技术、新模式，高效整合各类资源和要素，提升产业集成和协同水平，打造大数据支撑、网络化共享、智能化协作的智慧供应链体系，推进供给侧结构性改革，提升我国经济全球竞争力。

（二）发展目标。

到2020年，形成一批适合我国国情的供应链发展新技术和新模式，基本形成覆盖我国重点产业的智慧供应链体系。供应链在促进降本增效、供需匹配和产业升级中的作用显著增强，成为供给侧结构性改革的重要支撑。培育100家左右的全球供应链领先企业，重点产业的供应链竞争力进入世界前列，中国成为全球供应链创新与应用的重要中心。

三、重点任务

（一）推进农村一二三产业融合发展。

1. 创新农业产业组织体系。鼓励家庭农场、农民合作社、农业产业化龙头企业、农业社会化服务组织等合作建立集农产品生产、加工、流通和服务等于一体的农业供应链体系，发展种养加、产供销、内外贸一体化的现代农业。鼓励承包农户采用土地流转、股份合作、农业生产托管等方式融入农业供应链体系，完善利益联结机制，促进多种形式的农业适度规模经营，把农业生产引入现代农业发展轨道。（农业部、商务部等负责）

2. 提高农业生产科学化水平。推动建设农业供应链信息平台，集成农业生产经营各环节的大数据，共享政策、市场、科技、金融、保险等信息服务，提高农业生产科技化和精准化水平。加强产销衔接，优化种养结构，促进农业生产向消费导向型转变，增加绿色优质农产品供给。鼓励发展农业生产性服务业，开拓农业供应链金融服务，支持订单农户参加农业保险。（农业部、科技部、商务部、银监会、保监会等负责）

3. 提高质量安全追溯能力。加强农产品和食品冷链设施及标准化建设，降低流通成本和损耗。建立基于供应链的重要产品质量安全追溯机制，针对肉类、蔬菜、水产品、中药材等食用农产品，婴幼儿配方食品、肉制品、乳制品、食用植物油、白酒等食品，农药、兽药、饲料、肥料、种子等农业生产资料，将供应链上下游企业全部纳入追溯体系，构建来源可查、去向可追、责任可究的全链条可追溯体系，提高消费安全水平。（商务部、国家发展改革委、科技部、农业部、质检总局、食品药品监管总局等负责）

（二）促进制造协同化、服务化、智能化。

1. 推进供应链协同制造。推动制造企业应用精益供应链等管理技术，完善从研发设计、生产制造到售后服务的全链条供应链体系。推动供应链上下游企业实现协同采购、协同制造、协同物流，促进大中小企业专业化分工协作，快速响应客户需求，缩短生产周期和新品上市时间，降低生产经营和交易成本。（工业和信息化部、国家发展改革委、科技部、商务部等负责）

2. 发展服务型制造。建设一批服务型制造公共服务平台，发展基于供应链的生产性服务业。鼓励相关企业向供应链上游拓展协同研发、众包设计、解决方案等专业服务，向供应链下游延伸远程诊断、维护检修、仓储物流、技术培训、融资租赁、消费信贷等增值服务，推动制造供应链向产业服务供应链转型，提升制造产业价值链。（工业和信息化部、国家发展改革委、科技部、商务部、人民银行、银监会等负责）

3. 促进制造供应链可视化和智能化。推动感知技术在制造供应链关键节点的应用，促进全链条信息共享，实现供应链可视化。推进机械、航空、船舶、汽车、轻工、纺织、食品、电子等行业供应链体系的智能化，加快人机智能交互、工业机器人、智能工厂、智慧物流等技术和装备的应用，提高敏捷制造能力。（工业和信息化部、国家发展改革委、科技部、商务部等负责）

（三）提高流通现代化水平。

1. 推动流通创新转型。应用供应链理念和技术，大力发展智慧商店、智慧商圈、智慧物流，提升流通供应链智能化水平。鼓励批发、零售、物流企业整合供应链资源，构建采购、分销、仓储、配送供应链协同平台。鼓励住宿、餐饮、养老、文化、体育、旅游等行业建设供应链综合服务和交易平台，完善供应链体系，提升服务供给质量和效率。（商务部、国家发展改革委、科技部、质检总局等负责）

2. 推进流通与生产深度融合。鼓励流通企业与生产企业合作，建设供应链协同平台，准确及时传导需求信息，实现需求、库存和物流信息的实时共享，引导生产端优化配置生产资源，加速技术和产品创新，按需组织生产，合理安排库存。实施内外销产品“同线同标同质”等一批示范工程，提高供给质量。（商务部、工业和信息化部、农业部、质检总局等负责）

3. 提升供应链服务水平。引导传统流通企业向供应链服务企业转型，大力培育新型供应链服务企业。推动建立供应链综合服务平台，拓展质量管理、追溯服务、金融服务、研发设计等功能，提供采购执行、物流服务、分销执行、融资结算、商检报关等一体化服务。（商务部、人民银行、银监会等负责）

（四）积极稳妥发展供应链金融。

1. 推动供应链金融服务实体经济。推动全国和地方信用信息共享平台、商业银行、供应链核心企业等开放共享信息。鼓励商业银行、供应链核心企业等建立供应链金融服务平台，为供应链上下游中小微企业提供高效便捷的融资渠道。鼓励供应链核心企业、金融机构与人民银行征信中心建设的应收账款融资服务平台对接，发展线上应收账款融资等供应链金融模式。（人民银行、国家发展改革委、商务部、银监会、保监会等负责）

2. 有效防范供应链金融风险。推动金融机构、供应链核心企业建立债项评级和主体评级相结合的风险控制体系，加强供应链大数据分析和应用，确保借贷资金基于真实交易。加强对供应链金融的风险监控，提高金融机构事中事后风险管理水平，确保资金流向实体经济。健全供应链金融担保、抵押、质押机制，鼓励依托人民银行征信中心建设的动产融资统一登记系统开展应收账款及其他动产融资质押和转让登记，防止重复质押和空单质押，推动供应链金融健康稳定发展。（人民银行、商务部、银监会、保监会等负责）

（五）积极倡导绿色供应链。

1. 大力倡导绿色制造。推行产品全生命周期绿色管理，在汽车、电器电子、通信、大型成套装备及机械等行业开展绿色供应链管理示范。强化供应链的绿色监管，探索建立统一的绿色产品标准、认证、标识体系，鼓励采购绿色产品和服务，积极扶植绿色产业，推动形成绿色制造供应链体系。（国家发展改革委、工业和信息化部、环境保护部、商务部、质检总局等按职责分工负责）

2. 积极推行绿色流通。积极倡导绿色消费理念，培育绿色消费市场。鼓励流通环节推广节能技术，加快节能设施设备的升级改造，培育一批集节能改造和节能产品销售于一体的绿色流通企业。加强绿色物流新技术和设备的研究与应用，贯彻执行运输、装卸、仓储等环节的绿色标准，开发应用绿色包装材料，建立绿色物流体系。（商务部、国家发展改革委、环境保护部等负责）

3. 建立逆向物流体系。鼓励建立基于供应链的废旧资源回收利用平台，建设线上废弃物和再生资源交易市场。落实生产者责任延伸制度，重点针对电器电子、汽车产品、轮胎、蓄电池和包装物等产品，优化供应链逆向物流网点布局，促进产品回收和再制造发展。（国家发展改革委、工业和信息化部、商务部等按职责分工负责）

（六）努力构建全球供应链。

1. 积极融入全球供应链网络。加强交通枢纽、物流通道、信息平台等基础设施建设，推进与“一带一路”沿线国家互联互通。推动国际产能和装备制造合作，推进边境经济合作区、跨境经济合作区、境外经贸合作区建设，鼓励企业深化对外投资合作，设立境外分销和服务网络、物流配送中心、海外仓等，建立本地化的供应链体系。（商务部、国家发展改革委、交通运输部等负责）

2. 提高全球供应链安全水平。鼓励企业建立重要资源和产品全球供应链风险预警系统，利用两个市场两种资源，提高全球供应链风险管理水平。制定和实施国家供应链安全计划，建立全球供应链风险预警评价指标体系，完善全球供应链风险预警机制，提升全球供应链风险防控能力。（国家发展改革委、商务部等按职责分工负责）

3. 参与全球供应链规则制定。依托全球供应链体系，促进不同国家和地区包容共享发展，形成全球利益共同体和命运共同体。在人员流动、资格互认、标准互通、认可认证、知识产权等方面加强与主要贸易国家和“一带一路”沿线国家的磋商与合作，推动建立有利于完善供应链利益联结机制的全球经贸新规则。（商务部、国家发展改革委、人力资源社会保障部、质检总局等负责）

四、保障措施

（一）营造良好的供应链创新与应用政策环境。

鼓励构建以企业为主导、产学研用合作的供应链创新网络，建设跨界交叉领域的创新服务平台，提供技术研发、品牌培育、市场开拓、标准化服务、检验检测认证等服务。鼓励社会资本设立供应链创新产业投资基金，统筹结合现有资金、基金渠道，为企业开展供应链创新与应用提供融资支持。（科技部、工业和信息化部、财政部、商务部、人民银行、质检总局等按职责分工负责）

研究依托国务院相关部门成立供应链专家委员会，建设供应链研究院。鼓励有条件的地方建设供应链科创研发中心。支持建设供应链创新与应用的政府监管、公共服务和信息共享平台，建立行业指数、经济运行、社会预警等指标体系。（科技部、商务部等按职责分工负责）

研究供应链服务企业在国民经济中的行业分类，理顺行业管理。符合条件的供应链相关企业经认定为国家高新技术企业后，可按规定享受相关优惠政策。符合外贸企业转型升级、服务外包相关政策条件的供应链服务企业，按现行规定享受相应支持政策。（国家发展改革委、科技部、工业和信息化部、财政部、商务部、国家统计局等按职责分工负责）

（二）积极开展供应链创新与应用试点示范。

开展供应链创新与应用示范城市试点，鼓励试点城市制定供应链发展的支持政策，完善本地重点产业供应链体系。培育一批供应链创新与应用示范企业，建设一批跨行业、跨领域的供应链协同、交易和服务示范平台。（商务部、工业和信息化部、农业部、人民银行、银监会等负责）

（三）加强供应链信用和监管服务体系建设。

完善全国信用信息共享平台、国家企业信用信息公示系统和“信用中国”网站，健全政府部门信用信息共享机制，促进商务、海关、质检、工商、银行等部门和机构之间公共数据资源的互联互通。研究利用区块链、人工智能等新兴技术，建立基于供应链的信用评价机制。推进各类供应链平台有机对接，加强对信用评级、信用记录、风险预警、违法失信行为等信息的披露和共享。创新供应链监管机制，整合供应链各环节涉及的市场准入、海关、质检等政策，加强供应链风险管控，促进供应链健康稳定发展。（国家发展改革委、交通运输部、商务部、人民银行、海关总署、税务总局、工商总局、质检总局、食品药品监管总局等按职责分工负责）

（四）推进供应链标准体系建设。

加快制定供应链产品信息、数据采集、指标口径、交换接口、数据交易等关键共性标准，加强行业间数据信息标准的兼容，促进供应链数据高效传输和交互。推动企业提高供应链管理流程标准化水平，推进供应链服务标准化，提高供应链系统集成和资源整合能力。积极参与全球供应链标准制定，推进供应链标准国际化进程。（质检总局、国家发展改革委、工业和信息化部、商务部等负责）

（五）加快培养多层次供应链人才。

支持高等院校和职业学校设置供应链相关专业和课程，培养供应链专业人才。鼓励相关企业和专业机构加强供应链人才培训。创新供应链人才激励机制，加强国际化的人才流动与管理，吸引和聚集世界优秀供应链人才。（教育部、人力资源社会保障部、商务部等按职责分工负责）

（六）加强供应链行业组织建设。

推动供应链行业组织建设供应链公共服务平台，加强行业研究、数据统计、标准制修订和国际交流，提供供应链咨询、人才培训等服务。加强行业自律，促进行业健康有序发展。加强与国外供应链行业组织的交流合作，推动供应链专业资质相互认证，促进我国供应链发展与国际接轨。（国家发展改革委、工业和信息化部、人力资源社会保障部、商务部、质检总局等按职责分工负责）

国务院办公厅

2017 年 10 月 5 日

中国人民银行

应收账款质押登记办法

（中国人民银行令〔2017〕第3号）

根据《中华人民共和国物权法》等相关法律规定，中国人民银行对《应收账款质押登记办法》（中国人民银行令〔2007〕第4号发布）进行了修订，经2017年8月24日第8次行长办公会议通过，现予发布，自2017年12月1日起施行。

行长　周小川

2017年10月25日

应收账款质押登记办法

（2007年9月26日第21次行长办公会通过，
2017年8月24日第8次行长办公会通过修订）

第一章　总　则

第一条　为规范应收账款质押登记，保护质押当事人和利害关系人的合法权益，根据《中华人民共和国物权法》等相关法律规定，制定本办法。

第二条　本办法所称应收账款是指权利人因提供一定的货物、服务或设施而获得的要求义务人付款的权利以及依法享有的其他付款请求权，包括现有的和未来的金钱债权，但不包括因票据或其他有价证券而产生的付款请求权，以及法律、行政法规禁止转让的付款请求权。

本办法所称的应收账款包括下列权利：

（一）销售、出租产生的债权，包括销售货物，供应水、电、气、暖，知识产权的许可使用，出租动产或不动产等；

（二）提供医疗、教育、旅游等服务或劳务产生的债权；

（三）能源、交通运输、水利、环境保护、市政工程等基础设施和公用事业项目收益权；

（四）提供贷款或其他信用活动产生的债权；

（五）其他以合同为基础的具有金钱给付内容的债权。

第三条　本办法所称应收账款质押是指《中华人民共和国物权法》第二百二十三条规定的应收账款出质，具体是指为担保债务的履行，债务人或者第三人将其合法拥有的应收账款出质给债权人，债务人不履行到期债务或者发生当事人约定的实现质权的情形，质权人有权就该应收账款及其收益优先受偿。

第四条 中国人民银行征信中心（以下简称征信中心）是应收账款质押的登记机构。

征信中心建立基于互联网的登记公示系统（以下简称登记公示系统），办理应收账款质押登记，并为社会公众提供查询服务。

第五条 中国人民银行对征信中心办理应收账款质押登记有关活动进行管理。

第六条 在同一应收账款上设立多个权利的，质权人按照登记的先后顺序行使质权。

第二章 登记与查询

第七条 应收账款质押登记通过登记公示系统办理。

第八条 应收账款质押登记由质权人办理。质权人办理质押登记前，应与出质人签订登记协议。登记协议应载明如下内容：

（一）质权人与出质人已签订质押合同；

（二）由质权人办理质押登记。

质权人也可以委托他人办理登记。委托他人办理登记的，适用本办法关于质权人办理登记的规定。

第九条 质权人办理应收账款质押登记时，应注册为登记公示系统的用户。

第十条 登记内容包括质权人和出质人的基本信息、应收账款的描述、登记期限。质权人应将本办法第八条规定的协议作为登记附件提交登记公示系统。

出质人或质权人为单位的，应填写单位的法定注册名称、住所、法定代表人或负责人姓名、组织机构代码或金融机构编码、工商注册号、法人和其他组织统一社会信用代码、全球法人机构识别编码等机构代码或编码。

出质人或质权人为个人的，应填写有效身份证件号码、有效身份证件载明的地址等信息。

质权人可以与出质人约定将主债权金额等项目作为登记内容。

第十一条 质权人应将填写完毕的登记内容提交登记公示系统。登记公示系统记录提交时间并分配登记编号，生成应收账款质押登记初始登记证明和修改码提供给质权人。

第十二条 质权人应根据主债权履行期限合理确定登记期限。登记期限最短 6 个月，超过 6 个月的，按年计算，最长不超过 30 年。

第十三条 在登记期限届满前 90 日内，质权人可以申请展期。

质权人可以多次展期，展期期限按年计算，每次不得超过 30 年。

第十四条 登记内容存在遗漏、错误等情形或登记内容发生变化的，质权人应当办理变更登记。

质权人在原质押登记中增加新的应收账款出质的，新增加的部分视为新的质押登记。

第十五条 质权人办理登记时所填写的出质人法定注册名称或有效身份证件号码变更的，质权人应在变更之日起 4 个月内办理变更登记。

第十六条 质权人办理展期、变更登记的，应当提交与出质人就展期、变更事项达成的登记协议。

第十七条 有下列情形之一的，质权人应自该情形产生之日起 10 日内办理注销登记：

（一）主债权消灭；

（二）质权实现；

（三）质权人放弃登记载明的应收账款之上的全部质权；

（四）其他导致所登记权利消灭的情形。

质权人迟延办理注销登记，给他人造成损害的，应当承担相应的法律责任。

第十八条 质权人凭修改码办理展期、变更登记、注销登记。

第十九条 出质人或其他利害关系人认为登记内容错误的，可以要求质权人变更登记或注销登记。质权人不同意变更或注销的，出质人或其他利害关系人可以办理异议登记。

办理异议登记的出质人或其他利害关系人可以自行注销异议登记。

第二十条 出质人或其他利害关系人应在异议登记办理完毕之日起 7 日内通知质权人。

第二十一条 出质人或其他利害关系人自异议登记之日起 30 日内，未将争议起诉或提请仲裁并在登记公示系统提交案件受理通知的，征信中心撤销异议登记。

第二十二条 征信中心应按照出质人或其他利害关系人、质权人的要求，根据生效的法院判决、裁定或仲裁机构裁决撤销应收账款质押登记或异议登记。

第二十三条 质权人办理变更登记和注销登记、出质人或其他利害关系人办理异议登记后，登记公示系统记录登记时间、分配登记编号，并生成变更登记、注销登记或异议登记证明。

第二十四条 质权人、出质人和其他利害关系人应当按照登记公示系统提示项目如实登记，提供虚假材料办理登记，给他人造成损害的，应当承担相应的法律责任。

第二十五条 任何单位和个人均可以在注册为登记公示系统的用户后，查询应收账款质押登记信息。

第二十六条 出质人为单位的，查询人以出质人的法定注册名称进行查询。

出质人为个人的，查询人以出质人的身份证件号码进行查询。

第二十七条 征信中心根据查询人的申请，提供查询证明。

第二十八条 质权人、出质人或其他利害关系人、查询人可以通过证明编号在登记公示系统对登记证明和查询证明进行验证。

第三章 征信中心的职责

第二十九条 征信中心应当采取技术措施和其他必要措施，维护登记公示系统安全、正常运行，防止登记信息泄露、丢失。

第三十条 征信中心应当制定登记操作规则和内部管理制度，并报中国人民银行备案。

第三十一条 登记注销或登记期限届满后，征信中心应当对登记记录进行电子化离线保存，保存期限为 15 年。

第四章 附 则

第三十二条 征信中心按照国务院价格主管部门批准的收费标准收取应收账款登记服务费用。

第三十三条 权利人在登记公示系统办理以融资为目的的应收账款转让登记，参照本办法的规定。

第三十四条 本办法自 2007 年 10 月 1 日起施行。

中国人民银行、工业和信息化部、银监会、证监会、保监会关于金融支持制造强国建设的指导意见

（银发〔2017〕58号）

为贯彻落实党的十八大和十八届三中、四中、五中、六中全会精神，按照《中国制造2025》、《国务院关于深化制造业与互联网融合发展的指导意见》等要求，进一步建立健全多元化金融服务体系，大力推动金融产品和服务创新，加强和改进对制造强国建设的金融支持和服务，现提出如下意见：

一、高度重视和持续改进对制造强国建设的金融支持和服务

（一）坚持问题导向，着力加强对制造业科技创新、转型升级和科技型中小制造企业的金融支持。制造业是实体经济的主体，是科技创新的主战场，是供给侧结构性改革的主攻领域。当前，我国制造业仍存在大而不强，创新能力弱，关键核心技术与高端装备对外依存度高等问题。金融部门应聚焦制造业发展的难点痛点，坚持区别对待、有扶有控原则，不断优化金融支持方向和结构，着力加强对制造业科技创新和技术改造升级的中长期金融支持，积极拓宽技术密集型和中小型制造业企业的多元化融资渠道，促进制造业结构调整、转型升级、提质增效和由大变强。

（二）突出支持重点，改进和完善制造业重点领域和关键任务的金融服务。金融部门要紧紧围绕《中国制造2025》重点任务和“1+X”规划体系，改进和完善金融服务水平。探索为制造业创新中心等公共服务平台提供创新型、多元化融资服务，支持关键共性技术研发和科技成果转化应用。着力加强对核心基础零部件等“四基”企业的融资支持，促进提升工业基础水平。切实加强对企业技术改造中长期贷款支持，合理安排授信期限和还款方式，支持制造业两化融合发展和智能化升级。大力发展绿色金融业务，促进制造业绿色发展。积极运用信贷、租赁、保险等多种金融手段，支持高端装备领域突破发展和扩大应用。加强对工业互联网重点项目的金融支持力度，支持制造业个性化定制和服务型制造。

二、积极发展和完善支持制造强国建设的多元化金融组织体系

（三）发挥各类银行机构的差异化优势，形成金融服务协同效应。开发性、政策性金融机构要在重点领域和薄弱环节切实发挥引领作用，在业务范围内以财务可持续为前提，加大对重大项目、重大技术推广和重大装备应用的融资支持。全国性商业银行要积极发挥网络渠道、业务功能协同等优势，为制造业企业提供综合性金融服务，不断改进和提升对中小型制

造业企业金融服务的质量效率。地方法人金融机构要注重发挥管理半径短、经营机制灵活等优势，立足当地，服务中小，积极开发针对中小型制造业企业的特色化、专业化金融产品和服务。

（四）完善银行机构组织架构，提升金融服务专业化水平。鼓励有条件的金融机构探索建立先进制造业融资事业部制，加强对信息技术、高端装备、新材料、生物医药等战略重点行业的专业化支持。鼓励符合条件的银行业金融机构在新型工业化产业示范基地等先进制造业聚集地区设立科技金融专营机构，在客户准入、信贷审批、风险偏好、业绩考核等方面实施差异化管理。积极推动小微企业专营机构建设，围绕制造业中量大面广的小微企业、民营企业，提供批量化、规模化、标准化的金融服务。要完善小微企业授信工作尽职免责管理制度，激励基层机构和信贷人员支持中小微制造业企业发展。

（五）规范发展制造业企业集团财务公司。支持符合条件的制造业企业集团设立企业集团财务公司，充分发挥财务公司作为集团“资金归集平台、资金结算平台、资金监控平台、融资营运平台、金融服务平台”的功能，有效提高企业集团内部资金运作效率和精细化管理水平。鼓励具备条件的制造业企业集团财务公司在有效防控风险的前提下，通过开展成员单位产品的买方信贷、消费信贷和融资租赁服务，促进集团产品销售。稳步推进企业集团财务公司开展延伸产业链金融服务试点工作，通过“一头在外”的票据贴现业务和应收账款保理业务，促进降低产业链整体融资成本，更好地支持集团主业发展。

（六）加快制造业领域融资租赁业务发展。积极支持符合条件的金融机构和制造业企业在制造业集聚地区，通过控股、参股等方式发起设立金融租赁公司，支持大型飞机、民用航天、先进轨道交通、海洋工程装备和高技术船舶、智能电网成套设备等高端装备重点领域扩大市场应用和提高国际竞争力。大力发展直接租赁、售后回租等业务，充分发挥融资租赁业务支持企业融资与融物的双重功能，通过“以租代购”、分期偿还等方式，支持制造业企业实施设备更新改造和智能升级。积极发挥融资租赁“以租代售”功能，支持制造业企业扩大销售和出口。

三、创新发展符合制造业特点的信贷管理体制和金融产品体系

（七）优化信贷管理体制。鼓励金融机构围绕制造业新型产业链和创新链，积极改进授信评价机制，创新金融产品和服务。合理考量制造业企业技术、人才、市场前景等“软信息”，将相关因素纳入银行客户信用评级体系，挖掘企业潜在价值。鼓励有条件的金融机构在风险可控、商业可持续的前提下，结合企业“三表”、“三单”、“两品”等非财务信息，运用信用贷款、知识产权质押贷款、股权质押贷款、应收账款质押贷款和以品牌为基础的商标专利权质押贷款等方式，积极满足创新型制造业企业和生产性服务业的资金需求。

（八）大力发展产业链金融产品和服务。鼓励金融机构依托制造业产业链核心企业，积极开展仓单质押贷款、应收账款质押贷款、票据贴现、保理、国际国内信用证等各种形式的产业链金融业务，有效满足产业链上下游企业的融资需求。充分发挥人民银行应收账款融资服务平台的公共服务功能，降低银企对接成本。鼓励制造业核心企业、金融机构与人民银行应收账款融资服务平台进行对接，开发全流程、高效率的线上应收账款融资模式。研究推动制造业核心企业在银行间市场注册发行供应链融资票据。

（九）推动投贷联动金融服务模式创新。稳妥有序推进投贷联动业务试点，鼓励和指导

试点银行业金融机构以投贷联动方式，为科创型制造业企业提供持续资金支持，促进企业融资结构合理化，有效降低融资成本。建立银行及其投资功能子公司、政府贷款风险补偿基金、融资担保公司、保险公司间的风险分担和补偿机制，有效降低银行信贷风险。鼓励银行业金融机构与外部投资公司、各类基金开展合作，积极整合各自的资金、信息和管理优势，探索多样化的投贷联动业务，促进银企信息交流共享，实现合作共赢。

（十）完善制造业兼并重组的融资服务。推动金融机构对兼并重组企业实行综合授信。鼓励金融机构完善并购贷款业务，在综合考虑并购方的资信状况、经营管理能力、财务稳健性、自筹资本金充足情况，以及并购标的的市场前景、未来盈利、并购协同效应等因素的基础上，合理确定贷款期限和利率，支持企业通过兼并重组实现行业整合。允许符合条件的制造业企业通过发行优先股、可转换债券、并购债券等方式筹集兼并重组资金。鼓励证券公司、资产管理公司、股权投资基金以及产业投资基金等参与企业兼并重组，扩大企业兼并重组资金来源。

（十一）切实择优助强，有效防控风险。银行业金融机构要坚持独立审贷、自主决策、自担风险原则，择优支持有核心竞争力的产业聚集区和企业，注重从源头把控风险。要发挥银行业同业沟通、协调、自律作用，通过联合授信、银团贷款等方式，形成融资协同效应，切实防止多头授信、过度授信，避免一哄而上、重复建设形成新的过剩产能。支持制造业企业按照市场化、法制化原则实施债转股，合理加大股权融资力度，加强企业自身债务杠杆约束，降低企业杠杆率。要稳妥有序退出过剩产能领域，对冶金、建材、石化化工、船舶等行业中有市场、有效益、有技术、经营规范的企业和技改项目，要支持其合理信贷需求。

四、大力发展多层次资本市场，加强对制造强国建设的资金支持

（十二）充分发挥股权融资作用。积极支持符合条件的优质、成熟制造业企业在主板市场上市融资，促进重点领域制造业企业做优做强。加快推进高技术制造业企业、先进制造业企业在中小企业板、创业板、全国中小企业股份转让系统和区域性股权交易市场上市或挂牌融资，充实中长期资本实力。在上市融资企业储备库里，对创新能力强、成长性好的制造业企业重点扶持。支持制造业企业在境外上市融资，提升中国制造业企业的国际竞争力。鼓励制造业企业通过资本市场并购重组，实现行业整合和布局调整优化，支持中西部地区承接产业转移。

（十三）促进创业投资持续健康发展。进一步完善扶持创业投资发展的政策体系，促进创业投资发展，有效弥补创新型、成长型制造业企业的融资缺口。鼓励种子基金等各类创业投资基金、天使投资人等创业投资主体加大对种子期、初创期创新型制造业企业的支持力度，通过提供企业管理、商业咨询、财务顾问等多元化服务，支持技术创新完成从科技研发到商业推广的成长历程。鼓励创业投资基金、产业投资基金投向“四基”领域重点项目。发挥先进制造业产业投资基金、国家新兴产业投资引导基金等作用，鼓励建立按市场化方式运作的各类高端装备创新发展基金。

（十四）支持制造业企业发行债券融资。充分发挥公司信用类债券部际协调机制作用，支持符合条件的制造业企业发行公司债、企业债、短期融资券、中期票据、永续票据、定向工具等直接融资工具，拓宽融资渠道，降低融资成本，调整债务结构。设计开发符合先进制造业和战略新兴产业特点的创新债券品种。支持高新技术产业开发区的园区运营机构发行双创专项债务融资工具，用于建设和改造园区基

础设施，以及为入园入区制造业企业提供信用增信等服务。支持符合条件的优质制造业企业在注册发行分层分类管理体系下统一注册、自主发行多品种债务融资工具，提升储架发行便利。

（十五）支持制造业领域资产证券化。鼓励金融机构将符合国家产业政策、兼顾收益性和导向性的制造业领域信贷资产作为证券化基础资产，发行信贷资产证券化产品。鼓励制造业企业通过银行间市场发行资产支持票据，以及通过交易所市场开展企业资产证券化，改善企业流动性状况。大力推进高端技术装备、智能制造装备、节能及新能源装备等制造业融资租赁债权资产证券化，拓宽制造业融资租赁机构资金来源，更好服务企业技术升级改造。在依法合规、风险可控的前提下，鼓励符合条件的银行业金融机构稳妥开展不良资产证券化试点，主动化解制造业过剩产能领域信贷风险。

五、发挥保险市场作用，助推制造业转型升级

（十六）积极开发促进制造业发展的保险产品。进一步鼓励保险公司发展企业财产保险、科技保险、专利保险、安全生产责任保险等保险业务，为制造业提供多方面的风险保障。鼓励发展制造业贷款保证保险，支持轻资产科创型高技术企业发展壮大。大力发展产品质量责任保险，提高中国制造品牌信任度。深入推进首台（套）重大技术装备保险补偿机制试点工作，推动重大技术装备和关键零部件市场化应用。研究启动重点新材料首批次保险补偿机制试点工作。鼓励地方政府结合本地实际，建立符合本地制造业发展导向的保费补贴和风险补偿机制。

（十七）扩大保险资金对制造业领域投资。积极发挥保险长期资金优势，在符合保险资金运用安全性和收益性的前提下，通过债权、股权、基金、资产支持计划等多种形式，为制造业转型升级提供低成本稳定资金来源。支持保险机构投资制造业企业发行的优先股、并购债券等新型金融工具。鼓励保险机构与银行业金融机构共享信息、优势互补，合作开展制造业领域股债结合、投贷联动等业务。鼓励有条件的保险机构投资设立制造业保险资产管理机构。允许保险资金投资制造业创业投资基金等私募基金。扩大中国保险投资基金对制造业转型升级项目的投入。

六、拓宽融资渠道，积极支持制造业企业“走出去”

（十八）拓宽制造业“走出去”的融资渠道。金融机构要根据企业“走出去”需要，进一步优化完善海外机构布局，提高全球化金融服务能力。要积极运用银团贷款、并购贷款、项目融资、出口信贷等多种方式，为制造业企业在境外开展业务活动提供多元化和个性化的金融服务。支持“走出去”企业以境外资产和股权等权益为抵押获得贷款，提高企业融资能力。支持制造业企业开展外汇资金池、跨境双向人民币资金池业务，支持制造业企业在全口径跨境融资宏观审慎管理政策框架下进行跨境融资。支持符合条件的境内制造业企业利用境外市场发行股票、债券和资产证券化产品。

（十九）完善对制造业企业“走出去”的支持政策。不断优化外汇管理，满足制造业企业“走出去”过程中真实、合理的购汇需求。支持制造业企业在对外经济活动中使用人民币计价结算，优化对外人民币贷款项目管理，鼓励企业使用人民币对外贷款和投资。推动设立人民币海外合作基金，为制造业企业“走出去”项目提供成本适当的人民币贷款或投资。鼓励进一步扩大短期出口信用保险规模，加大对中小微企业和新兴市场开拓的保障力度。发挥好中长期出口信用保险的风险保障作用，实现大型成套设备出口融资应保尽保。

七、加强政策协调和组织保障

（二十）深入推动产业和金融合作。建立和完善工业和信息化部、人民银行、银监会信息共享和工作联动机制，加强产业政策与金融政策的沟通协调。建立产融信息对接合作平台，促进产业政策信息、企业生产经营信息、金融产品信息交流共享。探索对制造业部分重点行业建立企业“白名单”制度，为金融机构落实差别化的信贷政策提供参考依据。开展产融合作城市试点，促进试点城市聚合产业资源、金融资源、政策资源，支持制造强国建设，鼓励和引导产融合作试点城市探索产业与金融良性互动、实现互利共赢。

（二十一）加大货币信贷政策的支持力度。保持货币政策稳健中性，综合运用多种流动性管理工具，加强预调微调，保持流动性水平合理适度，引导货币信贷平稳增长，营造良好的货币金融环境，为制造业企业加强技术创新、实现转型升级创造有利的外部条件。充分发挥再贷款、再贴现等货币政策工具的正向激励作用，对支持制造业转型升级工作成绩突出的金融机构要优先予以支持。进一步引导银行业金融机构完善存贷款利率定价机制，增强自主理性定价能力，合理确定对制造业企业的贷款利率水平。

（二十二）优化政策配套和协调配合。鼓励地方政府通过设立产业引导基金、股权投资引导基金，按照政府引导、市场化运作、专业化管理的原则，加大对先进制造业的投资力度，撬动各类社会资本支持制造业转型升级。积极探索多样化的信贷风险分担机制，通过设立风险补偿基金、政府性担保基金、应急转贷基金等方式，支持金融机构加大制造业领域的信贷投入。进一步完善银行与融资担保机构的合作机制，建立合理的企业贷款风险分担和利率协商机制。进一步加强社会信用体系建设，对恶意逃废债行为要给予严厉打击，维护金融机构合法权益。

（二十三）加强监督引导和统计监测。建立金融支持制造强国建设工作的部际协调机制，加强信息沟通和监督引导。人民银行分支机构、银监会、证监会、保监会派出机构要根据当地产业发展实际情况，适时研究制定配套金融政策措施，切实加强对金融机构的指导。要依托行业主管部门支持，研究建立支持制造强国建设的金融统计制度，进一步加强对高技术制造业、先进制造业融资情况的统计监测分析。

请人民银行上海总部，各分行、营业管理部、省会（首府）城市中心支行、副省级城市中心支行会同所在省（区、市）工业和信息化主管部门、银监局、证监局、保监局等部门，将本意见联合转发至辖区内相关机构，并协调做好本意见的贯彻实施工作。

中国人民银行关于实施电子商业汇票系统移交切换工作的通知

（银发〔2017〕73 号）

中国人民银行上海总部，各分行、营业管理部、省会（首府）城市中心支行，深圳市中心支行；国家开发银行，各政策性银行、国有商业银行、股份制商业银行，中国邮政储蓄银行，城市商业银行资金清算中心、农信银资金清算中心，上海票据交易所股份有限公司：

为建立全国统一的票据市场，人民银行决定将电子商业汇票系统（ECDS）移交上海票据交易所股份有限公司（以下简称上海票据交易所）运营。现就有关事项通知如下：

一、工作安排

（一）ECDS 移交切换工作由上海票据交易所在人民银行指导下牵头组织实施。移交完成后，ECDS 系统运营者由人民银行清算总中心（以下简称清算总中心）变更为上海票据交易所，与 ECDS 系统运营相关的权利义务相应由清算总中心转移至上海票据交易所。

（二）ECDS 移交切换时间拟定为 2017 年 10 月 1 日—10 月 7 日。移交切换前，上海票据交易所将于 2017 年 8 月 12 日—13 日、19 日—20 日、26 日—27 日以及 2017 年 9 月 9 日—10 日、16 日—17 日组织部分系统参与者进行 5 次切换演练。切换演练具体工作安排另行发布。切换演练和移交切换期间，ECDS 暂停运行。

（三）2017 年 9 月 1 日日终，ECDS 纸质商业汇票登记查询功能模块关闭，《纸质商业汇票登记查询管理办法》（银发〔2009〕328 号文印发）同时废止。纸质商业汇票登记查询功能模块关闭后，原只开通该模块的系统参与者自动退出 ECDS。电子商业汇票业务处理功能模块继续开通，操作模式不变。

（四）2017 年 9 月 1 日至移交切换期间，暂停受理 ECDS 系统参与者的准入、变更和退出申请。移交切换后，ECDS 系统参与者的准入和管理统一纳入上海票据交易所会员管理体系，由上海票据交易所在人民银行指导下开展 ECDS 系统参与者的准入、变更和退出申请的受理和审核工作。

（五）人民银行组织修订《中国人民银行关于发布电子商业汇票系统相关制度的通知》（银发〔2009〕328 号）印发的《电子商业汇票系统管理办法》、《电子商业汇票系统运行管理办法》、《电子商业汇票系统数字证书管理办法》、《电子商业汇票系统危机处置预案》等电子商业汇票相关制度，并于移交切换前发布。移交切换前，仍按现行制度执行。

二、工作要求

清算总中心、上海票据交易所、ECDS 系统参与者和各相关单位应高度重视、密切配合，做好各项业务、技术和工程实施准备工作，确保移交切换工作顺利实施，保障ECDS安全平稳运行。

请人民银行上海总部，各分行、营业管理部、省会（首府）城市中心支行，深圳市中心支行将本通知转发至辖区内各城市商业银行、农村商业银行、农村合作银行、村镇银行、城市信用社、农村信用社、外资银行和财务公司。

中国人民银行
2017年3月27日

中国人民银行关于加强开户管理及可疑交易报告后续控制措施的通知

（银发〔2017〕117号）

中国人民银行上海总部，各分行、营业管理部，各省会（首府）城市中心支行，各副省级城市中心支行；国家开发银行，各政策性银行、国有商业银行、股份制商业银行，中国邮政储蓄银行：

近年来，不法分子非法开立、买卖银行账户（含银行卡，下同）和支付账户，继而实施电信诈骗、非法集资、逃税骗税、贪污受贿、洗钱等违法犯罪活动案件频发。部分案件和监管实践显示，一些银行业金融机构和非银行支付机构（以下简称支付机构）在开户环节，客户身份识别制度落实不严，存在着一定的业务管理和风险防控漏洞，为不法分子非法开立账户提供了可乘之机；不少金融机构和支付机构在报送可疑交易报告后，未能对报告涉及的客户、账户及资金采取必要控制措施，仍提供无差别的金融服务，致使犯罪资金及其收益被顺利转移，洗钱等犯罪活动持续或最终发生。为进一步提高对上述违法犯罪活动的防范成效，切实维护社会经济金融秩序，保护人民群众财产安全和合法权益，现就加强开户管理及可疑交易报告后续控制措施有关事项通知如下：

一、加强开户管理，有效防范非法开立、买卖银行账户及支付账户行为

（一）切实履行客户身份识别义务，杜绝假名、冒名开户。

各银行业金融机构和支付机构应遵循“了解你的客户”的原则，认真落实账户管理及客户身份识别相关制度规定，区别客户风险程度，有选择地采取联网核查身份证件、人员问询、客户回访、实地查访、公用事业账单（如电费、水费等缴费凭证）验证、网络信息查验等查验方式，识别、核对客户及其代理人真实身份，杜绝不法分子使用假名或冒用他人身份开立账户。

（二）严格审查异常开户情形，必要时应当拒绝开户。

对于不配合客户身份识别、有组织同时或分批开户、开户理由不合理、开立业务与客户身份不相符、有明显理由怀疑客户开立账户存在开卡倒卖或从事违法犯罪活动等情形，各银行业金融机构和支付机构有权拒绝开户。根据客户及其申请业务的风险状况，可采取延长开户审查期限、加大客户尽职调查力度等措施，必要时应当拒绝开户。

二、加强可疑交易报告后续控制措施，切实提高洗钱风险防控能力和水平

（一）注重人工分析、识别，合理确认可疑交易。

对于通过可疑监测标准筛选出的异常交易，各金融机构和支付机构应当注重挖掘客户身份资料和交易记录价值，发挥客户尽职调查的重要作用，采取有效措施进行人工分析、识别。这些措施包括但不限于：

1. 重新识别、调查客户身份，包括客户的职业、年龄、收入等信息。

2. 采取合理措施核实客户实际控制人或交易实际受益人，了解法人客户的股权或控制权结构。

3. 调查分析客户交易背景、交易目的及其合理性，包括客户经营状况和收入来源、关联客户基本信息和交易情况、开户或交易动机等。

4. 整体分析与客户的业务关系，对客户全部开户及交易情况进行详细审查，判断客户交易与客户及其业务、风险状况、资金来源等是否相符。

5. 涉嫌利用他人账户实施犯罪活动的，与账户所有人核实交易情况。

（二）区分情形，采取适当后续控制措施。

各金融机构和支付机构应当遵循“风险为本”和“审慎均衡”原则，合理评估可疑交易的可疑程度和风险状况，审慎处理账户（或资金）管控与金融消费者权益保护之间的关系，在报送可疑交易报告后，对可疑交易报告所涉客户、账户（或资金）和金融业务及时采取适当的后续控制措施，充分减轻本机构被洗钱、恐怖融资及其他违法犯罪活动利用的风险。这些后续控制措施包括但不限于：

1. 对可疑交易报告所涉客户及交易开展持续监控，若可疑交易活动持续发生，则定期（如每 3 个月）或额外提交报告。

2. 提升客户风险等级，并根据《金融机构洗钱和恐怖融资风险评估及客户分类管理指引》（银发〔2013〕2 号文印发）及相关内控制度规定采取相应的控制措施。

3. 经机构高层审批后采取措施限制客户或账户的交易方式、规模、频率等，特别是客户通过非柜面方式办理业务的金额、次数和业务类型。

4. 经机构高层审批后拒绝提供金融服务乃至终止业务关系。

5. 向相关金融监管部门报告。

6. 向相关侦查机关报案。

（三）建立健全可疑交易报告后续控制的内控制度及操作流程。

各金融机构和支付机构应当建立健全可疑交易报告后续控制的内控制度及操作流程，明确不同情形可疑交易报告应当采取的后续控制措施，并将其有机纳入可疑交易报告制度体系，构建一套“事前、事中、事后”全流程的可疑交易报告内控制度及操作流程，切实提高可疑交易报告工作的有效性。

三、加大监督检查力度，严惩违法违规行为

人民银行各级行要加大对金融机构和支付机构落实账户管理、客户身份识别及可疑交易报告管理制度的监管力度；在相关执法检查中，将其作为重要检查项目，并不断创新检查方式、方法，注重以案倒查、抽查回访等检查

方法的运用，切实提升检查能力和水平；检查发现违法违规问题的，依法给予行政处罚。

请人民银行上海总部，各分行、营业管理部，各省会（首府）城市中心支行，副省级城市中心支行将本通知转发至总部注册地在辖区内的各商业银行、农村合作银行、农村信用社、村镇银行、外资银行、证券公司、期货公司、基金管理公司、保险公司、保险资产管理公司、保险专业代理公司、保险经纪公司、信托公司、金融资产管理公司、企业集团财务公司、金融租赁公司、汽车金融公司、消费金融公司、货币经纪公司、贷款公司等金融机构和支付机构。

中国人民银行

2017 年 5 月 12 日

国家外汇管理局

国家外汇管理局关于进一步推进外汇管理改革完善真实合规性审核的通知

（汇发〔2017〕3号）

国家外汇管理局各省、自治区、直辖市分局、外汇管理部，深圳、大连、青岛、厦门、宁波市分局，各中资外汇指定银行：

为进一步深入推进外汇管理改革，简政放权，支持实体经济发展，促进贸易投资便利化，建立健全宏观审慎管理框架下的资本流动管理体系，现就有关措施通知如下：

一、扩大境内外汇贷款结汇范围。允许具有货物贸易出口背景的境内外汇贷款办理结汇。境内机构应以货物贸易出口收汇资金偿还，原则上不允许购汇偿还。

二、允许内保外贷项下资金调回境内使用。债务人可通过向境内进行放贷、股权投资等方式将担保项下资金直接或间接调回境内使用。银行发生内保外贷担保履约的，相关结售汇纳入银行自身结售汇管理。

三、进一步便利跨国公司外汇资金集中运营管理。境内银行通过国际外汇资金主账户吸收的存款，按照宏观审慎管理原则，可境内运用比例由不超过前六个月日均存款余额的50%调整为100%；境内运用资金不占用银行短期外债余额指标。

四、允许自由贸易试验区内境外机构境内外汇账户结汇。结汇后汇入境内使用的，境内银行应当按照跨境交易相关规定，审核境内机构和境内个人有效商业单据和凭证后办理。

五、进一步规范货物贸易外汇管理。境内机构应当按照“谁出口谁收汇、谁进口谁付汇”原则办理贸易外汇收支业务，及时办理收汇业务，外汇局另有规定除外。

六、完善经常项目外汇收入存放境外统计。境内机构因各种原因已将出口收入或服务贸易收入留存境外，但未按《国家外汇管理局关于印发货物贸易外汇管理法规有关问题的通知》（汇发〔2012〕38号）、《国家外汇管理局关于印发服务贸易外汇管理法规的通知》（汇发〔2013〕30号）等办理外汇管理相关登记备案手续或报送信息的，应于本通知发布之日起一个月内主动报告相关信息。

七、继续执行并完善直接投资外汇利润汇出管理政策。银行为境内机构办理等值5万美元以上（不含）利润汇出业务，应按真实交易原则审核与本次利润汇出相关的董事会利润分配决议（或合伙人利润分配决议）、税务备案表原件、经审计的财务报表，并在相关税务备案表原件上加章签注本次汇出金额和汇出日期。境内机构利润汇出前应先依法弥补以前年度亏损。

八、加强境外直接投资真实性、合规性审核。境内机构办理境外直接投资登记和资金汇出手续时，除应按规定提交相关审核材料外，还应向银行说明投资资金来源与资金用途（使用计划）情况，提供董事会决议（或合伙人决议）、合同或其他真实性证明材料。银行按照展业原则加强真实性、合规性审核。

九、实施本外币全口径境外放款管理。境内机构办理境外放款业务，本币境外放款余额与外币境外放款余额合计最高不得超过其上年度经审计财务报表中所有者权益的30%。

十、违反本通知规定的，由外汇局根据《中华人民共和国外汇管理条例》依法处罚。

十一、本通知自发布之日起施行，由国家外汇管理局负责解释。外汇局将定期评估政策实施效果，根据国际收支形势对政策进行调整。以前规定与本通知内容不一致的，以本通知为准。

各分局、外汇管理部接到本通知后，应尽快转发辖内中心支局、支局和外汇指定银行，并认真遵照执行。

国家外汇管理局

2017年1月26日

国家外汇管理局综合司
关于完善银行内保外贷外汇管理的通知

（汇综发〔2017〕108号）

国家外汇管理局各省、自治区、直辖市分局、外汇管理部，深圳、大连、青岛、厦门、宁波市分局，各中资银行：

近年来，银行内保外贷业务平稳发展，为支持“走出去”企业充分利用“两个市场、两种资源”，促进实体经济发展发挥了重要作用。为了引导内保外贷业务健康有序发展，更好地支持真实合规的对外贸易投资活动，根据《国家外汇管理局关于发布〈跨境担保外汇管理规定〉的通知》（汇发〔2014〕29号，以下简称29号文）及其他有关法规，现就完善银行内保外贷业务外汇管理有关问题通知如下：

一、银行办理内保外贷业务时，应严格审核债务人主体资格的真实合规性，并留存相关审核材料备查。如果债务人为境内居民直接或间接控制的境外机构，银行应重点审核其是否符合境外投资相关管理规定。

二、银行办理内保外贷业务时，应依据境内外相关法律法规，按照展业原则要求，加强对担保项下资金用途和相关交易背景真实合规性审核。

（一）内保外贷项下资金应用于债务人正常经营范围内的相关支出，不得用于支持债务人从事正常业务范围以外的相关交易，不得构造交易背景进行套利或进行其他形式的投机性交易。

（二）未经国家外汇管理局批准，内保外贷项下资金不得直接或间接以证券投资方式调回境内使用。

（三）内保外贷项下资金如用于直接或间接获得对境外其他机构的股权（包括新设境外企业、并购境外企业和向境外企业增资）或债权，该投资行为应当符合国家关于境外投资的相关政策导向，并符合国内相关部门有关境外投资的规定。

（四）内保外贷项下担保责任为境外债务人债券发行项下还款义务时，境外债务人应由境内机构直接或间接持股。

（五）内保外贷项下担保责任为境外机构衍生交易项下支付义务时，境外债务人从事衍生交易应以止损保值为目的，符合其主营业务范围且经过适当授权。

（六）银行应加强内保外贷项下资金用途管理，以适当方式监督债务人按照其合同约定的用途使用内保外贷项下资金。

三、银行办理内保外贷业务时，应依据境内外相关法律法规，按照展业原则要求，切实加强对第一还款来源和担保履约可能性的审核，不得在明知或者应知担保履约义务确定发生的情况下签订跨境担保合同。银行可依据以下情形并兼顾合理商业原则判断担保合同是否具备明显的担保履约意图：

（一）签订担保合同时，债务人自身是否具备足够的清偿能力或可预期的还款资金来源。对于债务人预计的还款资金来源不明或者有明显瑕疵的，银行不得为其办理内保外贷业务；对于债务人虽有明确的还款资金来源但经营状况不良或负债率过高的，银行应谨慎为其办理内保外贷业务。

（二）主债务合同规定的融资条件与债务人声明的借款资金用途是否存在明显不符。

（三）担保当事各方是否存在通过担保履约提前偿还担保项下债务的意图。

（四）担保当事各方是否曾经以担保人、反担保人或债务人身份发生恶意担保履约或债务违约。

四、银行办理内保外贷业务如接受反担保的，应切实审核相关押品来源是否符合行业主管部门规定、反担保资金来源是否合理合法、单一反担保人用于同类业务反担保的总规模是否与其财务状况相匹配等。

五、内保外贷履约币种原则上应与担保合同币种一致。

六、银行应在担保合同存续期间持续跟踪管理，建立内保外贷履约风险评估制度。银行对于自身提供的、主债务合同将于一年内到期的内保外贷业务，应按季度进行履约风险评估，评估发生履约的可能性并及时向所在地外汇分局（外汇管理部，以下简称分局）报告。

七、《国家外汇管理局关于进一步推进外汇管理改革完善真实合规性审核的通知》（汇发〔2017〕3 号）实施后银行新办理的内保外贷业务，如果发生担保项下主债务违约，银行应先使用自有资金履约，不得以反担保资金直接购汇履约；银行履约后造成本外币资金不匹配的，需经所在地分局备案后方可办理结售汇相关手续。

八、内保外贷业务发生担保履约的，最终成为对外债权人的境内担保人或反担保人，应当按规定办理对外债权登记。

（一）企业作为担保人（或作为银行内保外贷业务的反担保人）发生担保履约的，履约额应纳入该企业境外放款额度登记和管理。

（二）银行为企业办理内保外贷履约资金汇出时，应向企业出具提示函，提示其在担保履约之日起 15 个工作日内到所在地外汇局办理对外债权登记。

（三）银行内保外贷履约后，如银行最终成为对外债权人，应按照 29 号文和《国家外汇管理局关于印发〈对外金融资产负债及交易统计制度〉的通知》（汇发〔2016〕15 号）的要求，及时报送相应的对外债权信息。如反担保企业最终成为对外债权人，银行应在进行反担保清收时，向其出具提示函，提示其在反担保清收之日起 15 个工作日内到所在地外汇局办理对外债权登记。

九、银行应切实加强内保外贷业务数据报送的及时性和准确性，按照担保合同及主债务合同的条款向外汇局资本项目信息系统如实报送。担保合同或主债务合同主要条款发生变更的，银行应及时准确报送变更后的相应信息。银行数据报送质量纳入银行执行外汇管理规定情况考核。

十、境内机构违反本通知及相关规定办理内保外贷业务的，外汇局根据《中华人民共和国外汇管理条例》进行处罚。

十一、本通知自发布之日起实施。以前外汇管理规定与本通知内容不一致的，以本通知规定为准。

请各分局尽快将本通知转发至辖内中心支局、支局和辖内银行；各中资银行尽快将本通知转发至分支机构。执行中如遇问题，请及时向国家外汇管理局资本项目管理司反馈。

特此通知。

国家外汇管理局综合司

2017 年 11 月 24 日

中国银行业监督管理委员会

中国银监会关于规范银行业服务企业走出去加强风险防控的指导意见

（银监发〔2017〕1号）

各银监局，各政策性银行、大型银行、股份制银行，邮储银行，外资银行，银行业协会：

为深入贯彻落实党中央、国务院关于共建“一带一路”、推进国际产能合作的决策部署，规范银行业金融机构境外经营行为，提升支持企业走出去服务能力，建立服务“一带一路”建设长期、稳定、可持续、风险可控的金融保障体系，现提出以下意见：

一、总体要求

（一）明确战略定位。银行业金融机构应综合分析客户需求、外部环境以及自身优势，确立差异化、特色化的战略定位，统筹境内外机构布局和业务发展，制定并实施统一的境内外发展战略规划。

（二）加强重点领域服务。银行业金融机构应积极贯彻落实“一带一路”倡议，为企业走出去和国际产能合作提供优质金融服务。在风险可控、商业可持续的前提下，结合自身服务企业走出去的战略定位，主动对接重点领域重大境外项目建设，支持基础设施互联互通、国际产能合作和经贸产业合作区建设。

（三）丰富金融服务方式。银行业金融机构应围绕走出去企业的有效需求，加强有利于提高服务质量和效率、与自身风险管控能力相匹配的金融创新，拓展国际化融资模式，积极开展出口信贷、项目融资、银团贷款、贸易金融、投资银行、跨境人民币业务、金融市场、全球现金管理、资产管理、电子银行、金融租赁等相关金融服务。

（四）加强公司治理。银行业金融机构应建立健全涵盖境外机构与业务的公司治理原则和框架，明确相应授权和责任，建立科学合理的决策、执行、监督、激励、问责等治理运行机制，提高内部控制的有效性，确保境外机构和业务发展符合自身整体战略。

（五）强化风险管理。银行业金融机构应持续提升全面风险管理能力，加强与境外机构和业务有关的战略风险、信用风险、市场风险、合规风险、国别风险、环境与社会风险、流动性风险以及操作风险的管理。高度重视综合经营带来的跨境跨业风险，健全覆盖所有境外机构与业务的并表管理框架。

（六）鼓励良性竞争。银行业金融机构应严格遵守相关法律法规和境外项目管理规定，加强与商务部、发展改革委等部门以及我驻外使领馆的信息沟通，对未按照规定取得相关备案或核准文件的境外项目，不得提供融资。银行业金融机构应恪守商业伦理，坚决反对商业贿赂、侵犯商业秘密等不正当竞争行为。

（七）健全责任追究制度。银行业金融机

构应针对境外业务中各类违反法律法规和内部管理制度的行为，细化完善责任追究制度。属失职、失察导致风险事件发生的，应根据事件调查结果并视情节轻重，追究相关人员责任。对重大风险事件，应严格落实“双线问责、上追两级”要求。

（八）加强保障能力建设。银行业金融机构应加快完善内部经营组织架构，严格内部政策和程序，加强总分行管理及条线管理，建立健全全球客户管理体系，提升境内外协同效应。完善境外信息系统建设规划，提升基础数据质量，提高网络安全防护水平，全面加强信息系统对国际化运营的支持能力，满足境内外监管当局对机构报告、系统安全、数据安全、反洗钱、客户信息保护等方面的要求，建立突发事件应急预案。加快培养既精通金融业务，又熟悉境外法律、税务及监管制度的复合型国际化管理人才队伍。

二、加强信用风险管理

（九）完善授权授信政策。银行业金融机构应加强境外授权管理，定期评估境外机构风险管理能力、业务需求和当地监管要求，重检或调整授权政策。加强境内外统一授信管理，将同一法人（集团）客户开展的境内外各类授信业务纳入客户综合授信额度。完善涵盖境内外风险敞口的集中度风险管理框架。

（十）强化尽职调查。银行业金融机构应遵循独立、全面、深入、审慎的原则，加强境外业务尽职调查和风险评估。深入分析项目所在地经济、法律、政治和社会环境，审慎评估项目盈利能力和相关风险，独立研判项目可行性。

对产能合作项目，应综合分析其销售渠道、目标市场容量和竞争优势，审慎评估未来还款能力；对境外项目所涉及的工程承包商等第三方机构，应调查其是否符合当地监管、法律、环保等要求。

（十一）坚持自主审贷。银行业金融机构服务企业走出去，应依据“自主经营，自担风险，自负盈亏，自我约束”的商业化原则自主审贷，严格把关，注重风险管控和成本约束，审慎判断项目收益，科学评估项目自身现金流的覆盖能力，科学设定合同条款，落实还款来源。

（十二）加强贷后管理。银行业金融机构应加强对境外信贷资产质量的监测分析，根据境外项目的授信规模和风险，实施差异化贷后管理。对于风险较高的境外贷款业务，应加强现场检查与监督，密切关注工程进度等情况，强化资金监管，防范信贷资金挪用和逃废债等行为。当客户出现重大风险情况时，应及时采取有效措施，缓释风险。对当地无分支机构或代理行进行有效贷后管理的非出口信贷类业务，应审慎介入。

（十三）加强担保管理和风险分担。银行业金融机构应严格遵守境外业务所在地担保相关法律法规，审慎评估保证和抵质押品的合规性、充分性及可执行性，跟踪监测抵质押品价值变动、抵质押比率和保证人的担保能力。

银行业金融机构应加强与相关保险公司、境内外同业及保理商等机构的合作，通过贸易保险、项目保险、组建银团、国际保理等方式，合理分担风险。对中国出口信用保险公司的政策性承保业务，应按照相关监管规定计算贷款风险权重，进行贷款分类。对于采取上述风险分担机制的业务，银行业金融机构仍应注重全流程风险管理，加强贸易背景真实性审查，切实履行本机构在风险分担机制中的义务。

（十四）防范重点领域风险。银行业金融机构开展跨境并购贷款业务，应综合考虑并购方的资信状况、经营管理能力、财务稳健性、自筹资本金充足情况，并购标的的市场前景、未来盈利、国别风险、并购协同效应等因素，充分考虑并购过程中的交易操作风险和业务整合风险，审慎介入周期性行业及跨行业的境外并购项目。

银行业金融机构开展内保外贷等跨境担保业务，应加强融资第一还款来源分析，审慎评估借款及担保主体的风险承受能力，并严格遵守跨境人民币业务和外汇管理的有关规定。

三、加强国别风险管理

（十五）健全国别风险管理体系。银行业金融机构应建立与本机构战略目标、风险敞口规模和复杂程度相适应的国别风险管理体系，并将国别风险管理纳入全面风险管理框架，国别风险管理的政策和程序应经董事会批准。董事会应充分履行对高级管理层的监督职责，确保国别风险管理政策和程序得到有效实施。

（十六）完善国别风险评估评级程序。银行业金融机构应完善国别风险评估和内部评级程序，对已经开展和计划开展业务的国家和地区逐一进行风险评估和评级。在制定业务发展战略、设定国别风险限额、评估借款人还款能力和审批授信时，充分考虑国别风险评估和评级结果。

（十七）提升国别风险限额管理能力。银行业金融机构应完善国别风险限额管理信息系统，夯实业务数据基础，在综合考虑跨境业务发展战略、国别风险评级和自身风险偏好等因素的基础上，合理设定并细化覆盖表内外项目的国别风险限额，定期进行评估和调整。当特定国家或地区风险状况发生显著变化时，应提高评估和调整频率。

（十八）健全应急处置机制。银行业金融机构应加强国别风险的监测、研判，开展国别风险压力测试，分析风险传染渠道，制定国别风险应急预案。明确在不同情况下应采取的风险缓释措施，通过交易结构安排和法律安排等，缓释特定国家风险。

（十九）严格计提国别风险准备金。银行业金融机构应严格按照《银行业金融机构国别风险管理指引》要求，充足计提国别风险准备金，并根据国别风险的变化予以动态调整。

四、加强合规风险管理

（二十）加强合规体系建设。银行业金融机构应健全境内外合规风险管理体系，加强合规文化建设，明确合规政策和程序，强化独立的合规职能，确保合规要求覆盖所有机构、业务、条线、操作环节及人员。董事会应对经营活动的合规性负最终责任，高级管理层应切实履行合规管理职责，监事会应加强对董事会和高级管理层合规管理职责履行情况的监督。

（二十一）加强日常合规管理。银行业金融机构应做好境外机构和业务相关监管规则的跟踪分析和合规培训，对合规情况进行检查、评估和报告，完善合规风险应对预案。新型跨境业务以及新开发的境外业务的立项、研发、开办等应纳入合规风险管理体系，实现合规风险的全流程管控和全面覆盖。

（二十二）加强合规资源配置。银行业金融机构应根据境内外法律法规、监管要求、境外业务复杂程度等因素，合理设置总行（公司）和境外机构合规岗位，配齐合规人员。境外机构合规工作主要负责人应具备丰富的合规工作经验，熟悉相关国际监管规则和当地法律及监管要求。

（二十三）做好客户准入把关。银行业金融机构应遵循“了解你的客户”原则，全面了解客户的业务经营和财务状况，以及当地经营环境，必要时还应了解“客户的客户”等情况。特别是深入调查客户是否存在洗钱、恐怖融资、偷税漏税、违反劳工法、侵害知识产权、制假售假、违反海关管理规定等违法违规或不良行为记录。

（二十四）加强反洗钱和反恐融资管理。银行业金融机构应严格执行联合国安理会有关决议，严格遵守境内外反洗钱和反恐融资等相关法律法规和监管要求。及时录入、更新制裁名单，对借款人、汇款人、借款及收款单位的主要股东、高级管理人员受制裁的情况进行动态审查。加强反洗钱系统的开发和维护，满足反洗钱工作数据采集、筛选、分析和报告的电子化需求，加强可疑交易的识别和报告。根据境内外监管要求，履行资金冻结、向监管部门报告等义务，防止任何组织或个人利用本机构从事支持恐怖主义、洗钱或其他非法活动。银行业金融机构应在相关法律法规和监管框架下，正确使用客户信息，按照有关国家和地区的监管要求，加强客户隐私保护，积极维护客户合法权益。

（二十五）加强监管沟通。银行业金融机构境外机构高级管理人员应加强与境外机构和业务所在地监管部门的沟通，积极配合相关监管工作。银行业金融机构应及时将境外机构与当地监管当局沟通的重大事项向我国监管部门报告。

五、加强环境和社会风险管理

（二十六）重视境外业务环境和社会风险管理。银行业金融机构应积极借鉴赤道原则及其他国际良好做法，高度重视客户及其重要关联方在建设、生产、经营活动中面临的环境和社会风险，督促其建立健全环境和社会风险控制体系，制定并落实相关行动计划，严格遵守当地环保、产业等领域的法律法规。对能源资源、农林牧渔、重大基础设施及工程承包领域的环境和社会风险，在提供项目融资及贸易融资时应给予特别关注，必要时可征求相关行业主管部门意见，或向合格、独立的第三方进行咨询。

（二十七）实施环境和社会风险全流程管理。银行业金融机构应充分评估走出去项目的环境和社会风险，将评估结果作为项目准入、评级和管理的重要依据，并在贷款“三查”、贷款定价和经济资本分配等方面实施差别化管理。银行业金融机构应加强境外项目的环境和社会风险监测，对存在重大风险的项目，应加大跟踪力度，及时采取风险缓释措施。

（二十八）维护当地民众权益。银行业金融机构应督促客户维护职工合法权益，在项目建设、公司运营过程中努力增加当地民众的就业、教育等发展机遇，尊重当地文化、宗教和社会习俗等。

（二十九）增进与利益相关者的交流互动。银行业金融机构应督促涉及重大环境和社会风险的客户建立申诉—回应机制，及时受理并回应项目建设或公司运营所在地民众、非政府组织和其他利益相关者的合理诉求。

（三十）加强信息披露。银行业金融机构应指定专门部门和人员负责境外机构和业务相关的信息披露，做好公关交流，防范声誉风险。对存在潜在重大环境和社会风险的境外项目，应与客户事先约定，以适当方式及时披露项目名称、主要投资者和承包商名称、授信金额、环境影响评价情况等关键信息，主动加强与利益相关者沟通，接受公众监督。

六、完善境外机构布局

（三十一）完善境外重点国家和地区机构布局。银行业金融机构应做好境外机构布设的中长期规划，加强前期评估工作，综合考虑自身战略、客户业务需求、自身风险管控能力以及目标国家的政治、经济、法律、社会和竞争环境，重点在走出去企业相对集中、对中资银行业金融机构服务需求或潜在需求较大的区域完善布局。

（三十二）合理选择境外机构形式。银行业金融机构应审慎评估自身境外经营实力和风险管控能力，合理选择代表处、分行、子行或子公司等形式设立境外机构，遵循市场化原则进入目标国家和地区。银行业金融机构可通过发展代理行和战略合作伙伴、加强与当地同业合作等方式，扩大服务半径。

（三十三）防范跨境并购风险。银行业金融机构开展跨境并购，应客观评估自身跨境管理能力和资源调配能力，全面、深入了解目标市场环境，确保跨境并购符合本机构战略规划、业务整合产生协同效应，审慎分析并购可行性和交易可操作性，合理确定并购价格及风险缓释条款。

（三十四）加强境外机构管理。银行业金融机构应制定全面、清晰的境外机构管理制度，明确总行（公司）与境外机构之间的权责边界、报告路线等，加强内审、合规、风险、信息技术等条线管理，强化检查与问责，确保境外机构经营活动得到总行（公司）的有效管控。

七、加强监督管理

（三十五）加强境外机构布局准入监管。监管部门应建立健全银行业金融机构走出去的统筹协调机制，加强规划指导，做好机构准入监管工作。

（三十六）加强境外业务非现场监管。监管部门应完善非现场统计制度，加强国别风险数据采集，定期开展对境外业务发展与风险情况的监测分析。监管部门应将境外业务作为非现场监管会谈及外部审计会谈的重要内容。

（三十七）强化境外业务现场检查。监管部门应重点检查境外机构的合规、风控、信贷管理体系建设以及境内外业务关联情况，促进银行业金融机构提升国际化经营管理水平和抗风险能力，对存在问题的境外机构及时采取监管措施，并对违规机构依法依规进行处罚。

（三十八）加强跨境监管协调。监管部门应搭建跨境监管交流平台，充分发挥谈判、磋商、对话以及监管联席会议的作用，加强与境外监管当局的信息共享与合作，并就各方关切的重要问题加强交流与协商。

（三十九）充分发挥自律组织作用。中国银行业协会应做好行业自律管理，建立信息平台和合作机制，促进银行业金融机构在境外经营过程中的沟通、交流、协调和合作，避免恶性竞争，维护银行业声誉。加强开展对“一带一路”沿线和国际产能合作重要国家的研究，定期发布国别风险研究报告，组织开展银行业金融机构服务“一带一路”、国际产能合作和企业走出去培训工作。

（四十）建立企业境外投资合作黑名单制度。中国银行业协会应加强与银行业金融机构、相关行业协会及主管部门的沟通联系，根据企业违法违规及不良行为等情况，建立境外投资合作企业黑名单制度。明确列入黑名单的企业标准，定期更新黑名单并向银行业金融机构发布。银行业金融机构应及时将符合黑名单标准的企业信息报送银行业协会。

金融资产管理公司、金融租赁公司等非银行金融机构开展境外业务、设立境外机构参照本指导意见执行。

中国银行业监督管理委员会

2017 年 1 月 9 日

中国银监会办公厅
关于开展银行业“违法、违规、违章”
行为专项治理工作的通知

（银监发办〔2017〕45 号）

各银监局，机关各部门，各政策性银行、大型银行、股份制银行，邮储银行，外资银行，金融资产管理公司：

为进一步防控金融风险，治理金融乱象，坚决打击违法违规违章行为，督促银行业金融机构加强合规管理，扎严“制度笼子”，稳健规范发展，更好地服务于实体经济，决定在银行业金融机构中全面开展“违反金融法律、违反监管规则、违反内部规章”（以下简称“三违反”）行为专项治理工作。现将有关事项通知如下：

一、明确目标任务，坚持问题导向

当前银行业金融机构制度存在一些漏洞和“牛栏关猫”现象，有章不循、违规操作等问题屡查屡犯、屡罚屡犯，必须进行全面治理。通过开展“三违反”行为专项治理，促使银行业金融机构进一步深化合规文化建设，筑牢依法依规依章经营的制度基础和机制保障，消除风险管控盲区，切实做到令行禁止，着力打造“铁的信用、铁的制度、铁的纪律”，确保“不越监管底线、不踩规章红线、不碰违法违规高压线”。

各银行业金融机构和各级监管机构要充分认识开展“三违反”行为专项治理工作的重要性，切实按照要求做好治理工作。一是认真落实治理工作的主体责任和监管责任，正视问题和风险隐患、敢于揭盖子，要举一反三，以小见大，注重查错纠弊，严厉整改问责。二是深刻认识违规可能带来的惨痛代价，树立依法经营、合规经营、安全经营创造效益的理念，使金融法律、监管规则、内部规章都成为带电的高压线。三是紧盯关键制度、关键岗位、关键人员，重点关注二级及以下分支机构及其负责人，加强薄弱环节、案件多发领域风险排查，对合规管理抓早抓小，真正发挥内部规章制度“第一道闸门”作用。四是将监管规则内植于经营管理，嵌入整个运行体系，查缺补漏，筑好“篱笆”，做到有规可依、有规必依、纠查必严、违规必惩。对存在问题的机构和员工，要发现一起查处一起。涉嫌违法犯罪的要及时移送司法机关。五是继续弘扬“铁账本、铁算盘、铁规章”的“三铁”传统，“管好自己的员工，做好自己的业务，看好自己的资金”。各级监管机构要增强同风险赛跑的意识，履行好守护人的职责。

二、加理组织领导，扎实有序推进

（一）总体安排。银行业金融机构负责组织实施本系统各级机构自查；银监会各机构监管部门负责组织推动所监管机构的自查、“上对下”抽查，并进行督导；银监会现场检查局负责组织推动对银行业金融机构的监管检查工作；各银监局负责组织推动辖内机构的自查工作，并组织实施对辖内机构的监管检查。机构自查和监管检查的业务范围均为2016年末有余额的各类业务，必要时可以上溯或下延。

（二）机构自查。各银行业金融机构要开展全系统自查及上对下抽查，全面覆盖体制、机制、系统、流程、人员及业务，结合自身特点细化自查方案，自主确定自查和“上查下”的机构数量和业务比例。自查和“上查下”要有组织、有安排、有实施、有记录，自查发现案件线索的，要及时移送司法机关。对机构应查未查、应发现未发现、应处未处和处理不到位的问题，监管机构一经发现，从严从重处理。

（三）监管检查。银监会各机构监管部门根据日常监管掌握情况，结合以往非现场监管和现场检查发现的问题和风险隐患开展督导工作。各银监局要切实履行属地监管职责，可根据辖内风险状况自行确定检查机构的数量和业务比例，结合被查机构经营特点细化检查方案。监管检查原则上采取“双随机”方式进行，应实现辖内机构类别全覆盖，并注重对法人机构的检查。同时，各银监局在2017年实施的所有检查项目中，都应全面落实“三违反”专项治理工作的检查要点。

三、落实报告要求，确保治理实效

（一）机构自查报告

1. 报告路径。各银行业金融机构应在汇总分支机构自查情况基础上，于2017年6月12日前将自查报告（文字及附表）报送监管部门。其中，银监会直接监管的法人机构将自查报告报送至银监会对应的机构监管部门，并抄送现场检查局；地方法人机构将自查报告报送至属地银监局（分局），并抄送银监会对应机构监管部门和现场检查局；银行业金融机构各级分支机构应将本级自查情况报送至属地银监局（分局）。对自查发现的重大违规问题，应及时专题报送。

2017年11月30日前，各银行业金融机构要全面完成自查、上查下以及监管检查发现问题的整改和问责工作，并形成报告（文字及附表）报送监管部门，报告路径同上。

2. 报告要求。银行业金融机构的自查报告将作为非现场监管和现场检查的重要参考依据，须由主要负责人签发。自查报告的内容应包括：一是自查工作组织实施情况；二是内部规章与合规机制基本情况及总体评价；三是自查发现的主要问题；四是问题存在的原因；五是整改和问责工作的具体情况，包括整改和问责进度安排、已（拟）采取的整改和问责措施、责任部门及责任人、对未整改的问责问题的说明等，并附整改问责台账；六是对监管工作的建议；七是下一步工作措施等。

（二）监管检查报告

1. 报告路径。各银监局的监管检查应形成“1+N”份检查报告，即1份汇总辖内检查工作情况的总报告，N份按行别或机构类别汇总的分报告。其中，银监会直接监管机构的分支机构，以及城市商业银行、农信社、新型农村金融机构分别汇总，非银行金融机构按信托公司、财务公司、金融租赁公司、消费金融公司等机构类别分别汇总。

各银监局于2017年6月12日前报送检查报告、附表及典型案例。6月底前报送现场检查意见书。7月底前报送“三违反”专项治理最终处理处罚结果（文字及附表）。上述材料报送银监会现场检查局的同时，抄送对应机构监管部门。

2017年6月30日前，银监会各机构监管部门汇总、上报所监管条线机构自查、监管督导及监管检查情况。现场检查局汇总、上报银监会“三违反”行为专项治理检查情况。

2. 报告内容。各银监局的检查报告应包括以下内容：一是监管检查的组织实施情况；二是机构内部规章及合规管理机制建设和执行的总体情况；三是检查发现的主要问题和风险隐患；四是问题的原因分析；五是采取的审慎监管措施，以及已（拟）处理处罚措施；六是相关政策建议等。

各银监局在监管检查中要注意收集整理2～3个典型案例，对分支机构因总行制度缺陷和管理漏洞而发生的问题，应在检查报告中予以体现。同时，对检查中发现的重大风险问题，应及时专题报送银监会。

（三）监管措施

银监会各机构监管部门和各银监局应结合机构自查、监管督导、监管检查和日常监管掌握的问题，提出针对性的监管意见，一行一策，督促机构严格整改问责。并视情况采取责令暂停业务、停止批准开办新业务、停止批准增设分支机构、责令调整董事及高管等审慎监管措施。

四、严肃整改问责，依法廉洁监管

对“三违反”专项治理工作中发现的问题，银行业金融机构要落实风险管控的主体责任，切实整改，严肃问责。对一时难以整改问责到位的问题，要建立台账，明确时限，责任到人。各级监管机构要强化监管处罚，真正落实“三铁三见”要求。一是对自查工作不落实、屡查屡犯不收手、整改问责不到位、监管检查不配合的机构，要依法从严采取监管措施。二是切实做到应处必处，应罚尽罚，特别是对于重大经营管理信息的隐瞒不报、花样翻新的利益输送等问题，要从严从重处罚。对高管人员违规参与非法融资活动的，坚决依法取消任职资格。对检查发现的案件线索，要及时移送司法机关。三是依法建立处罚机制。既要没收非法所得，也有处以罚款；要对违规机构和相关责任人员实施“双罚”。要将处罚结果与市场准入、履职评价、监管评级等挂钩；要进行通报和曝光，强化震慑效应。

各级监管机构要严格按照中央“八项规定”精神和整治“四风”要求，依法廉洁开展治理工作，严格执行银监会现场检查纪律，严格遵守保密规定，对于违反各项纪律的行为要坚决纠正并严肃处理。

为统筹推进“三违反”行为专项治理工作，请各银监局确定一名局级领导牵头负责，并确定一名处级干部担任联络人，于3月底前将相关人员名单及联系电话发送银监会现场检查局。

中国银行业监督管理委员会办公厅

2017年3月28日

中国银监会办公厅关于开展银行业“监管套利、空转套利、关联套利”专项治理的通知

（银监办发〔2017〕46号）

各银监局，机关各部门，各政策性银行、大型银行、股份制银行，邮储银行，外资银行，金融资产管理公司：

为贯彻落实中央经济工作会议精神，引导银行业回归本源，专注主业，规范经营行为，有效防控风险，不断提高服务实体经济质效，银监会决定在银行业金融机构全面开展“监管套利、空转套利、关联套利”（以下简称“三套利”）专项治理工作。现将有关事项通知如下：

一、提高思想认识，明确目标任务

本次专项治理工作是贯彻落实中央经济工作会议精神和银监会2017年度工作计划的具体部署，是针对当前各银行业金融机构同业业务、投资业务、理财业务等跨市场、跨行业交叉性金融业务中存在的杠杆高、嵌套多、链条长、套利多等问题开展的专项治理。

各银行业金融机构和各级监管部门机构要高度重视，狠抓落实，整治部分机构存在的“干活不弯腰”、“坐地收钱”、“只收费不服务”等官商作风；缩短企业融资链条，降低企业债务杠杆，切实查纠偏离服务实体经济的业务和行为；使资金真正投向实体经济，提高金融服务实体经济的能力和水平。

二、加强组织领导，扎实有序推进

（一）总体安排。各银行业金融机构负责组织实施本系统各级机构自查；银监会各机构监管部门负责组织推动所监管机构的自查、“上对下”抽查，并进行督导；银监会现场检查局负责组织推动对银行业金融机构的监管检查工作；各银监局负责组织推动辖内机构的自查工作，并组织实施对辖内机构的监管检查。机构自查和监管检查的业务范围均为2016年末有余额的各类业务，必要时可以上溯或下延。

（二）机构自查。各银行业金融机构要开展全系统自查及“上对下”抽查，全面覆盖体制、机制、系统、流程、人员及业务，结合自身特点细化自查方案，自主确定自查和“上查下”的机构数量及业务比例。自查和“上查下”要有组织、有安排、有实施、有记录，自查发现案件线索的，要及时移送司法机关。对机构应查未查、应发现未发现、应处未处和处理不到位的问题，监管机构一经发现，将从严从重处理。

（三）监管检查。银监会各机构监管部门根据日常监管掌握情况，结合以往非现场监管和现场检查发现的问题和风险隐患开展督导工

作。各银监局要切实履行属地监管职责，可根据辖内风险状况自行确定检查机构的数量和业务比例，结合被查机构经营特点细化检查方案。监管检查原则上采取“双随机”方式进行，应实现辖内机构类别全覆盖，并注重对法人机构的检查。同时，各银监局在今年实施的所有检查项目中，都应全面落实“三套利”专项治理工作的检查要点。

三、落实报告要求，确保治理实效

（一）机构自查要求报告

1. 报告路径。各银行业金融机构应在汇总分支机构自查情况基础上，于2017年6月12日前将自查报告（文字及附表）报送监管部门。其中，银监会直接监管的法人机构将自查报告报送至银监会对应的机构监管部门，并抄送现场检查局；地方法人机构将自查报告报送至属地银监局（分局），并抄送银监会对应机构监管部门和现场检查局；银行业金融机构各级分支机构应将本级自查情况报送至属地银监局（分局）。对自查发现的重大违规问题，应及时专题报送。

2017年11月30日前，各银行业金融机构要全面完成自查、“上查下”以及监管检查发现问题的整改和问责工作，并形成报告（文字及附表）报送监管部门，报告路径同上。

2. 报告要求。银行业金融机构的自查报告将作为非现场监管和现场检查的重要参考依据，须由主要负责人签发。自查报告的内容应包括：一是自查工作组织实施情况；二是内部规章与合规机制基本情况及总体评价；三是自查发现的主要问题；四是问题存在的原因；五是整改和问责工作的具体情况，包括整改和问责进度安排、已（拟）采取的整改和问责措施、责任部门及责任人、对未整改和问责问题的说明等，并附整改问责台账；六是对监管工作的建议；七是下一步工作措施等。

（二）监管检查要求报告

1. 报告路径。各银监局的监管检查应形成“1+N”份检查报告，即1份汇总辖内检查工作情况的总报告，N份按行别或机构类别汇总的分报告。其中，银监会直接监管机构的分支机构，以及城市商业银行、外资银行按行别（公司）分别汇总，农村中小金融机构按农村银行、农信社、新型农村金融机构类别分别汇总，非银行金融机构按信托公司、财务公司、金融租赁公司、消费金融公司等机构类别分别汇总。

各银监局于2017年6月12日前报送检查报告、附表及典型案例；6月底前报送现场检查意见书；7月底前报送“三套利”专项治理最终处理处罚结果（文字及附表）。上述材料报送银监会现场检查局的同时，抄送对应机构监管部门。

2017年6月30日前，银监会各机构监管部门汇总、上报所监管条线机构自查、监管督导及监管检查情况；现场检查局汇总、上报银监会“三套利”行为专项治理检查情况。

2. 报告内容。各银监局的检查报告应包括以下内容：一是监管检查的组织实施情况；二是机构内部规章及合规管理机制建设和执行的总体情况；三是检查发现的主要问题和风险隐患；四是问题原因分析；五是采取的审慎监管措施，以及已（拟）处理处罚措施；六是相关政策建议等。

各银监局在监管检查中要注意收集整理2～3个典型案例，对分支机构因总行制度缺陷和管理漏洞而发生的问题，应在检查报告中予以体现。同时，对检查中发现的重大风险问题，应及时专题报送银监会。

（三）监管措施

银监会各机构监管部门和各银监局应结合机构自查、监管督导、监管检查和日常监管掌握的问题，提出针对性的监管意见，一行一策，督促机构严格整改问责。并视情况采取责令暂停业务、停止批准开办新业务、停止批准增设分支机构、责令调整董事及高管等审慎监管措施。

四、严肃整改问责，依法廉洁工作监管

对“三套利”专项治理工作中发现的问题，银行业金融机构要落实风险管控的主体责任，切实整改，严肃问责。对一时难以整改和问责到位的问题，要建立台账，明确时限，责任到人。

各级监管机构要强化监管处罚，真正落实“三铁三见”要求。一是对自查工作不落实、屡查屡犯不收手、整改问责不到位、监管检查不配合的机构，要依法从严采取监管措施。二是切实做到应处必处，应罚尽罚，特别是对于违规开展关联交易、花样翻新的套利行为和利益输送等问题，要从严从重处罚。对检查发现的案件线索，要及时移送司法机关。三是依法建立处罚机制。既要没收非法所得，也要处以罚款；要对违规机构和相关责任人员实施“双罚”；要将处罚结果与市场准入、履职评价、监管评级等挂钩；要进行通报和曝光，强化震慑效应。

各级监管机构要严格按照中央“八项规定”精神和整治“四风”要求，依法廉洁开展治理工作，严格执行银监会现场检查纪律，严格遵守保密规定，对于违反各项纪律的行为要坚决纠正并严肃查处。

为加强对“三套利”行为专项治理工作的统筹推进，请各银监局确定一名局级领导牵头负责，并确定一名处级干部担任联络人，于3月底前将相关人员名单及联系电话发送报送银监会现场检查局。

附件1　银行业金融机构“监管套利、空转套利、关联套利”专项治理工作要点

中国银行业监督管理委员会办公厅

2017年3月28日

附件1

银行业金融机构“监管套利、空转套利、关联套利”专项治理工作要点

一、指导原则

（一）银行业金融机构董事会要切实负责同业、理财（资管）等通道类业务的发展规划和风险管控工作。各机构要制定符合经济、金融发展实际和本机构风险管理能力的目标和规模，对本机构通道类业务近年的发展情况进行梳理和总结，检查是否存在过激或与本行风险管控能力不相适应的发展战略及规划。通道类业务发展速度和规模过高且风险管理能力明显跟不上要求的机构，应制定切实有效的整改计划。

（二）对于交叉性金融产品，总体原则是资金来源于谁，谁就要承担管理责任，出了风险就要追究谁的责任；相应监管机构也要承担监管责任。

（三）对于资金来源于自身的资产管理计划，银行业金融机构要切实承担起风险管控的主体责任，不能将项目调查、风险审查、投后

检查等自身风险管理职责转交给“通道机构”。

（四）各银行业金融机构在防范外部风险冲击方面，要管好自己的员工、自己的业务和自己的资金。尤其是要建立银行体系与资本市场、债券市场、保险市场、外汇市场之间的防火墙，不得为各类债券或票据发行提供担保。禁止将非持牌金融机构列为同业合作交易对手。

二、监管套利

监管套利是银行业金融机构通过违反监管制度或监管指标要求来获取收益的套利行为。

（一）规避监管指标套利

1. 规避信用风险指标。主要内容包括但不限于：

（1）是否存在通过各类资管计划（包括券商、基金、信托、保险、期货等）违规转让等方式实现不良资产非洁净出表或虚假出表，人为调节监管指标；

（2）是否违反监管规定或会计准则，通过调整贷款分类、重组贷款、虚假盘活、过桥贷款、以贷收贷、平移贷款等掩盖不良，降低信用风险指标或调整拨备充足率指标；

（3）是否存在低估抵债资产的损失程度或抵债资产减值准备计提不足的情况；

（4）是否存在理财资金投资非标债权资产总额超过规定上限的情况；

（5）是否存在同业融入资金余额占比负债总额超过三分之一的情况。

2. 规避资本充足指标。主要内容包括但不限于：

（1）是否存在同业业务、票据业务、理财业务未按照“穿透性”原则和“实质重于形式”原则，准确进行会计核算、风险计量并足额计提资本的情况，包括但不限于：通过违规提供同业增信，或通过借助券商、基金、信托、保险、期货等通道方，设立定向资管计划、有限合伙股权理财融资等模式；

（2）是否通过卖出回购或以表内资产设立附回购协议的财产权信托等模式，将金融资产违规出表或转换资产形态以达到调节监管指标的目的；

（3）转贴现卖出票据、卖断附带追索权的票据业务是否按照规定计提资本；

（4）是否存在以拆分时段买入返售相同票据资产，减少风险资产占用；

（5）是否存在利用第三方机构，将票据资产转为资管计划，以投资替代贴现，随意调节会计报表并减少资本计提；

（6）是否存在考察期末时点将风险权重相对较高的同业资金缴存央行，期末立即转回，人为调节会计报表和资产风险权重，虚增资本充足率及收益调节的情况；

（7）是否存在将不符合小微企业条件客户人为调整为小微企业，致使信用风险加权资产计量不准确。

3. 规避流动性风险指标。主要内容包括但不限于：

（1）是否存在利用票据业务，以票吸存虚增存贷款规模；

（2）是否存在通过同业业务倒存，将同业存款变为一般性存款；

（3）是否存在协助同业机构违规将同业存款变为一般性存款等；

（4）是否存在违规开展资金池理财业务，理财产品期限严重错配，通过滚动发售、混合运作、分离定价，发行分级理财产品或理财产品与代销产品之间相互交易，调节流动性，隐匿流动性风险；

（5）是否通过将非标资产人为调整按照标准资产核算，影响流动性指标；

（6）是否将理财资金转为一般性存款。

4. 规避其他类指标。主要内容包括但不限于：

（1）是否通过理财业务与自营业务之间相互交易，规避信贷规模控制或将自营资产出表或减低信用风险加权资产；

（2）是否通过违规办理同业代理转贴现业务，隐匿信贷资产规模；

（3）表外理财业务违规通过人为调整将非标准化转为标准化，突破非标监管指标；

（4）是否存在利用“卖断+买入返售+到期买断”、“假买断、假卖断”、附加回购承诺等交易模式，调节信贷指标；

（5）是否存在倒换业务类型，提增中间业务收入等；

（6）是否存在多头开户、多头借款、多头互保突破集团客户集中度要求；

（7）是否存在通过重分类债券投资调整利润，债券投资未准确估值或提足拨备；

（8）是否为违规交易场所提供承销、开户、托管、资产划转、代理买卖、投资咨询、保险等服务；

（9）是否存在本行自营资金购买本行理财产品现象。

（二）规避监管政策违规套利

1. 违反宏观调控政策套利。重点检查银行业金融机构是否贯彻落实国家行业调控政策和信贷调控政策。包括但不限于：

（1）信贷资金是否借道建筑业或其他行业投向房地产和“两高一剩”行业领域；

（2）是否通过同业业务和理财业务或拆分为小额贷款等方式，向房地产和“两高一剩”等行业领域提供融资；

（3）是否通过同业非标投资、理财投资等方式，继续对“僵尸企业”以及环保排放不达标、严重污染环境且整改无望的落后企业提供授信；

（4）是否违反落实新预算法和国务院关于地方政府性债务管理的有关要求，通过产业基金、委托贷款等方式提供融资放大政府性债务，通过产业基金等进行非标资产投资等；

（5）是否发放虚假用途的贷款用于股票或理财投资；

（6）是否人为调整企业标准形态，完成小微企业贷款“三个不低于”目标。

2. 违反风险管理政策套利。重点检查包括但不限于：

（1）是否放松风险管理或授信条件，以形式审查替代实质审查，为不符合条件的客户办理授信业务；

（2）是否放松信用证结算管理使企业挪用信用证结算回款，套取银行信用；

（3）是否给予企业进出口两端双重融资或开立与业务周期严重错配的信用证；

（4）是否开展三方或以上交易对手之间的买入返售或卖出回购业务；

（5）是否使用不符合监管规定的金融资产办理买入返售（卖出回购）业务；

（6）是否规避自营贷款尽职调查、风险审查和风险管理要求，通过非标准化债权同业投资业务和理财产品非标准化债权资产投资提供授信融资；

（7）是否存在银行名义上代销主动管理类信托产品，实际主导相关项目选择、尽职调查、审批以及贷后管理，并与信托公司签订隐性回购条款的情形。

3. 利用不正当竞争套利。重点检查包括但不限于：

（1）是否依据虚假的合同、增值税发票、银行进账单、他项权证以及审计报告等办理授信业务；

（2）是否向不符合固定资产贷款标准的企业和项目改为发放流动资金贷款；

（3）是否与企业签订债权债务抵销协议，为企业在会计报表中抵销金融资产和负债提供便利；

（4）是否与中介合作，离行离柜办理无

真实贸易背景票据贴现非法牟利；

（5）是否通过票据业务为他行隐匿、消减信贷规模提供“通道”；

（6）是否通过签订“阴阳合同”或抽屉协议等行为为非保本理财提供保本承诺；

（7）是否存在将本行票据业务完全授信给第三方非金融机构办理。

4. 增加企业融资成本套利。重点检查包括但不限于：

（1）是否强制设定条款或协商约定将部分贷款转为存款；

（2）是否以存款作为审批和发放贷款的前提条件；

（3）是否要求客户接受不合理中间业务或其他金融服务收取费用；

（4）是否将利息分解为费用收取，变相提高利率；

（5）是否在发放贷款或以其他方式提供融资时强制捆绑搭售理财、保险、基金等金融产品；

（6）是否笼统将贷款利率上浮至最高限额；

（7）是否将经营成本以费用形式转嫁给客户；

（8）是否对小微企业贷款收取承诺费、资金管理费；

（9）是否对小微企业及其增信机构严格执行限制收取财务顾问费、咨询费等费用；

（10）是否承担抵押登记费。

三、空转套利

空转套利是指银行业金融机构通过多种业务使资金在金融体系内流转而未流向实体经济或通过拉长融资链条后再流向实体经济来获取收益的套利行为。

（一）信贷“空转”

主要内容包括但不限于：

（1）是否存在以虚增存款和中间业务收入为目的为企业组合办理表内外融资业务，拉长融资链条、造成资金低效空转、增加企业负担的现象；

（2）是否存在以本行表内表外融资违规置换他行表内表外融资等方式，用于企业举新债还旧债，资金未被真正用于生产经营的现象；

（3）多头过度授信集团企业及个人信用贷款领域，是否存在信贷资金被挪用于委托贷款、理财、信托、证券市场等现象；

（4）是否存在违规发放“搭桥贷款”，套取银行资金进行民间借贷及投向高利率行业的现象。

（二）票据“空转”

主要内容包括但不限于：

（1）是否存在循环开立无真实贸易背景的承兑汇票并办理贴现，套取保证金，虚增存款和中间业务收入的情况；

（2）是否存在通过组合运用卖断、买入返售、买断转贴等方式，将票据在资产负债表内转移出去逃避信贷规模管控、赚取买卖差价的行为；

（3）是否存在借助跨业合作通道，通过信托、券商等“通道”模式，运用理财资金投资票据资产的行为；

（4）是否存在违规办理不与交易对手面签、不见票据、不出资金、不背书的票据转贴现“清单交易”业务；

（5）是否存在违规配合客户办理无风险敞口、无真实贸易背景银行承兑汇票业务进行套利导致资金在银行体系空转。

（三）理财“空转”

主要内容包括但不限于：

（1）是否存在以理财资金购买理财产品的现象；

（2）是否存在非银机构利用委外资金进一步加杠杆、加久期、加风险等现象；

（3）是否存在理财资金为各类监管套利提供支持的情况；

（4）是否存在利用同业理财购买本行同业存单现象；

（5）简述本行理财资金委外规模（主要指购买券商、保险、基金、信托、期货等各类机构发行的资产管理计划）以及主动管理和非主动管理的规模情况，并列明简要交易结构。

（四）同业“空转”

主要内容包括但不限于：

1. 同业资金空转。

（1）是否存在通过同业存放、卖出回购等方式吸收同业资金，对接投资理财产品、资管计划等，放大杠杆、赚取利差的现象；

（2）是否存在通过同业投资等渠道充当他行资金管理“通道”，赚取费用，而不承担风险兜底责任的现象（信托公司开展的风险管理责任划分清晰的事务管理类信托除外）；

（3）是否存在通过同业绕道，虚增资产负债规模、少计资本、掩盖风险等现象。

2. 同业存单空转。

是否通过大量发行同业存单，甚至通过自发自购、同业存单互换等方式来进行同业理财投资、委外投资、债市投资，导致期限错配，加剧流动性风险隐患；延长资金链条，使得资金空转套利，脱实向虚。

四、关联套利

关联套利是指银行业金融机构通过利用所掌握的关联方或附属机构资源，通过设计交易结构、模糊关联关系和交易背景等形式，规避监管获取利益的套利行为。

（一）违规向关联方授信、转移资产或提供其他服务

1. 违反或规避限制性政策规定。主要内容包括但不限于：

（1）是否存在以降低定价标准、贷款贴息、腾挪收益、显性或隐性承诺等方式变相优化关联交易条件的情况；

（2）是否存在向关联方的融资行为提供显性或隐性担保的情况；

（3）是否存在通过掩盖或不尽职审查关联关系、少计关联方与商业银行的交易、以不合格风险缓释因素计算对关联方授信风险敞口、“化整为零”等方式，规避重大关联交易审批的情况；

（4）是否存在借道其他银行、信托、证券等同业机构向关联方间接提供授信资金，规避向已发生授信损失的关联方授信的情况；

（5）是否存在通过投资关联方设立的基金、合伙企业等，违规转移信贷资产，并规避关联交易审批的情况；

（6）是否通过关联方进行利益输送、调节收益及本行资产负债表等行为。

2. 违反或规避关联授信集中度控制。主要内容包括但不限于：

（1）向关联方所在集团统一授信是否覆盖全部关联企业，是否存在通过掩盖或不尽职审查关联方的关联关系，规避关联授信集中度控制的情况；

（2）是否存在未按“穿透原则”认定关联方和关联方所在集团授信或未真实反映风险敞口，规避关联授信集中度控制的情况。

3. 违反或规避股权管理规定。主要内容包括但不限于：

（1）是否存在通过掩盖关联关系、股权代持、股权转让等方式，违规超比例持有商业银行股权、变更持股或股份总额5%以上股东的情况；

（2）在增资扩股、引入战投、员工持股、股权激励等实施过程中，是否存在股权定价偏低、“低买高卖”等违规向关联方、高管层等输送利益的情况；

（3）是否存在以股权提供质押反担保等变相接受本行股权作为质押提供授信的情况；

（4）股东质押本行股权，是否存在高估股权价值，套取信贷资金、放大股权风险的情况。是否存在通过控制关联子公司并为子公司提供资金等方式间接控制本行或他行股权。

（二）违反或规避并表管理规定

主要内容包括但不限于：

1. 是否存在未将商业银行具有实质控制权的机构，或借道理财、代销、同业等渠道通过复杂交易结构设立且商业银行具有实质控制权或重大影响的合伙企业、合伙制基金等被投资机构，或业务、风险、损失等对商业银行集团造成重大影响的被投资机构等纳入并表范围，规避资本、会计或风险并表监管的情况，并表处理是否全面合规；

2. 是否存在借道相关附属机构，利用内部交易转移资产，调节业务规模以及不良、拨备、资本等监管指标的情况；

3. 是否存在利用境内外附属机构变相投资非上市企业股权、投资性房地产，或规避房地产、地方政府融资平台等限制性领域授信政策的情况；

4. 同一或关联客户是否借道银行集团各附属机构，特别是信托公司、金融租赁公司、证券公司、保险公司、资产管理公司等机构，通过复杂交易结构和安排进行融资，形成不正当利益输送，侵害其他投资者或客户权益，或规避监管政策限制、关联集中度控制等情况；

5. 是否通过购买 QDII 产品等投资国内房地产企业在境外发行的债券。

中国银监会办公厅关于开展银行业“不当创新、不当交易、不当激励、不当收费”专项治理工作的通知

（银监办发〔2017〕53 号）

各银监局，各政策性银行、大型银行、股份制银行，邮储银行，外资银行，金融资产管理公司，其他会管金融机构，各协会：

为进一步提升银行业服务实体经济质效，规范经营行为，维护金融秩序，防控金融风险，决定自 2017 年 4 月起开展银行业“不当创新、不当交易、不当激励、不当收费”（以下简称“四不当”）专项治理工作。现就有关要求通知如下：

一、目标导向

推动银行业金融机构按照回归本源、专注主业的要求强化合规意识，规范经营行为，自觉维护良好金融秩序。按照“有利于提升服务实体经济的效率、有利于降低金融风险、有利于保护投资者合法权益”原则开展金融创新，不断强化风险管理和内部控制，确保金融创新与自身风险管理和风险承受能力相匹配，有效管控新业务、新产品面临的各类风险，牢牢守

住不发生系统性风险的底线。

二、工作安排

（一）机构自查

1. 组织开展。各银行业金融机构负责组织实施本机构自查，并与排查市场乱象相结合。银监会各机构监管部门及各银监局负责组织推动银行业金融机构的自查，并对自查工作进行指导。

2. 自查要求。各银行业金融机构均应开展自查，上级机构要对下级机构自查情况进行检查。自查应全面覆盖体制、机制、系统、流程、人员及业务。业务范围为 2016 年末有余额的各类业务，必要时可以适当延伸。自查和“上查下”要留有痕迹，以备监管检查。各银行业金融机构要根据检查要点（详见附件 1），结合自身特点细化自查方案，认真组织实施，落实风险管控主体责任。自查发现案件线索的，要及时向监管部门报告，并依法移送司法机关。

对应查未查、应发现未发现、应处未处和处理不到位的问题，监管部门应依法从重处罚。

（二）监管检查

1. 组织开展。银监会直接监管的法人机构由政策银行部、大型银行部、股份制银行部、外资银行部、非银部根据监管职责分别负责，其分支机构由各银监局按照银监会相应机构监管部门的要求实施监管检查。各银监局负责对辖内法人机构的监管检查，城市银行部、农村金融部、外资银行部、信托部、非银部根据监管职责进行指导。

2. 检查要求。各相关机构监管部门、各银监局要结合实际情况，根据本工作要点细化检查方案，检查机构的数量和业务比例结合被监管机构的风险点和业务量自行确定。检查业务范围为 2016 年末有余额的各类业务，必要时可以适当延伸。对于已列为银监会 2017 年度现场检查计划的项目，要将“四不当”专项治理工作内容纳入检查范围。各银监局监管检查原则上采取“双随机”方式进行，应实现辖内机构类型全覆盖。

3. 监管措施。银监会各机构监管部门和各银监局应结合机构自查、监管检查和日常监管掌握的问题，提出针对性的监管意见，一行一策，督促机构严格整改问责，并视情况采取责令暂停业务、停止批准开办新业务、停止，批准增设分支机构、责令调整董事及高管等审慎监管措施。

三、报告要求

（一）机构自查报告

1. 报告路径。各银行业金融机构法人应在汇总分支机构自查情况基础上，于 2017 年 7 月 15 日前将自查报告（文字及附表）送银监会机构监管部门，各地方法人机构将自查报告报送至属地银监局。银行业金融机构各级分支机构应将本级自查报告抄送属地银监局。对自查发现的重大违规问题，应及时专题报送。

2. 报告要求。机构自查报告应由主要负责人签发，内容应包括：一是自查工作组织实施情况；二是内部规制与合规机制基本情况及总体评价；三是自查发现的主要问题和影响；四是问题存在的原因及分析；五是整改和问责工作的具体情况，包括已（拟）采取的整改和问责措施、未能及时整改和问责问题的说明、整改和问责进度安排、责任部门和责任人等，并附整改问责台账。

（二）分机构类别汇总报告

1. 报告路径。各银监局按机构类别（城市商业银行、农村中小金融机构、外资银行、信托公司、其他非银机构，农村中小金融机构进一步分为农村商业银行和农村合作银行、农村信用社、村镇银行，其他非银机构进一步分为金融租赁公司、财务公司、汽车金融公司、消费金融公司、货币经纪公司）形成本辖区汇总报告（含附表），于2017年8月15日前报送银监会相应机构监管部门，抄送银监会创新部。银监会各机构监管部门按照机构类别（政策性银行和邮储银行、大型银行、股份制银行、城市商业银行、农村中小金融机构、外资银行、信托公司、其他非银机构）形成本条线汇总报告，于2017年9月15日前报送创新部。

2. 报告要求。报告应包括：一是机构自查和整改问责情况机构内部规章及合规管理机制建设和执行的总体情况；二是监管检查的组织实施情况；三是自查和监管检查发现的主要问题及影响；四是对问题原因的分析；五是拟采取的监管措施和行政处罚措施；六是相关政策建议等。对重大违规问题和典型案例，请及时专题报送银监会创新部。

（三）总结报告

银监会创新部根据各机构监管部门提供的分机构类别汇总报告，汇总形成“四不当”专项治理工作总结报告。

四、工作要求

（一）提高思想认识。银行业金融机构和各级监管部门要充分认识“四不当”专项治理工作的重要性，以高度的责任感组织开展专项治理和问责整改，坚持问题导向，明确组织机制，严格落实责任，确保工作质量。

（二）严肃工作纪律。各级监管部门要严格贯彻落实中央“八项规定”精神，自觉遵守各项制度规定，做好保密工作，依法廉洁开展检查工作。对违反各项纪律的行为要坚决纠正，严肃查处。

（三）加强统筹协调。本次“四不当”专项治理要与市场乱象整治工作统筹安排。各银监局和会机关相关监管部门要确定一名局级领导牵头负责，指定一名处级干部担任联络人，并于4月12日前将联络人名单和联系方式提供创新部。各机构监管部门、各银监局根据专项治理的任务分工可相应建立联络机制。在专项治理实施过程中，遇有涉及跨省业务问题线索或需跨省监管协作的，相关机构监管部门应加强指导和协调，由相关银监局协助属地银监局做好核查工作。

中国银行业监督管理委员会办公厅
2017年4月6日

附件1

银行业“不当创新、不当交易、不当激励、不当收费”专项治理检查要点

一、不当创新方面

（一）治理机制

董事会和高级管理层是否知悉本机构的金融创新业务、运行情况以及市场状况；是否准确认识金融创新活动的风险，是否定期评估、审批金融创新政策和各类新产品的风险限额，使金融创新活动限制在可控的风险范围之内。

（二）管理制度与流程

（1）本机构是否建立并实施开展金融创新的内部管理制度和程序，评估开发新产品、对现有产品进行重大改动、拓展新的业务领域、设立新机构、从事重大收购和投资等可能

带来的风险，采取有效措施对创新业务或产品进行科学的风险评估和风险定价；

（2）是否针对上述经营活动建立内部审批流程，要求上述经营活动需事先得到风险管理部门、法律部门/合规部门的审核同意，并获得董事会或其授权的专门委员会批准；

（3）是否对快速发展的新产品和新业务以及存在潜在重大风险的业务领域进行专项压力测试，有效测试识别新产品和新业务等可能对银行持续经营带来的重大影响。

二、不当交易方面

（一）银行同业业务

1. 同业投资业务方面

（1）是否对特定目的载体投资实施了穿透管理至基础资产，是否存在多层嵌套难以穿透到基础资产的情况；

（2）是否进行了严格的风险审查和资金投向合规性审查；

（3）是否按照实质重于形式原则，根据所投资基础资产的性质，足额计量资本和拨备；

（4）是否将穿透后的基础资产纳入对应最终债务人的统一授信管理和集中度管控。

2. 同业融资业务方面

（1）买入返售（卖出回购）业务项下金融资产是否符合规定；

（2）卖出回购方是否存在将业务项下的金融资产转出资产负债表等行为。

3. 监管指标执行方面

（1）同业借款业务期限是否超过三年，其他同业融资业务期限是否超过一年，业务到期后是否展期；

（2）单家商业银行对单一金融机构法人的不含结算性同业存款的同业融出资金，扣除风险权重为零的资产后的净额，是否超过银行一级资本的50%；

（3）若将商业银行所持有的同业存单计入同业融出资金余额，是否超过银行一级资本的50%；

（4）商业银行同业融入资金余额是否超过负债总额的三分之一；

（5）若将商业银行发行的同业存单计入同业融入资金余额，是否超过银行负债总额的三分之一。

4. 内部管理方面

（1）是否违规对同业业务接受或提供了直接或间接、显性或隐性的第三方金融机构信用担保；

（2）是否存在通过同业业务转出资产但信用风险仍保留在本机构，同时该资产未按照原风险状态进行分类的情况；

（3）是否对同业业务交易对手进行集中统一的名单制管理，是否定期评估交易对手信用风险、动态调整交易对手名单。

（二）银行理财业务

1. 组织管理体系方面

银行理财业务的组织管理体系是否完善，是否按照单独核算、风险隔离、行为规范、归口管理的要求设立专门的理财业务经营部门，负责集中统一经营管理全行理财业务。

2. 投资运作方面

2.1 资金池运作

是否对每只理财产品实施单独管理、单独建账和单独核算；是否开展了滚动发售、混合运作、期限错配、分离定价的资金池模式理财业务。

2.2 不当交易行为

（1）是否存在理财产品投资本行或他行发行的理财产品的行为；

（2）是否存在本行理财产品之间相互交易，相互调节收益的行为；

（3）是否存在代客理财资金用于本行自营业务的行为；

（4）是否存在本行自有资金购买本行发行的理财产品的行为；

（5）是否存在本行信贷资金为本行理财产品提供融资和担保的行为；

（6）理财产品与本行发生的关联交易行为，是否符合市场交易和公平交易原则。

2.3　理财投资合作机构

（1）是否存在委托非金融机构作为理财投资合作机构对理财资金进行投资管理，或者理财产品投资非金融机构发行的产品的情形；

（2）是否对理财投资合作机构实施名单制管理，建立了合作机构准入标准和程序、存续期管理、信息披露义务及退出机制。

3. 资金投向方面

3.1　债权资产投资

（1）是否存在理财产品直接投资信贷资产，直接或间接投资于本行信贷资产及其受（收）益权的行为；

（2）是否存在面向非机构客户发行的理财产品直接或间接投资于不良资产、不良资产支持证券或不良资产受（收）益权的行为；

（3）是否准确统计理财资金非标准化债权资产的规模，以及该项资产余额在任何时点是否超过理财产品余额的35%或本行上一年度审计报告披露总资产的4%；

（4）是否比照自营贷款管理流程，对非标准化债权资产投资进行投前尽职调查、风险审查和投后风险管理；

（5）是否按照规定向投资者充分披露理财产品投资非标准化债权资产的情况。

3.2　权益类资产投资

是否存在面向一般个人客户销售的理财产品投资权益类资产的行为。

3.3　隐性担保或回购

是否为非标准化债权资产或股权性资产融资提供任何直接或间接、显性或隐性的担保或回购承诺。

4. 保本型理财产品管理方面

是否对保本型理财产品准确进行会计核算，按照存款管理并纳入存款准备金的缴纳范围。

（三）信托业务

1. 信托公司内部或信托公司之间的不当交易方面

（1）信托公司是否通过信托中信托（TOT）业务规避监管，如隐匿信托产品风险、变相开展“非标资金池”业务、规避结构化产品杠杆比例要求、突破合格投资者标准和信息披露要求等；

（2）是否存在以固有资金直接或间接接盘信托风险资产，但风险揭示和拨备计提不足等情形；

（3）信托公司之间的其他不当交易。

2. 信托公司与银行之间的不当交易方面

（1）信托公司与银行开展各项业务合作时，是否存在未以合同形式明确各参与方风险管理责任、可能导致法律纠纷或投资者投诉的情形；

（2）与银行开展代销业务合作时，是否存在名义上由银行代销主动管理类信托产品，实际上由银行主导相关项目的选择、尽职调查、审批以及贷后管理，并与代销银行签订隐性回购条款的情形；

（3）是否通过安排显性或隐性回购条款等方式帮助银行转移信贷资产，助其腾挪、隐匿风险或规避相关监管要求；

（4）金融机构作为委托人投资信托产品时，信托公司是否存在接受银行等第三方金融机构以保函等方式提供显性或隐性担保的情形；

（5）银信之间的其他不当交易。

3. 信托公司与其他资管机构（证券基金期货经营机构、保险机构及其持牌资管子公司）之间的不当交易方面

（1）是否存在信托产品与资管产品相互投资，但未以合同形式明确风险管理责任、可能导致投资者纠纷的情形；

（2）是否存在信托公司通过投资资管产品，变相扩大投资范围、隐匿资金流向或突破杠杆比例等监管要求的情形；

（3）是否存在信托产品通过资管产品汇集非合格投资者资金等违规情形；

（4）信托公司与资管机构之间的其他不当交易。

4. 信托公司与非金融机构之间的不当交易方面

（1）信托公司聘请非金融机构作为证券投资信托投资顾问时，是否存在未有效履行资质审查、尽职调查及后续监督义务的情形；

（2）是否委托第三方非金融机构推介信托产品；

（3）是否作为融资渠道或放款通道，为中介机构发放个人购房首付款提供便利；

（4）信托公司与非金融机构之间的其他不当交易。

三、不当激励方面

（一）考评指标设置

（1）本机构绩效考评指标设置是否涵盖监管规定的合规经营类、风险管理类、经营效益类、发展转型类、社会责任类五类指标；

（2）经营效益类指标是否以风险调整后收益指标为核心确定分值和权重，是否考虑资产期限及风险延期暴露等因素，并相应设置中长期资产收益对经营效益类指标的贡献度；

（3）合规经营类指标和风险管理类指标权重是否明显高于其他类指标；

（4）是否设立时点性规模考评指标；

（5）是否在综合绩效考评指标体系外设定单项、业务条线或临时性考评指标；

（6）是否设定没有具体目标值、单纯以市场份额或市场排名为要求的考评指标；

（7）分支机构是否自行制定考评办法或提高考评标准及相关要求；

（8）本机构考评对象存在被采取监管措施或行政处罚、发生案件、不规范经营行为的，是否相应调低相关指标的考评等级或得分。

（二）考评机制管理

（1）是否依据董事会或相关经营决策层批准的年度经营计划，制定绩效考评制度和指标体系；

（2）是否指定专门部门负责绩效考评的制度建设、组织实施和质量控制；

（3）本机构审计和监察部门是否对绩效考评实施情况进行检查，并对将业务费用变相作为绩效奖励、弄虚作假、违规操作等问题进行严肃问责；

（4）是否建立对利润等指标的动态调整机制，在市场环境发生重大变化时，能够及时调整利润目标。

（三）薪酬支付管理

（1）薪酬支付期限是否与相应业务的风险持续时期保持一致，是否根据不同业务活动的业绩实现和风险变化情况合理确定薪酬的支付时间；

（2）针对高级管理人员以及对风险有重要影响岗位上的员工，是否按监管规定设置绩效薪酬的发放比例和延期支付期限；

（3）是否按监管规定建立了绩效薪酬延期追索、扣回制度并有效实施；

（4）是否按监管规定的标准，根据风险类指标管控情况对当年绩效薪酬实施控制。

四、不当收费方面

（一）收费行为规范

（1）向客户收取服务费用时，是否有对应明确的服务内容，是否存在无实质性服务、未提升实质性效率的收费项目，以及多收费、少服务，超出价格目录范围收费的行为；

（2）是否存在以贷转存、存贷挂钩、以贷收费、浮利分费、借贷搭售收费、一浮到顶、转嫁成本等七类附加不合理贷款条件的违法违规行为；

（3）是否严格执行政府指导价（政府定价）目录和收费规定。

（二）价格信息披露

（1）是否制定收费价目名录并按规定统一收费项目名称等要素；

（2）是否按照规定在本行营业场所和网站主页等醒目位置及时、准确公示本行实行政府指导价、政府定价和市场调节价的服务项目等；

（3）本行提高市场调节价收费水平或新设市场调节价收费项目前，是否至少提前3个月进行公示；

（4）本行为客户提供服务时，是否事前告知相关服务项目、服务价格、优惠措施（含生效和终止日期），并在客户确认接受该服务价格后，提供相关服务。

（三）内部管理程序

（1）是否由总部统一制定和调整本行实行市场调节价的收费项目，并按照监管规定的程序实施；

（2）是否指定一个部门牵头负责服务价格管理工作，并建立了服务价格内部审批制度；

（3）是否建立了明确的价格行为违规问责机制和内部处罚措施；

（4）是否建立了服务价格投诉管理制度，明确客户投诉登记、调查、处理、报告等事项的管理流程、负责部门和处理期限；是否设立统一的投诉电话、书面投诉联系方式等渠道并醒目公示。

中国银监会关于提升银行业服务实体经济质效的指导意见

（银监发〔2017〕4号）

各银监局，机关各部门，各政策性银行、大型银行、股份制银行，邮储银行，外资银行，金融资产管理公司，其他会管金融机构，各协会：

根据党中央、国务院有关决策部署，银行业要按照风险可控、商业可持续原则，坚持以供给侧结构性改革为主线，深化改革、积极创新、回归本源、专注主业，进一步提高服务实体经济的能力和水平。现就提升银行业服务实体经济质效提出以下具体指导意见。

一、围绕“三去一降一补”，提升银行业服务实体经济水平

（一）深入实施差异化信贷政策和债权人委员会制度。银行业金融机构要切实提升经营管理的精细化程度，进一步完善区别对待、有保有控的差别化信贷政策，细化分类名单制管理。对于长期亏损、失去清偿能力和市场竞争力的“僵尸企业”，以及包括落后产能在内的

所有不符合国家产业政策的产能，坚决压缩退出相关贷款，稳妥有序实现市场出清。对于产能过剩行业中技术设备先进、产品有竞争力、有市场、虽暂遇困难但经过深化改革和加强内部管理仍能恢复市场竞争力的优质骨干企业，继续给予信贷支持。要继续推广债权人委员会制度，进一步完善债权银行信息共享、客户评价、联合授信等机制，确保一致行动，加强与企业、地方政府之间的沟通协作。

（二）多种渠道盘活信贷资源，加快处置不良资产。在深入推进去产能过程中，银行业金融机构要增强主动服务意识，加强与地方政府协作，拓宽企业兼并重组融资渠道，积极运用重组、追偿、核销、转让等多种手段，加快处置不良资产。在依法合规、风险可控的前提下，支持银行业金融机构开展资产证券化、信贷资产流转等业务盘活信贷资源，鼓励金融资产管理公司、地方资产管理公司等积极参与不良资产处置。积极推动和配合有关部门研究完善银行不良贷款处置制度和相关税收政策。

（三）因地因城施策，促进房地产市场长期稳健发展。银行业金融机构要牢牢把握住房的居住属性，分类调控、因城施策，落实差别化住房信贷政策。严禁资金违规流入房地产市场，严厉打击“首付贷”等行为，切实抑制热点城市房地产泡沫。支持居民自住和进城人员购房需求，推动降低库存压力较大的三四线城市房地产库存。持续支持城镇化建设、房屋租赁市场发展和棚户区改造，加大棚改货币化安置力度。

（四）积极稳妥开展市场化债转股。银行业金融机构应按照市场化、法治化原则，与相关市场主体自主协商确定转股对象、转股债权以及转股价格和条件，确保银行债权洁净转让、真实出售，有效实现风险隔离，严防道德风险。支持银行充分利用现有符合条件的实施机构或申请设立符合规定的新机构开展市场化债转股。

（五）进一步提升服务质量，加强服务收费管理。银行业金融机构要牢固树立以客户为中心的理念，努力提升金融服务质量和层次，切实帮助客户防范融资风险、降低资金成本。要严格落实服务价格相关政策法规，大力整治不当收费行为。持续开展减费让利，对于能在利差中补偿的，不再另外收费。对于必须保留的补偿成本性收费，严格控制收费水平。对于巧立名目、变相收费增加借款人负担的，一律取消。对于个性化服务、定制化服务等，按照市场规则规范管理，有效降低企业成本。

（六）持续提升“三农”和小微企业金融服务水平。银行业金融机构要积极支持农业供给侧结构性改革，为新型农业经营主体和农村电商、休闲农业、乡村旅游等新产业新业态提供有效金融服务，稳妥推进农村集体经营性建设用地使用权、农民住房财产权、农村承包土地经营权抵押贷款试点。继续推进农村信用社改革，强化服务“三农”功能。要按照相关监管政策要求，继续细化落实小微企业续贷和授信尽职免责制度。要进一步推广“银税互动”“银商合作”“双基联动”等服务模式和动产抵（质）押融资等业务。要结合企业生产经营周期性特点，深入开展现金流预测和风险分析，合理确定贷款期限。要进一步完善“四单”等金融扶贫工作机制，落实扶贫小额信贷分片包干责任，继续扩大建档立卡贫困户的扶贫小额信贷覆盖面。支持银行业金融机构向贫困地区延伸机构和服务，提升金融精准扶贫效率。

（七）大力支持国家发展战略，满足重点领域金融需求。银行业金融机构要大力支持京津冀协同发展、长江经济带发展。在风险可控前提下，遵循国际通行规则，为“一带一路”建设提供长期、稳定、可持续的金融服务。根据西部开发、东北振兴、中部崛起、东部率先的区域发展总体战略，精准支持对宏观经济和区域经济具有重要带动作用的重点项目和工程。在能源、交通、电信、水利等重大基础设施领域和城市轨道交通、地下管廊、供水供电等城市建设领域，要继续发挥重要支持作用。要积极总结推广自贸试验区金融改革实践经验。

（八）积极推动产业转型升级和支持振兴实体经济。银行业金融机构应围绕《中国制造2025》重点任务提高金融服务水平，支持关键共性技术研发和科技成果转化应用，切实加强对企业技术改造中长期贷款支持，积极运用信贷、租赁等多种手段，支持高端装备领域突破发展和扩大应用。要加强与外贸企业、信用保险机构、融资担保机构和地方政府的合作，扩大保单融资和出口退税账户质押贷款，提升外贸综合金融服务质效。在风险可控前提下，对国际产能合作和外贸企业收购境外品牌、建设营销体系等加大信贷支持。鼓励银行业金融机构向企业提供以品牌为基础的商标权、专利权质押贷款，大力支持我国自主品牌发展。

（九）深入推进消费金融和支持社会领域企业发展。银行业金融机构要进一步拓展消费金融业务，积极满足居民在大宗耐用消费品、新型消费品以及教育、旅游等服务领域的合理融资需求。要积极创新有利于医疗、养老、教育、文化、体育等社会领域企业发展的金融产品，探索股权、收益权、应收账款以及其他合规财产权利质押融资，促进激发社会领域投资活力。

（十）加快发展绿色金融助力生态环境保护和建设。银行业自律组织要加快建立绿色银行评价体系。鼓励银行业金融机构通过发行绿色金融债、开展绿色信贷资产转让等方式多渠道筹集资金，加大绿色信贷投放，重点支持低碳、循环、生态领域融资需求。银行业金融机构要坚决退出安全生产不达标、环保排放不达标、严重污染环境且整改无望的落后企业。

二、推进体制机制改革创新，提高银行业服务实体经济内生动力

（十一）继续完善和加强公司治理。银行业金融机构要充分认识有效支持实体经济对银行业长期稳健发展的重要意义，自觉按照回归本源、专注主业、下沉重心的原则，确立科学的发展理念和战略方向，加强决策、执行、监督、评价等治理机制建设。加快完善全面风险管理体系，培育良好的风险文化。要围绕服务实体经济本源，切实改进激励约束机制，纠正过于追求短期股东回报和收益、忽视客户服务和长期稳健发展的绩效考评体系。

（十二）持续深化普惠金融机制改革。银行业金融机构应深入落实普惠金融发展规划，完善配套管理流程和考核机制，立足机会平等和商业可持续原则，进一步提高金融服务的覆盖率、可得性和满意度。鼓励银行业金融机构根据自身情况，探索采用事业部、专营机构、子公司等形式，形成多层次的普惠金融服务专业化组织体系。鼓励大中型商业银行设立普惠金融事业部，国有大型银行要率先做到，实行差别化考核评价办法和支持政策，有效缓解中小微企业融资难、融资贵问题。国有大型银行、股份制银行、城市商业银行要在有效防控风险前提下，合理赋予县域分支机构业务审批权限，提高县域信贷业务办理效率。

（十三）积极稳妥创新服务模式和技术流程。稳妥有序推进投贷联动试点，试点银行要加快完善投贷联动业务内部管理制度和流程，积极支持科创企业发展。银行业金融机构应积极运用互联网、大数据、云计算等信息科技手段，缓解银企信息不对称，提高风险识别和定价能力，加强线上线下联动，丰富产品和服务渠道，优化内部流程，提高管理效率。银行业金融机构依法合规开展理财、信托等多元化业务，应引导资金直接投向基础设施、农业、制

造业和服务业等实体经济领域。

（十四）进一步发挥开发性政策性金融作用。国家开发银行和政策性银行应坚守自身职能定位，突出开发性和政策性主业，发挥各自优势，以服务国家战略、审慎合规经营、有效管控风险和保本微利为原则，淡化规模类、增长类、盈利类考核指标。国家开发银行和中国农业发展银行应在风险可控的前提下，进一步提高专项建设基金的投资使用效率。鼓励国家开发银行、政策性银行探索与地方法人银行合作开展小微企业金融服务。

（十五）有序推动民间资本进入银行业。有序推进民营银行设立工作，落实民营银行监管指导意见。继续支持符合条件的民间资本发起设立消费金融公司、金融租赁公司、企业集团财务公司、汽车金融公司和参与发起设立村镇银行。推动完善银行业金融机构股东管理制度，加强控股股东行为约束和关联交易监管，严禁控股股东不当干预银行业金融机构正常经营管理。

三、强化重点领域监管约束，督促银行业回归服务实体经济本源

（十六）确保业务规范性和透明度。银行业金融机构要加强合规管理，严格遵守信贷、同业、理财、票据、信托等业务监管规定，提高产品和服务透明度。开展跨业、跨市场金融业务，要按照减少嵌套、缩短链条的原则，穿透监测资金流向，全面掌握底层基础资产信息，真实投向符合国家政策的实体经济领域。要按照实质重于形式的原则，加强风险管理，防止监管套利。充分发挥银行业理财登记托管中心、银行业信贷资产登记流转中心、中国信托登记公司等机构的作用，确保相关业务规范透明、风险可控。

（十七）加强创新业务制度建设和风险管理。银行业金融机构要持续提升对实体经济客户需求的研判能力，有针对性地开展业务创新。要系统研究各类创新业务的法律特征和风险实质，按照内控优先、信息透明的原则，将各类创新业务纳入全面风险管理体系，及时健全相关制度和管理流程，并合理控制业务增速、集中度和复杂程度，确保业务发展状况与风险管理能力相匹配。

（十八）杜绝违法违规行为和市场乱象。银行业金融机构要进一步强化股权管理并提高透明度，杜绝违法违规代持银行股份、违规开展关联交易、利益输送等现象，抑制产融无序结合。要按照统筹考虑、审慎把握的原则开展综合化经营试点。要切实自查自纠参与方过多、结构复杂、链条过长、导致资金脱实向虚的交易业务，确保金融资源流向实体经济。

四、推动优化外部环境，完善银行业服务实体经济的基础设施

（十九）加强信用信息归集共享与守信联合激励。各级监管机构要积极推动和配合有关部门建设信用信息共享平台，提高信用信息归集、共享、公开和使用效率，健全守信联合激励机制，在行政管理、公共服务、市场交易和投融资等领域对守信企业实施优惠便利措施。

（二十）完善多方合作的增信和风险分担机制。各级监管机构、银行业金融机构要进一步推广政银保、政银担等多方合作模式，推动有关部门建立健全补偿、代偿、贴保、贴息等相结合的多层次风险分担机制。推动设立国家融资担保基金和地方政府风险补偿基金，完善财政支持的农业信贷担保体系。

（二十一）加大逃废债打击力度。各级监管机构、银行业自律组织、银行业金融机构要继续加强与地方政府、司法机关的信息共享和工作联动，积极推动落实跨部门失信联合惩戒机制，开辟金融案件快立、快审、快判、快执通道，扩大简易程序适用范围，深入开展依法保护银行债权、打击逃废银行债

务活动。

五、加强组织领导和评估交流，确保政策落地实施

（二十二）加强组织领导。银行业金融机构要积极履行提升服务实体经济质效的主体责任，董事会、高管层应将有效服务实体经济纳入公司战略，并与经营目标深度融合。各总行（公司）要强化统筹安排，完善相关机制，确定牵头部门，对照本意见和相关政策，制定实施细则，分解服务实体经济的各项工作任务，与日常经营管理流程有机结合，落实责任，确保各项服务实体经济工作有效开展。

（二十三）强化考核评估。银行业金融机构要将服务实体经济工作纳入综合绩效考核体系，建立评估、检查、审计机制，制定可操作、能问责的工作方案和具体措施，对服务实体经济的成效、不足等进行定期评估考核，提出整改方向，并将结果每半年一次向相关监管机构报告。各级监管机构要将所监管的银行业金融机构服务实体经济工作情况纳入监管评价。

（二十四）促进沟通交流。银行业金融机构要围绕提升服务实体经济质效，加大宣传力度，在服务和产品创新、授信管理、风险防控、机制改革等方面加强沟通。各级监管机构和银行业自律组织要及时解读相关政策要求，积极搭建行业交流平台，建立信息联动发布机制，为银行业服务实体经济营造良好舆论氛围。

中国银行业监督管理委员会

2017 年 4 月 7 日

中国银监会关于银行业风险防控工作的指导意见

（银监发〔2017〕6 号）

各银监局，机关各部门，各政策性银行、大型银行、股份制银行，邮储银行，外资银行，金融资产管理公司，其他会管金融机构：

为贯彻落实中央经济工作会议“把防控金融风险放到更加重要的位置”总体要求，银行业应坚持底线思维、分类施策、稳妥推进、标本兼治，切实防范化解突出风险，严守不发生系统性风险底线。现就银行业风险防控工作提出以下指导意见。

一、加强信用风险管控，维护资产质量总体稳定

（一）摸清风险底数。银行业金融机构要严格落实信贷及类信贷资产的分类标准和操作流程，真实、准确和动态地反映资产风险状况；建立健全信用风险预警体系，密切监测分析重点领域信用风险的生成和迁徙变化情况，定期开展信用风险压力测试。各级监管机构要重点关注逾期 90 天以上贷款与不良贷款比例

超过 100%、关注类贷款占比较高或增长较快、类信贷及表外资产增长过快的银行业金融机构，重点治理资产风险分类不准确、通过各种手段隐匿或转移不良贷款的行为。

（二）严控增量风险。银行业金融机构要加强统一授信、统一管理，严格不同层级的审批权限；加强授信风险审查，有效甄别高风险客户，防范多头授信、过度授信、给“僵尸企业”授信、给“空壳企业”授信、财务欺诈等风险。各级监管机构要重点治理放松授信条件、放松风险管理、贷款“三查”不到位等问题，对辖内银行业金融机构新发生的大额不良贷款暴露，要及时进行跟踪调查。

（三）处置存量风险。银行业金融机构要综合运用重组、转让、追偿、核销等手段加快处置存量不良资产，通过追加担保、债务重组、资产置换等措施缓释潜在风险；通过解包还原、置换担保、救助核心企业、联合授信管理等方式，妥善化解担保圈风险；利用债权人委员会机制，按照“一企一策”原则制定风险处置计划；加强债权维护，切实遏制逃废债行为。

（四）提升风险缓释能力。银行业金融机构要加强资产质量迁徙趋势分析，增加利润留存，及时足额计提资产减值准备，增强风险缓释能力。各级监管机构要对银行业金融机构采取风险缓释措施有效性进行跟踪评估，对风险抵补能力不足的机构，应督促其限期整改；要引导银行业金融机构通过上市融资、增资扩股、发行新型资本工具等措施，提高损失吸收能力。

二、完善流动性风险治理体系，提升流动性风险管控能力

（五）加强风险监测。银行业金融机构要完善流动性风险治理架构，将同业业务、投资业务、托管业务、理财业务等纳入流动性风险监测范围，制定合理的流动性限额和管理方案；提高对重点分支机构、币种和业务领域的关注强度，采取有效措施降低对同业存单等同业融资的依赖度。

（六）加强重点机构管控。各级监管机构要锁定资金来源与运用明显错配、批发性融资占比高的银行业金融机构，实行“一对一”贴身盯防。督促同业存单增速较快、同业存单占同业负债比例较高的银行，合理控制同业存单等同业融资规模。

（七）创新风险防控手段。探索试点城商行、农商行流动性互助机制，发挥好信托业保障基金作用，构筑中小银行业金融机构流动性安全网。

（八）提升应急管理能力。银行业金融机构要加强负债稳定性管理，确保负债总量适度、来源稳定、结构多元、期限匹配；完善流动性风险应对预案，定期开展流动性风险压力测试；加强向央行的报告沟通，运用“临时流动性便利”等工具，满足流动性需求。

三、加强债券投资业务管理，密切关注债券市场波动

（九）健全债券交易内控制度。银行业金融机构要建立贯穿债券交易各环节、覆盖全流程的内控体系，加强债券交易的合规性审查和风险控制。坚持“穿透管理”和“实质重于形式”的原则，将债券投资纳入统一授信。

（十）强化业务集中管理。银行业金融机构应将直接债券投资以及通过特殊目的载体（SPV）、表外理财等方式开展的债券投资纳入统一监测范围，全面掌握资金真实投向和底层债券资产的基本信息、风险状况、交易变动等情况，实现准入集中、数据集中和退出集中管理。

（十一）严格控制投资杠杆。银行业金融机构要审慎开展委外投资业务，严格委外机构审查和名单管理，明确委外投资限额、单一受托人受托资产比例等要求，规范开展债券回购和质押融资，严格控制交易杠杆比率，不得违规放大投资杠杆。

（十二）加强风险监测防控。银行业金融机构要严格债券信用评级准入标准，做好债券投资久期管理。高度关注债券集中到期的企业、出现债券违约的企业，防控债券违约风险向信贷业务传导。各级监管机构要督促风险管理能力薄弱、债券投资占比高的银行合理控制持债余额。

四、整治同业业务，加强交叉金融业务管控

（十三）控制业务增量。银行业金融机构要完善同业业务内部管理架构，确保业务复杂程度与风险管理能力相匹配，审慎开展交叉金融业务。同业业务应由银行业金融机构总部统一管理、集中审批。制定统一的合作机构名单、产品投资目录，严禁与不在名单范围内的机构开展合作，严禁开展投资目录之外的业务。

（十四）做实穿透管理。银行业金融机构要建立交叉金融业务监测台账，准确掌握业务规模、业务品种、基础资产性质、风险状况、资本和拨备等相关信息。新开展的同业投资业务不得进行多层嵌套，要根据基础资产性质，准确计量风险，足额计提资本和拨备。

（十五）消化存量风险。银行业金融机构应全面排查存量同业业务，对多层架构、复杂程度高的业务要制定整改计划。对风险高的同业投资业务，要制定应对策略和退出时间表。

（十六）严查违规行为。各级监管机构要重点检查同业业务多层嵌套、特定目的载体投资未严格穿透至基础资产、未将最终债务人纳入统一授信和集中度风险管控、资本拨备计提不足等问题。

五、规范银行理财和代销业务，加强金融消费者保护

（十七）加强银行理财业务风险管控。银行业金融机构应当确保每只理财产品与所投资资产相对应，做到单独管理、单独建账、单独核算；不得开展滚动发售、混合运作、期限错配、分离定价的资金池理财业务；确保自营业务与代客业务相分离；不得在理财产品之间、理财产品客户之间或理财产品客户与其他主体之间进行利益输送。

（十八）规范银行理财产品设计。银行业金融机构应当按照“简单、透明、可控”的原则设计和运作理财产品，在资金来源、运用、杠杆率、流动性、信息披露等方面严格遵守监管要求；严控嵌套投资，强化穿透管理，切实履行自身投资管理职责，不得简单将理财业务作为各类资管产品的资金募集通道；严格控制杠杆，防范资金在金融体系内自我循环，不得使用自有资金购买本行发行的理财产品。

（十九）加强金融消费者保护。银行业金融机构应当按照风险匹配原则，严格区分公募与私募、批发与零售、自营与代客等不同产品类型，充分披露产品信息和揭示风险，将投资者分层管理落到实处。只有面向高资产净值、私人银行和机构客户发行的银行理财产品，可投资于境内二级市场股票、未上市企业股权等权益类资产。理财产品宣传及销售人员产品营销推介时，应真实、全面介绍产品的性质和特征，明确告知是本机构产品还是其他机构产品、是保本产品还是非保本产品、是有固定收益的产品还是没有固定收益的产品。不得误导客户购买与其风险承受能力不相匹配的理财产品，严格落实“双录”要求，做到“卖者尽责”基础上的“买者自负”，切实保护投资者合法权益。

（二十）审慎开展代销业务。银行业金融机构应当对代销业务实施严格谨慎管理。根据自身风险管理能力、合作机构风险评估情况、代销产品风险等级，合理确定代销业务品种和限额；银行业金融机构总部应对代销业务实行集中统一管理，对合作机构实行名单制管理，对拟代销产品应开展尽职调查，不得仅依据合

作机构的产品审批资料作为产品审批依据；银行业金融机构应明示代销产品的代销属性，不得将代销产品与存款或自身发行的理财产品混淆销售。

六、坚持分类调控、因城施策，防范房地产领域风险

（二十一）分类实施房地产信贷调控。认真落实中央经济工作会议精神，明确住房居住属性。坚持分类调控、因城施策，严厉打击“首付贷”等行为，切实抑制热点城市房地产泡沫，建立促进房地产健康发展的长效机制。

（二十二）强化房地产风险管控。银行业金融机构要建立全口径房地产风险监测机制。将房地产企业贷款、个人按揭贷款、以房地产为抵押的贷款、房地产企业债券，以及其他形式的房地产融资纳入监测范围，定期开展房地产压力测试。加强房地产业务合规性管理，严禁资金违规流入房地产领域。各级监管机构要重点关注房地产融资占比高、贷款质量波动大的银行业金融机构，以及房地产信托业务增量较大、占比较高的信托公司。

（二十三）加强房地产押品管理。银行业金融机构要完善押品准入管理机制，建立健全房地产押品动态监测机制，及时发布内部预警信息，采取有效应对措施。

七、加强地方政府债务风险管控，切实防范地方政府债务风险

（二十四）严格落实《预算法》。银行业金融机构要认真落实《预算法》和《国务院关于加强地方政府性债务管理的意见》（国发〔2014〕43号）要求，不得违规新增地方政府融资平台贷款，严禁接受地方政府担保兜底。

（二十五）规范新型业务模式。银行业金融机构要依法合规开展专项建设基金、政府与社会资本合作、政府购买服务等新型业务模式，明确各方权利义务关系，不得通过各种方式异化形成违规政府性债务。

（二十六）强化融资平台风险管控。各级监管机构要会同有关部门强化地方政府债务全口径监测，指导银行业金融机构配合推进融资平台转型，明晰债权债务关系，防范债权悬空风险。银行业金融机构要紧盯列入预警范围的潜在高风险地区，推动制定中长期债务风险化解规划，有效应对局部风险。

八、稳妥推进互联网金融风险治理，促进合规稳健发展

（二十七）持续推进网络借贷平台（P2P）风险专项整治。严格执行《网络借贷信息中介机构业务活动管理暂行办法》和备案登记、资金存管等配套制度，按照专项整治工作实施方案要求，稳妥推进分类处置工作，督促网络借贷信息中介机构加强整改，适时采取关、停、并、转等措施。

（二十八）重点做好校园网贷的清理整顿工作。网络借贷信息中介机构不得将不具备还款能力的借款人纳入营销范围，禁止向未满18岁的在校大学生提供网贷服务，不得进行虚假欺诈宣传和销售，不得通过各种方式变相发放高利贷。

（二十九）做好“现金贷”业务活动的清理整顿工作。网络借贷信息中介机构应依法合规开展业务，确保出借人资金来源合法，禁止欺诈、虚假宣传。严格执行最高人民法院关于民间借贷利率的有关规定，不得违法高利放贷及暴力催收。

九、加强外部冲击风险监测，防止民间金融风险向银行业传递

（三十）防范跨境业务风险。银行业金融机构要严格遵守外汇管理相关政策，加强跨境资金流动监测预警。提高跨境并表风险管理能力，加快健全环境与社会风险管理体系，确保国别风险准备金计提充足。加强境外合规管理，及时排查反洗钱和重点领域合规风险。提高银行及其客户科学分析外汇收支、币种结

构、汇率波动走势和规律的能力，避免简单跟风变动可能带来的风险和损失。

（三十一）防范社会金融风险。各级监管机构应配合地方金融监管部门规范融资担保和小贷公司行业。落实国务院清理整顿各类交易场所要求，督促银行业金融机构开展专项排查，不得为违规交易所提供开户、托管、资金划转、代理买卖、支付清算、投资咨询等服务。

（三十二）严处非法集资风险。各级监管机构要加大对未经批准设立银行业金融机构的查处力度，严肃查处非法使用“银行”名称、违法吸收公众存款、违法发放贷款的行为。银行业金融机构严禁为非法集资提供任何金融服务，严禁内部员工违规参与各类集资活动，积极协助相关部门加强账户、信息监测，及时发现和报告异常交易，劝阻客户受骗参与非法集资。

十、维护银行业经营稳定，防止出现重大案件和群体事件

（三十三）加强案件风险防控。银行业金融机构要加强员工管理，有效防范内外勾结、利益输送等案件；加强重点环节管理，对授权卡、业务印章、空白凭证等物品管理全流程控制有效性进行评估；落实票据业务相关规定，规范业务操作，严禁与非法票据中介等机构开展业务合作；加大案件查处问责力度，切实做到发现一起、处理一起，做到“一案三问”“上追两级”，遏制案件多发频发态势；强化安全管理，加强安全防范设施建设，及时消除各类安全隐患。

（三十四）加强信息科技风险防控。银行业金融机构要全面强化网络信息安全管理，提高身份认证机制安全性；加大对新兴电子渠道风险的管理力度，完善灾备体系，制定完善应对预案；完善外包管理体系，降低外包风险，不得将信息科技管理责任外包。对发生严重信息科技风险事件的银行业金融机构，各级监管机构要及时采取必要的强制性监管措施。

（三十五）加强预期管理。银行业金融机构要主动发声，强化主动服务意识和沟通意识，提高信息披露频率和透明度。正确引导各方预期，提升各界对银行业的信心。积极研判社会舆情走势，重点关注可能导致声誉风险的各类隐患，提前准备应对预案，提升应对能力。

各级监管机构、各银行业金融机构要稳妥有序开展风险防控工作，把握好节奏平衡，防止在化解风险过程中产生新的风险。各银行业金融机构要履行风险防控主体责任，实行“一把手”负责制，制定可行性、针对性强的实施方案，细化责任分工，层层压实责任，把责任落实到具体的机构、部门和人员，对于重大违规和案件风险，要一查到底，对相关机构、违规人员和领导人员严格问责。各级监管机构要做到守土有责，及时开展工作督查，对自查整改不到位、存在违法违规问题的机构，要严肃问责。

各法人银行业金融机构应分别于2017年7月20日和2018年1月20日前，向监管机构报告本机构上半年和全年相关工作进展。各银监局应分别于2017年7月31日和2018年1月31日前，向银监会报告上半年和全年辖内银行业风险防控及督查工作情况。

中国银行业监督管理委员会
2017年4月7日

中国银监会关于切实弥补监管短板提升监管效能的通知

（银监发〔2017〕7号）

近年来，随着金融市场发展，银行业业务结构、风险特征出现了新变化，暴露出银行业监管制度和实践中存在一些缺陷。为进一步提升监管有效性，防范化解金融风险，促进银行业安全稳健运行，现就弥补监管短板有关工作事项通知如下：

一、强化监管制度建设

（一）补齐监管制度短板。借鉴国际监管标准，结合我国银行业实际风险状况，深入排查监管制度漏洞，尽快弥补监管制度短板。一是坚持问题导向，针对银行业目前存在的突出风险，补充完善股东管理、交叉金融产品、理财业务等监管制度。二是坚持急用先行，对需求迫切、短期效果明显的，要尽早启动，尽早印发，尽快取得实效。三是坚持协调配套，强化规制之间的衔接配合，压缩监管套利空间。

（二）完善监管实施细则。各级监管部门要按照职责分工，系统梳理市场准入、非现场监管、现场检查、监管处罚、信息披露等方面的操作规程，细化监管要求，提高监管效率和透明度，持续开展效果评估，不断查漏补缺。

（三）健全内部管理制度。银行业金融机构应全面对标监管制度，排查内部管理制度的空白和漏洞，逐项增补完善，及时将各类监管要求转化为公司治理、业务经营和风险控制的政策、流程和方法，确保各项监管制度落地实施。

二、强化风险源头遏制

（一）加强股东准入监管。研究制定统一的银行业金融机构股东管理规则，明确银行业金融机构股东资格、参控股机构数量等监管要求。各级监管部门应强化准入监管，穿透识别实际控制人、最终受益所有权人，并审查其资质；加强关联关系审查，防止通过委托他人代持股权、关联方与一致行动人联合持股等方式规避股东资格审查的行为；加强资金来源审查，确保入股资金为投资人自有资金，来源合法合规。

（二）加强股东行为监管。各级监管部门应充分利用事前审查、事中核查、事后追查等手段，强化对股东行为的持续监管。规范银行业金融机构股权转让行为，将通过一二级市场、境内外市场开展的股权转让统一纳入审查范围；从严监管控股股东及实际控制人行为，确保其依法合规行使控制权，严禁不正当干预经营决策，严禁通过关联交易获取不正当利益。对严重违规的股东，要依法责令其转让股权或限制其股东权利。

（三）加强股权管理。银行业金融机构应建立健全股权管理制度，全面梳理主要股东及关联方情况，掌握其重大变化，对超过规定比例的股权转让应及时报监管部门审查或备案，及时披露主要股东的股权质押融资信息；探索实施股权集中托管，提高股权管理规范性；严格关联交易管理，强化对股东授信的风险审查，防止套取银行资金。银行业金融机构应要求主要股东就合法行使权利、合规转让股权等出具承诺。

三、强化非现场和现场监管

（一）提高非现场监管能力。各级监管部门应积极深入运用非现场信息系统、银行风险早期预警系统功能，加强深度分析，及时捕捉风险苗头，准确定位业务扩张激进、风险指标偏离度大的异常机构作为监管重点。充分利用客户风险统计系统，有效识别多头融资、过度担保、债务率高的高风险客户，及时提示风险，督促银行业金融机构压降风险敞口。切实加强市场分析，密切关注汇市、股市、债市、房地产市场变化和风险传导，有效防控投资等相关业务风险。

（二）提升现场检查针对性。各银监局要精确制导、锁定高风险银行业金融机构开展现场检查。加大信用风险现场检查力度，核实资产质量，严肃查处不如实反映不良资产的行为。对于同业融资依存度高、同业存单增速快的银行业金融机构，要重点检查期限错配情况及流动性管理有效性。对于同业投资业务占比高的机构，要重点检查是否落实穿透管理、是否充足计提拨备和资本。对于理财业务规模较大的机构，要重点检查“三单”要求落实情况、对消费者信息披露和风险提示的充分性。

（三）加强现场和非现场协同。各级监管部门要加强非现场与现场检查工作的协调配合，利用非现场监测分析成果，准确锁定检查目标；借助现场检查发现，丰富非现场分析的维度。主动加强与其他监管机构的协调配合，实施协同监管、联动检查、联合查处，切实防止监管套利。

四、强化信息披露监管

（一）提高风险信息披露标准。银行业金融机构要不断扩展风险信息披露范围，提高信息披露内容的详细程度。要强化公司治理信息披露，定期披露股权结构及其变化情况，主要股东及实际控制人，董事会、监事会、高管人员变动等信息。要强化风险信息的披露，及时披露各类授信业务和产品的不良资产规模及分布、处置方式及效果等信息。同业融资占比高的银行业金融机构，要披露期限匹配和流动性风险信息。同业投资业务占比高的机构，应披露投资产品的类型、基础资产性质等信息。发生重大案件、重大风险事件、重大处罚等事项的，要及时披露相关信息。

（二）提高金融产品信息披露水平。银行业金融机构要建立规范的金融产品信息披露制度，严格区分公募与私募、批发与零售、自营与代客等业务类型，明确信息披露标准和规范。要以消费者是否能充分理解产品作为信息披露充分性的衡量标准，真实准确、完整及时地披露信息，不得隐瞒风险，不得误导消费者。

五、强化监管处罚

（一）规范监管处罚工作机制。进一步完善监管处罚规则和流程，提高处罚工作的规范性和时效性。要强化非现场监管的监管处罚权，对非现场监测中发现的不安全、不审慎的经营行为以及监管指标不达标情况依法进行处罚。要持续完善监管执法手册，明确各类违法违规行为的处罚依据和尺度，提升监管处罚的公平性和一致性。

（二）切实加大监管处罚力度。各级监管部门要充分运用监管措施、行政处罚等监管权力，提高违规成本，增强监管威慑力。一是坚持纠罚并重，对存在重大风险隐患或故意规避监管的行为，应及时叫停相关业务，要求限期整改，并视情形实施行政处罚。二是坚持罚没并举，对有违法所得的，均应依法没收违法所得，并处罚款；对提供虚假资料、隐瞒重要事实、屡查屡犯的，要从重处罚、顶格处罚。三是坚持机构人员“双罚制”，除处罚机构外，还应处罚相关责任人。

（三）切实提升监管处罚透明度。各级监管部门要按照行政信息公开“双公示”要求，在规定时间内向社会公众公布重大监管处罚信息。要完善从业人员“灰名单”制度，对责任人的处罚结果进行通报，强化震慑效应。

六、强化责任追究

（一）严肃银行业金融机构责任追究。银行业金融机构要细化各业务条线、分支机构、业务岗位的职责，明确尽职要求和失职责任，建立规范化、流程化的责任追究体系，做到尽职免责、失职追责。要指定专门部门对监管部门通报、内部检查发现或其他形式暴露的问题开展调查，依据岗位职责进行责任认定，依据履职尽责情况进行责任追究。要增强责任追究的独立性和权威性，对掩盖失职渎职行为、包庇责任人的，应严肃处理。要对业务条线和分支机构实行双线问责，在问责直接责任人的同时，也要对管理不尽职、履职不到位的管理人员进行问责。

（二）加强监管行为再监督。各级监管部门应切实加强监管人员履职行为监督管理。对因故意或过失不履行或不正确履行职责的，应进行责任追究。对存在应当行政处罚而不予行政处罚、应当移送而未移送、协助调查不尽职、严重违反行政处罚程序、擅自改变处罚决定的种类和幅度的，应给予行政处分。

附件：弥补银行业监管制度短板工作项目（略）

中国银行业监督管理委员会

2017 年 4 月 10 日

中国银监会关于印发《商业银行押品管理指引》的通知

（银监发〔2017〕16 号）

各银监局，各政策性银行、大型银行、股份制银行，邮储银行，外资银行，金融资产管理公司，其他会管金融机构：

现将《商业银行押品管理指引》印发给你们，请遵照执行。

2017 年 4 月 26 日

商业银行押品管理指引

第一章　总　则

第一条　为规范商业银行押品管理，根据《中华人民共和国银行业监督管理法》、《中华人民共和国商业银行法》、《中华人民共和国物权法》和《中华人民共和国担保法》等法律法规，制定本指引。

第二条　中华人民共和国境内依法设立的商业银行适用本指引。

第三条　本指引所称押品是指债务人或第三方为担保商业银行相关债权实现，抵押或质押给商业银行，用于缓释信用风险的财产或权利。

第四条　商业银行应将押品管理纳入全面风险管理体系，完善与押品管理相关的治理架构、管理制度、业务流程、信息系统等。

第五条　商业银行押品管理应遵循以下原则：

（一）合法性原则。押品管理应符合法律法规规定。

（二）有效性原则。抵质押担保手续完备，押品估值合理并易于处置变现，具有较好的债权保障作用。

（三）审慎性原则。充分考虑押品本身可能存在的风险因素，审慎制定押品管理政策，动态评估押品价值及风险缓释作用。

（四）从属性原则。商业银行使用押品缓释信用风险应以全面评估债务人的偿债能力为前提。

第六条　中国银监会对商业银行押品管理进行监督检查，对不能满足本指引要求的商业银行，视情况采取相应的监管措施。

第二章　管理体系

第七条　商业银行应健全押品管理的治理架构，明确董事会、高级管理层、相关部门和岗位人员的押品管理职责。

第八条　董事会应督促高级管理层在全面风险管理体系框架下构建押品管理体系，切实履行押品管理职责。

第九条　高级管理层应规范押品管理制度流程，落实各项押品管理措施，确保押品管理体系与业务发展、风险管理水平相适应。

第十条　商业银行应明确前、中、后台各业务部门的押品管理职责，内审部门应将押品管理纳入内部审计范畴定期进行审计。

商业银行应确定押品管理牵头部门，统筹协调押品管理，包括制定押品管理制度、推动信息化建设、开展风险监测、组织业务培训等。

第十一条　商业银行应根据需要，设置押品价值评估、抵质押登记、保管等相关业务岗位，明确岗位职责，配备充足人员，确保相关人员具备必要的专业知识和业务能力。同时，应采取建立回避制度、流程化管理等措施防范操作风险。

第十二条　商业银行应健全押品管理制度和流程，明确可接受的押品类型、目录、抵质押率、估值方法及频率、担保设立及变更、存续期管理、返还和处置等相关要求。

第十三条　商业银行应建立押品管理信息系统，持续收集押品类型、押品估值、抵质押率等相关信息，支持对押品及相关担保业务开展统计分析，动态监控押品债权保障作用和风险缓释能力，将业务管控规则嵌入信息系统，加强系统制约，防范抵质押业务风险。

第十四条 商业银行应真实、完整保存押品管理过程中产生的各类文档，包括押品调查文档、估值文档、存续期管理记录等相关资料，并易于检索和查询。

第三章 风险管理

第十五条 商业银行接受的押品应符合以下基本条件：

（一）押品真实存在；

（二）押品权属关系清晰，抵押（出质）人对押品具有处分权；

（三）押品符合法律法规规定或国家政策要求；

（四）押品具有良好的变现能力。

第十六条 商业银行应至少将押品分为金融质押品、房地产、应收账款和其他押品等类别，并在此基础上进一步细分。同时，应结合本行业务实践和风控水平，确定可接受的押品目录，且至少每年更新一次。

第十七条 商业银行应遵循客观、审慎原则，依据评估准则及相关规程、规范，明确各类押品的估值方法，并保持连续性。原则上，对于有活跃交易市场、有明确交易价格的押品，应参考市场价格确定押品价值。采用其他方法估值时，评估价值不能超过当前合理市场价格。

第十八条 商业银行应根据不同押品的价值波动特性，合理确定价值重估频率，每年应至少重估一次。价格波动较大的押品应适当提高重估频率，有活跃交易市场的金融质押品应进行盯市估值。

第十九条 商业银行应明确押品估值的责任主体以及估值流程，包括发起、评估、确认等相关环节。对于外部估值情形，其评估结果应由内部审核确认。

第二十条 商业银行应审慎确定各类押品的抵质押率上限，并根据经济周期、风险状况和市场环境及时调整。

抵质押率指押品担保本金余额与押品估值的比率：抵质押率 = 押品担保本金余额 ÷ 押品估值 × 100%。

第二十一条 商业银行应建立动态监测机制，跟踪押品相关政策及行业、地区环境变化，分析其对押品价值的影响，及时发布预警信息，必要时采取相应措施。

第二十二条 商业银行应加强押品集中度管理，采取必要措施，防范因单一押品或单一种类押品占比过高产生的风险。

第二十三条 商业银行应根据押品重要程度和风险状况，定期对押品开展压力测试，原则上每年至少进行一次，并根据测试结果采取应对措施。

第四章 押品调查与评估

第二十四条 商业银行各类表内外业务采用抵质押担保的，应对押品情况进行调查与评估，主要包括受理、调查、估值、审批等环节。

第二十五条 商业银行应明确抵押（出质）人需提供的材料范围，及时、全面收集押品相关信息和材料。

第二十六条 商业银行应对抵押（出质）人以及押品情况进行调查并形成书面意见，内容包括但不限于押品权属及抵质押行为的合法性、押品及其权属证书的真实性、押品变现能力、押品与债务人风险的相关性，以及抵押（出质）人的担保意愿、与债务人的关联关系等。

第二十七条 押品调查方式包括现场调查和非现场调查，原则上以现场调查为主，非现场调查为辅。

第二十八条 商业银行应按照既定的方法、频率、流程对押品进行估值，并将评估价值和变现能力作为业务审批的参考因素。

第二十九条 下列情形下，押品应由外部评估机构进行估值：

（一）法律法规及政策规定、人民法院、仲裁机关等要求必须由外部评估机构估值的押品；

（二）监管部门要求由外部评估机构估值的押品；

（三）因估值技术性要求较高，本行不具备评估专业能力的押品；

（四）其他确需外部评估机构估值的押品。

第三十条 商业银行应明确外部评估机构的准入条件，选择符合法定要求、取得相应专业资质的评估机构，实行名单制管理，定期开展后评价，动态调整合作名单。原则上不接受名单以外的外部评估机构的估值结果，确需名单以外的外部评估机构估值的，应审慎控制适用范围。

第三十一条 商业银行应参考押品调查意见和估值结果，对抵质押业务进行审批。

第五章 抵质押设立与存续期管理

第三十二条 商业银行办理抵质押担保业务时，应签订合法、有效的书面主合同及抵质押从合同，押品存续期限原则上不短于主债权期限。主从合同合一的，应在合同中明确抵质押担保事项。

第三十三条 对于法律法规规定抵质押权经登记生效或未经登记不得对抗善意第三人的押品，应按登记部门要求办理抵质押登记，取得他项权利证书或其他抵质押登记证明，确保抵质押登记真实有效。

第三十四条 对于法律规定以移交占有为质权生效要件的押品和应移交商业银行保管的权属证书，商业银行应办理转移占有的交付或止付手续，并采取必要措施，确保押品真实有效。

第三十五条 押品由第三方监管的，商业银行应明确押品第三方监管的准入条件，对合作的监管方实行名单制管理，加强日常监控，全面评价其管理能力和资信状况。对于需要移交第三方保管的押品，商业银行应与抵押（出质）人、监管方签订监管合同或协议，明确监管方的监管责任和违约赔偿责任。监管方应将押品与其他资产相分离，不得重复出具仓储单据或类似证明。

第三十六条 商业银行应明确押品及其权属证书的保管方式和操作要求，妥善保管抵押（出质）人依法移交的押品或权属证书。

第三十七条 商业银行应按规定频率对押品进行价值重估。出现下列情形之一的，即使未到重估时点，也应重新估值：

（一）押品市场价格发生较大波动；

（二）发生合同约定的违约事件；

（三）押品担保的债权形成不良；

（四）其他需要重估的情形。

第三十八条 发生可能影响抵质押权实现或出现其他需要补充变更押品的情形时，商业银行应及时采取补充担保等相关措施防范风险。

第三十九条 抵质押合同明确约定警戒线或平仓线的押品，商业银行应加强押品价格监控，触及警戒线时要及时采取防控措施，触及强制平仓条件时应按合同约定平仓。

第四十条 商业银行在对押品相关主合同办理展期、重组、担保方案变更等业务时，应确保抵质押担保的连续性和有效性，防止债权悬空。

第四十一条 商业银行应对押品管理情况进行定期或不定期检查，重点检查押品保管情况以及权属变更情况，排查风险隐患，评估相关影响，并以书面形式在相关报告中反映。原则上不低于每年一次。

第六章 押品返还与处置

第四十二条 出现下列情形之一的，商业银行应办理抵质押注销登记手续，返还押品或权属证书：

（一）抵质押担保合同履行完毕，押品所担保的债务已经全部清偿；

（二）人民法院解除抵质押担保裁判生效；

（三）其他法定或约定情形。

第四十三条 商业银行向受让方转让抵质押担保债权的，应协助受让方办理担保变更手续。

第四十四条 债务人未能按期清偿押品担保的债务或发生其他风险状况的，商业银行应根据合同约定，按照损失最小化原则，合理选择行使抵质押权的时机和方式，通过变卖、拍卖、折价等合法方式及时行使抵质押权，或通过其他方式保障合同约定的权利。

第四十五条 处置押品回收的价款超过合同约定主债权金额、利息、违约金、损害赔偿金和实现债权的相关费用的，商业银行应依法将超过部分退还抵押（出质）人；价款低于合同约定主债权本息及相关费用的，不足部分依法由债务人清偿。

第七章　附　则

第四十六条 本指引由中国银监会负责解释。

第四十七条 中国银监会监管的其他银行业金融机构参照本指引执行。

第四十八条 本指引自印发之日起施行。

中国银监会办公厅关于印发《银行业金融机构销售专区录音录像管理暂行规定》的通知

（银监办发〔2017〕110号）

为进一步规范银行业金融机构理财及代销产品销售行为，切实维护银行业消费者合法权益，现将《银行业金融机构销售专区录音录像管理暂行规定》印发给你们，请遵照执行。

2017年8月23日

银行业金融机构销售专区录音录像管理暂行规定

第一章　总　则

第一条　为规范银行业金融机构理财及代销产品销售行为，有效防范和治理误导销售、私售“飞单”等市场乱象，切实维护银行业消费者合法权益，根据《中华人民共和国银行业监督管理法》、《中华人民共和国商业银行法》及《中国银监会关于规范商业银行代理销售业务的通知》（银监发〔2016〕24号），制定本规定。

第二条　本规定所称销售专区录音录像（简称专区“双录”），是指银行业金融机构在营业场所销售自身依法发行的理财产品（以下简称自有理财产品）及合作机构依法发行的金融产品（以下简称代销产品），应实施专区“双录”管理，即设立销售专区，并在销售专区内装配电子系统，对每笔产品销售过程同步录音录像。

银行业金融机构代销国债及实物贵金属，可根据实际情况自行决定是否纳入专区“双录”管理。

第三条　本规定适用于对个人消费者销售自有理财产品及代销产品的银行业金融机构。信托公司及邮政储蓄银行代理营业机构参照执行。

第二章　产品销售专区管理

第四条　银行业金融机构在营业场所销售自有理财产品及代销产品的，应进行销售专区建设并安装配备录音录像设备。个别面积较小、确实不具备设置独立销售专区条件的营业场所，可设置固定销售专柜，并按照专区“双录”相关规定进行管理。

银行业金融机构在营业场所销售自有理财产品及代销产品，应在销售专区内进行，不得在销售专区外进行产品销售活动。消费者通过自助终端等电子设备进行自主购买的除外。

第五条　银行业金融机构应在销售专区内配备包含“销售专区”（或“销售专柜”）、“录音录像”字样的明显标识，在显著位置以醒目字体提醒消费者可通过信息查询平台、网站或其他媒介了解产品相关信息，并进行明确的风险提示。

第六条　银行业金融机构销售人员应遵循相关监管要求并具有理财及代销业务相应资格，销售人员相关信息及其销售资格应在专区内进行公示，法律法规另有规定的除外。除本机构工作人员外，禁止其他任何人员在营业场所开展营销活动。

第七条　银行业金融机构应建立统一的产品信息查询平台，并由专门部门负责平台的信息录入及管理工作。产品信息查询平台应收录全部在售及存续期内金融产品的基本信息，凡未在平台上收录的产品，一律不得销售。产品信息查询平台应建立产品分类目录，严格区分自有与代销、公募与私募等不同产品类型，充分披露产品信息，产品信息涵盖产品类型、发行机构、风险等级、合格投资者范围、收费标准、收费方式等内容。

银行业金融机构应在营业场所配备可登录产品信息查询平台的终端或提供纸质产品目录，便于消费者查询、核实产品信息。银行业金融机构不得借助信息查询平台公开宣传私募产品。

第八条 银行业金融机构在销售专区内提供的产品宣传资料应真实、合法，全面反映产品的主要属性，严禁使用诱惑性、误导性的文字夸大收益或隐瞒重要信息。产品宣传资料应包含对产品风险的揭示，并以醒目、浅显易懂的文字表达。其中，代销产品宣传资料首页显著位置还应标明合作机构名称，并包含以下文字声明："本产品由××机构（合作机构）发行与管理，代销机构不承担产品的投资、兑付和风险管理责任"。

第九条 银行业金融机构应在销售专区内公布本机构咨询举报电话，以便消费者进行产品信息咨询及确认，举报误导销售、私售产品等违规行为。

第三章 录音录像管理

第十条 银行业金融机构应对自有理财产品及代销产品的销售过程进行同步录音录像，完整客观地记录营销推介、相关风险和关键信息提示、消费者确认和反馈等重点销售环节，消费者确认内容应至少包括其充分了解销售人员所揭示的产品风险等。银行业金融机构进行上述录音录像行为应征得消费者同意，如其不同意则不能销售产品。

第十一条 银行业金融机构应在自助终端等电子设备中对产品风险信息进行充分披露，同时还应提示消费者如有销售人员介入进行营销推介，则应停止自助终端购买操作，转至销售专区内购买。严禁销售人员在自助终端等电子设备上代客操作购买产品。

第十二条 银行业金融机构应保障录音录像质量，确保影音资料清晰、完整、连贯。

（一）录像可明确辨认销售人员和消费者的面部特征。

（二）录音可明确辨识销售人员和消费者的语言表述，并与录像画面保持同步。

第十三条 银行业金融机构应将录音录像资料至少保留到产品终止日起6个月后或合同关系解除日起6个月后，发生纠纷的要保留到纠纷最终解决后。银行业金融机构代销其他非银行业金融机构的产品时，国务院金融监督管理机构对录音录像资料保存期限另有规定的，从其规定。

第十四条 银行业金融机构应对存储的录音录像资料进行严格管理，不可人为更改、涂抹或删除，并确保能够实现快速精准的检索调阅。

第十五条 银行业金融机构应对录音录像资料数据进行备份，并妥善保管备份数据。

第十六条 银行业金融机构应对录音录像数据存储及管理系统采取有效的信息安全措施，切实保障消费者信息安全权。

第十七条 银行业金融机构应遵照保密管理相关规定，在录音录像资料存储期限届满时按要求对相关资料进行销毁。

第四章 内部管理制度

第十八条 银行业金融机构应建立健全销售专区录音录像管理制度，实现从录制、储存到调阅使用的全流程管理，并对原有的经营管理及内控制度进行补充及修订。

第十九条 银行业金融机构应明确牵头负责部门，建立标准统一的业务管理系统，对销售专区录音录像工作实行统一管理。

第二十条 银行业金融机构应制定销售业务操作流程，注重消费者体验，设计统一的服务话术标准，话术中至少应包括产品类型、发行机构、风险等级、收益类型、产品匹配度等内容，真实、全面反映产品的性质和特征，不得误导消费者购买与其风险承受能力不相匹配的产品。

第二十一条 银行业金融机构内部审计、内控合规管理职能部门和业务、信息科技部门应根据职责分工，建立并有效实施能够涵盖销售专区录音录像工作的内部监督检查制度，加大对高风险产品、投诉多发营业场所的检查力度和频次。

第二十二条 银行业金融机构应将内外部审计检查结果及消费者有效投诉举报等情况纳入销售人员的绩效考核体系，并适当提高考核权重。

第二十三条 银行业金融机构应建立内部责任追究制度，对违反销售专区录音录像管理制度的销售人员及相关责任人，根据情节轻重程度给予相应处分，同时追究上级管理部门的责任。

第二十四条 银行业金融机构应建立应急预案，落实应急保障措施，在录音录像管理系统或设备发生故障等情况下迅速反应，做好应急恢复和应急处理工作。

第五章 监督管理

第二十五条 银监会及其派出机构依法对银行业金融机构销售专区录音录像工作实施监督管理。

第二十六条 银监会派出机构可根据当地实际情况，对确有实施困难的农村中小金融机构分步推进实施专区“双录”，并要求其报送实施方案、过渡措施、工作进度等有关情况。

第二十七条 银监会及其派出机构应对银行业金融机构销售专区录音录像工作实施情况进行评估或督察，发现问题的，应督促其及时进行整改，并将相关情况纳入消费者权益保护工作考核评价。

第二十八条 银行业金融机构违反本规定相关要求，导致消费者合法权益受到严重损害或产生恶劣影响的，银监会及其派出机构应根据《中华人民共和国银行业监督管理法》等法律、行政法规及有关规定，依法采取监管措施或实施行政处罚，并追究相关人员责任。

第六章 附 则

第二十九条 本规定由银监会负责解释、修订。

第三十条 本规定自2017年10月20日起施行。

中国银监会关于规范银信类业务的通知

（银监发〔2017〕55号）

各银监局，各政策性银行、大型银行、股份制银行，邮储银行，外资银行，中国信托登记有限责任公司：

近年来，银信类业务增长较快，其中银信通道业务占比较高，存在一定风险隐患。为促进银信类业务规范健康发展，防范金融风险，保护投资者合法权益，现就有关事项通知如下：

一、本通知所指银信类业务，是指商业银行作为委托人，将表内外资金或资产（收益权）委托给信托公司，投资或设立资金信托或财产权信托，由信托公司按照信托文件的约定进行管理、运用和处分的行为。

本通知所指银信通道业务，是指在银信类业务中，商业银行作为委托人设立资金信托或财产权信托，信托公司仅作为通道，信托资金或信托资产的管理、运用和处分均由委托人决定，风险管理责任和因管理不当导致的风险损失全部由委托人承担的行为。

二、商业银行在银信类业务中，应按照实质重于形式原则，将商业银行实际承担信用风险的业务纳入统一授信管理并落实授信集中度监管要求。商业银行应对实质承担信用风险的银信类业务进行分类，按照穿透管理要求，根据基础资产的风险状况进行风险分类，并结合基础资产的性质，准确计提资本和拨备。

三、商业银行对于银信通道业务，应还原其业务实质进行风险管控，不得利用信托通道掩盖风险实质，规避资金投向、资产分类、拨备计提和资本占用等监管规定，不得通过信托通道将表内资产虚假出表。

四、商业银行应当在银信类业务中，对信托公司实施名单制管理，综合考虑信托公司的风险管理水平和专业投资能力，审慎选择交易对手。

商业银行应当根据客户和自身的风险偏好和承受能力，选择与之相适应的信托公司及信托产品；在选择信托产品时，应注意期限、金额等方面的安排，与自身流动性管理相匹配。

五、信托公司在银信类业务中，不应盲目追求规模和速度，应积极转变发展方式，通过发挥信托制度优势和提高专业管理能力，为委托方银行提供实质金融服务，立足信托本源支持实体经济发展。

六、信托公司在银信类业务中，应履行勤勉尽责的受托责任，加强尽职调查，确保信托目的合法合规，不得接受委托方银行直接或间接提供的担保，不得与委托方银行签订抽屉协议，不得为委托方银行规避监管规定或第三方机构违法违规提供通道服务。

七、商业银行和信托公司开展银信类业务，应贯彻落实国家宏观调控政策，遵守相关法律法规，不得将信托资金违规投向房地产、地方政府融资平台、股票市场、产能过剩等限制或禁止领域。

八、中国信托登记有限责任公司应持续加强信托产品登记平台建设，强化信托产品信息披露，促使合同条款阳光化、交易结构清晰化，提高信托业务的透明度和规范化水平，增强市场约束。

九、银监会及其派出机构应加强银信类业务的非现场监管和现场检查，对业务增长较快、风险较高的银行和信托公司进行窗口指导和风险提示。依法对银信类业务违规行为采取按业务实质补提资本和拨备、实施行政处罚等监管措施。银监会将进一步研究明确提高信托公司通道业务监管要求的措施办法。

十、各银监局应强化属地监管责任，切实加强对银信类业务的日常监管，对银信类业务中存在的各类问题要及时核查并严肃问责处理，情节严重的要从重处罚，确保银行业金融机构整改落实到位，相关情况应及时报告银监会。

中国银行业监督管理委员会

2017 年 11 月 22 日

中国证券监督管理委员会

中国证监会关于支持绿色债券发展的指导意见

（中国证券监督管理委员会公告〔2017〕6号）

为全面贯彻落实《中共中央国务院关于加快推进生态文明建设的意见》和《关于构建绿色金融体系的指导意见》（银发〔2016〕228号）精神，坚持创新、协调、绿色、开放、共享的发展理念，引导证券交易所债券市场进一步服务绿色产业健康有序发展，助推我国经济发展方式转变和经济结构转型升级，现就证券交易所发展绿色公司债券的有关事项，提出以下指导意见：

一、本指导意见所称绿色公司债券，是指符合《证券法》《公司法》《公司债券发行与交易管理办法》及其他相关法律法规的规定，遵循证券交易所相关业务规则的要求，募集资金用于支持绿色产业项目的公司债券。

二、绿色公司债券募集资金投向的绿色产业项目，主要参考中国金融学会绿色金融专业委员会编制的《绿色债券支持项目目录》要求，重点支持节能、污染防治、资源节约与循环利用、清洁交通、清洁能源、生态保护和适应气候变化等绿色产业。

三、拟发行绿色公司债券的发行人，除要符合《证券法》《公司法》和《公司债券发行与交易管理办法》规定的公司债券发行条件外，原则上不得属于高污染、高能耗或其他违背国家产业政策导向的行业。重点支持下列主体发行绿色公司债券：

（一）长期专注于绿色产业的成熟企业；

（二）在绿色产业领域具有领先技术或独特优势的潜力企业；

（三）致力于中长期绿色产业发展的政府和社会资本合作项目的企业；

（四）具有投资我国绿色产业项目计划或致力于推动我国绿色产业发展的国际金融组织或跨国公司。

四、绿色公司债券申报受理及审核实行“专人对接、专项审核”，适用“即报即审”政策。中国证监会将不断完善绿色公司债券准入管理“绿色通道”制度安排，持续提升企业发行绿色债券的便利性。

五、发行人应当认真履行信息披露义务，按照规定或约定真实、准确、完整、及时地披露绿色公司债券相关信息。申请发行绿色公司债券时，募集说明书应当披露拟投资的绿色产业项目类别、项目认定依据或标准、环境效益目标、募集资金使用计划和管理制度等内容。同时，发行人还应当提供募集资金投向绿色产业项目的承诺函。绿色公司债券存续期间，发行人应当按照相关规则规定或约定披露绿色公司债券募集资金使用情况、绿色产业项目进展情况和环境效益等内容。绿色公司债券受托管理人在年度受托管理事务报告中也应当披露上述内容。

六、发行绿色公司债券所募集的资金可以用于绿色产业项目的建设、运营、收购，或偿还绿色产业项目的银行贷款等债务；严禁名实不符，冒用、滥用绿色项目名义套用、挪用资金。发行人应当按照有关规定或约定开立募集资金专项账户，对发行绿色公司债券所募集的资金进行专户管理，确保资金真正用于符合要求的绿色产业项目。受托管理人应当勤勉尽责，对发行人发行绿色公司债券的募集资金使用和专项账户管理情况进行持续督导。

七、绿色公司债券申报前及存续期内，鼓励发行人提交由独立专业评估或认证机构就募集资金拟投资项目属于绿色产业项目所出具的评估意见或认证报告。开展绿色公司债券评估认证业务的评估认证机构，应当建立评估认证的相关制度、流程和标准，本着独立、客观、公正、规范的原则，出具绿色公司债券评估认证报告。鼓励评估认证机构之间加强沟通协调和行业自律，建立完善统一的评估认证标准和流程。

八、证券交易所应当积极参与绿色金融领域的国际交流合作，探索将绿色公司债券优先纳入境内外证券交易所互联互通机制，引入境外绿色公司债券优质发行人及专业投资者。定期开展政策培训，加强绿色公司债券推广及优秀案例宣传，推动中介机构强化服务意识。

九、鼓励证券承销机构与绿色产业优质企业建立长效合作机制，积极主动提供绿色公司债券中介服务，加强绿色公司债券相关理论研究和业务创新。鼓励信用评级机构在信用评级过程中将发行人的绿色信用记录纳入其信用风险考量，并在信用评级报告中进行专项披露。

十、中国证券业协会应当定期发布“绿色债券公益榜”。

证券公司参与绿色公司债券承销情况，作为证券公司分类评价中社会责任评价的重要内容。

十一、积极培育绿色投资文化，鼓励证券公司、基金管理公司、私募基金管理机构、商业银行、保险公司等市场主体及其管理的产品投资绿色公司债券。加快培育绿色公司债券专业投资人，积极引入境外绿色公司债券专业投资者。鼓励各类市场投资主体加强合作，探索建立绿色投资者联盟，共同倡导和落实社会责任。

十二、证券交易所研究发布绿色公司债券指数，建立和完善绿色公司债券板块，扩大绿色公司债券市场影响力。鼓励市场投资机构以绿色指数为基础开发公募、私募基金等绿色金融产品，满足投资者需要。

十三、鼓励支持地方政府综合利用贴息、财政补贴、设立绿色公司债券投资基金等多种优惠政策支持绿色公司债券发展。各证监局应当主动对接辖区地方政府，积极引导社会资本参与绿色产业项目建设。

十四、发行绿色资产支持证券、绿色地方政府债券、绿色可续期债券等产品，参照绿色公司债券的相关要求执行；发行准入管理、上市交易等另有规定的，从其规定。

十五、本意见由中国证监会负责解释。本意见未尽事宜按照中国证监会相关规定执行。

十六、本意见自公布之日起施行。

中国证券监督管理委员会

2017 年 3 月 2 日

统计资料

经营状况综合统计

财务公司资产、负债、权益统计表

（2017 年）　　单位：万元

项目 机构	资产			负债		所有者权益	
	总额	其中:贷款	其中:投资	总额	其中:存款	总额	其中:资本金
TCL 集团财务有限公司	3238256	1162800	0	3038027	3021476	200229	150000
安徽省能源集团财务有限公司	268168	172731	0	211353	209273	56815	50000
安徽省皖北煤电集团财务有限公司	351380	235500	0	289582	288029	61798	50000
鞍钢集团财务有限责任公司	2706477	1129454	138985	2031412	1925663	675065	400000
百联集团财务有限责任公司	1098160	250209	50664	1030307	999041	67853	50000
包钢集团财务有限责任公司	920782	383900	0	764203	762132	156579	100000
宝钢集团财务有限责任公司	2021233	501762	88767	1812641	1697074	208591	140000
宝塔石化集团财务有限公司	1322375	1223866	0	1118554	3643	203821	200000
保利财务有限公司	2312854	566450	35000	2031170	2014558	281684	200000
北大方正集团财务有限公司	1177808	825550	24264	541740	477827	636068	500000
北京金融街集团财务有限公司	194122	118000	0	108784	107811	85338	80000
北京金隅财务有限公司	2097496	1037082	32990	1760664	1727667	336832	300000
北京控股集团财务有限公司	1640486	627602	0	1404818	1395735	235668	200898
北京粮食集团财务有限公司	323723	105300	0	268797	268152	54926	50000
北京汽车集团财务有限公司	2787311	1213107	19816	2571476	2395087	215835	150000
北京首都旅游集团财务有限公司	683653	318890	71142	569391	567030	114262	100000
本钢集团财务有限公司	1326398	1145400	0	1009883	771253	316515	300000
兵工财务有限责任公司	5279364	1617654	389469	4603981	4317737	675383	317000
兵器装备集团财务有限责任公司	5053669	3035224	238511	4540672	3443464	512997	208800
渤海钢铁集团财务有限公司	208667	198000	0	469	4	208198	200000
诚通财务有限责任公司	2140554	341000	103000	1503554	1492382	636999	500000
重庆化医控股集团财务有限公司	465329	233622	19900	360269	357033	105060	50000
重庆机电控股集团财务有限公司	286372	183943	0	215396	210500	70975	60000
重庆力帆财务有限公司	821534	499634	0	650589	147031	170945	150000
重庆市能源投资集团财务有限公司	722034	344500	0	598621	507549	123413	100000
创维集团财务有限公司	1162802	570598	0	1032397	854135	130405	100000
大连港集团财务有限公司	865863	500853	0	633217	628851	232646	200000
大唐电信集团财务有限公司	444134	92000	16369	324017	321780	120117	100000
大同煤矿集团财务有限责任公司	1905306	1494448	137666	1314676	954340	590630	300000
大冶有色金属集团财务有限责任公司	193553	122632	0	132634	131822	60919	50000
东方电气集团财务有限公司	2206107	261794	218527	1910288	1856996	295819	209500
东方集团财务有限责任公司	610143	538981	0	307552	197167	302591	300000
东风汽车财务有限公司	5530175	3570181	1162	4869664	4280668	660511	350000
东航集团财务有限责任公司	1674315	379071	146206	1421466	1413496	252850	200000
东旭集团财务有限公司	1258986	1000000	0	757970	584258	501016	500000

续表

机构 \ 项目	资产			负债		所有者权益	
	总额	其中:贷款	其中:投资	总额	其中:存款	总额	其中:资本金
鄂尔多斯财务有限公司	628240	384000	0	401505	220650	226735	200000
福建七匹狼集团财务有限公司	209983	100436	8009	158685	137759	51297	50000
福建省能源集团财务有限公司	1767355	319967	110000	1612408	1554592	154947	100000
甘肃电投集团财务有限公司	166276	58720	0	109541	108527	56735	50000
港中旅财务有限公司	1275474	525919	153261	1052661	1034100	222813	200000
供销集团财务有限公司	574258	103500	0	519872	516934	54386	50000
光明食品集团财务有限公司	1984964	587573	85950	1855482	1846792	129482	100000
广东省广晟财务有限公司	411030	286001	0	300641	299294	110389	100000
广东省交通集团财务有限公司	1723267	1078350	0	1497747	1494109	225520	200000
广东粤电财务有限公司	2176149	1285569	206410	1902872	1894988	273277	200000
广西交通投资集团财务有限责任公司	828423	350100	63000	680350	677911	148074	100000
广州发展集团财务有限公司	743540	192563	0	631130	628220	112410	100000
广州汽车集团财务有限公司	3204998	247372	0	3090193	3056013	114805	100000
贵州茅台集团财务有限公司	8427476	3400	0	8124836	8005037	302641	80000
贵州盘江集团财务有限公司	177176	86560	0	121417	120221	55759	50000
国电财务有限公司	3430005	2281005	325077	2708626	2695410	721379	505000
国机财务有限责任公司	2788297	952922	154133	2550591	2502941	237706	150000
国家电投集团财务有限公司	3679604	2666459	144113	2704871	2693018	974733	600000
国联财务有限责任公司	594647	259400	5000	530580	519423	64067	50000
国投财务有限公司	2733794	1813563	360118	2035133	1795561	698662	500000
国药集团财务有限公司	1197519	173039	2839	1120521	1116032	76999	50000
哈尔滨电气集团财务有限责任公司	1479190	70279	105118	1276717	1269198	202473	150000
海尔集团财务有限责任公司	7628310	4518046	729747	6513337	4195616	1114973	650000
海航集团财务有限公司	3837191	2783929	779676	2698684	1711999	1138507	800000
海亮集团财务有限责任公司	844992	482900	0	649031	625919	195961	150000
海马财务有限公司	587784	359134	75446	431983	164995	155801	95000
海南农垦集团财务有限公司	523722	216490	41500	462282	459361	61440	50000
海信集团财务有限公司	1832486	478394	119394	1616799	1451501	215688	90000
航天科工财务有限责任公司	7477911	881698	264334	7066356	7043198	411555	238489
航天科技财务有限责任公司	8746311	3046824	752455	7784427	7374655	961884	650000
河北港口集团财务有限公司	403426	97487	55005	245500	243951	157926	150000
河北建投集团财务有限公司	983369	438350	9996	861123	859014	122246	100000
河钢集团财务有限公司	1643227	919000	7000	1373815	1331995	269412	200000
河南能源化工集团财务有限公司	1553644	1492000	2382	1009744	925570	543900	300000
河南双汇集团财务有限公司	758229	167950	0	696415	614757	61814	50000
亨通财务有限公司	224832	110200	0	147850	146981	76983	60000

续表

项目 机构	资产			负债		所有者权益	
	总额	其中:贷款	其中:投资	总额	其中:存款	总额	其中:资本金
红豆集团财务有限公司	411402	174163	20541	311968	299279	99434	70000
红星美凯龙家居集团财务有限责任公司	363494	34800	0	331791	330784	31703	30000
湖北交投集团财务有限公司	938080	482184	0	771863	770277	166217	150000
湖北能源财务有限公司	72540	0	0	347	0	72193	50000
湖北宜化集团财务有限责任公司	235955	220000	0	177099	176087	58857	50000
湖南出版投资控股集团财务有限公司	1047824	36400	70000	903709	887817	144115	100000
湖南高速集团财务有限公司	915736	61000	90000	776719	775088	139017	100000
湖南华菱钢铁集团财务有限公司	698636	134900	119163	497872	355723	200765	120000
华联财务有限责任公司	920073	846200	30549	622703	609787	297370	250000
淮北矿业集团财务有限公司	514546	198020	70850	414941	409713	99606	80000
淮南矿业集团财务有限公司	2173724	604601	59273	1914428	1910451	259296	200000
吉林森林工业集团财务有限责任公司	328537	291070	0	265362	207725	63175	50000
冀中能源集团财务有限责任公司	943321	382600	3808	675223	644386	268098	200000
江铃汽车集团财务有限公司	1097196	657314	37974	1007212	929670	89984	50001
江苏凤凰出版传媒集团财务有限公司	869120	35500	0	762013	760992	107107	100000
江苏国泰财务有限公司	372195	37800	0	214930	214214	157265	150000
江苏华西集团财务有限公司	230615	174900	0	155026	147707	75589	50000
江苏交通控股集团财务有限公司	1042055	475710	0	906530	901923	135525	100000
江苏省国信集团财务有限公司	1380136	852000	9996	1194307	1189182	185828	150000
江苏悦达集团财务有限公司	483976	90500	0	397351	380906	86625	80000
江西铜业集团财务有限公司	1605667	676079	194714	1328154	1321614	277513	100000
金川集团财务有限公司	519239	218000	0	386938	385179	132302	100000
锦江国际集团财务有限责任公司	907146	267344	3173	839274	833409	67872	50000
晋煤集团财务有限公司	1003124	406000	41700	853206	790604	149918	100000
京能集团财务有限公司	2168989	1420959	79639	1789558	1753276	379431	300000
酒钢集团财务有限公司	1073243	670890	30034	713954	659562	359289	300000
巨化集团财务有限责任公司	368316	248580	44574	268147	264354	100169	80000
开滦集团财务有限责任公司	746783	404066	37502	613379	557359	133404	100000
连云港港口集团财务有限公司	303396	100000	0	252212	249654	51185	50000
联通集团财务有限公司	3654245	600000	0	3326441	3317543	327803	300000
潞安集团财务有限公司	1486062	552667	162702	1189356	1185055	296706	235000
马钢集团财务有限公司	1230289	484978	188763	952873	899292	277415	200000
美的集团财务有限公司	3548989	114790	70003	3309540	2591928	239449	150000
南方电网财务有限公司	5940557	4454098	572313	5135629	5100544	804928	500000
南山集团财务有限公司	843322	419330	89195	704784	570580	138538	80000

续表

项目 机构	资产			负债		所有者权益	
	总额	其中:贷款	其中:投资	总额	其中:存款	总额	其中:资本金
内蒙古电力集团财务有限责任公司	1840340	30000	0	1679631	1672978	160709	100000
内蒙古伊泰财务有限公司	689812	300000	0	581218	574375	108594	100000
青岛港财务有限责任公司	1585338	428055	45036	1425381	1398909	159957	100000
青岛啤酒财务有限责任公司	1113910	117886	75826	955707	946523	158203	50000
青建集团财务有限责任公司	215098	127179	0	132571	129619	82527	80000
清华控股集团财务有限公司	1257629	294275	0	934873	915247	322756	300000
日立（中国）财务有限公司	501225	268610	0	457182	448501	44043	30000
日照港集团财务有限公司	374527	265555	0	266311	254649	108216	100000
三房巷财务有限公司	119081	93000	0	87358	77621	31722	30000
三环集团财务有限公司	123930	77809	0	93753	93573	30177	30000
三峡财务有限责任公司	4437589	2290108	419778	3555770	3498332	881819	500000
沙钢财务有限公司	929019	221400	106006	771212	745629	157807	100000
山东晨鸣集团财务有限公司	912005	619060	0	575466	470463	336539	300000
山东钢铁集团财务有限公司	1447068	950500	5065	1093615	980913	353453	300000
山东黄金集团财务有限公司	582471	298670	94669	449396	398909	133075	100000
山东能源集团财务有限公司	1782383	584000	0	1527876	1523449	254506	200000
山东省商业集团财务有限公司	523035	341095	0	437369	415295	85666	60000
山东招金集团财务有限公司	311242	135267	0	156679	125959	154563	150000
山东重工集团财务有限公司	2386366	823945	160000	2136035	1972671	250331	160000
山西焦煤集团财务有限责任公司	2331387	765800	151000	2038707	2001213	292680	225000
陕西煤业化工集团财务有限公司	1915948	950112	72400	1535412	1419406	380536	300000
陕西投资集团财务有限责任公司	226083	75000	0	125453	125101	100629	100000
陕西延长石油财务有限公司	1296138	665300	23396	1124925	1095208	171213	100000
上海电气集团财务有限责任公司	5716356	2004438	160097	5173760	5116433	542596	220000
上海纺织集团财务有限公司	100382	0	0	95	0	100286	100000
上海复星高科技集团财务有限公司	988431	429458	29727	793366	788280	195065	150000
上海华信国际集团财务有限责任公司	1321566	1091200	0	1119486	652426	202079	200000
上海华谊集团财务有限责任公司	1341654	422366	40153	1211314	1166784	130340	100000
上海浦东发展集团财务有限责任公司	1866282	259232	189599	1589915	1578891	276367	100000
上海汽车集团财务有限责任公司	17085599	9532126	2854986	15020331	13094221	2065268	1038000
上海上实集团财务有限公司	706126	268885	40367	592292	588280	113834	100000
上海外高桥集团财务有限公司	322712	100215	3000	270177	268554	52534	50000
上海文化广播影视集团财务有限公司	589117	43400	0	487632	486477	101484	100000
申能集团财务有限公司	1697503	877689	264176	1449578	1357448	247925	150000
深圳华强集团财务有限公司	871440	518195	32606	738002	608505	133438	100000
深圳能源财务有限公司	1302978	786961	3659	1150191	1127371	152787	100000

续表

机构 \ 项目	资产			负债		所有者权益	
	总额	其中:贷款	其中:投资	总额	其中:存款	总额	其中:资本金
深圳市有色金属财务有限公司	124047	96550	5976	61975	44237	62072	30000
神华财务有限公司	7739748	3040252	25720	6932069	6892160	807679	500000
首都机场集团财务有限公司	1429286	644289	10000	1309736	1296682	119551	50000
首钢集团财务有限公司	4068135	2169223	0	3047333	2893226	1020802	1000000
顺丰控股集团财务有限公司	2043950	653375	0	1924445	1920649	119505	100000
四川长虹集团财务有限公司	1361826	555361	0	1137299	717775	224528	188794
四川省宜宾五粮液集团财务有限公司	2227167	135873	74322	1995455	1875135	231712	200000
松下电器（中国）财务有限公司	1146448	4240	0	1048665	1038407	97783	70000
苏州创元集团财务有限公司	217445	106570	2049	179735	178656	37711	30000
太钢集团财务有限公司	1312580	223511	190192	1050144	950860	262436	200000
天津渤海集团财务有限责任公司	536697	303934	8000	408172	342804	128525	100000
天津港财务有限公司	925931	565790	36002	692981	691073	232950	115000
天津能源集团财务有限公司	150843	28000	0	50263	50002	100580	100000
天津天保财务有限公司	957198	547210	122058	627836	587120	329362	300000
天津物产集团财务有限公司	2438641	1987217	0	1887214	625222	551426	500000
天津医药集团财务有限公司	191715	88560	0	138900	135657	52815	50000
天瑞集团财务有限责任公司	114041	113000	0	11131	10757	102910	100000
通用技术集团财务有限责任公司	1216940	670000	0	1068344	1059951	148595	100000
铜陵有色金属集团财务有限公司	770078	361221	0	679100	627718	90978	50000
万向财务有限公司	1482006	1049847	103772	1250757	1203115	231248	120000
五矿集团财务有限责任公司	2017701	723100	65574	1526659	1521129	491042	350000
武汉钢铁集团财务有限责任公司	1354371	614298	48714	815106	610547	539265	200000
物产中大集团财务有限公司	1008762	380000	0	897169	893735	111593	100000
物美商业财务有限责任公司	213643	0	0	161908	50085	51734	50000
西部矿业集团财务有限公司	919464	227400	192113	652096	451147	267369	203339
西电集团财务有限责任公司	1080484	258649	73581	894200	879871	186284	150000
西王集团财务有限公司	287040	231567	0	76154	45451	210886	200000
厦门海翼集团财务有限公司	225311	128171	0	132956	109981	92355	80000
厦门翔业集团财务有限公司	502464	320812	0	394443	391682	108022	100000
新奥财务有限责任公司	1075317	527316	50200	827726	750149	247591	200000
新凤祥财务有限公司	525553	410534	0	319355	101875	206198	200000
新华联控股集团财务有限责任公司	514775	166100	0	409052	382589	105723	100000
新希望财务有限公司	915633	332281	0	788217	735690	127417	103200
徐工集团财务有限公司	949029	262736	0	703543	444562	245486	200000
兖矿集团财务有限公司	1266934	537659	0	1094172	1074196	172762	100000
阳泉煤业集团财务有限责任公司	1200648	735922	158532	984741	867699	215907	122736

续表

机构 \ 项目	资产			负债		所有者权益	
	总额	其中:贷款	其中:投资	总额	其中:存款	总额	其中:资本金
一汽财务有限公司	8381619	724454	398837	7714455	7470345	667164	160000
伊利财务有限公司	1534009	86230	0	1328672	1325686	205337	100000
亿利集团财务有限公司	1113879	918480	0	583155	428193	530724	500000
营口港务集团财务有限公司	452864	279000	0	389980	387494	62884	50000
粤海集团财务有限公司	488851	254820	0	383128	379902	105723	100000
云南建投集团财务有限公司	1143087	413647	0	1026156	983905	116931	100000
云南昆钢集团财务有限公司	338733	173950	0	231463	229770	107269	100000
云南冶金集团财务有限公司	460245	308559	0	335391	224631	124854	112500
云南云天化集团财务有限公司	423928	230000	16000	311749	81045	112178	100000
招商局集团财务有限公司	3387554	2318455	0	3051721	3034453	335833	300000
浙江海港集团财务有限公司	1331934	800805	0	1137841	1132944	194093	150000
浙江省交通投资集团财务有限责任公司	3079973	1000280	144002	2821514	2805444	258459	200000
浙江省能源集团财务有限责任公司	2356253	1230410	71210	2118210	2105124	238043	97074
振华集团财务有限责任公司	148233	58602	0	126597	126296	21636	15000
正泰集团财务有限公司	100199	0	0	132	0	100068	100000
郑州宇通集团财务有限公司	451585	210698	29915	368379	296912	83206	50000
中材集团财务有限公司	1061921	248800	0	995412	992892	66509	50000
中车财务有限公司	5469960	1355135	0	5113976	5082757	355984	220000
中船财务有限责任公司	4966604	1790614	641122	4378418	4328930	588186	300000
中船重工财务有限责任公司	11161321	3055475	690922	10097700	9956498	1063621	571900
中广核财务有限责任公司	3784589	1644267	293326	3393755	3240337	390834	260000
中国大唐集团财务有限公司	3396334	1849704	581155	2700837	2607332	695497	486987
中国电建集团财务有限责任公司	4735076	1645400	0	4213494	4182025	521582	500000
中国电力财务有限公司	26826021	14038995	1166126	24094263	22951355	2731758	1300000
中国电子财务有限责任公司	3223179	977083	186782	2957470	2905185	265709	175094
中国电子科技财务有限公司	5455560	2557784	442455	4840927	4794466	614633	400000
中国航空集团财务有限责任公司	974018	434433	109076	811897	808234	162121	112796
中国航油集团财务有限公司	720839	190908	7295	577874	576160	142965	120000
中国核工业建设集团财务有限公司	984980	406249	0	866539	862743	118441	100000
中国华电集团财务有限公司	4383050	2648913	517212	3629882	3555335	753167	500000
中国华能财务有限责任公司	4632200	2612312	466202	3963812	3443814	668388	500000
中国化工财务有限公司	1267199	618639	1009	1139102	1134966	128097	84123
中国黄金集团财务有限公司	961146	390970	0	848484	845986	112662	100000
中国南航集团财务有限公司	915682	301752	93293	750710	747647	164972	107293
中国能源建设集团财务有限公司	2239218	639900	160237	1995384	1979442	243834	190000

续表

项目 机构	资产			负债		所有者权益	
	总额	其中:贷款	其中:投资	总额	其中:存款	总额	其中:资本金
中国平煤神马集团财务有限责任公司	726900	352000	0	609137	593043	117763	100000
中国石化财务有限责任公司	10857015	4470604	1696351	8381901	6844933	2475114	1800000
中国铁建财务有限公司	10171892	3941200	30000	9067397	9004529	1104495	900000
中国铁路财务有限责任公司	6017088	1492000	0	4923251	4907890	1093838	1000000
中国一拖集团财务有限责任公司	533181	173378	34757	452745	367505	80436	50000
中国移动通信集团财务有限公司	10251317	1473700	1395247	8163354	8127145	2087963	1162778
中国重汽财务有限公司	3165829	1751182	234007	2731786	373361	434043	305000
中海集团财务有限责任公司	2158687	571838	101646	1988558	1980930	170129	120000
中海石油财务有限责任公司	8839293	4295362	581033	7888148	7835991	951145	400000
中航工业集团财务有限责任公司	10957635	1947505	1522	10457642	10425422	499994	250000
中核财务有限责任公司	5829859	3476700	290995	5341646	5308532	488212	200960
中化工程集团财务有限公司	1584507	138209	52318	1447936	1428159	136571	100000
中化集团财务有限责任公司	3130114	1878231	374560	2692640	2665793	437474	300000
中集集团财务有限公司	819159	360066	2866	738480	718496	80679	50000
中建财务有限公司	8075034	3117342	214000	7313564	7049404	761470	600000
中交财务有限公司	7025892	1718213	278893	6566682	6553407	459211	350000
中节能财务有限公司	1428010	880863	100749	1069903	1062678	358108	300000
中开财务有限公司	491042	203568	33931	422310	419537	68732	50000
中联重科集团财务有限公司	776726	256300	0	607311	600654	169415	150000
中粮财务有限责任公司	2033941	1000461	80424	1693954	1682135	339987	100000
中铝财务有限责任公司	3153268	1096900	221165	2808398	2485292	344871	262500
中煤财务有限责任公司	2019867	961300	0	1650239	1644722	369628	300000
中铁财务有限责任公司	6476596	2050646	261648	5944883	5664112	531713	400000
中信财务有限公司	4653111	1582509	310816	4222886	4048584	430225	282000
中兴通讯集团财务有限公司	2604233	184219	0	2427358	2412057	176876	100000
中冶集团财务有限公司	2165952	1164030	30000	1869398	1865050	296554	180000
中油财务有限责任公司	47883974	24000938	5491441	41901073	29732669	5982901	833125
中远财务有限责任公司	3461861	909753	92844	3174599	3160238	287262	160000
忠旺集团财务有限公司	2677783	1730100	150000	2127292	1786806	550491	500000
珠海格力集团财务有限责任公司	4731294	596122	306357	4271284	4223618	460011	150000
珠海华发集团财务有限公司	2182526	903000	176693	1843440	1818105	339087	200000
紫金矿业集团财务有限公司	780215	417256	34961	686927	637902	93288	53156
总　计	568324477	234416854	32852616	488950481	448055323	79373996	51368042

注：①此表资产不含委托项。

②贷款包括短期贷款、中期贷款、长期贷款和融资租赁。

③投资包括债券、股票、长期股权及其他投资。

④此表为 245 家财务公司，不含西门子财务服务有限责任公司。

财务公司收入、利润状况统计表

（2017 年）　　　　单位：万元

机构 \ 项目	利润总额	营业收入		
		总额	其中：利息收入	其中：中间业务收入
TCL 集团财务有限公司	23519	62476	62713	－417
安徽省能源集团财务有限公司	3978	11028	10677	351
安徽省皖北煤电集团财务有限公司	5792	16765	12256	4508
鞍钢集团财务有限责任公司	80006	103985	100491	2299
百联集团财务有限责任公司	7226	36215	36093	122
包钢集团财务有限责任公司	15375	25290	24379	911
宝钢集团财务有限责任公司	26271	73852	57438	1216
宝塔石化集团财务有限公司	4055	21812	20597	1215
保利财务有限公司	37030	90582	85927	195
北大方正集团财务有限公司	24953	43220	40166	5
北京金融街集团财务有限公司	4348	11723	11723	0
北京金隅财务有限公司	47845	80577	79543	34
北京控股集团财务有限公司	17299	38919	39707	162
北京粮食集团财务有限公司	5327	8330	8002	328
北京汽车集团财务有限公司	45252	91440	91004	258
北京首都旅游集团财务有限公司	10084	22769	20235	4
本钢集团财务有限公司	4693	25235	25328	0
兵工财务有限责任公司	100745	150196	103200	7110
兵器装备集团财务有限责任公司	151399	304125	288115	2553
渤海钢铁集团财务有限公司	4599	5716	5716	0
诚通财务有限责任公司	30172	73875	72606	211
重庆化医控股集团财务有限公司	13542	17872	17227	53
重庆机电控股集团财务有限公司	5993	11236	11006	230
重庆力帆财务有限公司	12878	31019	30186	595
重庆市能源投资集团财务有限公司	14665	25195	24804	0
创维集团财务有限公司	17718	32970	32429	543
大连港集团财务有限公司	21577	29555	28791	321
大唐电信集团财务有限公司	6979	9546	8503	77
大同煤矿集团财务有限责任公司	54414	96592	89051	3748
大冶有色金属集团财务有限责任公司	3785	6023	6003	20
东方电气集团财务有限公司	24595	77904	66393	109
东方集团财务有限责任公司	4598	18125	18082	0
东风汽车财务有限公司	164815	318355	303268	1846
东航集团财务有限责任公司	18167	39982	27044	1742
东旭集团财务有限公司	1357	34108	34108	0

续表

机构 \ 项目	利润总额	营业收入		
		总额	其中：利息收入	其中：中间业务收入
鄂尔多斯财务有限公司	13032	29268	29132	136
福建七匹狼集团财务有限公司	1320	5204	5045	139
福建省能源集团财务有限公司	29469	47272	40923	1715
甘肃电投集团财务有限公司	7401	10084	10025	0
港中旅财务有限公司	13545	43501	34008	186
供销集团财务有限公司	5230	16475	16322	147
光明食品集团财务有限公司	28938	60422	58439	7
广东省广晟财务有限公司	9398	17417	17335	82
广东省交通集团财务有限公司	19005	55661	55586	74
广东粤电财务有限公司	37346	72133	61129	887
广西交通投资集团财务有限责任公司	20131	26821	25344	214
广州发展集团财务有限公司	16838	22533	22533	0
广州汽车集团财务有限公司	19740	45039	45039	0
贵州茅台集团财务有限公司	173973	284491	284431	0
贵州盘江集团财务有限公司	4135	9214	9185	29
国电财务有限公司	109454	147250	124893	7423
国机财务有限责任公司	35146	74592	67910	2961
国家电投集团财务有限公司	103823	154162	121755	8441
国联财务有限责任公司	7732	16899	16777	122
国投财务有限公司	61091	117246	89250	1273
国药集团财务有限公司	9478	22509	22247	223
哈尔滨电气集团财务有限责任公司	26426	46111	45328	783
海尔集团财务有限责任公司	189634	337187	282154	26891
海航集团财务有限公司	69514	184944	185498	1389
海亮集团财务有限责任公司	23025	31001	30940	61
海马财务有限公司	20708	40666	42416	22
海南农垦集团财务有限公司	7753	17121	15838	95
海信集团财务有限公司	35009	58672	52706	1525
航天科工财务有限责任公司	116874	186137	175640	1366
航天科技财务有限责任公司	170105	296498	247435	3960
河北港口集团财务有限公司	4581	12588	11503	77
河北建投集团财务有限公司	13702	25739	23830	29
河钢集团财务有限公司	23084	56577	55731	409
河南能源化工集团财务有限公司	46506	71340	70664	676
河南双汇集团财务有限公司	15617	22333	22253	80
亨通财务有限公司	5126	6080	6004	75

续表

机构＼项目	利润总额	营业收入		
		总额	其中：利息收入	其中：中间业务收入
红豆集团财务有限公司	10290	13653	12987	285
红星美凯龙家居集团财务有限责任公司	2271	4501	4501	0
湖北交投集团财务有限公司	12197	30907	30638	269
湖北能源财务有限公司	9744	6910	6825	82
湖北宜化集团财务有限责任公司	4021	10921	10902	19
湖南出版投资控股集团财务有限公司	20719	37170	34438	25
湖南高速集团财务有限公司	12767	15186	9304	0
湖南华菱钢铁集团财务有限公司	12905	25215	22462	1232
华联财务有限责任公司	18359	32137	30482	79
淮北矿业集团财务有限公司	11368	16385	14316	98
淮南矿业集团财务有限公司	48116	62552	54427	393
吉林森林工业集团财务有限责任公司	8298	15481	15448	0
冀中能源集团财务有限责任公司	16077	29859	29678	291
江铃汽车集团财务有限公司	12524	47423	44258	78
江苏凤凰出版传媒集团财务有限公司	9134	12336	12303	0
江苏国泰财务有限公司	5153	6991	7136	65
江苏华西集团财务有限公司	11397	14513	14513	0
江苏交通控股集团财务有限公司	14507	29103	28540	1
江苏省国信集团财务有限公司	16803	45198	42524	1016
江苏悦达集团财务有限公司	6252	14513	14382	131
江西铜业集团财务有限公司	30755	47232	33921	25
金川集团财务有限公司	12265	16294	16004	0
锦江国际集团财务有限责任公司	6237	14475	14399	61
晋煤集团财务有限公司	23185	36164	32520	1826
京能集团财务有限公司	47406	74474	67847	2342
酒钢集团财务有限公司	11099	29019	27630	0
巨化集团财务有限责任公司	6580	12124	11013	106
开滦集团财务有限责任公司	17398	23884	23297	426
连云港港口集团财务有限公司	1580	3868	3868	1
联通集团财务有限公司	31677	83972	83459	512
潞安集团财务有限公司	36077	54130	39209	2220
马钢集团财务有限公司	25205	37255	33346	556
美的集团财务有限公司	67606	90492	82385	2064
南方电网财务有限公司	135017	277439	255098	6832
南山集团财务有限公司	24587	32716	32276	838
内蒙古电力集团财务有限责任公司	48196	77555	77555	0

续表

机构 \ 项目	利润总额	营业收入		
		总额	其中：利息收入	其中：中间业务收入
内蒙古伊泰财务有限公司	8771	14114	13398	0
青岛港财务有限责任公司	35667	51167	46543	88
青岛啤酒财务有限责任公司	33739	49302	45692	118
青建集团财务有限责任公司	3288	5596	5571	25
清华控股集团财务有限公司	17624	25622	24651	971
日立（中国）财务有限公司	2355	14479	14559	128
日照港集团财务有限公司	10153	14231	14136	95
三房巷财务有限公司	1642	4709	4709	0
三环集团财务有限公司	236	1707	1707	0
三峡财务有限责任公司	151882	203330	163511	16033
沙钢财务有限公司	15849	20756	16303	273
山东晨鸣集团财务有限公司	26692	39158	38329	829
山东钢铁集团财务有限公司	30857	57313	56199	401
山东黄金集团财务有限公司	15092	25874	19525	219
山东能源集团财务有限公司	25003	40193	40118	75
山东省商业集团财务有限公司	14009	19358	18973	385
山东招金集团财务有限公司	3324	8370	8565	6
山东重工集团财务有限公司	25660	68198	67284	790
山西焦煤集团财务有限责任公司	55692	88173	82076	0
陕西煤业化工集团财务有限公司	35204	54605	52535	1482
陕西投资集团财务有限责任公司	839	2700	2627	0
陕西延长石油财务有限公司	41166	54993	54948	39
上海电气集团财务有限责任公司	125462	274659	132138	1072
上海纺织集团财务有限公司	382	546	546	0
上海复星高科技集团财务有限公司	22579	33417	33239	0
上海华信国际集团财务有限责任公司	2773	38660	38436	224
上海华谊集团财务有限责任公司	14017	29640	29795	50
上海浦东发展集团财务有限责任公司	32744	60380	58636	825
上海汽车集团财务有限责任公司	338417	753342	628165	33227
上海上实集团财务有限公司	8373	16694	14351	212
上海外高桥集团财务有限公司	2992	8911	9092	0
上海文化广播影视集团财务有限公司	1903	6438	6433	5
申能集团财务有限公司	47602	83346	61522	565
深圳华强集团财务有限公司	13303	33264	31868	122
深圳能源财务有限公司	22090	37819	38614	6
深圳市有色金属财务有限公司	4315	3482	5137	69

续表

机构＼项目	利润总额	营业收入		
		总额	其中：利息收入	其中：中间业务收入
神华财务有限公司	114436	223210	216931	3934
首都机场集团财务有限公司	27555	52683	52475	56
首钢集团财务有限公司	11954	106976	106120	646
顺丰控股集团财务有限公司	27195	52993	52907	48
四川长虹集团财务有限公司	6801	47688	46488	208
四川省宜宾五粮液集团财务有限公司	25131	74277	71491	73
松下电器（中国）财务有限公司	18167	29845	29405	552
苏州创元集团财务有限公司	3615	5986	5811	126
太钢集团财务有限公司	24583	41325	31425	220
天津渤海集团财务有限责任公司	10112	16808	13594	3165
天津港财务有限公司	27831	38465	34160	962
天津能源集团财务有限公司	779	850	850	0
天津天保财务有限公司	22627	34053	29736	1001
天津物产集团财务有限公司	39245	100986	99432	1513
天津医药集团财务有限公司	4045	4317	4287	29
天瑞集团财务有限责任公司	2214	5073	4356	0
通用技术集团财务有限责任公司	21094	41232	41160	81
铜陵有色金属集团财务有限公司	12102	26267	26762	798
万向财务有限公司	28193	77112	53392	419
五矿集团财务有限责任公司	24033	55872	51357	299
武汉钢铁集团财务有限责任公司	34176	62745	58191	1310
物产中大集团财务有限公司	9308	39240	29109	10132
物美商业财务有限责任公司	1559	5936	5936	0
西部矿业集团财务有限公司	16337	37613	27430	82
西电集团财务有限责任公司	25609	44062	32432	477
西王集团财务有限公司	9896	16413	16597	21
厦门海翼集团财务有限公司	2951	8938	7863	124
厦门翔业集团财务有限公司	8329	16971	16953	16
新奥财务有限责任公司	20556	34321	32936	958
新凤祥财务有限公司	4717	17139	17568	2
新华联控股集团财务有限责任公司	7029	11880	11681	199
新希望财务有限公司	10680	26726	26791	32
徐工集团财务有限公司	19621	33718	33316	441
兖矿集团财务有限公司	19889	30361	30463	186
阳泉煤业集团财务有限责任公司	39822	52190	44971	2218

续表

机构＼项目	利润总额	营业收入		
		总额	其中：利息收入	其中：中间业务收入
一汽财务有限公司	134933	280925	273703	577
伊利财务有限公司	43521	53179	52994	185
亿利集团财务有限公司	16426	52347	52025	323
营口港务集团财务有限公司	11665	15253	15030	223
粤海集团财务有限公司	4752	15286	15246	39
云南建投集团财务有限公司	18608	30668	29864	803
云南昆钢集团财务有限公司	6297	10781	10614	167
云南冶金集团财务有限公司	8769	19863	19641	222
云南云天化集团财务有限公司	6567	21489	21299	189
招商局集团财务有限公司	23817	82628	82438	142
浙江海港集团财务有限公司	26523	37007	36464	543
浙江省交通投资集团财务有限责任公司	42940	82148	79472	562
浙江省能源集团财务有限责任公司	61147	94505	90082	1323
振华集团财务有限责任公司	2049	4404	4310	0
正泰集团财务有限公司	90	302	302	0
郑州宇通集团财务有限公司	16817	24041	21622	327
中材集团财务有限公司	8712	18463	18563	29
中车财务有限公司	60802	97689	97476	427
中船财务有限责任公司	113329	175202	144788	10258
中船重工财务有限责任公司	214918	347178	303412	3463
中广核财务有限责任公司	60965	102325	84116	1098
中国大唐集团财务有限公司	88082	141357	110135	4537
中国电建集团财务有限责任公司	42806	135784	131920	263
中国电力财务有限公司	378335	946249	885505	6094
中国电子财务有限责任公司	35573	84883	76931	1699
中国电子科技财务有限公司	71416	138444	117952	104
中国航空集团财务有限责任公司	10239	35365	34469	779
中国航油集团财务有限公司	8982	18603	16822	43
中国核工业建设集团财务有限公司	14777	25891	25429	461
中国华电集团财务有限公司	109422	160383	116625	4801
中国华能财务有限责任公司	93399	161188	138006	1461
中国化工财务有限公司	13764	34759	33861	585
中国黄金集团财务有限公司	15107	25925	25647	278
中国南航集团财务有限公司	17381	37323	30170	5315
中国能源建设集团财务有限公司	11424	31455	30867	19

续表

机构 \ 项目	利润总额	营业收入		
		总额	其中：利息收入	其中：中间业务收入
中国平煤神马集团财务有限责任公司	16515	26681	26479	202
中国石化财务有限责任公司	209863	437036	343991	38517
中国铁建财务有限公司	96787	229752	228848	904
中国铁路财务有限责任公司	77300	147117	146757	360
中国一拖集团财务有限责任公司	10386	20716	19512	201
中国移动通信集团财务有限公司	156596	287493	285562	1698
中国重汽财务有限公司	40028	102606	92147	373
中海集团财务有限责任公司	25884	45542	41587	276
中海石油财务有限责任公司	162810	299826	290679	3889
中航工业集团财务有限责任公司	91201	176421	153509	3942
中核财务有限责任公司	117532	198147	195144	2270
中化工程集团财务有限公司	14468	37466	35236	0
中化集团财务有限责任公司	61907	88480	38424	3782
中集集团财务有限公司	11083	31982	31979	764
中建财务有限公司	102667	189360	177718	729
中交财务有限公司	42047	111592	99875	5057
中节能财务有限公司	29345	54764	50543	1378
中开财务有限公司	11212	18137	15402	102
中联重科集团财务有限公司	12968	22310	22168	142
中粮财务有限责任公司	25286	50803	47387	300
中铝财务有限责任公司	37909	81785	65587	1051
中煤财务有限责任公司	49338	67893	67289	604
中铁财务有限责任公司	76321	119903	113799	445
中信财务有限公司	49829	106420	99868	5110
中兴通讯集团财务有限公司	36503	54094	52039	677
中冶集团财务有限公司	29319	50885	48068	59
中油财务有限责任公司	876426	1524454	1433413	66349
中远财务有限责任公司	37279	113841	113358	45
忠旺集团财务有限公司	49999	149190	148248	940
珠海格力集团财务有限责任公司	85472	180337	179966	160
珠海华发集团财务有限公司	39678	81241	79014	210
紫金矿业集团财务有限公司	18165	26944	22923	1172
总　计	9667068	18495173	16830578	391436

注：①此表营业收入包括利息收入、手续费及佣金收入、投资收益、公允价值变动收益、汇兑收益及其他收入。

②利息收入包括存放中央银行利息收入、同业往来利息收入、贷款利息收入、投资利息收入和其他利息收入。

③此表为245家财务公司，不含西门子财务服务有限责任公司。

财务公司地域分布状况统计表

（2017 年）　　单位：亿元

项目／所在地	机构		资产总额		净资产		利润总额	
	数量（家）	比例（%）	金额	比例（%）	金额	比例（%）	金额	比例（%）
北京市	71	28.86	32748.38	57.27	4314.52	54.15	527.09	54.06
上海市	21	8.54	4855.80	8.49	568.63	7.14	84.61	8.68
江苏省	14	5.69	812.70	1.42	151.23	1.90	12.87	1.32
山东省	13	5.28	1440.78	2.52	283.88	3.56	24.99	2.56
广东省	12	4.88	2930.51	5.13	315.08	3.95	47.58	4.88
深圳市	10	4.07	1447.97	2.53	153.81	1.93	21.79	2.24
湖北省	8	3.25	1068.78	1.87	183.20	2.30	24.04	2.47
河北省	7	2.85	705.44	1.23	169.97	2.13	9.68	0.99
天津市	7	2.85	540.97	0.95	160.39	2.01	10.92	1.12
浙江省	7	2.85	924.05	1.62	123.55	1.55	17.13	1.76
安徽省	6	2.44	530.82	0.93	84.59	1.06	10.66	1.09
河南省	6	2.44	413.76	0.72	99.00	1.24	10.81	1.11
山西省	6	2.44	923.91	1.62	180.83	2.27	23.38	2.40
内蒙古自治区	5	2.03	561.32	0.98	85.80	1.08	12.89	1.32
青岛市	5	2.03	1237.51	2.16	173.13	2.17	29.73	3.05
湖南省	4	1.63	343.89	0.60	65.33	0.82	5.94	0.61
陕西省	4	1.63	451.87	0.79	83.87	1.05	10.28	1.05
四川省	4	1.63	671.07	1.17	87.95	1.10	6.72	0.69
云南省	4	1.63	236.60	0.41	46.12	0.58	4.02	0.41
重庆市	4	1.63	229.53	0.40	47.04	0.59	4.71	0.48
福建省	3	1.22	275.76	0.48	29.95	0.38	4.90	0.50
甘肃省	3	1.22	175.88	0.31	54.83	0.69	3.08	0.32
贵州省	3	1.22	875.29	1.53	38.00	0.48	18.02	1.85
辽宁省	3	1.22	448.57	0.78	105.45	1.32	9.64	0.99
海南省	2	0.81	111.15	0.19	21.72	0.27	2.85	0.29
黑龙江省	2	0.81	208.93	0.37	50.51	0.63	3.10	0.32
吉林省	2	0.81	871.02	1.52	73.03	0.92	14.32	1.47
江西省	2	0.81	270.29	0.47	36.75	0.46	4.33	0.44
厦门市	2	0.81	72.78	0.13	20.04	0.25	1.13	0.12
大连市	2	0.81	354.36	0.62	78.31	0.98	7.16	0.73
广西壮族自治区	1	0.41	82.84	0.14	14.81	0.19	2.01	0.21
青海省	1	0.41	91.95	0.16	26.74	0.34	1.63	0.17
宁夏回族自治区	1	0.41	132.24	0.23	20.38	0.26	0.41	0.04
宁波市	1	0.41	133.19	0.23	19.41	0.24	2.65	0.27
总　计	246		57179.90		7967.85		975.04	

财务公司行业分布状况统计表

（2017 年）

单位：亿元

项目 行业	机构		资产		净资产		利润总额	
	数量（家）	比例（%）	金额	比例（%）	金额	比例（%）	金额	比例（%）
电力	20	8.13	7293.61	12.76	1046.16	13.13	151.69	15.56
石油化工	17	6.91	8032.12	14.05	1141.45	14.33	144.23	14.79
电子电器	17	6.91	3662.99	6.41	429.40	5.39	61.73	6.33
煤炭	21	8.54	3301.81	5.77	545.75	6.85	67.19	6.89
建筑建材	14	5.69	4809.08	8.41	487.96	6.12	51.13	5.24
钢铁	15	6.10	2127.89	3.72	511.29	6.42	32.70	3.35
机械制造	15	6.10	2575.55	4.50	301.92	3.79	40.32	4.14
交通运输	25	10.16	3962.00	6.93	617.45	7.75	58.78	6.03
军工	9	3.66	6492.82	11.36	581.65	7.30	114.75	11.77
有色金属	18	7.32	1770.10	3.10	354.71	4.45	31.37	3.22
汽车	11	4.47	4389.80	7.68	474.80	5.96	82.17	8.43
酒店旅游	3	1.22	286.63	0.50	40.49	0.51	2.99	0.31
商贸	9	3.66	898.90	1.57	154.85	1.94	12.54	1.29
投资控股	20	8.13	2780.82	4.86	531.05	6.66	43.74	4.49
民生消费	11	4.47	1513.94	2.65	171.99	2.16	30.53	3.13
农林牧渔	12	4.88	1098.81	1.92	214.22	2.69	18.16	1.86
其他	9	3.66	2183.03	3.82	362.71	4.55	31.04	3.18
总　计	246		57179.90		7967.85		975.04	

附：2017 年财务公司行业分类表。

财务公司行业分类表

（2017 年）

行业	公司	公司
电力	中国华能财务有限责任公司	三峡财务有限责任公司
	中广核财务有限责任公司	中国电力财务有限公司
	中国华电集团财务有限公司	中国大唐集团财务有限公司
	南方电网财务有限公司	国家电投集团财务有限公司
	国电财务有限公司	京能集团财务有限公司
	浙江省能源集团财务有限责任公司	广东粤电财务有限公司
	申能集团财务有限公司	深圳能源财务有限公司
	湖北能源财务有限公司	安徽省能源集团财务有限公司
	内蒙古电力集团财务有限责任公司	甘肃电投集团财务有限公司
	陕西能源集团财务责任有限公司	天津能源集团财务有限公司

续表

石油化工	中国石化财务有限责任公司	天津渤海集团财务有限责任公司
	中油财务有限责任公司	中海石油财务有限责任公司
	中化集团财务有限责任公司	中国化工财务有限公司
	重庆化医控股集团财务有限公司	湖北宜化集团财务有限责任公司
	中国航油集团财务有限公司	上海华谊集团财务有限责任公司
	云南云天化集团财务有限公司	陕西延长石油财务有限公司
	巨化集团财务有限责任公司	三房巷财务有限公司
	宝塔石化集团财务有限公司	天津医药集团财务有限公司
	上海华信国际集团财务有限责任公司	
电子电器	振华集团财务有限责任公司	西门子财务服务有限责任公司
	中国电子财务有限责任公司	海尔集团财务有限责任公司
	珠海格力集团财务有限责任公司	TCL 集团财务有限公司
	松下电器（中国）财务有限公司	日立（中国）财务有限公司
	海信集团财务有限公司	美的集团财务有限公司
	中兴通讯集团财务有限公司	大唐电信集团财务有限公司
	四川长虹集团财务有限公司	创维集团财务有限公司
	亨通财务有限公司	东旭集团财务有限公司
	正泰集团财务有限公司	
煤炭	神华财务有限公司	潞安集团财务有限公司
	淮南矿业集团财务有限公司	河南能源化工集团财务有限公司
	冀中能源集团财务有限责任公司	山西焦煤集团财务有限责任公司
	阳泉煤业集团财务有限责任公司	晋煤集团财务有限公司
	兖矿集团财务有限公司	福建省能源集团财务有限公司
	开滦集团财务有限责任公司	陕西煤业化工集团财务有限公司
	大同煤矿集团财务有限责任公司	贵州盘江集团财务有限公司
	中国平煤神马集团财务有限责任公司	山东能源集团财务有限公司
	中煤财务有限责任公司	安徽省皖北煤电集团财务有限公司
	淮北矿业集团财务有限公司	重庆市能源投资集团财务有限公司
	内蒙古伊泰财务有限公司	
建筑建材	中国能源建设集团财务有限公司	中冶集团财务有限公司
	中建财务有限公司	中国铁建财务有限公司
	中化工程集团财务有限公司	中材集团财务有限公司
	中交财务有限公司	北京金隅财务有限公司
	中铁财务有限责任公司	中国核工业建设集团财务有限公司
	天瑞集团财务有限责任公司	中国电建集团财务有限责任公司
	云南建工集团财务有限公司	青建集团财务有限责任公司
钢铁	宝钢集团财务有限责任公司	武汉钢铁集团财务有限责任公司
	鞍钢集团财务有限责任公司	湖南华菱钢铁集团财务有限公司
	沙钢财务有限公司	酒钢集团财务有限公司

续表

钢铁	包钢集团财务有限责任公司	马钢集团财务有限公司
	山东钢铁集团财务有限公司	河钢集团财务有限公司
	太钢集团财务有限公司	本钢集团财务有限公司
	首钢集团财务有限公司	云南昆钢集团财务有限公司
	渤海钢铁集团财务有限公司	
机械制造	西电集团财务有限责任公司	东方电气集团财务有限公司
	中国一拖集团财务有限责任公司	上海电气集团财务有限责任公司
	苏州创元集团财务有限公司	国机财务有限责任公司
	中集集团财务有限公司	哈尔滨电气集团财务有限责任公司
	山东重工集团财务有限公司	厦门海翼集团财务有限公司
	中车财务有限公司	重庆机电控股集团财务有限公司
	徐工集团财务有限公司	重庆力帆财务有限公司
	中联重科集团财务有限公司	
交通运输	中远财务有限责任公司	中国航空集团财务有限责任公司
	中国南航集团财务有限公司	东航集团财务有限责任公司
	海航集团财务有限公司	天津港财务有限公司
	首都机场集团财务有限公司	中海集团财务有限责任公司
	宁波舟山港集团财务有限公司	中外运长航财务有限公司
	湖南高速集团财务有限公司	大连港集团财务有限公司
	江苏交通控股集团财务有限公司	浙江省交通投资集团财务有限责任公司
	广西交通投资集团财务有限责任公司	中开财务有限公司
	河北港口集团财务有限公司	青岛港财务有限责任公司
	广东省交通集团财务有限公司	湖北交投集团财务有限公司
	中国铁路财务有限责任公司	营口港务集团财务有限公司
	日照港集团财务有限公司	厦门翔业集团财务有限公司
	连云港港口集团财务有限公司	
军工	兵工财务有限责任公司	中船财务有限责任公司
	中核财务有限责任公司	航天科技财务有限责任公司
	航天科工财务有限责任公司	中船重工财务有限责任公司
	兵器装备集团财务有限责任公司	中航工业集团财务有限责任公司
	中国电子科技财务有限公司	
有色金属	五矿集团财务有限责任公司	深圳市有色金属财务有限公司
	江西铜业集团财务有限公司	南山集团财务有限公司
	紫金矿业集团财务有限公司	云南冶金集团财务有限公司
	铜陵有色金属集团财务有限公司	金川集团财务有限公司
	中铝财务有限责任公司	西部矿业集团财务有限公司
	海亮集团财务有限责任公司	山东黄金集团财务有限公司
	大冶有色金属集团财务有限责任公司	忠旺集团财务有限公司
	中国黄金集团财务有限公司	广东省广晟财务有限公司
	新凤祥财务有限公司	山东招金集团财务有限公司
	杭州锦江集团财务有限公司	

续表

汽车	东风汽车财务有限公司	中国重汽财务有限公司
	一汽财务有限公司	江铃汽车集团财务有限公司
	上海汽车集团财务有限责任公司	万向财务有限公司
	海马财务有限公司	北京汽车集团财务有限公司
	郑州宇通集团财务有限公司	广州汽车集团财务有限公司
	三环集团财务有限公司	
酒店旅游	锦江国际集团财务有限责任公司	港中旅财务有限公司
	北京首都旅游集团财务有限公司	
商贸	华联财务有限责任公司	通用技术集团财务有限责任公司
	国药集团财务有限公司	山东省商业集团财务有限公司
	百联集团财务有限责任公司	江苏国泰财务有限公司
	天津物产集团财务有限公司	物美商业财务有限责任公司
	物产中大集团财务有限公司	
投资控股	上海浦东发展集团财务有限责任公司	保利财务有限公司
	国联财务有限责任公司	国投财务有限公司
	北大方正集团财务有限公司	江苏省国信集团财务有限公司
	上海复星高科技集团财务有限公司	诚通财务有限责任公司
	天津天保财务有限公司	中信财务有限公司
	河北建投集团财务有限公司	珠海华发集团财务有限公司
	北京控股集团财务有限公司	上海上实集团财务有限公司
	清华控股集团财务有限公司	北京金融街集团财务有限公司
	上海外高桥集团财务有限公司	粤海集团财务有限公司
	江苏悦达集团财务有限公司	广州发展集团财务有限公司
民生消费	红豆集团财务有限公司	江苏华西集团财务有限公司
	青岛啤酒财务有限责任公司	贵州茅台集团财务有限公司
	鄂尔多斯财务有限公司	四川省宜宾五粮液集团财务有限公司
	山东晨鸣集团财务有限公司	福建七匹狼集团财务有限公司
	新华联控股集团财务有限责任公司	红星美凯龙家居集团财务有限责任公司
	上海纺织集团财务有限公司	
农林牧渔	东方集团财务有限责任公司	吉林森林工业集团财务有限责任公司
	中粮财务有限责任公司	新希望财务有限公司
	海南农垦集团财务有限公司	亿利集团财务有限公司
	伊利财务有限公司	供销集团财务有限公司
	光明食品集团财务有限公司	西王集团财务有限公司
	北京粮食集团财务有限公司	河南双汇集团财务有限公司
其他	新奥财务有限责任公司	中国移动通信集团财务有限公司
	深圳华强集团财务有限公司	湖南出版投资控股集团财务有限公司
	中节能财务有限公司	联通集团财务有限公司
	江苏凤凰出版传媒集团财务有限公司	顺丰控股集团财务有限公司
	上海文化广播影视集团财务有限公司	

注：每个行业分类中，各财务公司依照其成立时间从左至右从上至下进行排序。

财务公司所有制分布状况统计表

（2017 年） 单位：亿元

项目 / 所有制	机构		资产		净资产		利润总额	
	数量（家）	比例（%）	金额	比例（%）	金额	比例（%）	金额	比例（%）
中央国有企业	73	29.67	35116.06	61.41	4454.72	55.91	579.77	59.46
地方国有企业	129	52.44	16791.08	29.37	2551.27	32.02	298.44	30.61
集体民营企业	41	16.67	4760.54	8.33	917.22	11.51	86.45	8.87
外资企业	3	1.22	512.22	0.90	44.63	0.56	10.38	1.06
总　计	246		57179.90		7967.85		975.04	

财务公司行业资产质量状况统计表

（2017 年） 单位：万元

项目	金额	占资产总额（%）
不良资产总计	183487.59	0.03
次级资产	33711.65	0.01
可疑资产	48590.59	0.01
损失资产	101185.36	0.01
不良贷款总计	147939.92	0.03
次级贷款	33605.34	0.01
可疑贷款	35640.41	0.01
损失贷款	78694.16	0.01

财务公司行业存款、贷款结构统计表

（2017 年） 单位：万元

项目	金额	占比（%）	项目	金额	占比（%）
各项贷款	242209682		各项存款	464476341	
1. 短期贷款	134403186	55.49	1. 活期存款	211725589	45.58
2. 中长期贷款	89649656	37.01	2. 定期存款	252750751	54.42
3. 贴现及买断式转贴现	15017417	6.20	各项存款	464476341	
4. 贸易融资	1929663	0.80	1. 集团母公司存款	98769045	21.64
5. 融资租赁	1251161	0.52	2. 上市公司存款	134048427	27.10
6. 各项垫款	0	0.00	3. 其他成员企业存款	211992377	49.79
7. 其他贷款	-41400	-0.02	4. 其他	19666491	1.47
各项贷款	251608030				
1. 信用贷款	191372454	75.65			
2. 担保贷款	60235576	24.35			
各项贷款	251608030				
1. 集团母公司贷款	26638031	10.59			
2. 上市公司贷款	57232971	22.75			
3. 其他成员企业贷款	148995915	59.22			
4. 其他	18741112	7.45			

注：第一个各项贷款小于第二、三个各项贷款值原因是：第一个各项贷款为境内口径数据，第二、三个各项贷款为合并口径数据。

从业人员统计

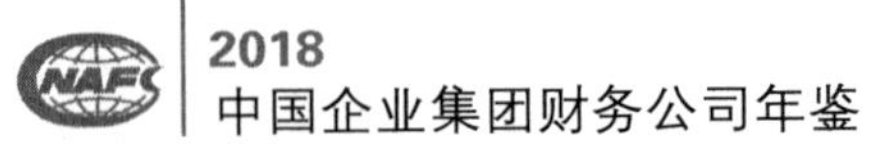

财务公司从业人员年龄、文化、职称结构统计表

（2017 年）　　　　单位：人

项目 机构	人员合计	年龄结构				性别结构		文化结构				职称结构			
		30岁以下	30岁至40岁	40岁至50岁	50岁以上	男	女	博士	硕士	本科	专科及以下	高级	中级	初级	其他
TCL 集团财务有限公司	56	32	20	4	0	30	26	0	11	44	1	1	9	15	31
安徽省能源集团财务有限公司	23	8	8	5	2	13	10	0	11	10	2	1	9	3	10
安徽省皖北煤电集团财务有限公司	27	0	16	9	2	18	9	0	1	23	3	6	17	4	0
鞍钢集团财务有限责任公司	82	7	26	33	16	33	49	0	20	51	11	25	36	16	5
百联集团财务有限责任公司	25	4	13	5	3	9	16	0	5	17	3	2	4	6	13
包钢集团财务有限责任公司	44	19	8	17	0	13	31	0	10	30	4	8	17	1	18
宝钢集团财务有限责任公司	79	18	31	20	10	44	35	0	22	44	13	3	27	0	49
宝塔石化集团财务有限公司	43	18	21	4	0	25	18	0	4	35	4	0	2	4	0
保利财务有限公司	25	9	10	4	2	13	12	0	12	12	1	4	10	11	0
北大方正集团财务有限公司	54	31	19	3	1	22	32	0	27	25	2	1	2	0	51
北京金融街集团财务有限公司	21	5	13	3	0	8	13	0	14	7	0	0	8	0	13
北京金隅财务有限公司	28	6	15	6	1	14	14	1	10	17	0	3	12	0	13
北京控股集团财务有限公司	34	7	18	7	2	17	17	1	18	15	0	7	10	1	16
北京粮食集团财务有限公司	24	7	12	4	1	10	14	0	13	9	2	2	15	0	7
北京汽车集团财务有限公司	184	86	86	10	2	90	94	1	50	115	18	6	20	11	147
北京首都旅游集团财务有限公司	25	5	14	6	0	9	16	0	9	15	1	4	7	4	10
本钢集团财务有限公司	29	10	14	1	4	19	10	0	4	23	2	5	9	8	7
兵工财务有限责任公司	109	14	53	31	11	51	58	0	41	52	16	13	39	17	40
兵器装备集团财务有限责任公司	56	20	16	13	7	25	31	2	46	7	1	12	16	4	24

续表

项目 机构	人员合计	年龄结构				性别结构		文化结构				职称结构			
		30岁以下	30岁至40岁	40岁至50岁	50岁以上	男	女	博士	硕士	本科	专科及以下	高级	中级	初级	其他
渤海钢铁集团财务有限公司	8	3	3	2	0	6	2	0	0	7	1	0	2	3	3
诚通财务有限责任公司	37	11	14	7	5	20	17	2	17	15	3	4	13	0	20
重庆化医控股集团财务有限公司	22	7	8	5	2	11	11	0	1	16	5	3	3	3	13
重庆机电控股集团财务有限公司	25	13	8	3	1	7	18	0	4	21	0	4	7	1	13
重庆力帆财务有限公司	42	13	10	16	3	25	17	0	4	31	7	2	10	3	27
重庆市能源投资集团财务有限公司	34	8	16	6	4	16	18	0	3	25	6	9	9	2	14
创维集团财务有限公司	38	25	10	3	0	16	22	0	4	27	7	3	2	4	29
大连港集团财务有限公司	35	8	16	8	3	15	20	0	8	23	4	3	8	13	11
大唐电信集团财务有限公司	28	13	12	3	0	13	15	1	13	12	2	3	4	0	21
大同煤矿集团财务有限责任公司	69	35	22	7	5	30	39	0	5	61	3	14	22	14	19
大冶有色金属集团财务有限责任公司	16	5	4	4	3	7	9	0	3	13	0	1	10	0	5
东方电气集团财务有限公司	52	12	20	15	5	23	29	1	26	19	6	7	22	12	11
东方集团财务有限责任公司	28	5	14	6	3	12	16	0	4	22	2	1	8	11	8
东风汽车财务有限公司	313	226	58	25	4	226	87	0	70	232	11	12	31	27	243
东航集团财务有限责任公司	46	16	14	13	3	17	29	0	13	28	5	2	9	0	0
东旭集团财务有限公司	29	13	15	1	0	16	13	0	12	15	2	2	8	2	17
鄂尔多斯财务有限公司	24	7	10	5	2	11	13	0	3	18	3	1	9	0	0
福建七匹狼集团财务有限公司	19	8	6	3	2	7	12	1	1	14	3	2	3	12	2
福建省能源集团财务有限公司	37	13	11	12	1	17	20	0	10	21	6	1	17	4	15
甘肃电投集团财务有限公司	28	11	9	7	1	14	14	0	3	25	0	4	11	0	13

续表

项目 机构	人员合计	年龄结构				性别结构		文化结构				职称结构			
		30岁以下	30岁至40岁	40岁至50岁	50岁以上	男	女	博士	硕士	本科	专科及以下	高级	中级	初级	其他
港中旅财务有限公司	26	8	2	3	2	11	15	0	1	19	0	3	5	2	16
供销集团财务有限公司	63	22	30	10	1	30	33	1	22	37	3	1	13	2	47
光明食品集团财务有限公司	30	4	17	6	3	10	20	0	7	22	1	1	13	1	15
广东省广晟财务有限公司	24	6	11	6	1	10	14	0	7	17	0	1	9	0	14
广东省交通集团财务有限公司	30	7	12	7	4	17	13	2	12	15	1	10	13	3	4
广东粤电财务有限公司	34	6	15	11	2	16	18	1	17	15	1	10	13	2	9
广西交通投资集团财务有限责任公司	30	9	13	6	2	16	14	1	9	17	3	5	12	4	9
广州发展集团财务有限公司	30	8	15	4	3	12	18	0	4	24	2	0	12	4	14
广州汽车集团财务有限公司	43	11	24	7	1	27	16	0	11	31	1	4	13	3	23
贵州茅台集团财务有限公司	24	7	13	3	1	12	12	0	3	18	3	2	11	0	11
贵州盘江集团财务有限公司	17	2	8	2	5	10	7	0	2	10	5	3	4	6	4
国电财务有限公司	100	36	40	15	9	37	63	3	49	43	5	17	26	2	55
国机财务有限责任公司	50	22	15	7	6	22	28	0	20	27	3	10	14	2	24
国家电投集团财务有限公司	68	21	28	14	5	32	36	2	32	32	2	13	15	10	30
国联财务有限责任公司	23	10	8	4	1	9	14	0	3	19	1	1	2	1	19
国投财务有限公司	59	18	27	12	2	34	25	3	36	20	0	9	24	2	24
国药集团财务有限公司	35	12	13	10	0	14	21	0	11	22	2	5	8	0	22
哈尔滨电气集团财务有限责任公司	34	8	15	7	4	19	15	0	9	24	1	11	11	7	5
海尔集团财务有限责任公司	156	69	72	14	1	63	93	0	45	96	15	1	24	18	113
海航集团财务有限公司	80	53	19	5	3	58	22	0	31	46	3	2	21	0	57
海亮集团财务有限责任公司	25	10	11	4	0	10	15	0	2	14	9	0	3	1	21
海马财务有限公司	141	86	44	7	4	73	68	0	11	121	9	0	7	9	125
海南农垦集团财务有限公司	21	5	11	3	2	11	10	1	3	17	0	1	5	2	13

续表

项目 机构	人员合计	年龄结构				性别结构		文化结构				职称结构			
		30岁以下	30岁至40岁	40岁至50岁	50岁以上	男	女	博士	硕士	本科	专科及以下	高级	中级	初级	其他
海信集团财务有限公司	42	21	16	3	2	13	29	0	20	21	1	0	7	4	31
航天科工财务有限责任公司	76	14	37	15	10	37	39	1	26	41	8	13	26	6	31
航天科技财务有限责任公司	93	16	50	20	7	38	55	4	38	47	4	17	25	4	47
河北港口集团财务有限公司	29	7	10	9	3	10	19	0	6	21	2	9	12	6	2
河北建投集团财务有限公司	30	8	15	3	4	19	11	0	20	9	1	4	10	2	14
河钢集团财务有限公司	28	9	13	6	0	13	15	0	5	21	2	7	10	11	0
河南能源化工集团财务有限公司	36	5	8	13	10	20	16	0	3	18	15	4	19	8	5
河南双汇集团财务有限公司	27	12	9	4	2	16	11	0	4	20	3	1	5	5	16
亨通财务有限公司	25	12	6	5	2	14	11	0	3	19	3	0	5	13	7
红豆集团财务有限公司	36	18	12	5	1	10	26	0	6	26	4	1	4	0	31
红星美凯龙家居集团财务有限责任公司	20	8	5	7	0	10	10	0	3	17	0	1	5	0	14
湖北交投集团财务有限公司	30	13	9	5	3	11	19	0	9	21	0	1	7	1	21
湖北能源财务有限公司	18	3	8	7	0	6	12	0	3	9	6	1	4	10	3
湖北宜化集团财务有限责任公司	19	3	10	6	0	10	9	0	2	14	3	2	4	13	0
湖南出版投资控股集团财务有限公司	26	7	13	4	2	11	15	0	5	18	3	3	10	5	8
湖南高速集团财务有限公司	31	10	13	3	5	16	15	0	5	25	1	3	8	11	9
湖南华菱钢铁集团财务有限公司	28	5	12	5	6	17	11	0	3	19	6	3	10	3	12
华联财务有限责任公司	28	10	9	4	5	11	17	0	4	19	5	1	7	3	17
淮北矿业集团财务有限公司	35	1	7	24	3	15	20	0	3	23	9	11	18	5	1
淮南矿业集团财务有限公司	48	6	19	15	8	30	18	0	13	20	15	3	34	11	0

续表

项目 机构	人员合计	年龄结构				性别结构		文化结构				职称结构			
		30岁以下	30岁至40岁	40岁至50岁	50岁以上	男	女	博士	硕士	本科	专科及以下	高级	中级	初级	其他
吉林森林工业集团财务有限责任公司	48	12	21	12	3	17	31	0	10	34	4	11	11	3	23
冀中能源集团财务有限责任公司	34	5	13	13	3	14	20	0	1	21	12	5	10	5	14
江铃汽车集团财务有限公司	154	93	31	19	11	75	79	0	27	98	29	4	22	23	105
江苏凤凰出版传媒集团财务有限公司	25	11	7	7	0	12	13	1	13	10	1	6	9	1	9
江苏国泰财务有限公司	21	7	5	7	2	8	13	0	3	16	2	0	12	1	8
江苏华西集团财务有限公司	24	10	6	6	2	11	13	0	1	17	6	2	8	3	11
江苏交通控股集团财务有限公司	32	14	10	6	2	14	18	0	17	14	1	5	15	1	11
江苏省国信集团财务有限公司	40	6	18	10	6	18	22	1	7	27	4	6	17	6	11
江苏悦达集团财务有限公司	25	8	13	3	1	15	10	0	6	19	0	1	10	2	12
江西铜业集团财务有限公司	35	15	11	8	1	17	18	0	14	20	1	4	17	0	14
金川集团财务有限公司	20	1	12	4	3	10	10	0	1	19	0	3	8	2	7
锦江国际集团财务有限责任公司	19	0	5	10	4	14	5	0	0	10	9	1	3	9	6
晋煤集团财务有限公司	51	20	20	8	3	29	22	0	22	26	3	3	14	5	29
京能集团财务有限公司	44	17	21	6	0	24	20	0	27	17	0	12	18	0	14
酒钢集团财务有限公司	35	5	24	5	1	16	19	0	2	33	0	1	16	14	4
巨化集团财务有限责任公司	22	2	7	9	4	7	15	0	0	16	6	4	8	9	1
开滦集团财务有限责任公司	26	8	7	6	5	13	13	1	5	19	1	15	5	4	2
连云港港口集团财务有限公司	22	6	12	4	0	14	8	0	3	19	0	2	7	3	10
联通集团财务有限公司	49	12	26	10	1	23	26	1	21	27	0	14	18	5	12
潞安集团财务有限公司	64	12	39	11	2	32	32	0	21	40	3	7	21	29	7
马钢集团财务有限公司	36	10	11	9	6	16	20	0	6	26	4	7	15	10	4
美的集团财务有限公司	86	45	35	6	0	23	63	0	28	57	1	0	12	3	71

续表

机构＼项目	人员合计	年龄结构				性别结构		文化结构				职称结构			
		30岁以下	30岁至40岁	40岁至50岁	50岁以上	男	女	博士	硕士	本科	专科及以下	高级	中级	初级	其他
南方电网财务有限公司	149	52	64	24	9	81	68	2	39	90	18	28	39	16	66
南山集团财务有限公司	37	19	13	3	2	21	16	0	3	31	3	2	13	2	20
内蒙古电力集团财务有限责任公司	20	6	8	4	2	9	11	1	11	8	0	3	10	4	3
内蒙古伊泰财务有限公司	25	4	17	3	1	15	10	0	2	23	0	2	7	1	1
青岛港财务有限责任公司	24	10	11	3	0	10	14	0	11	13	0	1	8	2	13
青岛啤酒财务有限责任公司	35	11	11	12	1	17	18	0	5	29	1	4	11	3	17
青建集团财务有限责任公司	21	5	9	7	0	10	11	0	7	14	0	4	7	0	10
清华控股集团财务有限公司	28	8	16	3	1	9	19	1	13	13	1	0	7	1	20
日立（中国）财务有限公司	12	1	6	5	0	6	6	0	3	7	2	0	3	0	9
日照港集团财务有限公司	28	10	8	8	2	18	10	0	3	24	1	4	14	7	3
三房巷财务有限公司	23	8	10	3	2	11	12	0	0	13	10	2	1	1	19
三环集团财务有限公司	14	1	7	5	1	10	4	0	1	11	2	1	2	3	8
三峡财务有限责任公司	96	15	41	29	11	55	41	1	36	53	6	30	27	2	37
沙钢财务有限公司	33	20	9	3	1	14	19	0	2	29	2	1	5	21	6
山东晨鸣集团财务有限公司	26	12	7	6	1	13	13	0	4	18	4	2	6	3	15
山东钢铁集团财务有限公司	38	12	16	7	3	24	14	0	15	23	0	12	7	5	14
山东黄金集团财务有限公司	35	8	13	13	1	16	19	1	15	19	0	12	11	2	10
山东能源集团财务有限公司	28	5	16	5	2	15	13	0	8	19	1	7	13	2	6
山东省商业集团财务有限公司	37	4	27	5	1	20	17	0	14	23	0	3	8	26	0
山东招金集团财务有限公司	28	7	12	8	1	13	15	0	5	22	1	3	9	3	13

续表

项目 机构	人员合计	年龄结构				性别结构		文化结构				职称结构			
		30岁以下	30岁至40岁	40岁至50岁	50岁以上	男	女	博士	硕士	本科	专科及以下	高级	中级	初级	其他
山东重工集团财务有限公司	56	25	21	9	1	31	25	0	14	41	1	5	19	10	22
山西焦煤集团财务有限责任公司	52	17	13	15	7	24	28	1	13	33	5	10	14	13	15
陕西煤业化工集团财务有限公司	63	32	22	8	1	18	45	2	18	40	3	6	15	4	38
陕西投资集团财务有限责任公司	38	21	9	5	3	16	22	0	11	20	7	2	5	7	24
陕西延长石油财务有限公司	43	13	18	11	1	24	19	0	25	16	2	7	15	0	21
上海电气集团财务有限责任公司	84	22	52	10	0	51	33	0	31	51	2	2	15	3	64
上海纺织集团财务有限公司	19	4	10	3	2	12	7	0	3	14	2	2	7	2	8
上海复星高科技集团财务有限公司	30	16	9	5	0	15	15	0	14	16	0	0	8	7	15
上海华信国际集团财务有限责任公司	39	15	21	3	0	16	23	0	19	20	0	2	7	2	28
上海华谊集团财务有限责任公司	29	5	20	4	0	13	16	1	11	15	2	1	16	1	11
上海浦东发展集团财务有限责任公司	50	16	19	11	4	29	21	1	19	23	7	0	20	4	26
上海汽车集团财务有限责任公司	587	317	235	26	9	405	182	0	144	419	24	3	55	13	516
上海上实集团财务有限公司	26	13	6	6	1	10	16	0	6	17	3	1	5	1	4
上海外高桥集团财务有限公司	25	10	7	8	0	11	14	0	6	17	2	1	8	2	14
上海文化广播影视集团财务有限公司	22	7	8	6	1	11	11	0	4	16	2	2	5	13	0
申能集团财务有限公司	47	7	28	10	2	20	27	0	17	29	1	2	22	23	0
深圳华强集团财务有限公司	24	11	6	5	2	10	14	0	3	18	3	0	5	3	16

续表

项目 机构	人员合计	年龄结构				性别结构		文化结构				职称结构			
		30岁以下	30岁至40岁	40岁至50岁	50岁以上	男	女	博士	硕士	本科	专科及以下	高级	中级	初级	其他
深圳能源财务有限公司	40	12	7	15	6	21	19	0	12	23	5	5	13	6	16
深圳市有色金属财务有限公司	31	4	5	14	8	20	11	0	7	14	10	2	11	9	9
神华财务有限公司	53	6	27	15	5	23	30	4	33	12	4	13	25	2	13
首都机场集团财务有限公司	45	17	13	8	7	19	26	0	9	32	4	8	11	2	24
首钢集团财务有限公司	46	13	22	9	2	20	26	0	23	21	2	6	19	4	17
顺丰控股集团财务有限公司	49	21	25	3	0	13	36	0	12	34	3	21	19	9	0
四川长虹集团财务有限公司	35	18	10	6	1	18	17	0	2	28	5	2	3	11	19
四川省宜宾五粮液集团财务有限公司	41	17	12	12	0	19	22	0	3	33	5	1	11	5	24
松下电器（中国）财务有限公司	15	8	6	0	1	1	14	0	4	11	0	0	3	0	12
苏州创元集团财务有限公司	24	6	7	5	6	10	14	0	3	13	8	3	3	12	6
太钢集团财务有限公司	32	8	11	12	1	17	15	0	8	20	4	5	11	10	6
天津渤海集团财务有限责任公司	26	10	8	6	2	13	13	0	4	19	3	2	4	3	17
天津港财务有限公司	45	11	17	16	1	19	26	0	15	24	6	2	20	20	3
天津能源集团财务有限公司	17	3	10	3	1	8	9	0	3	14	0	2	2	9	4
天津天保财务有限公司	20	3	10	5	2	9	11	1	8	11	0	2	7	4	7
天津物产集团财务有限公司	62	12	44	4	2	21	41	0	17	40	5	3	18	34	7
天津医药集团财务有限公司	20	5	14	1	0	11	9	0	8	11	1	1	8	1	10
天瑞集团财务有限责任公司	18	11	4	2	1	10	8	0	1	14	3	1	3	0	14
通用技术集团财务有限责任公司	37	9	16	11	1	15	22	0	17	18	2	6	10	0	21
铜陵有色金属集团财务有限公司	27	3	17	6	1	12	15	0	8	18	1	9	15	3	0

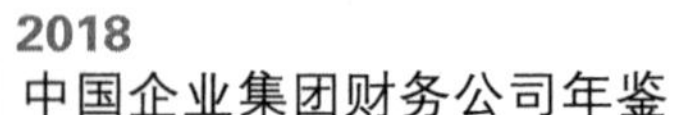

续表

项目 机构	人员合计	年龄结构				性别结构		文化结构				职称结构			
		30岁以下	30岁至40岁	40岁至50岁	50岁以上	男	女	博士	硕士	本科	专科及以下	高级	中级	初级	其他
万向财务有限公司	62	23	15	23	1	31	31	0	9	46	7	1	19	13	29
五矿集团财务有限责任公司	51	11	18	18	4	21	30	0	19	24	8	2	14	10	25
武汉钢铁集团财务有限责任公司	47	6	15	21	5	26	21	0	16	29	2	12	18	3	14
物产中大集团财务有限公司	33	14	12	6	1	16	17	0	12	18	3	2	9	2	20
物美商业财务有限责任公司	20	1	12	5	2	8	12	0	3	12	5	0	0	0	20
西部矿业集团财务有限公司	31	10	13	7	1	17	14	0	5	24	2	2	13	2	14
西电集团财务有限责任公司	33	7	18	7	1	15	18	0	6	27	0	3	17	5	8
西王集团财务有限公司	29	12	13	1	3	16	13	0	4	25	0	3	8	18	0
厦门海翼集团财务有限公司	22	5	11	4	2	8	14	0	2	17	3	1	7	1	13
厦门翔业集团财务有限公司	21	8	9	4	0	14	7	0	8	13	0	2	5	1	13
新奥财务有限责任公司	51	21	25	1	4	28	23	0	14	30	7	0	9	1	41
新凤祥财务有限公司	76	29	37	9	1	41	35	0	9	49	18	0	10	4	62
新华联控股集团财务有限责任公司	23	8	12	3	0	8	15	0	6	17	0	1	5	1	16
新希望财务有限公司	37	10	19	7	1	17	20	0	10	24	3	1	6	14	16
徐工集团财务有限公司	32	14	15	3	0	18	14	0	13	19	0	1	8	23	0
兖矿集团财务有限公司	29	3	17	9	0	12	17	0	3	25	1	12	13	4	0
阳泉煤业集团财务有限责任公司	48	10	27	7	4	24	24	1	5	34	8	2	19	2	25
一汽财务有限公司	138	46	72	12	8	47	91	1	82	48	7	6	13	57	62
伊利财务有限公司	39	18	17	4	0	18	21	0	2	33	4	0	5	19	15
亿利集团财务有限公司	33	20	9	4	0	18	15	1	11	21	0	1	5	0	27
营口港务集团财务有限公司	20	8	6	6	0	9	11	0	3	14	3	1	8	10	1
粤海集团财务有限公司	27	10	11	5	1	11	16	1	6	19	1	2	8	5	12
云南建投集团财务有限公司	25	16	5	3	1	11	14	0	4	20	1	1	10	3	11

续表

项目 机构	人员合计	年龄结构				性别结构		文化结构				职称结构			
		30岁以下	30岁至40岁	40岁至50岁	50岁以上	男	女	博士	硕士	本科	专科及以下	高级	中级	初级	其他
云南昆钢集团财务有限公司	25	5	10	8	2	6	19	0	1	17	7	0	7	4	14
云南冶金集团财务有限公司	29	10	8	11	0	11	18	0	6	20	3	1	9	3	16
云南云天化集团财务有限公司	25	7	10	6	2	12	13	0	6	17	2	1	6	4	14
招商局集团财务有限公司	36	11	18	5	2	13	23	0	24	11	1	4	10	0	2
浙江海港集团财务有限公司	32	13	11	4	4	17	15	0	8	22	2	3	14	9	6
浙江省交通投资集团财务有限责任公司	44	17	18	8	1	20	24	0	16	27	1	11	16	2	15
浙江省能源集团财务有限责任公司	68	47	10	9	2	45	23	1	15	51	1	8	9	3	48
振华集团财务有限责任公司	20	6	7	5	2	7	13	0	4	13	3	0	8	0	12
正泰集团财务有限公司	32	10	11	8	3	14	18	0	3	25	4	2	6	6	18
郑州宇通集团财务有限公司	36	15	12	8	1	25	11	0	4	27	5	3	11	21	1
中材集团财务有限公司	29	10	10	7	2	13	16	1	9	17	2	8	8	2	11
中车财务有限公司	47	11	26	7	3	23	24	2	17	28	0	15	16	11	5
中船财务有限责任公司	53	29	11	10	3	24	29	1	34	16	2	9	12	20	12
中船重工财务有限责任公司	77	37	17	16	7	32	45	2	41	30	4	12	15	6	44
中广核财务有限责任公司	62	17	29	16	0	38	24	0	26	32	4	4	22	10	26
中国大唐集团财务有限公司	51	14	21	14	2	21	30	2	41	7	1	14	16	20	1
中国电建集团财务有限责任公司	39	8	15	11	5	23	16	1	15	23	0	16	14	3	6
中国电力财务有限公司	774	78	215	329	152	360	414	9	244	476	45	258	266	53	197
中国电子财务有限责任公司	58	12	15	21	10	23	35	1	27	27	3	9	18	10	21

续表

项目 机构	人员合计	年龄结构				性别结构		文化结构				职称结构			
		30岁以下	30岁至40岁	40岁至50岁	50岁以上	男	女	博士	硕士	本科	专科及以下	高级	中级	初级	其他
中国电子科技财务有限公司	46	23	19	2	2	24	22	0	30	16	0	2	8	9	27
中国航空集团财务有限责任公司	62	10	17	19	16	26	36	0	8	36	18	3	21	9	29
中国航油集团财务有限公司	28	13	7	6	2	12	16	1	15	11	1	2	10	1	15
中国核工业建设集团财务有限公司	35	13	10	10	2	14	21	2	18	15	0	9	6	20	0
中国华电集团财务有限公司	62	16	27	16	3	36	26	0	33	28	1	8	16	0	38
中国华能财务有限责任公司	77	22	13	21	21	32	45	1	39	30	7	27	29	4	17
中国化工财务有限公司	38	10	10	14	4	16	22	0	18	15	5	8	15	15	0
中国黄金集团财务有限公司	34	17	11	5	1	16	18	0	13	21	0	6	8	6	14
中国南航集团财务有限公司	60	7	25	24	4	31	29	0	15	30	15	3	19	2	36
中国能源建设集团财务有限公司	75	13	20	30	12	43	32	0	17	34	24	23	27	5	20
中国平煤神马集团财务有限责任公司	26	4	9	11	2	17	9	0	1	22	3	7	13	5	1
中国石化财务有限责任公司	373	102	141	90	40	218	155	2	98	243	30	78	136	119	40
中国铁建财务有限公司	80	40	28	8	4	44	36	1	25	53	1	19	27	19	15
中国铁路财务有限责任公司	26	8	9	7	2	10	16	1	10	14	1	11	7	6	2
中国一拖集团财务有限责任公司	37	13	10	14	0	10	27	0	5	24	8	1	18	2	16
中国移动通信集团财务有限公司	66	38	14	11	3	45	21	0	54	11	1	8	23	2	33
中国重汽财务有限公司	57	34	11	8	4	20	37	0	14	37	6	3	17	11	26
中海集团财务有限责任公司	56	2	28	19	7	31	25	0	8	39	9	3	21	9	23

续表

项目 机构	人员合计	年龄结构				性别结构		文化结构				职称结构			
		30岁以下	30岁至40岁	40岁至50岁	50岁以上	男	女	博士	硕士	本科	专科及以下	高级	中级	初级	其他
中海石油财务有限责任公司	119	37	43	27	12	52	67	2	39	73	5	8	45	13	53
中航工业集团财务有限责任公司	111	37	33	26	15	44	67	2	73	32	4	22	16	73	0
中核财务有限责任公司	44	9	22	9	4	24	20	0	20	23	1	14	17	13	0
中化工程集团财务有限公司	35	24	5	3	3	10	25	0	22	12	1	4	9	3	19
中化集团财务有限责任公司	68	26	23	14	5	31	37	1	25	34	8	2	20	3	43
中集集团财务有限公司	46	20	15	10	1	17	29	0	14	29	3	0	6	1	39
中建财务有限公司	35	6	17	8	4	20	15	0	15	18	2	9	10	10	6
中交财务有限公司	50	12	23	13	2	30	20	2	22	24	2	9	23	14	4
中节能财务有限公司	42	15	22	4	1	25	17	0	23	19	0	3	10	4	25
中开财务有限公司	29	14	9	5	1	15	14	0	12	15	2	1	9	3	16
中联重科集团财务有限公司	28	12	11	2	3	13	15	0	9	19	0	7	3	1	17
中粮财务有限责任公司	30	13	12	5	0	12	18	1	16	13	0	1	1	0	28
中铝财务有限责任公司	47	18	22	5	2	23	24	3	28	16	0	9	7	3	28
中煤财务有限责任公司	16	2	10	2	2	9	7	0	4	12	0	4	6	1	5
中铁财务有限责任公司	47	15	25	5	2	28	19	0	20	26	1	15	11	18	3
中信财务有限公司	39	18	12	8	1	19	20	1	28	7	3	7	5	1	26
中兴通讯集团财务有限公司	43	13	19	10	1	12	31	0	15	21	7	10	14	19	0
中冶集团财务有限公司	33	10	15	7	1	15	18	0	20	13	0	6	4	0	23
中油财务有限责任公司	166	21	68	52	25	72	94	8	65	79	14	41	81	32	12
中远财务有限责任公司	106	3	35	52	16	48	58	0	23	68	15	13	50	32	11
忠旺集团财务有限公司	40	10	16	13	1	26	14	1	12	25	2	3	7	2	28
珠海格力集团财务有限责任公司	49	17	12	11	9	22	27	0	6	37	6	2	14	8	25
珠海华发集团财务有限公司	43	13	19	9	2	14	29	0	9	32	2	0	18	6	19
紫金矿业集团财务有限公司	20	8	7	4	1	9	11	0	2	17	1	2	11	4	3

注：此表为245家财务公司，不含西门子财务服务有限责任公司。

大事记

中国企业集团财务公司2017年行业大事记

1月

1日，中国财务公司协会（以下简称“中国财协”）财务公司行业统计分析系统更新升级，新统计分析系统顺利上线。

20日，广州汽车集团财务有限公司获得广东银监局开业批复。

20日，东旭集团财务有限公司获得河北银监局开业批复。

24日，上海华信国际集团财务有限责任公司获得上海银监局开业批复。

3月

13—16日，中国财协在京召开“2017年财务公司分行业系列交流会”。中国财协党委书记、常务副会长张电中，专职常务副会长王岩玲，纪委书记曹春彦以及银监会、北京银监局监管部门相关处室负责人参加了本次会议，与来自各行业140多家财务公司的代表共同座谈交流。会议邀请中国机械工业联合会、中国电力企业联合会、中国煤炭工业协会、中国交通运输协会、中国建筑业协会、中国石油规划总院、冶金工业经济发展研究中心和中国有色金属工业协会的专家从行业运行状况和特点，全面分析当前各行业发展形势，研判未来发展趋势。

14日，连云港港口集团财务有限公司获得江苏银监局开业批复。

16—23日，中国财协在京举办2017年第一期“国际财资管理师（CTP）认证课程培训班”，45家财务公司的64名学员参加了培训。

23日，中国财协第九届四次监事会议在天津召开，陈宇监事长主持会议，7位监事或授权代表出席会议。同时，中国财协第九届六次理事会议在天津召开，盖永光会长主持会议，38位理事或授权代表出席了会议，7位监事或授权代表列席了会议。

27日，中国财协印发修订后的《企业集团财务公司行业评级办法（试行）》和《企业集团财务公司行业评级办法实施细则》，并据此开展评级工作。

4月

中国财协启动财务公司票据业务发展研究、财务公司开展产业链金融服务研究和财务公司信息系统供应商评价体系研究三项课题。

5月

3—4日，中国财协在上海举办第一期

“财务公司行业典型经验交流会”，会议分别邀请了上海汽车财务公司和上海电气财务公司就风险管理、人力资源管理、信息化建设、全球司库功能探索和业主投行在集团并购中的作用进行专题讲解。

16 日，中国财协组织召开《企业集团财务公司信贷基础业务概述》教材终审会。

24 日，王岩玲专职常务副会长一行赴双汇财务公司调研，并与双汇财务公司董事长张太喜、集团财务副总裁刘松涛、双汇财务公司总经理马超音等进行座谈。

24 日，兵工财务有限责任公司组织召开十大军工集团财务公司“军工票”发展论坛。

6 月

1 日，国机财务有限责任公司完成注册资本金由 11 亿元增加至 15 亿元的变更工作。

5 日，中国财协出版发行《中国企业集团财务公司发展报告（2017）》。

6 日，王岩玲专职常务副会长受邀参加山东省财务公司监管联席会，并在会上介绍财务公司行业情况。

7 日，王岩玲专职常务副会长一行赴山东晨鸣财务公司、山东省商业集团财务公司调研。

8 日，中国财协与兴证资产管理公司在青岛合作举办“去杠杆、防风险下的大类资产配置交流会”。中国农业银行原首席经济学家向松祚教授、中石油集团政策研究室副主任王震博士以及工商银行、光大银行、兴业银行专家分别做了主题发言。

9—16 日，中国财协 2017 年第二期“国际财资管理师（CTP）认证课程培训班”在京举办，45 家财务公司的 65 名学员参加了培训学习。

12 日，陕西投资集团财务有限责任公司获得陕西银监局开业批复。

28 日，三环集团财务有限公司获得湖北银监局开业批复。

7 月

5—6 日，中国财协在京举办年度第一期风险管理业务培训班，78 家财务公司的 120 余名学员参加本期培训。

10—11 日，中国财协在京举办年度第一期结算基础业务培训班，80 家财务公司的 120 余名学员参加本期培训。

12—13 日，中国财协在京举办年度第一期信贷基础业务培训班，77 家财务公司的 130 余名学员参加本期培训。

13—14 日，中国财协在内蒙古鄂尔多斯举办企业集团财务公司“生态金融　绿色经济”研讨会，理事、监事单位等部分财务公司代表近 60 人参加会议。会议由监事长陈宇主持，中国财协党委书记、常务副会长张电中和专职常务副会长王岩玲出席会议。本次会议由亿利财务公司协助举办，中国电力财务公司、海尔财务公司、大唐财务公司和京能财务公司的代表分别介绍财务公司开展同业合作的模式和经验。

26—27 日，中国财协在青岛举办“财务公司行业典型经验交流会”，会议邀请海尔集团财务有限责任公司、山东重工集团财务有限公司介绍经营管理和业务创新方面的经验做法。

8 月

中国财协联合中国人民银行营业管理部和中国社科院提出完善财务公司宏观审慎评估政策的建议，上报中国人民银行，为财务公司争取 MPA 考核的差异化政策。

1 日，红星美凯龙家居集团财务有限责任公司获得上海银监局开业批复。

14 日，中国财协第九届监事会监事及其代表在监事长陈宇的带领下，赴广东粤电财务公司、美的集团财务公司走访调研，并召开“广东地区财务公司风险管理座谈会”。

18 日，南方电网财务有限公司作为全国唯一一家非银行金融机构参与国家债券承销标准协议修改。

21—25 日，中国财协与国家会计学院在京联合举办 2017 年第一期“财务公司高管研修班”，研修班首次走进校园，与院校联合举办，82 家财务公司高管人员参加学习。

25 日，山东招金集团财务有限公司完成增资工作，注册资本由 5 亿元变更为 15 亿元，股东及注资比例不变。

9 月

中国财协起草《关于财务公司延伸产业链业务相关情况的报告》。

6 日，天津能源集团财务有限公司获得天津银监局开业批复。

11—15 日，中国财协与国家会计学院在京联合举办 2017 年第二期“财务公司高级管理人员研修班”。

19—20 日，中国财协在京举办“财务公司行业信息化交流会”。全国 180 家财务公司近 300 名代表参加了本次会议。九家软件公司的信息化专家、两家财务公司和“财务公司信息系统标准化研究课题组”与会代表进行了专题发言。

22—29 日，中国财协在京举办 2017 年第三期“国际财资管理师（CTP）认证课程培训班”，47 家财务公司的 66 名学员参加本期培训。截至 2017 年底，中国财协共举办 5 期财资管理师认证培训，累计培训 343 人，通过考试取得国际资格认证证书 171 人。

25 日，厦门海翼集团财务有限公司注册资本从人民币 5 亿元增加至 8 亿元。同时，股权结构发生调整，厦门海翼集团有限公司出资 4.4 亿元，占 55%；厦门国际贸易有限公司出资 2.8 亿元，占 35%；厦门厦工机械股份有限公司出资 0.8 亿元，占 10%。

10 月

14—18 日，李矛斗秘书长一行应邀参加在美国圣地亚哥市举办的第 38 届 AFP 年会。中国电建集团财务有限责任公司、国家电投集团财务有限公司、中节能财务有限公司、中铁财务有限责任公司代表应邀参加了本届年会。

11 月

中国财协评选并表彰行业数据统计优秀单位和课题研究突出贡献单位和个人。

9—10 日，中国财协在京举办年度第二期风险管理基础业务培训班，66 家财务公司的 80 余名学员参加本期培训。

14—15 日，中国财协在京举办年度第二期结算基础业务培训班，63 家财务公司的 80 余名学员参加本期培训。

14—18 日，王岩玲专职常务副会长应邀带队参加澳大利亚金融司库协会第 30 届年会。中航工业集团财务有限责任公司总经理刘宏、青岛啤酒财务有限责任公司总经理徐振声、兵工财务有限责任公司副总经理吕哲龙一同参加本届年会。

16—17 日，中国财协在京举办年度第二期信贷基础业务培训班，65 家财务公司的 80 余名学员参加本期培训。

23—24 日，中国财协在京举办“财务公司外汇资金集中管理培训班”，120 家财务公司的 185 名外汇管理人员参加培训。

12 月

为庆祝财务公司行业成立三十周年，中国财协组织开展了一系列庆祝活动。中国财协出版《企业集团财务公司经营运作理论与实践》，包括“财务公司行业成立 30 周年征文”获奖稿件；发布“不忘初心　砥砺前行——中国企业集团财务公司三十年”宣传片；举行“不忘初心　砥砺前行——中国企业集团财务公司行业改革发展 30 年图片展”。

8 日，杭州锦江集团财务有限责任公司获得浙江银监局开业批复。

13 日，正泰集团财务有限公司获得浙江银监局开业批复。

15 日，上海纺织集团财务有限公司获得上海银监局开业批复。

21 日，中国财协第九届七次理事会议在成都召开。盖永光会长主持会议，会议审议通过了《中国财务公司协会第二十次会员大会议程》《中国财务公司协会第九届理事会2016—2017 年工作报告》《中国财务公司协会会费管理办法（修订草案）》《企业集团财务公司行业社会责任管理办法》《中国财务公司协会评先评优管理办法》《关于表彰“财务公司 30 周年征文活动”获奖征文和参与活动财务公司的议案》《关于表彰〈中国企业集团财务公司行业发展报告（2017）〉暨〈中国企业集团财务公司行业社会责任报告（2015）〉入选案例供稿单位的议案》《关于表彰 2016 年度暨 2017 年度行业课题研究突出贡献单位和优秀个人的议案》《关于表彰 2016 年度行业数据统计优秀单位的议案》《关于表彰 2017 年度行业优秀通讯员的议案》《关于湖北能源财务有限公司会员资格终止的议案》。

21 日，中国财协第九届五次监事会在成都召开，陈宇监事长主持会议，7 位监事或授权代表出席会议。会议审议通过了《中国财务公司协会第九届监事会2016—2017 年工作报告》《企业集团财务公司行业社会责任管理办法》。

22 日，中国财协第二十次会员大会在成都召开。会议听取并审议通过了《中国财务公司协会第九届理事会 2016—2017 年工作报告》、《中国财务公司协会第九届监事会2016—2017 年工作报告》、《中国财务公司协会 2016 年度财务收支情况报告》、《关于提请审议〈中国财务公司协会章程〉（修订草案）》的议案、《关于提请审议〈中国财务公司协会会费管理办法〉（修订草案）》的议案。会议对“财务公司 30 周年征文活动”获奖征文和参与活动财务公司、《中国企业集团财务公司行业发展报告（2017）》暨《中国企业集团财务公司行业社会责任报告（2015）》入选案例供稿单位、2016 年度暨 2017 年度行业课题研究突出贡献单位和优秀个人、2016 年度行业数据统计优秀单位、2017 年度行业优秀通讯员进行了表彰。

21—22 日，中国财协在京举办“财务公司风险管理培训班”，共有 130 家财务公司的 180 名风险管理部负责人参加培训。

25 日，三峡财务有限责任公司收到《北京银监局关于三峡财务有限责任公司变更注册资本及调整股权结构的批复》（京银监复〔2017〕738 号），至此，湖北能源集团投资入股三峡财务公司取得实质性成果，原湖北能源财务公司各项业务、人员已经全部转移至公司，其解散工作已获湖北银监局受理，整合工作已实质完成。

28 日，中国财协以“发挥财务公司金融功能，服务供给侧结构性改革”为主题在银监会召开银行业例行新闻发布会。中国财协新闻发言人、副秘书长张若甜，太钢集团财务公司党支部书记、总经理郭涌，徐工集团财务有限公司党支部书记、总经理刘丽军，中节能财务有限公司副总经理韩巍出席本次发布会，并回答了记者的提问。

附　　录

2017 年度财务公司行业受表彰情况

TCL 集团财务有限公司

2017 年 4 月 1 日，TCL 集团财务有限公司被中国人民银行惠州市中心支行评为惠州市 2016 年度中征应收账款融资服务平台推广工作先进单位。

2018 年 2 月 1 日，TCL 集团财务有限公司被 TCL 集团股份有限公司评为 2017 年度优秀企业。

安徽省能源集团财务有限公司

2017 年 8 月 8 日，安徽省能源集团财务有限公司被获安徽省人民政府评为 2016 年度全省金融机构支持地方经济发展经营业绩考核“优秀”等级。

包钢集团财务有限责任公司

2017 年 10 月 23 日，包钢集团财务有限责任公司获得包头市总工会、包头市人力资源和社会保障局举办的包头市第一届会计知识职业技能大赛金融类团体三等奖。

宝钢集团财务有限责任公司

2017 年 4 月 1 日，宝钢集团财务有限责任公司被上海市人民政府评为 2015—2016 年度上海市文明单位。

2017 年 6 月 1 日，宝钢集团财务有限责任公司“智慧票据助力产融结合”项目获得上海市人民政府 2016 年度上海金融创新成果提名奖。

2017 年 12 月 1 日，宝钢集团财务有限责任公司智慧司库解决方案获得中国宝武钢铁集团有限公司 2017 年中国宝武技术创新重大成果一等奖。

保利财务有限公司

2017 年 7 月 1 日，保利财务有限公司员工被中央企业团工委评为 2015—2016 年度中央企业青年岗位能手。

北京汽车集团财务有限公司

2017 年 10 月 1 日，北京汽车集团财务有限公司企业管理创新项目“基于大数据分析的经销商风险预警体系”获得第三十二届北京市企业管理现代化创新成果二等奖。

兵工财务有限责任公司

2017 年 7 月 1 日，兵工财务有限责任公司被首都文明建设委员会评为 2015—2017 年度首都文明单位。

2017 年 11 月 1 日，兵工财务有限责任公司被中国兵器工业集团公司评为 2016—2017 年度财务管理先进单位。

兵器装备集团财务有限责任公司

2017 年 12 月 1 日，兵器装备集团财务有限责任公司被金融时报社评为 2017 年中国金融机构金牌榜·金龙奖——年度最佳服务财务公司。

重庆力帆财务有限公司

2017 年 12 月 1 日，重庆力帆财务有限公司获得中国人民银行重庆营业管理部 2017 年度金融统计工作考评三等奖。

重庆市能源投资集团财务有限公司

2017 年 8 月 1 日，重庆市能源投资集团财务有限公司被重庆市人民政府评为重庆市 2016 年度支持重庆经济发展成绩突出金融机构，奖励 5 万元。

创维集团财务有限公司

2017 年 3 月 21 日，创维集团财务有限公司被欧洲金融及国际性会计师组织 ACCA（特许公认会计师公会）评为陶朱奖 2016—2017 年度最佳资金管理者/最佳资金管理团队奖。

大同煤矿集团财务有限责任公司

2017 年 2 月 1 日，大同煤矿集团财务有限责任公司被大同煤矿集团有限责任公司评为模范标兵单位。

2017 年 4 月 1 日，大同煤矿集团财务有限责任公司被中共大同市委、大同市人民政府评为模范单位。

2017 年 6 月 1 日，大同煤矿集团财务有限责任公司被山西省企业联合会、山西省企业家协会评为山西省功勋企业。

东方电气集团财务有限公司

2017 年 4 月 21 日，东方电气集团财务有限公司被四川银监局评为 2016 年度四川银行业服务实体经济先进单位。

东风汽车财务有限公司

2018 年 1 月 1 日，东风汽车财务有限公司被湖北省人民政府评为 2017 年度金融支持湖北经济发展突出贡献单位。

2018 年 4 月 1 日，东风汽车财务有限公司被武汉经济技术开发区管委会、汉南区人民政府评为 2017 年度武汉经济技术开发区（汉南区）十大纳税企业。

2018 年 4 月 1 日，东风汽车财务有限公司被武汉经济技术开发区管委会、汉南区人民政府评为 2017 年度武汉经济技术开发区（汉南区）最佳现代服务业企业。

福建省能源集团财务有限公司

2017 年 1 月 16 日，福建省能源集团财务有限公司领导班子被中共福建省能源集团有限公司委员会评为四好领导班子。

甘肃电投集团财务有限公司

2017 年 6 月 1 日，甘肃电投集团财务有限公司领导班子被甘肃省电力投资集团有限责任公司评为五好领导班子。

2017 年 12 月 1 日，甘肃电投集团财务有限公司被甘肃省电力投资集团有限责任公司评为 2017 年度财务工作先进单位。

供销集团财务有限公司

2018 年 2 月 1 日，供销集团财务有限公司被中华全国供销合作总社评为 2017 年度综合考核先进集体。

广东粤电财务有限公司

2017 年 4 月 26 日，广东粤电财务有限公司获得广东省总工会“广东省五一劳动奖状”。

2017 年 9 月 27 日，广东粤电财务有限公司被中国人民银行征信中心评为 2016 年度征信系统数据质量工作优秀机构。

2017 年 12 月 22 日，广东粤电财务有限公司被金融时报社评为 2017 年中国金融机构金牌榜·金龙奖——年度全国最佳财务公司。

广西交通投资集团财务有限责任公司

2018 年 1 月 8 日，广西交通投资集团财务有限责任公司员工被中央金融团工委评为第五届金融青年双提升活动先进个人获全国金融青年岗位能手称号。

2018 年 3 月 16 日，广西交通投资集团财务有限责任公司被广西金融团工委评为广西金融青年双提升活动先进项目——金点子方案三等奖。

2018 年 3 月 16 日，广西交通投资集团财务有限责任公司被广西金融团工委评为广西金融青年双提升活动先进项目——精品主题活动项目奖。

国电财务有限公司

2017 年 12 月 2 日，国电财务有限公司获得中国企业管理研究会、中国财政科学研究院、创新世界周刊、《国企管理》编委会 2017 年全国国企管理创新优秀论文二等奖。

国投财务有限公司

2017 年 7 月 1 日，国投财务有限公司被北京市国税局评为纳税信用 A 级企业。

2017 年 9 月底，国投财务有限公司被国务院国资委评为中央企业第一批基层示范党支部。

海马财务有限公司

2017 年 8 月 8 日，海马财务有限公司被中国人民银行征信中心评为 2016 年度征信系统数据质量工作优秀机构。

2017 年 8 月 8 日，海马财务有限公司员工被中国人民银行征信中心评为 2016 年度个人征信系统数据质量工作优秀个人。

河北港口集团财务有限公司

2017 年 8 月 1 日，河北港口集团财务有限公司被中国人民银行征信中心评为 2016 年度企业征信系统数据质量工作优秀机构。

河北建投集团财务有限公司

2017 年 9 月 1 日，河北建投集团财务有限公司被河北省财政厅评为省属金融企业先进单位。

2017 年 9 月 1 日，河北建投集团财务有限公司被河北省国资委评为河北省国资委系统 2014—2015 年度文明单位。

河钢集团财务有限公司

2017 年 4 月 1 日，河钢集团财务有限公司被共青团河北省人民政府国资委委员会评为五四红旗团支部。

河南能源化工集团财务有限公司

2018 年 4 月 13 日，河南能源化工集团财务有限公司被郑东新区管委会评为 2017 年度税收宣传月突出贡献和诚信纳税“双百佳企业”。

河南双汇集团财务有限公司

2017 年 5 月 1 日，河南双汇集团财务有限公司被中共漯河市委、漯河市人民政府评为 2016 年度服务业创新奖企业。

亨通财务有限公司

2017 年 12 月 1 日，亨通财务有限公司员工被中国人民银行苏州市中心支行评为2017年度苏州市金融统计工作先进个人。

湖南出版投资控股集团财务有限公司

2017年3月1日，湖南出版投资控股集团财务有限公司获得湖南银监局2016年度监管统计工作先进集体二等奖。

2017年5月1日，湖南出版投资控股集团财务有限公司被中国人民银行长沙中心支行评为2016年度湖南省金融统计工作先进集体。

2017年12月1日，湖南出版投资控股集团财务有限公司被金融时报社评为2017年中国金融机构金牌榜·金龙奖——年度最佳服务财务公司。

淮南矿业集团财务有限公司

2017年6月1日，淮南矿业集团财务有限公司被安徽省精神文明建设指导委员会评为第十一届安徽省文明单位。

2017年7月1日，淮南矿业集团财务有限公司被安徽省国资委党委评为省属企业基层服务型党组织示范点。

2017年12月8日，淮南矿业集团财务有限公司被安徽省财政厅评为省属金融企业先进单位。

江铃汽车集团财务有限公司

2017年5月1日，江铃汽车集团财务有限公司被江西省国家税务局评为2016年纳税信用A级纳税人。

2017年5月2日，江铃汽车集团财务有限公司被中国人民银行南昌中心支行评为江西省金融机构征信工作考核优胜单位。

2017年5月3日，江铃汽车集团财务有限公司团支部被共青团南昌市委评为2016年度全市五四红旗团支部。

江苏交通控股集团财务有限公司

2017年7月31日，江苏交通控股集团财务有限公司被中国人民银行征信中心评为2016年度征信系统数据质量工作优秀机构。

江苏省国信集团财务有限公司

2017年12月1日，江苏省国信集团财务有限公司获得江苏银监局年度金融统计工作综合优秀奖。

江西铜业集团财务有限公司

2018年3月5日，江西铜业集团财务有限公司被南昌高新区管委会评为2017年度南昌高新区先进企业。

京能集团财务有限公司

2017年3月1日，京能集团财务有限公司获得京能集团公司2016年度突出贡献先进集体二等奖。

2017年11月1日，京能集团财务有限公司获得中国企业家联合会第三十二届管理创新成果一等奖。

酒钢集团财务有限公司

2017年12月21日，酒钢集团财务有限公司获得中国人民银行兰州中心支行2017年度金融机构统计考核评比三等奖。

开滦集团财务有限责任公司

2017年6月30日，开滦集团财务有限责任公司被中共唐山市人民政府国资委委员会评为先进基层党组织。

马钢集团财务有限公司

2017年3月28日，马钢集团财务有限公司获得马鞍山市人民政府2016年度马鞍山银行业服务二等奖。

2017 年 4 月 19 日，马钢集团财务有限公司被马鞍山市委、市政府评为第十七届马鞍山市文明单位。

内蒙古电力集团财务有限责任公司

2017 年 2 月 1 日，内蒙古电力集团财务有限责任公司获得内蒙古自治区人民政府 2016 年度金融支持创业创新贡献奖。

2017 年 12 月 22 日，内蒙古电力集团财务有限责任公司被金融时报社评为 2017 年中国金融机构金牌榜·金龙奖——年度最具成长性财务公司。

青岛港财务有限责任公司

2017 年 5 月 12 日，青岛港财务有限责任公司被青岛市妇联评为巾帼文明岗。

2017 年 8 月 25 日，青岛港财务有限责任公司被青岛市财政局评为 2016 年度地方金融企业绩效评价 AA 级——优秀地方金融企业。

2018 年 1 月 15 日，青岛港财务有限责任公司被共青团青岛市委员会评为 2016—2017 年度青岛市青年文明号。

青岛啤酒财务有限责任公司

2017 年 4 月 19 日，青岛啤酒财务有限责任公司获得青岛银监局 2016 年度辖区银行业金融机构监管统计工作三等奖。

2018 年 4 月 2 日，青岛啤酒财务有限责任公司获得青岛银监局 2017 年度辖区银行业金融机构监管统计工作二等奖。

沙钢财务有限公司

2017 年 1 月 1 日，沙钢财务有限公司获得江苏银监局 2016 年度银行业监管统计工作综合优秀奖。

2017 年 11 月 1 日，沙钢财务有限公司获得中国人民银行张家港市支行举办的张家港市金融系统第二届“数据精英”金融统计技能大赛决赛团体第一名。

山东钢铁集团财务有限公司

2017 年 8 月 14 日，山东钢铁集团财务有限公司获得山东省冶金工业总公司、山东金属学会企业管理现代化创新成果一等奖。

山东钢铁集团财务有限公司

2018 年 3 月 8 日，山东钢铁集团财务有限公司被山东银监局评为 2017 年度“进走访”活动先进单位。

山东能源集团财务有限公司

2017 年，山东能源集团财务有限公司被济南市统计局评为统计工作先进单位。

山东招金集团财务有限公司

2017 年，山东招金集团财务有限公司被中国人民银行烟台市中心支行评为报表先进单位。

山东重工集团财务有限公司

2017 年 10 月 25 日，山东重工集团财务有限公司被山东省财政厅评为金融企业绩效考核 A 级优秀单位。

山西焦煤集团财务有限责任公司

2017 年 4 月 27 日，山西焦煤集团财务有限责任公司被山西省劳动竞赛委员会授予山西省五一劳动奖章。

陕西煤业化工集团财务有限公司

2017 年 4 月 10 日，陕西煤业化工集团财务有限公司被中国人民银行西安分行评为 2016 年度金融机构综合评价 A 类非银行机构。

上海浦东发展集团财务有限责任公司

2017 年 3 月 1 日，上海浦东发展集团财务有限责任公司获得上海市金融学会 2016 年重点课题三等奖。

2017 年 4 月 1 日，上海浦东发展集团财务有限责任公司被上海市人民政府评为上海市文明单位。

2017 年 4 月 1 日，上海浦东发展集团财务有限责任公司被共青团上海市委、上海市人力资源和社会保障局评为上海市青年五四奖章集体。

上海汽车集团财务有限责任公司

2017 年 1 月 1 日，上海汽车集团财务有限责任公司被上海市税务局评为上海市第三产业税收百强。

2017 年 5 月 1 日，上海汽车集团财务有限责任公司被全球客户满意度调查权威机构 J. D. Power 评为“零售信贷”和“库存融资”两个领域第二名。

2017 年 11 月 1 日，上海汽车集团财务有限责任公司获得《21 世纪经济报道》中国汽车金引擎奖——“最佳汽车金融公司”和“中国汽车金融杰出推动者”称号。

上海上实集团财务有限公司

2017 年 9 月 29 日，上海上实集团财务有限公司被中国人民银行上海分行评为 2016 年度会计报表评比月报优胜奖。

2018 年 1 月 3 日，上海上实集团财务有限公司获得中国人民银行上海分行 2017 年度上海市中资金融机构金融统计工作二等奖。

申能集团财务有限公司

2017 年 1 月 1 日，申能集团财务有限公司获得中国人民银行上海分行中资法人金融机构金融统计工作考核一等奖。

2017 年 4 月 1 日，申能集团财务有限公司被上海市人民政府评为 2015—2016 年度上海市文明单位。

2017 年 9 月 1 日，申能集团财务有限公司被中国（上海）自由贸易试验区管理委员会评为首届中国（上海）自由贸易试验区制度创新样本企业。

四川长虹集团财务有限公司

2017 年 3 月 1 日，四川长虹集团财务有限公司被四川银监局评为服务实体经济先进单位。

太钢集团财务有限公司

2017 年 3 月 24 日，太钢集团财务有限公司被中国人民银行太原中心支行评为 2016 年度“两管理、两综合”综合评价太原辖区财务公司第一名。

2017 年 4 月 5 日，太钢集团财务有限公司被山西银监局评为 2016 年度案防工作评估非银行类第一名。

2017 年 6 月 13 日，太钢集团财务有限公司获得中国人民银行太原中心支行 2016 年度金融统计工作考核评比一等奖。

天津港财务有限公司

2017 年 5 月 25 日，天津港财务有限公司被天津经济技术开发区管理委员会评为天津开发区 2016 年度百强企业第 52 名。

铜陵有色金属集团财务有限公司

2017 年 5 月 1 日，铜陵有色金属集团财务有限公司被中国人民银行铜陵市中心支行评为应收账款融资服务平台推广工作先进单位。

2017 年 11 月 1 日，铜陵有色金属集团财务有限公司获得铜陵有色集团2017年度统计分析二等奖。

万向财务有限公司

2017年12月1日，万向财务有限公司被金融时报社评为2017年中国金融机构金牌榜·金龙奖——年度最佳财务公司。

物产中大集团财务有限公司

2017年12月1日，物产中大集团财务有限公司被浙江省省部属企事业工会评为浙江省省部属企事业工人先锋号。

新凤祥财务有限公司

2017年12月27日，新凤祥财务有限公司被中国人民银行济南分行营业管理部评为2017年济南市金融统计先进集体。

徐工集团财务有限公司

2017年12月1日，徐工集团财务有限公司被金融时报社评为2017年中国金融机构金牌榜·金龙奖——年度最佳财务公司。

阳泉煤业集团财务有限责任公司

2017年4月1日，阳泉煤业集团财务有限责任公司被中共阳泉市矿区区委、阳泉市矿区人民政府评为矿区模范单位。

一汽财务有限公司

2017年8月2日，一汽财务有限公司被中国人民银行征信中心评为2016年度征信系统数据质量工作优秀机构。

伊利财务有限公司

2017年2月1日，伊利财务有限公司获得内蒙古自治区人民政府2016年度金融支持创业创新贡献奖。

云南建投集团财务有限公司

2018年4月1日，云南建投集团财务有限公司被云南省总工会授予云南省五一劳动奖状。

云南昆钢集团财务有限公司

2017年4月7日，云南昆钢集团财务有限公司被中共安宁市委、安宁市人民政府评为2016年度经济工作先进集体。

中车财务有限公司

2017年8月1日，中车财务有限公司获得中国中车集团有限公司2016—2017年度“压减”工作突出贡献奖。

2018年2月1日，中车财务有限公司获得中国中车集团有限公司2017年度突出进步奖。

中船重工财务有限责任公司

2017年7月1日，中船重工财务有限责任公司被中国船舶重工集团有限公司评为先进基层党组织。

中广核财务有限责任公司

2017年8月18日，中广核财务有限责任公司获得英国标准协会（BSI）2017年信息韧性卓越奖。

2017年12月5日，中广核财务有限责任公司获得广东省经信委、省国资委、省人社厅、省总工会、省企业联合会第二十七届广东省企业管理现代化创新成果二等奖。

2017年度，中广核财务有限责任公司获得深圳市人民政府金融发展服务办公室2017年度深圳市金融创新优秀奖。

中国大唐集团财务有限公司

2017年12月1日，中国大唐集团财务有限公司被首都精神文明建设委员会评为2015—2017年度首都文明单位。

2017年12月1日，中国大唐集团财务有限公司被金融时报社评为2017年中国金融机构金牌榜·金龙奖——年度最佳资金管理财务公司。

中国电建集团财务有限责任公司

2017年12月22日，中国电建集团财务有限责任公司被金融时报社评为2017年中国金融机构金牌榜·金龙奖——年度最具成长性财务公司。

中国电力财务有限公司

2017年12月1日，中国电力财务有限公司被金融时报社评为2017年中国金融机构金牌榜·金龙奖——年度最佳财务公司。

中国电子财务有限责任公司

2017年1月1日，中国电子财务有限责任公司被北京市海淀区交通安全委员会评为2016年海淀区交通安全先进单位。

中国华电集团财务有限公司

2017年12月14日，中国华电集团财务有限公司获得中国电力企业联合会2017年度中国电力创新奖。

2017年12月22日，中国华电集团财务有限公司被金融时报社评为2017年中国金融机构金牌榜·金龙奖——最佳风险管理财务公司。

中国化工财务有限公司

2017年4月19日，中国化工财务有限公司被中国人民银行营业管理部评为北京市金融机构调查统计工作考评A级。

2017年7月14日，中国化工财务有限公司被北京银监局评为北京银行业信息报送工作先进单位。

中国铁路财务有限责任公司

2017年度，中国铁路财务有限责任公司被中国铁路总公司评为中国铁路总公司直属机关2017年度建功立业劳动竞赛活动先进集体。

中国一拖集团财务有限责任公司

2017年，中国一拖集团财务有限责任公司以优异的风险防范和经营成绩获得一拖集团“提质增效优胜杯”。

2017年，中国一拖集团财务有限责任公司党支部获得一拖集团“先进党支部”荣誉称号。

2017年，中国一拖集团财务有限责任公司代表队获得中国人民银行洛阳市中心支行举办的征信知识竞赛团体一等奖。

中国移动通信集团财务有限公司

2017年12月1日，中国移动通信集团财务有限公司被金融时报社评为2017年中国金融机构金牌榜·金龙奖——年度最佳风险管理财务公司。

2017年12月1日，中国移动通信集团财务有限公司获得中国移动通信集团公司思想政治工作研究会思想政治工作研究成果三等奖。

中国重汽财务有限公司

2017年6月1日，中国重汽财务有限公司被济南市总工会授予济南市五一劳动奖章。

2017年12月1日，中国重汽财务有限公司被山东省人民政府评为2017年齐鲁金融之星。

2017年12月29日，中国重汽财务有限公司获得全国企业管理现代化创新成果审定委员会第二十四届国家级企业管理现代化创新成果一等奖。

中海集团财务有限责任公司

2017 年 8 月 1 日，中海集团财务有限责任公司被上海市企业诚信创建活动组委会评为上海市五星诚信创建单位。

中航工业集团财务有限责任公司

2017 年 5 月 1 日，中航工业集团财务有限责任公司获得贵州银监局 2016 年度贵州银行业金融机构监管统计考核评比一等奖。

2017 年 5 月 12 日，中航工业集团财务有限责任公司获得西安浐灞生态区 2016 年度突出贡献奖。

中核财务有限责任公司

2017 年 1 月 1 日，中核财务有限责任公司获得中国核工业集团有限公司 2016 年度业绩突出贡献奖。

2018 月 1 月 16 日，中核财务有限责任公司获得中国银行业监督管理委员会 2017 年银行业信息风险课题研究三类成果奖。

中交财务有限公司

2017 年 2 月 14 日，中交财务有限公司获得北京银监局 2016 年度非现场监管统计及调研分析工作考评三等奖。

2017 年 2 月 14 日，中交财务有限公司被中央企业团工委评为 2015—2016 年度中央企业青年文明号。

2017 年 3 月 30 日，中交财务有限公司被中国人民银行营业管理部评为 2016 年北京市金融机构调查统计工作考评 A 类机构。

中节能财务有限公司

2017 年 12 月 22 日，中节能财务有限公司被金融时报社评为 2017 年中国金融机构金牌榜 · 金龙奖——年度最佳资金管理财务公司。

中煤财务有限责任公司

2017 年 2 月 14 日，中煤财务有限责任公司获得北京银监局非现场监管统计先进单位二等奖。

中铁财务有限责任公司

2017 年 10 月 1 日，中铁财务有限责任公司获得中国中铁创新创效大赛三等奖。

2017 年 12 月 1 日，中铁财务有限责任公司获得《国企管理》全国国有企业财务管理创新成果和优秀论文一等奖。

中信财务有限公司

2017 年 9 月 1 日，中信财务有限公司获评中央国家机关工委 2017 年中央国家机关“党课月”活动优秀党课。

紫金矿业集团财务有限公司

2018 年 1 月 7 日，紫金矿业集团财务有限公司被中共龙岩市委、龙岩市人民政府评为“2017 年度龙岩市服务业十强企业”。

2017 年度财务公司行业参与社会公益活动情况

包钢集团财务有限责任公司

2017 年 8 月 30 日，包钢集团财务有限责任公司参与包头市银行业协会爱心捐赠活动，为交通银行包头分行患癌症职工捐款。

宝钢集团财务有限责任公司

2017 年 9 月 14 日，宝钢集团财务有限责任公司两名员工义务献血。

北京首都旅游集团财务有限公司

2017 年 4 月 8 日，北京首都旅游集团财务有限公司全体员工在大兴野生动物园植树。

兵器装备集团财务有限责任公司

2017 年，兵器装备集团财务有限责任公司继续开展员工自发捐资助学活动，连续两年帮助云南省泸西县贫困学生。2017 年有 3 名员工主动加入，公司 32 名领导和员工共捐助 42000 元，帮助 21 名贫困学生。

2017 年，兵器装备集团财务有限责任公司投入 240 万元社会公益事业经费预算，用于持续推进对集团公司定点扶贫县——云南砚山、泸西两个贫困县的教育扶贫行动计划。

诚通财务有限责任公司

2016 年至 2017 年，诚通财务有限责任公司贯彻落实集团定点扶贫工作精神和部署，多次赴河南省宜阳县对口扶贫村——苗村开展扶贫工作，通过实地调研、研究项目可行性、考察项目建设和运行状况、投入扶贫资金等措施，扶贫工作取得了一定进展。截至 2017 年底，“来料加工基地”项目已建成投产，可带动该村及周边 70 个贫困户 70 人就地就业脱贫，人均增收 2000～4000 元；蔬菜大棚项目为 5 户贫困户提供务工岗位，年增收 800 余元，两户种植户年增收 2800 元，2017 年蔬菜大棚共收入 3. 8 万元。

大连港集团财务有限公司

2017 年 3 月 6 日，大连港集团财务有限公司反洗钱宣传走进校园，使在校大学生了解了反洗钱基本知识，认识了洗钱的危害，增强反洗钱责任。

2017 年 5 月 16 日，大连港集团财务有限公司以“远离金融诈骗，提升青年学生金融风险意识”为主题进行校园宣传。

大同煤矿集团财务有限责任公司

2017 年 9 月，大同煤矿集团财务有限责任公司为加强对社会公众的金融知识宣传教育，提高社会公众防范风险和正确使用金融服务的意识，于 2017 年 9 月在集团公司所辖工厂、学校、社区、商业区及近郊农村开展“金融知识进万家”宣传服务月活动。

2017年11月1日，大同煤矿集团财务有限责任公司为了让贫困家庭温暖过冬，组织志愿者开展了“温暖过冬，真情助困送冬菜活动”，以结对帮扶的形式走进孤寡老人、患重特大病青年、生活贫困等各类特殊人群家中，入户走访了解民情，真诚热心解决实际困难，赠送冬菜温暖过冬。将党政的关怀与温暖，落实为看得到、摸得着的实际行动。

东风汽车财务有限公司

2017年7月，东风汽车财务有限公司参加“东风湖北洪灾千户安居工程”回访活动。

2017年12月，东风汽车财务有限公司组织开展精准扶贫爱心团购活动。

福建省能源集团财务有限公司

2017年12月11日，福建省能源集团财务有限公司向福能集团重大医疗互助基金捐赠10万元。

甘肃电投集团财务有限公司

2017年4月22日，甘肃电投集团财务有限公司组织全体员工赴甘肃省临夏回族自治州和政县达浪乡仲马家村开展扶贫慰问活动，活动主题为“阳光·爱心·成长”，公司为仲马家村小学的孩子们赠送校服、文具用品、保温饭盒等助学物资，并深入到仲马家村王家庄、大湾社等6个社的6户五保户家中探望孤寡老人，送上大米、清油等帮扶慰问品，带着爱心，送去温暖。

供销集团财务有限公司

2017年5月4日，供销集团财务有限公司向贫困母亲献爱心捐款。

2017年11月7日，供销集团财务有限公司向安徽省潜山县官庄中心小学贫困生捐款。

2017年12月27日，供销集团财务有限公司向原总社直属机关生病老员工捐款。

广东省广晟财务有限公司

2017年1月22日，广东省广晟财务有限公司派员前往梅州市五华县棉洋镇荣华村，与广晟公司驻村扶贫工作组一起慰问贫困户，为三家贫困户送上生活物资及慰问资金，给贫困户带来了温暖与祝福，协助解决贫困户春节期间的生活问题。

广西交通投资集团财务有限责任公司

2017年12月15日，广西交通投资集团财务有限责任公司组织党员赴广西凌云县锋洋村开展了“交投先锋+”扶贫助学主题党日活动。

国电财务有限公司

2017年3月1日，国电财务有限公司开展关爱孤独症儿童公益活动。

2017年8月1日，国电财务有限公司开展临终关怀义工培训活动。

2017年3月1日，国电财务有限公司开展学雷锋月“光盘行动”活动。

国机财务有限责任公司

2017年12月25日，国机财务有限责任公司向河南省固始县捐赠扶贫资金15万元。

海亮集团财务有限责任公司

2017年9月4日，海亮集团财务有限责任公司参加海亮集团雏鹰高飞公益晚会。

海南农垦集团财务有限公司

2017年3月27日至30日，海南农垦集团财务有限公司组织开展了“倾情帮扶、温暖万家”公益活动。大家踊跃捐赠用品200余件，以实际行动表达爱心，为海口市琼山区中贤一村贫困家庭带去了温暖。

2017年3月3日，海南农垦集团财务有限公司组织向徐鹏同志捐款献爱心活动，全体员工积极响应，纷纷伸出援助之手，并掀起了学习徐鹏同志工作精神的热潮。

海信集团财务有限公司

2017年8月24日，海信集团财务有限公司干部职工自发为孩子们捐资助学，并为20名孩子带去了图书、文具、书包及衣物，让孩子们感受到社会的关爱，用实际行动让孩子们了解“开心学习，健康生活”的意义。

航天科工财务有限责任公司

2017年12月7日，航天科工财务有限责任公司武汉分公司部分员工来到武汉血液中心进行无偿献血。

2017年3月10日，航天科工财务有限责任公司武汉分公司开展了每年一度的植树活动。

航天科技财务有限责任公司

2017年6月15日至17日，航天科技财务有限责任公司组织开展了“共筑航天梦　相约草原情”——走进内蒙古四子王旗红格尔蒙校弘扬航天精神主题实践活动。

河北建投集团财务有限公司

2017年6月15日，河北建投集团财务有限公司开展“衣旧情深”活动，为集团扶贫村捐赠衣物。

2017年10月30日，河北建投集团财务有限公司为集团扶贫村捐赠电脑3台。

2017年10月25日，河北建投集团财务有限公司为集团扶贫村学校捐赠200套崭新校服。

亨通财务有限公司

2017年12月末，亨通财务有限公司向亨通慈善基金会捐款100万元。亨通慈善基金会是江苏省首家由民营企业发起成立的由民政部直管非公募慈善基金会。

湖南出版投资控股集团财务有限公司

2017年，湖南出版投资控股集团财务有限公司领导班子与永州市新田县大圩镇新悟村贫困户形成一一结对帮扶，2017年现场看望2次，积极做好经济、就业、教育扶助。

湖南高速集团财务有限公司

2017年7月9日，湖南高速集团财务有限公司党支部书记肖华、财务总监张晓青带领慰问组一行，赶赴受灾比较严重的宁乡市巷子口镇，向受灾群众和坚守在抗洪一线的党员群众送去了大米、食用油等生活必需品，并捐款42000余元。

2017年5月3日，湖南高速集团财务有限公司向集团扶贫点保靖县捐赠12万元，帮助贫困群众走上产业脱贫致富道路。

2017年11月1日，湖南高速集团财务有限公司与湖南大学签订捐赠协议，2017年捐赠教育基金3万元。

湖南华菱钢铁集团财务有限公司

2017年9月4日，湖南华菱钢铁集团财务有限公司党支部及工会一起对龙山县苗儿滩红光村贫困户开展定点扶贫工作，走访慰问贫困户，并对贫困人员进行资金资助。

淮北矿业集团财务有限公司

2017年7月7日，淮北矿业集团财务有限公司参加濉溪县政府协同淮北市政府金融办、淮北银监分局以及淮北市银行业金融机构在濉溪县开发区举行的 2017 年三季度银企对接会，与有关企业达成 3.4 亿元合作意向。

2017 年 7 月 4 日，淮北矿业集团财务有限公司积极参与淮北市一系列“全国文明城市”创建活动。

淮南矿业集团财务有限公司

2017 年 9 月 28 日，淮南矿业集团财务有限公司为庆祝《反洗钱法》实施十周年，公司反洗钱宣传小组在公司大厅以及洞山新村辖区开展了以“预防洗钱犯罪，维护金融安全”为主题的反洗钱宣传活动。

2017 年 6 月 10 日，淮南矿业集团财务有限公司自发购置 600 把“诚信便民”小伞、5 把大伞。在中国人民银行淮南市中心支行统一安排下，财务公司在洞山社区同步启动“诚信便民伞”宣传活动，在提供公共服务的同时，提高社会诚信意识。

江铃汽车集团财务有限公司

2017 年 11 月，江铃汽车集团财务有限公司团总支及集团公司团委一道前往贫困村——仙亭村仙亭小学捐赠爱心自行车。

2017 年 9 月 2 日，江铃汽车集团财务有限公司组织党、工、团成员前往聋哑学校，陪伴聋哑儿童学习、玩耍，并送去慰问品。

2017 年 9 月 1 日，江铃汽车集团财务有限公司开展“金融知识进万家活动”，通过采取网络宣传和线下活动宣传的形式，推送各类宣传稿件 8 篇，受众 2 万余人，线下开展进社区、进企业、进经销商等活动，发放 4500 份宣传折页、2200 个环保布袋等宣传品。

江苏凤凰出版传媒集团财务有限公司

2017 年 4 月 13 日，江苏凤凰出版传媒集团财务有限公司开展植树活动，为共建绿色家园贡献一份力量。

江苏交通控股集团财务有限公司

2017 年 5 月 4 日，江苏交通控股集团财务有限公司参加省属企业千人无偿献血主题公益活动。

2017 年 4 月 5 日，江苏交通控股集团财务有限公司到南京社会儿童福利院开展献爱心志愿服务活动。

江苏省国信集团财务有限公司

2017 年 11 月 15 日，江苏省国信集团财务有限公司大力宣传雷锋精神，全体员工自发捐款 3 万余元，资助革命老区泗洪县天岗湖乡 20 名贫困学生。这项扶贫济困、回馈社会的活动和持续六年来的跟踪慰问，发扬了慈善奉献、关爱社会的良好风尚，增强了公司全体员工的社会责任感和爱心互助意识，唱响了慈善与爱心的主旋律。

巨化集团财务有限责任公司

2017 年，巨化集团财务有限责任公司部分女职工经常参加无偿献血活动，其中一人加入“中国造血干细胞捐献者资料库——浙江省分库”，用爱心传递爱的温暖。

2017 年，巨化集团财务有限责任公司部分女职工与当地贫困小孩结对子，资助他们上学。

开滦集团财务有限责任公司

2017 年 7 月 20 日，开滦集团财务有限责任公司赴承德围场开展扶贫活动。

2017 年 7 月 31 日，开滦集团财务有限责任公司组织“金秋助学”暨开滦扶贫村募捐活动。

联通集团财务有限公司

2017 年 1 月 19 日，联通集团财务有限公司与北京公益服务发展促进会合作，参加了促进会发起的“西部温暖计划”行动，发动公司全体员工，向青海、西藏等西北贫困地区群众和儿童捐献衣服、图书，为公益慈善事业奉献爱心。

美的集团财务有限公司

2017年10月1日，美的集团财务有限公司参加佛山市顺德区顺峰山金融知识普及宣传活动。

2017年11月1日，美的集团财务有限公司积极参加佛山市顺德区“活力金融一起WALK”活动。

南方电网财务有限公司

2017年9月1日至30日，南方电网财务有限公司按照《广东省金融系统社会治安综合治理暨平安金融创建工作领导小组关于开展2017年“平安金融”宣传月工作的通知》要求，积极开展“防风险、保平安、抓落实”、“喜迎十九大”主题宣传活动，充分发挥平安金融创建在防风险、保平安、促改革、推动广东经济社会平稳健康发展等方面的积极作用。

2017年3月13日，南方电网财务有限公司根据《中国人民银行广州分行转发中国人民银行金融消费者权限保护局关于在2017年3·15期间开展“金融消费者权益日”活动的通知》的要求，举办了“金融消费者权益日”现场宣传活动，增强金融消费者自我保护意识和风险责任意识。

2017年9月1日，南方电网财务有限公司积极响应广东银监局《关于开展2017年广东地区“金融知识进万家”宣传服务月活动的通知》要求，以“正确使用金融服务，依法维护自身权益”为主题，开展“金融知识进万家”宣传活动，让更多的客户了解金融知识，学会保护自身权益。

内蒙古伊泰财务有限公司

2017年6月1日，内蒙古伊泰财务有限公司组织员工开展以“欢度六一，助梦飞翔”为主题的募捐活动。在鄂尔多斯市东胜区妇联的帮助下，向林荫街道瑞祥社区的受助儿童捐赠图书、文具等。

青岛港财务有限责任公司

2017年4月19日，青岛港财务有限责任公司组织全体员工对青岛港湾职业技术学院一名罹患脑内松果体区生殖细胞瘤的19岁大一学生进行爱心捐款，共募集款项4300元。

青岛啤酒财务有限责任公司

2017年6月5日，青岛啤酒财务有限责任公司组织员工参与“六五环境日”万人护绿大行动，开展岛城卫生义务清理。

2017年3月10日，青岛啤酒财务有限责任公司组织员工到青岛牛毛山公园进行每年一度的“为岛城添绿”义务植树活动。

日照港集团财务有限公司

2017年8月10日，日照港集团财务有限公司组织女工向新疆贫困学生捐赠图书。

2017年7—8月，日照港集团财务有限公司组织团员青年参加文明城市创建志愿者活动。

2017年3月12日，日照港集团财务有限公司组织员工参加义务植树活动。

山东钢铁集团财务有限公司

2017年8月9日，山东钢铁集团财务有限公司向临沂市郯城县庙山镇扶贫项目捐助10万元。

山东黄金集团财务有限公司

2017年3月1日，山东黄金集团财务有限公司为积极响应省委省政府、山东银监局及集团公司“第一书记”扶贫帮扶工作号召，向临沂市郯城县庙山镇扶贫项目进行了捐助，切实推动了金融扶贫工作开展。

山东能源集团财务有限公司

2017 年 11 月 1 日，山东能源集团财务有限公司开展慈心一日捐活动。

2017 年 7 月 1 日，山东能源集团财务有限公司组织无偿献血活动。

山东省商业集团财务有限公司

2017 年 7 月 1 日，山东省商业集团财务有限公司对临沂市郯城县庙山镇庙山村、薛东村进行扶贫捐款 5 万元，扶助重点是部分基础扶贫项目（灌溉、生活用水、道路硬化等）。

陕西煤业化工集团财务有限公司

2017 年 9 月 15 日，陕西煤业化工集团财务有限公司根据陕煤集团公司机关党委的统一安排，公司党支部部分党员代表在支部书记、总经理带领下，前往对口扶贫村安康市汉阴县城关镇新星村开展精准扶贫。

陕西能源集团财务有限责任公司

2017 年 9 月 19 日至 23 日，陕西能源集团财务有限责任公司组织开展“金融知识进万家”活动，通过悬挂摆放宣传海报展板、派发金融知识手册及现场讲解等宣传方式，从辨别正规金融产品服务、维护个人信息安全、防范电信诈骗三个方面向成员单位及群众开展金融知识宣传教育。

上海电气集团财务有限责任公司

2017 年 2 月 1 日，上海电气集团财务有限责任公司参加上海电气（集团）总公司开展的 2017 年帮困送暖一日捐活动，捐款金额 10 万元。

上海汽车集团财务有限责任公司

自 1996 年起，上海汽车集团财务有限责任公司已连续 20 年坚持每年对井冈山畔田希望小学进行捐助。2017 年在常规捐助之外，先后两次专项捐助分别用于畔田希望小学教职工周转宿舍楼加盖一层项目及学生夏冬两季校服的制作；党委下属一、二、三支部及安吉租赁支部与 5 名困难学生结对捐助，帮忙其顺利完成学业。此外，公司还积极参与上汽金融公益微电影《让梦想触手可及》拍摄，助力集团公益事业。

上海上实集团财务有限公司

2017 年 5 月 15 日，上海上实集团财务有限公司连续两年参加中华义工联合会上海分会、上海汇添富公益基金等单位主办的“关爱自闭症，走近小雨人”全国助残日爱心义卖活动。公司联合多家兄弟单位共同参加了本次爱心义卖活动。活动前，各公司员工纷纷献出爱心，积极捐赠义卖物品，共收到爱心物品 200 余件。活动当天，由团员青年组成爱心志愿者，在骄阳下努力 6 个小时，完成义卖活动，善款全部用于资助自闭症儿童。

为丰富集团成员企业员工和街道子女的假期生活、普及基础金融知识，上海上实集团财务有限公司于 7 月 14 日和 21 日，开展了为期两天的“小小金融家”夏令营活动，通过组织孩子们参观设于外滩的浦发银行总部和陆家嘴金融中心的上海证券交易所，邀请银行和集团内的专家为孩子们授课，精心安排商业银行历史与营运、假币识别、股票交易、外汇交易基础知识等课程，帮助孩子们从小建立正确的金钱观念，了解财富管理。

上海文化广播影视集团财务有限公司

2017 年 7 月 1 日，上海文化广播影视集团财务有限公司在全体员工中组织募集闲置的秋冬衣物，为西藏拉萨团结新村第三小学的师生送去爱心。

申能集团财务有限公司

2017 年 9 月 30 日，申能集团财务有限公司与燃气市北下属网点及林内公司共同前往上海市闸北区延长路上的“峥宸苑”居民小区进行燃气社区公益设摊及绿能付社区推广。

2017 年 11 月 13 日，申能集团财务有限公司参加由申能系统各企业员工组成的支教队伍，站上了位于四川省自贡市富顺县互助镇申能希望小学的讲台，意味着申能第四批希望小学支教行正式开启。公司团支部在集团部署和公司安排下，参与出席支教分享座谈会等相关工作。

深圳华强集团财务有限公司

2017 年 12 月 18 日，深圳华强集团财务有限公司向深圳市华强公益基金会捐赠人民币 1000 万元。

神华财务有限公司

2017 年 9 月 1 日，神华财务有限公司捐助北京市广渠门中学第二十三届宏志班高一学生。

2017 年 6 月 1 日，神华财务有限公司捐助山西省忻州市董村镇游邀小学。

2017 年 6 月 1 日，神华财务有限公司向神华公益基金会捐赠 1300 万元。

四川长虹集团财务有限公司

2017 年 9 月 1 日，四川长虹集团财务有限公司在集团内宣传反洗钱相关金融知识。

2017 年 10 月 1 日，四川长虹集团财务有限公司开展扶贫帮扶活动。

2017 年 5 月 1 日，四川长虹集团财务有限公司走进高校宣传抵制校园不良借贷。

太钢集团财务有限公司

2017 年 11 月 15 日，太钢集团财务有限公司组织职工慈善一日捐活动。公司全体员工积极响应并捐款，体现出凝聚社会爱心，帮扶困难群体，充分发挥慈善事业在完善社会保障体系中的补充作用。

2017 年 9 月 15 日，太钢集团财务有限公司开展“金融知识进万家”宣传服务月活动，在公司管理总部广场设置咨询台，向公众发放宣传资料，安排咨询员现场解答疑问，认真履行保护金融消费者权益的义务和责任。同时在《太钢日报》、微信公众号等媒介分期发布金融知识，提高太钢职工群众的金融知识水平。

铜陵有色金属集团财务有限公司

2017 年，铜陵有色金属集团财务有限公司三位高管赴铜陵市枞阳县扶贫，对象是三位贫困村民。

物产中大集团财务有限公司

2017 年 6 月 14 日，物产中大集团财务有限公司参加 2017 年物产中大集团员工爱心献血活动。

2017 年 5 月 9 日，物产中大集团财务有限公司参加杭州仓桥社区组织的“垃圾分类从我做起　五水共治人人参与”五四青年主题活动。

2017 年 10 月 21 日，物产中大集团财务有限公司在杭州市运河文化广场开展“毅行古运河、喜迎十九大”活动，践行节能减排、低碳环保、绿色健康的生活方式。

新凤祥财务有限公司

2017 年 3 月 12 日，新凤祥财务有限公司员工参加新凤祥集团“万人义务植树，打造天然绿肺”活动，让大家在亲近自然的过程中，进一步理解绿色发展的理念，身体力行地为环境保护作出贡献。

新希望财务有限公司

新希望财务有限公司作为服务新希望集团产业的专业化金融机构，积极响应政府号召，认真履行社会责任，落实金融扶贫工作，积极扶持涉农企业。2017 年 6 月，新希望财务有限公司向凉山州昭觉县特口甲谷村现代化生猪规模养殖项目捐赠款项 8 万元。

徐工集团财务有限公司

2017 年 3 月 1 日，徐工集团财务有限公司为让公司全体员工树立植绿、护绿、爱绿的生态文明意识，组织全体员工在徐州市古黄河故道附近开展了“美化黄河故道、建设绿色家园”植树节公益活动。此次活动以“爱古护绿”为宗旨，公司全体员工用实际行动呼应着新时代的绿色环保精神理念，不仅美化了环境，增强了员工凝聚力，而且让环保理念、环保精神得到了进一步传扬。

2017 年 11 月，徐工集团财务有限公司积极发动员工参与中共徐州市总工会机关委员会组织开展的一年一度的“一日捐”活动（善款将用于城乡扶贫济困、低保家庭的生活救助、助医、助老、助残、助孤、助学、慈善超市等专项救助）。公司全体员工踊跃捐献善款和衣物，自 2013 年公司成立以来，已连续 5 年参与此项公益活动，不仅为徐州的扶贫济困工作作出了贡献，而且树立了良好的公司形象，有力地激发了员工正能量。

2017 年 9 月 1 日，徐工集团财务有限公司参加希望小学微心愿活动——点亮梦想转动未来。公司积极关注留守儿童健康成长，踊跃参加徐工集团第二季徐工希望小学微心愿活动。9 月 12 日，公司团支部代表公司给新沂市高流镇耀南希望小学的孩子们送去了礼物和爱心，陪他们做游戏，交朋友，主动了解他们的心愿和梦想，通过认领“微心愿”，为孩子们的健康成长汇入了“正能量”。

阳泉煤业集团财务有限责任公司

2017 年 12 月 1 日，阳泉煤业集团财务有限责任公司员工“送温暖、献爱心”捐款 2150 元。

一汽财务有限公司

2017 年 10 月 30 日，一汽财务有限公司开展 2017 年吉林省金融系统反洗钱集中宣传月活动。

2017 年 7 月 20 日，一汽财务有限公司开展金融知识宣传月活动。

2017 年 9 月 5 日，一汽财务有限公司开展打击电信网络新型违法犯罪集中宣传月活动。

亿利集团财务有限公司

2017 年 7 月 29 日，亿利集团财务有限公司主要领导参加第六届库布其国际沙漠论坛。第六届库布其国际沙漠论坛是落实“一带一路”国际合作高峰论坛的一次重要会议。

粤海集团财务有限公司

2017 年 6 月 10 日，粤海集团财务有限公司党支部书记、董事长童伟演同志带领公司党员和入党积极分子前往粤海集团对口驻村扶贫点广东省连州市东陂镇东陂村，开展对口帮扶慰问活动。

云南建投集团财务有限公司

2017 年 7 月 30 日，云南建投集团财务有限公司参与送温暖活动，捐助 10000 元，帮助困难职工解决实际问题。

2017 年 1 月 1 日至 2017 年 12 月 31 日，云南建投集团财务有限公司对宣威市得禄乡务乐村挂联贫困户落实干部帮扶，扎实推进扶贫攻坚工作。

云南昆钢集团财务有限公司

2017 年 10 月 19 日，云南昆钢集团财务有限公司对云南省宣威市海岱山镇月亮田村精准扶贫回访。

云南冶金集团财务有限公司

2017 年 4 月 19 日，云南冶金集团财务有限公司扶贫捐款共计 70 万元。

云南云天化集团财务有限公司

2017 年，云南云天化集团财务有限公司继续对云南省昭通市镇雄县龙井村开展“贫困对象动态管理精准识别”工作，锁定建档立卡贫困户，确定脱贫攻坚领导小组干部挂联帮扶建档立卡贫困人口，建立“帮户计划”进行精准扶贫。

中车财务有限公司

2017 年 5 月 1 日，中车财务有限公司向对口帮扶县捐赠扶贫款 39.2 万元。

中广核财务有限责任公司

2017 年 7 月 22 日，中广核财务有限责任公司联合深圳海关在东湖公园—深圳水库开展了以“清洁东湖，守护绿水青山”为主题的绿色环保志愿者活动。本次活动从东湖公园西大门出发，沿深圳水库一路北上，边徒步边收集沿途垃圾，放入随身携带的塑料袋，再统一放回垃圾箱。本次活动既用实际行动传播了绿色环保理念，也履行了央企的社会责任，展现了公司认真、负责的工作态度。

为积极响应深圳金融团工委发布的《深圳金融青年志愿者服务的倡议书》，帮助学生进一步了解金融知识，提高金融风险防范意识，2017 年 10 月 27 日，中广核财务有限责任公司与邮储银行深圳分行在哈尔滨工业大学深圳研究院共同开展“送金融知识进校园”志愿者服务活动。本次活动以“树立科学消费观，远离不良网络贷”为主题，以发放宣传册和开展公益咨询的形式向广大师生宣传如何识别及防范不良网络贷款、非法集资、电信诈骗等，吸引了广大学生的积极参与。

中国电子财务有限责任公司

2017 年 5 月 1 日，中国电子财务有限责任公司根据集团统一部署，每年以现金方式捐赠扶贫援疆捐款 30 万元。

中国电子科技财务有限公司

2017 年，中国电子科技财务有限公司积极参与中国电科四川省叙永县、陕西省绥德县定点帮扶公益项目，累计捐款 5 万元，投入 12376 元优选采购资金，开展精准扶贫工作，帮助两县推动社会主义新农村建设，提升老百姓安全感、幸福感，打赢脱贫攻坚战。

中国核工业建设集团财务有限公司

2017 年 8 月 9 日，中国核工业建设集团财务有限公司向陕西省旬阳县城关镇潘善良纪念小学捐款 11 万元，专项用于室外篮球场的软化工程，发动全体员工开展募捐，提供了价值 4850 元的体育器材。

2017 年 4 月 20 日，中国核工业建设集团财务有限公司组织爱心募捐，号召全体职工为陕西省白河县受灾群众奉献爱心，帮助受灾群众走出困境，重建美好家园。公司领导带头，34 名员工纷纷伸出援助之手，情系白河，传递爱心，共收到爱心捐款 6700 元整。

中国华电集团财务有限公司

2017 年 6 月 28 日，中国华电集团财务有限公司金帆爱心团队开展“七一”送温暖活动。

2017 年 1 月 23 日，中国华电集团财务有限公司金帆爱心团队开展春节敬老慰问活动。

中国化工财务有限公司

2017 年 8 月 15 日，中国化工财务有限公司将“一学一做”与开展志愿服务、公益行动结合起来，关注贫困山区失学儿童，关注优质教育，组织公司员工自愿参与向“希望工程”捐款的公益活动。

中国平煤神马集团财务有限责任公司

2017 年 11 月 1 日，中国平煤神马集团财务有限责任公司参与集团公司机关组织的“金秋爱心助学”暨“与希望同行”捐款活动。

中国铁建财务有限公司

2017 年 4 月 15 日，中国铁建财务有限公司以 5 周年司庆为契机，开展“植树捐赠展形象”活动，组织全体员工到河北省怀来县东花园镇，履行公民义务，进行义务植树，共种下 800 多棵海棠树苗绿化祖国大地。

2017 年 4 月 15 日，中国铁建财务有限公司组织员工向中铁十八局京张铁路项目驻地河北省怀来县东花园镇 4 所中小学的 45 名贫困学生捐赠了文具、书包等学习用品，同时研究建立长效帮扶机制，开展“手拉手一帮一”助学活动，与东花园镇党委政府联合，确定 12 名特困帮扶学生，协同推进精准扶贫，履行央企社会责任，增强员工奉献精神。

中国铁路财务有限责任公司

2017 年 3 月 7 日，中国铁路财务有限责任公司组织员工到北京玉渊潭公园捡拾垃圾。

中国一拖集团财务有限责任公司

2017 年 2 月 17 日，中国一拖集团财务有限责任公司 39 名员工向国机爱心基金注入捐款 8398 元。

2017 年 9 月 14 日，中国一拖集团财务有限责任公司走入一拖集团厂区进行“金融知识进万家”宣传活动。

中国移动通信集团财务有限公司

2017 年 3 月 13 日，中国移动通信集团财务有限公司组织志愿者走进北京金秋园敬老院，为老人们带去红色歌曲表演，以及现代歌曲及舞蹈表演，大力弘扬“尊老爱幼”的中华优良传统美德，积极主动履行社会责任。

2017 年 6 月 7 日，中国移动通信集团财务有限公司以支部为单位开展“‘两学一做’见行动 援藏助学献爱心”爱心捐赠活动，向西藏阿里改则县洞措乡小学进行定向捐赠，共捐赠现金 23600 元，服装 51 件、鞋子 5 双、棉被 4 套、毛毯 3 套，图书 111 册、文具 4 套。7 月 4 日下午，中国移动第九批援藏工作队领队门烁（县委副书记）代表公司将捐赠物资悉数发放到洞措乡小学 173 名学生手中。

中国重汽财务有限公司

2017 年 3 月 5 日，中国重汽财务有限公司青年文明号帮扶留守儿童，开展学雷锋日集中关爱活动。

2017 年 7 月 1 日，中国重汽财务有限公司向中国金融教育发展基金会捐赠100万元，向临沂市郯城县庙山镇庙山村、薛东村捐款10万元。

2017年6月14日，中国重汽财务有限公司开展“血液连接你我”无偿献血活动。

中航工业集团财务有限责任公司

2017年3月7日，中航工业集团财务有限责任公司按照西安浐灞金融商务区的统一规划，西安分公司党支部组织党员及职工开展了义务植树活动，用实际行动为金融商务区生态建设贡献力量。

2017年6月20日，中航工业集团财务有限责任公司航空工业财务公司党委组织赴贵州省紫云县猴场打哈小学开展“牵手打哈　爱心校服”关爱儿童活动，为130位学生送去了夏季及冬季校服各一套，校服费用大部分来自公司全体员工的爱心捐款。

中核财务有限责任公司

2017年4月、12月，中核财务有限责任公司向核工业特困救助基金捐款，组织员工参加春风送暖活动、扶贫帮困捐款活动。

2017年12月1日，中核集团公司设立彭士禄核动力创新基金，中核财务有限责任公司积极参与并负责账户开立与管理及款项收付工作。

中化集团财务有限责任公司

2017年3月27日，中化集团财务有限责任公司积极动员和鼓励广大员工参与中化集团“圆梦行动”，帮助对口支援地区贫困学生，向集团对口支援的西藏岗巴县、青海大柴旦、内蒙古阿鲁科尔沁旗等地区贫困学子伸出援手，展示了央企员工的社会责任感和高尚情操。

2017年11月17日，中化集团财务有限责任公司组织员工开展义务献血活动，关爱他人，支持社会公益事业。

中交财务有限公司

2017年3月1日，中交财务有限公司组织青年参加中国交建“爱心港”学雷锋志愿服务活动，走进位于北京市顺义区赵全营镇的太阳村儿童教育咨询中心开展爱心志愿活动。

2017年3月1日，中交财务有限公司组织开展“共襄善举·献助爱心”捐款活动，为中国交建定点扶贫点云南怒江泸水、兰坪、福贡、贡山，新疆喀什英吉沙五县捐款116100元。

中铝财务有限责任公司

2017年10月、11月、12月，中铝财务有限责任公司积极响应上级党委扶贫号召，组织开展“大手拉小手　一起向前走”青年志愿活动，为公益力量持续注入新鲜活力，用心营造文明氛围。结合打工子弟学校的特点，开发特色鲜明、贴合需求、富有创意的青少年系列课程，先后开展“讲历史故事给你听”、“小手捏出五彩梦”等主题活动，为打工子弟学校送去电脑、学习用具等慰问品，切实以实际行动凝聚青年力量，以扶贫实效诠释社会责任。

2017年度，中铝财务有限责任公司积极响应上级工会部署，探索扶贫新方向，组织干部员工参与青海省海晏县“心连心、手拉手”结对帮扶困难学生活动，共帮扶贫困学生17名。

中信财务有限公司

2017年3月24日，中信财务有限公司团支部组织团员和青年志愿者赴北京市朝阳区左家庄街道新源里社区开展“金融知识进社区”

志愿服务活动。

2017年8月8日，中信财务有限公司向集团对口援助的西藏那曲地区申扎县捐款200万元，扶持教育事业发展。

珠海格力集团财务有限责任公司

2017年8月23日，珠海市遭遇53年来最强台风，珠海格力集团财务有限责任公司紧急部署抗风救灾方案，全体员工奋斗在工作岗位，连续发电25个小时保障安全运营。据统计，台风导致36户授信企业受灾，珠海格力集团财务有限责任公司成立灾后重建信贷工作小组，启动救灾应急机制，制定支持方案，提供优惠贷款利率，提出灾后复产重建金融服务举措，帮助企业渡过难关。自台风发生之日至2017年10月，累计为受灾企业提供5.212亿元资金支持，缓解企业资金周转困难。

珠海华发集团财务有限公司

2017年8月24日，珠海华发集团财务有限公司党支部响应集团党委号召，带领全体党员、干部争当灾后清理排头兵，冲在第一线，清理淤泥树叶、捡拾断枝、扶正倒伏树木，用实际行动为珠海横琴金融产业服务基地的灾后重建工作尽自己的一份力。

2017年5月19日至6月1日，珠海华发集团财务有限公司党支部组织开展“奉献点滴·传递爱心”物品捐赠活动。共为西藏昌都市类乌齐县伊日乡帮日村捐赠衣物、图书、玩具14大箱。

紫金矿业集团财务有限公司

2017年3月12日，紫金矿业集团财务有限公司积极开展植树绿化活动。

2017 年度财务公司机构名录

序号	公司名称	通信地址	高管人员	控股股东	控股比例	成立时间	批准文号
1	东风汽车财务有限公司	湖北省武汉经济技术开发区东风大道10号	董事长 乔阳 总经理 徐光超 党委书记 马华 副总经理 马以忠 总经理助理 丁国祥 总经理助理 甘兵	东风汽车集团股份有限公司	100.00%	1987年5月7日	银复〔1987〕162号
2	中国重汽财务有限公司	山东省济南市高新技术产业开发区华奥路777号中国重汽科技大厦	董事长 孔祥泉 副董事长、总经理兼党总支副书记 韩文杰 常务副总经理 郭世金 党总支专职副书记 刘敬斌 副总经理 李其威 总会计师 刘德英	中国重汽（香港）有限公司	51.33%	1987年9月5日	银复〔1987〕295号
3	中国华能财务有限责任公司	北京市西城区复兴门南大街丙2号天银大厦C座西侧	董事长、党委书记 张咸阳 总经理、党委副书记 胡西林 副总经理 肖健 副总经理 孙丽英 副总经理 徐学玲 副总经理 马洪潮 纪委书记 刘吉坡 副总经理 范震明	中国华能集团有限公司	52.00%	1987年10月27日	银复〔1987〕333号
4	锦江国际集团财务有限责任公司	上海市黄浦区延安东路100号301室	董事长 马名驹 总经理 李剑明 财务总监 查培莹 总经理助理 毛怡刚 党支部书记、工会主席 韩丽	上海锦江国际酒店（集团）有限公司	90.00%	1987年11月14日	银复〔1987〕354号

续表

序号	公司名称	通信地址	高管人员	控股股东	控股比例	成立时间	批准文号
5	一汽财务有限公司	吉林省长春市净月高新技术产业开发区生态大街3688号	董事长　滕铁骑 总经理　袁楚云 运营总监　陈春利	中国第一汽车股份有限公司	70.83%	1988年3月2日	银复〔1987〕397号
6	西电集团财务有限责任公司	陕西省西安市大庆路511号	董事长　汪建忠 总经理　毋浩民 副总经理　郎慧绘	中国西电电气股份有限公司	86.80%	1988年2月12日	银复〔1988〕47号
7	中国石化财务有限责任公司	北京市朝阳区朝阳门北大街22号	董事长　赵东 副董事长　王德华 总经理、董事　张保龙 副总经理　高中元 副总经理、董事　程忠 党委副书记、纪委书记、工会主席　王安 副总经理　张育红	中国石油化工集团公司	51.00%	1988年7月8日	银复〔1988〕265号
8	东方电气集团财务有限公司	四川省成都市高新西区西芯大道18号	董事长　文利民 总经理、党委书记　冯勇 副总经理　王成密 副总经理　刘静竹	中国东方电气集团有限公司	100.00%	1988年8月24日	银复〔1988〕291号
9	宝钢集团财务有限责任公司	上海市浦东新区浦电路370号9楼	董事长　朱可炳 总经理、党支部书记　曾杰 副总经理　张波	宝山钢铁股份有限公司	62.10%	1992年6月30日	银复〔1992〕240号
10	中国一拖集团财务有限责任公司	河南省洛阳市建设路154号	董事长　姚卫东 总经理兼党支部书记　闵莉 总经理助理　尹振鸽 总经理助理　曹鸿晔 总经理助理　韩峰	第一拖拉机股份有限公司	94.60%	1992年12月28日	银复〔1992〕299号
11	五矿集团财务有限责任公司	北京市海淀区三里河路5号	董事长　沈翎 总经理　柴山 副总经理　王秋劲 副总经理　史磊 副总经理　闫风	中国五矿股份有限公司	92.50%	1992年12月29日	银复〔1992〕591号
12	武汉钢铁集团财务有限责任公司	湖北省武汉市友谊大道999号武钢集团办公大楼B座11～13层	董事长　朱永红 监事长　赵蕴智 总经理、党支部书记　姚文中 业务总监　万毅 总经理助理　陈庆丰	武钢集团有限公司	56.25%	1993年10月27日	银复〔1993〕249号

续表

序号	公司名称	通信地址	高管人员	控股股东	控股比例	成立时间	批准文号
13	江铃汽车集团财务有限公司	江西省南昌市东湖区苏圃路111号	董事长　衷俊华 党总支书记、总经理 陈东红 党总支副书记、副总经理 丁莉红 纪检委员、副总经理 方忠英 总经理助理　杜健	江铃汽车集团公司	87.45%	1993年10月27日	银复〔1993〕251号
14	中国航空集团财务有限责任公司	北京市朝阳区霄云路36号国航大厦	董事长　肖烽	中国国际航空股份有限公司	51.00%	1993年10月27日	银复〔1993〕263号
15	天津渤海集团财务有限责任公司	天津市和平区大理道30号	董事长　肖京喜 总经理、党支部书记　赵立	天津渤海化工集团有限责任公司	39.34%	1994年1月27日	银复〔1994〕41号
16	深圳市有色金属财务有限公司	广东省深圳市福田区深南大道6013号中国有色大厦20楼	董事长　余刚 总经理、党总支副书记 龚子奇 党总支书记　许才昌 副总经理　张宁 副总经理、党总支纪检委员 洪毅俊	深圳市中金岭南有色金属股份有限公司	100.00%	1985年6月19日	〔1985〕深人融管字40号①
17	中国南航集团财务有限公司	广东省广州市白云区航云南街17号	董事长　王建军 党委书记　黄奕洪 副总经理（主持工作） 陈永洪 副总经理　胡艳苹	中国南方航空集团有限公司	66.02%	1994年1月27日	银复〔1994〕52号
18	上海汽车集团财务有限责任公司	上海市静安区康定路1199号	董事长　陈志鑫 监事会主席　周郎辉 总经理　沈根伟 党委书记　孙玉玲	上海汽车集团股份有限公司	99.00%	1994年5月1日	沪银金管〔94〕5052号
19	振华集团财务有限责任公司	贵州省贵阳市乌当区新添大道北段222号	董事长　倪敏 总经理、党支部书记 令狐建强 副总经理　阮英轶 副总经理　唐要斌	中国振华电子集团有限公司	65.00%	1994年8月1日	银复〔1994〕69号

① 1994年获中国人民银行批准增资至1亿元。

续表

序号	公司名称	通信地址	高管人员	控股股东	控股比例	成立时间	批准文号
20	东方集团财务有限责任公司	黑龙江省哈尔滨市南岗区花园街235号	董事长 陈刚 总经理 姜建平 副总经理 闫铁红 副总经理 张志刚 副总经理 张锐	东方集团投资控股有限公司	53.33%	1994年3月23日	银复〔1994〕91号
21	东航集团财务有限责任公司	上海市闵行区吴中路686弄3号15楼	董事长 林福杰 总经理 徐春 副总经理、党支部书记 涂股康 副总经理 金路 总经理助理 沈尧 总经理助理 汤永会	中国东方航空集团公司	53.75%	1995年12月6日	银复〔1995〕177号
22	中油财务有限责任公司	北京市东城区东直门北大街9号	董事长 刘跃珍 总经理 兰云升 副总经理、党委副书记 王增业 副总经理 廖筱燕	中国石油天然气集团有限公司	40.00%	1995年11月14日	银监复〔1995〕389号
23	上海电气集团财务有限责任公司	上海市静安区江宁路212号8楼	董事长 胡康 总经理 秦怿 副总经理 冯淳林 运营总监 吴永毅 风险总监 高俊	上海电气集团股份有限公司	73.38%	1995年12月12日	银复〔1995〕391号
24	中国能源建设集团财务有限公司	湖北省武汉市解放大道558号葛洲坝大厦	董事长、党委书记 陈关中 副董事长、党委副书记 邹定波 总经理 刘学民 副总经理 赵小东 副总经理 刘敬华 纪委书记 田党会	中国能源建设股份有限公司	40.40%	1996年1月3日	银复〔1996〕5号
25	兵工财务有限责任公司	北京市东城区青年湖南街19号	董事长、党委书记 史艳晓	中国兵器工业集团有限公司	16.03%	1997年5月13日	银复〔1997〕198号
26	西门子财务服务有限责任公司	北京市朝阳区望京中环南路7号17幢2层133室、145室	董事长 Johannes Schmidt（约翰娜斯·施密特） 总经理 Matthias Plenio（普奥） 副总经理 李晶晶 副总经理 韩玲	西门子（中国）有限公司	99.88%	1997年12月23日	银复〔1997〕313号

续表

序号	公司名称	通信地址	高管人员	控股股东	控股比例	成立时间	批准文号
27	三峡财务有限责任公司	北京市海淀区玉渊潭南路1号	董事长　杨亚 总经理、党委副书记 张星燎 党委书记　卢正在 公司副总经理　朱建军 公司副总经理、工会主席 毕家俊 纪委书记　解明学	中国长江三峡集团有限公司	53.01%	1997年11月18日	银复〔1997〕437号
28	中广核财务有限责任公司	广东省深圳市福田区莲花街道深南大道2002号中广核大厦北楼22层	董事长　施兵 总经理　梁开卷 财务总监　杨凌浩 总经理助理　张华	中国广核集团有限公司	66.66%	1997年7月22日	银复〔1997〕244号
29	中船财务有限责任公司	上海市浦东新区浦东大道1号船舶大厦607室	党委书记、总经理　李朝坤 副总经理　陈小东 副总经理　陈启农 总经理助理　陈卫京 总经理助理　丁源	中国船舶工业集团公司	85.00%	1997年7月9日	银复〔1997〕247号
30	中核财务有限责任公司	北京市西城区三里河南四巷1号	党委书记、总经理　李宗英 党委副书记、纪委书记 杜长荣 副总经理　赵欣	中国核工业集团有限公司	53.49%	1997年6月23日	银复〔1997〕249号
31	上海浦东发展集团财务有限责任公司	上海市浦东南路256号34～35楼	董事长、党总支书记　王鸿 总经理、党总支副书记 杨明 副总经理、党总支委员 王蔚 副总经理、党总支委员 原铨 总经理助理、党总支委员 朱建华	上海浦东发展（集团）有限公司	56.80%	1998年2月23日	银复〔1998〕57号
32	鞍钢集团财务有限责任公司	辽宁省鞍山市铁东区和平路8号	董事长　于万源 总经理、党委书记　吕哲龙 副总经理　董炜 副总经理、分公司总经理 陈錆 纪委书记　张明伟	鞍钢集团有限公司	70.00%	1998年3月17日	银复〔1998〕88号

续表

序号	公司名称	通信地址	高管人员	控股股东	控股比例	成立时间	批准文号
33	中国电力财务有限公司	北京市东城区建国门内大街乙18号院1号楼英大国际大厦	董事长、党委书记　盖永光 总经理、党委副书记　侯培建 纪委书记、工会主席　阎竞红 副总经理　李洪东 副总经理　侯燕梅 总会计师　吕胜 副总经理　侯文捷 副总经理　丁琪	国家电网公司	51.00%	2000年1月28日	银复〔2000〕8号
34	神华财务有限公司	北京市东城区安定门西滨河路26号北京汉华国际饭店写字楼8~10层	董事长　张克慧 总经理、党委书记　韩维平 副董事长、党委副书记　梅雪艳 副总经理、纪委书记　张映 副总经理　陈新环 总经理助理　王芙蓉	中国神华能源股份有限公司	81.43%	2000年10月4日	银复〔2000〕210号
35	中国电子财务有限责任公司	北京市海淀区中关村东路66号世纪科贸大厦A座23层、25层	董事长　贾海英 党委书记　赵贵武 总经理　田伟 党委副书记兼纪委书记、监事会主席　陈磊 副总经理　金涯 副总经理　黄刚 总经理助理　于蕾	中国电子信息产业集团有限公司	61.38%	1988年4月21日	银复〔1988〕106号①
36	航天科技财务有限责任公司	北京市西城区平安里西大街31号	董事长　王海波 副董事长、党委书记　张育明 总经理、党委副书记　刘永	中国航天科技集团有限公司	30.20%	2001年10月10日	银复〔2001〕37号
37	航天科工财务有限责任公司	北京市海淀区紫竹院路116号嘉豪国际中心B座12层	董事长、党委书记　尹兴彤 总经理、党委副书记　王厚勇 总会计师　孙源君 副总经理　黄国锴 纪委书记　戴晓峰	中国航天科工集团有限公司	40.40%	2001年10月10日	银复〔2001〕38号

① 1988年，经批准成立中国信息信托投资公司，2002年11月改组为中国电子财务公司。

续表

序号	公司名称	通信地址	高管人员	控股股东	控股比例	成立时间	批准文号
38	中船重工财务有限责任公司	北京市海淀区昆明湖南路72号中船重工科技研发大厦3层	董事长　黄瞿记 党支部书记、总经理　徐舍	中国船舶重工集团有限公司	96.35%	2001年12月24日	银复〔2001〕240号
39	中海石油财务有限责任公司	北京市东城区朝阳门北大街25号717室	董事长　温冬芬 总经理　陈浩鸣 副总经理　刘成荔 纪检组长　刘建尧 副总经理　李学敏 副总经理　李鹏	中国海洋石油集团有限公司	62.90%	2002年6月14日	银复〔2002〕132号
40	海尔集团财务有限责任公司	山东省青岛市崂山区海尔路178－2号裕龙国际中心海尔金融2102室	董事长　张瑞敏 副董事长　李占国 副总经理（主持工作）秦琰	青岛海尔电子有限公司	53.00%	2002年6月10日	银复〔2002〕157号
41	吉林森林工业集团财务有限责任公司	吉林省长春市延安大街1399号	董事长　张纪军 总经理　李文艳 副总经理　周晶莹 副总经理　乔永杰 财务总监　佟磊	吉林森林工业集团	48.00%	2002年6月17日	银复〔2002〕166号
42	万向财务有限公司	浙江省杭州市上城区庆春路225号西湖时代广场7楼	董事长、党支部书记、总裁傅志芳 副总裁　陈国潮	万向集团公司	66.08%	2002年8月8日	杭银发〔2002〕207号
43	中粮财务有限责任公司	北京市朝阳区朝阳门南大街8号中粮福临门大厦1905室	董事长　马王军 总经理　李德罡 副总经理　崔程 总经理助理　戚克	中粮集团有限公司	82.74%	2002年8月15日	银复〔2002〕224号
44	苏州创元集团财务有限公司	江苏省苏州市工业园区苏桐路37号	董事长　陈子京 党支部书记　王安朴 总经理　陆惠章 副总经理　邱卫东 副总经理　朱胜祥 总经理助理　沈怡岚	苏州创元投资发展（集团）有限公司	90.00%	1993年10月27日	银金管字第93－0742号[①]

① 2002年股权重组，批复文号为苏银〔2002〕71号。

续表

序号	公司名称	通信地址	高管人员	控股股东	控股比例	成立时间	批准文号
45	珠海格力集团财务有限责任公司	广东省珠海市前山金鸡路901号	董事长　董明珠 董事、总经理、党支部书记　张蓓蕾 副总经理、组织委员、纪检委员　肖旭武 副总经理　陈坚	珠海格力电器股份有限公司	88.31%	2003年2月19日	广州银复〔2003〕83号
46	国机财务有限责任公司	北京市海淀区丹棱街3号	董事长、党总支书记　李家俊	中国机械工业集团有限公司	20.40%	2003年7月25日	银监复〔2003〕23号
47	海航集团财务有限公司	北京市朝阳区霄云路甲26号海航大厦写字楼22层	董事长　徐洲金 总经理　黄尔威 副总经理　赵玉芹 副总经理　于立强	海航集团有限公司	33.25%	1994年1月10日	银复〔1993〕246号①
48	中国华电集团财务有限公司	北京市西城区宣武门内大街2号楼西楼10层	党委书记、董事长　陈宇 总经理、党委副书记、董事　李文峰	中国华电集团有限公司	36.15%	2004年1月8日	银监复〔2004〕7号
49	南方电网财务有限公司	广东省广州市天河区华穗路6号18、19楼及12楼08、09、10房	党委书记、董事长　罗体承 董事、总经理　胡伏秋 副总经理、工会主席　邹志敏 副总经理　黄有为 纪委书记　王发兴	中国南方电网有限责任公司	24.00%	2004年12月29日	粤银监复〔2004〕580号
50	中国大唐集团财务有限公司	北京市西城区菜市口大街1号院1号楼13~14层	董事长　刘传东 总经理、党委书记　姜进明 副总经理、纪委书记、法律顾问　杨娅 副总经理、工会主席　黄晓辉	中国大唐集团有限公司	71.80%	2005年5月10日	银监复〔2005〕95号②
51	国家电投集团财务有限公司	北京市西城区西直门外大街18号金贸大厦3单元19~21层	党委书记、董事长　徐立红 党委副书记、总经理　李云峰 副总经理　孙艳军 副总经理　王清伟 副总经理　栾帅	国家电力投资集团有限公司	42.50%	2005年2月1日	银监复〔2005〕42号

① 2003年12月，重组原中新集团财务有限公司后成立。

② 2004年12月31日，深圳银监局深银监复〔2004〕250号文批准中国大唐集团公司重组深圳特区发展财务公司。

续表

序号	公司名称	通信地址	高管人员	控股股东	控股比例	成立时间	批准文号
52	国电财务有限公司	北京市西城区西直门外大街18号金贸大厦D座	董事长　陈斌 总经理、党委副书记　陈景东 党委书记、副总经理　刘焱 副总经理　黄文强 副总经理　张敏 总法律顾问、工会主席　万利平 副总经理　李阳 风险管理总监　郑础宏 总经理助理计　军恒	国电资本控股有限公司	28.98%	2004年9月27日	湘银监复〔2004〕206号
53	华联财务有限责任公司	北京市西城区金融大街33号通泰大厦B428	董事长　郭丽荣 总经理　赵育民 副总经理　施保成 副总经理　徐艳 总经理助理　方美彦	北京华联集团投资控股有限公司	34.00%	1994年3月10日	银复〔1993〕440号①
54	兵器装备集团财务有限责任公司	北京市海淀区车道沟10号院3号科研办公楼5层	董事长　李守武 总经理、党委书记　崔云江 党委副书记　江红 副总经理　马洪 党委副书记、纪委书记　王兴林 总经理助理　唐自强 总经理助理　李志榕	中国兵器装备集团有限公司	22.90%	2005年10月29日	银监复〔2005〕254号
55	京能集团财务有限公司	北京市朝阳区永安东里16号CBD国际大厦23层	董事长　朱保成 总经理　张伟 副总经理　刘颖 总经理助理　杨建 总监　倪婷 总监　张艳	北京能源集团有限责任公司	98.00%	2006年5月19日	辽银监复〔2006〕30号②
56	浙江省能源集团财务有限责任公司	浙江省杭州市环城北路华浙广场1号楼9层	董事长　王莉娜 总经理、党总支书记　蔡亦东 党总支副书记　陶虹 副总经理、党总支委员　卢钢 党总支副书记　周余峰 副总经理、党总支委员　俞颖娣	浙江省能源集团有限公司	91.00%	2006年8月25日	银监复〔2006〕250号

① 2005年9月，经中国银监会银监复〔2005〕235号文批准收购重组中纺机财务公司。

② 2006年2月，辽宁银监局批准京能集团重组成立于1992年的东北制药集团财务公司。经银监复〔2006〕111号文批准从沈阳迁至北京。

续表

序号	公司名称	通信地址	高管人员	控股股东	控股比例	成立时间	批准文号
57	广东粤电财务有限公司	广东省广州市天河区天河东路2号粤电广场南塔12～13楼	董事长　温淑斐 总经理　周志坚 党支部书记、副总经理 袁素杰 副总经理　李葆冰 副总经理　蔡锡鸿	广东省粤电集团有限公司	60.00%	2006年6月22日	粤银监复〔2006〕317号
58	TCL集团财务有限公司	广东省惠州市仲恺高新区惠风三路17号TCL科技大厦21楼	董事长　黄旭斌 总经理　黎健 副总经理　张红梅 副总经理　江小照	TCL集团股份有限公司	84.00%	2006年10月17日	银监复〔2006〕284号
59	湖南华菱钢铁集团财务有限公司	湖南省长沙市天心区湘府西路222号华菱园写字楼5～6楼	董事长、法人代表　肖骥 总经理、党支部书记 杨新良 监事长　余江文 副总经理、财务总监 彭剑兵 副总经理　陈家豪	湖南华菱钢铁集团有限责任公司	30.00%	2006年10月8日	银监复〔2006〕316号
60	江西铜业集团财务有限公司	江西省南昌市东湖区二七北路527号	董事长　吴金星 总经理、党总支委员　许芳 副总经理　谢国藩 副总经理、党总支委员 吴文涛	江西铜业股份有限公司	85.68%	2006年12月18日	银监复〔2006〕388号
61	天津港财务有限公司	天津市滨海新区津港路99号	董事长　张增新 总经理、党总支书记 窦广清 副总经理　马洁	天津港（集团）有限公司	52.00%	2006年12月6日	银监复〔2006〕390号
62	松下电器（中国）财务有限公司	上海市虹口区吴淞路575号9楼906～907室	董事长　吉村太作 总经理　田中卓志 运营总监　贾雪莹	松下电器（中国）有限公司	100.00%	2007年3月9日	银监函〔2007〕55号

续表

序号	公司名称	通信地址	高管人员	控股股东	控股比例	成立时间	批准文号
63	中航工业集团财务有限责任公司	北京市朝阳区东三环中路乙10号艾维克大厦18层	董事长　都本正 总经理、党委副书记　刘宏 党委书记、副总经理 郝力平 高级专务、工会主席 王宏伟 高级专务、副总经理 贾福青 副总经理　汤跃辉 纪委书记、副总经理 许海翔 副总经理　徐靖 董事会秘书　刘海儒	中国航空工业集团有限公司	47.12%	2007年5月14日	银监复〔2007〕143号
64	中冶集团财务有限公司	北京市朝阳区曙光西里28号中冶大厦3118室	董事长、党总支书记 邹宏英 总经理、党总支副书记 周小杰 副总经理、宣传委员 李先强 总经理助理、组织委员 丛蓉	中国冶金科工股份有限公司	86.12%	2007年5月16日	银监复〔2007〕181号
65	申能集团财务有限公司	上海闵行区虹井路159号	董事长　苗启新 总经理、党总支书记 杜心红 副总经理　刘弦 副总经理　谢维青 党总支副书记　周伟华	申能（集团）有限公司	65.00%	2007年6月20日	银监复〔2007〕249号
66	潞安集团财务有限公司	山西省长治市城西路2号	董事长、党支部书记 杨广玉 总经理　李霞 常务副总经理　刘天义 副总经理　胡晓军	山西潞安矿业（集团）有限责任公司	66.67%	2007年8月8日	银监复〔2007〕312号
67	淮南矿业集团财务有限公司	安徽省淮南市田家庵区洞山东路上东锦城商业街21栋18号	董事长、党支部书记 方泰峰 董事、总经理　王小波 党支部副书记、风险总监、工会主席　陈学忠 董事、副总经理　黄存伟 总经理助理　王如非	淮南矿业（集团）有限责任公司	91.50%	2007年9月5日	银监复〔2007〕353号

续表

序号	公司名称	通信地址	高管人员	控股股东	控股比例	成立时间	批准文号
68	日立（中国）财务有限公司	上海市茂名南路205号瑞金大厦1908室	董事长　吉冈准人 总经理　陈庆锴	日立（中国）有限公司	100.00%	2007年11月5日	银监函〔2007〕452号
69	保利财务有限公司	北京市东城区朝阳门北大街1号新保利大厦8层	董事长　彭碧宏 总经理　赵晋 副总经理　王一夫 副总经理　耿跃华 总经理助理　郭华	中国保利集团有限公司	40.00%	2008年3月28日	银监复〔2007〕573号
70	深圳能源财务有限公司	广东省深圳市福田区深南中路2068号华能大厦32楼	董事长、党支部书记 周群 总经理、党支部副书记 朱太华 副总经理、党支部委员 邹奕 副总经理、党支部委员 卢通	深圳能源集团股份有限公司	70.00%	2007年8月9日	深银监复〔2007〕231号
71	中化集团财务有限责任公司	北京市西城区复兴门内大街28号凯晨世贸中心中座三层	董事长　杨林 总经理、党委书记　刘剑 副总经理、党委副书记、纪委书记　张小康 财务总监、党支部书记 陈丰 副总经理　付建军 副总经理、党支部书记 夏宇 副总经理、党支部书记 杨毅 副总经理、党支部书记 王慧霞 总经理助理、党支部书记 施暄	中国中化股份有限公司	100.00%	2008年5月28日	银监复〔2008〕204号
72	海信集团财务有限公司	山东省青岛市东海西路17号海信大厦	董事长　周厚健 副总经理、党委副书记 舒鹏 总经理助理　杜翔	青岛海信通信有限公司	56.99%	2008年6月12日	银监复〔2008〕207号
73	国联财务有限责任公司	江苏省无锡市滨湖区金融一街8号楼18楼	董事长　杨静月 总经理、党支部书记 刘清欣	无锡市国联发展（集团）有限公司	50.00%	2008年9月13日	银监复〔2008〕364号

续表

序号	公司名称	通信地址	高管人员	控股股东	控股比例	成立时间	批准文号
74	首都机场集团财务有限公司	北京市顺义区首都机场四纬路9号B区三层66室	董事长　郑建青 总经理　任文恺 副总经理　李剑 副总经理　唐光明 首席风险控制官　刘亚红	首都机场集团公司	90.00%	2008年9月27日	银监复〔2008〕388号
75	红豆集团财务有限公司	江苏省无锡市锡山区东港镇锡港东路2号	董事长、党总支书记　周海燕 总经理、党总支副书记　王晓明 副总经理、党总支委员　孙东明 副总经理、党总支委员　郭敏洁	红豆集团有限公司	51.00%	2008年11月10日	银监复〔2008〕460号
76	海马财务有限公司	海南省海口市金盘工业区金牛路2号	董事长　赵树华 总经理　刘卫 副总经理　薛安萍 副总经理　刘予建 副总经理　马昕 总经理助理　田渊	海马汽车集团股份有限公司	47.00%	2008年11月11日	银监复〔2008〕461号
77	南山集团财务有限公司	山东省龙口市南山工业园南山南路4号	董事长　隋政 总经理　侯云辉 常务副总经理　郭芸 总经理助理　战永磊	南山集团有限公司	55.00%	2008年11月27日	银监复〔2008〕462号
78	国投财务有限公司	北京市西城区阜成门北大街2号18层	董事长、党支部书记　兰如达 总经理、纪检委员　李旭荣 副总经理、组织委员　曲刚 总经理助理、宣传委员、群工委员　郭芳丽	国家开发投资集团有限公司	35.60%	2008年12月26日	银监复〔2008〕557号
79	河南能源化工集团财务有限公司	河南省郑州市郑东新区CBD商务外环路6号国龙大厦	董事长、党总支书记　李乔成 总经理、党总支委员　棘军	河南能源化工集团有限公司	63.70%	2009年12月5日	豫银监复〔2009〕500号

续表

序号	公司名称	通信地址	高管人员	控股股东	控股比例	成立时间	批准文号
80	中国化工财务有限公司	北京市海淀区北四环西路62号	董事长　冯益民 总经理　姜明群 副总经理　郭学军 副总经理　曹巍 副总经理　程山 总会计师　胡立福	中国化工集团公司	49.41%	2009年7月2日	银监复〔2009〕207号
81	紫金矿业集团财务有限公司	福建省上杭县紫金大道1号14层	董事长　林红英 总经理　王金新 常务副总经理　余德琳 副总经理　刘志洲 副总经理　梁祥斌	紫金矿业集团股份有限公司	95.00%	2009年9月14日	银监复〔2009〕343号
82	江苏华西集团财务有限公司	江苏省江阴市滨江开发区香山路29号华西金融楼2楼	董事长　包丽君 总经理　沈军 副总经理　曹红玉 副总经理　虞金华 副总经理　周伟忠	江苏华西集团有限公司	90.00%	2009年10月18日	银监复〔2009〕316号
83	冀中能源集团财务有限责任公司	河北省石家庄市新华区石清路9号航空大厦12层	董事长　杨忠东 副董事长　张汝海 总经理、党委书记　石恒涛	冀中能源集团有限责任公司	45.00%	2009年12月14日	银复〔1993〕245号①
84	山西焦煤集团财务有限责任公司	山西省太原市万柏林区滨河西路南段129号山西焦煤集团综合服务基地A座第23层	董事长　贾进锋	山西焦煤集团有限责任公司	80.00%	2009年12月8日	银监复〔2009〕490号
85	阳泉煤业集团财务有限责任公司	山西省阳泉市北大西街29号	董事长　王玉明 总经理　赵守刚 副总经理　魏晓光 首席风险官　樊宗莉 董事会秘书　杜吉仙	阳泉煤业（集团）有限责任公司	50.00%	2009年12月8日	银监复〔2009〕491号
86	晋煤集团财务有限公司	山西省晋城市城区北石店晋煤集团大门旁	董事长　郑绍祖	山西晋城无烟煤矿业集团有限责任公司	92.00%	2009年11月6日	银监复〔2009〕428号

① 由于2009年冀中能源集团重组华药集团，2009年11月12日，河北银监局银监冀局复〔2009〕283号批准华北制药集团财务有限责任公司变更为冀中能源集团财务有限责任公司。

续表

序号	公司名称	通信地址	高管人员	控股股东	控股比例	成立时间	批准文号
87	云南冶金集团财务有限公司	云南省昆明市北市区小康大道399号	董事长　张自义 董事、总经理　李旻昊 党支部书记、常务副总经理程岚总 会计师　吕赞军 副总经理　刘洁	云南冶金集团股份有限公司	80.00%	2009年12月11日	银监复〔2009〕511号
88	中海集团财务有限责任公司	上海市虹口区东大名路670号5层	董事长　孙月英 总经理　孙晓斌 副总经理　李晟 营运总监　王菲 总经理助理　李嗣麟	中远海运发展股份有限公司	65.00%	2009年12月31日	银监复〔2009〕530号
89	中集集团财务有限公司	广东省深圳市南山区望海路1166号招商局广场11楼	董事长　高翔	中国国际海运集装箱（集团）股份有限公司	100.00%	2010年2月9日	银监复〔2010〕72号
90	沙钢财务有限公司	江苏省张家港市锦丰镇永新路西6号楼	董事长　沈彬 总经理　倪云山 副总经理　沈涛 副总经理　方梅 总经理助理　顾庆辉	江苏沙钢集团有限公司	60.00%	2010年3月11日	银监复〔2010〕109号
91	美的集团财务有限公司	广东省佛山市顺德区北滘镇美的大道6号美的总部大楼B区6楼	董事长　肖明光 总经理　姚向明 副总经理　梁彩仪	美的集团股份有限公司	95.00%	2010年6月18日	银监复〔2010〕273号
92	宁波舟山港集团财务有限公司	浙江省宁波市北仑区明州路301号	董事长　金国平 总经理、党总支书记王甬明 副总经理　夏光辉 副总经理　郑敏红	宁波舟山港股份有限公司	75.00%	2010年6月24日	银监复〔2010〕283号
93	兖矿集团财务有限公司	山东省邹城市凫山南路329号老外招1楼	董事长　张胜东 副董事长　单光辉 副总经理　翟玉峰 副总经理　万里涛	兖州煤业股份有限公司	90.00%	2010年8月25日	银监复〔2010〕400号
94	哈尔滨电气集团财务有限责任公司	黑龙江省哈尔滨市香坊区三大动力路7号3层	董事长　刘智全 总经理　吴彤 总会计师　张井彬 副总经理　陈茂义 副总经理　曲为民	哈尔滨电气股份有限公司	55.00%	2010年9月2日	银监复〔2010〕419号

续表

序号	公司名称	通信地址	高管人员	控股股东	控股比例	成立时间	批准文号
95	北大方正集团财务有限公司	北京市海淀区成府路298号方正大厦9层	董事长　孙敏 总经理　李胜利 副总经理　李莉 总经理助理　余洋	北大方正集团有限公司	50.00%	2010年9月6日	银监复〔2010〕427号
96	通用技术集团财务有限责任公司	北京市丰台区西三环中路90号通用技术大厦6层	党委书记、董事长　卿虹 党委副书记、总经理 李虎俊 纪委书记、副总经理　刘嵘	中国通用技术（集团）控股有限责任公司	95.00%	2010年9月30日	银监复〔2010〕439号
97	铜陵有色金属集团财务有限公司	安徽省铜陵市长江西路171号	董事长　汪农生 总经理　黄天珊 副总经理　束昊生 副总经理　王志	铜陵有色金属集团控股有限公司	70.00%	2010年11月8日	银监复〔2010〕478号
98	中建财务有限公司	北京市海淀区三里河路15号中建大厦A座7层	党工委书记　巢刚 总经理　孔卫湘 党工委副书记　鄢良军 副总经理　徐明	中国建筑股份有限公司	80.00%	2010年11月29日	银监复〔2010〕567号
99	江苏省国信集团财务有限公司	江苏省南京市玄武区长江路88号国信大厦24楼	董事长、党委书记　浦宝英 总裁、党委副书记　丁锋 副总裁　周俊淑 副总裁　李红霞 纪委书记　谢兆旭	江苏省国信资产管理集团有限公司	73.33%	2010年12月8日	银监复〔2010〕582号
100	重庆化医控股集团财务有限公司	重庆市两江新区星光大道70号天王星A1座	董事长　王平 总经理、党支部书记 王凤艳 副总经理　王剑 副总经理　张军	重庆化医控股（集团）公司	63.00%	2010年12月29日	银监复〔2010〕589号
101	金川集团财务有限公司	甘肃省兰州市城关区天水南路525号	董事长　刘世超 总经理　杜志环 副总经理　龚莉	金川集团股份有限公司	92.30%	2010年12月22日	银监复〔2010〕617号
102	新希望财务有限公司	四川省成都市高新南区天府大道中段新希望国际大厦A座26层	董事长　黄代云 总裁　牟清华 常务副总裁　邱昊 总裁助理　钟晓雷 总裁助理　邹晓莉	新希望集团有限公司	42.54%	2010年12月24日	银监复〔2010〕626号
103	酒钢集团财务有限公司	甘肃省兰州市城关区团结路10号	董事长　胡桂萍 总经理、党支部书记 龚晓伟 副总经理　温春来 总审计师　郭明 总经理助理　董巍	酒泉钢铁（集团）有限责任公司	60.00%	2011年1月28日	银监复〔2011〕31号

续表

序号	公司名称	通信地址	高管人员	控股股东	控股比例	成立时间	批准文号
104	包钢集团财务有限责任公司	内蒙古包头市昆都仑区白云路39号2楼	董事长 孙国龙	包头钢铁（集团）有限责任公司	60.00%	2011年1月28日	银监复〔2011〕32号
105	新奥财务有限责任公司	河北省廊坊经济技术开发区华祥路鸿润道25号	董事长 于建潮 总经理 姚卫东 副总经理 梁宏玉 副总经理 陈绍利 副总经理 李玉军	新奥（中国）燃气投资有限公司	75.00%	2011年4月6日	银监复〔2011〕101号
106	招商局集团财务有限公司	北京市朝阳区安定路5号院10号楼B栋15层1501室	董事长、党委书记 黄必烈 副总经理、党委副书记、纪委书记 孙剑锋 副总经理 罗丹丹 财务总监 郭景军 总经理助理 罗立	招商局集团有限公司	51.00%	2011年5月17日	银监复〔2011〕118号
107	青岛啤酒财务有限责任公司	山东省青岛市市南区东海西路35号4栋青岛啤酒大厦第9层	董事长 孙明波 总经理、党支部书记 徐振声 副总经理、党支部宣传委员 张德志 财务总监、党支部组织委员 冯雪峰	青岛啤酒股份有限公司	100.00%	2011年5月24日	银监复〔2011〕155号
108	上海复星高科技集团财务有限公司	上海市普陀区江宁路1158号1903A室	董事长 张厚林	上海复星高科技（集团）有限公司	66.00%	2011年6月27日	银监复〔2011〕191号
109	中铝财务有限责任公司	北京市海淀区西直门北大街62号中铝大厦7层	董事长 蔡安辉 总经理 葛小雷 副总经理 于红卫 副总经理 黄薇	中国铝业集团有限公司	95.24%	2011年6月22日	银监复〔2011〕199号
110	中兴通讯集团财务有限公司	广东省深圳市南山区高新技术产业园科技南路55号中兴通讯大厦A座2楼	董事长（代理） 邵威琳 总经理（代理） 许建锐 副总经理 洪志斌 副总经理 林旭顷	中兴通讯股份有限公司	100.00%	2011年7月8日	银监复〔2011〕236号
111	福建省能源集团财务有限公司	福建省福州市琴亭路29号方圆大厦16楼	董事长 卢范经 总经理 罗振文 副总经理 韩祖雄 副总经理 朱辉	福建省能源集团有限责任公司	90.00%	2011年8月16日	银监复〔2011〕295号

续表

序号	公司名称	通信地址	高管人员	控股股东	控股比例	成立时间	批准文号
112	湖南高速集团财务有限公司	湖南省长沙市开福区三一大道500号金色比华利大厦	董事长、党支部书记　肖华 副总经理、党支部青年委员　张祺 副总经理、党支部保卫委员　彭正辉 财务总监、党支部生活群团委员　张晓青 总稽核　谢新兴	湖南省高速公路建设开发总公司	60.00%	2011年8月2日	银监复〔2011〕298号
113	马钢集团财务有限公司	安徽省马鞍山市九华西路8号马钢指挥中心主楼8层	董事长　丁毅 总经理、党支部书记　伍生林 风险总监　汪冬妹 副总经理　盛重乐	马鞍山钢铁股份有限公司	91.00%	2011年9月30日	银监复〔2011〕406号
114	湖北宜化集团财务有限责任公司	湖北省宜昌市沿江大道52号	董事长　柴国志	湖北宜化集团有限责任公司	80.00%	2011年9月30日	银监复〔2011〕407号
115	北京汽车集团财务有限公司	北京市丰台区汽车博物馆东路6号院4号楼G座17～19层	董事长　张建勇 董事　朱正华 党委副书记　解阳 副总经理　黄中文 副总经理　陈哲 总经理助理　刘勇 总经理助理　黄思伟 风险总监　刘莹 总经理助理　吴霜	北京汽车集团有限公司	56.00%	2011年11月9日	银监复〔2011〕461号
116	大连港集团财务有限公司	辽宁省大连市中山区人民路68号5层501～507室	董事长　徐颂 总经理兼党总支书记　赵蓉	大连港集团有限公司	60.00%	2011年10月26日	银监复〔2011〕462号
117	大唐电信集团财务有限公司	北京市海淀区学院路40号一区	董事长　郭光莉 总经理、党委书记　李茜 副总经理　周少锋 副总经理　韩卫刚	电信科学技术研究院有限公司	100.00%	2011年11月22日	银监复〔2011〕497号
118	开滦集团财务有限责任公司	河北省唐山市路南区新华东道70号	董事长　张志芳 总经理　董养利 副总经理　张晓玲	开滦（集团）有限责任公司	51.00%	2011年12月2日	银监复〔2011〕541号

续表

序号	公司名称	通信地址	高管人员	控股股东	控股比例	成立时间	批准文号
119	中国航油集团财务有限公司	北京市顺义区后沙峪镇安富街6号3层	董事长　赵寿森 副总经理　张鹏 总经理助理　王世强	中国航空油料集团有限公司	90.00%	2011年12月2日	银监复〔2011〕542号
120	海南农垦集团财务有限公司	海南省海口市滨海大道115号海垦国际金融中心26层	董事长、总经理　邓文杰 副总经理　郑璧	海南省农垦投资控股集团有限公司	80.00%	2011年12月8日	银监复〔2011〕551号
121	西部矿业集团财务有限公司	青海省西宁市城西区微波巷1号	董事长　李兴财 总经理　王永宁 副总经理　尹亮 总经理助理　宋佳权	西部矿业股份有限公司	60.00%	2011年12月8日	银监复〔2011〕552号
122	江苏交通控股集团财务有限公司	江苏省南京市建邺区庐山路242号金融城2号楼29～31层	董事长、党支部书记　王展 董事、总经理、党支部副书记　陈凤艳 副总经理、党支部委员、工会主席　盈晓红 副总经理、党支部委员　周莉莉	江苏交通控股有限公司	80.00%	2011年12月23日	银监复〔2011〕594号
123	中国移动通信集团财务有限公司	北京市西城区月坛南街1号院3号楼第19层、20层	董事长　朱敏 党委书记、总经理　朱毅 副总经理　潘文彬 副总经理　向华翔 纪委书记　白涛	中国移动通信有限公司	52.44%	2012年1月16日	银监复〔2012〕27号
124	山东钢铁集团财务有限公司	山东省济南市高新区舜华路2000号舜泰广场4号楼	董事长　刘德华 党总支副书记、总经理　李凤强 党总支书记　鹿凡伟 副总经理　张云庭 党总支副书记、副总经理　于基勇 副总经理　杨士东	山东钢铁集团有限公司	62.31%	2012年2月1日	银监复〔2012〕53号
125	国药集团财务有限公司	北京市海淀区知春路20号中国医药大厦7层	董事长　荣岩 总经理、党支部书记　梁红军 副总经理　曹桂春 财务总监　许京辉	中国医药集团有限公司	80.00%	2012年2月10日	银监复〔2012〕66号

续表

序号	公司名称	通信地址	高管人员	控股股东	控股比例	成立时间	批准文号
126	郑州宇通集团财务有限公司	河南省郑州市郑东新区 CBD 商务外环 8 号世博大厦 11 层	董事长　杨张峰 总经理　李飞月 副总经理　杨祥盈 财务总监　张丁元 副总经理　郑留强	郑州宇通集团有限公司	85.00%	2012 年 2 月 10 日	银监复〔2012〕69 号
127	中国铁建财务有限公司	北京市海淀区复兴路 40 号院中国铁建大厦 10 层	董事长　王秀明 党委书记、总经理　冀涛 党委副书记、工会主席　彭长林 纪委书记　吴婧萍 副总经理　王道平 副总经理　王丽 副总经理、总会计师兼总法律顾问　张国智	中国铁建股份有限公司	94.00%	2012 年 3 月 21 日	银监复〔2012〕137 号
128	山东省商业集团财务有限公司	山东省济南市历下区山师东路 4 号	董事长　张建军 总经理　张志强 副总经理　马玉义 总会计师　吕元忠 总经理助理　周卫民 副总经理　刘先成	山东省商业集团有限公司	100.00%	2012 年 3 月 21 日	银监复〔2012〕138 号
129	深圳华强集团财务有限公司	广东省深圳市福田区深南中路华强路口华强集团 1 号楼 7 楼	董事长　李曙成 总经理　邹群 副总经理　郑德镇	深圳华强集团有限公司	50.00%	2012 年 5 月 23 日	银监复〔2012〕232 号
130	诚通财务有限责任公司	北京市西城区复兴门内大街 158 号远洋大厦 12 层	董事长　徐震 监事长书记　秦炬 总经理、副书记　赵洪武 副总经理　苗润生 副总经理　张志海 副总经理　闫学福 工会主席　闫耀武 总经理助理　刘永亮	中国诚通控股集团有限公司	85.00%	2012 年 5 月 25 日	银监复〔2012〕126 号

续表

序号	公司名称	通信地址	高管人员	控股股东	控股比例	成立时间	批准文号
131	山东重工集团财务有限公司	山东省济南市燕子山西路40－1号	董事长　申传东 总经理、党支部书记 吴汝江 副总经理、党支部副书记 黄震 副总经理、党支部学习委员 单忠 财务总监　王翠萍 总经理助理　魏然 总经理助理　董辉	山东重工集团有限公司	37.50%	2012年6月11日	银监复〔2012〕269号
132	港中旅财务有限公司	广东省深圳市福田区深南路4011号香港中旅大厦19楼	董事长　闫永夫 总经理、党支部书记 胡银龙 副总经理　陈丽 财务总监　庞勇 总经理助理　欧阳莹	中国旅游集团有限公司（“中国港中旅集团公司”于2016年更名为“中国旅游集团有限公司”）	82.50%	2012年6月20日	银监复〔2012〕312号
133	陕西煤业化工集团财务有限公司	陕西省西安市高新区锦业一路2号	董事长　邓晓博 总经理　李盈斌 副总经理　王晓刚 副总经理　刘旭春 副总经理　徐明	陕西煤业化工集团有限责任公司	55.60%	2012年6月28日	银监复〔2012〕332号
134	上海华谊集团财务有限责任公司	上海市浦东南路1271号华融大厦15楼	董事长　常达光	上海华谊集团股份有限公司	64.00%	2012年6月28日	银监复〔2012〕333号
135	河钢集团财务有限公司	河北省石家庄市体育南大街385号10层	董事长　胡志刚 总经理　马元贵 副总经理　许鹏贵	河钢集团有限公司	51.00%	2012年8月20日	冀银监复〔2012〕428号
136	安徽省能源集团财务有限公司	安徽省合肥市马鞍山路76号能源大厦7层	党支部书记、董事长 邵德慧 党支部副书记、总经理 彭松 纪检委员、副总经理 杜建军 风控总监　程敏	安徽省能源集团有限公司	51.00%	2012年8月28日	银监复〔2012〕450号

续表

序号	公司名称	通信地址	高管人员	控股股东	控股比例	成立时间	批准文号
137	中化工程集团财务有限公司	北京市东城区东直门内大街2号化工大厦13层	董事长　王洁民 总经理　周竞 总经理助理　陶湘宁	中国化学工程股份有限公司	90.00%	2012年9月12日	银监复〔2012〕451号
138	天津天保财务有限公司	天津空港经济区西五道35号汇津广场4号楼8层	董事长　沈钢 总经理、支部书记　李军	天津保税区投资控股集团有限公司	100.00%	2012年9月21日	银监复〔2012〕540号
139	亿利集团财务有限公司	北京市朝阳区光华路15号亿利生态广场1号楼19层	董事长　王文治 副总经理　郭平 副总经理　何佳乐	亿利资源集团有限公司	74.00%	2012年9月27日	银监复〔2012〕575号
140	厦门海翼集团财务有限公司	福建省厦门市思明区厦禾路668号海翼大厦B座26楼	董事长　刘艺虹 副总经理、党支部副书记（主持工作）　杨瑾	厦门海翼集团有限公司	55.00%	2012年10月18日	银监复〔2012〕576号
141	中信财务有限公司	北京市朝阳区新源南路6号京城大厦B座2层	董事长、党支部书记 张云亭	中国中信有限公司	72.34%	2012年11月19日	银监复〔2012〕602号
142	浙江省交通投资集团财务有限责任公司	浙江省杭州市江干区五星路199号明珠国际商务中心2号楼8层	董事长　傅哲祥 总经理　钱文海 副总经理　张雪芬 副总经理　芦文伟 总经理助理　黎萍	浙江省交通投资集团有限公司	40.00%	2012年10月18日	银监复〔2012〕612号
143	中车财务有限公司	北京市丰台区芳城园一区15号楼附楼1~5层	董事长、党委书记　时景丽 总经理、党委副书记 黄建东 副总经理、财务总监　张玲 副总经理　张世东	中国中车股份有限公司	91.36%	2012年11月29日	银监复〔2012〕708号
144	中国电子科技财务有限公司	北京市海淀区复兴路17号国海广场A座16层	董事长　张登洲 总经理、党支部书记 刘维用 副总经理、党支部委员 范方云 副总经理、党支部委员 刘盼盼 副总经理、党支部委员 靳慧泉	中国电子科技集团有限公司	45.03%	2012年12月12日	银监复〔2012〕742号

续表

序号	公司名称	通信地址	高管人员	控股股东	控股比例	成立时间	批准文号
145	重庆机电控股集团财务有限公司	重庆市两江新区黄山大道中段60号	董事长　王玉祥	重庆机电股份有限公司	70.00%	2013年1月16日	银监复〔2013〕19号
146	河北建投集团财务有限公司	河北省石家庄市裕华西路9号裕园广场A座2楼	董事长　袁雁鸣 总经理　周雪松 党支部书记　江浩 副总经理　魏增然 副总经理　窦志强 风险总监　单宝驹 总会计师　师晨圆	河北建设投资集团有限责任公司	60.00%	2013年1月9日	银监复〔2013〕20号
147	太钢集团财务有限公司	山西省太原市解放北路83号花园2号楼	董事长　李华 总经理、党支部书记　郭涌 副总经理　李志强 副总经理　田俊东	太原钢铁（集团）有限公司	51.00%	2013年1月18日	银监复〔2013〕44号
148	大同煤矿集团财务有限责任公司	山西省大同市矿区恒安新区平德路鹏程广场6~8号	董事长、党支部书记 王力佳 总经理　杨尚溱 监事会主席　李永久 副总经理　狄炎 财务总监　姚学军 风险总监　赵东清	大同煤矿集团有限责任公司	60.00%	2013年1月30日	银监复〔2013〕68号
149	贵州茅台集团财务有限公司	贵州省贵阳市云岩区盐务街2号茅台大厦13层	董事长　袁仁国 总经理　李保芳	贵州茅台酒股份有限公司	51.00%	2013年3月6日	银监复〔2013〕69号
150	海亮集团财务有限责任公司	浙江省杭州市滨江区滨盛路1508号海亮大厦25楼2517~2526室	董事长　穆绿燕 总经理　朱薇 副总经理　马兰英	海亮集团有限公司	60.00%	2013年2月1日	银监复〔2013〕70号
151	中材集团财务有限公司	北京市海淀区复兴路17号国海广场2号楼（B座）9层	董事长　徐卫兵 总经理、党委书记　刘成 副总经理　杨青 财务总监　汪允杰 党委副书记、纪委书记 银虹	中国中材集团有限公司	70.00%	2013年4月18日	银监复〔2013〕189号

续表

序号	公司名称	通信地址	高管人员	控股股东	控股比例	成立时间	批准文号
152	贵州盘江集团财务有限公司	贵州省贵阳市观山湖区林城西路95号盘江集团总部大楼2楼	董事长 尹新全 总经理、组织委员 王安义 常务副总经理 李运寿 支部书记、副总经理 欧阳章程 副总经理、宣传（纪检）委员 彭木	贵州盘江投资控股（集团）有限公司	55.00%	2013年5月3日	银监复〔2013〕194号
153	北京首都旅游集团财务有限公司	北京市朝阳区广渠路38号北京一轻大厦9层	总经理 张冬梅 常务副总经理、党支部书记 吴子维	北京首都旅游集团有限责任公司	100.00%	2013年4月28日	银监复〔2013〕195号
154	广西交通投资集团财务有限责任公司	广西南宁市青秀区民族大道146号三祺广场44楼	董事长 李利娜 党支部书记、总经理 覃虹 党支部委员、副总经理 林森 副总经理 何成杰	广西交通投资集团有限公司	100.00%	2013年5月13日	银监复〔2013〕226号
155	徐工集团财务有限公司	江苏省徐州市徐州经济技术开发区驮蓝山路26号	董事长 吴江龙	徐工集团工程机械股份有限公司	100.00%	2013年6月4日	银监复〔2013〕258号
156	百联集团财务有限责任公司	上海市黄浦区中山南路315号8楼	董事长 吕勇	百联集团有限公司	60.00%	2013年5月28日	银监复〔2013〕259号
157	中交财务有限公司	北京市西城区德胜门外大街83号B座1603～1609室	董事长 傅俊元 党委书记、总经理 游华 副总经理 陶涛 副总经理 朱吉祥 副总经理 孙杨 副总经理 薛立容 党委副书记、纪委书记、工会主席 刘彦华	中国交通建设股份有限公司	95.00%	2013年7年1日	银监复〔2013〕301号
158	山东黄金集团财务有限公司	山东省济南市高新区舜华路2000号舜泰广场3号楼	董事长 汪晓玲 总经理 吴晨 副总经理 于志强	山东黄金集团有限公司	70.00%	2013年7月17日	银监复〔2013〕336号

续表

序号	公司名称	通信地址	高管人员	控股股东	控股比例	成立时间	批准文号
159	中开财务有限公司	广东省深圳市南山区赤湾5路6号石油大厦13楼	董事长　田俊彦 副董事长　张建国 总经理、党支部书记 章远凌 副总经理　黄艳 副总经理　顾曰滇 副总经理　王华 助理总经理　刘超	中国南山开发（集团）股份有限公司	60.00%	2013年7月18日	银监复〔2013〕360号
160	中国平煤神马集团财务有限责任公司	河南省平顶山市矿工中路21号	董事长、党支部书记 余清海 总经理、党支部副书记 杨军 副总经理、纪检委员 刘晓军	中国平煤神马能源化工集团有限责任公司	51.00%	2013年7月11日	银监复〔2013〕344号
161	四川长虹集团财务有限公司	四川省绵阳高新区绵兴东路35号	总经理　胡嘉 副总经理　唐斌 副总经理　胥勋畅 总经理助理　古晓彤	四川长虹电子控股集团有限公司	50.00%	2013年8月23日	银监复〔2013〕423号
162	创维集团财务有限公司	广东省深圳市南山区高新南四道18号创维半导体设计大厦东座21楼	董事长　赖伟德 总经理　鄢红波 副总经理　李海鸥 副总经理　敬红	创维集团有限公司	100.00%	2013年8月30日	银监复〔2013〕446号
163	江苏国泰财务有限公司	江苏省张家港市人民中路国泰大厦29楼	董事长、党支部书记 谭秋斌	江苏国泰国际集团国贸股份有限公司	80.00%	2013年9月3日	银监复〔2013〕457号
164	亨通财务有限公司	江苏省苏州市吴江区中山北路2288号	董事长　朱海明 总经理　江桦 总经理助理　曾涛 副总经理　张培烽	亨通集团有限公司	52.00%	2013年9月3日	银监复〔2013〕458号
165	珠海华发集团财务有限公司	广东省珠海市横琴金融产业服务基地18号楼A区	董事长　许继莉 总经理　封光 总经理助理　唐慧敏 总经理助理　徐志强	珠海华发集团有限公司	40.00%	2013年9月4日	银监复〔2013〕459号
166	北京金隅财务有限公司	北京市东城区北三环东路36号B座2102室	董事长　陈国高 总经理、党支部书记 黄文阁 副总经理　朱灼见 财务总监　秦成莉 总经理助理　彭春华	北京金隅集团股份有限公司	100.00%	2013年9月26日	银监复〔2013〕492号

续表

序号	公司名称	通信地址	高管人员	控股股东	控股比例	成立时间	批准文号
167	云南云天化集团财务有限公司	云南省昆明市滇池路1417号2号楼3楼	董事长　卢应双 总经理　彭科 副总理　陈晓 风险总监　荣晓寅	云天化集团有限责任公司	44.00%	2013年9月30日	银监复〔2013〕516号
168	北京控股集团财务有限公司	北京市朝阳区化工路59号院2号楼5层	董事长、支部书记　王立华 总经理、支部委员　王玉荣 副总经理、支部委员 王朝晖 副总经理、财务总监 张素芳 总稽核　常学琳 副总经理、支部委员 陈咏梅 总经理助理　潘宝侠	北京控股集团有限公司	35.14%	2013年10月23日	银监复〔2013〕546号
169	陕西延长石油财务有限公司	陕西省西安市高新区光泰路1号延长石油安全培训中心二层、三层	董事长、党委副书记 沙春枝 党委书记　陈杭 监事长　王建平 纪委书记　韩宏伟 副总经理　樊战军 总会计师　赵红	陕西延长石油（集团）有限责任公司	79.00%	2013年12月9日	陕银监复〔2013〕633号
170	山东能源集团财务有限公司	山东省济南市经十路10777号山东能源大厦10层	董事长　徐立波 总经理　王立春 副总经理　张述明 总经理助理　胡健	山东能源集团有限公司	70.00%	2013年12月24日	银监复〔2013〕664号
171	鄂尔多斯财务有限公司	内蒙古呼和浩特市金桥开发区世纪六路宇泰商务广场A座9层	董事长　王臻 总经理　张晓慧 常务副总经理　屈燕南 总经理助理　王香平	内蒙古鄂尔多斯羊绒集团有限责任公司	55.00%	2014年1月3日	银监复〔2014〕4号
172	伊利财务有限公司	内蒙古呼和浩特市金川开发区汇金道1号新工业园	董事长　胡利平	内蒙古伊利实业集团股份有限公司	100.00%	2014年1月3日	银监复〔2014〕5号
173	大冶有色金属集团财务有限责任公司	湖北省黄石市下陆区下陆大道2号金花小区五期5~9号	董事长　谭耀宇 副董事长　高宙 副总经理　孟波 总经理　杨红战	大冶有色金属集团控股有限公司	90.00%	2014年3月21日	鄂银监复〔2014〕18号

续表

序号	公司名称	通信地址	高管人员	控股股东	控股比例	成立时间	批准文号
174	巨化集团财务有限责任公司	浙江省衢州市柯城区巨化中央大道230号巨化集团公司机关综合楼一楼、二楼	董事长、党委书记　胡仲明 总经理　周黎旸 副董事长、副总经理　沈铭华 党委副书记、工会主席　朱林辉 纪委书记　胡斌 副总经理　李军 副总经理　邓建明 总工程师　吴周安	巨化集团有限公司	50.00%	2014年2月12日	浙银监复〔2014〕79号
175	供销集团财务有限公司	北京市西城区宣武门外大街甲1号C座7层	董事长　邢宏伟	中国供销集团有限公司	100.00%	2014年2月20日	京银监复〔2014〕84号
176	中铁财务有限责任公司	北京市海淀区复兴路69号中国中铁大厦C座五层	董事长、党委书记　林鑫 总经理、党委副书记　王建军 党委副书记、副总经理、总会计师、纪委书记　杨凯利 副总经理、工会主席　肖尧	中国中铁股份有限公司，中国铁路工程集团有限公司	95.00%	2014年2月27日	京银监复〔2014〕98号
177	重庆力帆财务有限公司	重庆市江北区聚贤岩广场6号力帆中心2号办公楼第27层1~8号	总经理　裴丹	重庆力帆控股有限公司	51.00%	2014年1月22日	渝银监复〔2014〕8号
178	中煤财务有限责任公司	北京市朝阳区黄寺大街1号中煤大厦6层	董事长　赵荣哲 总经理　柴乔林 副总经理　陈敏宏 副总经理　李风涛 副总经理　刘俊光	中国中煤能源股份有限公司	91.00%	2014年3月5日	京银监复〔2014〕103号
179	安徽省皖北煤电集团财务有限公司	安徽省宿州市西昌路东侧18号	董事长　孙夕仁 总经理　牛家安 副总经理　陈凤 风险总监　吴涛	安徽省皖北煤电集团有限责任公司	40.00%	2014年4月16日	皖银监复〔2014〕67号
180	淮北矿业集团财务有限公司	安徽省淮北市人民中路276号	董事长　蒋宁 总经理　毛师达 副总经理　孙斌 副总经理　张华	淮北矿业（集团）有限责任公司	100.00%	2014年4月21日	皖银监复〔2014〕68号

续表

序号	公司名称	通信地址	高管人员	控股股东	控股比例	成立时间	批准文号
181	湖南出版投资控股集团财务有限公司	湖南省长沙市开福区营盘东路38号电子大厦	董事长 王丽波 总经理 王芳郴 副总经理、党支部书记 佘璐 监事长 廖丽萍 副总经理 杨星	中南出版传媒集团股份有限公司	70.00%	2014年4月21日	湘银监复〔2014〕102号
182	四川省宜宾五粮液集团财务有限公司	四川省宜宾市岷江西路150号	董事长 罗伟 总经理、党支部书记 邓香全 副总经理 敬梅 财务总监 陈作容 工会主席、总经理助理 唐进 总经理助理 王兴友 总经理助理 陈晓虎	四川省宜宾五粮液集团有限公司	37.50%	2014年4月29日	川银监复〔2014〕125号
183	山东晨鸣集团财务有限公司	山东省济南市高新区舜华路2000号舜泰广场2号楼35层	董事长 常德生 总经理 陈朝晖 副总经理 阎向阳 总经理助理 孙凯	山东晨鸣纸业集团股份有限公司	80.00%	2014年6月30日	鲁银监准〔2014〕233号
184	河北港口集团财务有限公司	河北省秦皇岛市海港区文化路60号10层	董事长 温建国 总经理 崔鸥 副总经理 黄峥 副总经理 张爱武	河北港口集团有限公司	60.00%	2014年7月1日	冀银监复〔2014〕175号
185	中节能财务有限公司	北京市西城区平安里西大街26号新时代大厦5层、8层、16层	董事长 杜乐 副总经理 章全明 副总经理 韩巍 副总经理 单纯	中国节能环保集团有限公司	100.00%	2014年7月16日	银监复〔2014〕466号
186	青岛港财务有限责任公司	山东省青岛市市北区港华路7号	董事长 郑明辉 总经理、党支部书记 王伟强 副总经理、党支部副书记 贾卓鹏 总经理助理、党支部委员 李婕	青岛港国际股份有限公司	70.00%	2014年7月17日	青银监复〔2014〕161号

续表

序号	公司名称	通信地址	高管人员	控股股东	控股比例	成立时间	批准文号
187	上海上实集团财务有限公司	上海市黄浦区淮海中路98号30楼	董事长　徐波 总经理、党支部委员 周亚栋 副总经理、党支部书记 师淑琴 风控总监、党支部委员 朱浩良	上海上实（集团）有限公司	40.00%	2014年9月1日	沪银监复〔2014〕561号
188	重庆市能源投资集团财务有限公司	重庆市渝北区洪湖西路12号一楼	董事长　冯跃 总经理　杨东旗 党支部委员、副总经理 王燕宁 党支部副书记、财务总监 李云齐	重庆市能源投资集团有限公司	85.00%	2014年11月19日	渝银监复〔2014〕169号
189	广东省交通集团财务有限公司	广东省广州市天河区珠江东路32号利通广场43楼	董事长　周玉明 总经理、党支部书记　罗伟 副董事长　莫穗玉 副总经理　陈虎城 副总经理　刘超	广东省交通集团有限公司	100.00%	2014年12月9日	粤银监复〔2014〕695号
190	光明食品集团财务有限公司	上海市静安区南京西路1539号办公楼二座33层	董事长　李林 总经理、党委书记　费心佳 副总经理、党委副书记 季玉燕 风险总监　陈健	光明食品（集团）有限公司	80.00%	2014年12月29日	沪银监复〔2014〕876号
191	忠旺集团财务有限公司	辽宁省大连市中山区长江东路90号	董事长　刘东毅 总经理　刘文辉 副总经理　王海川 副总经理　赵敬慈	辽宁忠旺集团有限公司	35.00%	2014年12月25日	大银监复〔2014〕490号
192	本钢集团财务有限公司	辽宁省本溪市平山区东明路10号	董事长　曹爱民 总经理　季国峰 副总经理　罗震 副总经理　王长伟	本钢集团有限公司	90.00%	2014年12月25日	辽银监复〔2014〕511号
193	天津物产集团财务有限公司	天津市和平区营口道4号	党支部书记、董事长 张洪涛 党支部副书记、总经理 初向青 副总经理　向青	天津物产集团有限公司	75.00%	2015年2月28日	津银监复〔2015〕83号
194	福建七匹狼集团财务有限公司	福建省泉州市晋江市青阳曾井小区崇德路中国银行大厦19层	董事长　朱金松 总经理　戴文进 副总经理　刘世章 副总经理　陈书芳	福建七匹狼集团有限公司	65.00%	2015年3月26日	闽银监复〔2015〕83号

续表

序号	公司名称	通信地址	高管人员	控股股东	控股比例	成立时间	批准文号
195	清华控股集团财务有限公司	北京市海淀区中关村东路1号院8号楼清华科技园科技大厦A座10层	董事长、党支部书记 张文娟 总经理 盛朝晖 副总经理 甘朝晖 总经理助理 蔡书琴	清华控股有限公司	100.00%	2015年4月9日	京银监复〔2015〕185号
196	中国核工业建设集团财务有限公司	北京市西城区车公庄大街12号核建大厦	董事长 陈书堂 总经理、党支部书记 梁荣 副总经理 岳海涛 副总经理 李凌 副总经理 方保友 总会计师 田雨晴	中国核工业建设股份有限公司	90.00%	2015年5月13日	京银监复〔2015〕269号
197	中国黄金集团财务有限公司	北京市东城区安定门外大街9号1层	董事长 刘冰 副董事长 李惠琴 总经理、党支部书记 李东 副总经理、宣传委员 邵兵杰 总经理助理、组织委员兼纪检委员 陈文俊	中国黄金集团有限公司	51.00%	2015年5月12日	京银监复〔2015〕270号
198	物美商业财务有限责任公司	北京市海淀区西四环北路158号慧科大厦9层901室、12层1201室	董事长 许少川 总经理 刘建基 副总经理 于滨 副总经理 王怡 副总经理 郭涂伟	北京物美商业集团股份有限公司	70.00%	2015年5月14日	京银监复〔2015〕277号
199	三房巷财务有限公司	江苏省江阴市周庄镇三房巷村澄杨路1388号三房巷科技大楼7楼	董事长 卞平芳 总经理 卞方荣 副总经理 樊明海	江苏三房巷集团有限公司	60.00%	2015年5月21日	苏银监复〔2015〕141号
200	中联重科集团财务有限公司	湖南省长沙市岳麓区银盆南路361号	董事长 詹纯新 副董事长 胡克嫚 总经理 杜毅刚 副总经理 宁少云 副总经理 瞿正德	中联重科股份有限公司	75.00%	2015年5月26日	湘银监复〔2015〕146号
201	广东省广晟财务有限公司	广东省广州市天河区珠江西路17号广晟国际大厦52楼	董事长 刘伯仁 总经理 沈卫 副总经理 李建华 副总经理 周涛	广东省广晟资产经营有限公司	100.00%	2015年6月10日	粤银监复〔2015〕270号

续表

序号	公司名称	通信地址	高管人员	控股股东	控股比例	成立时间	批准文号
202	湖北交投集团财务有限公司	湖北省武汉市洪山区珞瑜路1077号	党委书记、董事长　谢继明 党委副书记、总经理　周茂华 派驻纪检组长　熊菲 副总经理　徐兵 副总经理　杜华林	湖北省交通投资集团有限公司	92.00%	2015年6月29日	鄂银监复〔2015〕243号
203	新凤祥财务有限公司	山东省济南市高新区汉峪金谷商务中心三区5号楼3701室	董事长　刘志光 副董事长、总经理、党支部书记　李国庆 副总经理　李少峰 副总经理、党支部委员　徐朝霞 副总经理　张保秋 总经理助理　王钦波	新凤祥控股集团有限责任公司	50.00%	2015年6月24日	鲁银监准〔2015〕235号
204	山东招金集团财务有限公司	山东省烟台市芝罘区胜利路139号万达金融中心A座22层	董事长　李宜三 总经理　曲丽华 副总经理　王康立 副总经理　张瑛拮	招金矿业股份有限公司	51.00%	2015年6月29日	鲁银监准〔2015〕247号
205	北京金融街集团财务有限公司	北京市西城区真武庙路四条8号院2号楼、4号楼、10号楼2层2号楼商业202室	董事长、党支部书记　任庆和	北京金融街投资（集团）有限公司	100.00%	2015年6月29日	京银监复〔2015〕406号
206	首钢集团财务有限公司	北京市石景山区古城大街36号院1号楼	董事长　邹立宾 总经理　姜在国 副总经理　朱挺 副总经理　张帆 财务总监　王群英	首钢集团有限公司	80.00%	2015年6月29日	京银监复〔2015〕407号
207	内蒙古伊泰财务有限公司	内蒙古鄂尔多斯市东胜区天骄北路万博广场B座3楼	董事长　张立峰 总经理　秦雅娟 风险总监　魏桂贤 副总经理、董事会秘书　李喜 副总经理　杨建军 副总经理　范培军	内蒙古伊泰集团有限公司	60.00%	2015年7月1日	内银监复〔2015〕88号

续表

序号	公司名称	通信地址	高管人员	控股股东	控股比例	成立时间	批准文号
208	内蒙古电力集团财务有限责任公司	内蒙古呼和浩特市锡林南路218号	董事长　贾振国 总经理、党总支副书记　李志刚 党总支书记、副总经理　郝耀虎	内蒙古电力（集团）有限责任公司	100.00%	2015年7月1日	内银监复〔2015〕89号
209	上海外高桥集团财务有限公司	中国（上海）自由贸易试验区杨高北路2001号管理楼1层B部位及2层B、C部位	董事长　姚忠 总经理、党支部书记　黄丹 总经理助理、支部委员　王绪 风险总监、支部委员　奚晓颖	上海外高桥资产管理有限公司	70.00%	2015年7月1日	沪银监复〔2015〕402号
210	中国铁路财务有限责任公司	北京市海淀区北蜂窝路5号院1－1号楼	董事长　史跃梅 总经理　张汉祥 副总经理、总会计师　潘振锋	中国铁路总公司	95.00%	2015年7月10日	银监复〔2015〕446号
211	天瑞集团财务有限责任公司	河南省郑州市商务外环20号海联大厦	董事长　李凤娈	天瑞集团股份有限公司	46.25%	2015年7月7日	豫银监复〔2015〕190号
212	云南昆钢集团财务有限公司	云南省昆明市安宁市昆钢综合楼2楼	董事长　杜陆军 总经理　王娟 副总经理　尚志勇 副总经理　杨林超	昆明钢铁控股有限公司	80.00%	2015年10月28日	云银监复〔2015〕321号
213	渤海钢铁集团财务有限公司	天津市空港经济开发区西四道融和广场2号楼2门301室	董事长　肖树强 总经理　王淑慧 副总经理　韩军	渤海钢铁集团有限公司	64.00%	2015年10月29日	津银监复〔2015〕500号
214	粤海集团财务有限公司	广东省广州市天河区天河路208号粤海天河城大厦35楼	党支部书记、董事长　童伟演 总经理　瞿曲 财务总监　张淑萍	广东粤海控股集团有限公司	71.00%	2015年11月18日	粤银监复〔2015〕510号
215	江苏悦达集团财务有限公司	江苏省盐城市城南新区世纪大道东路2号悦达集团总部大楼	董事长　祁广亚 党支部书记、总经理　郭如东 副总经理　周雪清 副总经理　姚晓宁 副总经理　王廷刚	江苏悦达集团有限公司	51.00%	2015年12月15日	苏银监复〔2015〕358号

续表

序号	公司名称	通信地址	高管人员	控股股东	控股比例	成立时间	批准文号
216	中国电建集团财务有限责任公司	北京市海淀区西直门外大街168号腾达大厦8层	董事长　孙璀 总经理、党委副书记　陈波 党委书记、副总经理 沈国华 纪委书记、工会主席 杨志强 副总经理　龚健 副总经理　张海涛	中国电力建设股份有限公司	94.00%	2015年12月10日	京银监复〔2015〕806号
217	西王集团财务有限公司	山东省滨州市邹平县西王工业园中心路北侧	董事长　王棣 总经理　裴建光 常务副　总经理　刘钧 总经理助理　王健	西王集团有限公司	82.50%	2015年12月15日	鲁银监准〔2015〕555号
218	物产中大集团财务有限公司	浙江省杭州市下城区中大广场1号7楼	董事长、总经理　蔡才河 党总支书记　汤贝 副总经理　章哲明 副总经理　王君波	物产中大集团股份有限公司	60.00%	2015年12月18日	浙银监复〔2015〕648号
219	营口港务集团财务有限公司	辽宁省营口市鲅鱼圈区营港路1号新港大厦2号楼附楼2层	董事长　张振宇 总经理　杨会君 副总经理、党支部书记 常守军	营口港务集团有限公司	51.00%	2015年12月18日	辽银监复〔2015〕365号
220	云南建投集团财务有限公司	云南省昆明经济技术开发区林溪路188号云南建投发展大厦4楼	董事长　陈文山 党支部书记、总经理 李兆坤 副总经理　赵宏武 风险总监　朱乔林	云南省建设投资控股集团有限公司	50.00%	2015年12月25日	云银监复〔2015〕428号
221	甘肃电投集团财务有限公司	甘肃省兰州市城关区北滨河东路69号投资大厦25层	董事长　李辉 总经理　火照里 副总经理　刘志翔 副总经理　李燕 副总经理　李春	甘肃省电力投资集团有限责任公司	60.00%	2016年3月25日	甘银监复〔2016〕29号
222	宝塔石化集团财务有限公司	宁夏银川市金凤区宝塔石化大厦1号楼11楼	副董事长　赵立宝 总经理　霍言 副总经理　黄健飞	宝塔石化集团有限公司	100.00%	2016年4月9日	宁银监复〔2016〕16号

续表

序号	公司名称	通信地址	高管人员	控股股东	控股比例	成立时间	批准文号
223	北京粮食集团财务有限公司	北京市西城区广安门内大街316号1号楼5层	董事长　张存亮 党支部书记　李似蕊 党支部副书记、总经理　田文英 副总经理　张莹 总经理助理　崔玉峰 风险总监　薛飞	北京粮食集团有限责任公司	100.00%	2016年5月10日	京银监复〔2016〕210号
224	日照港集团财务有限公司	山东省日照市上海路东首日照港国贸中心E座	董事长　高振强 总经理、党支部书记　马先骅 副总经理、纪检委员、工会主席　费萌 总经理助理　辛玉霞	日照港集团有限公司	60.00%	2016年5月18日	鲁银监准〔2016〕169号
225	联通集团财务有限公司	北京市西城区金融大街21号	董事长　李福申 总经理　王芳 副总经理　丁继业 副总经理　吴子华	中国联合网络通信有限公司	91.00%	2016年6月13日	京银监复〔2016〕290号
226	河南双汇集团财务有限公司	河南省漯河市召陵区双汇路1号双汇大厦6楼	董事长　张太喜	河南双汇投资发展股份有限公司	60.00%	2016年6月13日	豫银监复〔2016〕128号
227	厦门翔业集团财务有限公司	福建省厦门市思明区仙岳路396～398号1302、1303单元	董事长　王倜傥 总经理　郑进 副总经理　李登彦 风险总监　吴颖 总经理助理　龚峥嵘	厦门翔业集团有限公司	100.00%	2016年6月28日	厦银监复〔2016〕43号
228	新华联控股集团财务有限责任公司	北京市通州区台湖镇政府大街新华联总部大厦4层	董事长　张必书 总经理　张民 总经理助理　王洪涛 财务总监　张立欣	新华联控股集团	100.00%	2016年8月15日	京银监复〔2016〕457号
229	广州发展集团财务有限公司	广东省广州市天河区临江大道3号301房、3209房	董事长　张蕴坚 总经理　王细鹏 党支部书记、副董事长　杨捷煌 副总经理　张智勇 副总经理　张帆	广州发展集团股份有限公司	70.00%	2016年8月18日	粤银监复〔2016〕252号
230	江苏凤凰出版传媒集团财务有限公司	江苏省南京市鼓楼区湖南路1号A座26楼	董事长　周斌 总经理　单翔 副总经理　徐艳 副总经理　高军玲	江苏凤凰出版传媒集团有限公司	51.00%	2016年8月22日	苏银监复〔2016〕202号

续表

序号	公司名称	通信地址	高管人员	控股股东	控股比例	成立时间	批准文号
231	顺丰控股集团财务有限公司	广东省深圳市福田区新洲十一街139号中央西谷大厦21楼	董事长　李胜 总经理　黄美智 副总经理　伦惠诗 副总经理　刘亚红 副总经理　陈蔚 副总经理　胡旭亮	深圳顺丰泰森控股（集团）有限公司	100.00%	2016年9月1日	深银监复〔2016〕193号
232	天津医药集团财务有限公司	天津市空港经济区西四道168号融和广场3－2－501室	董事长　赵炜 总经理　马健 党支部书记　白金永 副总经理　祁保华 副总经理　吕永建	天津市医药集团有限公司	50.00%	2016年9月14日	津银监复〔2016〕236号
233	青建集团财务有限责任公司	山东省青岛市崂山区海尔路180号大荣实际综合楼（大荣中心）2号楼19层	总经理　万擎东	青建集团股份公司	100.00%	2016年10月26日	青银监复〔2016〕147号
234	上海文化广播影视集团财务有限公司	上海浦东新区世纪大道1号东方明珠塔3号门1楼	董事长　刘晓峰 总经理　王文烈 副总经理　施白桦 副总经理　闫晓梅	上海文化广播影视集团有限公司	60.00%	2016年12月22日	沪银监复〔2016〕560号
235	广州汽车集团财务有限公司	广东省广州市天河区广州大道中988号37楼	董事长　王丹 党支部书记　吴泽云 总经理　李建英 副总经理　朱淑春 副总经理　杨春泉 副总经理　王刚	广州汽车集团股份有限公司	90.00%	2017年1月20日	粤银监复〔2017〕21号
236	东旭集团财务有限公司	河北省石家庄市长安区中山东路39号勒泰中心（A座）写字楼28层2814～2816单元	董事长　王根敏 总经理　孔骞 副总经理　章伟 财务总监　王彦明 信息总监　尤宽	东旭集团有限公司	60.00%	2017年1月20日	冀银监复〔2017〕10号
237	上海华信国际集团财务有限责任公司	中国（上海）自由贸易试验区东园路18号中国金融信息中心21楼	董事长　李勇 总经理　王洲 副总经理　陆敏 风控总监　杨道	上海华信国际集团有限公司	90.00%	2017年2月7日	沪银监复〔2017〕46号

续表

序号	公司名称	通信地址	高管人员	控股股东	控股比例	成立时间	批准文号
238	连云港港口集团财务有限公司	江苏省连云港连云区中华西路18号港口大厦20楼	董事长　李春宏 总经理、党支部书记成彦龙 副总经理　赵箭 副总经理　李伟	连云港港口集团有限公司	60.00%	2017年3月14日	苏银监复〔2017〕48号
239	陕西能源集团财务有限责任公司	陕西省西安市经济技术开发区凤城八路西北国金中心E栋12层	董事长　杨永柱 总经理　李铁军 副总经理　王满菲 财务总监　刘颖	陕西投资集团有限公司（原陕西能源集团有限公司）	76.80%	2017年6月12日	陕银监复〔2017〕30号
240	三环集团财务有限公司	湖北省武汉市东湖新技术开发区佳园路33号	董事长　宋斌 监事长　谭坤平 副总经理　宋华强 副总经理　梅建斌	三环集团有限公司	100.00%	2017年6月28日	鄂银监复〔2017〕117号
241	红星美凯龙家居集团财务有限责任公司	上海市浦东新区沪南路2218号东楼1001～1015室	董事长　车建兴 总经理　曾健飞 副总经理　李斌实 副总经理　肖叶	红星美凯龙家居集团股份有限公司	90.00%	2017年8月1日	沪银监复〔2017〕338号
242	天津能源集团财务有限公司	天津市和平区重庆道70号	董事长　赵鹏	天津能源投资集团有限公司	76.00%	2017年9月6日	津银监复〔2017〕215号
243	杭州锦江集团财务有限责任公司	浙江省杭州市拱墅区湖墅南路111号杭州锦江大厦12楼	董事长　张建阳 总经理　王艳艳 副总经理　周淳 副总经理　董强	杭州锦江集团有限公司	60.00%	2017年12月8日	浙银监复〔2017〕392号
244	正泰集团财务有限公司	浙江省温州市鹿城区市府路525号同人恒玖大厦305室	董事长　徐志武 总经理　陶明辉 副总经理、党支部书记陈景城 总经理助理　王旭梅	正泰集团股份有限公司	51.00%	2017年12月13日	浙银监复〔2017〕396号
245	上海纺织集团财务有限公司	上海市长宁区虹桥路1488号3号楼3楼	董事长　朱勇 总经理　周健 副总经理　王敏慧 副总经理　崔剑平	上海纺织（集团）有限公司	80.00%	2017年12月15日	沪银监复〔2017〕575号